·最新·

知识产权
法律法规汇编

法律出版社法规中心 编

法律出版社
LAW PRESS·CHINA
北京

图书在版编目（CIP）数据

最新知识产权法律法规汇编／法律出版社法规中心编．－－北京：法律出版社，2025． －－ISBN 978－7－5197－9824－6

Ⅰ．D923.409

中国国家版本馆 CIP 数据核字第 20249HA687 号

最新知识产权法律法规汇编 ZUIXIN ZHISHI CHANQUAN FALÜ FAGUI HUIBIAN	法律出版社法规中心 编	责任编辑 陶玉霞 装帧设计 李 瞻

出版发行 法律出版社	开本 A5
编辑统筹 法规出版分社	印张 19.75　　字数 840 千
责任校对 张红蕊	版本 2025 年 1 月第 1 版
责任印制 耿润瑜	印次 2025 年 1 月第 1 次印刷
经　　销 新华书店	印刷 北京中科印刷有限公司

地址：北京市丰台区莲花池西里 7 号（100073）
网址：www.lawpress.com.cn　　销售电话：010－83938349
投稿邮箱：info@lawpress.com.cn　　客服电话：010－83938350
举报盗版邮箱：jbwq@lawpress.com.cn　　咨询电话：010－63939796
版权所有·侵权必究

书号：ISBN 978－7－5197－9824－6　　定价：59.00 元
凡购买本社图书，如有印装错误，我社负责退换。电话：010－83938349

目 录

一、综 合

中华人民共和国民法典(节录)(2020.5.28) …………………………（ 1 ）
中华人民共和国知识产权海关保护条例(2018.3.19修订) …………（ 3 ）
知识产权对外转让有关工作办法(试行)(2018.3.18) ………………（ 7 ）
国家知识产权局知识产权信用管理规定(2022.1.24) ………………（ 9 ）
知识产权认证管理办法(2018.2.11) …………………………………（ 13 ）
最高人民法院关于审查知识产权纠纷行为保全案件适用法律若干问题的规定(2018.12.12) ……………………………………………………（ 18 ）
最高人民法院关于知识产权法庭若干问题的规定(2023.10.21修正) ………（ 22 ）
最高人民法院关于知识产权民事诉讼证据的若干规定(2020.11.16) ………（ 23 ）
最高人民法院关于第一审知识产权民事、行政案件管辖的若干规定(2022.4.20) …………………………………………………………………（ 28 ）
最高人民法院关于审理侵害知识产权民事案件适用惩罚性赔偿的解释(2021.3.2) ……………………………………………………………（ 29 ）
最高人民法院关于知识产权法院案件管辖等有关问题的通知(2014.12.24)
…………………………………………………………………………（ 30 ）
最高人民法院关于印发基层人民法院管辖第一审知识产权民事、行政案件标准的通知(2022.4.20) ……………………………………………（ 32 ）

二、著 作 权

1.综合

中华人民共和国著作权法(2020.11.11修正) ………………………（ 56 ）
中华人民共和国著作权法实施条例(2013.1.30修订) ………………（ 68 ）
作品自愿登记试行办法(1994.12.31) …………………………………（ 72 ）
著作权质权登记办法(2010.11.25) ……………………………………（ 73 ）
最高人民法院关于加强著作权和与著作权有关的权利保护的意见(2020.11.16) …………………………………………………………………（ 76 ）

最高人民法院关于审理著作权民事纠纷案件适用法律若干问题的解释(2020.12.29修正) ……………………………………………… (78)

2. 计算机软件著作权
计算机软件保护条例(2013.1.30修订) …………………………… (81)
计算机软件著作权登记办法(2004.6.18修正) …………………… (86)
计算机软件著作权登记档案查询办法(2009.3.10) ……………… (89)
军用计算机软件著作权登记工作暂行办法(2023.3.29) ………… (91)

3. 信息网络传播权与互联网著作权
信息网络传播权保护条例(2013.1.30修订) ……………………… (95)
互联网著作权行政保护办法(2005.4.30) ………………………… (100)
最高人民法院关于审理侵害信息网络传播权民事纠纷案件适用法律若干问题的规定(2020.12.29修正) ……………………………… (103)

4. 出版
出版管理条例(2024.12.6修订) …………………………………… (106)
音像制品管理条例(2024.12.6修订) ……………………………… (117)
报纸出版管理规定(2005.9.30) …………………………………… (124)
图书出版管理规定(2015.8.28修订) ……………………………… (133)
电子出版物出版管理规定(2015.8.28修订) ……………………… (140)
网络出版服务管理规定(2016.2.4) ………………………………… (149)
出版物市场管理规定(2016.5.31) ………………………………… (158)
音像制品出版管理规定(2017.12.11修正) ………………………… (167)
期刊出版管理规定(2017.12.11修正) ……………………………… (173)
复制管理办法(2015.8.28修订) …………………………………… (182)

5. 集体管理与付酬
著作权集体管理条例(2013.12.7修订) …………………………… (189)
使用文字作品支付报酬办法(2014.9.23) ………………………… (196)
广播电台电视台播放录音制品支付报酬暂行办法(2011.1.8修订) …… (198)
录音法定许可付酬标准暂行规定(1993.8.1) ……………………… (201)
国家版权局关于《录音法定许可付酬标准暂行规定》的补充通知(1994.10.7) ……………………………………………………… (201)
电影作品著作权集体管理使用费转付办法(2010.9.14) ………… (202)
电影作品著作权集体管理使用费收取标准(2010.9.14) ………… (205)
使用音乐作品进行表演的著作权许可使用费标准(2011.10.27) …… (207)
国家版权局关于复制发行境外录音制品向著作权人付酬有关问题的通知(2000.9.13) ………………………………………………… (213)

三、专　利

1. 综合

中华人民共和国专利法(2020.10.17 修正) …… (214)
中华人民共和国专利法实施细则(2023.12.11 修订) …… (226)
国防专利条例(2004.9.17) …… (252)
专利标识标注办法(2012.3.8) …… (257)
专利收费减缴办法(2016.7.27) …… (258)
专利权质押登记办法(2021.11.15) …… (260)

2. 专利代理

专利代理条例(2018.11.6 修订) …… (264)
专利代理管理办法(2019.4.4) …… (268)
专利代理师资格考试办法(2019.4.23) …… (277)
专利代理信用评价管理办法(试行)(2023.3.31) …… (285)

3. 专利申请

关于专利电子申请的规定(2010.8.26) …… (288)
专利优先审查管理办法(2017.6.27) …… (290)
规范申请专利行为的规定(2023.12.21) …… (292)

4. 专利许可

专利实施许可合同备案办法(2011.6.27) …… (294)
专利实施强制许可办法(2012.3.15) …… (296)

5. 专利侵权认定与专利纠纷处理

专利侵权行为认定指南(试行)(节录)(2016.5.5) …… (303)
专利纠纷行政调解指引(试行)(节录)(2016.5.5) …… (310)
专利开放许可实施纠纷调解工作办法(试行)(2024.7.2) …… (339)
最高人民法院关于审理侵犯专利权纠纷案件应用法律若干问题的解释
　(2009.12.28) …… (343)
最高人民法院关于审理侵犯专利权纠纷案件应用法律若干问题的解释(二)
　(2020.12.29 修正) …… (346)
最高人民法院关于审理专利纠纷案件适用法律问题的若干规定(2020.12.
　29 修正) …… (351)

四、商　标

1. 综合

中华人民共和国商标法(2019.4.23 修正) …… (355)
中华人民共和国商标法实施条例(2014.4.29 修订) …… (367)
商标代理监督管理规定(2022.10.27) …… (381)
商标侵权判断标准(2020.6.15) …… (388)
商标一般违法判断标准(2021.12.13) …… (393)

2. 商标注册与评审

集体商标、证明商标注册和管理规定(2023.12.29) …… (398)
商标评审规则(2014.5.28 修订) …… (402)
规范商标申请注册行为若干规定(2019.10.11) …… (412)
自然人办理商标注册申请注意事项(2007.2.6) …… (414)
商标注册申请快速审查办法(试行)(2022.1.14) …… (415)
商标网上申请试用办法(2009.1.7) …… (417)

3. 商标许可使用与认定

商标使用许可合同备案办法(1997.8.1) …… (419)
驰名商标认定和保护规定(2014.7.3) …… (423)
最高人民法院关于审理涉及驰名商标保护的民事纠纷案件应用法律若干问题的解释(2020.12.29 修正) …… (426)

4. 商标纠纷处理

最高人民法院关于人民法院对注册商标权进行财产保全的解释(2020.12.29 修正) …… (429)
最高人民法院关于审理商标案件有关管辖和法律适用范围问题的解释(2020.12.29 修正) …… (430)
最高人民法院关于审理商标民事纠纷案件适用法律若干问题的解释(2020.12.29 修正) …… (432)
最高人民法院关于审理商标授权确权行政案件若干问题的规定(2020.12.29 修正) …… (435)

5. 商标与相关标识

原产地标记管理规定(2001.3.5) …… (440)
地理标志产品保护办法(2023.12.29) …… (442)
特殊标志管理条例(1996.7.13) …… (448)
世界博览会标志保护条例(2004.10.20) …… (451)
奥林匹克标志保护条例(2018.6.28 修订) …… (453)

五、其他知识产权

中华人民共和国植物新品种保护条例(2014.7.29 修订)……………(457)
植物新品种保护项目管理暂行办法(2009.11.18)…………………(462)
农业植物新品种权侵权案件处理规定(2002.12.30)………………(464)
展会知识产权保护办法(2006.1.13)…………………………………(467)
集成电路布图设计保护条例(2001.4.2)………………………………(471)
互联网域名管理办法(2017.8.24)………………………………………(475)
国家顶级域名注册实施细则(2019.6.18)………………………………(483)

六、反不正当竞争

中华人民共和国反不正当竞争法(2019.4.23 修正)……………………(491)
最高人民法院关于适用《中华人民共和国反不正当竞争法》若干问题的解释
　(2022.3.16)………………………………………………………………(496)
关于禁止仿冒知名商品特有的名称、包装、装潢的不正当竞争行为的若干规
　定(1995.7.6)………………………………………………………………(500)
关于禁止侵犯商业秘密行为的若干规定(1998.12.3 修订)……………(501)
禁止滥用知识产权排除、限制竞争行为规定(2023.6.25)………………(503)

七、行政执法

国家知识产权局行政复议规程(2012.7.18)……………………………(509)
举报、查处侵权盗版行为奖励暂行办法(2007.9.20)…………………(513)
著作权行政处罚实施办法(2009.5.7)……………………………………(515)
重大专利侵权纠纷行政裁决办法(2021.5.26)…………………………(521)
专利、商标代理行业违法违规行为协同治理办法(2021.7.30)………(524)
专利行政执法办法(2015.5.29 修正)……………………………………(526)
专利行政执法证据规则(试行)(节录)(2016.5.5)……………………(534)
专利行政执法证件与执法标识管理办法(试行)(2016.9.12)…………(571)
集成电路布图设计行政执法办法(2001.11.28)…………………………(575)
商标侵权案件违法经营额计算办法(2024.10.14)………………………(579)
最高人民法院关于审理专利授权确权行政案件适用法律若干问题的规定
　(一)(2020.9.10)…………………………………………………………(581)

八、刑 事 责 任

中华人民共和国刑法(节录)(2023.12.29 修正) …………………… (587)
最高人民检察院、公安部关于公安机关管辖的刑事案件立案追诉标准的规
　定(一)(节录)(2008.6.25) ……………………………………………… (589)
最高人民法院关于审理非法出版物刑事案件具体应用法律若干问题的解释
　(1998.12.17) ………………………………………………………………… (590)
最高人民法院、最高人民检察院关于办理侵犯知识产权刑事案件具体应用
　法律若干问题的解释(2004.12.8) ……………………………………… (594)
最高人民法院、最高人民检察院关于办理侵犯知识产权刑事案件具体应用
　法律若干问题的解释(二)(2007.4.5) …………………………………… (597)
最高人民法院、最高人民检察院关于办理侵犯知识产权刑事案件具体应用
　法律若干问题的解释(三)(2020.9.12) ………………………………… (599)
最高人民法院、最高人民检察院关于办理侵犯著作权刑事案件中涉及录音
　录像制品有关问题的批复(2005.10.13) ………………………………… (602)
最高人民法院、最高人民检察院、公安部关于办理侵犯知识产权刑事案件适
　用法律若干问题的意见(2011.1.10) …………………………………… (602)

九、相关指导案例

国家知识产权局关于发布第一批知识产权行政执法指导案例的通知(2020.
　12.14) ………………………………………………………………………… (607)
国家知识产权局关于发布第二批知识产权行政执法指导案例的通知(2022.
　3.29) …………………………………………………………………………… (614)
国家知识产权局关于发布第三批知识产权行政保护指导案例的通知(2023.
　12.20) ………………………………………………………………………… (617)

动态增补二维码*

---

　　* 为方便广大读者持续了解、学习与知识产权相关的法律文件,本书推出特色动态增补服务。
请读者扫描动态增补二维码,查看、阅读本书出版后一段时间内更新或新发布的法律文件。

一、综　合

中华人民共和国民法典（节录）

1. 2020年5月28日第十三届全国人民代表大会第三次会议通过
2. 2020年5月28日中华人民共和国主席令第45号公布
3. 自2021年1月1日起施行

第一百二十三条　【知识产权】①民事主体依法享有知识产权。

知识产权是权利人依法就下列客体享有的专有的权利：

（一）作品；

（二）发明、实用新型、外观设计；

（三）商标；

（四）地理标志；

（五）商业秘密；

（六）集成电路布图设计；

（七）植物新品种；

（八）法律规定的其他客体。

第四百二十五条　【动产质权的定义】为担保债务的履行，债务人或者第三人将其动产出质给债权人占有的，债务人不履行到期债务或者发生当事人约定的实现质权的情形，债权人有权就该动产优先受偿。

前款规定的债务人或者第三人为出质人，债权人为质权人，交付的动产为质押财产。

第四百二十六条　【禁止质押的动产范围】法律、行政法规禁止转让的动产不得出质。

第四百二十七条　【质押合同】设立质权，当事人应当采用书面形式订立质押合同。

质押合同一般包括下列条款：

（一）被担保债权的种类和数额；

（二）债务人履行债务的期限；

（三）质押财产的名称、数量等情况；

（四）担保的范围；

（五）质押财产交付的时间、方式。

---

① 条文主旨为编者所加，下同。

第四百二十八条 【流质】质权人在债务履行期限届满前,与出质人约定债务人不履行到期债务时质押财产归债权人所有的,只能依法就质押财产优先受偿。

第四百二十九条 【质权设立】质权自出质人交付质押财产时设立。

第四百三十条 【质权人孳息收取权及孳息首要清偿用途】质权人有权收取质押财产的孳息,但是合同另有约定的除外。

前款规定的孳息应当先充抵收取孳息的费用。

第四百三十一条 【质权人擅自使用、处分质押财产的责任】质权人在质权存续期间,未经出质人同意,擅自使用、处分质押财产,造成出质人损害的,应当承担赔偿责任。

第四百三十二条 【质权人的保管义务和赔偿责任】质权人负有妥善保管质押财产的义务;因保管不善致使质押财产毁损、灭失的,应当承担赔偿责任。

质权人的行为可能使质押财产毁损、灭失的,出质人可以请求质权人将质押财产提存,或者请求提前清偿债务并返还质押财产。

第四百三十三条 【质权的保护】因不可归责于质权人的事由可能使质押财产毁损或者价值明显减少,足以危害质权人权利的,质权人有权请求出质人提供相应的担保;出质人不提供的,质权人可以拍卖、变卖质押财产,并与出质人协议将拍卖、变卖所得的价款提前清偿债务或者提存。

第四百三十四条 【责任转质】质权人在质权存续期间,未经出质人同意转质,造成质押财产毁损、灭失的,应当承担赔偿责任。

第四百三十五条 【质权的放弃】质权人可以放弃质权。债务人以自己的财产出质,质权人放弃该质权的,其他担保人在质权人丧失优先受偿权益的范围内免除担保责任,但是其他担保人承诺仍然提供担保的除外。

第四百三十六条 【质物返还及质权实现】债务人履行债务或者出质人提前清偿所担保的债权的,质权人应当返还质押财产。

债务人不履行到期债务或者发生当事人约定的实现质权的情形,质权人可以与出质人协议以质押财产折价,也可以就拍卖、变卖质押财产所得的价款优先受偿。

质押财产折价或者变卖的,应当参照市场价格。

第四百三十七条 【质权的及时行使】出质人可以请求质权人在债务履行期限届满后及时行使质权;质权人不行使的,出质人可以请求人民法院拍卖、变卖质押财产。

出质人请求质权人及时行使质权,因质权人怠于行使权利造成出质人损害的,由质权人承担赔偿责任。

第四百三十八条 【质押财产变价后的处理】质押财产折价或者拍卖、变卖后,其价款超过债权数额的部分归出质人所有,不足部分由债务人清偿。

第四百三十九条 【最高额质权】出质人与质权人可以协议设立最高额质权。

最高额质权除适用本节有关规定外,参照适用本编第十七章第二节的有关规定。

第四百四十条 【权利质权的范围】债务人或者第三人有权处分的下列权利可以出质:

（一）汇票、本票、支票；

（二）债券、存款单；

（三）仓单、提单；

（四）可以转让的基金份额、股权；

（五）可以转让的注册商标专用权、专利权、著作权等知识产权中的财产权；

（六）现有的以及将有的应收账款；

（七）法律、行政法规规定可以出质的其他财产权利。

第四百四十四条 【以知识产权中的财产权出质的质权的设立及转让限制】以注册商标专用权、专利权、著作权等知识产权中的财产权出质的，质权自办理出质登记时设立。

知识产权中的财产权出质后，出质人不得转让或者许可他人使用，但是出质人与质权人协商同意的除外。出质人转让或者许可他人使用出质的知识产权中的财产权所得的价款，应当向质权人提前清偿债务或者提存。

第四百四十六条 【权利质权的法律适用】权利质权除适用本节规定外，适用本章第一节的有关规定。

第六百条 【知识产权归属】出卖具有知识产权的标的物的，除法律另有规定或者当事人另有约定外，该标的物的知识产权不属于买受人。

第八百七十六条 【其他知识产权的转让和许可】集成电路布图设计专有权、植物新品种权、计算机软件著作权等其他知识产权的转让和许可，参照适用本节的有关规定。

第一千一百八十五条 【侵害知识产权的惩罚性赔偿】故意侵害他人知识产权，情节严重的，被侵权人有权请求相应的惩罚性赔偿。

中华人民共和国知识产权海关保护条例

1. 2003年12月2日国务院令第395号公布
2. 根据2010年3月24日国务院令第572号《关于修改〈中华人民共和国知识产权海关保护条例〉的决定》第一次修订
3. 根据2018年3月19日国务院令第698号《关于修改和废止部分行政法规的决定》第二次修订

第一章 总 则

第一条 为了实施知识产权海关保护，促进对外经济贸易和科技文化交往，维护公共利益，根据《中华人民共和国海关法》，制定本条例。

第二条 本条例所称知识产权海关保护，是指海关对与进出口货物有关并受中华人民共和国法律、行政法规保护的商标专用权、著作权和与著作权有关的权利、专利权(以下统称知识产权)实施的保护。

第三条 国家禁止侵犯知识产权的货物进出口。

海关依照有关法律和本条例的规定实施知识产权保护,行使《中华人民共和国海关法》规定的有关权力。

第四条 知识产权权利人请求海关实施知识产权保护的,应当向海关提出采取保护措施的申请。

第五条 进口货物的收货人或者其代理人、出口货物的发货人或者其代理人应当按照国家规定,向海关如实申报与进出口货物有关的知识产权状况,并提交有关证明文件。

第六条 海关实施知识产权保护时,应当保守有关当事人的商业秘密。

第二章 知识产权的备案

第七条 知识产权权利人可以依照本条例的规定,将其知识产权向海关总署申请备案;申请备案的,应当提交申请书。申请书应当包括下列内容:

(一)知识产权权利人的名称或者姓名、注册地或者国籍等;

(二)知识产权的名称、内容及其相关信息;

(三)知识产权许可行使状况;

(四)知识产权权利人合法行使知识产权的货物的名称、产地、进出境地海关、进出口商、主要特征、价格等;

(五)已知的侵犯知识产权货物的制造商、进出口商、进出境地海关、主要特征、价格等。

前款规定的申请书内容有证明文件的,知识产权权利人应当附送证明文件。

第八条 海关总署应当自收到全部申请文件之日起30个工作日内作出是否准予备案的决定,并书面通知申请人;不予备案的,应当说明理由。

有下列情形之一的,海关总署不予备案:

(一)申请文件不齐全或者无效的;

(二)申请人不是知识产权权利人的;

(三)知识产权不再受法律、行政法规保护的。

第九条 海关发现知识产权权利人申请知识产权备案未如实提供有关情况或者文件的,海关总署可以撤销其备案。

第十条 知识产权海关保护备案自海关总署准予备案之日起生效,有效期为10年。

知识产权有效的,知识产权权利人可以在知识产权海关保护备案有效期届满前6个月内,向海关总署申请续展备案。每次续展备案的有效期为10年。

知识产权海关保护备案有效期届满而不申请续展或者知识产权不再受法律、行政法规保护的,知识产权海关保护备案随即失效。

第十一条 知识产权备案情况发生改变的,知识产权权利人应当自发生改变之日起

30个工作日内,向海关总署办理备案变更或者注销手续。

知识产权权利人未依照前款规定办理变更或者注销手续,给他人合法进出口或者海关依法履行监管职责造成严重影响的,海关总署可以根据有关利害关系人的申请撤销有关备案,也可以主动撤销有关备案。

第三章　扣留侵权嫌疑货物的申请及其处理

第十二条　知识产权权利人发现侵权嫌疑货物即将进出口的,可以向货物进出境地海关提出扣留侵权嫌疑货物的申请。

第十三条　知识产权权利人请求海关扣留侵权嫌疑货物的,应当提交申请书及相关证明文件,并提供足以证明侵权事实明显存在的证据。

申请书应当包括下列主要内容:

(一)知识产权权利人的名称或者姓名、注册地或者国籍等;

(二)知识产权的名称、内容及其相关信息;

(三)侵权嫌疑货物收货人和发货人的名称;

(四)侵权嫌疑货物名称、规格等;

(五)侵权嫌疑货物可能进出境的口岸、时间、运输工具等。

侵权嫌疑货物涉嫌侵犯备案知识产权的,申请书还应当包括海关备案号。

第十四条　知识产权权利人请求海关扣留侵权嫌疑货物的,应当向海关提供不超过货物等值的担保,用于赔偿可能因申请不当给收货人、发货人造成的损失,以及支付货物由海关扣留后的仓储、保管和处置等费用;知识产权权利人直接向仓储商支付仓储、保管费用的,从担保中扣除。具体办法由海关总署制定。

第十五条　知识产权权利人申请扣留侵权嫌疑货物,符合本条例第十三条的规定,并依照本条例第十四条的规定提供担保的,海关应当扣留侵权嫌疑货物,书面通知知识产权权利人,并将海关扣留凭单送达收货人或者发货人。

知识产权权利人申请扣留侵权嫌疑货物,不符合本条例第十三条的规定,或者未依照本条例第十四条的规定提供担保的,海关应当驳回申请,并书面通知知识产权权利人。

第十六条　海关发现进出口货物有侵犯备案知识产权嫌疑的,应当立即书面通知知识产权权利人。知识产权权利人自通知送达之日起3个工作日内依照本条例第十三条的规定提出申请,并依照本条例第十四条的规定提供担保的,海关应当扣留侵权嫌疑货物,书面通知知识产权权利人,并将海关扣留凭单送达收货人或者发货人。知识产权权利人逾期未提出申请或者未提供担保的,海关不得扣留货物。

第十七条　经海关同意,知识产权权利人和收货人或者发货人可以查看有关货物。

第十八条　收货人或者发货人认为其货物未侵犯知识产权权利人的知识产权的,应当向海关提出书面说明并附送相关证据。

第十九条　涉嫌侵犯专利权货物的收货人或者发货人认为其进出口货物未侵犯专利权的,可以在向海关提供货物等值的担保金后,请求海关放行其货物。知识产权权利人未能在合理期限内向人民法院起诉的,海关应当退还担保金。

第二十条 海关发现进出口货物有侵犯备案知识产权嫌疑并通知知识产权权利人后,知识产权权利人请求海关扣留侵权嫌疑货物的,海关应当自扣留之日起 30 个工作日内对被扣留的侵权嫌疑货物是否侵犯知识产权进行调查、认定;不能认定的,应当立即书面通知知识产权权利人。

第二十一条 海关对被扣留的侵权嫌疑货物进行调查,请求知识产权主管部门提供协助的,有关知识产权主管部门应当予以协助。

知识产权主管部门处理涉及进出口货物的侵权案件请求海关提供协助的,海关应当予以协助。

第二十二条 海关对被扣留的侵权嫌疑货物及有关情况进行调查时,知识产权权利人和收货人或者发货人应当予以配合。

第二十三条 知识产权权利人在向海关提出采取保护措施的申请后,可以依照《中华人民共和国商标法》、《中华人民共和国著作权法》、《中华人民共和国专利法》或者其他有关法律的规定,就被扣留的侵权嫌疑货物向人民法院申请采取责令停止侵权行为或者财产保全的措施。

海关收到人民法院有关责令停止侵权行为或者财产保全的协助执行通知的,应当予以协助。

第二十四条 有下列情形之一的,海关应当放行被扣留的侵权嫌疑货物:

(一)海关依照本条例第十五条的规定扣留侵权嫌疑货物,自扣留之日起 20 个工作日内未收到人民法院协助执行通知的;

(二)海关依照本条例第十六条的规定扣留侵权嫌疑货物,自扣留之日起 50 个工作日内未收到人民法院协助执行通知,并且经调查不能认定被扣留的侵权嫌疑货物侵犯知识产权的;

(三)涉嫌侵犯专利权货物的收货人或者发货人在向海关提供与货物等值的担保金后,请求海关放行其货物的;

(四)海关认为收货人或者发货人有充分的证据证明其货物未侵犯知识产权权利人的知识产权的;

(五)在海关认定被扣留的侵权嫌疑货物为侵权货物之前,知识产权权利人撤回扣留侵权嫌疑货物的申请的。

第二十五条 海关依照本条例的规定扣留侵权嫌疑货物,知识产权权利人应当支付有关仓储、保管和处置等费用。知识产权权利人未支付有关费用的,海关可以从其向海关提供的担保金中予以扣除,或者要求担保人履行有关担保责任。

侵权嫌疑货物被认定为侵犯知识产权的,知识产权权利人可以将其支付的有关仓储、保管和处置等费用计入其为制止侵权行为所支付的合理开支。

第二十六条 海关实施知识产权保护发现涉嫌犯罪案件的,应当将案件依法移送公安机关处理。

第四章　法律责任

第二十七条　被扣留的侵权嫌疑货物，经海关调查后认定侵犯知识产权的，由海关予以没收。

海关没收侵犯知识产权货物后，应当将侵犯知识产权货物的有关情况书面通知知识产权权利人。

被没收的侵犯知识产权货物可以用于社会公益事业的，海关应当转交给有关公益机构用于社会公益事业；知识产权权利人有收购意愿的，海关可以有偿转让给知识产权权利人。被没收的侵犯知识产权货物无法用于社会公益事业且知识产权权利人无收购意愿的，海关可以在消除侵权特征后依法拍卖，但对进口假冒商标货物，除特殊情况外，不能仅清除货物上的商标标识即允许其进入商业渠道；侵权特征无法消除的，海关应当予以销毁。

第二十八条　海关接受知识产权保护备案和采取知识产权保护措施的申请后，因知识产权权利人未提供确切情况而未能发现侵权货物、未能及时采取保护措施或者采取保护措施不力的，由知识产权权利人自行承担责任。

知识产权权利人请求海关扣留侵权嫌疑货物后，海关不能认定被扣留的侵权嫌疑货物侵犯知识产权权利人的知识产权，或者人民法院判定不侵犯知识产权权利人的知识产权的，知识产权权利人应当依法承担赔偿责任。

第二十九条　进口或者出口侵犯知识产权货物，构成犯罪的，依法追究刑事责任。

第三十条　海关工作人员在实施知识产权保护时，玩忽职守、滥用职权、徇私舞弊，构成犯罪的，依法追究刑事责任；尚不构成犯罪的，依法给予行政处分。

第五章　附　　则

第三十一条　个人携带或者邮寄进出境的物品，超出自用、合理数量，并侵犯本条例第二条规定的知识产权的，按照侵权货物处理。

第三十二条　本条例自 2004 年 3 月 1 日起施行。1995 年 7 月 5 日国务院发布的《中华人民共和国知识产权海关保护条例》同时废止。

知识产权对外转让有关工作办法（试行）

1. 2018 年 3 月 18 日国务院办公厅发布
2. 国办发〔2018〕19 号

为贯彻落实总体国家安全观，完善国家安全制度体系，维护国家安全和重大公共利益，规范知识产权对外转让秩序，依据国家安全、对外贸易、知识产权等相关法律法规，制定本办法。

一、审查范围

（一）技术出口、外国投资者并购境内企业等活动中涉及本办法规定的专利权、集成电路布图设计专有权、计算机软件著作权、植物新品种权等知识产权对外转让的，需要按照本办法进行审查。所述知识产权包括其申请权。

（二）本办法所述知识产权对外转让，是指中国单位或者个人将其境内知识产权转让给外国企业、个人或者其他组织，包括权利人的变更、知识产权实际控制人的变更和知识产权的独占实施许可。

二、审查内容

（一）知识产权对外转让对我国国家安全的影响。

（二）知识产权对外转让对我国重要领域核心关键技术创新发展能力的影响。

三、审查机制

（一）技术出口中涉及的知识产权对外转让审查。

1. 在技术出口活动中，出口技术为我国政府明确的禁止出口限制出口技术目录中限制出口的技术时，涉及专利权、集成电路布图设计专有权、计算机软件著作权等知识产权的，应当进行审查。

2. 地方贸易主管部门收到技术出口经营者提交的中国限制出口技术申请书后，涉及专利权、集成电路布图设计专有权等知识产权对外转让的，应将相关材料转至地方知识产权管理部门。地方知识产权管理部门收到相关材料后，应对拟转让的知识产权进行审查并出具书面意见书，反馈至地方贸易主管部门，同时报国务院知识产权主管部门备案。

3. 地方贸易主管部门应当依据地方知识产权管理部门出具的书面意见书，并按照《中华人民共和国技术进出口管理条例》等有关规定作出审查决定。

4. 涉及计算机软件著作权对外转让的，由地方贸易主管部门和科技主管部门按照《中华人民共和国技术进出口管理条例》、《计算机软件保护条例》等有关规定进行审查。对外转让的计算机软件著作权已经在计算机软件登记机构登记的，地方贸易主管部门应当将审查结果及时通知计算机软件登记机构。经审查不得转让的，计算机软件登记机构在接到通知后，不得办理权属变更登记手续。

5. 涉及植物新品种权对外转让的，由农业主管部门和林业主管部门根据《中华人民共和国植物新品种保护条例》等有关规定，按照职责进行审查，重点审查内容为拟转让的植物新品种权对我国农业安全特别是粮食安全和种业安全的影响。

（二）外国投资者并购境内企业安全审查中涉及的知识产权对外转让审查。

1. 外国投资安全审查机构在对外国投资者并购境内企业进行安全审查时，对属于并购安全审查范围并且涉及知识产权对外转让的，应当根据拟转让知识产权的类别，将有关材料转至相关主管部门征求意见。涉及专利权、集成电路布图设计专有权的，由国务院知识产权主管部门负责；涉及计算机软件著作权的，由国家版权主管部门负责；涉及植物新品种权的，由国务院农业主管部门和林业主管部门按职责分别负责。

2.相关主管部门应及时进行审查并出具书面意见书，反馈至外国投资安全审查机构。外国投资安全审查机构应当参考相关主管部门出具的书面意见书，按照有关规定作出审查决定。

四、其他事项

（一）相关主管部门应当制定审查细则，明确审查材料、审查流程、审查时限、工作责任等。

（二）在知识产权对外转让审查最终决定作出后，涉及知识产权权属变更的，转让双方应当按照相关法律法规办理变更手续。

（三）相关主管部门工作人员应当保守知识产权对外转让双方的商业秘密。

（四）知识产权对外转让涉及国防安全的，按照国家有关规定办理，不适用本办法。

（五）本办法自印发之日起试行。

国家知识产权局知识产权信用管理规定

1. 2022年1月24日国家知识产权局发布
2. 国知发保字〔2022〕8号

第一章 总 则

第一条 为了深入贯彻落实《知识产权强国建设纲要（2021—2035年）》《关于强化知识产权保护的意见》《国务院办公厅关于进一步完善失信约束制度构建诚信建设长效机制的指导意见》，建立健全知识产权领域信用管理工作机制，加强知识产权保护，促进知识产权工作高质量发展，根据《中华人民共和国专利法》《中华人民共和国商标法》《中华人民共和国专利法实施细则》《中华人民共和国商标法实施条例》《专利代理条例》《企业信息公示暂行条例》等法律、行政法规，制定本规定。

第二条 本规定适用于国家知识产权局在履行法定职责、提供公共服务过程中开展信用承诺、信用评价、守信激励、失信惩戒、信用修复等工作。

第三条 国家知识产权局知识产权信用管理工作坚持依法行政、协同共治、过惩相当、保护权益原则，着力推动信用管理长效机制建设。

第四条 国家知识产权局知识产权保护司负责协调推进国家知识产权局信用管理工作，主要履行以下职责：

（一）协调推进知识产权领域信用体系建设工作，依法依规加强知识产权领域信用监管；

（二）协调推进知识产权领域信用承诺、信用评价、守信激励、失信惩戒、信用修复等工作；

（三）承担社会信用体系建设部际联席会议有关工作，组织编制知识产权领域公共信用信息具体条目；

（四）推进知识产权领域信用信息共享平台建设，归集国家知识产权局各部门、单位报送的信用信息，并依法依规予以共享及公示。

第五条 承担专利、商标、地理标志、集成电路布图设计相关工作及代理监管工作的部门、单位，应履行以下职责：

（一）归集在履行法定职责、提供公共服务过程中产生和获取的信用信息；

（二）依法依规开展失信行为认定，报送失信信息；

（三）依法依规对失信主体实施管理措施；

（四）依职责开展信用承诺、信用评价、守信激励、失信惩戒、信用修复等工作。

第二章 失信行为认定、管理及信用修复

第六条 国家知识产权局依法依规将下列行为列为失信行为：

（一）不以保护创新为目的的非正常专利申请行为；

（二）恶意商标注册申请行为；

（三）违反法律、行政法规从事专利、商标代理并受到国家知识产权局行政处罚的行为；

（四）提交虚假材料或隐瞒重要事实申请行政确认的行为；

（五）适用信用承诺被认定承诺不实或未履行承诺的行为；

（六）对作出的行政处罚、行政裁决等，有履行能力但拒不履行、逃避执行的行为；

（七）其他被列入知识产权领域公共信用信息具体条目且应被认定为失信的行为。

第七条 存在本规定第六条第（一）项所规定的非正常专利申请行为，但能够及时纠正、主动消除后果的，可以不被认定为失信行为。

第八条 承担专利、商标、地理标志、集成电路布图设计相关工作及代理监管工作的部门、单位依据作出的行政处罚、行政裁决和行政确认等具有法律效力的文书认定失信行为：

（一）依据非正常专利申请驳回通知书，认定非正常专利申请失信行为；

（二）依据恶意商标申请的审查审理决定，认定从事恶意商标注册申请失信行为；

（三）依据行政处罚决定，认定从事违法专利、商标代理失信行为；

（四）依据作出的行政确认，认定地理标志产品保护申请、驰名商标认定申请、商标注册申请、专利申请、集成电路布图设计专有权登记申请过程中存在的提交虚假材料或隐瞒重要事实申请行政确认的失信行为；

（五）依据作出的行政确认，认定专利代理审批以及专利和商标质押登记、专利

费用减缴等过程中适用信用承诺被认定承诺不实或未履行承诺的失信行为；

（六）依据行政裁决决定、行政处罚决定，认定有履行能力但拒不履行、逃避执行的失信行为。

第九条 国家知识产权局对失信主体实施以下管理措施：

（一）对财政性资金项目申请予以从严审批；

（二）对专利、商标有关费用减缴、优先审查等优惠政策和便利措施予以从严审批；

（三）取消国家知识产权局评优评先参评资格；

（四）取消国家知识产权示范和优势企业申报资格，取消中国专利奖等奖项申报资格；

（五）列为重点监管对象，提高检查频次，依法严格监管；

（六）不适用信用承诺制；

（七）依据法律、行政法规和党中央、国务院政策文件应采取的其他管理措施。

第十条 承担专利、商标、地理标志、集成电路布图设计相关工作及代理监管工作的部门、单位认定失信行为后填写失信信息汇总表，附相关失信行为认定文书，于五个工作日内报送知识产权保护司。

知识产权保护司在收到相关部门、单位报送的失信信息汇总表等相关材料后，于五个工作日内向局机关各部门、专利局各部门、商标局等部门、单位通报，并在国家知识产权局政府网站同步公示，各部门和单位对失信主体实施为期一年的管理措施，自失信行为认定文书作出之日起计算，期满解除相应管理措施，停止公示。

第十一条 国家知识产权局对失信主体实施管理措施未满一年，该失信主体再次被认定存在本规定第六条规定的失信行为的，该失信主体的管理和公示期自前一次失信行为的管理和公示期结束之日起顺延，最长不超过三年。

同日被国家知识产权局多个部门、单位认定存在失信行为的主体，管理和公示期顺延，最长不超过三年。

法律、行政法规和党中央、国务院政策文件对实施管理措施规定了更长期限的，从其规定。

第十二条 相关部门、单位认定失信行为所依据的文书被撤销、确认违法或者无效的，应于五个工作日内将相关信息报送知识产权保护司，知识产权保护司收到相关信息后，应于五个工作日内向局机关各部门、专利局各部门、商标局等部门、单位通报，同时停止公示，各部门、单位解除相应管理措施。

已被认定存在失信行为的主体可以在认定相关失信行为所依据的文书被撤销、确认违法或者无效后，及时申请更正相关信息。

第十三条 主体被认定存在失信行为满六个月，已纠正失信行为、履行相关义务、主动消除有关后果，且没有再次被认定存在失信行为的，可以向失信行为认定部门提交信用修复申请书及相关证明材料申请信用修复。

失信行为认定部门在收到申请材料之日起十个工作日内开展审查核实,作出是否予以信用修复的决定,决定予以信用修复的应当将相关决定报送知识产权保护司;决定不予信用修复的应当将不予修复的理由告知申请人。

知识产权保护司在收到予以信用修复的决定后,应于五个工作日内向局机关各部门、专利局各部门、商标局等部门、单位通报,同时停止公示,各部门、单位解除相应管理措施。

第十四条　具有下列情形之一的,不予信用修复:

(一)距离上一次信用修复时间不到一年的;

(二)申请信用修复过程中存在弄虚作假、故意隐瞒事实等行为;

(三)申请信用修复过程中再次被认定存在失信行为;

(四)法律、行政法规和党中央、国务院政策文件明确规定不可修复的。

第十五条　知识产权保护司可将失信信息发各省、自治区、直辖市知识产权管理部门,供参考使用。

第三章　严重违法失信主体认定及管理

第十六条　国家知识产权局依职责将实施下列失信行为的主体列入严重违法失信名单:

(一)从事严重违法专利、商标代理行为且受到较重行政处罚的;

(二)在作出行政处罚、行政裁决等行政决定后,有履行能力但拒不履行、逃避执行,严重影响国家知识产权局公信力的。

严重违法失信名单的列入、告知、听证、送达、异议处理、信用修复、移出等程序依据《市场监督管理严重违法失信名单管理办法》(国家市场监督管理总局令第44号)办理。

第十七条　国家知识产权局各部门和单位对列入严重违法失信名单的主体实施为期三年的管理措施,对移出严重违法失信名单的主体及时解除管理措施。

第十八条　知识产权保护司收到相关部门报送的严重违法失信主体信息后,应于五个工作日内向局机关各部门、专利局各部门、商标局等部门、单位通报,并在国家知识产权局政府网站、国家企业信用信息公示系统同步公示,公示期与管理期一致。

第十九条　国家知识产权局按照规定将严重违法失信名单信息与其他有关部门共享,并依照法律、行政法规和党中央、国务院政策文件对严重违法失信主体实施联合惩戒。

第四章　守信激励、信用承诺及信用评价

第二十条　国家知识产权局各部门、单位对连续三年守信情况良好的主体,可视情况采取下列激励措施:

(一)在行政审批、项目核准等工作中,提供简化办理、快速办理等便利服务;

(二)在政府专项资金使用等工作中,同等条件下列为优先选择对象;

(三)在专利优先审查等工作中,同等条件下列为优先选择对象;指导知识产权

保护中心在专利预审备案中优先审批；

（四）在日常检查、专项检查工作中适当减少检查频次；

（五）在履行法定职责、提供公共服务过程中可以采取的其他激励措施。

第二十一条　国家知识产权局在专利、商标质押登记，专利费用减缴以及专利代理机构执业许可审批等工作中推行信用承诺制办理，制作告知承诺书格式文本，并在国家知识产权局政府网站公开。

第二十二条　国家知识产权局根据工作需要，推动形成相关行业信用评价制度和规范，推动开展信用评价，明确评价指标、评价体系、信息采集规范等，对信用主体实施分级分类管理。

鼓励有关部门和单位、金融机构、行业协会、第三方服务机构等积极利用知识产权领域信用评价结果；鼓励市场主体在生产经营、资质证明、项目申报等活动中积极、主动应用知识产权领域信用评价结果。

第五章　监督与责任

第二十三条　国家知识产权局相关部门及工作人员在信用管理工作中应当依法保护主体合法权益，对工作中知悉的国家秘密、商业秘密或个人隐私等，依法予以保密。

第二十四条　国家知识产权局相关部门及工作人员在信用管理工作中有玩忽职守、滥用职权、徇私舞弊等行为的，依法追究相关责任。

第六章　附　　则

第二十五条　本规定由国家知识产权局负责解释。各省、自治区、直辖市知识产权管理部门可以结合本地区实际情况，制定具体规定。

第二十六条　本规定自公布之日起施行。《专利领域严重失信联合惩戒对象名单管理办法（试行）》（国知发保字〔2019〕52号）同时废止。

知识产权认证管理办法

1. 2018年2月11日国家认证认可监督管理委员会、国家知识产权局公告2018年第5号发布
2. 自2018年4月1日起施行

第一章　总　　则

第一条　为了规范知识产权认证活动，提高其有效性，加强监督管理，根据《中华人民共和国专利法》、《中华人民共和国商标法》、《中华人民共和国著作权法》、《中华人民共和国认证认可条例》、《认证机构管理办法》等法律、行政法规以及部门规章的规定，制定本办法。

第二条　本办法所称知识产权认证，是指由认证机构证明法人或者其他组织的知识

产权管理体系、知识产权服务符合相关国家标准或者技术规范的合格评定活动。

第三条　知识产权认证包括知识产权管理体系认证和知识产权服务认证。

知识产权管理体系认证是指由认证机构证明法人或者其他组织的内部知识产权管理体系符合相关国家标准或者技术规范要求的合格评定活动。

知识产权服务认证是指由认证机构证明法人或者其他组织提供的知识产权服务符合相关国家标准或者技术规范要求的合格评定活动。

第四条　国家认证认可监督管理委员会(以下简称国家认监委)、国家知识产权局按照统一管理、分工协作、共同实施的原则,制定、调整和发布认证目录、认证规则,并组织开展认证监督管理工作。

第五条　知识产权认证坚持政府引导、市场驱动,实行目录式管理。

第六条　国家鼓励法人或者其他组织通过开展知识产权认证提高其知识产权管理水平或者知识产权服务能力。

第七条　知识产权认证采用统一的认证标准、技术规范和认证规则,使用统一的认证标志。

第八条　在中华人民共和国境内从事知识产权认证及其监督管理适用本办法。

第二章　认证机构和认证人员

第九条　从事知识产权认证的机构(以下简称认证机构)应当依法设立,符合《中华人民共和国认证认可条例》、《认证机构管理办法》规定的条件,具备从事知识产权认证活动的相关专业能力要求,并经国家认监委批准后,方可从事批准范围内的认证活动。

国家认监委在批准认证机构资质时,涉及知识产权专业领域问题的,可以征求国家知识产权局意见。

第十条　认证机构可以设立分支机构、办事机构,并自设立之日起30日之内向国家认监委和国家知识产权局报送相关信息。

第十一条　认证机构从事认证审核(审查)的人员应当为专职认证人员,满足从事知识产权认证活动所需的相关知识与技能要求,并符合国家认证人员职业资格的相关要求。

第三章　行　为　规　范

第十二条　认证机构应当建立风险防范机制,对其从事认证活动可能引发的风险和责任,采取合理、有效的防范措施。

第十三条　认证机构不得从事与其认证工作相关的咨询、代理、培训、信息分析等服务以及产品开发和营销等活动,不得与认证咨询机构和认证委托人在资产、管理或者人员上存在利益关系。

第十四条　认证机构及其认证人员对其从业活动中所知悉的国家秘密、商业秘密和技术秘密负有保密义务。

第十五条　认证机构应当履行以下职责:

（一）在批准范围内开展认证工作；

（二）对获得认证的委托人出具认证证书，允许其使用认证标志；

（三）对认证证书、认证标志的使用情况进行跟踪检查；

（四）对认证的持续符合性进行监督审核；

（五）受理有关的认证申诉和投诉。

第十六条 认证机构应当建立保证认证活动规范有效的内部管理、制约、监督和责任机制，并保证其持续有效。

第十七条 认证机构应当对分支机构实施有效管理，规范其认证活动，并对其认证活动承担相应责任。

分支机构应当建立与认证机构相同的管理、制约、监督和责任机制。

第十八条 认证机构应当依照《认证机构管理办法》的规定，公布并向国家认监委报送相关信息。

前款规定的信息同时报送国家知识产权局。

第十九条 认证机构应当建立健全人员管理制度以及人员能力准则，对所有实施审核（审查）和认证决定等认证活动的人员进行能力评价，保证其能力持续符合准则要求。

认证人员应当诚实守信，恪尽职守，规范运作。

第二十条 认证机构及其认证人员应当对认证结果负责并承担相应法律责任。

第四章 认 证 实 施

第二十一条 认证机构从事认证活动，应当按照知识产权认证基本规范、认证规则的规定从事认证活动，作出认证结论，确保认证过程完整、客观、真实，不得增加、减少或者遗漏认证基本规范、认证规则规定的程序要求。

第二十二条 知识产权管理体系认证程序主要包括对法人或者其他组织经营过程中涉及知识产权创造、运用、保护和管理等文件和活动的审核，获证后的监督审核，以及再认证审核。

知识产权服务认证程序主要包括对提供知识产权服务的法人或者其他组织的服务质量特性、服务过程和管理实施评审，获证后监督审查，以及再认证评审。

第二十三条 被知识产权行政管理部门或者其他部门责令停业整顿，或者纳入国家信用信息失信主体名录的认证委托人，认证机构不得向其出具认证证书。

第二十四条 认证机构应当对认证全过程做出完整记录，保留相应认证记录、认证资料，并归档留存。认证记录应当真实、准确，以证实认证活动得到有效实施。

第二十五条 认证机构应当在认证证书有效期内，对认证证书持有人是否持续满足认证要求进行监督审核。初次认证后的第一次监督审核应当在认证决定日期起12个月内进行，且两次监督审核间隔不超过12个月。每次监督审核内容无须与初次认证相同，但应当在认证证书有效期内覆盖整个体系的审核内容。

认证机构根据监督审核情况做出认证证书保持、暂停或者撤销的决定。

第二十六条　认证委托人对认证机构的认证决定或者处理有异议的,可以向认证机构提出申诉或者投诉。对认证机构处理结果仍有异议的,可以向国家认监委或者国家知识产权局申诉或者投诉。

第五章　认证证书和认证标志

第二十七条　知识产权认证证书(以下简称认证证书)应当包括以下基本内容:
　　(一)认证委托人的名称和地址;
　　(二)认证范围;
　　(三)认证依据的标准或者技术规范;
　　(四)认证证书编号;
　　(五)认证类别;
　　(六)认证证书出具日期和有效期;
　　(七)认证机构的名称、地址和机构标志;
　　(八)认证标志;
　　(九)其他内容。

第二十八条　认证证书有效期为3年。
　　有效期届满需再次认证的,认证证书持有人应当在有效期届满3个月前向认证机构申请再认证,再认证的认证程序与初次认证相同。

第二十九条　知识产权认证采用国家推行的统一的知识产权认证标志(以下简称认证标志)。认证标志的样式由基本图案、认证机构识别信息组成。知识产权管理体系认证基本图案见图1所示,知识产权服务认证体系的基本图案见图2所示,其中ABCDE代表机构中文或者英文简称:

图1　知识产权管理体系认证基本图案

图2　知识产权服务认证基本图案

第三十条　认证证书持有人应当正确使用认证标志。
　　认证机构应当按照认证规则的规定，针对不同情形，及时作出认证证书的变更、暂停或者撤销处理决定，且应当采取有效措施，监督认证证书持有人正确使用认证证书和认证标志。
第三十一条　认证机构应当向公众提供查询认证证书有效性的方式。
第三十二条　任何组织和个人不得伪造、变造、冒用、非法买卖和转让认证证书和认证标志。

第六章　监督管理

第三十三条　国家认监委和国家知识产权局建立知识产权认证监管协同机制，对知识产权认证机构实施监督检查，发现违法违规行为的，依照《认证认可条例》、《认证机构管理办法》等法律法规的规定进行查处。
第三十四条　地方各级质量技术监督部门和各地出入境检验检疫机构（以下统称地方认证监管部门）、地方知识产权行政管理部门依照各自法定职责，建立相应的监管协同机制，对所辖区域内的知识产权认证活动实施监督检查，查处违法违规行为，并及时上报国家认监委和国家知识产权局。
第三十五条　认证机构在资质审批过程中存在弄虚作假、隐瞒真实情况或者不再符合认证机构资质条件的，由国家认监委依法撤销其资质。
第三十六条　认证人员在认证过程中出具虚假认证结论或者认证结果严重失实的，依照国家关于认证人员的相关规定处罚。
第三十七条　认证机构、认证委托人和认证证书持有人应当对认证监管部门实施的监督检查工作予以配合，对有关事项的询问和调查如实提供相关材料和信息。
第三十八条　违反有关认证认可法律法规的违法行为，从其规定予以处罚。
第三十九条　任何组织和个人对知识产权认证违法违规行为，有权向各级认证监管部门、各级知识产权行政管理部门举报。各级认证监管部门、各级知识产权行政管理部门应当及时调查处理,并为举报人保密。

第七章 附 则

第四十条 本办法由国家认监委、国家知识产权局负责解释。

第四十一条 本办法自2018年4月1日起施行。国家认监委和国家知识产权局于2013年11月6日印发的《知识产权管理体系认证实施意见》(国认可联〔2013〕56号)同时废止。

附件:知识产权认证目录

附件

知识产权认证目录

序号	认证项目	认证类别	认证依据
1	企业知识产权管理体系认证	知识产权管理体系	《企业知识产权管理规范》(GB/T 29490-2013)
2	高等学校知识产权管理体系认证		《高等学校知识产权管理规范》(GB/T 33251-2016)
3	科研组织知识产权管理体系认证		《科研组织知识产权管理规范》(GB/T 33250-2016)

最高人民法院关于审查知识产权纠纷行为保全案件适用法律若干问题的规定

1. 2018年11月26日最高人民法院审判委员会第1755次会议通过
2. 2018年12月12日公布
3. 法释〔2018〕21号
4. 自2019年1月1日起施行

为正确审查知识产权纠纷行为保全案件,及时有效保护当事人的合法权益,根据《中华人民共和国民事诉讼法》《中华人民共和国专利法》《中华人民共和国商标法》《中华人民共和国著作权法》等有关法律规定,结合审判、执行工作实际,制定本规定。

第一条 本规定中的知识产权纠纷是指《民事案件案由规定》中的知识产权与竞争纠纷。

第二条　知识产权纠纷的当事人在判决、裁定或者仲裁裁决生效前,依据民事诉讼法第一百条、第一百零一条规定申请行为保全的,人民法院应当受理。

知识产权许可合同的被许可人申请诉前责令停止侵害知识产权行为的,独占许可合同的被许可人可以单独向人民法院提出申请;排他许可合同的被许可人在权利人不申请的情况下,可以单独提出申请;普通许可合同的被许可人经权利人明确授权以自己的名义起诉的,可以单独提出申请。

第三条　申请诉前行为保全,应当向被申请人住所地具有相应知识产权纠纷管辖权的人民法院或者对案件具有管辖权的人民法院提出。

当事人约定仲裁的,应当向前款规定的人民法院申请行为保全。

第四条　向人民法院申请行为保全,应当递交申请书和相应证据。申请书应当载明下列事项:

(一)申请人与被申请人的身份、送达地址、联系方式;

(二)申请采取行为保全措施的内容和期限;

(三)申请所依据的事实、理由,包括被申请人的行为将会使申请人的合法权益受到难以弥补的损害或者造成案件裁决难以执行等损害的具体说明;

(四)为行为保全提供担保的财产信息或资信证明,或者不需要提供担保的理由;

(五)其他需要载明的事项。

第五条　人民法院裁定采取行为保全措施前,应当询问申请人和被申请人,但因情况紧急或者询问可能影响保全措施执行等情形除外。

人民法院裁定采取行为保全措施或者裁定驳回申请的,应当向申请人、被申请人送达裁定书。向被申请人送达裁定书可能影响采取保全措施的,人民法院可以在采取保全措施后及时向被申请人送达裁定书,至迟不得超过五日。

当事人在仲裁过程中申请行为保全的,应当通过仲裁机构向人民法院提交申请书、仲裁案件受理通知书等相关材料。人民法院裁定采取行为保全措施或者裁定驳回申请的,应当将裁定书送达当事人,并通知仲裁机构。

第六条　有下列情况之一,不立即采取行为保全措施即足以损害申请人利益的,应当认定属于民事诉讼法第一百条、第一百零一条规定的"情况紧急":

(一)申请人的商业秘密即将被非法披露;

(二)申请人的发表权、隐私权等人身权利即将受到侵害;

(三)诉争的知识产权即将被非法处分;

(四)申请人的知识产权在展销会等时效性较强的场合正在或者即将受到侵害;

(五)时效性较强的热播节目正在或者即将受到侵害;

(六)其他需要立即采取行为保全措施的情况。

第七条　人民法院审查行为保全申请,应当综合考量下列因素:

（一）申请人的请求是否具有事实基础和法律依据，包括请求保护的知识产权效力是否稳定；

（二）不采取行为保全措施是否会使申请人的合法权益受到难以弥补的损害或者造成案件裁决难以执行等损害；

（三）不采取行为保全措施对申请人造成的损害是否超过采取行为保全措施对被申请人造成的损害；

（四）采取行为保全措施是否损害社会公共利益；

（五）其他应当考量的因素。

第八条　人民法院审查判断申请人请求保护的知识产权效力是否稳定，应当综合考量下列因素：

（一）所涉权利的类型或者属性；

（二）所涉权利是否经过实质审查；

（三）所涉权利是否处于宣告无效或者撤销程序中以及被宣告无效或者撤销的可能性；

（四）所涉权利是否存在权属争议；

（五）其他可能导致所涉权利效力不稳定的因素。

第九条　申请人以实用新型或者外观设计专利权为依据申请行为保全的，应当提交由国务院专利行政部门作出的检索报告、专利权评价报告或者专利复审委员会维持该专利权有效的决定。申请人无正当理由拒不提交的，人民法院应当裁定驳回其申请。

第十条　在知识产权与不正当竞争纠纷行为保全案件中，有下列情形之一的，应当认定属于民事诉讼法第一百零一条规定的"难以弥补的损害"：

（一）被申请人的行为将会侵害申请人享有的商誉或者发表权、隐私权等人身性质的权利且造成无法挽回的损害；

（二）被申请人的行为将会导致侵权行为难以控制且显著增加申请人损害；

（三）被申请人的侵害行为将会导致申请人的相关市场份额明显减少；

（四）对申请人造成其他难以弥补的损害。

第十一条　申请人申请行为保全的，应当依法提供担保。

申请人提供的担保数额，应当相当于被申请人可能因执行行为保全措施所遭受的损失，包括责令停止侵权行为所涉产品的销售收益、保管费用等合理损失。

在执行行为保全措施过程中，被申请人可能因此遭受的损失超过申请人担保数额的，人民法院可以责令申请人追加相应的担保。申请人拒不追加的，可以裁定解除或者部分解除保全措施。

第十二条　人民法院采取的行为保全措施，一般不因被申请人提供担保而解除，但是申请人同意的除外。

第十三条　人民法院裁定采取行为保全措施的，应当根据申请人的请求或者案件具体情况等因素合理确定保全措施的期限。

裁定停止侵害知识产权行为的效力，一般应当维持至案件裁判生效时止。

人民法院根据申请人的请求、追加担保等情况，可以裁定继续采取保全措施。申请人请求续行保全措施的，应当在期限届满前七日内提出。

第十四条 当事人不服行为保全裁定申请复议的，人民法院应当在收到复议申请后十日内审查并作出裁定。

第十五条 人民法院采取行为保全的方法和措施，依照执行程序相关规定处理。

第十六条 有下列情形之一的，应当认定属于民事诉讼法第一百零五条规定的"申请有错误"：

（一）申请人在采取行为保全措施后三十日内不依法提起诉讼或者申请仲裁；

（二）行为保全措施因请求保护的知识产权被宣告无效等原因自始不当；

（三）申请责令被申请人停止侵害知识产权或者不正当竞争，但生效裁判认定不构成侵权或者不正当竞争；

（四）其他属于申请有错误的情形。

第十七条 当事人申请解除行为保全措施，人民法院收到申请后经审查符合《最高人民法院关于适用〈中华人民共和国民事诉讼法〉的解释》第一百六十六条规定的情形的，应当在五日内裁定解除。

申请人撤回行为保全申请或者申请解除行为保全措施的，不因此免除民事诉讼法第一百零五条规定的赔偿责任。

第十八条 被申请人依据民事诉讼法第一百零五条规定提起赔偿诉讼，申请人申请诉前行为保全后没有起诉或者当事人约定仲裁的，由采取保全措施的人民法院管辖；申请人已经起诉的，由受理起诉的人民法院管辖。

第十九条 申请人同时申请行为保全、财产保全或者证据保全的，人民法院应当依法分别审查不同类型保全申请是否符合条件，并作出裁定。

为避免被申请人实施转移财产、毁灭证据等行为致使保全目的无法实现，人民法院可以根据案件具体情况决定不同类型保全措施的执行顺序。

第二十条 申请人申请行为保全，应当依照《诉讼费用交纳办法》关于申请采取行为保全措施的规定交纳申请费。

第二十一条 本规定自2019年1月1日起施行。最高人民法院以前发布的相关司法解释与本规定不一致的，以本规定为准。

最高人民法院关于知识产权法庭若干问题的规定

1. 2018年12月3日最高人民法院审判委员会第1756次会议通过、2018年12月27日公布、自2019年1月1日起施行（法释〔2018〕22号）
2. 根据2023年10月16日最高人民法院审判委员会第1901次会议通过、2023年10月21日公布、自2023年11月1日起施行的《最高人民法院关于修改〈最高人民法院关于知识产权法庭若干问题的规定〉的决定》（法释〔2023〕10号）修正

为进一步统一知识产权案件裁判标准，依法平等保护各类市场主体合法权益，加大知识产权司法保护力度，优化科技创新法治环境，加快实施创新驱动发展战略，根据《中华人民共和国人民法院组织法》《中华人民共和国民事诉讼法》《中华人民共和国行政诉讼法》《全国人民代表大会常务委员会关于专利等知识产权案件诉讼程序若干问题的决定》等法律规定，结合审判工作实际，就最高人民法院知识产权法庭相关问题规定如下：

第一条 最高人民法院设立知识产权法庭，主要审理专利等专业技术性较强的知识产权上诉案件。

知识产权法庭是最高人民法院派出的常设审判机构，设在北京市。

知识产权法庭作出的判决、裁定、调解书和决定，是最高人民法院的判决、裁定、调解书和决定。

第二条 知识产权法庭审理下列上诉案件：

（一）专利、植物新品种、集成电路布图设计授权确权行政上诉案件；

（二）发明专利、植物新品种、集成电路布图设计权属、侵权民事和行政上诉案件；

（三）重大、复杂的实用新型专利、技术秘密、计算机软件权属、侵权民事和行政上诉案件；

（四）垄断民事和行政上诉案件。

知识产权法庭审理下列其他案件：

（一）前款规定类型的全国范围内重大、复杂的第一审民事和行政案件；

（二）对前款规定的第一审民事和行政案件已经发生法律效力的判决、裁定、调解书依法申请再审、抗诉、再审等适用审判监督程序的案件；

（三）前款规定的第一审民事和行政案件管辖权争议，行为保全裁定申请复议，罚款、拘留决定申请复议，报请延长审限等案件；

（四）最高人民法院认为应当由知识产权法庭审理的其他案件。

第三条 审理本规定第二条所称案件的下级人民法院应当按照规定及时向知识产权法庭移送纸质、电子卷宗。

第四条　知识产权法庭可以要求当事人披露涉案知识产权相关权属、侵权、授权确权等关联案件情况。当事人拒不如实披露的，可以作为认定其是否遵循诚实信用原则和构成滥用权利等的考量因素。

第五条　知识产权法庭可以根据案件情况到实地或者原审人民法院所在地巡回审理案件。

第六条　知识产权法庭采取保全等措施，依照执行程序相关规定办理。

第七条　知识产权法庭审理的案件的立案信息、合议庭组成人员、审判流程、裁判文书等依法公开。

第八条　知识产权法庭法官会议由庭长、副庭长和若干资深法官组成，讨论重大、疑难、复杂案件等。

第九条　知识产权法庭应当加强对有关案件审判工作的调研，及时总结裁判标准和审理规则，指导下级人民法院审判工作。

第十条　对知识产权法院、中级人民法院已经发生法律效力的本规定第二条第一款规定类型的第一审民事和行政案件判决、裁定、调解书，省级人民检察院向高级人民法院提出抗诉的，高级人民法院应当告知其由最高人民检察院依法向最高人民法院提出，并由知识产权法庭审理。

第十一条　本规定自2019年1月1日起施行。最高人民法院此前发布的司法解释与本规定不一致的，以本规定为准。

最高人民法院关于知识产权民事诉讼证据的若干规定

1. 2020年11月9日最高人民法院审判委员会第1815次会议通过
2. 2020年11月16日公布
3. 法释〔2020〕12号
4. 自2020年11月18日起施行

　　为保障和便利当事人依法行使诉讼权利，保证人民法院公正、及时审理知识产权民事案件，根据《中华人民共和国民事诉讼法》等有关法律规定，结合知识产权民事审判实际，制定本规定。

第一条　知识产权民事诉讼当事人应当遵循诚信原则，依照法律及司法解释的规定，积极、全面、正确、诚实地提供证据。

第二条　当事人对自己提出的主张，应当提供证据加以证明。根据案件审理情况，人民法院可以适用民事诉讼法第六十五条第二款的规定，根据当事人的主张及待证事实、当事人的证据持有情况、举证能力等，要求当事人提供有关证据。

第三条　专利方法制造的产品不属于新产品的，侵害专利权纠纷的原告应当举证证明下列事实：

（一）被告制造的产品与使用专利方法制造的产品属于相同产品；

（二）被告制造的产品经由专利方法制造的可能性较大；

（三）原告为证明被告使用了专利方法尽到合理努力。

原告完成前款举证后，人民法院可以要求被告举证证明其产品制造方法不同于专利方法。

第四条 被告依法主张合法来源抗辩的，应当举证证明合法取得被诉侵权产品、复制品的事实，包括合法的购货渠道、合理的价格和直接的供货方等。

被告提供的被诉侵权产品、复制品来源证据与其合理注意义务程度相当的，可以认定其完成前款所称举证，并推定其不知道被诉侵权产品、复制品侵害知识产权。被告的经营规模、专业程度、市场交易习惯等，可以作为确定其合理注意义务的证据。

第五条 提起确认不侵害知识产权之诉的原告应当举证证明下列事实：

（一）被告向原告发出侵权警告或者对原告进行侵权投诉；

（二）原告向被告发出诉权行使催告及催告时间、送达时间；

（三）被告未在合理期限内提起诉讼。

第六条 对于未在法定期限内提起行政诉讼的行政行为所认定的基本事实，或者行政行为认定的基本事实已为生效裁判所确认的部分，当事人在知识产权民事诉讼中无须再证明，但有相反证据足以推翻的除外。

第七条 权利人为发现或者证明知识产权侵权行为，自行或者委托他人以普通购买者的名义向被诉侵权人购买侵权物品所取得的实物、票据等可以作为起诉被诉侵权人侵权的证据。

被诉侵权人基于他人行为而实施侵害知识产权行为所形成的证据，可以作为权利人起诉其侵权的证据，但被诉侵权人仅基于权利人的取证行为而实施侵害知识产权行为的除外。

第八条 中华人民共和国领域外形成的下列证据，当事人仅以该证据未办理公证、认证等证明手续为由提出异议的，人民法院不予支持：

（一）已为发生法律效力的人民法院裁判所确认的；

（二）已为仲裁机构生效裁决所确认的；

（三）能够从官方或者公开渠道获得的公开出版物、专利文献等；

（四）有其他证据能够证明真实性的。

第九条 中华人民共和国领域外形成的证据，存在下列情形之一的，当事人仅以该证据未办理认证手续为由提出异议的，人民法院不予支持：

（一）提出异议的当事人对证据的真实性明确认可的；

（二）对方当事人提供证人证言对证据的真实性予以确认，且证人明确表示如作伪证愿意接受处罚的。

前款第二项所称证人作伪证，构成民事诉讼法第一百一十一条规定情形的，人民法院依法处理。

第十条　在一审程序中已经根据民事诉讼法第五十九条、第二百六十四条的规定办理授权委托书公证、认证或者其他证明手续的，在后续诉讼程序中，人民法院可以不再要求办理该授权委托书的上述证明手续。

第十一条　人民法院对于当事人或者利害关系人的证据保全申请，应当结合下列因素进行审查：

（一）申请人是否已就其主张提供初步证据；

（二）证据是否可以由申请人自行收集；

（三）证据灭失或者以后难以取得的可能性及其对证明待证事实的影响；

（四）可能采取的保全措施对证据持有人的影响。

第十二条　人民法院进行证据保全，应当以有效固定证据为限，尽量减少对保全标的物价值的损害和对证据持有人正常生产经营的影响。

证据保全涉及技术方案的，可以采取制作现场勘验笔录、绘图、拍照、录音、录像、复制设计和生产图纸等保全措施。

第十三条　当事人无正当理由拒不配合或者妨害证据保全，致使无法保全证据的，人民法院可以确定由其承担不利后果。构成民事诉讼法第一百一十一条规定情形的，人民法院依法处理。

第十四条　对于人民法院已经采取保全措施的证据，当事人擅自拆装证据实物、篡改证据材料或者实施其他破坏证据的行为，致使证据不能使用的，人民法院可以确定由其承担不利后果。构成民事诉讼法第一百一十一条规定情形的，人民法院依法处理。

第十五条　人民法院进行证据保全，可以要求当事人或者诉讼代理人到场，必要时可以根据当事人的申请通知有专门知识的人到场，也可以指派技术调查官参与证据保全。

证据为案外人持有的，人民法院可以对其持有的证据采取保全措施。

第十六条　人民法院进行证据保全，应当制作笔录、保全证据清单，记录保全时间、地点、实施人、在场人、保全经过、保全标的物状态，由实施人、在场人签名或者盖章。有关人员拒绝签名或者盖章的，不影响保全的效力，人民法院可以在笔录上记明并拍照、录像。

第十七条　被申请人对证据保全的范围、措施、必要性等提出异议并提供相关证据，人民法院经审查认为异议理由成立的，可以变更、终止、解除证据保全。

第十八条　申请人放弃使用被保全证据，但被保全证据涉及案件基本事实查明或者其他当事人主张使用的，人民法院可以对该证据进行审查认定。

第十九条　人民法院可以对下列待证事实的专门性问题委托鉴定：

（一）被诉侵权技术方案与专利技术方案、现有技术的对应技术特征在手段、功能、效果等方面的异同；

（二）被诉侵权作品与主张权利的作品的异同；

（三）当事人主张的商业秘密与所属领域已为公众所知悉的信息的异同、被诉侵权的信息与商业秘密的异同；

（四）被诉侵权物与授权品种在特征、特性方面的异同，其不同是否因非遗传变异所致；

（五）被诉侵权集成电路布图设计与请求保护的集成电路布图设计的异同；

（六）合同涉及的技术是否存在缺陷；

（七）电子数据的真实性、完整性；

（八）其他需要委托鉴定的专门性问题。

第二十条　经人民法院准许或者双方当事人同意，鉴定人可以将鉴定所涉部分检测事项委托其他检测机构进行检测，鉴定人对根据检测结果出具的鉴定意见承担法律责任。

第二十一条　鉴定业务领域未实行鉴定人和鉴定机构统一登记管理制度的，人民法院可以依照《最高人民法院关于民事诉讼证据的若干规定》第三十二条规定的鉴定人选任程序，确定具有相应技术水平的专业机构、专业人员鉴定。

第二十二条　人民法院应当听取各方当事人意见，并结合当事人提出的证据确定鉴定范围。鉴定过程中，一方当事人申请变更鉴定范围，对方当事人无异议的，人民法院可以准许。

第二十三条　人民法院应当结合下列因素对鉴定意见进行审查：

（一）鉴定人是否具备相应资格；

（二）鉴定人是否具备解决相关专门性问题应有的知识、经验及技能；

（三）鉴定方法和鉴定程序是否规范，技术手段是否可靠；

（四）送检材料是否经过当事人质证且符合鉴定条件；

（五）鉴定意见的依据是否充分；

（六）鉴定人有无应当回避的法定事由；

（七）鉴定人在鉴定过程中有无徇私舞弊或者其他影响公正鉴定的情形。

第二十四条　承担举证责任的当事人书面申请人民法院责令控制证据的对方当事人提交证据，申请理由成立的，人民法院应当作出裁定，责令其提交。

第二十五条　人民法院依法要求当事人提交有关证据，其无正当理由拒不提交、提交虚假证据、毁灭证据或者实施其他致使证据不能使用行为的，人民法院可以推定对方当事人就该证据所涉证明事项的主张成立。

当事人实施前款所列行为，构成民事诉讼法第一百一十一条规定情形的，人民法院依法处理。

第二十六条　证据涉及商业秘密或者其他需要保密的商业信息的，人民法院应当在相关诉讼参与人接触该证据前，要求其签订保密协议、作出保密承诺，或者以裁定等法律文书责令其不得出于本案诉讼之外的任何目的披露、使用、允许他人使用在诉讼程序中接触到的秘密信息。

当事人申请对接触前款所称证据的人员范围作出限制,人民法院经审查认为确有必要的,应当准许。

第二十七条 证人应当出庭作证,接受审判人员及当事人的询问。

双方当事人同意并经人民法院准许,证人不出庭的,人民法院应当组织当事人对该证人证言进行质证。

第二十八条 当事人可以申请有专门知识的人出庭,就专业问题提出意见。经法庭准许,当事人可以对有专门知识的人进行询问。

第二十九条 人民法院指派技术调查官参与庭前会议、开庭审理的,技术调查官可以就案件所涉技术问题询问当事人、诉讼代理人、有专门知识的人、证人、鉴定人、勘验人等。

第三十条 当事人对公证文书提出异议,并提供相反证据足以推翻的,人民法院对该公证文书不予采纳。

当事人对公证文书提出异议的理由成立的,人民法院可以要求公证机构出具说明或者补正,并结合其他相关证据对该公证文书进行审核认定。

第三十一条 当事人提供的财务账簿、会计凭证、销售合同、进出货单据、上市公司年报、招股说明书、网站或者宣传册等有关记载,设备系统存储的交易数据,第三方平台统计的商品流通数据,评估报告,知识产权许可使用合同以及市场监管、税务、金融部门的记录等,可以作为证据,用以证明当事人主张的侵害知识产权赔偿数额。

第三十二条 当事人主张参照知识产权许可使用费的合理倍数确定赔偿数额的,人民法院可以考量下列因素对许可使用费证据进行审核认定:

(一)许可使用费是否实际支付及支付方式,许可使用合同是否实际履行或者备案;

(二)许可使用的权利内容、方式、范围、期限;

(三)被许可人与许可人是否存在利害关系;

(四)行业许可的通常标准。

第三十三条 本规定自 2020 年 11 月 18 日起施行。本院以前发布的相关司法解释与本规定不一致的,以本规定为准。

最高人民法院关于第一审知识产权
民事、行政案件管辖的若干规定

1. 2021年12月27日最高人民法院审判委员会第1858次会议通过
2. 2022年4月20日公布
3. 法释〔2022〕13号
4. 自2022年5月1日起施行

为进一步完善知识产权案件管辖制度，合理定位四级法院审判职能，根据《中华人民共和国民事诉讼法》《中华人民共和国行政诉讼法》等法律规定，结合知识产权审判实践，制定本规定。

第一条 发明专利、实用新型专利、植物新品种、集成电路布图设计、技术秘密、计算机软件的权属、侵权纠纷以及垄断纠纷第一审民事、行政案件由知识产权法院，省、自治区、直辖市人民政府所在地的中级人民法院和最高人民法院确定的中级人民法院管辖。

法律对知识产权法院的管辖有规定的，依照其规定。

第二条 外观设计专利的权属、侵权纠纷以及涉驰名商标认定第一审民事、行政案件由知识产权法院和中级人民法院管辖；经最高人民法院批准，也可以由基层人民法院管辖，但外观设计专利行政案件除外。

本规定第一条及本条第一款规定之外的第一审知识产权案件诉讼标的额在最高人民法院确定的数额以上的，以及涉及国务院部门、县级以上地方人民政府或者海关行政行为的，由中级人民法院管辖。

法律对知识产权法院的管辖有规定的，依照其规定。

第三条 本规定第一条、第二条规定之外的第一审知识产权民事、行政案件，由最高人民法院确定的基层人民法院管辖。

第四条 对新类型、疑难复杂或者具有法律适用指导意义等知识产权民事、行政案件，上级人民法院可以依照诉讼法有关规定，根据下级人民法院报请或者自行决定提级审理。

确有必要将本院管辖的第一审知识产权民事案件交下级人民法院审理的，应当依照民事诉讼法第三十九条第一款的规定，逐案报请其上级人民法院批准。

第五条 依照本规定需要最高人民法院确定管辖或者调整管辖的诉讼标的额标准、区域范围的，应当层报最高人民法院批准。

第六条 本规定自2022年5月1日起施行。

最高人民法院此前发布的司法解释与本规定不一致的，以本规定为准。

最高人民法院关于审理侵害知识产权
民事案件适用惩罚性赔偿的解释

1. 2021年2月7日最高人民法院审判委员会第1831次会议通过
2. 2021年3月2日公布
3. 法释〔2021〕4号
4. 自2021年3月3日起施行

为正确实施知识产权惩罚性赔偿制度,依法惩处严重侵害知识产权行为,全面加强知识产权保护,根据《中华人民共和国民法典》《中华人民共和国著作权法》《中华人民共和国商标法》《中华人民共和国专利法》《中华人民共和国反不正当竞争法》《中华人民共和国种子法》《中华人民共和国民事诉讼法》等有关法律规定,结合审判实践,制定本解释。

第一条 原告主张被告故意侵害其依法享有的知识产权且情节严重,请求判令被告承担惩罚性赔偿责任的,人民法院应当依法审查处理。

本解释所称故意,包括商标法第六十三条第一款和反不正当竞争法第十七条第三款规定的恶意。

第二条 原告请求惩罚性赔偿的,应当在起诉时明确赔偿数额、计算方式以及所依据的事实和理由。

原告在一审法庭辩论终结前增加惩罚性赔偿请求的,人民法院应当准许;在二审中增加惩罚性赔偿请求的,人民法院可以根据当事人自愿的原则进行调解,调解不成的,告知当事人另行起诉。

第三条 对于侵害知识产权的故意的认定,人民法院应当综合考虑被侵害知识产权客体类型、权利状态和相关产品知名度、被告与原告或者利害关系人之间的关系等因素。

对于下列情形,人民法院可以初步认定被告具有侵害知识产权的故意:

(一)被告经原告或者利害关系人通知、警告后,仍继续实施侵权行为的;

(二)被告或其法定代表人、管理人是原告或者利害关系人的法定代表人、管理人、实际控制人的;

(三)被告与原告或者利害关系人之间存在劳动、劳务、合作、许可、经销、代理、代表等关系,且接触过被侵害的知识产权的;

(四)被告与原告或者利害关系人之间有业务往来或者为达成合同等进行过磋商,且接触过被侵害的知识产权的;

(五)被告实施盗版、假冒注册商标行为的;

(六)其他可以认定为故意的情形。

第四条　对于侵害知识产权情节严重的认定,人民法院应当综合考虑侵权手段、次数、侵权行为的持续时间、地域范围、规模、后果,侵权人在诉讼中的行为等因素。

被告有下列情形的,人民法院可以认定为情节严重:

(一)因侵权被行政处罚或者法院裁判承担责任后,再次实施相同或者类似侵权行为;

(二)以侵害知识产权为业;

(三)伪造、毁坏或者隐匿侵权证据;

(四)拒不履行保全裁定;

(五)侵权获利或者权利人受损巨大;

(六)侵权行为可能危害国家安全、公共利益或者人身健康;

(七)其他可以认定为情节严重的情形。

第五条　人民法院确定惩罚性赔偿数额时,应当分别依照相关法律,以原告实际损失数额、被告违法所得数额或者因侵权所获得的利益作为计算基数。该基数不包括原告为制止侵权所支付的合理开支;法律另有规定的,依照其规定。

前款所称实际损失数额、违法所得数额、因侵权所获得的利益均难以计算的,人民法院依法参照该权利许可使用费的倍数合理确定,并以此作为惩罚性赔偿数额的计算基数。

人民法院依法责令被告提供其掌握的与侵权行为相关的账簿、资料,被告无正当理由拒不提供或者提供虚假账簿、资料的,人民法院可以参考原告的主张和证据确定惩罚性赔偿数额的计算基数。构成民事诉讼法第一百一十一条规定情形的,依法追究法律责任。

第六条　人民法院依法确定惩罚性赔偿的倍数时,应当综合考虑被告主观过错程度、侵权行为的情节严重程度等因素。

因同一侵权行为已经被处以行政罚款或者刑事罚金且执行完毕,被告主张减免惩罚性赔偿责任的,人民法院不予支持,但在确定前款所称倍数时可以综合考虑。

第七条　本解释自 2021 年 3 月 3 日起施行。最高人民法院以前发布的相关司法解释与本解释不一致的,以本解释为准。

最高人民法院关于知识产权法院案件管辖等有关问题的通知

1. 2014 年 12 月 24 日
2. 法〔2014〕338 号

各省、自治区、直辖市高级人民法院,解放军军事法院,新疆维吾尔自治区高级人民法院生产建设兵团分院：

　　为进一步明确知识产权法院案件管辖等有关问题，依法及时受理知识产权案件，保障当事人诉讼权利，根据《中华人民共和国民事诉讼法》《中华人民共和国行政诉讼法》《全国人民代表大会常务委员会关于在北京、上海、广州设立知识产权法院的决定》《最高人民法院关于北京、上海、广州知识产权法院案件管辖的规定》等规定，结合审判实际，现就有关问题通知如下：

一、知识产权法院所在市辖区内的第一审知识产权民事案件，除法律和司法解释规定应由知识产权法院管辖外，由基层人民法院管辖，不受诉讼标的额的限制。

　　不具有知识产权民事案件管辖权的基层人民法院辖区内前款所述案件，由所在地高级人民法院报请最高人民法院指定具有知识产权民事案件管辖权的基层人民法院跨区域管辖。

二、知识产权法院对所在市的基层人民法院管辖的重大涉外或者有重大影响的第一审知识产权案件，可以根据民事诉讼法第三十八条的规定提级审理。

　　知识产权法院所在市的基层人民法院对其所管辖的第一审知识产权案件，认为需要由知识产权法院审理的，可以报请知识产权法院审理。

三、知识产权法院管辖所在市辖区内的第一审垄断民事纠纷案件。

　　广州知识产权法院对广东省内的第一审垄断民事纠纷实行跨区域管辖。

四、对知识产权法院所在市的基层人民法院已经发生法律效力的知识产权民事和行政判决、裁定、调解书，当事人依法可以向该基层人民法院或者知识产权法院申请再审。

　　对知识产权法院已经发生法律效力的民事和行政判决、裁定、调解书，当事人依法可以向该知识产权法院或者其所在地的高级人民法院申请再审；当事人依法向知识产权法院所在地的高级人民法院申请再审的，由该高级人民法院知识产权审判庭审理。

五、利害关系人或者当事人向知识产权法院申请证据保全、行为保全、财产保全的，知识产权法院应当依法及时受理；裁定采取相关措施的，应当立即执行。

六、知识产权法院审理的第一审案件，生效判决、裁定、调解书需要强制执行的，知识产权法院所在地的高级人民法院可指定辖区内其他中级人民法院执行。

七、本通知自2015年1月1日起施行。

　　施行中如有新情况，请及时层报最高人民法院。

最高人民法院关于印发基层人民法院管辖第一审知识产权民事、行政案件标准的通知

1. 2022 年 4 月 20 日
2. 法〔2022〕109 号

各省、自治区、直辖市高级人民法院,解放军军事法院,新疆维吾尔自治区高级人民法院生产建设兵团分院:

根据《最高人民法院关于第一审知识产权民事、行政案件管辖的若干规定》,最高人民法院确定了具有知识产权民事、行政案件管辖权的基层人民法院及其管辖区域、管辖第一审知识产权民事案件诉讼标的额的标准。现予以印发,自 2022 年 5 月 1 日起施行。本通知施行前已经受理的案件,仍按照原标准执行。

基层人民法院管辖第一审知识产权民事、行政案件标准

地区	民事案件诉讼标的额(不含本数)	基层人民法院	管辖区域
北京市	不受诉讼标的额限制	北京市东城区人民法院	东城区、通州区、顺义区、怀柔区、平谷区、密云区
		北京市西城区人民法院	西城区、大兴区
		北京市朝阳区人民法院	朝阳区
		北京市海淀区人民法院	海淀区
		北京市丰台区人民法院	丰台区、房山区
		北京市石景山区人民法院	石景山区、门头沟区、昌平区、延庆区
天津市	500 万元以下	天津市滨海新区人民法院	滨海新区、东丽区、宁河区
		天津市和平区人民法院	和平区、南开区、红桥区、西青区、武清区、宝坻区、蓟州区
		天津市河西区人民法院	河东区、河西区、河北区、津南区、北辰区、静海区

续表

地区	民事案件诉讼标的额(不含本数)	基层人民法院	管辖区域
河北省	100万元以下	石家庄高新技术产业开发区人民法院	石家庄高新技术产业开发区、长安区、裕华区、栾城区、藁城区、新乐市、晋州市、深泽县、灵寿县、行唐县、赵县、辛集市
		石家庄铁路运输法院	新华区、桥西区、鹿泉区、正定县、井陉县、井陉矿区、赞皇县、平山县、高邑县、元氏县、无极县
		唐山高新技术产业开发区人民法院	唐山市
		秦皇岛市山海关区人民法院	秦皇岛市
		邯郸市永年区人民法院	永年区、复兴区、丛台区、涉县、武安市、广平县、曲周县、鸡泽县、邱县、馆陶县
		邯郸经济技术开发区人民法院	邯郸经济技术开发区、冀南新区、峰峰矿区、邯山区、肥乡区、磁县、成安县、临漳县、魏县、大名县
		邢台经济开发区人民法院	邢台市
		保定高新技术产业开发区人民法院	保定市及定州市
		张家口市桥东区人民法院	张家口市
		承德市双滦区人民法院	承德市
		沧州市新华区人民法院	沧州市
		廊坊市安次区人民法院	廊坊市
		衡水市桃城区人民法院	衡水市
		容城县人民法院	雄安新区
山西省	100万元以下	山西转型综合改革示范区人民法院	山西转型综合改革示范区
		太原市杏花岭区人民法院	太原市
		大同市云冈区人民法院	大同市
		阳泉市郊区人民法院	阳泉市
		长治市潞州区人民法院	长治市
		晋中市太谷区人民法院	晋中市

续表

地区	民事案件诉讼标的额（不含本数）	基层人民法院	管辖区域
		晋城市城区人民法院	晋城市
		朔州市朔城区人民法院	朔州市
		忻州市忻府区人民法院	忻州市
		汾阳市人民法院	吕梁市
		临汾市尧都区人民法院	临汾市
		运城市盐湖区人民法院	运城市
内蒙古自治区	100万元以下	呼和浩特市新城区人民法院	呼和浩特市
		包头市石拐区人民法院	包头市
		乌海市乌达区人民法院	乌海市
		赤峰市红山区人民法院	赤峰市
		通辽市科尔沁区人民法院	通辽市
		鄂尔多斯市康巴什区人民法院	鄂尔多斯市
		呼伦贝尔市海拉尔区人民法院	呼伦贝尔市
		巴彦淖尔市临河区人民法院	巴彦淖尔市
		乌兰察布市集宁区人民法院	乌兰察布市
		乌兰浩特市人民法院	兴安盟
		锡林浩特市人民法院	锡林郭勒盟
		阿拉善左旗人民法院	阿拉善盟
辽宁省	100万元以下	沈阳高新技术产业开发区人民法院	沈阳市
		大连市西岗区人民法院	大连市［中国（辽宁）自由贸易试验区大连片区除外］
		大连经济技术开发区人民法院	中国（辽宁）自由贸易试验区大连片区

续表

地区	民事案件诉讼标的额(不含本数)	基层人民法院	管辖区域
		鞍山市千山区人民法院	鞍山市
		抚顺市东洲区人民法院	抚顺市
		本溪市平山区人民法院	本溪市
		丹东市振安区人民法院	丹东市
		锦州市古塔区人民法院	锦州市
		营口市西市区人民法院	营口市
		阜新市海州区人民法院	阜新市
		辽阳市太子河区人民法院	辽阳市
		铁岭市银州区人民法院	铁岭市
		朝阳市龙城区人民法院	朝阳市
		盘山县人民法院	盘锦市
		兴城市人民法院	葫芦岛市
吉林省	100万元以下	长春新区人民法院	长春市
		吉林市船营区人民法院	吉林市
		四平市铁西区人民法院	四平市
		辽源市龙山区人民法院	辽源市
		梅河口市人民法院	通化市
		白山市浑江区人民法院	白山市
		松原市宁江区人民法院	松原市
		白城市洮北区人民法院	白城市
		珲春市人民法院	延边朝鲜族自治州
		珲春林区基层法院	延边林区中级法院辖区
		临江林区基层法院	长春林区中级法院辖区
黑龙江省	100万元以下	哈尔滨市南岗区人民法院	南岗区、香坊区、阿城区、呼兰区、五常市、巴彦县、木兰县、通河县
		哈尔滨市道里区人民法院	道里区、道外区、双城区、尚志市、宾县、依兰县、延寿县、方正县
		哈尔滨市松北区人民法院	松北区、平房区

续表

地区	民事案件诉讼标的额(不含本数)	基层人民法院	管辖区域
		齐齐哈尔市铁锋区人民法院	齐齐哈尔市
		牡丹江市东安区人民法院	牡丹江市
		佳木斯市向阳区人民法院	佳木斯市
		大庆高新技术产业开发区人民法院	大庆市
		鸡西市鸡冠区人民法院	鸡西市
		鹤岗市南山区人民法院	鹤岗市
		双鸭山市岭东区人民法院	双鸭山市
		伊春市伊美区人民法院	伊春市
		七台河市桃山区人民法院	七台河市
		黑河市爱辉区人民法院	黑河市
		海伦市人民法院	绥化市
		大兴安岭地区加格达奇区人民法院	大兴安岭地区
		绥北人民法院	农垦中级法院辖区
上海市	不受诉讼标的额限制	上海市浦东新区人民法院	各自辖区
		上海市徐汇区人民法院	
		上海市长宁区人民法院	
		上海市闵行区人民法院	
		上海市金山区人民法院	
		上海市松江区人民法院	
		上海市奉贤区人民法院	
		上海市黄浦区人民法院	
		上海市杨浦区人民法院	
		上海市虹口区人民法院	
		上海市静安区人民法院	
		上海市普陀区人民法院	

续表

地区	民事案件诉讼标的额(不含本数)	基层人民法院	管辖区域
		上海市宝山区人民法院	
		上海市嘉定区人民法院	
		上海市青浦区人民法院	
		上海市崇明区人民法院	
江苏省	500万元以下	南京市玄武区人民法院	玄武区、栖霞区
		南京市秦淮区人民法院	秦淮区
		南京市建邺区人民法院	建邺区
		南京市雨花台区人民法院	雨花台区
		南京市江宁区人民法院	江宁区(秣陵街道及禄口街道除外)
		江宁经济技术开发区人民法院	江宁区秣陵街道及禄口街道、溧水区、高淳区
		南京江北新区人民法院	南京江北新区、鼓楼区、浦口区、六合区
		江阴市人民法院	江阴市
		宜兴市人民法院	宜兴市
		无锡市惠山区人民法院	惠山区
		无锡市滨湖区人民法院	滨湖区、梁溪区
		无锡市新吴区人民法院	新吴区、锡山区
		徐州市鼓楼区人民法院	鼓楼区、丰县、沛县
		徐州市铜山区人民法院	铜山区、泉山区
		睢宁县人民法院	睢宁县、邳州市
		新沂市人民法院	新沂市
		徐州经济技术开发区人民法院	云龙区、贾汪区、徐州经济技术开发区
		常州市天宁区人民法院	天宁区
		常州市钟楼区人民法院	钟楼区
		常州高新技术产业开发区人民法院	新北区
		常州市武进区人民法院	武进区

续表

地区	民事案件诉讼标的额(不含本数)	基层人民法院	管辖区域
		常州市金坛区人民法院	金坛区
		溧阳市人民法院	溧阳市
		常州经济开发区人民法院	常州经济开发区
		张家港市人民法院	张家港市
		常熟市人民法院	常熟市
		太仓市人民法院	太仓市
		昆山市人民法院	昆山市
		苏州市吴江区人民法院	吴江区
		苏州市相城区人民法院	相城区
		苏州工业园区人民法院	苏州工业园区、吴中区
		苏州市虎丘区人民法院	虎丘区、姑苏区
		南通通州湾江海联动开发示范区人民法院	崇川区、通州区、海门区、海安市、如东县、启东市、如皋市、南通经济技术开发区、通州湾江海联动开发示范区
		连云港市连云区人民法院	连云区、海州区、赣榆区
		连云港经济技术开发区人民法院	东海县、灌云县、灌南县、连云港经济技术开发区
		淮安市淮安区人民法院	淮安区、洪泽区、盱眙县、金湖县
		淮安市淮阴区人民法院	淮阴区、清江浦区、涟水县、淮安经济技术开发区
		盐城市亭湖区人民法院	亭湖区、建湖县、盐城经济技术开发区
		射阳县人民法院	响水县、滨海县、阜宁县、射阳县
		盐城市大丰区人民法院	盐都区、大丰区、东台市
		扬州市广陵区人民法院	广陵区、江都区、扬州经济技术开发区、扬州市生态科技新城、扬州市蜀冈－瘦西湖风景名胜区
		仪征市人民法院	邗江区、仪征市
		高邮市人民法院	宝应县、高邮市
		镇江市京口区人民法院	京口区、润州区
		丹阳市人民法院	丹阳市、句容市

续表

地区	民事案件诉讼标的额(不含本数)	基层人民法院	管辖区域
		镇江经济开发区人民法院	丹徒区、扬中市、镇江经济技术开发区
		靖江市人民法院	姜堰区、靖江市、泰兴市
		泰州医药高新技术产业开发区人民法院	海陵区、泰州医药高新技术产业开发区(高港区)、兴化市
		沭阳县人民法院	沭阳县、泗阳县
		宿迁市宿城区人民法院	宿城区、宿豫区、泗洪县
浙江省	500万元以下	杭州市拱墅区人民法院	拱墅区
		杭州市西湖区人民法院	西湖区
		杭州市滨江区人民法院	滨江区
		杭州市萧山区人民法院	萧山区
		杭州市余杭区人民法院	余杭区
		杭州市临平区人民法院	临平区
		杭州市钱塘区人民法院	钱塘区
		杭州铁路运输法院	上城区、富阳区、临安区、建德市、桐庐县、淳安县
		宁波市海曙区人民法院	海曙区、江北区
		宁波市北仑区人民法院	北仑区
		宁波市镇海区人民法院	镇海区
		宁波市鄞州区人民法院	鄞州区、象山县、宁波高新技术产业开发区
		宁波市奉化区人民法院	奉化区、宁海县
		余姚市人民法院	余姚市
		慈溪市人民法院	慈溪市
		温州市鹿城区人民法院	鹿城区
		温州市瓯海区人民法院	龙湾区、瓯海区
		瑞安市人民法院	瑞安市、龙港市、平阳县、苍南县、文成县、泰顺县
		乐清市人民法院	洞头区、乐清市、永嘉县
		湖州市吴兴区人民法院	吴兴区、南浔区
		德清县人民法院	德清县

续表

地区	民事案件诉讼标的额(不含本数)	基层人民法院	管辖区域
		长兴县人民法院	长兴县
		安吉县人民法院	安吉县
		嘉兴市南湖区人民法院	南湖区、平湖市、嘉善县、海盐县
		嘉兴市秀洲区人民法院	秀洲区
		海宁市人民法院	海宁市
		桐乡市人民法院	桐乡市
		绍兴市柯桥区人民法院	越城区、柯桥区
		绍兴市上虞区人民法院	上虞区
		诸暨市人民法院	诸暨市
		嵊州市人民法院	嵊州市
		新昌县人民法院	新昌县
		金华市婺城区人民法院	婺城区、武义县
		金华市金东区人民法院	金东区、兰溪市、浦江县
		义乌市人民法院	义乌市
		东阳市人民法院	东阳市、磐安县
		永康市人民法院	永康市
		衢州市衢江区人民法院	柯城区、衢江区、龙游县
		江山市人民法院	江山市、常山县、开化县
		舟山市普陀区人民法院	定海区、普陀区、岱山县、嵊泗县
		台州市椒江区人民法院	椒江区、黄岩区、路桥区
		温岭市人民法院	温岭市
		临海市人民法院	临海市
		玉环市人民法院	玉环市
		天台县人民法院	三门县、天台县、仙居县
		丽水市莲都区人民法院	莲都区、青田县、缙云县
		云和县人民法院	龙泉市、遂昌县、松阳县、云和县、庆元县、景宁畲族自治县

续表

地区	民事案件诉讼标的额(不含本数)	基层人民法院	管辖区域
安徽省	100万元以下	合肥高新技术开发区人民法院	合肥市
		濉溪县人民法院	淮北市
		利辛县人民法院	亳州市
		灵璧县人民法院	宿州市
		蚌埠市禹会区人民法院	蚌埠市
		阜阳市颍东区人民法院	阜阳市
		淮南市大通区人民法院	淮南市
		滁州市南谯区人民法院	滁州市
		六安市裕安区人民法院	六安市
		马鞍山市花山区人民法院	马鞍山市
		芜湖经济技术开发区人民法院	芜湖市
		宁国市人民法院	宣城市
		铜陵市义安区人民法院	铜陵市
		池州市贵池区人民法院	池州市
		安庆市迎江区人民法院	安庆市
		黄山市徽州区人民法院	黄山市
福建省	100万元以下	福州市鼓楼区人民法院	鼓楼区、台江区、仓山区、晋安区
		福州市马尾区人民法院	马尾区、长乐区、连江县、罗源县
		福清市人民法院	福清市、闽侯县、闽清县、永泰县
		平潭综合实验区人民法院	平潭综合实验区
		厦门市思明区人民法院	思明区
		厦门市湖里区人民法院	湖里区、中国(福建)自由贸易试验区厦门片区
		厦门市集美区人民法院	集美区、同安区、翔安区
		厦门市海沧区人民法院	海沧区[中国(福建)自由贸易试验区厦门片区除外]
		漳州市长泰区人民法院	芗城区、龙文区、龙海区、长泰区、南靖县、华安县

续表

地区	民事案件诉讼标的额(不含本数)	基层人民法院	管辖区域
		漳浦县人民法院	漳浦县、云霄县、诏安县、东山县、平和县
		泉州市洛江区人民法院	鲤城区、丰泽区、洛江区、泉州经济技术开发区
		泉州市泉港区人民法院	泉港区、惠安县、泉州台商投资区
		晋江市人民法院	晋江市
		石狮市人民法院	石狮市
		南安市人民法院	南安市
		德化县人民法院	安溪县、永春县、德化县
		三明市沙县区人民法院	三元区、沙县区、建宁县、泰宁县、将乐县、尤溪县
		明溪县人民法院	永安市、明溪县、清流县、宁化县、大田县
		莆田市城厢区人民法院	城厢区、秀屿区
		莆田市涵江区人民法院	荔城区、涵江区
		仙游县人民法院	仙游县
		南平市延平区人民法院	延平区、建瓯市、顺昌县、政和县
		武夷山市人民法院	建阳区、邵武市、武夷山市、浦城县、光泽县、松溪县
		龙岩市新罗区人民法院	新罗区、永定区、漳平市
		连城县人民法院	上杭县、武平县、长汀县、连城县
		宁德市蕉城区人民法院	蕉城区、东侨经济技术开发区、古田县、屏南县、周宁县、寿宁县
		福鼎市人民法院	福安市、柘荣县、福鼎市、霞浦县
江西省	100万元以下	南昌高新技术产业开发区人民法院	东湖区、青云谱区、青山湖区、红谷滩区、南昌高新技术产业开发区
		南昌经济技术开发区人民法院	南昌县、进贤县、安义县、西湖区、新建区、南昌经济技术开发区
		九江市濂溪区人民法院	九江市
		景德镇市珠山区人民法院	景德镇市
		芦溪县人民法院	萍乡市
		新余市渝水区人民法院	新余市

续表

地区	民事案件诉讼标的额(不含本数)	基层人民法院	管辖区域
		鹰潭市月湖区人民法院	鹰潭市
		赣州市章贡区人民法院	赣州市
		万载县人民法院	宜春市
		上饶市广信区人民法院	上饶市
		吉安市吉州区人民法院	吉安市
		宜黄县人民法院	抚州市
山东省	100万元以下	济南市历下区人民法院	历下区、槐荫区
		济南市市中区人民法院	市中区、历城区
		济南市天桥区人民法院	天桥区、济阳区、商河县
		济南市长清区人民法院	长清区、平阴县
		济南市章丘区人民法院	章丘区、济南高新技术产业开发区
		济南市莱芜区人民法院	莱芜区、钢城区
		青岛市市南区人民法院	市南区、市北区
		青岛市黄岛区人民法院	黄岛区
		青岛市崂山区人民法院	崂山区
		青岛市李沧区人民法院	李沧区、城阳区
		青岛市即墨区人民法院	即墨区、莱西市
		胶州市人民法院	胶州市、平度市
		淄博市周村区人民法院	张店区、周村区、淄博高新技术产业开发区
		沂源县人民法院	淄川区、博山区、临淄区、桓台县、高青县、沂源县
		枣庄市市中区人民法院	市中区、峄城区、台儿庄区
		滕州市人民法院	薛城区、山亭区、滕州市
		东营市垦利区人民法院	东营市
		烟台市芝罘区人民法院	芝罘区
		招远市人民法院	龙口市、莱州市、招远市、栖霞市
		烟台经济技术开发区人民法院	蓬莱区、烟台经济技术开发区

续表

地区	民事案件诉讼标的额(不含本数)	基层人民法院	管辖区域
		烟台高新技术产业开发区人民法院	福山区、牟平区、莱山区、莱阳市、海阳市、烟台高新技术产业开发区
		潍坊市潍城区人民法院	潍城区、坊子区、诸城市、安丘市
		潍坊市奎文区人民法院	寒亭区、奎文区、高密市、昌邑市、潍坊高新技术产业开发区、潍坊滨海经济技术开发区
		寿光市人民法院	青州市、寿光市、临朐县、昌乐县
		曲阜市人民法院	曲阜市、邹城市、微山县、泗水县
		嘉祥县人民法院	鱼台县、金乡县、嘉祥县、汶上县、梁山县
		济宁高新技术产业开发区人民法院	任城区、兖州区、济宁高新技术产业开发区
		泰安高新技术产业开发区人民法院	泰安市
		威海市环翠区人民法院	威海市
		日照市东港区人民法院	日照市
		临沂市兰山区人民法院	兰山区
		临沂市罗庄区人民法院	罗庄区、兰陵县、临沂高新技术产业开发区
		临沂市河东区人民法院	河东区、郯城县、沂水县、莒南县、临沭县、临沂经济技术开发区
		费县人民法院	沂南县、费县、平邑县、蒙阴县
		德州市德城区人民法院	德州市
		聊城市茌平区人民法院	东昌府区、茌平区
		临清市人民法院	临清市、阳谷县、莘县、东阿县、冠县、高唐县
		滨州经济技术开发区人民法院	滨州市
		成武县人民法院	定陶区、曹县、单县、成武县
		东明县人民法院	牡丹区、东明县
		菏泽经济开发区人民法院	巨野县、郓城县、鄄城县、菏泽经济开发区

续表

地区	民事案件诉讼标的额(不含本数)	基层人民法院	管辖区域
河南省	500万元以下	郑州市管城回族区人民法院	管城回族区、金水区、中原区、惠济区、上街区、巩义市、荥阳市
		郑州航空港经济综合实验区人民法院	二七区、郑州高新技术产业开发区、郑州经济技术开发区、郑州航空港经济综合实验区、中牟县、新郑市、新密市、登封市
		开封市龙亭区人民法院	开封市
		洛阳市老城区人民法院	洛阳市
		平顶山市湛河区人民法院	平顶山市
		安阳市龙安区人民法院	安阳市
		鹤壁市山城区人民法院	鹤壁市
		新乡市卫滨区人民法院	新乡市
		修武县人民法院	焦作市
		清丰县人民法院	濮阳市
		许昌市魏都区人民法院	许昌市
		漯河市召陵区人民法院	漯河市
		三门峡市湖滨区人民法院	三门峡市
		南阳高新技术产业开发区人民法院	南阳市
		商丘市睢阳区人民法院	商丘市
		罗山县人民法院	信阳市
		扶沟县人民法院	周口市
		遂平县人民法院	驻马店市
		济源市人民法院	济源市
湖北省	500万元以下	武汉市江岸区人民法院	江岸区、黄陂区、新洲区
		武汉市江汉区人民法院	江汉区、硚口区、东西湖区
		武汉市洪山区人民法院	武昌、青山区、洪山区
		武汉经济技术开发区人民法院	汉阳区、蔡甸区、汉南区、武汉经济技术开发区

续表

地区	民事案件诉讼标的额(不含本数)	基层人民法院	管辖区域
		武汉东湖新技术开发区人民法院	江夏区、武汉东湖新技术开发区
		南漳县人民法院	枣阳市、宜城市、南漳县、保康县、谷城县、老河口市
		襄阳高新技术产业开发区人民法院	襄州区、襄城区、樊城区、襄阳高新技术产业开发区
		宜昌市三峡坝区人民法院	宜昌市、神农架林区
		大冶市人民法院	黄石市
		十堰市张湾区人民法院	十堰市
		荆州市荆州区人民法院	荆州区、沙市区、江陵县、监利市、洪湖市
		石首市人民法院	松滋市、公安县、石首市
		荆门市东宝区人民法院	荆门市
		鄂州市华容区人民法院	鄂州市
		孝感市孝南区人民法院	孝南区、汉川市、孝昌县
		安陆市人民法院	应城市、云梦县、安陆市、大悟县
		黄冈市黄州区人民法院	黄州区、浠水县、蕲春县、武穴市、黄梅县、龙感湖管理区
		麻城市人民法院	团风县、红安县、麻城市、罗田县、英山县
		通城县人民法院	咸宁市
		随县人民法院	随州市
		宣恩县人民法院	恩施土家族苗族自治州
		天门市人民法院	仙桃市、天门市、潜江市
湖南省	100万元以下	长沙市天心区人民法院	天心区、雨花区
		长沙市岳麓区人民法院	岳麓区、望城区
		长沙市开福区人民法院	开福区、芙蓉区
		长沙县人民法院	长沙县
		浏阳市人民法院	浏阳市
		宁乡市人民法院	宁乡市

续表

地区	民事案件诉讼标的额（不含本数）	基层人民法院	管辖区域
		株洲市天元区人民法院	株洲市
		湘潭市岳塘区人民法院	湘潭市
		衡阳市雁峰区人民法院	衡阳市
		邵东市人民法院	邵阳市
		岳阳市岳阳楼区人民法院	岳阳市
		津市市人民法院	常德市
		张家界市永定区人民法院	张家界市
		益阳市资阳区人民法院	益阳市
		娄底市娄星区人民法院	娄底市
		郴州市苏仙区人民法院	郴州市
		祁阳市人民法院	永州市
		怀化市鹤城区人民法院	怀化市
		吉首市人民法院	湘西土家族苗族自治州
广东省	广州市、深圳市、佛山市、东莞市、中山市、珠海市、惠州市、肇庆市、江门市：1000万元以下；其他区域：500万元以下	广州市越秀区人民法院	各自辖区
		广州市海珠区人民法院	
		广州市荔湾区人民法院	
		广州市天河区人民法院	
		广州市白云区人民法院	
		广州市黄埔区人民法院	
		广州市花都区人民法院	
		广州市番禺区人民法院	
		广州市南沙区人民法院	
		广州市从化区人民法院	
		广州市增城区人民法院	
		深圳市福田区人民法院	各自辖区
		深圳市罗湖区人民法院	
		深圳市盐田区人民法院	

续表

地区	民事案件诉讼标的额（不含本数）	基层人民法院	管辖区域
		深圳市南山区人民法院	
		深圳市宝安区人民法院	
		深圳市龙岗区人民法院	
		深圳前海合作区人民法院	
		深圳市龙华区人民法院	
		深圳市坪山区人民法院	
		深圳市光明区人民法院	
		深圳深汕特别合作区人民法院	
		佛山市禅城区人民法院	佛山市
		东莞市第一人民法院	各自辖区
		东莞市第二人民法院	
		东莞市第三人民法院	
		中山市第一人民法院	各自辖区
		中山市第二人民法院	
		珠海市香洲区人民法院	珠海市（横琴粤澳深度合作区除外）
		横琴粤澳深度合作区人民法院	横琴粤澳深度合作区
		惠州市惠城区人民法院	惠州市
		肇庆市端州区人民法院	肇庆市
		江门市江海区人民法院	江门市
		汕头市金平区人民法院	金平区、潮阳区、潮南区
		汕头市龙湖区人民法院	龙湖区、澄海区、濠江区、南澳县
		阳江市江城区人民法院	阳江市
		清远市清城区人民法院	清远市
		揭阳市榕城区人民法院	揭阳市
		湛江市麻章区人民法院	湛江市
		茂名市电白区人民法院	茂名市

续表

地区	民事案件诉讼标的额(不含本数)	基层人民法院	管辖区域
		梅州市梅县区人民法院	梅州市
		翁源县人民法院	韶关市
		潮州市潮安区人民法院	潮州市
		汕尾市城区人民法院	汕尾市
		东源县人民法院	河源市
		云浮市云安区人民法院	云浮市
广西壮族自治区	100万元以下	南宁市良庆区人民法院	南宁市
		柳州市柳江区人民法院	柳州市
		桂林市叠彩区人民法院	桂林市
		梧州市万秀区人民法院	梧州市
		北海市海城区人民法院	北海市
		防城港市防城区人民法院	防城港市
		钦州市钦北区人民法院	钦州市
		贵港市覃塘区人民法院	贵港市
		玉林市福绵区人民法院	玉林市
		百色市田阳区人民法院	百色市
		贺州市平桂区人民法院	贺州市
		河池市宜州区人民法院	河池市
		来宾市兴宾区人民法院	来宾市
		崇左市江州区人民法院	崇左市
海南省	500万元以下	海口市琼山区人民法院	海口市、三沙市
		琼海市人民法院	海南省第一中级人民法院辖区
		儋州市人民法院	海南省第二中级人民法院辖区
		三亚市城郊人民法院	三亚市
重庆市	500万元以下	重庆两江新区人民法院(重庆自由贸易试验区人民法院)	重庆市第一中级人民法院辖区
		重庆市渝中区人民法院	重庆市第二中级人民法院、第三中级人民法院、第四中级人民法院、第五中级人民法院辖区

续表

地区	民事案件诉讼标的额(不含本数)	基层人民法院	管辖区域
四川省	100万元以下	四川天府新区成都片区人民法院(四川自由贸易试验区人民法院)	四川天府新区成都直管区、中国(四川)自由贸易试验区成都天府新区片区及成都青白江铁路港片区、龙泉驿区、双流区、简阳市、蒲江县
		成都高新技术产业开发区人民法院	成都高新技术产业开发区、成华区、新津区,邛崃市
		成都市锦江区人民法院	锦江区、青羊区、青白江区、金堂县
		成都市武侯区人民法院	金牛区、武侯区、温江区、崇州市
		成都市郫都区人民法院	新都区、郫都区、都江堰市、彭州市、大邑县
		自贡市自流井区人民法院	自贡市
		攀枝花市东区人民法院	攀枝花市
		泸州市江阳区人民法院	泸州市
		广汉市人民法院	德阳市
		绵阳高新技术产业开发区人民法院	绵阳市
		广元市利州区人民法院	广元市
		遂宁市船山区人民法院	遂宁市
		内江市市中区人民法院	内江市
		乐山市市中区人民法院	乐山市
		南充市顺庆区人民法院	南充市
		宜宾市翠屏区人民法院	宜宾市
		华蓥市人民法院	广安市
		达州市通川区人民法院	达州市
		巴中市巴州区人民法院	巴中市
		雅安市雨城区人民法院	雅安市
		仁寿县人民法院	眉山市
		资阳市雁江区人民法院	资阳市
		马尔康市人民法院	阿坝藏族羌族自治州
		康定市人民法院	甘孜藏族自治州
		西昌市人民法院	凉山彝族自治州

续表

地区	民事案件诉讼标的额(不含本数)	基层人民法院	管辖区域
贵州省	100万元以下	修文县人民法院	贵阳市
		六盘水市钟山区人民法院	六盘水市
		遵义市播州区人民法院	遵义市
		铜仁市碧江区人民法院	铜仁市
		兴义市人民法院	黔西南布依族苗族自治州
		毕节市七星关区人民法院	毕节市
		安顺市平坝区人民法院	安顺市
		凯里市人民法院	黔东南苗族侗族自治州
		都匀市人民法院	黔南布依族苗族自治州
云南省	100万元以下	昆明市盘龙区人民法院	盘龙区、东川区、嵩明县、寻甸回族彝族自治县
		昆明市官渡区人民法院	呈贡区、官渡区、宜良县、石林彝族自治县
		安宁市人民法院	五华区、西山区、晋宁区、安宁市、富民县、禄劝彝族苗族自治县
		盐津县人民法院	昭通市
		曲靖市麒麟区人民法院	曲靖市
		玉溪市红塔区人民法院	玉溪市
		腾冲市人民法院	保山市
		禄丰市人民法院	楚雄彝族自治州
		开远市人民法院	红河哈尼族彝族自治州
		砚山县人民法院	文山壮族苗族自治州
		宁洱哈尼族彝族自治县人民法院	普洱市
		勐海县人民法院	西双版纳傣族自治州
		漾濞彝族自治县人民法院	大理白族自治州
		瑞丽市人民法院	德宏傣族景颇族自治州
		玉龙纳西族自治县人民法院	丽江市
		泸水市人民法院	怒江傈僳族自治州

续表

地区	民事案件诉讼标的额(不含本数)	基层人民法院	管辖区域
		香格里拉市人民法院	迪庆藏族自治州
		双江拉祜族佤族布朗族傣族自治县人民法院	临沧市
西藏自治区	100万元以下	拉萨市城关区人民法院	拉萨市
		日喀则市桑珠孜区人民法院	日喀则市
		山南市乃东区人民法院	山南市
		林芝市巴宜区人民法院	林芝市
		昌都市卡若区人民法院	昌都市
		那曲市色尼区人民法院	那曲市
		噶尔县人民法院	阿里地区
陕西省	100万元以下	西安市新城区人民法院	新城区
		西安市碑林区人民法院	碑林区
		西安市莲湖区人民法院	莲湖区
		西安市雁塔区人民法院	雁塔区
		西安市未央区人民法院	未央区
		西安市灞桥区人民法院	灞桥区、阎良区、临潼区、高陵区
		西安市长安区人民法院	长安区、鄠邑区、周至县、蓝田县
		宝鸡市陈仓区人民法院	宝鸡市
		兴平市人民法院	咸阳市
		铜川市印台区人民法院	铜川市
		大荔县人民法院	渭南市
		延安市宝塔区人民法院	延安市
		榆林市榆阳区人民法院	榆林市
		汉中市南郑区人民法院	汉中市
		安康市汉滨区人民法院	安康市
		商洛市商州区人民法院	商洛市

续表

地区	民事案件诉讼标的额(不含本数)	基层人民法院	管辖区域
甘肃省	100万元以下	兰州市城关区人民法院	城关区、七里河区、西固区、安宁区、红古区、榆中县
		兰州新区人民法院	兰州新区、永登县、皋兰县
		嘉峪关市城区人民法院	嘉峪关市
		永昌县人民法院	金昌市
		白银市白银区人民法院	白银市
		天水市秦州区人民法院	天水市
		玉门市人民法院	酒泉市
		张掖市甘州区人民法院	张掖市
		武威市凉州区人民法院	武威市
		定西市安定区人民法院	定西市
		两当县人民法院	陇南市
		平凉市崆峒区人民法院	平凉市
		庆阳市西峰区人民法院	庆阳市
		临夏县人民法院	临夏回族自治州
		夏河县人民法院	甘南藏族自治州
青海省	100万元以下	西宁市城东区人民法院	西宁市
		互助土族自治县人民法院	海东市
		德令哈市人民法院	海西蒙古族藏族自治州
		共和县人民法院	海南藏族自治州
		门源回族自治县人民法院	海北藏族自治州
		玉树市人民法院	玉树藏族自治州
		玛沁县人民法院	果洛藏族自治州
		尖扎县人民法院	黄南藏族自治州

续表

地区	民事案件诉讼标的额(不含本数)	基层人民法院	管辖区域
宁夏回族自治区	100万元以下	银川市西夏区人民法院	金凤区、西夏区、贺兰县
		灵武市人民法院	兴庆区、永宁县、灵武市
		石嘴山市大武口区人民法院	石嘴山市
		吴忠市利通区人民法院	吴忠市
		固原市原州区人民法院	固原市
		中卫市沙坡头区人民法院	中卫市
新疆维吾尔自治区	100万元以下	乌鲁木齐市天山区人民法院	天山区、沙依巴克区、达坂城区、乌鲁木齐县
		乌鲁木齐市新市区人民法院	乌鲁木齐高新技术产业开发区(新市区)、水磨沟区、乌鲁木齐经济技术开发区(头屯河区)、米东区
		克拉玛依市克拉玛依区人民法院	克拉玛依市
		吐鲁番市高昌区人民法院	吐鲁番市
		哈密市伊州区人民法院	哈密市
		昌吉市人民法院	昌吉回族自治州
		博乐市人民法院	博尔塔拉蒙古自治州
		库尔勒市人民法院	巴音郭楞蒙古自治州
		阿克苏市人民法院	阿克苏地区
		阿图什市人民法院	克孜勒苏柯尔克孜自治州
		喀什市人民法院	喀什地区
		和田市人民法院	和田地区
		伊宁市人民法院	伊犁哈萨克自治州直辖奎屯市、伊宁市、霍尔果斯市、伊宁县、霍城县、巩留县、新源县、昭苏县、特克斯县、尼勒克县、察布查尔锡伯自治县
		塔城市人民法院	塔城地区
		阿勒泰市人民法院	阿勒泰地区

续表

地区	民事案件诉讼标的额(不含本数)	基层人民法院	管辖区域
		阿拉尔市人民法院(阿拉尔垦区人民法院)	各自所属中级人民法院辖区
		铁门关市人民法院(库尔勒垦区人民法院)	
		图木舒克市人民法院(图木休克垦区人民法院)	
		可克达拉市人民法院(霍城垦区人民法院)	
		双河市人民法院(塔斯海垦区人民法院)	
		五家渠市人民法院(五家渠垦区人民法院)	
		车排子垦区人民法院	
		石河子市人民法院	
		额敏垦区人民法院	
		北屯市人民法院(北屯垦区人民法院)	
		乌鲁木齐垦区人民法院	
		哈密垦区人民法院	
		和田垦区人民法院	

二、著 作 权

1. 综 合

中华人民共和国著作权法

1. 1990年9月7日第七届全国人民代表大会常务委员会第十五次会议通过
2. 根据2001年10月27日第九届全国人民代表大会常务委员会第二十四次会议《关于修改〈中华人民共和国著作权法〉的决定》第一次修正
3. 根据2010年2月26日第十一届全国人民代表大会常务委员会第十三次会议《关于修改〈中华人民共和国著作权法〉的决定》第二次修正
4. 根据2020年11月11日第十三届全国人民代表大会常务委员会第二十三次会议《关于修改〈中华人民共和国著作权法〉的决定》第三次修正

目 录

第一章 总 则
第二章 著作权
  第一节 著作权人及其权利
  第二节 著作权归属
  第三节 权利的保护期
  第四节 权利的限制
第三章 著作权许可使用和转让合同
第四章 与著作权有关的权利
  第一节 图书、报刊的出版
  第二节 表 演
  第三节 录音录像
  第四节 广播电台、电视台播放
第五章 著作权和与著作权有关的权利的保护
第六章 附 则

第一章 总 则

第一条 【立法目的】为保护文学、艺术和科学作品作者的著作权,以及与著作权有关的权益,鼓励有益于社会主义精神文明、物质文明建设的作品的创作和传播,促进社会主义文化和科学事业的发展与繁荣,根据宪法制定本法。

第二条 【适用范围】中国公民、法人或者非法人组织的作品,不论是否发表,依照本法享有著作权。

外国人、无国籍人的作品根据其作者所属国或者经常居住地国同中国签订的协议或者共同参加的国际条约享有的著作权,受本法保护。

外国人、无国籍人的作品首先在中国境内出版的,依照本法享有著作权。

未与中国签订协议或者共同参加国际条约的国家的作者以及无国籍人的作品首次在中国参加的国际条约的成员国出版的,或者在成员国和非成员国同时出版的,受本法保护。

第三条 【著作权客体】本法所称的作品,是指文学、艺术和科学领域内具有独创性并能以一定形式表现的智力成果,包括:

(一)文字作品;

(二)口述作品;

(三)音乐、戏剧、曲艺、舞蹈、杂技艺术作品;

(四)美术、建筑作品;

(五)摄影作品;

(六)视听作品;

(七)工程设计图、产品设计图、地图、示意图等图形作品和模型作品;

(八)计算机软件;

(九)符合作品特征的其他智力成果。

第四条 【监督管理】著作权人和与著作权有关的权利人行使权利,不得违反宪法和法律,不得损害公共利益。国家对作品的出版、传播依法进行监督管理。

第五条 【不适用客体】本法不适用于:

(一)法律、法规,国家机关的决议、决定、命令和其他具有立法、行政、司法性质的文件,及其官方正式译文;

(二)单纯事实消息;

(三)历法、通用数表、通用表格和公式。

第六条 【民间文学艺术作品的保护】民间文学艺术作品的著作权保护办法由国务院另行规定。

第七条 【著作权行政管理部门】国家著作权主管部门负责全国的著作权管理工作;县级以上地方主管著作权的部门负责本行政区域的著作权管理工作。

第八条 【著作权集体管理组织】著作权人和与著作权有关的权利人可以授权著作权集体管理组织行使著作权或者与著作权有关的权利。依法设立的著作权集体管理组织是非营利法人,被授权后可以以自己的名义为著作权人和与著作权有关的权利人主张权利,并可以作为当事人进行涉及著作权或者与著作权有关的权利的诉讼、仲裁、调解活动。

著作权集体管理组织根据授权向使用者收取使用费。使用费的收取标准由著作权集体管理组织和使用者代表协商确定,协商不成的,可以向国家著作权主管部门申请裁决,对裁决不服的,可以向人民法院提起诉讼;当事人也可以直接向人民法院提起诉讼。

著作权集体管理组织应当将使用费的收取和转付、管理费的提取和使用、使用费的未分配部分等总体情况定期向社会公布,并应当建立权利信息查询系统,供权利人和使用者查询。国家著作权主管部门应当依法对著作权集体管理组织进行监督、管理。

著作权集体管理组织的设立方式、权利义务、使用费的收取和分配,以及对其监督和管理等由国务院另行规定。

第二章 著 作 权

第一节 著作权人及其权利

第九条 【著作权人】著作权人包括:
(一)作者;
(二)其他依照本法享有著作权的自然人、法人或者非法人组织。

第十条 【著作权内容】著作权包括下列人身权和财产权:
(一)发表权,即决定作品是否公之于众的权利;
(二)署名权,即表明作者身份,在作品上署名的权利;
(三)修改权,即修改或者授权他人修改作品的权利;
(四)保护作品完整权,即保护作品不受歪曲、篡改的权利;
(五)复制权,即以印刷、复印、拓印、录音、录像、翻录、翻拍、数字化等方式将作品制作一份或者多份的权利;
(六)发行权,即以出售或者赠与方式向公众提供作品的原件或者复制件的权利;
(七)出租权,即有偿许可他人临时使用视听作品、计算机软件的原件或者复制件的权利,计算机软件不是出租的主要标的的除外;
(八)展览权,即公开陈列美术作品、摄影作品的原件或者复制件的权利;
(九)表演权,即公开表演作品,以及用各种手段公开播送作品的表演的权利;
(十)放映权,即通过放映机、幻灯机等技术设备公开再现美术、摄影、视听作品等的权利;
(十一)广播权,即以有线或者无线方式公开传播或者转播作品,以及通过扩音器或者其他传送符号、声音、图像的类似工具向公众传播广播的作品的权利,但不包括本款第十二项规定的权利;
(十二)信息网络传播权,即以有线或者无线方式向公众提供,使公众可以在其选定的时间和地点获得作品的权利;

（十三）摄制权，即以摄制视听作品的方法将作品固定在载体上的权利；

（十四）改编权，即改变作品，创作出具有独创性的新作品的权利；

（十五）翻译权，即将作品从一种语言文字转换成另一种语言文字的权利；

（十六）汇编权，即将作品或者作品的片段通过选择或者编排，汇集成新作品的权利；

（十七）应当由著作权人享有的其他权利。

著作权人可以许可他人行使前款第五项至第十七项规定的权利，并依照约定或者本法有关规定获得报酬。

著作权人可以全部或者部分转让本条第一款第五项至第十七项规定的权利，并依照约定或者本法有关规定获得报酬。

第二节　著作权归属

第十一条　【作者】著作权属于作者，本法另有规定的除外。

创作作品的自然人是作者。

由法人或者非法人组织主持，代表法人或者非法人组织意志创作，并由法人或者非法人组织承担责任的作品，法人或者非法人组织视为作者。

第十二条　【作者等著作权人的权利】在作品上署名的自然人、法人或者非法人组织为作者，且该作品上存在相应权利，但有相反证明的除外。

作者等著作权人可以向国家著作权主管部门认定的登记机构办理作品登记。

与著作权有关的权利参照适用前两款规定。

第十三条　【演绎作品】改编、翻译、注释、整理已有作品而产生的作品，其著作权由改编、翻译、注释、整理人享有，但行使著作权时不得侵犯原作品的著作权。

第十四条　【合作作品】两人以上合作创作的作品，著作权由合作作者共同享有。没有参加创作的人，不能成为合作作者。

合作作品的著作权由合作作者通过协商一致行使；不能协商一致，又无正当理由的，任何一方不得阻止他方行使除转让、许可他人专有使用、出质以外的其他权利，但是所得收益应当合理分配给所有合作作者。

合作作品可以分割使用的，作者对各自创作的部分可以单独享有著作权，但行使著作权时不得侵犯合作作品整体的著作权。

第十五条　【汇编作品】汇编若干作品、作品的片段或者不构成作品的数据或者其他材料，对其内容的选择或者编排体现独创性的作品，为汇编作品，其著作权由汇编人享有，但行使著作权时，不得侵犯原作品的著作权。

第十六条　【演绎作品中原作品著作权人的权利】使用改编、翻译、注释、整理、汇编已有作品而产生的作品进行出版、演出和制作录音录像制品，应当取得该作品的著作权人和原作品的著作权人许可，并支付报酬。

第十七条　【视听作品的著作权】视听作品中的电影作品、电视剧作品的著作权由制作者享有，但编剧、导演、摄影、作词、作曲等作者享有署名权，并有权按照与制作者签订的合同获得报酬。

前款规定以外的视听作品的著作权归属由当事人约定；没有约定或者约定不明确的，由制作者享有，但作者享有署名权和获得报酬的权利。

视听作品中的剧本、音乐等可以单独使用的作品的作者有权单独行使其著作权。

第十八条 【职务作品】自然人为完成法人或者非法人组织工作任务所创作的作品是职务作品，除本条第二款的规定以外，著作权由作者享有，但法人或者非法人组织有权在其业务范围内优先使用。作品完成两年内，未经单位同意，作者不得许可第三人以与单位使用的相同方式使用该作品。

有下列情形之一的职务作品，作者享有署名权，著作权的其他权利由法人或者非法人组织享有，法人或者非法人组织可以给予作者奖励：

（一）主要是利用法人或者非法人组织的物质技术条件创作，并由法人或者非法人组织承担责任的工程设计图、产品设计图、地图、示意图、计算机软件等职务作品；

（二）报社、期刊社、通讯社、广播电台、电视台的工作人员创作的职务作品；

（三）法律、行政法规规定或者合同约定著作权由法人或者非法人组织享有的职务作品。

第十九条 【委托作品】受委托创作的作品，著作权的归属由委托人和受托人通过合同约定。合同未作明确约定或者没有订立合同的，著作权属于受托人。

第二十条 【作品原件的转移】作品原件所有权的转移，不改变作品著作权的归属，但美术、摄影作品原件的展览权由原件所有人享有。

作者将未发表的美术、摄影作品的原件所有权转让给他人，受让人展览该原件不构成对作者发表权的侵犯。

第二十一条 【著作权的转移和承受】著作权属于自然人的，自然人死亡后，其本法第十条第一款第五项至第十七项规定的权利在本法规定的保护期内，依法转移。

著作权属于法人或者非法人组织的，法人或者非法人组织变更、终止后，其本法第十条第一款第五项至第十七项规定的权利在本法规定的保护期内，由承受其权利义务的法人或者非法人组织享有；没有承受其权利义务的法人或者非法人组织的，由国家享有。

第三节 权利的保护期

第二十二条 【署名权、修改权、保护作品完整权】作者的署名权、修改权、保护作品完整权的保护期不受限制。

第二十三条 【发表权的保护期】自然人的作品，其发表权、本法第十条第一款第五项至第十七项规定的权利的保护期为作者终生及其死亡后五十年，截止于作者死亡后第五十年的12月31日；如果是合作作品，截止于最后死亡的作者死亡后第五十年的12月31日。

法人或者非法人组织的作品、著作权(署名权除外)由法人或者非法人组织享有的职务作品,其发表权的保护期为五十年,截止于作品创作完成后第五十年的12月31日;本法第十条第一款第五项至第十七项规定的权利的保护期为五十年,截止于作品首次发表后第五十年的12月31日,但作品自创作完成后五十年内未发表的,本法不再保护。

视听作品,其发表权的保护期为五十年,截止于作品创作完成后第五十年的12月31日;本法第十条第一款第五项至第十七项规定的权利的保护期为五十年,截止于作品首次发表后第五十年的12月31日,但作品自创作完成后五十年内未发表的,本法不再保护。

第四节 权利的限制

第二十四条 【合理使用】在下列情况下使用作品,可以不经著作权人许可,不向其支付报酬,但应当指明作者姓名或者名称、作品名称,并且不得影响该作品的正常使用,也不得不合理地损害著作权人的合法权益:

(一)为个人学习、研究或者欣赏,使用他人已经发表的作品;

(二)为介绍、评论某一作品或者说明某一问题,在作品中适当引用他人已经发表的作品;

(三)为报道新闻,在报纸、期刊、广播电台、电视台等媒体中不可避免地再现或者引用已经发表的作品;

(四)报纸、期刊、广播电台、电视台等媒体刊登或者播放其他报纸、期刊、广播电台、电视台等媒体已经发表的关于政治、经济、宗教问题的时事性文章,但著作权人声明不许刊登、播放的除外;

(五)报纸、期刊、广播电台、电视台等媒体刊登或者播放在公众集会上发表的讲话,但作者声明不许刊登、播放的除外;

(六)为学校课堂教学或者科学研究,翻译、改编、汇编、播放或者少量复制已经发表的作品,供教学或者科研人员使用,但不得出版发行;

(七)国家机关为执行公务在合理范围内使用已经发表的作品;

(八)图书馆、档案馆、纪念馆、博物馆、美术馆、文化馆等为陈列或者保存版本的需要,复制本馆收藏的作品;

(九)免费表演已经发表的作品,该表演未向公众收取费用,也未向表演者支付报酬,且不以营利为目的;

(十)对设置或者陈列在公共场所的艺术作品进行临摹、绘画、摄影、录像;

(十一)将中国公民、法人或者非法人组织已经发表的以国家通用语言文字创作的作品翻译成少数民族语言文字作品在国内出版发行;

(十二)以阅读障碍者能够感知的无障碍方式向其提供已经发表的作品;

(十三)法律、行政法规规定的其他情形。

前款规定适用于对与著作权有关的权利的限制。

第二十五条 【法定许可使用】为实施义务教育和国家教育规划而编写出版教科书,可以不经著作权人许可,在教科书中汇编已经发表的作品片段或者短小的文字作品、音乐作品或者单幅的美术作品、摄影作品、图形作品,但应当按照规定向著作权人支付报酬,指明作者姓名或者名称、作品名称,并且不得侵犯著作权人依照本法享有的其他权利。

前款规定适用于对与著作权有关的权利的限制。

第三章 著作权许可使用和转让合同

第二十六条 【许可使用合同】使用他人作品应当同著作权人订立许可使用合同,本法规定可以不经许可的除外。

许可使用合同包括下列主要内容:

(一)许可使用的权利种类;

(二)许可使用的权利是专有使用权或者非专有使用权;

(三)许可使用的地域范围、期间;

(四)付酬标准和办法;

(五)违约责任;

(六)双方认为需要约定的其他内容。

第二十七条 【著作权的转让】转让本法第十条第一款第五项至第十七项规定的权利,应当订立书面合同。

权利转让合同包括下列主要内容:

(一)作品的名称;

(二)转让的权利种类、地域范围;

(三)转让价金;

(四)交付转让价金的日期和方式;

(五)违约责任;

(六)双方认为需要约定的其他内容。

第二十八条 【出质登记】以著作权中的财产权出质的,由出质人和质权人依法办理出质登记。

第二十九条 【未明确许可、转让的权利】许可使用合同和转让合同中著作权人未明确许可、转让的权利,未经著作权人同意,另一方当事人不得行使。

第三十条 【使用作品付酬标准】使用作品的付酬标准可以由当事人约定,也可以按照国家著作权主管部门会同有关部门制定的付酬标准支付报酬。当事人约定不明确的,按照国家著作权主管部门会同有关部门制定的付酬标准支付报酬。

第三十一条 【禁止侵犯作者权利】出版者、表演者、录音录像制作者、广播电台、电视台等依照本法有关规定使用他人作品的,不得侵犯作者的署名权、修改权、保护作品完整权和获得报酬的权利。

第四章　与著作权有关的权利
第一节　图书、报刊的出版

第三十二条　【出版合同】图书出版者出版图书应当和著作权人订立出版合同,并支付报酬。

第三十三条　【专有出版权】图书出版者对著作权人交付出版的作品,按照合同约定享有的专有出版权受法律保护,他人不得出版该作品。

第三十四条　【作品的交付及重印、再版】著作权人应当按照合同约定期限交付作品。图书出版者应当按照合同约定的出版质量、期限出版图书。

图书出版者不按照合同约定期限出版,应当依照本法第六十一条的规定承担民事责任。

图书出版者重印、再版作品的,应当通知著作权人,并支付报酬。图书脱销后,图书出版者拒绝重印、再版的,著作权人有权终止合同。

第三十五条　【投稿、转载】著作权人向报社、期刊社投稿的,自稿件发出之日起十五日内未收到报社通知决定刊登的,或者自稿件发出之日起三十日内未收到期刊社通知决定刊登的,可以将同一作品向其他报社、期刊社投稿。双方另有约定的除外。

作品刊登后,除著作权人声明不得转载、摘编的外,其他报刊可以转载或者作为文摘、资料刊登,但应当按照规定向著作权人支付报酬。

第三十六条　【对作品的修改、删节】图书出版者经作者许可,可以对作品修改、删节。

报社、期刊社可以对作品作文字性修改、删节。对内容的修改,应当经作者许可。

第三十七条　【版式设计专有使用权】出版者有权许可或者禁止他人使用其出版的图书、期刊的版式设计。

前款规定的权利的保护期为十年,截止于使用该版式设计的图书、期刊首次出版后第十年的12月31日。

第二节　表　　演

第三十八条　【表演者义务】使用他人作品演出,表演者应当取得著作权人许可,并支付报酬。演出组织者组织演出,由该组织者取得著作权人许可,并支付报酬。

第三十九条　【表演者权利】表演者对其表演享有下列权利:

(一)表明表演者身份;

(二)保护表演形象不受歪曲;

(三)许可他人从现场直播和公开传送其现场表演,并获得报酬;

(四)许可他人录音录像,并获得报酬;

(五)许可他人复制、发行、出租录有其表演的录音录像制品,并获得报酬;

(六)许可他人通过信息网络向公众传播其表演,并获得报酬。

被许可人以前款第三项至第六项规定的方式使用作品,还应当取得著作权人许可,并支付报酬。

第四十条 【职务表演】演员为完成本演出单位的演出任务进行的表演为职务表演,演员享有表明身份和保护表演形象不受歪曲的权利,其他权利归属由当事人约定。当事人没有约定或者约定不明确的,职务表演的权利由演出单位享有。

职务表演的权利由演员享有的,演出单位可以在其业务范围内免费使用该表演。

第四十一条 【表演者权利保护期】本法第三十九条第一款第一项、第二项规定的权利的保护期不受限制。

本法第三十九条第一款第三项至第六项规定的权利的保护期为五十年,截止于该表演发生后第五十年的 12 月 31 日。

第三节 录音录像

第四十二条 【录音录像制作者使用作品】录音录像制作者使用他人作品制作录音录像制品,应当取得著作权人许可,并支付报酬。

录音制作者使用他人已经合法录制为录音制品的音乐作品制作录音制品,可以不经著作权人许可,但应当按照规定支付报酬;著作权人声明不许使用的不得使用。

第四十三条 【录音录像制品的合同和报酬】录音录像制作者制作录音录像制品,应当同表演者订立合同,并支付报酬。

第四十四条 【录音录像制作者专有权和权利保护期】录音录像制作者对其制作的录音录像制品,享有许可他人复制、发行、出租、通过信息网络向公众传播并获得报酬的权利;权利的保护期为五十年,截止于该制品首次制作完成后第五十年的 12 月 31 日。

被许可人复制、发行、通过信息网络向公众传播录音录像制品,应当同时取得著作权人、表演者许可,并支付报酬;被许可人出租录音录像制品,还应当取得表演者许可,并支付报酬。

第四十五条 【录音录像传播的报酬】将录音制品用于有线或者无线公开传播,或者通过传送声音的技术设备向公众公开播送的,应当向录音制作者支付报酬。

第四节 广播电台、电视台播放

第四十六条 【广播电台、电视台使用作品】广播电台、电视台播放他人未发表的作品,应当取得著作权人许可,并支付报酬。

广播电台、电视台播放他人已发表的作品,可以不经著作权人许可,但应当按照规定支付报酬。

第四十七条 【广播组织专有权和权利保护期】广播电台、电视台有权禁止未经其许可的下列行为:

(一)将其播放的广播、电视以有线或者无线方式转播;

(二)将其播放的广播、电视录制以及复制;

(三)将其播放的广播、电视通过信息网络向公众传播。

广播电台、电视台行使前款规定的权利,不得影响、限制或者侵害他人行使著作权或者与著作权有关的权利。

本条第一款规定的权利的保护期为五十年,截止于该广播、电视首次播放后第五十年的12月31日。

第四十八条　【电视台播放他人作品】电视台播放他人的视听作品、录像制品,应当取得视听作品著作权人或者录像制作者许可,并支付报酬;播放他人的录像制品,还应当取得著作权人许可,并支付报酬。

第五章　著作权和与著作权有关的权利的保护

第四十九条　【技术措施】为保护著作权和与著作权有关的权利,权利人可以采取技术措施。

未经权利人许可,任何组织或者个人不得故意避开或者破坏技术措施,不得以避开或者破坏技术措施为目的制造、进口或者向公众提供有关装置或者部件,不得故意为他人避开或者破坏技术措施提供技术服务。但是,法律、行政法规规定可以避开的情形除外。

本法所称的技术措施,是指用于防止、限制未经权利人许可浏览、欣赏作品、表演、录音录像制品或者通过信息网络向公众提供作品、表演、录音录像制品的有效技术、装置或者部件。

第五十条　【可避开技术措施的情形】下列情形可以避开技术措施,但不得向他人提供避开技术措施的技术、装置或者部件,不得侵犯权利人依法享有的其他权利:

(一)为学校课堂教学或者科学研究,提供少量已经发表的作品,供教学或者科研人员使用,而该作品无法通过正常途径获取的;

(二)不以营利为目的,以阅读障碍者能够感知的无障碍方式向其提供已经发表的作品,而该作品无法通过正常途径获取的;

(三)国家机关依照行政、监察、司法程序执行公务;

(四)对计算机及其系统或者网络的安全性能进行测试;

(五)进行加密研究或者计算机软件反向工程研究。

前款规定适用于对与著作权有关的权利的限制。

第五十一条　【未经权利人许可的禁止行为】未经权利人许可,不得进行下列行为:

(一)故意删除或者改变作品、版式设计、表演、录音录像制品或者广播、电视上的权利管理信息,但由于技术上的原因无法避免的除外;

(二)知道或者应当知道作品、版式设计、表演、录音录像制品或者广播、电视上的权利管理信息未经许可被删除或者改变,仍然向公众提供。

第五十二条　【侵权行为的民事责任】有下列侵权行为的,应当根据情况,承担停止侵害、消除影响、赔礼道歉、赔偿损失等民事责任:

(一)未经著作权人许可,发表其作品的;

（二）未经合作作者许可，将与他人合作创作的作品当作自己单独创作的作品发表的；

（三）没有参加创作，为谋取个人名利，在他人作品上署名的；

（四）歪曲、篡改他人作品的；

（五）剽窃他人作品的；

（六）未经著作权人许可，以展览、摄制视听作品的方法使用作品，或者以改编、翻译、注释等方式使用作品的，本法另有规定的除外；

（七）使用他人作品，应当支付报酬而未支付的；

（八）未经视听作品、计算机软件、录音录像制品的著作权人、表演者或者录音录像制作者许可，出租其作品或者录音录像制品的原件或者复制件的，本法另有规定的除外；

（九）未经出版者许可，使用其出版的图书、期刊的版式设计的；

（十）未经表演者许可，从现场直播或者公开传送其现场表演，或者录制其表演的；

（十一）其他侵犯著作权以及与著作权有关的权利的行为。

第五十三条　【侵权行为的民事、行政、刑事责任】 有下列侵权行为的，应当根据情况，承担本法第五十二条规定的民事责任；侵权行为同时损害公共利益的，由主管著作权的部门责令停止侵权行为，予以警告，没收违法所得，没收、无害化销毁处理侵权复制品以及主要用于制作侵权复制品的材料、工具、设备等，违法经营额五万元以上的，可以并处违法经营额一倍以上五倍以下的罚款；没有违法经营额、违法经营额难以计算或者不足五万元的，可以并处二十五万元以下的罚款；构成犯罪的，依法追究刑事责任：

（一）未经著作权人许可，复制、发行、表演、放映、广播、汇编、通过信息网络向公众传播其作品的，本法另有规定的除外；

（二）出版他人享有专有出版权的图书的；

（三）未经表演者许可，复制、发行录有其表演的录音录像制品，或者通过信息网络向公众传播其表演的，本法另有规定的除外；

（四）未经录音录像制作者许可，复制、发行、通过信息网络向公众传播其制作的录音录像制品的，本法另有规定的除外；

（五）未经许可，播放、复制或者通过信息网络向公众传播广播、电视的，本法另有规定的除外；

（六）未经著作权人或者与著作权有关的权利人许可，故意避开或者破坏技术措施的，故意制造、进口或者向他人提供主要用于避开、破坏技术措施的装置或者部件的，或者故意为他人避开或者破坏技术措施提供技术服务的，法律、行政法规另有规定的除外；

（七）未经著作权人或者与著作权有关的权利人许可，故意删除或者改变作品、版式设计、表演、录音录像制品或者广播、电视上的权利管理信息的，知道或者应当知道作品、版式设计、表演、录音录像制品或者广播、电视上的权利管理信息未经许可被删除或者改变，仍然向公众提供的，法律、行政法规另有规定的除外；

（八）制作、出售假冒他人署名的作品的。

第五十四条 【赔偿标准】侵犯著作权或者与著作权有关的权利的，侵权人应当按照权利人因此受到的实际损失或者侵权人的违法所得给予赔偿；权利人的实际损失或者侵权人的违法所得难以计算的，可以参照该权利使用费给予赔偿。对故意侵犯著作权或者与著作权有关的权利，情节严重的，可以在按照上述方法确定数额的一倍以上五倍以下给予赔偿。

权利人的实际损失、侵权人的违法所得、权利使用费难以计算的，由人民法院根据侵权行为的情节，判决给予五百元以上五百万元以下的赔偿。

赔偿数额还应当包括权利人为制止侵权行为所支付的合理开支。

人民法院为确定赔偿数额，在权利人已经尽了必要举证责任，而与侵权行为相关的账簿、资料等主要由侵权人掌握的，可以责令侵权人提供与侵权行为相关的账簿、资料等；侵权人不提供，或者提供虚假的账簿、资料等的，人民法院可以参考权利人的主张和提供的证据确定赔偿数额。

人民法院审理著作权纠纷案件，应权利人请求，对侵权复制品，除特殊情况外，责令销毁；对主要用于制造侵权复制品的材料、工具、设备等，责令销毁，且不予补偿；或者在特殊情况下，责令禁止前述材料、工具、设备等进入商业渠道，且不予补偿。

第五十五条 【主管部门查处的权利】主管著作权的部门对涉嫌侵犯著作权和与著作权有关的权利的行为进行查处时，可以询问有关当事人，调查与涉嫌违法行为有关的情况；对当事人涉嫌违法行为的场所和物品实施现场检查；查阅、复制与涉嫌违法行为有关的合同、发票、账簿以及其他有关资料；对于涉嫌违法行为的场所和物品，可以查封或者扣押。

主管著作权的部门依法行使前款规定的职权时，当事人应当予以协助、配合，不得拒绝、阻挠。

第五十六条 【诉前财产保全措施和禁止令】著作权人或者与著作权有关的权利人有证据证明他人正在实施或者即将实施侵犯其权利、妨碍其实现权利的行为，如不及时制止将会使其合法权益受到难以弥补的损害的，可以在起诉前依法向人民法院申请采取财产保全、责令作出一定行为或者禁止作出一定行为等措施。

第五十七条 【诉前证据保全】为制止侵权行为，在证据可能灭失或者以后难以取得的情况下，著作权人或者与著作权有关的权利人可以在起诉前依法向人民法院申请保全证据。

第五十八条 【法院对侵权行为的民事制裁】人民法院审理案件，对于侵犯著作权或者与著作权有关的权利的，可以没收违法所得、侵权复制品以及进行违法活动的财物。

第五十九条 【过错推定】 复制品的出版者、制作者不能证明其出版、制作有合法授权的,复制品的发行者或者视听作品、计算机软件、录音录像制品的复制品的出租者不能证明其发行、出租的复制品有合法来源的,应当承担法律责任。

在诉讼程序中,被诉侵权人主张其不承担侵权责任的,应当提供证据证明已经取得权利人的许可,或者具有本法规定的不经权利人许可而可以使用的情形。

第六十条 【纠纷解决途径】 著作权纠纷可以调解,也可以根据当事人达成的书面仲裁协议或者著作权合同中的仲裁条款,向仲裁机构申请仲裁。

当事人没有书面仲裁协议,也没有在著作权合同中订立仲裁条款的,可以直接向人民法院起诉。

第六十一条 【违约责任】 当事人因不履行合同义务或者履行合同义务不符合约定而承担民事责任,以及当事人行使诉讼权利、申请保全等,适用有关法律的规定。

第六章 附 则

第六十二条 【版权】 本法所称的著作权即版权。

第六十三条 【出版】 本法第二条所称的出版,指作品的复制、发行。

第六十四条 【计算机软件、信息网络传播权的保护】 计算机软件、信息网络传播权的保护办法由国务院另行规定。

第六十五条 【摄影作品保护期届满】 摄影作品,其发表权、本法第十条第一款第五项至第十七项规定的权利的保护期在 2021 年 6 月 1 日前已经届满,但依据本法第二十三条第一款的规定仍在保护期内的,不再保护。

第六十六条 【著作权法溯及力】 本法规定的著作权人和出版者、表演者、录音录像制作者、广播电台、电视台的权利,在本法施行之日尚未超过本法规定的保护期的,依照本法予以保护。

本法施行前发生的侵权或者违约行为,依照侵权或者违约行为发生时的有关规定处理。

第六十七条 【施行日期】 本法自 1991 年 6 月 1 日起施行。

中华人民共和国著作权法实施条例

1. 2002 年 8 月 2 日国务院令第 359 号公布
2. 根据 2011 年 1 月 8 日国务院令第 588 号《关于废止和修改部分行政法规的决定》第一次修订
3. 根据 2013 年 1 月 30 日国务院令第 633 号《关于修改〈中华人民共和国著作权法实施条例〉的决定》第二次修订

第一条 根据《中华人民共和国著作权法》(以下简称著作权法),制定本条例。

第二条 著作权法所称作品,是指文学、艺术和科学领域内具有独创性并能以某种有形形式复制的智力成果。

第三条 著作权法所称创作,是指直接产生文学、艺术和科学作品的智力活动。

为他人创作进行组织工作,提供咨询意见、物质条件,或者进行其他辅助工作,均不视为创作。

第四条 著作权法和本条例中下列作品的含义:

(一)文字作品,是指小说、诗词、散文、论文等以文字形式表现的作品;

(二)口述作品,是指即兴的演说、授课、法庭辩论等以口头语言形式表现的作品;

(三)音乐作品,是指歌曲、交响乐等能够演唱或者演奏的带词或者不带词的作品;

(四)戏剧作品,是指话剧、歌剧、地方戏等供舞台演出的作品;

(五)曲艺作品,是指相声、快书、大鼓、评书等以说唱为主要形式表演的作品;

(六)舞蹈作品,是指通过连续的动作、姿势、表情等表现思想情感的作品;

(七)杂技艺术作品,是指杂技、魔术、马戏等通过形体动作和技巧表现的作品;

(八)美术作品,是指绘画、书法、雕塑等以线条、色彩或者其他方式构成的有审美意义的平面或者立体的造型艺术作品;

(九)建筑作品,是指以建筑物或者构筑物形式表现的有审美意义的作品;

(十)摄影作品,是指借助器械在感光材料或者其他介质上记录客观物体形象的艺术作品;

(十一)电影作品和以类似摄制电影的方法创作的作品,是指摄制在一定介质上,由一系列有伴音或者无伴音的画面组成,并且借助适当装置放映或者以其他方式传播的作品;

(十二)图形作品,是指为施工、生产绘制的工程设计图、产品设计图,以及反映地理现象、说明事物原理或者结构的地图、示意图等作品;

(十三)模型作品,是指为展示、试验或者观测等用途,根据物体的形状和结构,按照一定比例制成的立体作品。

第五条 著作权法和本条例中下列用语的含义:

(一)时事新闻,是指通过报纸、期刊、广播电台、电视台等媒体报道的单纯事实消息;

(二)录音制品,是指任何对表演的声音和其他声音的录制品;

(三)录像制品,是指电影作品和以类似摄制电影的方法创作的作品以外的任何有伴音或者无伴音的连续相关形象、图像的录制品;

(四)录音制作者,是指录音制品的首次制作人;

(五)录像制作者,是指录像制品的首次制作人;

(六)表演者,是指演员、演出单位或者其他表演文学、艺术作品的人。

第六条 著作权自作品创作完成之日起产生。

第七条 著作权法第二条第三款规定的首先在中国境内出版的外国人、无国籍人的作品,其著作权自首次出版之日起受保护。

第八条 外国人、无国籍人的作品在中国境外首先出版后,30日内在中国境内出版的,视为该作品同时在中国境内出版。

第九条 合作作品不可以分割使用的,其著作权由各合作作者共同享有,通过协商一致行使;不能协商一致,又无正当理由的,任何一方不得阻止他方行使除转让以外的其他权利,但是所得收益应当合理分配给所有合作作者。

第十条 著作权人许可他人将其作品摄制成电影作品和以类似摄制电影的方法创作的作品的,视为已同意对其作品进行必要的改动,但是这种改动不得歪曲篡改原作品。

第十一条 著作权法第十六条第一款关于职务作品的规定中的"工作任务",是指公民在该法人或者该组织中应当履行的职责。

著作权法第十六条第二款关于职务作品的规定中的"物质技术条件",是指该法人或者该组织为公民完成创作专门提供的资金、设备或者资料。

第十二条 职务作品完成两年内,经单位同意,作者许可第三人以与单位使用的相同方式使用作品所获报酬,由作者与单位按约定的比例分配。

作品完成两年的期限,自作者向单位交付作品之日起计算。

第十三条 作者身份不明的作品,由作品原件的所有人行使除署名权以外的著作权。作者身份确定后,由作者或者其继承人行使著作权。

第十四条 合作作者之一死亡后,其对合作作品享有的著作权法第十条第一款第五项至第十七项规定的权利无人继承又无人受遗赠的,由其他合作作者享有。

第十五条 作者死亡后,其著作权中的署名权、修改权和保护作品完整权由作者的继承人或者受遗赠人保护。

著作权无人继承又无人受遗赠的,其署名权、修改权和保护作品完整权由著作权行政管理部门保护。

第十六条 国家享有著作权的作品的使用,由国务院著作权行政管理部门管理。

第十七条 作者生前未发表的作品,如果作者未明确表示不发表,作者死亡后50年内,其发表权可由继承人或者受遗赠人行使;没有继承人又无人受遗赠的,由作品原件的所有人行使。

第十八条 作者身份不明的作品,其著作权法第十条第一款第五项至第十七项规定的权利的保护期截止于作品首次发表后第50年的12月31日。作者身份确定后,适用著作权法第二十一条的规定。

第十九条 使用他人作品的,应当指明作者姓名、作品名称;但是,当事人另有约定或者由于作品使用方式的特性无法指明的除外。

第二十条 著作权法所称已经发表的作品,是指著作权人自行或者许可他人公之于众的作品。

第二十一条 依照著作权法有关规定,使用可以不经著作权人许可的已经发表的作品的,不得影响该作品的正常使用,也不得不合理地损害著作权人的合法利益。

第二十二条 依照著作权法第二十三条、第三十三条第二款、第四十条第三款的规定使用作品的付酬标准,由国务院著作权行政管理部门会同国务院价格主管部门制定、公布。

第二十三条 使用他人作品应当同著作权人订立许可使用合同,许可使用的权利是专有使用权的,应当采取书面形式,但是报社、期刊社刊登作品除外。

第二十四条 著作权法第二十四条规定的专有使用权的内容由合同约定,合同没有约定或者约定不明的,视为被许可人有权排除包括著作权人在内的任何人以同样的方式使用作品;除合同另有约定外,被许可人许可第三人行使同一权利,必须取得著作权人的许可。

第二十五条 与著作权人订立专有许可使用合同、转让合同的,可以向著作权行政管理部门备案。

第二十六条 著作权法和本条例所称与著作权有关的权益,是指出版者对其出版的图书和期刊的版式设计享有的权利,表演者对其表演享有的权利,录音录像制作者对其制作的录音录像制品享有的权利,广播电台、电视台对其播放的广播、电视节目享有的权利。

第二十七条 出版者、表演者、录音录像制作者、广播电台、电视台行使权利,不得损害被使用作品和原作品著作权人的权利。

第二十八条 图书出版合同中约定图书出版者享有专有出版权但没有明确其具体内容的,视为图书出版者享有在合同有效期限内和在合同约定的地域范围内以同种文字的原版、修订版出版图书的专有权利。

第二十九条 著作权人寄给图书出版者的两份订单在 6 个月内未能得到履行,视为著作权法第三十二条所称图书脱销。

第三十条 著作权人依照著作权法第三十三条第二款声明不得转载、摘编其作品的,应当在报纸、期刊刊登该作品时附带声明。

第三十一条 著作权人依照著作权法第四十条第三款声明不得对其作品制作录音制品的,应当在该作品合法录制为录音制品时声明。

第三十二条 依照著作权法第二十三条、第三十三条第二款、第四十条第三款的规定,使用他人作品的,应当自使用该作品之日起 2 个月内向著作权人支付报酬。

第三十三条 外国人、无国籍人在中国境内的表演,受著作权法保护。

外国人、无国籍人根据中国参加的国际条约对其表演享有的权利,受著作权法保护。

第三十四条 外国人、无国籍人在中国境内制作、发行的录音制品,受著作权法保护。

外国人、无国籍人根据中国参加的国际条约对其制作、发行的录音制品享有的权利,受著作权法保护。

第三十五条　外国的广播电台、电视台根据中国参加的国际条约对其播放的广播、电视节目享有的权利,受著作权法保护。

第三十六条　有著作权法第四十八条所列侵权行为,同时损害社会公共利益,非法经营额 5 万元以上的,著作权行政管理部门可处非法经营额 1 倍以上 5 倍以下的罚款;没有非法经营额或者非法经营额 5 万元以下的,著作权行政管理部门根据情节轻重,可处 25 万元以下的罚款。

第三十七条　有著作权法第四十八条所列侵权行为,同时损害社会公共利益的,由地方人民政府著作权行政管理部门负责查处。

国务院著作权行政管理部门可以查处在全国有重大影响的侵权行为。

第三十八条　本条例自 2002 年 9 月 15 日起施行。1991 年 5 月 24 日国务院批准、1991 年 5 月 30 日国家版权局发布的《中华人民共和国著作权法实施条例》同时废止。

作品自愿登记试行办法

1. 1994 年 12 月 31 日国家版权局发布
2. 国权〔1994〕78 号
3. 自 1995 年 1 月 1 日起施行

第一条　为维护作者或其他著作权人和作品使用者的合法权益,有助于解决因著作权归属造成的著作权纠纷,并为解决著作权纠纷提供初步证据,特制定本办法。

第二条　作品实行自愿登记。作品不论是否登记,作者或其他著作权人依法取得的著作权不受影响。

第三条　各省、自治区、直辖市版权局负责本辖区的作者或其他著作权人的作品登记工作。国家版权局负责外国以及台湾、香港和澳门地区的作者或其他著作权人的作品登记工作。

第四条　作品登记申请者应当是作者、其他享有著作权的公民、法人或者非法人单位和专有权所有人及其代理人。

第五条　属于下列情况之一的作品,作品登记机关不予登记:
 1. 不受著作权法保护的作品;
 2. 超过著作权保护期的作品;
 3. 依法禁止出版、传播的作品。

第六条　有下列情况的,作品登记机关应撤销其登记:
 1. 登记后发现有本办法第五条所规定的情况的;

2. 登记后发现与事实不相符的;
3. 申请人申请撤销原作品登记的;
4. 登记后发现是重复登记的。

第七条 作者或其他享有著作权的公民的所属辖区,原则上以其身份证上住址所在地的所属辖区为准。合作作者及有多个著作权人情况的,以受托登记者所属辖区为准。法人或者非法人单位所属辖区以其营业场所所在地所属辖区为准。

第八条 作者或其他著作权人申请作品登记应出示身份证明和提供表明作品权利归属的证明(如:封面及版权页的复印件、部分手稿的复印件及照片、样本等),填写作品登记表,并交纳登记费。其他著作权人申请作品登记还应出示表明著作权人身份的证明(如继承人应出示继承人身份证明;委托作品的委托人应出示委托合同)。专有权所有人应出示证明其享有专有权的合同。

第九条 登记作品经作品登记机关核查后,由作品登记机关发给作品登记证。作品登记证按本办法所附样本由登记机关制作。登记机关的核查期限为一个月,该期限自登记机关收到申请人提交的所有申请登记的材料之日起计算。

第十条 作品登记表和作品登记证应载有作品登记号。作品登记号格式为作登字:(地区编号)—(年代)—(作品分类号)—(顺序号)号。国家版权局负责登记的作品登记号不含地区编号。

第十一条 各省、自治区、直辖市版权局应每月将本地区作品登记情况报国家版权局。

第十二条 作品登记应实行计算机数据库管理,并对公众开放。查阅作品应填写查阅登记表,交纳查阅费。

第十三条 有关作品登记和查阅的费用标准另行制定。

第十四条 录音、录像制品的登记参照本办法执行。

第十五条 计算机软件的登记按《计算机软件著作权登记办法》执行。

第十六条 本办法由国家版权局负责解释。

第十七条 本办法自1995年1月1日起生效。

著作权质权登记办法

1. 2010年11月25日国家版权局令第8号公布
2. 自2011年1月1日起施行

第一条 为规范著作权出质行为,保护债权人合法权益,维护著作权交易秩序,根据《中华人民共和国物权法》、《中华人民共和国担保法》和《中华人民共和国著作权法》的有关规定,制定本办法。

第二条 国家版权局负责著作权质权登记工作。

第三条 《中华人民共和国著作权法》规定的著作权以及与著作权有关的权利(以下统称"著作权")中的财产权可以出质。

以共有的著作权出质的,除另有约定外,应当取得全体共有人的同意。

第四条 以著作权出质的,出质人和质权人应当订立书面质权合同,并由双方共同向登记机构办理著作权质权登记。

出质人和质权人可以自行办理,也可以委托代理人办理。

第五条 著作权质权的设立、变更、转让和消灭,自记载于《著作权质权登记簿》时发生效力。

第六条 申请著作权质权登记的,应提交下列文件:

(一)著作权质权登记申请表;

(二)出质人和质权人的身份证明;

(三)主合同和著作权质权合同;

(四)委托代理人办理的,提交委托书和受托人的身份证明;

(五)以共有的著作权出质的,提交共有人同意出质的书面文件;

(六)出质前授权他人使用的,提交授权合同;

(七)出质的著作权经过价值评估的、质权人要求价值评估的或相关法律法规要求价值评估的,提交有效的价值评估报告;

(八)其他需要提供的材料。

提交的文件是外文的,需同时附送中文译本。

第七条 著作权质权合同一般包括以下内容:

(一)出质人和质权人的基本信息;

(二)被担保债权的种类和数额;

(三)债务人履行债务的期限;

(四)出质著作权的内容和保护期;

(五)质权担保的范围和期限;

(六)当事人约定的其他事项。

第八条 申请人提交材料齐全的,登记机构应当予以受理。提交的材料不齐全的,登记机构不予受理。

第九条 经审查符合要求的,登记机构应当自受理之日起10日内予以登记,并向出质人和质权人发放《著作权质权登记证书》。

第十条 经审查不符合要求的,登记机构应当自受理之日起10日内通知申请人补正。补正通知书应载明补正事项和合理的补正期限。无正当理由逾期不补正的,视为撤回申请。

第十一条 《著作权质权登记证书》的内容包括:

(一)出质人和质权人的基本信息;

(二)出质著作权的基本信息;
(三)著作权质权登记号;
(四)登记日期。
《著作权质权登记证书》应当标明:著作权质权自登记之日起设立。

第十二条 有下列情形之一的,登记机构不予登记:
(一)出质人不是著作权人的;
(二)合同违反法律法规强制性规定的;
(三)出质著作权的保护期届满的;
(四)债务人履行债务的期限超过著作权保护期的;
(五)出质著作权存在权属争议的;
(六)其他不符合出质条件的。

第十三条 登记机构办理著作权质权登记前,申请人可以撤回登记申请。

第十四条 著作权出质期间,未经质权人同意,出质人不得转让或者许可他人使用已经出质的权利。
出质人转让或者许可他人使用出质的权利所得的价款,应当向质权人提前清偿债务或者提存。

第十五条 有下列情形之一的,登记机构应当撤销质权登记:
(一)登记后发现有第十二条所列情形的;
(二)根据司法机关、仲裁机关或行政管理机关作出的影响质权效力的生效裁决或行政处罚决定书应当撤销的;
(三)著作权质权合同无效或者被撤销的;
(四)申请人提供虚假文件或者以其他手段骗取著作权质权登记的;
(五)其他应当撤销的。

第十六条 著作权出质期间,申请人的基本信息、著作权的基本信息、担保的债权种类及数额、或者担保的范围等事项发生变更的,申请人持变更协议、原《著作权质权登记证书》和其他相关材料向登记机构申请变更登记。

第十七条 申请变更登记的,登记机构自受理之日起 10 日内完成审查。经审查符合要求的,对变更事项予以登记。
变更事项涉及证书内容变更的,应交回原登记证书,由登记机构发放新的证书。

第十八条 有下列情形之一的,申请人应当申请注销质权登记:
(一)出质人和质权人协商一致同意注销的;
(二)主合同履行完毕的;
(三)质权实现的;
(四)质权人放弃质权的;
(五)其他导致质权消灭的。

第十九条 申请注销质权登记的,应当提交注销登记申请书、注销登记证明、申请人身份证明等材料,并交回原《著作权质权登记证书》。

登记机构应当自受理之日起 10 日内办理完毕,并发放注销登记通知书。

第二十条 登记机构应当设立《著作权质权登记簿》,记载著作权质权登记的相关信息,供社会公众查询。

《著作权质权登记证书》的内容应当与《著作权质权登记簿》的内容一致。记载不一致的,除有证据证明《著作权质权登记簿》确有错误外,以《著作权质权登记簿》为准。

第二十一条 《著作权质权登记簿》应当包括以下内容:

(一)出质人和质权人的基本信息;

(二)著作权质权合同的主要内容;

(三)著作权质权登记号;

(四)登记日期;

(五)登记撤销情况;

(六)登记变更情况;

(七)登记注销情况;

(八)其他需要记载的内容。

第二十二条 《著作权质权登记证书》灭失或者毁损的,可以向登记机构申请补发或换发。登记机构应自收到申请之日起 5 日内予以补发或换发。

第二十三条 登记机构应当通过国家版权局网站公布著作权质权登记的基本信息。

第二十四条 本办法由国家版权局负责解释。

第二十五条 本办法自 2011 年 1 月 1 日起施行。1996 年 9 月 23 日国家版权局发布的《著作权质押合同登记办法》同时废止。

最高人民法院关于加强著作权和与著作权有关的权利保护的意见

1. 2020 年 11 月 16 日
2. 法发〔2020〕42 号

为切实加强文学、艺术和科学领域的著作权保护,充分发挥著作权审判对文化建设的规范、引导、促进和保障作用,激发全民族文化创新创造活力,推进社会主义精神文明建设,繁荣发展文化事业和文化产业,提升国家文化软实力和国际竞争力,服务经济社会高质量发展,根据《中华人民共和国著作权法》等法律规定,结合审判实际,现就进一步加强著作权和与著作权有关的权利保护,提出如下意见。

二、著作权　77

1. 依法加强创作者权益保护,统筹兼顾传播者和社会公众利益,坚持创新在我国现代化建设全局中的核心地位。依法处理好鼓励新兴产业发展与保障权利人合法权益的关系,协调好激励创作和保障人民文化权益之间的关系,发挥好权利受让人和被许可人在促进作品传播方面的重要作用,依法保护著作权和与著作权有关的权利,促进智力成果的创作和传播,发展繁荣社会主义文化和科学事业。

2. 大力提高案件审理质效,推进案件繁简分流试点工作,着力缩短涉及著作权和与著作权有关的权利的类型化案件审理周期。完善知识产权诉讼证据规则,允许当事人通过区块链等方式保存、固定和提交证据,有效解决知识产权权利人举证难问题。依法支持当事人的行为保全、证据保全、财产保全请求,综合运用多种民事责任方式,使权利人在民事案件中得到更加全面充分的救济。

3. 在作品、表演、录音制品上以通常方式署名的自然人、法人和非法人组织,应当推定为该作品、表演、录音制品的著作权人或者与著作权有关的权利的权利人,但有相反证据足以推翻的除外。对于署名的争议,应当结合作品、表演、录音制品的性质、类型、表现形式以及行业习惯、公众认知习惯等因素,作出综合判断。权利人完成初步举证的,人民法院应当推定当事人主张的著作权或者与著作权有关的权利成立,但是有相反证据足以推翻的除外。

4. 适用署名推定规则确定著作权或者与著作权有关的权利归属且被告未提交相反证据的,原告可以不再另行提交权利转让协议或其他书面证据。在诉讼程序中,被告主张其不承担侵权责任的,应当提供证据证明已经取得权利人的许可,或者具有著作权法规定的不经权利人许可而可以使用的情形。

5. 高度重视互联网、人工智能、大数据等技术发展新需求,依据著作权法准确界定作品类型,把握好作品的认定标准,依法妥善审理体育赛事直播、网络游戏直播、数据侵权等新类型案件,促进新兴业态规范发展。

6. 当事人请求立即销毁侵权复制品以及主要用于生产或者制造侵权复制品的材料和工具,除特殊情况外,人民法院在民事诉讼中应当予以支持,在刑事诉讼中应当依职权责令销毁。在特殊情况下不宜销毁的,人民法院可以责令侵权人在商业渠道之外以适当方式对上述材料和工具予以处置,以尽可能消除进一步侵权的风险。销毁或者处置费用由侵权人承担,侵权人请求补偿的,人民法院不予支持。

　　在刑事诉讼中,权利人以为后续可能提起的民事或者行政诉讼保全证据为由,请求对侵权复制品及材料和工具暂不销毁的,人民法院可以予以支持。权利人在后续民事或者行政案件中请求侵权人赔偿其垫付的保管费用的,人民法院可以予以支持。

7. 权利人的实际损失、侵权人的违法所得、权利使用费难以计算的,应当综合考虑请求保护的权利类型、市场价值和侵权人主观过错、侵权行为性质和规模、损害后果严重程度等因素,依据著作权法及司法解释等相关规定合理确定赔偿数额。侵权人故意侵权且情节严重,权利人请求适用惩罚性赔偿的,人民法院应当依法审查确定。权利人能够举证证明的合理维权费用,包括诉讼费用和律师费用等,人民法院应当予以支持并在确定赔偿数额时单独计算。
8. 侵权人曾经被生效的法院裁判、行政决定认定构成侵权或者曾经就相同侵权行为与权利人达成和解协议,仍然继续实施或者变相重复实施被诉侵权行为的,应当认定为具有侵权的故意,人民法院在确定侵权民事责任时应当充分考虑。
9. 要通过诚信诉讼承诺书等形式,明确告知当事人不诚信诉讼可能承担的法律责任,促使当事人正当行使诉讼权利,积极履行诉讼义务,在合理期限内积极、诚实地举证,在诉讼过程中作真实、完整的陈述。
10. 要完善失信惩戒与追责机制,对于提交伪造、变造证据,隐匿、毁灭证据,作虚假陈述、虚假证言、虚假鉴定、虚假署名等不诚信诉讼行为,人民法院可以依法采取训诫、罚款、拘留等强制措施。构成犯罪的,依法追究刑事责任。

最高人民法院关于审理著作权
民事纠纷案件适用法律若干问题的解释

1. *2002 年 10 月 12 日最高人民法院审判委员会第 1246 次会议通过、2002 年 10 月 12 日公布、自 2002 年 10 月 15 日起施行(法释〔2002〕31 号)*
2. *根据 2020 年 12 月 23 日最高人民法院审判委员会第 1823 次会议通过、2020 年 12 月 29 日公布、自 2021 年 1 月 1 日起施行的《最高人民法院关于修改〈最高人民法院关于审理侵犯专利权纠纷案件应用法律若干问题的解释(二)〉等十八件知识产权类司法解释的决定》(法释〔2020〕19 号)修正*

为了正确审理著作权民事纠纷案件,根据《中华人民共和国民法典》《中华人民共和国著作权法》《中华人民共和国民事诉讼法》等法律的规定,就适用法律若干问题解释如下:

第一条 人民法院受理以下著作权民事纠纷案件:
(一)著作权及与著作权有关权益权属、侵权、合同纠纷案件;
(二)申请诉前停止侵害著作权、与著作权有关权益行为,申请诉前财产保全、诉前证据保全案件;
(三)其他著作权、与著作权有关权益纠纷案件。

第二条 著作权民事纠纷案件,由中级以上人民法院管辖。
各高级人民法院根据本辖区的实际情况,可以报请最高人民法院批准,由若干基层人民法院管辖第一审著作权民事纠纷案件。

第三条 对著作权行政管理部门查处的侵害著作权行为,当事人向人民法院提起诉讼追究该行为人民事责任的,人民法院应当受理。

人民法院审理已经过著作权行政管理部门处理的侵害著作权行为的民事纠纷案件,应当对案件事实进行全面审查。

第四条 因侵害著作权行为提起的民事诉讼,由著作权法第四十七条、第四十八条所规定侵权行为的实施地、侵权复制品储藏地或者查封扣押地、被告住所地人民法院管辖。

前款规定的侵权复制品储藏地,是指大量或者经常性储存、隐匿侵权复制品所在地;查封扣押地,是指海关、版权等行政机关依法查封、扣押侵权复制品所在地。

第五条 对涉及不同侵权行为实施地的多个被告提起的共同诉讼,原告可以选择向其中一个被告的侵权行为实施地人民法院提起诉讼;仅对其中某一被告提起的诉讼,该被告侵权行为实施地的人民法院有管辖权。

第六条 依法成立的著作权集体管理组织,根据著作权人的书面授权,以自己的名义提起诉讼,人民法院应当受理。

第七条 当事人提供的涉及著作权的底稿、原件、合法出版物、著作权登记证书、认证机构出具的证明、取得权利的合同等,可以作为证据。

在作品或者制品上署名的自然人、法人或者非法人组织视为著作权、与著作权有关权益的权利人,但有相反证明的除外。

第八条 当事人自行或者委托他人以定购、现场交易等方式购买侵权复制品而取得的实物、发票等,可以作为证据。

公证人员在未向涉嫌侵权的一方当事人表明身份的情况下,如实对另一方当事人按照前款规定的方式取得的证据和取证过程出具的公证书,应当作为证据使用,但有相反证据的除外。

第九条 著作权法第十条第(一)项规定的"公之于众",是指著作权人自行或者经著作权人许可将作品向不特定的人公开,但不以公众知晓为构成条件。

第十条 著作权法第十五条第二款所指的作品,著作权人是自然人的,其保护期适用著作权法第二十一条第一款的规定;著作权人是法人或非法人组织的,其保护期适用著作权法第二十一条第二款的规定。

第十一条 因作品署名顺序发生的纠纷,人民法院按照下列原则处理:有约定的按约定确定署名顺序;没有约定的,可以按照创作作品付出的劳动、作品排列、作者姓氏笔画等确定署名顺序。

第十二条 按照著作权法第十七条规定委托作品著作权属于受托人的情形,委托人在约定的使用范围内享有使用作品的权利;双方没有约定使用作品范围的,委托人可以在委托创作的特定目的范围内免费使用该作品。

第十三条 除著作权法第十一条第三款规定的情形外,由他人执笔,本人审阅定稿并以本人名义发表的报告、讲话等作品,著作权归报告人或者讲话人享有。著作权人可以支付执笔人适当的报酬。

第十四条 当事人合意以特定人物经历为题材完成的自传体作品,当事人对著作权权属有约定的,依其约定;没有约定的,著作权归该特定人物享有,执笔人或整理人对作品完成付出劳动的,著作权人可以向其支付适当的报酬。

第十五条 由不同作者就同一题材创作的作品,作品的表达系独立完成并且有创作性的,应当认定作者各自享有独立著作权。

第十六条 通过大众传播媒介传播的单纯事实消息属于著作权法第五条第(二)项规定的时事新闻。传播报道他人采编的时事新闻,应当注明出处。

第十七条 著作权法第三十三条第二款规定的转载,是指报纸、期刊登载其他报刊已发表作品的行为。转载未注明被转载作品的作者和最初登载的报刊出处的,应当承担消除影响、赔礼道歉等民事责任。

第十八条 著作权法第二十二条第(十)项规定的室外公共场所的艺术作品,是指设置或者陈列在室外社会公众活动处所的雕塑、绘画、书法等艺术作品。

对前款规定艺术作品的临摹、绘画、摄影、录像人,可以对其成果以合理的方式和范围再行使用,不构成侵权。

第十九条 出版者、制作者应当对其出版、制作有合法授权承担举证责任,发行者、出租者应当对其发行或者出租的复制品有合法来源承担举证责任。举证不能的,依据著作权法第四十七条、第四十八条的相应规定承担法律责任。

第二十条 出版物侵害他人著作权的,出版者应当根据其过错、侵权程度及损害后果等承担赔偿损失的责任。

出版者对其出版行为的授权、稿件来源和署名、所编辑出版物的内容等未尽合理注意义务的,依据著作权法第四十九条的规定,承担赔偿损失的责任。

出版者应对其已尽合理注意义务承担举证责任。

第二十一条 计算机软件用户未经许可或者超过许可范围商业使用计算机软件的,依据著作权法第四十八条第(一)项、《计算机软件保护条例》第二十四条第(一)项的规定承担民事责任。

第二十二条 著作权转让合同未采取书面形式的,人民法院依据民法典第四百九十条的规定审查合同是否成立。

第二十三条 出版者将著作权人交付出版的作品丢失、毁损致使出版合同不能履行的,著作权人有权依据民法典第一百八十六条、第二百三十八条、第一千一百八十四条等规定要求出版者承担相应的民事责任。

第二十四条 权利人的实际损失,可以根据权利人因侵权所造成复制品发行减少量或者侵权复制品销售量与权利人发行该复制品单位利润乘积计算。发行减少量难以确定的,按照侵权复制品市场销售量确定。

第二十五条 权利人的实际损失或者侵权人的违法所得无法确定的,人民法院根据当事人的请求或者依职权适用著作权法第四十九条第二款的规定确定赔偿数额。

人民法院在确定赔偿数额时,应当考虑作品类型、合理使用费、侵权行为性质、后果等情节综合确定。

当事人按照本条第一款的规定就赔偿数额达成协议的,应当准许。

第二十六条 著作权法第四十九条第一款规定的制止侵权行为所支付的合理开支,包括权利人或者委托代理人对侵权行为进行调查、取证的合理费用。

人民法院根据当事人的诉讼请求和具体案情,可以将符合国家有关部门规定的律师费用计算在赔偿范围内。

第二十七条 侵害著作权的诉讼时效为三年,自著作权人知道或者应当知道权利受到损害以及义务人之日起计算。权利人超过三年起诉的,如果侵权行为在起诉时仍在持续,在该著作权保护期内,人民法院应当判决被告停止侵权行为;侵权损害赔偿数额应当自权利人向人民法院起诉之日起向前推算三年计算。

第二十八条 人民法院采取保全措施的,依据民事诉讼法及《最高人民法院关于审查知识产权纠纷行为保全案件适用法律若干问题的规定》的有关规定办理。

第二十九条 除本解释另行规定外,人民法院受理的著作权民事纠纷案件,涉及著作权法修改前发生的民事行为的,适用修改前著作权法的规定;涉及著作权法修改以后发生的民事行为的,适用修改后著作权法的规定;涉及著作权法修改前发生,持续到著作权法修改后的民事行为的,适用修改后著作权法的规定。

第三十条 以前的有关规定与本解释不一致的,以本解释为准。

2. 计算机软件著作权

计算机软件保护条例

1. 2001年12月20日国务院令第339号公布
2. 根据2011年1月8日国务院令第588号《关于废止和修改部分行政法规的决定》第一次修订
3. 根据2013年1月30日国务院令第632号《关于修改〈计算机软件保护条例〉的决定》第二次修订

第一章 总 则

第一条 为了保护计算机软件著作权人的权益,调整计算机软件在开发、传播和使用中发生的利益关系,鼓励计算机软件的开发与应用,促进软件产业和国民经济信息化的发展,根据《中华人民共和国著作权法》,制定本条例。

第二条 本条例所称计算机软件(以下简称软件),是指计算机程序及其有关文档。

第三条 本条例下列用语的含义:

(一)计算机程序,是指为了得到某种结果而可以由计算机等具有信息处理能力的装置执行的代码化指令序列,或者可以被自动转换成代码化指令序列的符号化指令序列或者符号化语句序列。同一计算机程序的源程序和目标程序为同一作品。

(二)文档,是指用来描述程序的内容、组成、设计、功能规格、开发情况、测试结果及使用方法的文字资料和图表等,如程序设计说明书、流程图、用户手册等。

(三)软件开发者,是指实际组织开发、直接进行开发,并对开发完成的软件承担责任的法人或者其他组织;或者依靠自己具有的条件独立完成软件开发,并对软件承担责任的自然人。

(四)软件著作权人,是指依照本条例的规定,对软件享有著作权的自然人、法人或者其他组织。

第四条 受本条例保护的软件必须由开发者独立开发,并已固定在某种有形物体上。

第五条 中国公民、法人或者其他组织对其所开发的软件,不论是否发表,依照本条例享有著作权。

外国人、无国籍人的软件首先在中国境内发行的,依照本条例享有著作权。

外国人、无国籍人的软件,依照其开发者所属国或者经常居住地国同中国签订的协议或者依照中国参加的国际条约享有的著作权,受本条例保护。

第六条 本条例对软件著作权的保护不延及开发软件所用的思想、处理过程、操作方法或者数学概念等。

第七条 软件著作权人可以向国务院著作权行政管理部门认定的软件登记机构办理登记。软件登记机构发放的登记证明文件是登记事项的初步证明。

办理软件登记应当缴纳费用。软件登记的收费标准由国务院著作权行政管理部门会同国务院价格主管部门规定。

第二章 软件著作权

第八条 软件著作权人享有下列各项权利:

(一)发表权,即决定软件是否公之于众的权利;

(二)署名权,即表明开发者身份,在软件上署名的权利;

(三)修改权,即对软件进行增补、删节,或者改变指令、语句顺序的权利;

(四)复制权,即将软件制作一份或者多份的权利;

(五)发行权,即以出售或者赠与方式向公众提供软件的原件或者复制件的权利;

(六)出租权,即有偿许可他人临时使用软件的权利,但是软件不是出租的主要标的的除外;

(七)信息网络传播权,即以有线或者无线方式向公众提供软件,使公众可以在其个人选定的时间和地点获得软件的权利;

(八)翻译权,即将原软件从一种自然语言文字转换成另一种自然语言文字的权利;

（九）应当由软件著作权人享有的其他权利。

软件著作权人可以许可他人行使其软件著作权，并有权获得报酬。

软件著作权人可以全部或者部分转让其软件著作权，并有权获得报酬。

第九条 软件著作权属于软件开发者，本条例另有规定的除外。

如无相反证明，在软件上署名的自然人、法人或者其他组织为开发者。

第十条 由两个以上的自然人、法人或者其他组织合作开发的软件，其著作权的归属由合作开发者签订书面合同约定。无书面合同或者合同未作明确约定，合作开发的软件可以分割使用的，开发者对各自开发的部分可以单独享有著作权；但是，行使著作权时，不得扩展到合作开发的软件整体的著作权。合作开发的软件不能分割使用的，其著作权由各合作开发者共同享有，通过协商一致行使；不能协商一致，又无正当理由的，任何一方不得阻止他方行使除转让权以外的其他权利，但是所得收益应当合理分配给所有合作开发者。

第十一条 接受他人委托开发的软件，其著作权的归属由委托人与受托人签订书面合同约定；无书面合同或者合同未作明确约定的，其著作权由受托人享有。

第十二条 由国家机关下达任务开发的软件，著作权的归属与行使由项目任务书或者合同规定；项目任务书或者合同中未作明确规定的，软件著作权由接受任务的法人或者其他组织享有。

第十三条 自然人在法人或者其他组织中任职期间所开发的软件有下列情形之一的，该软件著作权由该法人或者其他组织享有，该法人或者其他组织可以对开发软件的自然人进行奖励：

（一）针对本职工作中明确指定的开发目标所开发的软件；

（二）开发的软件是从事本职工作活动所预见的结果或者自然的结果；

（三）主要使用了法人或者其他组织的资金、专用设备、未公开的专门信息等物质技术条件所开发并由法人或者其他组织承担责任的软件。

第十四条 软件著作权自软件开发完成之日起产生。

自然人的软件著作权，保护期为自然人终生及其死亡后50年，截止于自然人死亡后第50年的12月31日；软件是合作开发的，截止于最后死亡的自然人死亡后第50年的12月31日。

法人或者其他组织的软件著作权，保护期为50年，截止于软件首次发表后第50年的12月31日，但软件自开发完成之日起50年内未发表的，本条例不再保护。

第十五条 软件著作权属于自然人的，该自然人死亡后，在软件著作权的保护期内，软件著作权的继承人可以依照《中华人民共和国继承法》的有关规定，继承本条例第八条规定的除署名权以外的其他权利。

软件著作权属于法人或者其他组织的，法人或者其他组织变更、终止后，其著作权在本条例规定的保护期内由承受其权利义务的法人或者其他组织享有；没有承受其权利义务的法人或者其他组织的，由国家享有。

第十六条 软件的合法复制品所有人享有下列权利：

（一）根据使用的需要把该软件装入计算机等具有信息处理能力的装置内；

（二）为了防止复制品损坏而制作备份复制品。这些备份复制品不得通过任何方式提供给他人使用，并在所有人丧失该合法复制品的所有权时，负责将备份复制品销毁；

（三）为了把该软件用于实际的计算机应用环境或者改进其功能、性能而进行必要的修改；但是，除合同另有约定外，未经该软件著作权人许可，不得向任何第三方提供修改后的软件。

第十七条 为了学习和研究软件内含的设计思想和原理，通过安装、显示、传输或者存储软件等方式使用软件的，可以不经软件著作权人许可，不向其支付报酬。

第三章 软件著作权的许可使用和转让

第十八条 许可他人行使软件著作权的，应当订立许可使用合同。

许可使用合同中软件著作权人未明确许可的权利，被许可人不得行使。

第十九条 许可他人专有行使软件著作权的，当事人应当订立书面合同。

没有订立书面合同或者合同中未明确约定为专有许可的，被许可行使的权利应当视为非专有权利。

第二十条 转让软件著作权的，当事人应当订立书面合同。

第二十一条 订立许可他人专有行使软件著作权的许可合同，或者订立转让软件著作权合同，可以向国务院著作权行政管理部门认定的软件登记机构登记。

第二十二条 中国公民、法人或者其他组织向外国人许可或者转让软件著作权的，应当遵守《中华人民共和国技术进出口管理条例》的有关规定。

第四章 法 律 责 任

第二十三条 除《中华人民共和国著作权法》或者本条例另有规定外，有下列侵权行为的，应当根据情况，承担停止侵害、消除影响、赔礼道歉、赔偿损失等民事责任：

（一）未经软件著作权人许可，发表或者登记其软件的；

（二）将他人软件作为自己的软件发表或者登记的；

（三）未经合作者许可，将与他人合作开发的软件作为自己单独完成的软件发表或者登记的；

（四）在他人软件上署名或者更改他人软件上的署名的；

（五）未经软件著作权人许可，修改、翻译其软件的；

（六）其他侵犯软件著作权的行为。

第二十四条 除《中华人民共和国著作权法》、本条例或者其他法律、行政法规另有规定外，未经软件著作权人许可，有下列侵权行为的，应当根据情况，承担停止侵害、消除影响、赔礼道歉、赔偿损失等民事责任；同时损害社会公共利益的，由著作权行政管理部门责令停止侵权行为，没收违法所得，没收、销毁侵权复制品，可以并处罚款；情节严重的，著作权行政管理部门并可以没收主要用于制作侵权复制品的材料、工具、设备等；触犯刑律的，依照刑法关于侵犯著作权罪、销售侵权复制品罪的规定，依法追究刑事责任：

（一）复制或者部分复制著作权人的软件的；
（二）向公众发行、出租、通过信息网络传播著作权人的软件的；
（三）故意避开或者破坏著作权人为保护其软件著作权而采取的技术措施的；
（四）故意删除或者改变软件权利管理电子信息的；
（五）转让或者许可他人行使著作权人的软件著作权的。

有前款第一项或者第二项行为的，可以并处每件100元或者货值金额1倍以上5倍以下的罚款；有前款第三项、第四项或者第五项行为的，可以并处20万元以下的罚款。

第二十五条 侵犯软件著作权的赔偿数额，依照《中华人民共和国著作权法》第四十九条的规定确定。

第二十六条 软件著作权人有证据证明他人正在实施或者即将实施侵犯其权利的行为，如不及时制止，将会使其合法权益受到难以弥补的损害的，可以依照《中华人民共和国著作权法》第五十条的规定，在提起诉讼前向人民法院申请采取责令停止有关行为和财产保全的措施。

第二十七条 为了制止侵权行为，在证据可能灭失或者以后难以取得的情况下，软件著作权人可以依照《中华人民共和国著作权法》第五十一条的规定，在提起诉讼前向人民法院申请保全证据。

第二十八条 软件复制品的出版者、制作者不能证明其出版、制作有合法授权的，或者软件复制品的发行者、出租者不能证明其发行、出租的复制品有合法来源的，应当承担法律责任。

第二十九条 软件开发者开发的软件，由于可供选用的表达方式有限而与已经存在的软件相似的，不构成对已经存在的软件的著作权的侵犯。

第三十条 软件的复制品持有人不知道也没有合理理由应当知道该软件是侵权复制品的，不承担赔偿责任；但是，应当停止使用、销毁该侵权复制品。如果停止使用并销毁该侵权复制品将给复制品使用人造成重大损失的，复制品使用人可以在向软件著作权人支付合理费用后继续使用。

第三十一条 软件著作权侵权纠纷可以调解。

软件著作权合同纠纷可以依据合同中的仲裁条款或者事后达成的书面仲裁协议，向仲裁机构申请仲裁。

当事人没有在合同中订立仲裁条款，事后又没有书面仲裁协议的，可以直接向人民法院提起诉讼。

第五章 附 则

第三十二条 本条例施行前发生的侵权行为，依照侵权行为发生时的国家有关规定处理。

第三十三条　本条例自 2002 年 1 月 1 日起施行。1991 年 6 月 4 日国务院发布的《计算机软件保护条例》同时废止。

计算机软件著作权登记办法

1. 2002 年 2 月 20 日国家版权局 1 号令公布
2. 根据 2004 年 6 月 18 日新闻出版总署、中华人民共和国国家版权局第 24 号令《关于实施〈中华人民共和国行政许可法〉清理有关规章、规范性文件的决定》修正

第一章　总　　则

第一条　为贯彻《计算机软件保护条例》（以下简称《条例》）制定本办法。

第二条　为促进我国软件产业发展，增强我国信息产业的创新能力和竞争能力，国家著作权行政管理部门鼓励软件登记，并对登记的软件予以重点保护。

第三条　本办法适用于软件著作权登记、软件著作权专有许可合同和转让合同登记。

第四条　软件著作权登记申请人应当是该软件的著作权人以及通过继承、受让或者承受软件著作权的自然人、法人或者其他组织。

软件著作权合同登记的申请人，应当是软件著作权专有许可合同或者转让合同的当事人。

第五条　申请人或者申请人之一为外国人、无国籍人的，适用本办法。

第六条　国家版权局主管全国软件著作权登记管理工作。

国家版权局认定中国版权保护中心为软件登记机构。

中国版权保护中心可以在地方设立软件登记办事机构，并须在设立后一个月内报国家版权局备案。

第二章　登 记 申 请

第七条　申请登记的软件应是独立开发的，或者经原著作权人许可对原有软件修改后形成的在功能或者性能方面有重要改进的软件。

第八条　合作开发的软件进行著作权登记的，可以由全体著作权人协商确定一名著作权人作为代表办理。著作权人协商不一致的，任何著作权人均可在不损害其他著作权人利益的前提下申请登记，但应当注明其他著作权人。

第九条　申请软件著作权登记的，应当向中国版权保护中心提交以下材料：

（一）按要求填写的软件著作权登记申请表；

（二）软件的鉴别材料；

（三）相关的证明文件。

第十条　软件的鉴别材料包括程序和文档的鉴别材料。

程序和文档的鉴别材料应当由源程序和任何一种文档前、后各连续 30 页组

成。整个程序和文档不到 60 页的,应当提交整个源程序和文档。除特定情况外,程序每页不少于 50 行,文档每页不少于 30 行。

第十一条 申请软件著作权登记的,应当提交以下主要证明文件:

(一)自然人、法人或者其他组织的身份证明;

(二)有著作权归属书面合同或者项目任务书的,应当提交合同或者项目任务书;

(三)经原软件著作权人许可,在原有软件上开发的软件,应当提交原著作权人的许可证明;

(四)权利继承人、受让人或者承受人,提交权利继承、受让或者承受的证明。

第十二条 申请软件著作权登记的,可以选择以下方式之一对鉴别材料作例外交存:

(一)源程序的前、后各连续的 30 页,其中的机密部分用黑色宽斜线覆盖,但覆盖部分不得超过交存源程序的 50%;

(二)源程序连续的前 10 页,加上源程序的任何部分的连续的 50 页;

(三)目标程序的前、后各连续的 30 页,加上源程序的任何部分的连续的 20 页。

文档作例外交存的,参照前款规定处理。

第十三条 软件著作权登记时,申请人可以申请将源程序、文档或者样品进行封存。除申请人或者司法机关外,任何人不得启封。

第十四条 软件著作权转让合同或者专有许可合同当事人可以向中国版权保护中心申请合同登记。申请合同登记时,应当提交以下材料:

(一)按要求填写的合同登记表;

(二)合同复印件;

(三)申请人身份证明。

第十五条 申请人在登记申请批准之前,可以随时请求撤回申请。

第十六条 软件著作权登记人或者合同登记人可以对已经登记的事项作变更或者补充。申请登记变更或者补充时,申请人应当提交以下材料:

(一)按照要求填写的变更或者补充申请表;

(二)登记证书或者证明的复印件;

(三)有关变更或者补充的材料。

第十七条 登记申请应当使用中国版权保护中心制定的统一表格,并由申请人盖章(签名)。

申请表格应当使用中文填写。提交的各种证件和证明文件是外文的,应当附中文译本。

申请登记的文件应当使用国际标准 A4 型 297mm×210mm(长×宽)纸张。

第十八条 申请文件可以直接递交或者挂号邮寄。申请人提交有关申请文件时,应当注明申请人、软件的名称,有受理号或登记号的,应当注明受理号或登记号。

第三章 审查和批准

第十九条 对于本办法第九条和第十四条所指的申请,以收到符合本办法第二章规定的材料之日为受理日,并书面通知申请人。

第二十条 中国版权保护中心应当自受理日起 60 日内审查完成所受理的申请,申请符合《条例》和本办法规定的,予以登记,发给相应的登记证书,并予以公告。

第二十一条 有下列情况之一的,不予登记并书面通知申请人:
(一)表格内容填写不完整、不规范,且未在指定期限内补正的;
(二)提交的鉴别材料不是《条例》规定的软件程序和文档的;
(三)申请文件中出现的软件名称、权利人署名不一致,且未提交证明文件的;
(四)申请登记的软件存在权属争议的。

第二十二条 中国版权保护中心要求申请人补正其他登记材料的,申请人应当在 30 日内补正,逾期未补正的,视为撤回申请。

第二十三条 国家版权局根据下列情况之一,可以撤销登记:
(一)最终的司法判决;
(二)著作权行政管理部门作出的行政处罚决定。

第二十四条 中国版权保护中心可以根据申请人的申请,撤销登记。

第二十五条 登记证书遗失或损坏的,可申请补发或换发。

第四章 软件登记公告

第二十六条 除本办法另有规定外,任何人均可查阅软件登记公告以及可公开的有关登记文件。

第二十七条 软件登记公告的内容如下:
(一)软件著作权的登记;
(二)软件著作权合同登记事项;
(三)软件登记的撤销;
(四)其他事项。

第五章 费　　用

第二十八条 申请软件登记或者办理其他事项,应当交纳下列费用:
(一)软件著作权登记费;
(二)软件著作权合同登记费;
(三)变更或补充登记费;
(四)登记证书费;
(五)封存保管费;
(六)例外交存费;
(七)查询费;
(八)撤销登记申请费;

(九)其他需交纳的费用。

具体收费标准由国家版权局会同国务院价格主管部门规定并公布。

第二十九条　申请人自动撤回申请或者登记机关不予登记的,所交费用不予退回。

第三十条　本办法第二十八条规定的各种费用,可以通过邮局或银行汇付,也可以直接向中国版权保护中心交纳。

第六章　附　　则

第三十一条　本办法规定的、中国版权保护中心指定的各种期限,第一日不计算在内。期限以年或者月计算的,以最后一个月的相应日为届满日;该月无相应日的,以该月的最后一日为届满日。届满日是法定节假日的,以节假日后的第一个工作日为届满日。

第三十二条　申请人向中国版权保护中心邮寄的各种文件,以寄出的邮戳日为递交日。信封上寄出的邮戳日不清晰的,除申请人提出证明外,以收到日为递交日。中国版权保护中心邮寄的各种文件,送达地是省会、自治区首府及直辖市的,自文件发出之日满十五日,其他地区满二十一日,推定为收件人收到文件之日。

第三十三条　申请人因不可抗力或其他正当理由,延误了本办法规定或者中国版权保护中心指定的期限,在障碍消除后三十日内,可以请求顺延期限。

第三十四条　本办法由国家版权局负责解释和补充修订。

第三十五条　本办法自发布之日起实施。

计算机软件著作权登记档案查询办法

2009年3月10日中国版权保护中心公告第3号发布施行

第一条　为了规范软件登记档案查询管理,保护软件著作权人的权益,更好地为社会公众、著作权人、司法机关提供服务,根据《计算机软件保护条例》、《计算机软件著作权登记办法》、《著作权质押合同登记办法》等有关法规及行政规章,制定本办法。

第二条　中国版权保护中心(以下简称"中心")软件登记部负责软件登记档案的管理和查询工作。档案管理人员应当做好软件登记档案资料的归档、保管,确保档案的完整、准确和安全。

第三条　软件著作权登记档案(以下简称"软件登记档案")是软件登记人办理登记时依据相关规定交存的申请表、源程序、文档、证明文件等材料,以及软件登记证书或证明,是软件著作权登记申请登记事项的原始记载。

第四条　自然人、法人或其他组织可以依照本办法查询有关软件登记档案。

第五条　软件登记档案查询范围包括:

(一)软件著作权登记;

(二)软件著作权转让或专有许可合同登记;
(三)软件变更或补充登记;
(四)软件著作权质押合同登记;
(五)撤销软件著作权登记;
(六)其他软件登记档案。

第六条 软件登记档案可公开查询的内容包括：
(一)申请表;
(二)申请人身份证明;
(三)软件登记基本信息记载;
(四)软件登记证书或证明;
(五)其他可公开登记文件。

第七条 软件登记档案不对外公开查询的内容包括：
(一)源程序;
(二)软件文档;
(三)软件合同;
(四)涉及软件登记人技术秘密、商业秘密的材料;
(五)登记机构内部审批文件的部分信息和档案;
(六)软件登记人封存的软件源程序或文档;
(七)其他申请人声明不得公开的登记信息和登记文件。

第八条 软件登记人可以查询和复印本办法第六条和第七条所列范围中属于自身的软件登记档案。

第九条 司法机关可以查阅、复印、打印和借阅本办法第六条和第七条所列范围的软件登记档案。

第十条 软件登记档案查询方式包括：
(一)通过中心网站公告栏查询;
(二)软件登记电子档案查询;
(三)软件登记纸质原始档案查询。

第十一条 查询人应当按照下述规定办理查询手续：
(一)自然人、法人或其他组织办理查询的,应当填写《查询申请表》,并持身份证件、工作证或单位介绍信办理。软件登记人查询和复印自身登记文件的,还应当提交软件登记证书原件。
(二)司法机关因执行公务查询、复印和借阅登记档案的,承办人应当填写《查询申请表》,持单位介绍信或公函及工作证办理,复印和借阅登记档案的,应当经中心软件登记部负责人、中心主管领导签字同意后,方可办理。
(三)中心软件登记部工作人员因工作需要查阅、借阅登记档案的,应当填写《借阅档案申请表》,经过软件登记部负责人签字同意后办理。

第十二条　查询人应当遵守以下规定：
（一）查询人应当在档案管理员陪同下在登记大厅查询窗口区域阅览或摘录登记档案。复印纸质原始登记档案和打印电子登记档案应当由档案管理员完成。
（二）查询纸质原始软件登记档案的人员，禁止在档案材料上修改、涂抹、标记等。
（三）查询人违反上述规定的，档案管理人员应当予以制止和纠正；拒不改正的，可以拒绝提供查询；造成损失的，查询人应当承担赔偿责任。

第十三条　对于符合查询规定的申请，中心应在受理查询之日起十个工作日内给予书面答复。

第十四条　有下列情形之一者，将不予受理查询：
（一）查询申请人未能提交合法证明文件的；
（二）查询内容超出本办法规定查阅范围的；
（三）查询申请人未按照规定缴纳查询费的；
（四）其他依规定不予受理查询的。

第十五条　对于属于本办法第十四条规定的不予受理的查询申请，以及受理后发现所查询内容属于不予受理查询范围的，应当在十个工作日内，将不予受理的原因书面通知申请人。

第十六条　涉及本办法第七条内容的查询人必须遵守保密制度，不得随意向他人提供登记档案材料或扩大登记档案使用范围，并应当对查询的内容保密，不得泄露当事人的隐私或技术和商业秘密。违反规定的，依照有关法律、法规予以处理。

第十七条　档案管理人员应当严格遵守本办法的规定，对软件登记档案严格保密，不得随意向他人提供。违反规定的，视情节轻重，予以批评教育或行政处分。

第十八条　查询人应按照国家财政部和国家发改委批准的"计算机软件著作权登记收费标准"缴纳查询费用。

第十九条　本办法由中国版权保护中心负责解释。

第二十条　本办法自发布之日起施行。

军用计算机软件著作权登记工作暂行办法

1. 2023年3月29日国家版权局、中央军委装备发展部发布施行
2. 国版发〔2023〕1号

第一条　为加强我国国防和军队信息化建设，促进军用计算机软件发展，保护军用计算机软件著作权人的权益，根据《中华人民共和国著作权法》《计算机软件保护条例》《计算机软件著作权登记办法》，结合军用计算机软件的特殊性，制定本办法。

第二条 本办法所称的军用计算机软件是指用于军事目的的计算机程序及其有关文档。

第三条 本办法适用于申请文件涉及国防利益和国家安全需要保密的军用计算机软件著作权登记,军用计算机软件著作权专有许可合同登记和转让合同登记(以下统称军用计算机软件著作权合同登记)。军用计算机软件著作权登记和军用计算机软件著作权合同登记的保密工作,按照国家和军队有关保密规定执行。

军用计算机软件著作权登记和军用计算机软件著作权合同登记的申请文件为绝密级的,不得申请登记。

军用计算机软件著作权登记和军用计算机软件著作权合同登记的申请文件不涉密的,按照《计算机软件著作权登记办法》执行。

第四条 国防知识产权管理机构负责军用计算机软件著作权登记、军用计算机软件著作权合同登记的受理、审查和登记证书发放等工作。

第五条 军用计算机软件著作权登记申请人,应当是该软件的著作权人或者继承、受让和承受该软件著作权的自然人、法人或者非法人组织。

合作开发的军用计算机软件进行著作权登记,应当经全体著作权人同意。申请登记时,可以由全体著作权人协商确定一名著作权人为代表进行办理。

军用计算机软件著作权合同登记申请人,应当是军用计算机软件著作权专有许可合同或者转让合同的当事人。

第六条 申请登记的军用计算机软件应当是独立开发的,或者经原著作权人许可对原有软件修改后形成的在功能或者性能方面有实质性改进的软件。

对原有软件进行勘误性质改进、人机交互优化等修改和一般功能开发、小幅增量开发以及模型、算法、数据等补充开发形成的软件,不得另行登记。

第七条 申请军用计算机软件著作权登记的,应当向国防知识产权管理机构提交以下材料:

(一)军用计算机软件著作权登记申请表;

(二)军用计算机软件的鉴别材料;

(三)由具有定密权限的机关、单位出具的军用计算机软件著作权登记密级证明表;

(四)其他证明文件。

第八条 申请军用计算机软件著作权登记的,提交的鉴别材料应当包括程序的鉴别材料和文档的鉴别材料。

程序的鉴别材料和文档的鉴别材料应当由源程序和任何一种文档前、后各连续30页组成。程序和文档不足60页的,应当提交全部源程序和文档。除特定情况外,程序每页不少于50行,文档每页不少于30行。

第九条 申请军用计算机软件著作权登记的,可以选择下列方式之一对鉴别材料作例外交存:

（一）源程序的前、后各连续的 30 页，其中涉及军事作战、训练、武器装备战术技术性能等信息部分用黑色宽斜线覆盖，但覆盖部分不得超过交存源程序的 50%；

（二）源程序连续的前 10 页，加上源程序任何部分连续的 50 页；

（三）目标程序的前、后各连续的 30 页，加上源程序任何部分连续的 20 页。

文档作例外交存的，参照前款规定处理。

第十条 申请军用计算机软件著作权登记的，应当提交以下主要证明文件：

（一）自然人、法人或者非法人组织的身份证明；

（二）有著作权归属书面合同或者项目任务书的，应当提交合同或者项目任务书；

（三）经原软件著作权人许可，在原有软件上开发软件的，应当提交原著作权人的许可证明；

（四）继承、受让和承受软件著作权的，应当提交相关证明。

第十一条 军用计算机软件著作权登记时，申请人可以申请将源程序、文档或者样品进行封存。除申请人或者司法机关可以根据相关规定启封外，任何人不得启封。

第十二条 申请军用计算机软件著作权合同登记的，应当向国防知识产权管理机构提交以下材料：

（一）军用计算机软件著作权合同登记申请表；

（二）合同复印件；

（三）申请人身份证明；

（四）军用计算机软件著作权合同登记密级证明表；

（五）其他相关材料。

第十三条 国防知识产权管理机构收到申请文件后，对符合本办法规定的，应当受理并书面通知申请人。

第十四条 国防知识产权管理机构应当自受理之日起 60 日内完成审查，对符合本办法规定的，应当登记或者办理相关事项。

第十五条 军用计算机软件著作权登记申请人或者合同登记申请人在登记申请批准之前，可以请求撤回申请。

第十六条 国防知识产权管理机构要求补正申请文件的，申请人应当在 30 日内补正；逾期未补正的，视为撤回申请。

第十七条 有下列情形之一的，不予登记并书面通知申请人：

（一）申请文件不完整、不规范，且未在指定期限内补正的；

（二）提交的鉴别材料中的软件程序和文档不符合《计算机软件保护条例》规定的；

（三）申请文件中出现的软件名称、权利人署名不一致，且未提交证明文件的；

（四）申请登记的软件存在权属争议的；

（五）其他不符合登记条件的。

第十八条　国防知识产权管理机构可以根据军用计算机软件著作权登记人或者合同登记人的申请,撤销登记。

国防知识产权管理机构根据下列情况之一,可以撤销登记:

(一)军用计算机软件著作权登记人或者合同登记人提交的材料与事实不符的;

(二)同一登记人就相同的军用计算机软件重复登记的;

(三)最终的司法判决;

(四)著作权行政管理部门作出的行政处罚决定。

第十九条　军用计算机软件著作权登记人或者合同登记人对已登记的事项进行变更或者补充的,应当提交以下材料:

(一)变更或者补充申请表;

(二)登记证书或者证明的复印件;

(三)有关变更或者补充的材料。

第二十条　已提交的密级证明中涉密事项发生密级、保密期限、解密条件等变化时,军用计算机软件著作权登记人或者合同登记人应当申请变更密级信息,并提交密级证明变更申请表和相关证明文件。

第二十一条　登记证书、证明遗失或者损坏的,军用计算机软件著作权登记人或者合同登记人可以申请补发或者换发。

第二十二条　国防知识产权管理机构定期在相关涉密事项可知悉范围内发布军用计算机软件著作权登记通报。

通报内容包括:

(一)军用计算机软件著作权登记事项;

(二)军用计算机软件著作权合同登记事项;

(三)军用计算机软件著作权登记或者合同登记的撤销情况;

(四)军用计算机软件著作权登记或者合同登记事项的变更、补充情况;

(五)军用计算机软件著作权登记或者合同登记密级变更、解密或者保密期限变更等事项;

(六)其他事项。

第二十三条　军用计算机软件著作权登记、军用计算机软件著作权合同登记通报后,查阅者可以查阅本办法第十一条规定之外的登记文件。

查阅者应当属于前款所述登记文件的涉密事项可知悉范围,并提供具有相应定密权限的机关、单位出具的证明。

第二十四条　国防知识产权管理机构负责解密前登记文件的保管。相关登记解密后,由国防知识产权管理机构将登记文件移交中国版权保护中心。

第二十五条　登记申请应当使用国防知识产权管理机构制定的专用表格,并由申请人盖章(签名)。

申请登记的文件应当使用国际标准 A4 型 297mm×210mm(长×宽)纸张。

第二十六条 本办法规定的各类申请文件应当直接递交或者通过机要通信以及其他符合保密规定的方式递送,否则视为未提交。

提交有关申请文件时,应当另页注明申请人、软件的名称,有受理号或者登记号的,应当注明受理号或者登记号。

第二十七条 申请文件通过机要通信邮寄的,递交日期以邮戳时间为准;邮戳无法辨认的,除申请人提供证明外,递交日期以实际收到之日为准。国防知识产权管理机构通过机要通信邮寄的文件,自交付邮寄之日起,经过 30 日即视为送达。

第二十八条 申请人因不可抗拒的事由或者其他正当理由延误期限的,在障碍消除后 30 日内,可以申请顺延期限,是否准许,由国防知识产权管理机构决定。

第二十九条 本办法规定的期间,以年、月、日计算。期间开始的当日不计算在期间内。期间以年或者月计算的,以最后一个月的相应日期为届满日期;该月无相应日期的,以该月的最后一日为届满日期。期间届满最后一日是节假日的,以节假日后的第一个工作日为届满日期。

第三十条 其他涉及国防利益和国家安全需要保密的计算机软件,参照本办法进行登记。

第三十一条 本办法未尽事宜,适用《计算机软件著作权登记办法》。

第三十二条 本办法由国家版权局和中央军委装备发展部负责解释。

第三十三条 本办法自印发之日起施行。

3. 信息网络传播权与互联网著作权

信息网络传播权保护条例

1. 2006 年 5 月 18 日国务院令第 468 号公布
2. 根据 2013 年 1 月 30 日国务院令第 634 号《关于修改〈信息网络传播权保护条例〉的决定》修订

第一条 为保护著作权人、表演者、录音录像制作者(以下统称权利人)的信息网络传播权,鼓励有益于社会主义精神文明、物质文明建设的作品的创作和传播,根据《中华人民共和国著作权法》(以下简称著作权法),制定本条例。

第二条 权利人享有的信息网络传播权受著作权法和本条例保护。除法律、行政法规另有规定的外,任何组织或者个人将他人的作品、表演、录音录像制品通过信息网络向公众提供,应当取得权利人许可,并支付报酬。

第三条 依法禁止提供的作品、表演、录音录像制品,不受本条例保护。

权利人行使信息网络传播权,不得违反宪法和法律、行政法规,不得损害公共利益。

第四条 为了保护信息网络传播权,权利人可以采取技术措施。

任何组织或者个人不得故意避开或者破坏技术措施,不得故意制造、进口或者向公众提供主要用于避开或者破坏技术措施的装置或者部件,不得故意为他人避开或者破坏技术措施提供技术服务。但是,法律、行政法规规定可以避开的除外。

第五条 未经权利人许可,任何组织或者个人不得进行下列行为:

(一)故意删除或者改变通过信息网络向公众提供的作品、表演、录音录像制品的权利管理电子信息,但由于技术上的原因无法避免删除或者改变的除外;

(二)通过信息网络向公众提供明知或者应知未经权利人许可被删除或者改变权利管理电子信息的作品、表演、录音录像制品。

第六条 通过信息网络提供他人作品,属于下列情形的,可以不经著作权人许可,不向其支付报酬:

(一)为介绍、评论某一作品或者说明某一问题,在向公众提供的作品中适当引用已经发表的作品;

(二)为报道时事新闻,在向公众提供的作品中不可避免地再现或者引用已经发表的作品;

(三)为学校课堂教学或者科学研究,向少数教学、科研人员提供少量已经发表的作品;

(四)国家机关为执行公务,在合理范围内向公众提供已经发表的作品;

(五)将中国公民、法人或者其他组织已经发表的、以汉语言文字创作的作品翻译成的少数民族语言文字作品,向中国境内少数民族提供;

(六)不以营利为目的,以盲人能够感知的独特方式向盲人提供已经发表的文字作品;

(七)向公众提供在信息网络上已经发表的关于政治、经济问题的时事性文章;

(八)向公众提供在公众集会上发表的讲话。

第七条 图书馆、档案馆、纪念馆、博物馆、美术馆等可以不经著作权人许可,通过信息网络向本馆馆舍内服务对象提供本馆收藏的合法出版的数字作品和依法为陈列或者保存版本的需要以数字化形式复制的作品,不向其支付报酬,但不得直接或者间接获得经济利益。当事人另有约定的除外。

前款规定的为陈列或者保存版本需要以数字化形式复制的作品,应当是已经损毁或者濒临损毁、丢失或者失窃,或者其存储格式已经过时,并且在市场上无法购买或者只能以明显高于标定的价格购买的作品。

第八条 为通过信息网络实施九年制义务教育或者国家教育规划,可以不经著作权人许可,使用其已经发表作品的片断或者短小的文字作品、音乐作品或者单幅的美术作品、摄影作品制作课件,由制作课件或者依法取得课件的远程教育机构通过信息网络向注册学生提供,但应当向著作权人支付报酬。

第九条　为扶助贫困,通过信息网络向农村地区的公众免费提供中国公民、法人或者其他组织已经发表的种植养殖、防病治病、防灾减灾等与扶助贫困有关的作品和适应基本文化需求的作品,网络服务提供者应当在提供前公告拟提供的作品及其作者、拟支付报酬的标准。自公告之日起30日内,著作权人不同意提供的,网络服务提供者不得提供其作品;自公告之日起满30日,著作权人没有异议的,网络服务提供者可以提供其作品,并按照公告的标准向著作权人支付报酬。网络服务提供者提供著作权人的作品后,著作权人不同意提供的,网络服务提供者应当立即删除著作权人的作品,并按照公告的标准向著作权人支付提供作品期间的报酬。

依照前款规定提供作品的,不得直接或者间接获得经济利益。

第十条　依照本条例规定不经著作权人许可、通过信息网络向公众提供其作品的,还应当遵守下列规定:

(一)除本条例第六条第一项至第六项、第七条规定的情形外,不得提供作者事先声明不许提供的作品;

(二)指明作品的名称和作者的姓名(名称);

(三)依照本条例规定支付报酬;

(四)采取技术措施,防止本条例第七条、第八条、第九条规定的服务对象以外的其他人获得著作权人的作品,并防止本条例第七条规定的服务对象的复制行为对著作权人利益造成实质性损害;

(五)不得侵犯著作权人依法享有的其他权利。

第十一条　通过信息网络提供他人表演、录音录像制品的,应当遵守本条例第六条至第十条的规定。

第十二条　属于下列情形的,可以避开技术措施,但不得向他人提供避开技术措施的技术、装置或者部件,不得侵犯权利人依法享有的其他权利:

(一)为学校课堂教学或者科学研究,通过信息网络向少数教学、科研人员提供已经发表的作品、表演、录音录像制品,而该作品、表演、录音录像制品只能通过信息网络获取的;

(二)不以营利为目的,通过信息网络以盲人能够感知的独特方式向盲人提供已经发表的文字作品,而该作品只能通过信息网络获取的;

(三)国家机关依照行政、司法程序执行公务;

(四)在信息网络上对计算机及其系统或者网络的安全性能进行测试。

第十三条　著作权行政管理部门为了查处侵犯信息网络传播权的行为,可以要求网络服务提供者提供涉嫌侵权的服务对象的姓名(名称)、联系方式、网络地址等资料。

第十四条　对提供信息存储空间或者提供搜索、链接服务的网络服务提供者,权利人认为其服务所涉及的作品、表演、录音录像制品,侵犯自己的信息网络传播权或者被删除、改变了自己的权利管理电子信息的,可以向该网络服务提供者提交书面通知,要求网络服务提供者删除该作品、表演、录音录像制品,或者断开与该作品、表演、录音录像制品的链接。通知书应当包含下列内容:

(一)权利人的姓名(名称)、联系方式和地址;

(二)要求删除或者断开链接的侵权作品、表演、录音录像制品的名称和网络地址;

(三)构成侵权的初步证明材料。

权利人应当对通知书的真实性负责。

第十五条 网络服务提供者接到权利人的通知书后,应当立即删除涉嫌侵权的作品、表演、录音录像制品,或者断开与涉嫌侵权的作品、表演、录音录像制品的链接,并同时将通知书转送提供作品、表演、录音录像制品的服务对象;服务对象网络地址不明、无法转送的,应当将通知书的内容同时在信息网络上公告。

第十六条 服务对象接到网络服务提供者转送的通知书后,认为其提供的作品、表演、录音录像制品未侵犯他人权利的,可以向网络服务提供者提交书面说明,要求恢复被删除的作品、表演、录音录像制品,或者恢复与被断开的作品、表演、录音录像制品的链接。书面说明应当包含下列内容:

(一)服务对象的姓名(名称)、联系方式和地址;

(二)要求恢复的作品、表演、录音录像制品的名称和网络地址;

(三)不构成侵权的初步证明材料。

服务对象应当对书面说明的真实性负责。

第十七条 网络服务提供者接到服务对象的书面说明后,应当立即恢复被删除的作品、表演、录音录像制品,或者可以恢复与被断开的作品、表演、录音录像制品的链接,同时将服务对象的书面说明转送权利人。权利人不得再通知网络服务提供者删除该作品、表演、录音录像制品,或者断开与该作品、表演、录音录像制品的链接。

第十八条 违反本条例规定,有下列侵权行为之一的,根据情况承担停止侵害、消除影响、赔礼道歉、赔偿损失等民事责任;同时损害公共利益的,可以由著作权行政管理部门责令停止侵权行为,没收违法所得,非法经营额 5 万元以上的,可处非法经营额 1 倍以上 5 倍以下的罚款;没有非法经营额或者非法经营额 5 万元以下的,根据情节轻重,可处 25 万元以下的罚款;情节严重的,著作权行政管理部门可以没收主要用于提供网络服务的计算机等设备;构成犯罪的,依法追究刑事责任:

(一)通过信息网络擅自向公众提供他人的作品、表演、录音录像制品的;

(二)故意避开或者破坏技术措施的;

(三)故意删除或者改变通过信息网络向公众提供的作品、表演、录音录像制品的权利管理电子信息,或者通过信息网络向公众提供明知或者应知未经权利人许可而被删除或者改变权利管理电子信息的作品、表演、录音录像制品的;

(四)为扶助贫困通过信息网络向农村地区提供作品、表演、录音录像制品超过规定范围,或者未按照公告的标准支付报酬,或者在权利人不同意提供其作品、表演、录音录像制品后未立即删除的;

(五)通过信息网络提供他人的作品、表演、录音录像制品,未指明作品、表演、录音录像制品的名称或者作者、表演者、录音录像制作者的姓名(名称),或者未支付报酬,或者未依照本条例规定采取技术措施防止服务对象以外的其他人获得他人的作品、表演、录音录像制品,或者未防止服务对象的复制行为对权利人利益造成实质性损害的。

第十九条　违反本条例规定,有下列行为之一的,由著作权行政管理部门予以警告,没收违法所得,没收主要用于避开、破坏技术措施的装置或者部件;情节严重的,可以没收主要用于提供网络服务的计算机等设备;非法经营额5万元以上的,可处非法经营额1倍以上5倍以下的罚款;没有非法经营额或者非法经营额5万元以下的,根据情节轻重,可处25万元以下的罚款;构成犯罪的,依法追究刑事责任:

(一)故意制造、进口或者向他人提供主要用于避开、破坏技术措施的装置或者部件,或者故意为他人避开或者破坏技术措施提供技术服务的;

(二)通过信息网络提供他人的作品、表演、录音录像制品,获得经济利益的;

(三)为扶助贫困通过信息网络向农村地区提供作品、表演、录音录像制品,未在提供前公告作品、表演、录音录像制品的名称和作者、表演者、录音录像制作者的姓名(名称)以及报酬标准的。

第二十条　网络服务提供者根据服务对象的指令提供网络自动接入服务,或者对服务对象提供的作品、表演、录音录像制品提供自动传输服务,并具备下列条件的,不承担赔偿责任:

(一)未选择并且未改变所传输的作品、表演、录音录像制品;

(二)向指定的服务对象提供该作品、表演、录音录像制品,并防止指定的服务对象以外的其他人获得。

第二十一条　网络服务提供者为提高网络传输效率,自动存储从其他网络服务提供者获得的作品、表演、录音录像制品,根据技术安排自动向服务对象提供,并具备下列条件的,不承担赔偿责任:

(一)未改变自动存储的作品、表演、录音录像制品;

(二)不影响提供作品、表演、录音录像制品的原网络服务提供者掌握服务对象获取该作品、表演、录音录像制品的情况;

(三)在原网络服务提供者修改、删除或者屏蔽该作品、表演、录音录像制品时,根据技术安排自动予以修改、删除或者屏蔽。

第二十二条　网络服务提供者为服务对象提供信息存储空间,供服务对象通过信息网络向公众提供作品、表演、录音录像制品,并具备下列条件的,不承担赔偿责任:

(一)明确标示该信息存储空间是为服务对象所提供,并公开网络服务提供者的名称、联系人、网络地址；

（二）未改变服务对象所提供的作品、表演、录音录像制品；

（三）不知道也没有合理的理由应当知道服务对象提供的作品、表演、录音录像制品侵权；

（四）未从服务对象提供作品、表演、录音录像制品中直接获得经济利益；

（五）在接到权利人的通知书后，根据本条例规定删除权利人认为侵权的作品、表演、录音录像制品。

第二十三条 网络服务提供者为服务对象提供搜索或者链接服务，在接到权利人的通知书后，根据本条例规定断开与侵权的作品、表演、录音录像制品的链接的，不承担赔偿责任；但是，明知或者应知所链接的作品、表演、录音录像制品侵权的，应当承担共同侵权责任。

第二十四条 因权利人的通知导致网络服务提供者错误删除作品、表演、录音录像制品，或者错误断开与作品、表演、录音录像制品的链接，给服务对象造成损失的，权利人应当承担赔偿责任。

第二十五条 网络服务提供者无正当理由拒绝提供或者拖延提供涉嫌侵权的服务对象的姓名（名称）、联系方式、网络地址等资料的，由著作权行政管理部门予以警告；情节严重的，没收主要用于提供网络服务的计算机等设备。

第二十六条 本条例下列用语的含义：

信息网络传播权，是指以有线或者无线方式向公众提供作品、表演或者录音录像制品，使公众可以在其个人选定的时间和地点获得作品、表演或者录音录像制品的权利。

技术措施，是指用于防止、限制未经权利人许可浏览、欣赏作品、表演、录音录像制品的或者通过信息网络向公众提供作品、表演、录音录像制品的有效技术、装置或者部件。

权利管理电子信息，是指说明作品及其作者、表演及其表演者、录音录像制品及其制作者的信息，作品、表演、录音录像制品权利人的信息和使用条件的信息，以及表示上述信息的数字或者代码。

第二十七条 本条例自2006年7月1日起施行。

互联网著作权行政保护办法

1. 2005年4月29日国家版权局、信息产业部令第5号公布
2. 自2005年5月30日起施行

第一条 为了加强互联网信息服务活动中信息网络传播权的行政保护，规范行政执

法行为,根据《中华人民共和国著作权法》及有关法律、行政法规,制定本办法。

第二条　本办法适用于互联网信息服务活动中根据互联网内容提供者的指令,通过互联网自动提供作品、录音录像制品等内容的上载、存储、链接或搜索等功能,且对存储或传输的内容不进行任何编辑、修改或选择的行为。

互联网信息服务活动中直接提供互联网内容的行为,适用著作权法。

本办法所称"互联网内容提供者"是指在互联网上发布相关内容的上网用户。

第三条　各级著作权行政管理部门依据法律、行政法规和本办法对互联网信息服务活动中的信息网络传播权实施行政保护。国务院信息产业主管部门和各省、自治区、直辖市电信管理机构依法配合相关工作。

第四条　著作权行政管理部门对侵犯互联网信息服务活动中的信息网络传播权的行为实施行政处罚,适用《著作权行政处罚实施办法》。

侵犯互联网信息服务活动中的信息网络传播权的行为由侵权行为实施地的著作权行政管理部门管辖。侵权行为实施地包括提供本办法第二条所列的互联网信息服务活动的服务器等设备所在地。

第五条　著作权人发现互联网传播的内容侵犯其著作权,向互联网信息服务提供者或者其委托的其他机构(以下统称"互联网信息服务提供者")发出通知后,互联网信息服务提供者应当立即采取措施移除相关内容,并保留著作权人的通知6个月。

第六条　互联网信息服务提供者收到著作权人的通知后,应当记录提供的信息内容及其发布的时间、互联网地址或者域名。互联网接入服务提供者应当记录互联网内容提供者的接入时间、用户账号、互联网地址或者域名、主叫电话号码等信息。

前款所称记录应当保存60日,并在著作权行政管理部门查询时予以提供。

第七条　互联网信息服务提供者根据著作权人的通知移除相关内容的,互联网内容提供者可以向互联网信息服务提供者和著作权人一并发出说明被移除内容不侵犯著作权的反通知。反通知发出后,互联网信息服务提供者即可恢复被移除的内容,且对该恢复行为不承担行政法律责任。

第八条　著作权人的通知应当包含以下内容:

(一)涉嫌侵权内容所侵犯的著作权权属证明;

(二)明确的身份证明、住址、联系方式;

(三)涉嫌侵权内容在信息网络上的位置;

(四)侵犯著作权的相关证据;

(五)通知内容的真实性声明。

第九条　互联网内容提供者的反通知应当包含以下内容:

(一)明确的身份证明、住址、联系方式;

(二)被移除内容的合法性证明;

(三)被移除内容在互联网上的位置;

(四)反通知内容的真实性声明。

第十条 著作权人的通知和互联网内容提供者的反通知应当采取书面形式。

著作权人的通知和互联网内容提供者的反通知不具备本办法第八条、第九条所规定内容的,视为未发出。

第十一条 互联网信息服务提供者明知互联网内容提供者通过互联网实施侵犯他人著作权的行为,或者虽不明知,但接到著作权人通知后未采取措施移除相关内容,同时损害社会公共利益的,著作权行政管理部门可以根据《中华人民共和国著作权法》第四十七条的规定责令停止侵权行为,并给予下列行政处罚:

(一)没收违法所得;

(二)处以非法经营额3倍以下的罚款;非法经营额难以计算的,可以处10万元以下的罚款。

第十二条 没有证据表明互联网信息服务提供者明知侵权事实存在的,或者互联网信息服务提供者接到著作权人通知后,采取措施移除相关内容的,不承担行政法律责任。

第十三条 著作权行政管理部门在查处侵犯互联网信息服务活动中的信息网络传播权案件时,可以按照《著作权行政处罚实施办法》第十二条规定要求著作权人提交必备材料,以及向互联网信息服务提供者发出的通知和该互联网信息服务提供者未采取措施移除相关内容的证明。

第十四条 互联网信息服务提供者有本办法第十一条规定的情形,且经著作权行政管理部门依法认定专门从事盗版活动,或有其他严重情节的,国务院信息产业主管部门或者省、自治区、直辖市电信管理机构依据相关法律、行政法规的规定处理;互联网接入服务提供者应当依据国务院信息产业主管部门或者省、自治区、直辖市电信管理机构的通知,配合实施相应的处理措施。

第十五条 互联网信息服务提供者未履行本办法第六条规定的义务,由国务院信息产业主管部门或者省、自治区、直辖市电信管理机构予以警告,可以并处3万元以下罚款。

第十六条 著作权行政管理部门在查处侵犯互联网信息服务活动中的信息网络传播权案件过程中,发现互联网信息服务提供者的行为涉嫌构成犯罪的,应当依照国务院《行政执法机关移送涉嫌犯罪案件的规定》将案件移送司法部门,依法追究刑事责任。

第十七条 表演者、录音录像制作者等与著作权有关的权利人通过互联网向公众传播其表演或者录音录像制品的权利的行政保护适用本办法。

第十八条 本办法由国家版权局和信息产业部负责解释。

第十九条 本办法自2005年5月30日起施行。

最高人民法院关于审理侵害信息网络传播权
民事纠纷案件适用法律若干问题的规定

1. 2012年11月26日最高人民法院审判委员会第1561次会议通过、2012年12月17日公布、自2013年1月1日起施行(法释〔2012〕20号)
2. 根据2020年12月23日最高人民法院审判委员会第1823次会议通过、2020年12月29日公布、自2021年1月1日起施行的《最高人民法院关于修改〈最高人民法院关于审理侵犯专利权纠纷案件应用法律若干问题的解释(二)〉等十八件知识产权类司法解释的决定》(法释〔2020〕19号)修正

  为正确审理侵害信息网络传播权民事纠纷案件,依法保护信息网络传播权,促进信息网络产业健康发展,维护公共利益,根据《中华人民共和国民法典》《中华人民共和国著作权法》《中华人民共和国民事诉讼法》等有关法律规定,结合审判实际,制定本规定。

第一条 人民法院审理侵害信息网络传播权民事纠纷案件,在依法行使裁量权时,应当兼顾权利人、网络服务提供者和社会公众的利益。

第二条 本规定所称信息网络,包括以计算机、电视机、固定电话机、移动电话机等电子设备为终端的计算机互联网、广播电视网、固定通信网、移动通信网等信息网络,以及向公众开放的局域网络。

第三条 网络用户、网络服务提供者未经许可,通过信息网络提供权利人享有信息网络传播权的作品、表演、录音录像制品,除法律、行政法规另有规定外,人民法院应当认定其构成侵害信息网络传播权行为。

  通过上传到网络服务器、设置共享文件或者利用文件分享软件等方式,将作品、表演、录音录像制品置于信息网络中,使公众能够在个人选定的时间和地点以下载、浏览或者其他方式获得的,人民法院应当认定其实施了前款规定的提供行为。

第四条 有证据证明网络服务提供者与他人以分工合作等方式共同提供作品、表演、录音录像制品,构成共同侵权行为的,人民法院应当判令其承担连带责任。网络服务提供者能够证明其仅提供自动接入、自动传输、信息存储空间、搜索、链接、文件分享技术等网络服务,主张其不构成共同侵权行为的,人民法院应予支持。

第五条 网络服务提供者以提供网页快照、缩略图等方式实质替代其他网络服务提供者向公众提供相关作品的,人民法院应当认定其构成提供行为。

  前款规定的提供行为不影响相关作品的正常使用,且未不合理损害权利人对该作品的合法权益,网络服务提供者主张其未侵害信息网络传播权的,人民法院应

予支持。

第六条　原告有初步证据证明网络服务提供者提供了相关作品、表演、录音录像制品,但网络服务提供者能够证明其仅提供网络服务,且无过错的,人民法院不应认定为构成侵权。

第七条　网络服务提供者在提供网络服务时教唆或者帮助网络用户实施侵害信息网络传播权行为的,人民法院应当判令其承担侵权责任。

网络服务提供者以言语、推介技术支持、奖励积分等方式诱导、鼓励网络用户实施侵害信息网络传播权行为的,人民法院应当认定其构成教唆侵权行为。

网络服务提供者明知或者应知网络用户利用网络服务侵害信息网络传播权,未采取删除、屏蔽、断开链接等必要措施,或者提供技术支持等帮助行为的,人民法院应当认定其构成帮助侵权行为。

第八条　人民法院应当根据网络服务提供者的过错,确定其是否承担教唆、帮助侵权责任。网络服务提供者的过错包括对于网络用户侵害信息网络传播权行为的明知或者应知。

网络服务提供者未对网络用户侵害信息网络传播权的行为主动进行审查的,人民法院不应据此认定其具有过错。

网络服务提供者能够证明已采取合理、有效的技术措施,仍难以发现网络用户侵害信息网络传播权行为的,人民法院应当认定其不具有过错。

第九条　人民法院应当根据网络用户侵害信息网络传播权的具体事实是否明显,综合考虑以下因素,认定网络服务提供者是否构成应知:

(一)基于网络服务提供者提供服务的性质、方式及其引发侵权的可能性大小,应当具备的管理信息的能力;

(二)传播的作品、表演、录音录像制品的类型、知名度及侵权信息的明显程度;

(三)网络服务提供者是否主动对作品、表演、录音录像制品进行了选择、编辑、修改、推荐等;

(四)网络服务提供者是否积极采取了预防侵权的合理措施;

(五)网络服务提供者是否设置便捷程序接收侵权通知并及时对侵权通知作出合理的反应;

(六)网络服务提供者是否针对同一网络用户的重复侵权行为采取了相应的合理措施;

(七)其他相关因素。

第十条　网络服务提供者在提供网络服务时,对热播影视作品等以设置榜单、目录、索引、描述性段落、内容简介等方式进行推荐,且公众可以在其网页上直接以下载、浏览或者其他方式获得的,人民法院可以认定其应知网络用户侵害信息网络传播权。

第十一条　网络服务提供者从网络用户提供的作品、表演、录音录像制品中直接获得经济利益的,人民法院应当认定其对该网络用户侵害信息网络传播权的行为负有较高的注意义务。

网络服务提供者针对特定作品、表演、录音录像制品投放广告获取收益,或者获取与其传播的作品、表演、录音录像制品存在其他特定联系的经济利益,应当认定为前款规定的直接获得经济利益。网络服务提供者因提供网络服务而收取一般性广告费、服务费等,不属于本款规定的情形。

第十二条 有下列情形之一的,人民法院可以根据案件具体情况,认定提供信息存储空间服务的网络服务提供者应知网络用户侵害信息网络传播权:

(一)将热播影视作品等置于首页或者其他主要页面等能够为网络服务提供者明显感知的位置的;

(二)对热播影视作品等的主题、内容主动进行选择、编辑、整理、推荐,或者为其设立专门的排行榜的;

(三)其他可以明显感知相关作品、表演、录音录像制品为未经许可提供,仍未采取合理措施的情形。

第十三条 网络服务提供者接到权利人以书信、传真、电子邮件等方式提交的通知及构成侵权的初步证据,未及时根据初步证据和服务类型采取必要措施的,人民法院应当认定其明知相关侵害信息网络传播权行为。

第十四条 人民法院认定网络服务提供者转送通知、采取必要措施是否及时,应当根据权利人提交通知的形式、通知的准确程度、采取措施的难易程度、网络服务的性质、所涉作品、表演、录音录像制品的类型、知名度、数量等因素综合判断。

第十五条 侵害信息网络传播权民事纠纷案件由侵权行为地或者被告住所地人民法院管辖。侵权行为地包括实施被诉侵权行为的网络服务器、计算机终端等设备所在地。侵权行为地和被告住所地均难以确定或者在境外的,原告发现侵权内容的计算机终端等设备所在地可以视为侵权行为地。

第十六条 本规定施行之日起,《最高人民法院关于审理涉及计算机网络著作权纠纷案件适用法律若干问题的解释》(法释〔2006〕11号)同时废止。

本规定施行之后尚未终审的侵害信息网络传播权民事纠纷案件,适用本规定。本规定施行前已经终审,当事人申请再审或者按照审判监督程序决定再审的,不适用本规定。

4. 出　版

出版管理条例

1. 2001年12月25日国务院令第343号公布
2. 根据2011年3月19日国务院令第594号《关于修改〈出版管理条例〉的决定》第一次修订
3. 根据2013年7月18日国务院令第638号《关于废止和修改部分行政法规的决定》第二次修订
4. 根据2014年7月29日国务院令第653号《关于修改部分行政法规的决定》第三次修订
5. 根据2016年2月6日国务院令第666号《关于修改部分行政法规的决定》第四次修订
6. 根据2020年11月29日国务院令第732号《关于修改和废止部分行政法规的决定》第五次修订
7. 根据2024年12月6日国务院令第797号《关于修改和废止部分行政法规的决定》第六次修订

第一章　总　　则

第一条　为了加强对出版活动的管理，发展和繁荣有中国特色社会主义出版产业和出版事业，保障公民依法行使出版自由的权利，促进社会主义精神文明和物质文明建设，根据宪法，制定本条例。

第二条　在中华人民共和国境内从事出版活动，适用本条例。

本条例所称出版活动，包括出版物的出版、印刷或者复制、进口、发行。

本条例所称出版物，是指报纸、期刊、图书、音像制品、电子出版物等。

第三条　出版活动必须坚持为人民服务、为社会主义服务的方向，坚持以马克思列宁主义、毛泽东思想、邓小平理论和"三个代表"重要思想为指导，贯彻落实科学发展观，传播和积累有益于提高民族素质、有益于经济发展和社会进步的科学技术和文化知识，弘扬民族优秀文化，促进国际文化交流，丰富和提高人民的精神生活。

第四条　从事出版活动，应当将社会效益放在首位，实现社会效益与经济效益相结合。

第五条　公民依法行使出版自由的权利，各级人民政府应当予以保障。

公民在行使出版自由的权利的时候，必须遵守宪法和法律，不得反对宪法确定的基本原则，不得损害国家的、社会的、集体的利益和其他公民的合法的自由和权利。

第六条　国务院出版行政主管部门负责全国的出版活动的监督管理工作。国务院其他有关部门按照国务院规定的职责分工，负责有关的出版活动的监督管理工作。

县级以上地方各级人民政府负责出版管理的部门（以下简称出版行政主管部门）负责本行政区域内出版活动的监督管理工作。县级以上地方各级人民政府其他有关部门在各自的职责范围内,负责有关的出版活动的监督管理工作。

第七条 出版行政主管部门根据已经取得的违法嫌疑证据或者举报,对涉嫌违法从事出版物出版、印刷或者复制、进口、发行等活动的行为进行查处时,可以检查与涉嫌违法活动有关的物品和经营场所;对有证据证明是与违法活动有关的物品,可以查封或者扣押。

第八条 出版行业的社会团体按照其章程,在出版行政主管部门的指导下,实行自律管理。

第二章 出版单位的设立与管理

第九条 报纸、期刊、图书、音像制品和电子出版物等应当由出版单位出版。

本条例所称出版单位,包括报社、期刊社、图书出版社、音像出版社和电子出版物出版社等。

法人出版报纸、期刊,不设立报社、期刊社的,其设立的报纸编辑部、期刊编辑部视为出版单位。

第十条 国务院出版行政主管部门制定全国出版单位总量、结构、布局的规划,指导、协调出版产业和出版事业发展。

第十一条 设立出版单位,应当具备下列条件:

(一)有出版单位的名称、章程;

(二)有符合国务院出版行政主管部门认定的主办单位及其主管机关;

(三)有确定的业务范围;

(四)有30万元以上的注册资本和固定的工作场所;

(五)有适应业务范围需要的组织机构和符合国家规定的资格条件的编辑出版专业人员;

(六)法律、行政法规规定的其他条件。

审批设立出版单位,除依照前款所列条件外,还应当符合国家关于出版单位总量、结构、布局的规划。

第十二条 设立出版单位,由其主办单位向所在地省、自治区、直辖市人民政府出版行政主管部门提出申请;省、自治区、直辖市人民政府出版行政主管部门审核同意后,报国务院出版行政主管部门审批。设立的出版单位为事业单位的,还应当办理机构编制审批手续。

第十三条 设立出版单位的申请书应当载明下列事项:

(一)出版单位的名称、地址;

(二)出版单位的主办单位及其主管机关的名称、地址;

(三)出版单位的法定代表人或者主要负责人的姓名、住址、资格证明文件;

(四)出版单位的资金来源及数额。

设立报社、期刊社或者报纸编辑部、期刊编辑部的,申请书还应当载明报纸或者期刊的名称、刊期、开版或者开本、印刷场所。

申请书应当附具出版单位的章程和设立出版单位的主办单位及其主管机关的有关证明材料。

第十四条 国务院出版行政主管部门应当自受理设立出版单位的申请之日起60日内,作出批准或者不批准的决定,并由省、自治区、直辖市人民政府出版行政主管部门书面通知主办单位;不批准的,应当说明理由。

第十五条 设立出版单位的主办单位应当自收到批准决定之日起60日内,向所在地省、自治区、直辖市人民政府出版行政主管部门登记,领取出版许可证。登记事项由国务院出版行政主管部门规定。

出版单位领取出版许可证后,属于事业单位法人的,持出版许可证向事业单位登记管理机关登记,依法领取事业单位法人证书;属于企业法人的,持出版许可证向工商行政管理部门登记,依法领取营业执照。

第十六条 报社、期刊社、图书出版社、音像出版社和电子出版物出版社等应当具备法人条件,经核准登记后,取得法人资格,以其全部法人财产独立承担民事责任。

依照本条例第九条第三款的规定,视为出版单位的报纸编辑部、期刊编辑部不具有法人资格,其民事责任由其主办单位承担。

第十七条 出版单位变更名称、主办单位或者其主管机关、业务范围、资本结构,合并或者分立,设立分支机构,出版新的报纸、期刊,或者报纸、期刊变更名称的,应当依照本条例第十二条、第十三条的规定办理审批手续。出版单位属于事业单位法人的,还应当持批准文件到事业单位登记管理机关办理相应的登记手续;属于企业法人的,还应当持批准文件到工商行政管理部门办理相应的登记手续。

出版单位除前款所列变更事项外的其他事项的变更,应当经主办单位及其主管机关审查同意,向所在地省、自治区、直辖市人民政府出版行政主管部门申请变更登记,并报国务院出版行政主管部门备案。出版单位属于事业单位法人的,还应当持批准文件到事业单位登记管理机关办理变更登记;属于企业法人的,还应当持批准文件到工商行政管理部门办理变更登记。

第十八条 出版单位中止出版活动的,应当向所在地省、自治区、直辖市人民政府出版行政主管部门备案并说明理由和期限;出版单位中止出版活动不得超过180日。

出版单位终止出版活动的,由主办单位提出申请并经主管机关同意后,由主办单位向所在地省、自治区、直辖市人民政府出版行政主管部门办理注销登记,并报国务院出版行政主管部门备案。出版单位属于事业单位法人的,还应当持批准文件到事业单位登记管理机关办理注销登记;属于企业法人的,还应当持批准文件到工商行政管理部门办理注销登记。

第十九条 图书出版社、音像出版社和电子出版物出版社自登记之日起满180日未从事出版活动的,报社、期刊社自登记之日起满90日未出版报纸、期刊的,由原登记的出版行政主管部门注销登记,并报国务院出版行政主管部门备案。

因不可抗力或者其他正当理由发生前款所列情形的,出版单位可以向原登记的出版行政主管部门申请延期。

第二十条 图书出版社、音像出版社和电子出版物出版社的年度出版计划及涉及国家安全、社会安定等方面的重大选题,应当经所在地省、自治区、直辖市人民政府出版行政主管部门审核后报国务院出版行政主管部门备案;涉及重大选题,未在出版前报备案的出版物,不得出版。具体办法由国务院出版行政主管部门制定。

期刊社的重大选题,应当依照前款规定办理备案手续。

第二十一条 出版单位不得向任何单位或者个人出售或者以其他形式转让本单位的名称、书号、刊号或者版号、版面,并不得出租本单位的名称、刊号。

出版单位及其从业人员不得利用出版活动谋取其他不正当利益。

第二十二条 出版单位应当按照国家有关规定向国家图书馆、中国版本图书馆和国务院出版行政主管部门免费送交样本。

第三章 出版物的出版

第二十三条 公民可以依照本条例规定,在出版物上自由表达自己对国家事务、经济和文化事业、社会事务的见解和意愿,自由发表自己从事科学研究、文学艺术创作和其他文化活动的成果。

合法出版物受法律保护,任何组织和个人不得非法干扰、阻止、破坏出版物的出版。

第二十四条 出版单位实行编辑责任制度,保障出版物刊载的内容符合本条例的规定。

第二十五条 任何出版物不得含有下列内容:

(一)反对宪法确定的基本原则的;

(二)危害国家统一、主权和领土完整的;

(三)泄露国家秘密、危害国家安全或者损害国家荣誉和利益的;

(四)煽动民族仇恨、民族歧视,破坏民族团结,或者侵害民族风俗、习惯的;

(五)宣扬邪教、迷信的;

(六)扰乱社会秩序,破坏社会稳定的;

(七)宣扬淫秽、赌博、暴力或者教唆犯罪的;

(八)侮辱或者诽谤他人,侵害他人合法权益的;

(九)危害社会公德或者民族优秀文化传统的;

(十)有法律、行政法规和国家规定禁止的其他内容的。

第二十六条 以未成年人为对象的出版物不得含有诱发未成年人模仿违反社会公德的行为和违法犯罪的行为的内容,不得含有恐怖、残酷等妨害未成年人身心健康的内容。

第二十七条 出版物的内容不真实或者不公正,致使公民、法人或者其他组织的合法权益受到侵害的,其出版单位应当公开更正,消除影响,并依法承担其他民事责任。

报纸、期刊发表的作品内容不真实或者不公正,致使公民、法人或者其他组织的合法权益受到侵害的,当事人有权要求有关出版单位更正或者答辩,有关出版单位应当在其近期出版的报纸、期刊上予以发表;拒绝发表的,当事人可以向人民法院提起诉讼。

第二十八条 出版物必须按照国家的有关规定载明作者、出版者、印刷者或者复制者、发行者的名称、地址、书号、刊号或者版号,在版编目数据,出版日期、刊期以及其他有关事项。

出版物的规格、开本、版式、装帧、校对等必须符合国家标准和规范要求,保证出版物的质量。

出版物使用语言文字必须符合国家法律规定和有关标准、规范。

第二十九条 任何单位和个人不得伪造、假冒出版单位名称或者报纸、期刊名称出版出版物。

第三十条 中学小学教科书由国务院教育行政主管部门审定;其出版、发行单位应当具有适应教科书出版、发行业务需要的资金、组织机构和人员等条件,并取得国务院出版行政主管部门批准的教科书出版、发行资质。纳入政府采购范围的中学小学教科书,其发行单位按照《中华人民共和国政府采购法》的有关规定确定。其他任何单位或者个人不得从事中学小学教科书的出版、发行业务。

第四章 出版物的印刷或者复制和发行

第三十一条 从事出版物印刷或者复制业务的单位,应当向所在地省、自治区、直辖市人民政府出版行政主管部门提出申请,经审核许可,并依照国家有关规定到工商行政管理部门办理相关手续后,方可从事出版物的印刷或者复制。

未经许可并办理相关手续的,不得印刷报纸、期刊、图书,不得复制音像制品、电子出版物。

第三十二条 出版单位不得委托未取得出版物印刷或者复制许可的单位印刷或者复制出版物。

出版单位委托印刷或者复制单位印刷或者复制出版物的,必须提供符合国家规定的印刷或者复制出版物的有关证明,并依法与印刷或者复制单位签订合同。

印刷或者复制单位不得接受非出版单位和个人的委托印刷报纸、期刊、图书或者复制音像制品、电子出版物,不得擅自印刷、发行报纸、期刊、图书或者复制、发行音像制品、电子出版物。

第三十三条 印刷或者复制单位经所在地省、自治区、直辖市人民政府出版行政主管部门批准,可以承接境外出版物的印刷或者复制业务;但是,印刷或者复制的境外出版物必须全部运输出境,不得在境内发行。

境外委托印刷或者复制的出版物的内容,应当经省、自治区、直辖市人民政府出版行政主管部门审核。委托人应当持有著作权人授权书,并向著作权行政管理部门登记。

第三十四条 印刷或者复制单位应当自完成出版物的印刷或者复制之日起 2 年内,留存一份承接的出版物样本备查。

第三十五条　单位从事出版物批发业务的,须经省、自治区、直辖市人民政府出版行政主管部门审核许可,取得《出版物经营许可证》。

单位和个体工商户从事出版物零售业务的,须经县级人民政府出版行政主管部门审核许可,取得《出版物经营许可证》。

第三十六条　通过互联网等信息网络从事出版物发行业务的单位或者个体工商户,应当依照本条例规定取得《出版物经营许可证》。

提供网络交易平台服务的经营者应当对申请通过网络交易平台从事出版物发行业务的单位或者个体工商户的经营主体身份进行审查,验证其《出版物经营许可证》。

第三十七条　从事出版物发行业务的单位和个体工商户变更《出版物经营许可证》登记事项,或者兼并、合并、分立的,应当依照本条例第三十五条的规定办理审批手续。

从事出版物发行业务的单位和个体工商户终止经营活动的,应当向原批准的出版行政主管部门备案。

第三十八条　出版单位可以发行本出版单位出版的出版物,不得发行其他出版单位出版的出版物。

第三十九条　国家允许设立从事图书、报纸、期刊、电子出版物发行业务的外商投资企业。

第四十条　印刷或者复制单位、发行单位或者个体工商户不得印刷或者复制、发行有下列情形之一的出版物:

(一)含有本条例第二十五条、第二十六条禁止内容的;

(二)非法进口的;

(三)伪造、假冒出版单位名称或者报纸、期刊名称的;

(四)未署出版单位名称的;

(五)中学小学教科书未经依法审定的;

(六)侵犯他人著作权的。

第五章　出版物的进口

第四十一条　出版物进口业务,由依照本条例设立的出版物进口经营单位经营;其他单位和个人不得从事出版物进口业务。

第四十二条　设立出版物进口经营单位,应当具备下列条件:

(一)有出版物进口经营单位的名称、章程;

(二)有符合国务院出版行政主管部门认定的主办单位及其主管机关;

(三)有确定的业务范围;

(四)具有进口出版物内容审查能力;

(五)有与出版物进口业务相适应的资金;

(六)有固定的经营场所;

(七)法律、行政法规和国家规定的其他条件。

第四十三条 设立出版物进口经营单位,应当向国务院出版行政主管部门提出申请,经审查批准,取得国务院出版行政主管部门核发的出版物进口经营许可证后,持证到工商行政管理部门依法领取营业执照。

设立出版物进口经营单位,还应当依照对外贸易法律、行政法规的规定办理相应手续。

第四十四条 出版物进口经营单位变更名称、业务范围、资本结构、主办单位或者其主管机关,合并或者分立,设立分支机构,应当依照本条例第四十二条、第四十三条的规定办理审批手续,并持批准文件到工商行政管理部门办理相应的登记手续。

第四十五条 出版物进口经营单位进口的出版物,不得含有本条例第二十五条、第二十六条禁止的内容。

出版物进口经营单位负责对其进口的出版物进行内容审查。省级以上人民政府出版行政主管部门可以对出版物进口经营单位进口的出版物直接进行内容审查。出版物进口经营单位无法判断其进口的出版物是否含有本条例第二十五条、第二十六条禁止内容的,可以请求省级以上人民政府出版行政主管部门进行内容审查。省级以上人民政府出版行政主管部门应出版物进口经营单位的请求,对其进口的出版物进行内容审查的,可以按照国务院价格主管部门批准的标准收取费用。

国务院出版行政主管部门可以禁止特定出版物的进口。

第四十六条 出版物进口经营单位应当在进口出版物前将拟进口的出版物目录报省级以上人民政府出版行政主管部门备案;省级以上人民政府出版行政主管部门发现有禁止进口的或者暂缓进口的出版物的,应当及时通知出版物进口经营单位并通报海关。对通报禁止进口或者暂缓进口的出版物,出版物进口经营单位不得进口,海关不得放行。

出版物进口备案的具体办法由国务院出版行政主管部门制定。

第四十七条 发行进口出版物的,必须从依法设立的出版物进口经营单位进货。

第四十八条 出版物进口经营单位在境内举办境外出版物展览,必须报经国务院出版行政主管部门批准。未经批准,任何单位和个人不得举办境外出版物展览。

依照前款规定展览的境外出版物需要销售的,应当按照国家有关规定办理相关手续。

第六章 监督与管理

第四十九条 出版行政主管部门应当加强对本行政区域内出版单位出版活动的日常监督管理;出版单位的主办单位及其主管机关对所属出版单位出版活动负有直接管理责任,并应当配合出版行政主管部门督促所属出版单位执行各项管理规定。

出版单位和出版物进口经营单位应当按照国务院出版行政主管部门的规定,将从事出版活动和出版物进口活动的情况向出版行政主管部门提出书面报告。

第五十条 出版行政主管部门履行下列职责:

（一）对出版物的出版、印刷、复制、发行、进口单位进行行业监管,实施准入和退出管理；

（二）对出版活动进行监管,对违反本条例的行为进行查处；

（三）对出版物内容和质量进行监管；

（四）根据国家有关规定对出版从业人员进行管理。

第五十一条 出版行政主管部门根据有关规定和标准,对出版物的内容、编校、印刷或者复制、装帧设计等方面质量实施监督检查。

第五十二条 国务院出版行政主管部门制定出版单位综合评估办法,对出版单位分类实施综合评估。

出版物的出版、印刷或者复制、发行和进口经营单位不再具备行政许可的法定条件的,由出版行政主管部门责令限期改正;逾期仍未改正的,由原发证机关撤销行政许可。

第五十三条 国家对在出版单位从事出版专业技术工作的人员实行职业资格制度;出版专业技术人员通过国家专业技术人员资格考试取得专业技术资格。具体办法由国务院人力资源社会保障主管部门、国务院出版行政主管部门共同制定。

第七章　保障与奖励

第五十四条 国家制定有关政策,保障、促进出版产业和出版事业的发展与繁荣。

第五十五条 国家支持、鼓励下列优秀的、重点的出版物的出版:

（一）对阐述、传播宪法确定的基本原则有重大作用的；

（二）对弘扬社会主义核心价值体系,在人民中进行爱国主义、集体主义、社会主义和民族团结教育以及弘扬社会公德、职业道德、家庭美德有重要意义的；

（三）对弘扬民族优秀文化,促进国际文化交流有重大作用的；

（四）对推进文化创新,及时反映国内外新的科学文化成果有重大贡献的；

（五）对服务农业、农村和农民,促进公共文化服务有重大作用的；

（六）其他具有重要思想价值、科学价值或者文化艺术价值的。

第五十六条 国家对教科书的出版发行,予以保障。

国家扶持少数民族语言文字出版物和盲文出版物的出版发行。

国家对在少数民族地区、边疆地区、经济不发达地区和在农村发行出版物,实行优惠政策。

第五十七条 报纸、期刊交由邮政企业发行的,邮政企业应当保证按照合同约定及时、准确发行。

承运出版物的运输企业,应当对出版物的运输提供方便。

第五十八条 对为发展、繁荣出版产业和出版事业作出重要贡献的单位和个人,按照国家有关规定给予奖励。

第五十九条 对非法干扰、阻止和破坏出版物出版、印刷或者复制、进口、发行的行为,县级以上各级人民政府出版行政主管部门及其他有关部门,应当及时采取措施,予以制止。

第八章　法律责任

第六十条　出版行政主管部门或者其他有关部门的工作人员,利用职务上的便利收受他人财物或者其他好处,批准不符合法定条件的申请人取得许可证、批准文件,或者不履行监督职责,或者发现违法行为不予查处,造成严重后果的,依法给予降级直至开除的处分;构成犯罪的,依照刑法关于受贿罪、滥用职权罪、玩忽职守罪或者其他罪的规定,依法追究刑事责任。

第六十一条　未经批准,擅自设立出版物的出版、印刷或者复制、进口单位,或者擅自从事出版物的出版、印刷或者复制、进口、发行业务,假冒出版单位名称或者伪造、假冒报纸、期刊名称出版出版物的,由出版行政主管部门、工商行政管理部门依照法定职权予以取缔;依照刑法关于非法经营罪的规定,依法追究刑事责任;尚不够刑事处罚的,没收出版物、违法所得和从事违法活动的专用工具、设备,违法所得5万元以上的,并处违法所得5倍以上10倍以下的罚款,没有违法所得或者违法所得不足5万元的,并处25万元以下的罚款;侵犯他人合法权益的,依法承担民事责任。

第六十二条　有下列行为之一,触犯刑律的,依照刑法有关规定,依法追究刑事责任;尚不够刑事处罚的,由出版行政主管部门责令限期停业整顿,没收出版物、违法所得,违法经营额1万元以上的,并处违法经营额5倍以上10倍以下的罚款;违法经营额不足1万元的,可以处5万元以下的罚款;情节严重的,由原发证机关吊销许可证:

(一)出版、进口含有本条例第二十五条、第二十六条禁止内容的出版物的;

(二)明知或者应知出版物含有本条例第二十五条、第二十六条禁止内容而印刷或者复制、发行的;

(三)明知或者应知他人出版含有本条例第二十五条、第二十六条禁止内容的出版物而向其出售或者以其他形式转让本出版单位的名称、书号、刊号、版号、版面,或者出租本单位的名称、刊号的。

第六十三条　有下列行为之一的,由出版行政主管部门责令停止违法行为,没收出版物、违法所得,违法经营额1万元以上的,并处违法经营额5倍以上10倍以下的罚款,违法经营额不足1万元的,并处5万元以下的罚款;情节严重的,视情形限制开展相关生产经营活动、责令限期停业整顿,或者由原发证机关降低相关资质等级直至吊销许可证:

(一)进口、印刷或者复制、发行国务院出版行政主管部门禁止进口的出版物的;

(二)印刷或者复制走私的境外出版物的。

发行进口出版物未从本条例规定的出版物进口经营单位进货的,由出版行政主管部门责令停止违法行为,没收出版物、违法所得,违法所得5万元以上的,并处违法所得 5 倍以上 10 倍以下的罚款,没有违法所得或者违法所得不足 5 万元的,并处 25 万元以下的罚款;情节严重的,视情形限制开展相关生产经营活动、责令限期停业整顿,或者由原发证机关降低相关资质等级直至吊销许可证。

第六十四条 走私出版物的,依照刑法关于走私罪的规定,依法追究刑事责任;尚不够刑事处罚的,由海关依照海关法的规定给予行政处罚。

第六十五条 有下列行为之一的,由出版行政主管部门没收出版物、违法所得,违法所得 5 万元以上的,并处违法所得 5 倍以上 10 倍以下的罚款,没有违法所得或者违法所得不足 5 万元的,并处 25 万元以下的罚款;情节严重的,视情形限制开展相关生产经营活动、责令限期停业整顿,或者由原发证机关降低相关资质等级直至吊销许可证:

(一)出版单位委托未取得出版物印刷或者复制许可的单位印刷或者复制出版物的;

(二)印刷或者复制单位未取得印刷或者复制许可而印刷或者复制出版物的;

(三)印刷或者复制单位接受非出版单位和个人的委托印刷或者复制出版物的;

(四)印刷或者复制单位未履行法定手续印刷或者复制境外出版物的,印刷或者复制的境外出版物没有全部运输出境的;

(五)印刷或者复制单位、发行单位或者个体工商户印刷或者复制、发行未署出版单位名称的出版物的。

有下列行为之一的,由出版行政主管部门没收出版物、违法所得,违法经营额 1 万元以上的,并处违法经营额 5 倍以上 10 倍以下的罚款,违法经营额不足 1 万元的,并处 5 万元以下的罚款;情节严重的,视情形限制开展相关生产经营活动、责令限期停业整顿,或者由原发证机关降低相关资质等级直至吊销许可证:

(一)印刷或者复制单位、发行单位或者个体工商户印刷或者复制、发行伪造、假冒出版单位名称或者报纸、期刊名称的出版物的;

(二)出版、印刷、发行单位出版、印刷、发行未经依法审定的中学小学教科书,或者非依照本条例规定确定的单位从事中学小学教科书的出版、发行业务的。

第六十六条 出版单位有下列行为之一的,由出版行政主管部门责令停止违法行为,给予警告,没收违法经营的出版物、违法所得,违法所得 5 万元以上的,并处违法所得 5 倍以上 10 倍以下的罚款,没有违法所得或者违法所得不足 5 万元的,并处 25 万元以下的罚款;情节严重的,视情形限制开展相关生产经营活动、责令限期停业整顿,或者由原发证机关降低相关资质等级直至吊销许可证:

(一)出售或者以其他形式转让本出版单位的名称、书号、刊号、版号、版面,或者出租本单位的名称、刊号的;

(二)利用出版活动谋取其他不正当利益的。

第六十七条 有下列行为之一的,由出版行政主管部门责令改正,给予警告;情节严

重的,责令限期停业整顿或者由原发证机关吊销许可证:

(一)出版单位变更名称、主办单位或者其主管机关、业务范围,合并或者分立,出版新的报纸、期刊,或者报纸、期刊改变名称,以及出版单位变更其他事项,未依照本条例的规定到出版行政主管部门办理审批、变更登记手续的;

(二)出版单位未将其年度出版计划和涉及国家安全、社会安定等方面的重大选题备案的;

(三)出版单位未依照本条例的规定送交出版物的样本的;

(四)印刷或者复制单位未依照本条例的规定留存备查的材料的;

(五)出版进口经营单位未将其进口的出版物目录报送备案的;

(六)出版单位擅自中止出版活动超过180日的;

(七)出版物发行单位、出版物进口经营单位未依照本条例的规定办理变更审批手续的;

(八)出版物质量不符合有关规定和标准的。

第六十八条 未经批准,举办境外出版物展览的,由出版行政主管部门责令停止违法行为,没收出版物、违法所得;情节严重的,责令限期停业整顿或者由原发证机关吊销许可证。

第六十九条 印刷或者复制、批发、零售、出租、散发含有本条例第二十五条、第二十六条禁止内容的出版物或者其他非法出版物的,当事人对非法出版物的来源作出说明、指认,经查证属实的,没收出版物、违法所得,可以减轻或者免除其他行政处罚。

第七十条 单位违反本条例被处以吊销许可证行政处罚的,其法定代表人或者主要负责人自许可证被吊销之日起10年内不得担任出版、印刷或者复制、进口、发行单位的法定代表人或者主要负责人。

出版从业人员违反本条例规定,情节严重的,由原发证机关吊销其资格证书。

第七十一条 依照本条例的规定实施罚款的行政处罚,应当依照有关法律、行政法规的规定,实行罚款决定与罚款收缴分离;收缴的罚款必须全部上缴国库。

本条例所称违法所得,是指实施违法行为扣除成本后的获利数额,没有成本或者成本难以计算的,实施违法行为所取得的款项即为违法所得。

第九章 附 则

第七十二条 行政法规对音像制品和电子出版物的出版、复制、进口、发行另有规定的,适用其规定。

接受境外机构或者个人赠送出版物的管理办法、订户订购境外出版物的管理办法、网络出版审批和管理办法,由国务院出版行政主管部门根据本条例的原则另行制定。

第七十三条 本条例自2002年2月1日起施行。1997年1月2日国务院发布的《出版管理条例》同时废止。

音像制品管理条例

1. 2001年12月25日国务院令第341号公布
2. 根据2011年3月19日国务院令第595号《关于修改〈音像制品管理条例〉的决定》第一次修订
3. 根据2013年12月7日国务院令第645号《关于修改部分行政法规的决定》第二次修订
4. 根据2016年2月6日国务院令第666号《关于修改部分行政法规的决定》第三次修订
5. 根据2020年11月29日国务院令第732号《关于修改和废止部分行政法规的决定》第四次修订
6. 根据2024年12月6日国务院令第797号《关于修改和废止部分行政法规的决定》第五次修订

第一章 总 则

第一条 为了加强音像制品的管理，促进音像业的健康发展和繁荣，丰富人民群众的文化生活，促进社会主义物质文明和精神文明建设，制定本条例。

第二条 本条例适用于录有内容的录音带、录像带、唱片、激光唱盘和激光视盘等音像制品的出版、制作、复制、进口、批发、零售、出租等活动。

音像制品用于广播电视播放的，适用广播电视法律、行政法规。

第三条 出版、制作、复制、进口、批发、零售、出租音像制品，应当遵守宪法和有关法律、法规，坚持为人民服务和为社会主义服务的方向，传播有益于经济发展和社会进步的思想、道德、科学技术和文化知识。

音像制品禁止载有下列内容：

（一）反对宪法确定的基本原则的；
（二）危害国家统一、主权和领土完整的；
（三）泄露国家秘密、危害国家安全或者损害国家荣誉和利益的；
（四）煽动民族仇恨、民族歧视，破坏民族团结，或者侵害民族风俗、习惯的；
（五）宣扬邪教、迷信的；
（六）扰乱社会秩序，破坏社会稳定的；
（七）宣扬淫秽、赌博、暴力或者教唆犯罪的；
（八）侮辱或者诽谤他人，侵害他人合法权益的；
（九）危害社会公德或者民族优秀文化传统的；
（十）有法律、行政法规和国家规定禁止的其他内容的。

第四条 国务院出版行政主管部门负责全国音像制品的出版、制作、复制、进口、批发、零售和出租的监督管理工作；国务院其他有关行政部门按照国务院规定的职责分工，负责有关的音像制品经营活动的监督管理工作。

县级以上地方人民政府负责出版管理的行政主管部门(以下简称出版行政主管部门)负责本行政区域内音像制品的出版、制作、复制、进口、批发、零售和出租的监督管理工作;县级以上地方人民政府其他有关行政部门在各自的职责范围内负责有关的音像制品经营活动的监督管理工作。

第五条 国家对出版、制作、复制、进口、批发、零售音像制品,实行许可制度;未经许可,任何单位和个人不得从事音像制品的出版、制作、复制、进口、批发、零售等活动。

依照本条例发放的许可证和批准文件,不得出租、出借、出售或者以其他任何形式转让。

第六条 国务院出版行政主管部门负责制定音像业的发展规划,确定全国音像出版单位、音像复制单位的总量、布局和结构。

第七条 音像制品经营活动的监督管理部门及其工作人员不得从事或者变相从事音像制品经营活动,并不得参与或者变相参与音像制品经营单位的经营活动。

第二章 出 版

第八条 设立音像出版单位,应当具备下列条件:
(一)有音像出版单位的名称、章程;
(二)有符合国务院出版行政主管部门认定的主办单位及其主管机关;
(三)有确定的业务范围;
(四)有适应业务范围需要的组织机构和符合国家规定的资格条件的音像出版专业人员;
(五)有适应业务范围需要的资金、设备和工作场所;
(六)法律、行政法规规定的其他条件。

审批设立音像出版单位,除依照前款所列条件外,还应当符合音像出版单位总量、布局和结构的规划。

第九条 申请设立音像出版单位,由所在地省、自治区、直辖市人民政府出版行政主管部门审核同意后,报国务院出版行政主管部门审批。国务院出版行政主管部门应当自受理申请之日起60日内作出批准或者不批准的决定,并通知申请人。批准的,发给《音像制品出版许可证》,由申请人持《音像制品出版许可证》到工商行政管理部门登记,依法领取营业执照;不批准的,应当说明理由。

申请书应当载明下列内容:
(一)音像出版单位的名称、地址;
(二)音像出版单位的主办单位及其主管机关的名称、地址;
(三)音像出版单位的法定代表人或者主要负责人的姓名、住址、资格证明文件;
(四)音像出版单位的资金来源和数额。

第十条 音像出版单位变更名称、主办单位或者其主管机关、业务范围,或者兼并其他音像出版单位,或者因合并、分立而设立新的音像出版单位的,应当依照本条例第九条的规定办理审批手续,并到原登记的工商行政管理部门办理相应的登记手续。

音像出版单位变更地址、法定代表人或者主要负责人，或者终止出版经营活动的，应当到原登记的工商行政管理部门办理变更登记或者注销登记，并向国务院出版行政主管部门备案。

第十一条　音像出版单位的年度出版计划和涉及国家安全、社会安定等方面的重大选题，应当经所在地省、自治区、直辖市人民政府出版行政主管部门审核后报国务院出版行政主管部门备案；重大选题音像制品未在出版前报备案的，不得出版。

第十二条　音像出版单位应当在其出版的音像制品及其包装的明显位置，标明出版单位的名称、地址和音像制品的版号、出版时间、著作权人等事项；出版进口的音像制品，还应当标明进口批准文号。

音像出版单位应当按照国家有关规定向国家图书馆、中国版本图书馆和国务院出版行政主管部门免费送交样本。

第十三条　音像出版单位不得向任何单位或者个人出租、出借、出售或者以其他任何形式转让本单位的名称，不得向任何单位或者个人出售或者以其他形式转让本单位的版号。

第十四条　任何单位和个人不得以购买、租用、借用、擅自使用音像出版单位的名称或者购买、伪造版号等形式从事音像制品出版活动。

图书出版社、报社、期刊社、电子出版物出版社，不得出版非配合本版出版物的音像制品；但是，可以按照国务院出版行政主管部门的规定，出版配合本版出版物的音像制品，并参照音像出版单位享有权利、承担义务。

第十五条　音像出版单位可以与香港特别行政区、澳门特别行政区、台湾地区或者外国的组织、个人合作制作音像制品。具体办法由国务院出版行政主管部门制定。

第十六条　音像出版单位实行编辑责任制度，保证音像制品的内容符合本条例的规定。

第十七条　音像出版单位以外的单位设立的独立从事音像制品制作业务的单位（以下简称音像制作单位）申请从事音像制品制作业务，由所在地省、自治区、直辖市人民政府出版行政主管部门审批。省、自治区、直辖市人民政府出版行政主管部门应当自受理申请之日起60日内作出批准或者不批准的决定，并通知申请人。批准的，发给《音像制品制作许可证》；不批准的，应当说明理由。广播、电视节目制作经营单位的设立，依照有关法律、行政法规的规定办理。

申请书应当载明下列内容：

（一）音像制作单位的名称、地址；

（二）音像制作单位的法定代表人或者主要负责人的姓名、住址、资格证明文件；

（三）音像制作单位的资金来源和数额。

审批从事音像制品制作业务申请，除依照前款所列条件外，还应当兼顾音像制作单位总量、布局和结构。

第十八条　音像制作单位变更名称、业务范围，或者兼并其他音像制作单位，或者因合并、分立而设立新的音像制作单位的，应当依照本条例第十七条的规定办理审批手续。

音像制作单位变更地址、法定代表人或者主要负责人,或者终止制作经营活动的,应当向所在地省、自治区、直辖市人民政府出版行政主管部门备案。

第十九条 音像出版单位不得委托未取得《音像制品制作许可证》的单位制作音像制品。

音像制作单位接受委托制作音像制品的,应当按照国家有关规定,与委托的出版单位订立制作委托合同;验证委托的出版单位的《音像制品出版许可证》或者本版出版物的证明及由委托的出版单位盖章的音像制品制作委托书。

音像制作单位不得出版、复制、批发、零售音像制品。

第三章 复 制

第二十条 申请从事音像制品复制业务应当具备下列条件:
(一)有音像复制单位的名称、章程;
(二)有确定的业务范围;
(三)有适应业务范围需要的组织机构和人员;
(四)有适应业务范围需要的资金、设备和复制场所;
(五)法律、行政法规规定的其他条件。

审批从事音像制品复制业务申请,除依照前款所列条件外,还应当符合音像复制单位总量、布局和结构的规划。

第二十一条 申请从事音像制品复制业务,由所在地省、自治区、直辖市人民政府出版行政主管部门审批。省、自治区、直辖市人民政府出版行政主管部门应当自受理申请之日起20日内作出批准或者不批准的决定,并通知申请人。批准的,发给《复制经营许可证》;不批准的,应当说明理由。

申请书应当载明下列内容:
(一)音像复制单位的名称、地址;
(二)音像复制单位的法定代表人或者主要负责人的姓名、住址;
(三)音像复制单位的资金来源和数额。

第二十二条 音像复制单位变更业务范围,或者兼并其他音像复制单位,或者因合并、分立而设立新的音像复制单位的,应当依照本条例第二十一条的规定办理审批手续。

音像复制单位变更名称、地址、法定代表人或者主要负责人,或者终止复制经营活动的,应当向所在地省、自治区、直辖市人民政府出版行政主管部门备案。

第二十三条 音像复制单位接受委托复制音像制品的,应当按照国家有关规定,与委托的出版单位订立复制委托合同;验证委托的出版单位的《音像制品出版许可证》、营业执照副本、盖章的音像制品复制委托书以及出版单位取得的授权书;接受复制的音像制品属于非卖品的,应当验证委托单位的身份证明和委托单位出具的音像制品非卖品复制委托书。

音像复制单位应当自完成音像制品复制之日起2年内,保存委托合同和所复制的音像制品的样本以及验证的有关证明文件的副本,以备查验。

第二十四条 音像复制单位不得接受非音像出版单位或者个人的委托复制经营性的音像制品;不得自行复制音像制品;不得批发、零售音像制品。

第二十五条　从事光盘复制的音像复制单位复制光盘,必须使用蚀刻有国务院出版行政主管部门核发的激光数码储存片来源识别码的注塑模具。

第二十六条　音像复制单位接受委托复制境外音像制品的,应当经省、自治区、直辖市人民政府出版行政主管部门批准,并持著作权人的授权书依法到著作权行政管理部门登记;复制的音像制品应当全部运输出境,不得在境内发行。

第四章　进　　口

第二十七条　音像制品成品进口业务由国务院出版行政主管部门批准的音像制品成品进口经营单位经营;未经批准,任何单位或者个人不得经营音像制品成品进口业务。

第二十八条　进口用于出版的音像制品,以及进口用于批发、零售、出租等的音像制品成品,应当报国务院出版行政主管部门进行内容审查。

国务院出版行政主管部门应当自收到音像制品内容审查申请书之日起30日内作出批准或者不批准的决定,并通知申请人。批准的,发给批准文件;不批准的,应当说明理由。

进口用于出版的音像制品的单位、音像制品成品进口经营单位应当持国务院出版行政主管部门的批准文件到海关办理进口手续。

第二十九条　进口用于出版的音像制品,其著作权事项应当向国务院著作权行政管理部门登记。

第三十条　进口供研究、教学参考的音像制品,应当委托音像制品成品进口经营单位依照本条例第二十八条的规定办理。

进口用于展览、展示的音像制品,经国务院出版行政主管部门批准后,到海关办理临时进口手续。

依照本条规定进口的音像制品,不得进行经营性复制、批发、零售、出租和放映。

第五章　批发、零售和出租

第三十一条　申请从事音像制品批发、零售业务,应当具备下列条件:

(一)有音像制品批发、零售单位的名称、章程;

(二)有确定的业务范围;

(三)有适应业务范围需要的组织机构和人员;

(四)有适应业务范围需要的资金和场所;

(五)法律、行政法规规定的其他条件。

第三十二条　申请从事音像制品批发业务,应当报所在地省、自治区、直辖市人民政府出版行政主管部门审批。申请从事音像制品零售业务,应当报县级地方人民政府出版行政主管部门审批。出版行政主管部门应当自受理申请书之日起30日内作出批准或者不批准的决定,并通知申请人。批准的,应当发给《出版物经营许可证》;不批准的,应当说明理由。

《出版物经营许可证》应当注明音像制品经营活动的种类。

第三十三条　音像制品批发、零售单位变更名称、业务范围,或者兼并其他音像制品批发、零售单位,或者因合并、分立而设立新的音像制品批发、零售单位的,应当依照本条例第三十二条的规定办理审批手续。

音像制品批发、零售单位变更地址、法定代表人或者主要负责人或者终止经营活动,从事音像制品零售经营活动的个体工商户变更业务范围、地址或者终止经营活动的,应当向原批准的出版行政主管部门备案。

第三十四条 音像出版单位可以按国家有关规定,批发、零售本单位出版的音像制品。从事非本单位出版的音像制品的批发、零售业务的,应当依照本条例第三十二条的规定办理审批手续。

第三十五条 国家允许设立从事音像制品发行业务的外商投资企业。

第三十六条 音像制品批发单位和从事音像制品零售、出租等业务的单位或者个体工商户,不得经营非音像出版单位出版的音像制品或非音像复制单位复制的音像制品,不得经营未经国务院出版行政主管部门批准进口的音像制品,不得经营侵犯他人著作权的音像制品。

第六章 罚 则

第三十七条 出版行政主管部门或者其他有关行政部门及其工作人员,利用职务上的便利收受他人财物或者其他好处,批准不符合法定条件的申请人取得许可证、批准文件,或者不履行监督职责,或者发现违法行为不予查处,造成严重后果的,对负有责任的主管人员和其他直接责任人员依法给予降级直至开除的处分;构成犯罪的,依照刑法关于受贿罪、滥用职权罪、玩忽职守罪或者其他罪的规定,依法追究刑事责任。

第三十八条 音像制品经营活动的监督管理部门的工作人员从事或者变相从事音像制品经营活动的,参与或者变相参与音像制品经营单位的经营活动的,依法给予撤职或者开除的处分。

音像制品经营活动的监督管理部门有前款所列行为的,对负有责任的主管人员和其他直接责任人员依照前款规定处罚。

第三十九条 未经批准,擅自设立音像制品出版、进口单位,擅自从事音像制品出版、制作、复制业务或者进口、批发、零售经营活动的,由出版行政主管部门、工商行政管理部门依照法定职权予以取缔;依照刑法关于非法经营罪的规定,依法追究刑事责任;尚不够刑事处罚的,没收违法经营的音像制品和违法所得以及进行违法活动的专用工具、设备,违法所得 5 万元以上的,并处违法所得 5 倍以上 10 倍以下的罚款,没有违法所得或者违法所得不足 5 万元的,并处 25 万元以下的罚款。

第四十条 出版含有本条例第三条第二款禁止内容的音像制品,或者制作、复制、批发、零售、出租、放映明知或者应知含有本条例第三条第二款禁止内容的音像制品的,依照刑法有关规定,依法追究刑事责任;尚不够刑事处罚的,由出版行政主管部门、公安部门依据各自职权责令停业整顿,没收违法经营的音像制品和违法所得;违法经营额 1 万元以上的,并处违法经营额 5 倍以上 10 倍以下的罚款;违法经营额不足 1 万元的,可以处 5 万元以下的罚款;情节严重的,并由原发证机关吊销许可证。

第四十一条 走私音像制品的,依照刑法关于走私罪的规定,依法追究刑事责任;尚不够刑事处罚的,由海关依法给予行政处罚。

第四十二条 有下列行为之一的,由出版行政主管部门责令停止违法行为,给予警告,没收违法经营的音像制品和违法所得,违法所得5万元以上的,并处违法所得5倍以上10倍以下的罚款,没有违法所得或者违法所得不足5万元的,并处25万元以下的罚款;情节严重的,视情形限制开展相关生产经营活动、责令停业整顿,或者由原发证机关降低相关资质等级直至吊销许可证:

(一)音像出版单位向其他单位、个人出租、出借、出售或者以其他任何形式转让本单位的名称,出售或者以其他形式转让本单位的版号的;

(二)音像出版单位委托未取得《音像制品制作许可证》的单位制作音像制品,或者委托未取得《复制经营许可证》的单位复制音像制品的;

(三)音像出版单位出版未经国务院出版行政主管部门批准擅自进口的音像制品的;

(四)音像制作单位、音像复制单位未依照本条例的规定验证音像出版单位的委托书、有关证明的;

(五)音像复制单位擅自复制他人的音像制品,或者接受非音像出版单位、个人的委托复制经营性的音像制品,或者自行复制音像制品的。

第四十三条 音像出版单位违反国家有关规定与香港特别行政区、澳门特别行政区、台湾地区或者外国的组织、个人合作制作音像制品,音像复制单位违反国家有关规定接受委托复制境外音像制品,未经省、自治区、直辖市人民政府出版行政主管部门审核同意,或者未将复制的境外音像制品全部运输出境的,由省、自治区、直辖市人民政府出版行政主管部门责令改正,没收违法经营的音像制品和违法所得,违法所得5万元以上的,并处违法所得5倍以上10倍以下的罚款,没有违法所得或者违法所得不足5万元的,并处25万元以下的罚款;情节严重的,视情形限制开展相关生产经营活动、责令停业整顿,或者由原发证机关降低相关资质等级直至吊销许可证。

第四十四条 有下列行为之一的,由出版行政主管部门责令改正,给予警告;情节严重的,并责令停业整顿或者由原发证机关吊销许可证:

(一)音像出版单位未将其年度出版计划和涉及国家安全、社会安定等方面的重大选题报国务院出版行政主管部门备案的;

(二)音像制品出版、制作、复制、批发、零售单位变更名称、地址、法定代表人或者主要负责人、业务范围等,未依照本条例规定办理审批、备案手续的;

(三)音像出版单位未在其出版的音像制品及其包装的明显位置标明本条例规定的内容的;

(四)音像出版单位未依照本条例的规定送交样本的;

(五)音像复制单位未依照本条例的规定留存备查的材料的;

(六)从事光盘复制的音像复制单位复制光盘,使用未蚀刻国务院出版行政主管部门核发的激光数码储存片来源识别码的注塑模具的。

第四十五条 有下列行为之一的,由出版行政主管部门责令停止违法行为,给予警告,没收违法经营的音像制品和违法所得,违法所得5万元以上的,并处违法所得5

倍以上10倍以下的罚款,没有违法所得或者违法所得不足5万元的,并处25万元以下的罚款;情节严重的,视情形限制开展相关生产经营活动、责令停业整顿,或者由原发证机关降低相关资质等级直至吊销许可证:

（一）批发、零售、出租、放映非音像出版单位出版的音像制品或者非音像复制单位复制的音像制品的;

（二）批发、零售、出租或者放映未经国务院出版行政主管部门批准进口的音像制品的;

（三）批发、零售、出租、放映供研究、教学参考或者用于展览、展示的进口音像制品的。

第四十六条 单位违反本条例的规定,被处以吊销许可证行政处罚的,其法定代表人或者主要负责人自许可证被吊销之日起10年内不得担任音像制品出版、制作、复制、进口、批发、零售单位的法定代表人或者主要负责人。

从事音像制品零售业务的个体工商户违反本条例的规定,被处以吊销许可行政处罚的,自许可证被吊销之日起10年内不得从事音像制品零售业务。

第四十七条 依照本条例的规定实施罚款的行政处罚,应当依照有关法律、行政法规的规定,实行罚款决定与罚款收缴分离;收缴的罚款必须全部上缴国库。

本条例所称违法所得,是指实施违法行为扣除成本后的获利数额,没有成本或者成本难以计算的,实施违法行为所取得的款项即为违法所得。

第七章 附　　则

第四十八条 除本条例第三十五条外,电子出版物的出版、制作、复制、进口、批发、零售等活动适用本条例。

第四十九条 依照本条例发放许可证,除按照法定标准收取成本费外,不得收取其他任何费用。

第五十条 本条例自2002年2月1日起施行。1994年8月25日国务院发布的《音像制品管理条例》同时废止。

报纸出版管理规定

1. 2005年9月30日新闻出版总署令第32号公布
2. 自2005年12月1日起施行

第一章 总　　则

第一条 为促进我国报业的发展与繁荣,规范报纸出版活动,加强报纸出版管理,根据国务院《出版管理条例》及相关法律法规,制定本规定。

第二条 在中华人民共和国境内从事报纸出版活动,适用本规定。

报纸由依法设立的报纸出版单位出版。报纸出版单位出版报纸,必须经新闻出版总署批准,持有国内统一连续出版物号,领取《报纸出版许可证》。

本规定所称报纸,是指有固定名称、刊期、开版,以新闻与时事评论为主要内容,每周至少出版一期的散页连续出版物。

本规定所称报纸出版单位,是指依照国家有关规定设立,经新闻出版总署批准并履行登记注册手续的报社。法人出版报纸不设立报社的,其设立的报纸编辑部视为报纸出版单位。

第三条 报纸出版必须坚持马克思列宁主义、毛泽东思想、邓小平理论和"三个代表"重要思想,坚持正确的舆论导向和出版方向,坚持把社会效益放在首位、社会效益和经济效益相统一和贴近实际、贴近群众、贴近生活的原则,为建设中国特色社会主义营造良好氛围,丰富广大人民群众的精神文化生活。

第四条 新闻出版总署负责全国报纸出版活动的监督管理工作,制定并实施全国报纸出版的总量、结构、布局的规划,建立健全报纸出版质量综合评估制度、报纸年度核验制度以及报纸出版退出机制等监督管理制度。

地方各级新闻出版行政部门负责本行政区域内的报纸出版活动的监督管理工作。

第五条 报纸出版单位负责报纸的编辑、出版等报纸出版活动。

报纸出版单位合法的出版活动受法律保护。任何组织和个人不得非法干扰、阻止、破坏报纸的出版。

第六条 新闻出版总署对为我国报业繁荣和发展做出突出贡献的报纸出版单位及个人实施奖励。

第七条 报纸出版行业的社会团体按照其章程,在新闻出版行政部门的指导下,实行自律管理。

第二章 报纸创办与报纸出版单位设立

第八条 创办报纸、设立报纸出版单位,应当具备下列条件:

(一)有确定的、不与已有报纸重复的名称;

(二)有报纸出版单位的名称、章程;

(三)有符合新闻出版总署认定条件的主管、主办单位;

(四)有确定的报纸出版业务范围;

(五)有30万元以上的注册资本;

(六)有适应业务范围需要的组织机构和符合国家规定资格条件的新闻采编专业人员;

(七)有与主办单位在同一行政区域的固定的工作场所;

(八)有符合规定的法定代表人或者主要负责人,该法定代表人或者主要负责人必须是在境内长久居住的中国公民;

(九)法律、行政法规规定的其他条件。

除前款所列条件外,还须符合国家对报纸及报纸出版单位总量、结构、布局的规划。

第九条 中央在京单位创办报纸并设立报纸出版单位,经主管单位同意后,由主办单位报新闻出版总署审批。

中国人民解放军和中国人民武装警察部队系统创办报纸并设立报纸出版单位，由中国人民解放军总政治部宣传部新闻出版局审核同意后报新闻出版总署审批。

其他单位创办报纸并设立报纸出版单位，经主管单位同意后，由主办单位向所在地省、自治区、直辖市新闻出版行政部门提出申请，省、自治区、直辖市新闻出版行政部门审核同意后，报新闻出版总署审批。

第十条　两个以上主办单位合办报纸，须确定一个主要主办单位，并由主要主办单位提出申请。

报纸的主要主办单位应为其主管单位的隶属单位。报纸出版单位和主要主办单位须在同一行政区域。

第十一条　创办报纸、设立报纸出版单位，由报纸出版单位的主办单位提出申请，并提交以下材料：

（一）按要求填写的《报纸出版申请表》；

（二）主办单位、主管单位的有关资质证明材料；

（三）拟任报纸出版单位法定代表人或者主要负责人的简历、身份证明文件及国家有关部门颁发的职业资格证书；

（四）新闻采编人员的职业资格证书；

（五）报纸出版单位办报资金来源及数额的相关证明文件；

（六）报纸出版单位的章程；

（七）工作场所使用证明；

（八）报纸出版可行性论证报告。

第十二条　新闻出版总署自收到创办报纸、设立报纸出版单位申请之日起90日内，作出批准或者不批准的决定，并直接或者由省、自治区、直辖市新闻出版行政部门书面通知主办单位；不批准的，应当说明理由。

第十三条　报纸主办单位应当自收到新闻出版总署批准决定之日起60日内办理注册登记手续：

（一）持批准文件到所在地省、自治区、直辖市新闻出版行政部门领取并填写《报纸出版登记表》，经主管单位审核签章后，报所在地省、自治区、直辖市新闻出版行政部门；

（二）《报纸出版登记表》一式五份，由报纸出版单位、主办单位、主管单位及省、自治区、直辖市新闻出版行政部门各存一份，另一份由省、自治区、直辖市新闻出版行政部门在15日内报送新闻出版总署备案；

（三）省、自治区、直辖市新闻出版行政部门对《报纸出版登记表》审核无误后，在10日内向主办单位发放《报纸出版许可证》，并编入国内统一连续出版物号；

（四）报纸出版单位持《报纸出版许可证》到工商行政管理部门办理登记手续，依法领取营业执照。

第十四条　报纸主办单位自收到新闻出版总署的批准文件之日起60日内未办理注

册登记手续,批准文件自行失效,登记机关不再受理登记,报纸主办单位须把有关批准文件缴回新闻出版总署。

报纸出版单位自登记之日起满90日未出版报纸的,由新闻出版总署撤销《报纸出版许可证》,并由原登记的新闻出版行政部门注销登记。

因不可抗力或者其他正当理由发生前款所列情形的,报纸出版单位的主办单位可以向原登记的新闻出版行政部门申请延期。

第十五条 报社应当具备法人条件,经核准登记后,取得法人资格,以其全部法人财产独立承担民事责任。

报纸编辑部不具有法人资格,其民事责任由其主办单位承担。

第十六条 报纸出版单位变更名称、合并或者分立,改变资本结构,出版新的报纸,依照本规定第九条至第十三条的规定办理审批、登记手续。

第十七条 报纸变更名称、主办单位、主管单位、刊期、业务范围,依照本规定第九条至第十三条的规定办理审批、登记手续。

报纸变更刊期,新闻出版总署可以委托省、自治区、直辖市新闻出版行政部门审批。

本规定所称业务范围包括办报宗旨、文种。

第十八条 报纸变更开版,经主办单位审核同意后,由报纸出版单位报所在地省、自治区、直辖市新闻出版行政部门批准。

第十九条 报纸出版单位变更单位地址、法定代表人或者主要负责人、报纸承印单位,经其主办单位审核同意后,由报纸出版单位在15日内向所在地省、自治区、直辖市新闻出版行政部门备案。

第二十条 报纸休刊连续超过10日的,报纸出版单位须向所在地省、自治区、直辖市新闻出版行政部门办理休刊备案手续,说明休刊理由和休刊期限。

报纸休刊时间不得超过180日。报纸休刊超过180日仍不能正常出版的,由新闻出版总署撤销《报纸出版许可证》,并由所在地省、自治区、直辖市新闻出版行政部门注销登记。

第二十一条 报纸出版单位终止出版活动的,经主管单位同意后,由主办单位向所在地省、自治区、直辖市新闻出版行政部门办理注销登记,并由省、自治区、直辖市新闻出版行政部门报新闻出版总署备案。

第二十二条 报纸注销登记,以同一名称设立的报纸出版单位须与报纸同时注销,并到原登记的工商行政管理部门办理注销登记。

注销登记的报纸和报纸出版单位不得再以该名称从事出版、经营活动。

第二十三条 中央报纸出版单位组建报业集团,由新闻出版总署批准;地方报纸出版单位组建报业集团,向所在地省、自治区、直辖市新闻出版行政部门提出申请,经审核同意后,报新闻出版总署批准。

第三章 报纸的出版

第二十四条 报纸出版实行编辑责任制度,保障报纸刊载内容符合国家法律、法规的规定。

第二十五条 报纸不得刊载《出版管理条例》和其他有关法律、法规以及国家规定的禁止内容。

第二十六条 报纸开展新闻报道必须坚持真实、全面、客观、公正的原则,不得刊载虚假、失实报道。

报纸刊载虚假、失实报道,致使公民、法人或者其他组织的合法权益受到侵害的,其出版单位应当公开更正,消除影响,并依法承担相应民事责任。

报纸刊载虚假、失实报道,致使公民、法人或者其他组织的合法权益受到侵害的,当事人有权要求更正或者答辩,报纸应当予以发表;拒绝发表的,当事人可以向人民法院提出诉讼。

报纸因刊载虚假、失实报道而发表的更正或者答辩应自虚假、失实报道发现或者当事人要求之日起,在其最近出版的一期报纸的相同版位上发表。

报纸刊载虚假或者失实报道,损害公共利益的,新闻出版总署或者省、自治区、直辖市新闻出版行政部门可以责令该报纸出版单位更正。

第二十七条 报纸发表或者摘转涉及国家重大政策、民族宗教、外交、军事、保密等内容,应严格遵守有关规定。

报纸转载、摘编互联网上的内容,必须按照有关规定对其内容进行核实,并在刊发的明显位置标明下载文件网址、下载日期等。

第二十八条 报纸发表新闻报道,必须刊载作者的真实姓名。

第二十九条 报纸出版质量须符合国家标准和行业标准。报纸使用语言文字须符合国家有关规定。

第三十条 报纸出版须与《报纸出版许可证》的登记项目相符,变更登记项目须按本规定办理审批或者备案手续。

第三十一条 报纸出版时须在每期固定位置标示以下版本记录:

(一)报纸名称;

(二)报纸出版单位、主办单位、主管单位名称;

(三)国内统一连续出版物号;

(四)总编辑(社长)姓名;

(五)出版日期、总期号、版数、版序;

(六)报纸出版单位地址、电话、邮政编码;

(七)报纸定价(号外须注明"免费赠阅"字样);

(八)印刷单位名称、地址;

(九)广告经营许可证号;

(十)国家规定的涉及公共利益或者行业标准的其他标识。

第三十二条 一个国内统一连续出版物号只能对应出版一种报纸,不得用同一国内统一连续出版物号出版不同版本的报纸。

出版报纸地方版、少数民族文字版、外文版等不同版本(文种)的报纸,须按创办新报纸办理审批手续。

第三十三条 同一种报纸不得以不同开版出版。

报纸所有版页须作为一个整体出版发行,各版页不得单独发行。

第三十四条 报纸专版、专刊的内容应与报纸的宗旨、业务范围相一致,专版、专刊的刊头字样不得明显于报纸名称。

第三十五条 报纸在正常刊期之外可出版增期。出版增期应按变更刊期办理审批手续。

增期的内容应与报纸的业务范围相一致;增期的开版、文种、发行范围、印数应与主报一致,并随主报发行。

第三十六条 报纸出版单位因重大事件可出版号外;出版号外须在报头注明"号外"字样,号外连续出版不得超过3天。

报纸出版单位须在号外出版后15日内向所在地省、自治区、直辖市新闻出版行政部门备案,并提交所有号外样报。

第三十七条 报纸出版单位不得出卖、出租、转让本单位名称及所出版报纸的刊号、名称、版面,不得转借、转让、出租和出卖《报纸出版许可证》。

第三十八条 报纸刊登广告须在报纸明显位置注明"广告"字样,不得以新闻形式刊登广告。

报纸出版单位发布广告应依据法律、行政法规查验有关证明文件,核实广告内容,不得刊登有害的、虚假的等违法广告。

报纸的广告经营者限于在合法授权范围内开展广告经营、代理业务,不得参与报纸的采访、编辑等出版活动。

第三十九条 报纸出版单位不得在报纸上刊登任何形式的有偿新闻。

报纸出版单位及其工作人员不得利用新闻报道牟取不正当利益,不得索取、接受采访报道对象及其利害关系人的财物或者其他利益。

第四十条 报纸采编业务和经营业务必须严格分开。

新闻采编业务部门及其工作人员不得从事报纸发行、广告等经营活动;经营部门及其工作人员不得介入新闻采编业务。

第四十一条 报纸出版单位的新闻采编人员从事新闻采访活动,必须持有新闻出版总署统一核发的新闻记者证,并遵守新闻出版总署《新闻记者证管理办法》的有关规定。

第四十二条 报纸出版单位根据新闻采访工作的需要,可以依照新闻出版总署《报社记者站管理办法》设立记者站,开展新闻业务活动。

第四十三条 报纸出版单位不得以不正当竞争行为或者方式开展经营活动,不得利用权力摊派发行报纸。

第四十四条 报纸出版单位须遵守国家统计法规,依法向新闻出版行政部门报送统计资料。

　　报纸出版单位应配合国家认定的出版物发行数据调查机构进行报纸发行量数据调查,提供真实的报纸发行数据。

第四十五条　报纸出版单位须按照国家有关规定向国家图书馆、中国版本图书馆和新闻出版总署以及所在地省、自治区、直辖市新闻出版行政部门缴送报纸样本。

第四章　监　督　管　理

第四十六条　报纸出版活动的监督管理实行属地原则。

　　省、自治区、直辖市新闻出版行政部门依法负责本行政区域报纸和报纸出版单位的登记、年度核验、质量评估、行政处罚等工作,对本行政区域的报纸出版活动进行监督管理。

　　其他地方新闻出版行政部门依法对本行政区域内报纸出版单位及其报纸出版活动进行监督管理。

第四十七条　报纸出版管理实施报纸出版事后审读制度、报纸出版质量评估制度、报纸出版年度核验制度和报纸出版从业人员资格管理制度。

　　报纸出版单位应当按照新闻出版总署的规定,将从事报纸出版活动的情况向新闻出版行政部门提出书面报告。

第四十八条　新闻出版总署负责全国报纸审读工作。地方各级新闻出版行政部门负责对本行政区域内出版的报纸进行审读。下级新闻出版行政部门要定期向上一级新闻出版行政部门提交审读报告。

　　主管单位须对其主管的报纸进行审读,定期向所在地新闻出版行政部门报送审读报告。

　　报纸出版单位应建立报纸阅评制度,定期写出阅评报告。新闻出版行政部门根据管理工作需要,可以随时调阅、检查报纸出版单位的阅评报告。

第四十九条　新闻出版总署制定报纸出版质量综合评估标准体系,对报纸出版质量进行全面评估。

　　经报纸出版质量综合评估,报纸出版质量未达到规定标准或者不能维持正常出版活动的,由新闻出版总署撤销《报纸出版许可证》,所在地省、自治区、直辖市新闻出版行政部门注销登记。

第五十条　省、自治区、直辖市新闻出版行政部门负责对本行政区域的报纸出版单位实施年度核验。年度核验内容包括报纸出版单位及其所出版报纸登记项目、出版质量、遵纪守法情况、新闻记者证和记者站管理等。

第五十一条　年度核验按照以下程序进行:

　　(一)报纸出版单位提出年度自检报告,填写由新闻出版总署统一印制的《报纸出版年度核验表》,经报纸主办单位、主管单位审核盖章后,连同核验之日前连续出版的30期样报,在规定时间内报所在地省、自治区、直辖市新闻出版行政部门;

　　(二)省、自治区、直辖市新闻出版行政部门对报纸出版单位自检报告、《报纸出

版年度核验表》等送检材料审核查验;

（三）经核验符合规定标准的,省、自治区、直辖市新闻出版行政部门在其《报纸出版许可证》上加盖年度核验章;《报纸出版许可证》上加盖年度核验章即为通过年度核验,报纸出版单位可以继续从事报纸出版活动;

（四）省、自治区、直辖市新闻出版行政部门自完成报纸出版年度核验工作后的30日内,向新闻出版总署提交报纸年度核验工作报告。

第五十二条　有下列情形之一的,暂缓年度核验:

（一）正在限期停刊整顿的;

（二）经审核发现有违法情况应予处罚的;

（三）主管单位、主办单位未履行管理责任,导致报纸出版管理混乱的;

（四）存在其他违法嫌疑需要进一步核查的。

暂缓年度核验的期限由省、自治区、直辖市新闻出版行政部门确定,报新闻出版总署备案。缓验期满,按照本规定第五十条、第五十一条重新办理年度核验。

第五十三条　有下列情形之一的,不予通过年度核验:

（一）违法行为被查处后拒不改正或者没有明显整改效果的;

（二）报纸出版质量长期达不到规定标准的;

（三）经营恶化已经资不抵债的;

（四）已经不具备本规定第八条规定条件的。

不予通过年度核验的,由新闻出版总署撤销《报纸出版许可证》,所在地省、自治区、直辖市新闻出版行政部门注销登记。

未通过年度核验的,报纸出版单位自第二年起停止出版该报纸。

第五十四条　《报纸出版许可证》加盖年度核验章后方可继续使用。有关部门在办理报纸出版、印刷、发行等手续时,对未加盖年度核验章的《报纸出版许可证》不予采用。

不按规定参加年度核验的报纸出版单位,经催告仍未参加年度核验的,由新闻出版总署撤销《报纸出版许可证》,所在地省、自治区、直辖市新闻出版行政部门注销登记。

第五十五条　年度核验结果,核验机关可以向社会公布。

第五十六条　报纸出版从业人员,应具备国家规定的新闻出版职业资格条件。

第五十七条　报纸出版单位的社长、总编辑须符合国家规定的任职资格和条件。

报纸出版单位的社长、总编辑须参加新闻出版行政部门组织的岗位培训。

报纸出版单位的新任社长、总编辑须经过岗位培训合格后才能上岗。

第五章　法　律　责　任

第五十八条　报纸出版单位违反本规定的,新闻出版行政部门视其情节轻重,可采取下列行政措施:

（一）下达警示通知书;

（二）通报批评；

（三）责令公开检讨；

（四）责令改正；

（五）责令停止印制、发行报纸；

（六）责令收回报纸；

（七）责成主办单位、主管单位监督报纸出版单位整改。

警示通知书由新闻出版总署制定统一格式，由新闻出版总署或者省、自治区、直辖市新闻出版行政部门下达给违法的报纸出版单位，并抄送违法报纸出版单位的主办单位及其主管单位。

本条所列行政措施可以并用。

第五十九条 未经批准，擅自设立报纸出版单位，或者擅自从事报纸出版业务，假冒报纸出版单位名称或者伪造、假冒报纸名称出版报纸的，依照《出版管理条例》第五十五条处罚。

第六十条 出版含有《出版管理条例》和其他有关法律、法规以及国家规定禁载内容报纸的，依照《出版管理条例》第五十六条处罚。

第六十一条 报纸出版单位违反本规定第三十七条的，依照《出版管理条例》第六十条处罚。

报纸出版单位允许或者默认广告经营者参与报纸的采访、编辑等出版活动，按前款处罚。

第六十二条 报纸出版单位有下列行为之一的，依照《出版管理条例》第六十一条处罚：

（一）报纸出版单位变更名称、合并或者分立，改变资本结构，出版新的报纸，未依照本规定办理审批手续的；

（二）报纸变更名称、主办单位、主管单位、刊期、业务范围、开版，未依照本规定办理审批手续的；

（三）报纸出版单位未依照本规定缴送报纸样本的。

第六十三条 报纸出版单位有下列行为之一的，由新闻出版总署或者省、自治区、直辖市新闻出版行政部门给予警告，并处 3 万元以下罚款：

（一）报纸出版单位变更单位地址、法定代表人或者主要负责人、承印单位，未按照本规定第十九条报送备案的；

（二）报纸休刊，未按照本规定第二十条报送备案的；

（三）刊载损害公共利益的虚假或者失实报道，拒不执行新闻出版行政部门更正命令的；

（四）在其报纸上发表新闻报道未登载作者真实姓名的；

（五）违反本规定第二十七条发表或者摘转有关文章的；

（六）未按照本规定第三十一条刊登报纸版本记录的；

(七)违反本规定第三十二条,"一号多版"的;

(八)违反本规定第三十三条,出版不同开版的报纸或者部分版页单独发行的;

(九)违反本规定关于出版报纸专版、专刊、增期、号外的规定的;

(十)报纸刊登广告未在明显位置注明"广告"字样,或者以新闻形式刊登广告的;

(十一)刊登有偿新闻或者违反本规定第三十九条其他规定的;

(十二)违反本规定第四十三条,以不正当竞争行为开展经营活动或者利用权力摊派发行的。

第六十四条 报纸出版单位新闻采编人员违反新闻记者证的有关规定,依照新闻出版总署《新闻记者证管理办法》的规定处罚。

第六十五条 报纸出版单位违反报社记者站的有关规定,依照新闻出版总署《报社记者站管理办法》的规定处罚。

第六十六条 对报纸出版单位做出行政处罚,应告知其主办单位和主管单位,可以通过媒体向社会公布。

对报纸出版单位做出行政处罚,新闻出版行政部门可以建议其主办单位或者主管单位对直接责任人和主要负责人予以行政处分或者调离岗位。

第六章 附 则

第六十七条 以非新闻性内容为主或者出版周期超过一周,持有国内统一连续出版物号的其他散页连续出版物,也适用本规定。

第六十八条 本规定施行后,新闻出版署《报纸管理暂行规定》同时废止,此前新闻出版行政部门对报纸出版活动的其他规定,凡与本规定不一致的,以本规定为准。

第六十九条 本规定自 2005 年 12 月 1 日起施行。

图书出版管理规定

1. 2008 年 2 月 21 日新闻出版总署令第 36 号公布
2. 根据 2015 年 8 月 28 日国家新闻出版广电总局令第 3 号《关于修订部分规章和规范性文件的决定》修订

第一章 总 则

第一条 为了规范图书出版,加强对图书出版的监督管理,促进图书出版的发展和繁荣,根据国务院《出版管理条例》及相关法律法规,制定本规定。

第二条 在中华人民共和国境内从事图书出版,适用本规定。

本规定所称图书,是指书籍、地图、年画、图片、画册,以及含有文字、图画内容的年历、月历、日历,以及由新闻出版总署认定的其他内容载体形式。

第三条 图书出版必须坚持为人民服务、为社会主义服务的方向,坚持马克思列宁主义、毛泽东思想、邓小平理论和"三个代表"重要思想,坚持科学发展观,坚持正确的舆论导向和出版方向,坚持把社会效益放在首位、社会效益和经济效益相统一的原则,传播和积累有益于提高民族素质、推动经济发展、促进社会和谐与进步的科学技术和文化知识,弘扬民族优秀文化,促进国际文化交流,丰富人民群众的精神文化生活。

第四条 新闻出版总署负责全国图书出版的监督管理工作,建立健全监督管理制度,制定并实施全国图书出版总量、结构、布局的规划。

省、自治区、直辖市新闻出版行政部门负责本行政区域内图书出版的监督管理工作。

第五条 图书出版单位依法从事图书的编辑、出版等活动。

图书出版单位合法的出版活动受法律保护,任何组织和个人不得非法干扰、阻止、破坏。

第六条 新闻出版总署对为发展、繁荣我国图书出版事业作出重要贡献的图书出版单位及个人给予奖励,并评选奖励优秀图书。

第七条 图书出版行业的社会团体按照其章程,在新闻出版行政部门的指导下,实行自律管理。

第二章 图书出版单位的设立

第八条 图书由依法设立的图书出版单位出版。设立图书出版单位须经新闻出版总署批准,取得图书出版许可证。

本规定所称图书出版单位,是指依照国家有关法规设立,经新闻出版总署批准并履行登记注册手续的图书出版法人实体。

第九条 设立图书出版单位,应当具备下列条件:

(一)有图书出版单位的名称、章程;

(二)有符合新闻出版总署认定条件的主办单位、主管单位;

(三)有确定的图书出版业务范围;

(四)有30万元以上的注册资本;

(五)有适应图书出版需要的组织机构和符合国家规定资格条件的编辑出版专业人员;

(六)有确定的法定代表人或者主要负责人,该法定代表人或者主要负责人必须是在境内长久居住的具有完全行为能力的中国公民;

(七)有与主办单位在同一省级行政区域的固定工作场所;

(八)法律、行政法规规定的其他条件。

设立图书出版单位,除前款所列条件外,还应当符合国家关于图书出版单位总量、结构、布局的规划。

第十条 中央在京单位设立图书出版单位,由主办单位提出申请,经主管单位审核同意后,由主办单位报新闻出版总署审批。

中国人民解放军和中国人民武装警察部队系统设立图书出版单位,由主办单位提出申请,经中国人民解放军总政治部宣传部新闻出版局审核同意后,报新闻出版总署审批。

其他单位设立图书出版单位,经主管单位审核同意后,由主办单位向所在地省、自治区、直辖市新闻出版行政部门提出申请,省、自治区、直辖市新闻出版行政部门审核同意后,报新闻出版总署审批。

第十一条 申请设立图书出版单位,须提交以下材料:

(一)按要求填写的设立图书出版单位申请表;

(二)主管单位、主办单位的有关资质证明材料;

(三)拟任图书出版单位法定代表人或者主要负责人简历、身份证明文件;

(四)编辑出版人员的出版专业职业资格证书;

(五)注册资本数额、来源及性质证明;

(六)图书出版单位的章程;

(七)工作场所使用证明;

(八)设立图书出版单位的可行性论证报告。

第十二条 新闻出版总署应当自收到设立图书出版单位申请之日起90日内,作出批准或者不批准的决定,并直接或者由省、自治区、直辖市新闻出版行政部门书面通知主办单位;不批准的,应当说明理由。

第十三条 申请设立图书出版单位的主办单位应当自收到新闻出版总署批准文件之日起60日内办理如下注册登记手续:

(一)持批准文件到所在地省、自治区、直辖市新闻出版行政部门领取图书出版单位登记表,经主管单位审核签章后,报所在地省、自治区、直辖市新闻出版行政部门;

(二)图书出版单位登记表一式五份,图书出版单位、主办单位、主管单位及省、自治区、直辖市新闻出版行政部门各存一份,另一份由省、自治区、直辖市新闻出版行政部门在收到之日起15日内,报送新闻出版总署备案;

(三)新闻出版总署对图书出版单位登记表审核后,在10日内通过中国标准书号中心分配其出版者号并通知省、自治区、直辖市新闻出版行政部门;

(四)省、自治区、直辖市新闻出版行政部门对图书出版单位登记表审核后,在10日内向主办单位发放图书出版许可证;

(五)图书出版单位持图书出版许可证到工商行政管理部门办理登记手续,依法领取营业执照。

第十四条 图书出版单位的主办单位自收到新闻出版总署批准文件之日起60日内未办理注册登记手续,批准文件自行失效,登记机关不再受理登记,图书出版单位的主办单位须将有关批准文件缴回新闻出版总署。

图书出版单位自登记之日起满180日未从事图书出版的,由原登记的新闻出版行政部门注销登记,收回图书出版许可证,并报新闻出版总署备案。

因不可抗力或者其他正当理由发生前款所列情形的,图书出版单位可以向原登记的新闻出版行政部门申请延期。

第十五条 图书出版单位应当具备法人条件,经核准登记后,取得法人资格,以其全部法人财产独立承担民事责任。

第十六条 图书出版单位变更名称、主办单位或者主管单位、业务范围,合并或者分立,改变资本结构,依照本规定第九条至第十三条的规定办理审批、登记手续。

图书出版单位除前款所列变更事项外的其他事项的变更,应当经其主办单位和主管单位审查同意后,向所在地省、自治区、直辖市新闻出版行政部门申请变更登记,由省、自治区、直辖市新闻出版行政部门报新闻出版总署备案。

第十七条 图书出版单位终止图书出版的,由主办单位提出申请并经主管单位同意后,由主办单位向所在地省、自治区、直辖市新闻出版行政部门办理注销登记,并由省、自治区、直辖市新闻出版行政部门报新闻出版总署备案。

第十八条 组建图书出版集团,参照本规定第十条办理。

第三章 图书的出版

第十九条 任何图书不得含有《出版管理条例》和其他有关法律、法规以及国家规定禁止的内容。

第二十条 图书出版实行编辑责任制度,保障图书内容符合国家法律规定。

第二十一条 出版辞书、地图、中小学教科书等类别的图书,实行资格准入制度,出版单位须按照新闻出版总署批准的业务范围出版。具体办法由新闻出版总署另行规定。

第二十二条 图书出版实行重大选题备案制度。涉及国家安全、社会安定等方面的重大选题,涉及重大革命题材和重大历史题材的选题,应当按照新闻出版总署有关选题备案管理的规定办理备案手续。未经备案的重大选题,不得出版。

第二十三条 图书出版实行年度出版计划备案制度。图书出版单位的年度出版计划,须经省、自治区、直辖市新闻出版行政部门审核后报新闻出版总署备案。

第二十四条 图书出版单位实行选题论证制度、图书稿件三审责任制度、责任编辑制度、责任校对制度、图书重版前审读制度、稿件及图书资料归档制度等管理制度,保障图书出版质量。

第二十五条 图书使用语言文字须符合国家语言文字法律规定。

图书出版质量须符合国家标准、行业标准和新闻出版总署关于图书出版质量的管理规定。

第二十六条 图书使用中国标准书号或者全国统一书号、图书条码以及图书在版编目数据须符合有关标准和规定。

第二十七条 图书出版单位不得向任何单位或者个人出售或者以其他形式转让本单

位的名称、中国标准书号或者全国统一书号。

第二十八条　图书出版单位不得以一个中国标准书号或者全国统一书号出版多种图书，不得以中国标准书号或者全国统一书号出版期刊。中国标准书号使用管理办法由新闻出版总署另行规定。

第二十九条　图书出版单位租型出版图书、合作出版图书、出版自费图书须按照新闻出版总署的有关规定执行。

第三十条　图书出版单位与境外出版机构在境内开展合作出版，在合作出版的图书上双方共同署名，须经新闻出版总署批准。

第三十一条　图书出版单位须按照国家有关规定在其出版的图书上载明图书版本记录事项。

第三十二条　图书出版单位应当委托依法设立的出版物印刷单位印刷图书，并按照国家规定使用印刷委托书。

第三十三条　图书出版单位须遵守国家统计规定，依法向新闻出版行政部门报送统计资料。

第三十四条　图书出版单位在图书出版30日内，应当按照国家有关规定向国家图书馆、中国版本图书馆、新闻出版总署免费送交样书。

第四章　监督管理

第三十五条　图书出版的监督管理实行属地原则。

省、自治区、直辖市新闻出版行政部门依法对本行政区域内的图书出版进行监督管理，负责本行政区域内图书出版单位的审核登记、年度核验及其出版图书的审读、质量评估等管理工作。

第三十六条　图书出版管理实行审读制度、质量保障管理制度、出版单位分级管理制度、出版单位年度核验制度和出版从业人员职业资格管理制度。

第三十七条　新闻出版总署负责全国图书审读工作。省、自治区、直辖市新闻出版行政部门负责对本行政区域内出版的图书进行审读，并定期向新闻出版总署提交审读报告。

第三十八条　新闻出版行政部门可以根据新闻出版总署《图书质量管理规定》等规定，对图书质量进行检查，并予以奖惩。

第三十九条　新闻出版总署制定图书出版单位等级评估办法，对图书出版单位进行评估，并实行分级管理。

第四十条　图书出版单位实行年度核验制度，年度核验每两年进行一次。

年度核验按照以下程序进行：

（一）图书出版单位提出年度自查报告，填写由新闻出版总署统一印制的图书出版年度核验表，经图书出版单位的主办单位、主管单位审核盖章后，在规定时间内报所在地省、自治区、直辖市新闻出版行政部门；

（二）省、自治区、直辖市新闻出版行政部门在收到图书出版单位自查报告、图

书出版年度核验表等年度核验材料30日内予以审核查验、出具审核意见,报送新闻出版总署;

(三)新闻出版总署在收到省、自治区、直辖市新闻出版行政部门报送的图书出版单位年度核验材料和审核意见60日内作出是否予以通过年度核验的批复;

(四)图书出版单位持新闻出版总署予以通过年度核验的批复文件、图书出版许可证副本等相关材料,到所在地省、自治区、直辖市新闻出版行政部门办理登记手续。

第四十一条　图书出版单位有下列情形之一的,暂缓年度核验:

(一)正在限期停业整顿的;

(二)经审核发现有违法情况应予处罚的;

(三)主管单位、主办单位未认真履行管理责任,导致图书出版管理混乱的;

(四)所报年度核验自查报告内容严重失实的;

(五)存在其他违法嫌疑需要进一步核查的。

暂缓年度核验的期限为6个月。在暂缓年度核验期间,图书出版单位除教科书、在印图书可继续出版外,其他图书出版一律停止。缓验期满,按照本规定重新办理年度核验手续。

第四十二条　图书出版单位有下列情形之一的,不予通过年度核验:

(一)出版导向严重违反管理规定并未及时纠正的;

(二)违法行为被查处后拒不改正或者在整改期满后没有明显效果的;

(三)图书出版质量长期达不到规定标准的;

(四)经营恶化已经资不抵债的;

(五)已经不具备本规定第九条规定条件的;

(六)暂缓登记期满,仍未符合年度核验基本条件的;

(七)不按规定参加年度核验,经催告仍未参加的;

(八)存在其他严重违法行为的。

对不予通过年度核验的图书出版单位,由新闻出版总署撤销图书出版许可证,所在地省、自治区、直辖市新闻出版行政部门注销登记。

第四十三条　年度核验结果,新闻出版总署和省、自治区、直辖市新闻出版行政部门可以向社会公布。

第四十四条　图书出版从业人员,应具备国家规定的出版职业资格条件。

第四十五条　图书出版单位的社长、总编辑须符合国家规定的任职资格和条件。

图书出版单位的社长、总编辑须参加新闻出版行政部门组织的岗位培训,取得岗位培训合格证书后才能上岗。

第五章　法　律　责　任

第四十六条　图书出版单位违反本规定的,新闻出版总署或者省、自治区、直辖市新闻出版行政部门可以采取下列行政措施:

(一)下达警示通知书;
(二)通报批评;
(三)责令公开检讨;
(四)责令改正;
(五)核减中国标准书号数量;
(六)责令停止印制、发行图书;
(七)责令收回图书;
(八)责成主办单位、主管单位监督图书出版单位整改。

警示通知书由新闻出版总署制定统一格式,由新闻出版总署或者省、自治区、直辖市新闻出版行政部门下达给违法的图书出版单位,并抄送违法图书出版单位的主办单位及其主管单位。

本条所列行政措施可以并用。

第四十七条 未经批准,擅自设立图书出版单位,或者擅自从事图书出版业务,假冒、伪造图书出版单位名称出版图书的,依照《出版管理条例》第五十五条处罚。

第四十八条 图书出版单位出版含有《出版管理条例》和其他有关法律、法规以及国家规定禁止内容图书的,由新闻出版总署或者省、自治区、直辖市新闻出版行政部门依照《出版管理条例》第五十六条处罚。

第四十九条 图书出版单位违反本规定第二十七条的,由新闻出版总署或者省、自治区、直辖市新闻出版行政部门依照《出版管理条例》第六十条处罚。

第五十条 图书出版单位有下列行为之一的,由新闻出版总署或者省、自治区、直辖市新闻出版行政部门依照《出版管理条例》第六十一条处罚:

(一)变更名称、主办单位或者其主管单位、业务范围、合并或分立、改变资本结构,未依法办理审批手续的;
(二)未按规定将其年度出版计划备案的;
(三)未按规定履行重大选题备案的;
(四)未按规定送交样书的。

第五十一条 图书出版单位有下列行为之一的,由新闻出版总署或者省、自治区、直辖市新闻出版行政部门给予警告,并处3万元以下罚款:

(一)未按规定使用中国标准书号或者全国统一书号、图书条码、图书在版编目数据的;
(二)图书出版单位违反本规定第二十八条的;
(三)图书出版单位擅自在境内与境外出版机构开展合作出版,在合作出版的图书上双方共同署名的;
(四)未按规定载明图书版本记录事项的;
(五)图书出版单位委托非依法设立的出版物印刷单位印刷图书的,或者未按照国家规定使用印刷委托书的。

第五十二条 图书出版单位租型出版图书、合作出版图书、出版自费图书，违反新闻出版总署有关规定的，由新闻出版总署或者省、自治区、直辖市新闻出版行政部门给予警告，并处3万元以下罚款。

第五十三条 图书出版单位出版质量不合格的图书，依据新闻出版总署《图书质量管理规定》处罚。

第五十四条 图书出版单位未依法向新闻出版行政部门报送统计资料的，依据新闻出版总署、国家统计局联合颁布的《新闻出版统计管理办法》处罚。

第五十五条 对图书出版单位作出行政处罚，新闻出版行政部门应告知其主办单位和主管单位，可以通过媒体向社会公布。

对图书出版单位作出行政处罚，新闻出版行政部门可以建议其主办单位或者主管单位对直接责任人和主要负责人予以行政处分或者调离岗位。

第六章 附 则

第五十六条 本规定自2008年5月1日起施行。

自本规定施行起，此前新闻出版行政部门对图书出版的其他规定，凡与本规定不一致的，以本规定为准。

电子出版物出版管理规定

1. 2008年2月21日新闻出版总署令第34号公布
2. 根据2015年8月28日国家新闻出版广电总局令第3号《关于修订部分规章和规范性文件的决定》修订

第一章 总 则

第一条 为了加强对电子出版物出版活动的管理，促进电子出版事业的健康发展与繁荣，根据国务院《出版管理条例》、《国务院对确需保留的行政审批项目设定行政许可的决定》和有关法律、行政法规，制定本规定。

第二条 在中华人民共和国境内从事电子出版物的制作、出版、进口活动，适用本规定。

本规定所称电子出版物，是指以数字代码方式，将有知识性、思想性内容的信息编辑加工后存储在固定物理形态的磁、光、电等介质上，通过电子阅读、显示、播放设备读取使用的大众传播媒体，包括只读光盘（CD－ROM、DVD－ROM等）、一次写入光盘（CD－R、DVD－R等）、可擦写光盘（CD－RW、DVD－RW等）、软磁盘、硬磁盘、集成电路卡等，以及新闻出版总署认定的其他媒体形态。

第三条 电子出版物不得含有《出版管理条例》第二十六条、第二十七条禁止的内容。

第四条 新闻出版总署负责全国电子出版物出版活动的监督管理工作。

县级以上地方新闻出版行政部门负责本行政区域内电子出版物出版活动的监

督管理工作。

第五条　国家对电子出版物出版活动实行许可制度；未经许可，任何单位和个人不得从事电子出版物的出版活动。

第二章　出版单位设立

第六条　设立电子出版物出版单位，应当具备下列条件：

（一）有电子出版物出版单位的名称、章程；

（二）有符合新闻出版总署认定条件的主管、主办单位；

（三）有确定的电子出版物出版业务范围；

（四）有适应业务范围需要的设备和工作场所；

（五）有适应业务范围需要的组织机构，有2人以上具有中级以上出版专业职业资格；

（六）法律、行政法规规定的其他条件。

除依照前款所列条件外，还应当符合国家关于电子出版物出版单位总量、结构、布局的规划。

第七条　设立电子出版物出版单位，经其主管单位同意后，由主办单位向所在地省、自治区、直辖市新闻出版行政部门提出申请；经省、自治区、直辖市新闻出版行政部门审核同意后，报新闻出版总署审批。

第八条　申请设立电子出版物出版单位，应当提交下列材料：

（一）按要求填写的申请表，应当载明出版单位的名称、地址、资本结构、资金来源及数额，出版单位的主管、主办单位的名称和地址等内容；

（二）主办单位、主管单位的有关资质证明材料；

（三）出版单位章程；

（四）法定代表人或者主要负责人及本规定第六条要求的有关人员的资格证明和身份证明；

（五）可行性论证报告；

（六）注册资本数额、来源及性质证明；

（七）工作场所使用证明。

第九条　新闻出版总署自受理设立电子出版物出版单位的申请之日起90日内，作出批准或者不批准的决定，直接或者由省、自治区、直辖市新闻出版行政部门书面通知主办单位；不批准的，应当说明理由。

第十条　设立电子出版物出版单位的主办单位应当自收到批准决定之日起60日内，向所在地省、自治区、直辖市新闻出版行政部门登记，领取新闻出版总署颁发的《电子出版物出版许可证》。

电子出版物出版单位持《电子出版物出版许可证》向所在地工商行政管理部门登记，依法领取营业执照。

第十一条　电子出版物出版单位自登记之日起满180日未从事出版活动的，由省、自治区、直辖市新闻出版行政部门注销登记,收回《电子出版物出版许可证》,并报新闻出版总署备案。

因不可抗力或者其他正当理由发生前款所列情形的,电子出版物出版单位可以向省、自治区、直辖市新闻出版行政部门申请延期。

第十二条　电子出版物出版单位变更名称、主办单位或者主管单位、业务范围、资本结构,合并或者分立,须依照本规定第七条、第八条的规定重新办理审批手续,并到原登记的工商行政管理部门办理相应的登记手续。

电子出版物出版单位变更地址、法定代表人或者主要负责人的,应当经其主管、主办单位同意,向所在地省、自治区、直辖市新闻出版行政部门申请变更登记后,到原登记的工商行政管理部门办理变更登记。

省、自治区、直辖市新闻出版行政部门须将有关变更登记事项报新闻出版总署备案。

第十三条　电子出版物出版单位终止出版活动的,应当向所在地省、自治区、直辖市新闻出版行政部门办理注销登记手续,并到原登记的工商行政管理部门办理注销登记。

省、自治区、直辖市新闻出版行政部门应将有关注销登记报新闻出版总署备案。

第十四条　申请出版连续型电子出版物,经主管单位同意后,由主办单位向所在地省、自治区、直辖市新闻出版行政部门提出申请;经省、自治区、直辖市新闻出版行政部门审核同意后,报新闻出版总署审批。

本规定所称连续型电子出版物,是指有固定名称,用卷、期、册或者年、月顺序编号,按照一定周期出版的电子出版物。

第十五条　申请出版连续型电子出版物,应当提交下列材料:

(一)申请书,应当载明连续型电子出版物的名称、刊期、媒体形态、业务范围、读者对象、栏目设置、文种等;

(二)主管单位的审核意见。

申请出版配报纸、期刊的连续型电子出版物,还须报送报纸、期刊样本。

第十六条　经批准出版的连续型电子出版物,新增或者改变连续型电子出版物的名称、刊期与出版范围的,须按照本规定第十四条、第十五条办理审批手续。

第十七条　出版行政部门对从事电子出版物制作的单位实行备案制管理。电子出版物制作单位应当于单位设立登记以及有关变更登记之日起 30 日内,将单位名称、地址、法定代表人或者主要负责人的姓名及营业执照复印件、法定代表人或主要负责人身份证明报所在地省、自治区、直辖市新闻出版行政部门备案。

本规定所称电子出版物制作,是指通过创作、加工、设计等方式,提供用于出版、复制、发行的电子出版物节目源的经营活动。

第三章　出 版 管 理

第十八条　电子出版物出版单位实行编辑责任制度,保障电子出版物的内容符合有关法规、规章规定。

第十九条 电子出版物出版单位应于每年12月1日前将下一年度的出版计划报所在地省、自治区、直辖市新闻出版行政部门,省、自治区、直辖市新闻出版行政部门审核同意后报新闻出版总署备案。

第二十条 电子出版物出版实行重大选题备案制度。涉及国家安全、社会安定等方面重大选题,涉及重大革命题材和重大历史题材的选题,应当按照新闻出版总署有关选题备案的规定办理备案手续;未经备案的重大选题,不得出版。

第二十一条 出版电子出版物,必须按规定使用中国标准书号。同一内容,不同载体形态、格式的电子出版物,应当分别使用不同的中国标准书号。

出版连续型电子出版物,必须按规定使用国内统一连续出版物号,不得使用中国标准书号出版连续型电子出版物。

第二十二条 电子出版物出版单位不得以任何形式向任何单位或者个人转让、出租、出售本单位的名称、电子出版物中国标准书号、国内统一连续出版物号。

第二十三条 电子出版物应当符合国家的技术、质量标准和规范要求。

出版电子出版物,须在电子出版物载体的印刷标识面或其装帧的显著位置载明电子出版物制作、出版单位的名称,中国标准书号或国内统一连续出版物号及条码,著作权人名称以及出版日期等其他有关事项。

第二十四条 电子出版物出版单位申请出版境外著作权人授权的电子出版物,须向所在地省、自治区、直辖市新闻出版行政部门提出申请;所在地省、自治区、直辖市新闻出版行政部门审核同意后,报新闻出版总署审批。

第二十五条 申请出版境外著作权人授权的电子出版物,应当提交下列材料:

(一)申请书,应当载明电子出版物名称、内容简介、授权方名称、授权方基本情况介绍等;

(二)申请单位的审读报告;

(三)样品及必要的内容资料;

(四)申请单位所在地省、自治区、直辖市著作权行政管理部门的著作权合同登记证明文件。

出版境外著作权人授权的电子游戏出版物还须提交游戏主要人物和主要场景图片资料、代理机构营业执照、发行合同及发行机构批发许可证、游戏文字脚本全文等材料。

第二十六条 新闻出版总署自受理出版境外著作权人授权电子出版物申请之日起,20日内作出批准或者不批准的决定;不批准的,应当说明理由。

审批出版境外著作权人授权电子出版物,应当组织专家评审,并应当符合国家总量、结构、布局规划。

第二十七条 境外著作权人授权的电子出版物,须在电子出版物载体的印刷标识面或其装帧的显著位置载明引进出版批准文号和著作权授权合同登记证号。

第二十八条 已经批准出版的境外著作权人授权的电子出版物,若出版升级版本,须按照本规定第二十五条提交申请材料,报所在地省、自治区、直辖市新闻出版行政部门审批。

第二十九条 出版境外著作权人授权的电子游戏测试盘及境外互联网游戏作品客户端程序光盘,须按照本规定第二十五条提交申请材料,报所在地省、自治区、直辖市新闻出版行政部门审批。

第三十条 电子出版物出版单位与境外机构合作出版电子出版物,须经主管单位同意后,将选题报所在地省、自治区、直辖市新闻出版行政部门审核;省、自治区、直辖市新闻出版行政部门审核同意后,报新闻出版总署审批。

新闻出版总署自受理合作出版电子出版物选题申请之日起20日内,作出批准或者不批准的决定;不批准的,应当说明理由。

第三十一条 电子出版物出版单位申请与境外机构合作出版电子出版物,应当提交下列材料:

(一)申请书,应当载明合作出版的电子出版物的名称、载体形态、内容简介、合作双方名称、基本情况、合作方式等,并附拟合作出版的电子出版物的有关文字内容、图片等材料;

(二)合作意向书;

(三)主管单位的审核意见。

第三十二条 电子出版物出版单位与境外机构合作出版电子出版物,应在该电子出版物出版30日内将样盘报送新闻出版总署备案。

第三十三条 出版单位配合本版出版物出版电子出版物,向所在地省、自治区、直辖市新闻出版行政部门提出申请,省、自治区、直辖市新闻出版行政部门审核同意的,发放电子出版物中国标准书号和复制委托书,并报新闻出版总署备案。

第三十四条 出版单位申请配合本版出版物出版电子出版物,应提交申请书及本版出版物、拟出版电子出版物样品。

申请书应当载明配合本版出版物出版的电子出版物的名称、制作单位、主要内容、出版时间、复制数量和载体形式等内容。

第三十五条 电子出版物发行前,出版单位应当向国家图书馆、中国版本图书馆和新闻出版总署免费送交样品。

第三十六条 电子出版物出版单位的从业人员,应当具备国家规定的出版专业职业资格条件。

电子出版物出版单位的社长、总编辑须符合国家规定的任职资格和条件。

电子出版物出版单位的社长、总编辑须参加新闻出版行政部门组织的岗位培训,取得岗位培训合格证书后才能上岗。

第三十七条 电子出版物出版单位须遵守国家统计规定,依法向新闻出版行政部门报送统计资料。

第四章 进 口 管 理

第三十八条 进口电子出版物成品,须由新闻出版总署批准的电子出版物进口经营单位提出申请;所在地省、自治区、直辖市新闻出版行政部门审核同意后,报新闻出版总署审批。

第三十九条 申请进口电子出版物,应当提交下列材料:

（一）申请书,应当载明进口电子出版物的名称、内容简介、出版者名称、地址、进口数量等;

（二）主管单位审核意见;

（三）申请单位关于进口电子出版物的审读报告;

（四）进口电子出版物的样品及必要的内容资料。

第四十条 新闻出版总署自受理进口电子出版物申请之日起20日内,作出批准或者不批准的决定;不批准的,应当说明理由。

审批进口电子出版物,应当组织专家评审,并应当符合国家总量、结构、布局规划。

第四十一条 进口电子出版物的外包装上应贴有标识,载明批准进口文号及用中文注明的出版者名称、地址、著作权人名称、出版日期等有关事项。

第五章 非卖品管理

第四十二条 委托复制电子出版物非卖品,须向委托方或受托方所在地省、自治区、直辖市新闻出版行政部门提出申请,申请书应写明电子出版物非卖品的使用目的、名称、内容、发送对象、复制数量、载体形式等,并附样品。

电子出版物非卖品内容限于公益宣传、企事业单位业务宣传、交流、商品介绍等,不得定价,不得销售、变相销售或与其他商品搭配销售。

第四十三条 省、自治区、直辖市新闻出版行政部门应当自受理委托复制电子出版物非卖品申请之日起20日内,作出批准或者不批准的决定,批准的,发给电子出版物复制委托书;不批准的,应当说明理由。

第四十四条 电子出版物非卖品载体的印刷标识面及其装帧的显著位置应当注明电子出版物非卖品统一编号,编号分为四段:第一段为方括号内的各省、自治区、直辖市简称,第二段为"电子出版物非卖品"字样,第三段为圆括号内的年度,第四段为顺序编号。

第六章 委托复制管理

第四十五条 电子出版物、电子出版物非卖品应当委托经新闻出版总署批准设立的复制单位复制。

第四十六条 委托复制电子出版物和电子出版物非卖品,必须使用复制委托书,并遵守国家关于复制委托书的管理规定。

复制委托书由新闻出版总署统一印制。

第四十七条　委托复制电子出版物、电子出版物非卖品的单位,应当保证开具的复制委托书内容真实、准确、完整,并须将开具的复制委托书直接交送复制单位。

委托复制电子出版物、电子出版物非卖品的单位不得以任何形式向任何单位或者个人转让、出售本单位的复制委托书。

第四十八条　委托复制电子出版物的单位,自电子出版物完成复制之日起30日内,须向所在地省、自治区、直辖市新闻出版行政部门上交本单位及复制单位签章的复制委托书第二联及样品。

委托复制电子出版物的单位须将电子出版物复制委托书第四联保存2年备查。

第四十九条　委托复制电子出版物、电子出版物非卖品的单位,经批准获得电子出版物复制委托书之日起90日内未使用的,须向发放该委托书的省、自治区、直辖市新闻出版行政部门交回复制委托书。

第七章　年　度　核　验

第五十条　电子出版物出版单位实行年度核验制度,年度核验每两年进行一次。省、自治区、直辖市新闻出版行政部门负责对本行政区域内的电子出版物出版单位实施年度核验。核验内容包括电子出版物出版单位的登记项目、设立条件、出版经营情况、遵纪守法情况、内部管理情况等。

第五十一条　电子出版物出版单位进行年度核验,应提交以下材料:

(一)电子出版物出版单位年度核验登记表;

(二)电子出版物出版单位两年的总结报告,应当包括执行出版法规的情况、出版业绩、资产变化等内容;

(三)两年出版的电子出版物出版目录;

(四)《电子出版物出版许可证》的复印件。

第五十二条　电子出版物出版单位年度核验程序为:

(一)电子出版物出版单位应于核验年度的1月15日前向所在地省、自治区、直辖市新闻出版行政部门提交年度核验材料;

(二)各省、自治区、直辖市新闻出版行政部门对本行政区域内电子出版物出版单位的设立条件、开展业务及执行法规等情况进行全面审核,并于该年度的2月底前完成年度核验工作;对符合年度核验要求的单位予以登记,并换发《电子出版物出版许可证》;

(三)各省、自治区、直辖市新闻出版行政部门应于核验年度的3月20日前将年度核验情况及有关书面材料报新闻出版总署备案。

第五十三条　电子出版物出版单位有下列情形之一的,暂缓年度核验:

(一)不具备本规定第六条规定条件的;

(二)因违反出版管理法规,正在限期停业整顿的;

(三)经审核发现有违法行为应予处罚的;

(四)曾违反出版管理法规受到行政处罚,未认真整改,仍存在违法问题的;
(五)长期不能正常开展电子出版物出版活动的。

暂缓年度核验的期限由省、自治区、直辖市新闻出版行政部门确定,最长不得超过3个月。暂缓期间,省、自治区、直辖市新闻出版行政部门应当督促、指导电子出版物出版单位进行整改。暂缓年度核验期满,对达到年度核验要求的电子出版物出版单位予以登记;仍未达到年度核验要求的电子出版物出版单位,由所在地省、自治区、直辖市新闻出版行政部门提出注销登记意见,新闻出版总署撤销《电子出版物出版许可证》,所在地省、自治区、直辖市新闻出版行政部门办理注销登记。

第五十四条　不按规定参加年度核验的电子出版物出版单位,经书面催告仍未参加年度核验的,由所在地省、自治区、直辖市新闻出版行政部门提出注销登记意见,新闻出版总署撤销《电子出版物出版许可证》,所在地省、自治区、直辖市新闻出版行政部门办理注销登记。

第五十五条　出版连续型电子出版物的单位按照本章规定参加年度核验。

第八章　法　律　责　任

第五十六条　电子出版物出版单位违反本规定的,新闻出版总署或者省、自治区、直辖市新闻出版行政部门可以采取下列行政措施:
(一)下达警示通知书;
(二)通报批评;
(三)责令公开检讨;
(四)责令改正;
(五)责令停止复制、发行电子出版物;
(六)责令收回电子出版物;
(七)责成主办单位、主管单位监督电子出版物出版单位整改。

警示通知书由新闻出版总署制定统一格式,由新闻出版总署或者省、自治区、直辖市新闻出版行政部门下达给违法的电子出版物出版单位,并抄送违法电子出版物出版单位的主办单位及其主管单位。

本条所列行政措施可以并用。

第五十七条　未经批准,擅自设立电子出版物出版单位,擅自从事电子出版物出版业务,伪造、假冒电子出版物出版单位或者连续型电子出版物名称、电子出版物专用中国标准书号出版电子出版物的,按照《出版管理条例》第五十五条处罚。

图书、报纸、期刊、音像等出版单位未经批准,配合本版出版物出版电子出版物的,属于擅自从事电子出版物出版业务,按照前款处罚。

第五十八条　从事电子出版物制作、出版业务,有下列行为之一的,按照《出版管理条例》第五十六条处罚:
(一)制作、出版含有《出版管理条例》第二十六条、第二十七条禁止内容的电子出版物的;

(二)明知或者应知他人出版含有《出版管理条例》第二十六条、第二十七条禁止内容的电子出版物而向其出售、出租或者以其他形式转让本出版单位的名称、电子出版物专用中国标准书号、国内统一连续出版物号、条码及电子出版物复制委托书的。

第五十九条 电子出版物出版单位出租、出借、出售或者以其他任何形式转让本单位的名称、电子出版物专用中国标准书号、国内统一连续出版物号的,按照《出版管理条例》第六十条处罚。

第六十条 有下列行为之一的,按照《出版管理条例》第六十一条处罚:

(一)电子出版物出版单位变更名称、主办单位或者主管单位、业务范围、资本结构,合并或者分立,电子出版物出版单位变更地址、法定代表人或者主要负责人,未依照本规定的要求办理审批、变更登记手续的;

(二)经批准出版的连续型电子出版物,新增或者改变连续型电子出版物的名称、刊期与出版范围,未办理审批手续的;

(三)电子出版物出版单位未按规定履行年度出版计划和重大选题备案的;

(四)出版单位未按照有关规定送交电子出版物样品的;

(五)电子出版物进口经营单位违反本规定第三十八条未经批准进口电子出版物的。

第六十一条 电子出版物出版单位未依法向新闻出版行政部门报送统计资料的,依据新闻出版总署、国家统计局联合颁布的《新闻出版统计管理办法》处罚。

第六十二条 有下列行为之一的,由新闻出版行政部门责令改正,给予警告,可并处三万元以下罚款:

(一)电子出版物制作单位违反本规定第十七条,未办理备案手续的;

(二)电子出版物出版单位违反本规定第二十一条,未按规定使用中国标准书号或者国内统一连续出版物号的;

(三)电子出版物出版单位出版的电子出版物不符合国家的技术、质量标准和规范要求的,或者未按本规定第二十三条载明有关事项的;

(四)电子出版物出版单位出版境外著作权人授权的电子出版物,违反本规定第二十四条、第二十七条、第二十八条、第二十九条有关规定的;

(五)电子出版物出版单位与境外机构合作出版电子出版物,未按本规定第三十条办理选题审批手续的,未按本规定第三十二条将样盘报送备案的;

(六)电子出版物进口经营单位违反本规定第四十一条的;

(七)委托复制电子出版物非卖品违反本规定第四十二条的有关规定,或者未按第四十四条标明电子出版物非卖品统一编号的;

(八)电子出版物出版单位及其他委托复制单位违反本规定第四十五条至第四十九条的规定,委托未经批准设立的复制单位复制,或者未遵守有关复制委托书的管理制度的。

第九章 附 则

第六十三条 本规定自 2008 年 4 月 15 日起施行,新闻出版署 1997 年 12 月 30 日颁布的《电子出版物管理规定》同时废止,此前新闻出版行政部门对电子出版物制作、出版、进口活动的其他规定,凡与本规定不一致的,以本规定为准。

网络出版服务管理规定

1. 2016 年 2 月 4 日国家新闻出版广电总局、工业和信息化部令第 5 号公布
2. 自 2016 年 3 月 10 日起施行

第一章 总 则

第一条 为了规范网络出版服务秩序,促进网络出版服务业健康有序发展,根据《出版管理条例》、《互联网信息服务管理办法》及相关法律法规,制定本规定。

第二条 在中华人民共和国境内从事网络出版服务,适用本规定。

本规定所称网络出版服务,是指通过信息网络向公众提供网络出版物。

本规定所称网络出版物,是指通过信息网络向公众提供的,具有编辑、制作、加工等出版特征的数字化作品,范围主要包括:

(一)文学、艺术、科学等领域内具有知识性、思想性的文字、图片、地图、游戏、动漫、音视频读物等原创数字化作品;

(二)与已出版的图书、报纸、期刊、音像制品、电子出版物等内容相一致的数字化作品;

(三)将上述作品通过选择、编排、汇集等方式形成的网络文献数据库等数字化作品;

(四)国家新闻出版广电总局认定的其他类型的数字化作品。

网络出版服务的具体业务分类另行制定。

第三条 从事网络出版服务,应当遵守宪法和有关法律、法规,坚持为人民服务、为社会主义服务的方向,坚持社会主义先进文化的前进方向,弘扬社会主义核心价值观,传播和积累一切有益于提高民族素质、推动经济发展、促进社会进步的思想道德、科学技术和文化知识,满足人民群众日益增长的精神文化需要。

第四条 国家新闻出版广电总局作为网络出版服务的行业主管部门,负责全国网络出版服务的前置审批和监督管理工作。工业和信息化部作为互联网行业主管部门,依据职责对全国网络出版服务实施相应的监督管理。

地方人民政府各级出版行政主管部门和各省级电信主管部门依据各自职责对本行政区域内网络出版服务及接入服务实施相应的监督管理工作并做好配合工作。

第五条 出版行政主管部门根据已经取得的违法嫌疑证据或者举报,对涉嫌违法从事网络出版服务的行为进行查处时,可以检查与涉嫌违法行为有关的物品和经营场所;对有证据证明是与违法行为有关的物品,可以查封或者扣押。

第六条 国家鼓励图书、音像、电子、报纸、期刊出版单位从事网络出版服务,加快与新媒体的融合发展。

国家鼓励组建网络出版服务行业协会,按照章程,在出版行政主管部门的指导下制定行业自律规范,倡导网络文明,传播健康有益内容,抵制不良有害内容。

第二章 网络出版服务许可

第七条 从事网络出版服务,必须依法经过出版行政主管部门批准,取得《网络出版服务许可证》。

第八条 图书、音像、电子、报纸、期刊出版单位从事网络出版服务,应当具备以下条件:

(一)有确定的从事网络出版业务的网站域名、智能终端应用程序等出版平台;

(二)有确定的网络出版服务范围;

(三)有从事网络出版服务所需的必要的技术设备,相关服务器和存储设备必须存放在中华人民共和国境内。

第九条 其他单位从事网络出版服务,除第八条所列条件外,还应当具备以下条件:

(一)有确定的、不与其他出版单位相重复的,从事网络出版服务主体的名称及章程;

(二)有符合国家规定的法定代表人和主要负责人,法定代表人必须是在境内长久居住的具有完全行为能力的中国公民,法定代表人和主要负责人至少1人应当具有中级以上出版专业技术人员职业资格;

(三)除法定代表人和主要负责人外,有适应网络出版服务范围需要的8名以上具有国家新闻出版广电总局认可的出版及相关专业技术职业资格的专职编辑出版人员,其中具有中级以上职业资格的人员不得少于3名;

(四)有从事网络出版服务所需的内容审校制度;

(五)有固定的工作场所;

(六)法律、行政法规和国家新闻出版广电总局规定的其他条件。

第十条 中外合资经营、中外合作经营和外资经营的单位不得从事网络出版服务。

网络出版服务单位与境内中外合资经营、中外合作经营、外资经营企业或境外组织及个人进行网络出版服务业务的项目合作,应当事前报国家新闻出版广电总局审批。

第十一条 申请从事网络出版服务,应当向所在地省、自治区、直辖市出版行政主管部门提出申请,经审核同意后,报国家新闻出版广电总局审批。国家新闻出版广电总局应当自受理申请之日起60日内,作出批准或者不予批准的决定。不批准的,应当说明理由。

第十二条　从事网络出版服务的申报材料,应该包括下列内容:
　　(一)《网络出版服务许可证申请表》;
　　(二)单位章程及资本来源性质证明;
　　(三)网络出版服务可行性分析报告,包括资金使用、产品规划、技术条件、设备配备、机构设置、人员配备、市场分析、风险评估、版权保护措施等;
　　(四)法定代表人和主要负责人的简历、住址、身份证明文件;
　　(五)编辑出版等相关专业技术人员的国家认可的职业资格证明和主要从业经历及培训证明;
　　(六)工作场所使用证明;
　　(七)网站域名注册证明、相关服务器存放在中华人民共和国境内的承诺。
　　本规定第八条所列单位从事网络出版服务的,仅提交前款(一)、(六)、(七)项规定的材料。

第十三条　设立网络出版服务单位的申请者应自收到批准决定之日起30日内办理注册登记手续:
　　(一)持批准文件到所在地省、自治区、直辖市出版行政主管部门领取并填写《网络出版服务许可登记表》;
　　(二)省、自治区、直辖市出版行政主管部门对《网络出版服务许可登记表》审核无误后,在10日内向申请者发放《网络出版服务许可证》;
　　(三)《网络出版服务许可登记表》一式三份,由申请者和省、自治区、直辖市出版行政主管部门各存一份,另一份由省、自治区、直辖市出版行政主管部门在15日内报送国家新闻出版广电总局备案。

第十四条　《网络出版服务许可证》有效期为5年。有效期届满,需继续从事网络出版服务活动的,应于有效期届满60日前按本规定第十一条的程序提出申请。出版行政主管部门应当在该许可有效期届满前作出是否准予延续的决定。批准的,换发《网络出版服务许可证》。

第十五条　网络出版服务经批准后,申请者应持批准文件、《网络出版服务许可证》到所在地省、自治区、直辖市电信主管部门办理相关手续。

第十六条　网络出版服务单位变更《网络出版服务许可证》许可登记事项、资本结构,合并或者分立,设立分支机构的,应依据本规定第十一条办理审批手续,并应持批准文件到所在地省、自治区、直辖市电信主管部门办理相关手续。

第十七条　网络出版服务单位中止网络出版服务的,应当向所在地省、自治区、直辖市出版行政主管部门备案,并说明理由和期限;网络出版服务单位中止网络出版服务不得超过180日。
　　网络出版服务单位终止网络出版服务的,应当自终止网络出版服务之日起30日内,向所在地省、自治区、直辖市出版行政主管部门办理注销手续后到省、自治区、直辖市电信主管部门办理相关手续。省、自治区、直辖市出版行政主管部门将相关信息报国家新闻出版广电总局备案。

第十八条 网络出版服务单位自登记之日起满180日未开展网络出版服务的,由原登记的出版行政主管部门注销登记,并报国家新闻出版广电总局备案。同时,通报相关省、自治区、直辖市电信主管部门。

因不可抗力或者其他正当理由发生上述所列情形的,网络出版服务单位可以向原登记的出版行政主管部门申请延期。

第十九条 网络出版服务单位应当在其网站首页上标明出版行政主管部门核发的《网络出版服务许可证》编号。

互联网相关服务提供者在为网络出版服务单位提供人工干预搜索排名、广告、推广等服务时,应当查验服务对象的《网络出版服务许可证》及业务范围。

第二十条 网络出版服务单位应当按照批准的业务范围从事网络出版服务,不得超出批准的业务范围从事网络出版服务。

第二十一条 网络出版服务单位不得转借、出租、出卖《网络出版服务许可证》或以任何形式转让网络出版服务许可。

网络出版服务单位允许其他网络信息服务提供者以其名义提供网络出版服务,属于前款所称禁止行为。

第二十二条 网络出版服务单位实行特殊管理股制度,具体办法由国家新闻出版广电总局另行制定。

第三章 网络出版服务管理

第二十三条 网络出版服务单位实行编辑责任制度,保障网络出版物内容合法。

网络出版服务单位实行出版物内容审核责任制度、责任编辑制度、责任校对制度等管理制度,保障网络出版物出版质量。

在网络上出版其他出版单位已在境内合法出版的作品且不改变原出版物内容的,须在网络出版物的相应页面显著标明原出版单位名称以及书号、刊号、网络出版物号或者网址信息。

第二十四条 网络出版物不得含有以下内容:

(一)反对宪法确定的基本原则的;

(二)危害国家统一、主权和领土完整的;

(三)泄露国家秘密、危害国家安全或者损害国家荣誉和利益的;

(四)煽动民族仇恨、民族歧视,破坏民族团结,或者侵害民族风俗、习惯的;

(五)宣扬邪教、迷信的;

(六)散布谣言,扰乱社会秩序,破坏社会稳定的;

(七)宣扬淫秽、色情、赌博、暴力或者教唆犯罪的;

(八)侮辱或者诽谤他人,侵害他人合法权益的;

(九)危害社会公德或者民族优秀文化传统的;

(十)有法律、行政法规和国家规定禁止的其他内容的。

第二十五条 为保护未成年人合法权益,网络出版物不得含有诱发未成年人模仿违反社会公德和违法犯罪行为的内容,不得含有恐怖、残酷等妨害未成年人身心健康的内容,不得含有披露未成年人个人隐私的内容。

第二十六条 网络出版服务单位出版涉及国家安全、社会安定等方面重大选题的内容,应当按照国家新闻出版广电总局有关重大选题备案管理的规定办理备案手续。未经备案的重大选题内容,不得出版。

第二十七条 网络游戏上网出版前,必须向所在地省、自治区、直辖市出版行政主管部门提出申请,经审核同意后,报国家新闻出版广电总局审批。

第二十八条 网络出版物的内容不真实或不公正,致使公民、法人或者其他组织合法权益受到侵害的,相关网络出版服务单位应当停止侵权,公开更正,消除影响,并依法承担其他民事责任。

第二十九条 国家对网络出版物实行标识管理,具体办法由国家新闻出版广电总局另行制定。

第三十条 网络出版物必须符合国家的有关规定和标准要求,保证出版物质量。

网络出版物使用语言文字,必须符合国家法律规定和有关标准规范。

第三十一条 网络出版服务单位应当按照国家有关规定或技术标准,配备应用必要的设备和系统,建立健全各项管理制度,保障信息安全、内容合法,并为出版行政主管部门依法履行监督管理职责提供技术支持。

第三十二条 网络出版服务单位在网络上提供境外出版物,应当取得著作权合法授权。其中,出版境外著作权人授权的网络游戏,须按本规定第二十七条办理审批手续。

第三十三条 网络出版服务单位发现其出版的网络出版物含有本规定第二十四条、第二十五条所列内容的,应当立即删除,保存有关记录,并向所在地县级以上出版行政主管部门报告。

第三十四条 网络出版服务单位应记录所出版作品的内容及其时间、网址或者域名,记录应当保存60日,并在国家有关部门依法查询时,予以提供。

第三十五条 网络出版服务单位须遵守国家统计规定,依法向出版行政主管部门报送统计资料。

第四章 监督管理

第三十六条 网络出版服务的监督管理实行属地管理原则。

各地出版行政主管部门应当加强对本行政区域内的网络出版服务单位及其出版活动的日常监督管理,履行下列职责:

(一)对网络出版服务单位进行行业监管,对网络出版服务单位违反本规定的情况进行查处并报告上级出版行政主管部门;

(二)对网络出版服务进行监管,对违反本规定的行为进行查处并报告上级出版行政主管部门;

（三）对网络出版物内容和质量进行监管,定期组织内容审读和质量检查,并将结果向上级出版行政主管部门报告；

（四）对网络出版从业人员进行管理,定期组织岗位、业务培训和考核；

（五）配合上级出版行政主管部门、协调相关部门、指导下级出版行政主管部门开展工作。

第三十七条　出版行政主管部门应当加强监管队伍和机构建设,采取必要的技术手段对网络出版服务进行管理。出版行政主管部门依法履行监督检查等执法职责时,网络出版服务单位应当予以配合,不得拒绝、阻挠。

各省、自治区、直辖市出版行政主管部门应当定期将本行政区域内的网络出版服务监督管理情况向国家新闻出版广电总局提交书面报告。

第三十八条　网络出版服务单位实行年度核验制度,年度核验每年进行一次。省、自治区、直辖市出版行政主管部门负责对本行政区域内的网络出版服务单位实施年度核验并将有关情况报国家新闻出版广电总局备案。年度核验内容包括网络出版服务单位的设立条件、登记项目、出版经营情况、出版质量、遵守法律规范、内部管理情况等。

第三十九条　年度核验按照以下程序进行：

（一）网络出版服务单位提交年度自检报告,内容包括：本年度政策法律执行情况,奖惩情况,网站出版、管理、运营绩效情况,网络出版物目录,对年度核验期内的违法违规行为的整改情况,编辑出版人员培训管理情况等；并填写由国家新闻出版广电总局统一印制的《网络出版服务年度核验登记表》,与年度自检报告一并报所在地省、自治区、直辖市出版行政主管部门；

（二）省、自治区、直辖市出版行政主管部门对本行政区域内的网络出版服务单位的设立条件、登记项目、开展业务及执行法规等情况进行全面审核,并在收到网络出版服务单位的年度自检报告和《网络出版服务年度核验登记表》等年度核验材料的45日内完成全面审核查验工作。对符合年度核验要求的网络出版服务单位予以登记,并在其《网络出版服务许可证》上加盖年度核验章；

（三）省、自治区、直辖市出版行政主管部门应于完成全面审核查验工作的15日内将年度核验情况及有关书面材料报国家新闻出版广电总局备案。

第四十条　有下列情形之一的,暂缓年度核验：

（一）正在停业整顿的；

（二）违反出版法规规章,应予处罚的；

（三）未按要求执行出版行政主管部门相关管理规定的；

（四）内部管理混乱,无正当理由未开展实质性网络出版服务活动的；

（五）存在侵犯著作权等其他违法嫌疑需要进一步核查的。

暂缓年度核验的期限由省、自治区、直辖市出版行政主管部门确定,报国家新闻出版广电总局备案,最长不得超过180日。暂缓年度核验期间,须停止网络出版服务。

暂缓核验期满,按本规定重新办理年度核验手续。

第四十一条 已经不具备本规定第八条、第九条规定条件的,责令限期改正;逾期仍未改正的,不予通过年度核验,由国家新闻出版广电总局撤销《网络出版服务许可证》,所在地省、自治区、直辖市出版行政主管部门注销登记,并通知当地电信主管部门依法处理。

第四十二条 省、自治区、直辖市出版行政主管部门可根据实际情况,对本行政区域内的年度核验事项进行调整,相关情况报国家新闻出版广电总局备案。

第四十三条 省、自治区、直辖市出版行政主管部门可以向社会公布年度核验结果。

第四十四条 从事网络出版服务的编辑出版等相关专业技术人员及其负责人应当符合国家关于编辑出版等相关专业技术人员职业资格管理的有关规定。

网络出版服务单位的法定代表人或主要负责人应按照有关规定参加出版行政主管部门组织的岗位培训,并取得国家新闻出版广电总局统一印制的《岗位培训合格证书》。未按规定参加岗位培训或培训后未取得《岗位培训合格证书》的,不得继续担任法定代表人或主要负责人。

第五章 保障与奖励

第四十五条 国家制定有关政策,保障、促进网络出版服务业的发展与繁荣。鼓励宣传科学真理、传播先进文化、倡导科学精神、塑造美好心灵、弘扬社会正气等有助于形成先进网络文化的网络出版服务,推动健康文化、优秀文化产品的数字化、网络化传播。

网络出版服务单位依法从事网络出版服务,任何组织和个人不得干扰、阻止和破坏。

第四十六条 国家支持、鼓励下列优秀的、重点的网络出版物的出版:

(一)对阐述、传播宪法确定的基本原则有重大作用的;

(二)对弘扬社会主义核心价值观,进行爱国主义、集体主义、社会主义和民族团结教育以及弘扬社会公德、职业道德、家庭美德、个人品德有重要意义的;

(三)对弘扬民族优秀文化,促进国际文化交流有重大作用的;

(四)具有自主知识产权和优秀文化内涵的;

(五)对推进文化创新,及时反映国内外新的科学文化成果有重大贡献的;

(六)对促进公共文化服务有重大作用的;

(七)专门以未成年人为对象、内容健康的或者其他有利于未成年人健康成长的;

(八)其他具有重要思想价值、科学价值或者文化艺术价值的。

第四十七条 对为发展、繁荣网络出版服务业作出重要贡献的单位和个人,按照国家有关规定给予奖励。

第四十八条 国家保护网络出版物著作权人的合法权益。网络出版服务单位应当遵守《中华人民共和国著作权法》、《信息网络传播权保护条例》、《计算机软件保护条例》等著作权法律法规。

第四十九条 对非法干扰、阻止和破坏网络出版物出版的行为,出版行政主管部门及其他有关部门,应当及时采取措施,予以制止。

第六章 法 律 责 任

第五十条 网络出版服务单位违反本规定的,出版行政主管部门可以采取下列行政措施:

(一)下达警示通知书;

(二)通报批评、责令改正;

(三)责令公开检讨;

(四)责令删除违法内容。

警示通知书由国家新闻出版广电总局制定统一格式,由出版行政主管部门下达给相关网络出版服务单位。

本条所列的行政措施可以并用。

第五十一条 未经批准,擅自从事网络出版服务,或者擅自上网出版网络游戏(含境外著作权人授权的网络游戏),根据《出版管理条例》第六十一条、《互联网信息服务管理办法》第十九条的规定,由出版行政主管部门、工商行政管理部门依照法定职权予以取缔,并由所在地省级电信主管部门依据有关部门的通知,按照《互联网信息服务管理办法》第十九条的规定给予责令关闭网站等处罚;已经触犯刑法的,依法追究刑事责任;尚不够刑事处罚的,删除全部相关网络出版物,没收违法所得和从事违法出版活动的主要设备、专用工具,违法经营额1万元以上的,并处违法经营额5倍以上10倍以下的罚款;违法经营额不足1万元的,可以处5万元以下的罚款;侵犯他人合法权益的,依法承担民事责任。

第五十二条 出版、传播含有本规定第二十四条、第二十五条禁止内容的网络出版物的,根据《出版管理条例》第六十二条、《互联网信息服务管理办法》第二十条的规定,由出版行政主管部门责令删除相关内容并限期改正,没收违法所得,违法经营额1万元以上的,并处违法经营额5倍以上10倍以下罚款;违法经营额不足1万元的,可以处5万元以下罚款;情节严重的,责令限期停业整顿或者由国家新闻出版广电总局吊销《网络出版服务许可证》,由电信主管部门依据出版行政主管部门的通知吊销其电信业务经营许可或者责令关闭网站;构成犯罪的,依法追究刑事责任。

为从事本条第一款行为的网络出版服务单位提供人工干预搜索排名、广告、推广等相关服务的,由出版行政主管部门责令其停止提供相关服务。

第五十三条 违反本规定第二十一条的,根据《出版管理条例》第六十六条的规定,由出版行政主管部门责令停止违法行为,给予警告,没收违法所得,违法经营额1万元以上的,并处违法经营额5倍以上10倍以下的罚款;违法经营额不足1万元的,可以处5万元以下的罚款;情节严重的,责令限期停业整顿或者由国家新闻出版广电总局吊销《网络出版服务许可证》。

第五十四条　有下列行为之一的,根据《出版管理条例》第六十七条的规定,由出版行政主管部门责令改正,给予警告;情节严重的,责令限期停业整顿或者由国家新闻出版广电总局吊销《网络出版服务许可证》:

　　(一)网络出版服务单位变更《网络出版服务许可证》登记事项、资本结构,超出批准的服务范围从事网络出版服务,合并或者分立,设立分支机构,未依据本规定办理审批手续的;

　　(二)网络出版服务单位未按规定出版涉及重大选题出版物的;

　　(三)网络出版服务单位擅自中止网络出版服务超过180日的;

　　(四)网络出版物质量不符合有关规定和标准的。

第五十五条　违反本规定第三十四条的,根据《互联网信息服务管理办法》第二十一条的规定,由省级电信主管部门责令改正;情节严重的,责令停业整顿或者暂时关闭网站。

第五十六条　网络出版服务单位未依法向出版行政主管部门报送统计资料的,依据《新闻出版统计管理办法》处罚。

第五十七条　网络出版服务单位违反本规定第二章规定,以欺骗或者贿赂等不正当手段取得许可的,由国家新闻出版广电总局撤销其相应许可。

第五十八条　有下列行为之一的,由出版行政主管部门责令改正,予以警告,并处3万元以下罚款:

　　(一)违反本规定第十条,擅自与境内外中外合资经营、中外合作经营和外资经营的企业进行涉及网络出版服务业务的合作的;

　　(二)违反本规定第十九条,未标明有关许可信息或者未核验有关网站的《网络出版服务许可证》的;

　　(三)违反本规定第二十三条,未按规定实行编辑责任制度等管理制度的;

　　(四)违反本规定第三十一条,未按规定或标准配备应用有关系统、设备或未健全有关管理制度的;

　　(五)未按本规定要求参加年度核验的;

　　(六)违反本规定第四十四条,网络出版服务单位的法定代表人或主要负责人未取得《岗位培训合格证书》的;

　　(七)违反出版行政主管部门关于网络出版其他管理规定的。

第五十九条　网络出版服务单位违反本规定被处以吊销许可证行政处罚的,其法定代表人或者主要负责人自许可证被吊销之日起10年内不得担任网络出版服务单位的法定代表人或者主要负责人。

　　从事网络出版服务的编辑出版等相关专业技术人员及其负责人违反本规定,情节严重的,由原发证机关吊销其资格证书。

第七章 附　　则

第六十条　本规定所称出版物内容审核责任制度、责任编辑制度、责任校对制度等管理制度,参照《图书质量保障体系》的有关规定执行。

第六十一条　本规定自2016年3月10日起施行。原国家新闻出版总署、信息产业部2002年6月27日颁布的《互联网出版管理暂行规定》同时废止。

出版物市场管理规定

1. *2016年5月31日国家新闻出版广电总局、商务部令第10号公布*
2. *自2016年6月1日起施行*

第一章 总　　则

第一条　为规范出版物发行活动及其监督管理,建立全国统一开放、竞争有序的出版物市场体系,满足人民群众精神文化需求,推进社会主义文化强国建设,根据《出版管理条例》和有关法律、行政法规,制定本规定。

第二条　本规定适用于出版物发行活动及其监督管理。

本规定所称出版物,是指图书、报纸、期刊、音像制品、电子出版物。

本规定所称发行,包括批发、零售以及出租、展销等活动。

批发是指供货商向其他出版物经营者销售出版物。

零售是指经营者直接向消费者销售出版物。

出租是指经营者以收取租金的形式向消费者提供出版物。

展销是指主办者在一定场所、时间内组织出版物经营者集中展览、销售、订购出版物。

第三条　国家对出版物批发、零售依法实行许可制度。从事出版物批发、零售活动的单位和个人凭出版物经营许可证开展出版物批发、零售活动；未经许可,任何单位和个人不得从事出版物批发、零售活动。

任何单位和个人不得委托非出版物批发、零售单位或者个人销售出版物或者代理出版物销售业务。

第四条　国家新闻出版广电总局负责全国出版物发行活动的监督管理,负责制定全国出版物发行业发展规划。

省、自治区、直辖市人民政府出版行政主管部门负责本行政区域内出版物发行活动的监督管理,制定本省、自治区、直辖市出版物发行业发展规划。省级以下各级人民政府出版行政主管部门负责本行政区域内出版物发行活动的监督管理。

制定出版物发行业发展规划须经科学论证,遵循合法公正、符合实际、促进发展的原则。

第五条　国家保障、促进发行业的发展与转型升级,扶持实体书店、农村发行网点、发行物流体系、发行业信息化建设等,推动网络发行等新兴业态发展,推动发行业与其他相关产业融合发展。对为发行业发展作出重要贡献的单位和个人,按照国家有关规定给予奖励。

第六条　发行行业的社会团体按照其章程,在出版行政主管部门的指导下,实行自律管理。

第二章　申请从事出版物发行业务

第七条　单位从事出版物批发业务,应当具备下列条件:

(一)已完成工商注册登记,具有法人资格;

(二)工商登记经营范围含出版物批发业务;

(三)有与出版物批发业务相适应的设备和固定的经营场所,经营场所面积合计不少于50平方米;

(四)具备健全的管理制度并具有符合行业标准的信息管理系统。

本规定所称经营场所,是指企业在工商行政主管部门注册登记的住所。

第八条　单位申请从事出版物批发业务,可向所在地地市级人民政府出版行政主管部门提交申请材料,地市级人民政府出版行政主管部门在接受申请材料之日起10个工作日内完成审核,审核后报省、自治区、直辖市人民政府出版行政主管部门审批;申请单位也可直接报所在地省、自治区、直辖市人民政府出版行政主管部门审批。

省、自治区、直辖市人民政府出版行政主管部门自受理申请之日起20个工作日内作出批准或者不予批准的决定。批准的,由省、自治区、直辖市人民政府出版行政主管部门颁发出版物经营许可证,并报国家新闻出版广电总局备案。不予批准的,应当向申请人书面说明理由。

申请材料包括下列书面材料:

(一)营业执照正副本复印件;

(二)申请书,载明单位基本情况及申请事项;

(三)企业章程;

(四)注册资本数额、来源及性质证明;

(五)经营场所情况及使用权证明;

(六)法定代表人及主要负责人的身份证明;

(七)企业信息管理系统情况的证明材料。

第九条　单位、个人从事出版物零售业务,应当具备下列条件:

(一)已完成工商注册登记;

(二)工商登记经营范围含出版物零售业务;

(三)有固定的经营场所。

第十条　单位、个人申请从事出版物零售业务,须报所在地县级人民政府出版行政主管部门审批。

县级人民政府出版行政主管部门应当自受理申请之日起20个工作日内作出批准或者不予批准的决定。批准的,由县级人民政府出版行政主管部门颁发出版物经营许可证,并报上一级出版行政主管部门备案;其中门店营业面积在5000平方米以上的应同时报省级人民政府出版行政主管部门备案。不予批准的,应当向申请单位、个人书面说明理由。

申请材料包括下列书面材料:

(一)营业执照正副本复印件;

(二)申请书,载明单位或者个人基本情况及申请事项;

(三)经营场所的使用权证明。

第十一条 单位从事中小学教科书发行业务,应取得国家新闻出版广电总局批准的中小学教科书发行资质,并在批准的区域范围内开展中小学教科书发行活动。单位从事中小学教科书发行业务,应当具备下列条件:

(一)以出版物发行为主营业务的公司制法人;

(二)有与中小学教科书发行业务相适应的组织机构和发行人员;

(三)有能够保证中小学教科书储存质量要求的、与其经营品种和规模相适应的储运能力,在拟申请从事中小学教科书发行业务的省、自治区、直辖市、计划单列市的仓储场所面积在5000平方米以上,并有与中小学教科书发行相适应的自有物流配送体系;

(四)有与中小学教科书发行业务相适应的发行网络。在拟申请从事中小学教科书发行业务的省、自治区、直辖市、计划单列市的企业所属出版物发行网点覆盖不少于当地70%的县(市、区),且以出版物零售为主营业务,具备相应的中小学教科书储备、调剂、添货、零售及售后服务能力;

(五)具备符合行业标准的信息管理系统;

(六)具有健全的管理制度及风险防控机制和突发事件处置能力;

(七)从事出版物批发业务五年以上。最近三年内未受到出版行政主管部门行政处罚,无其他严重违法违规记录。

审批中小学教科书发行资质,除依照前款所列条件外,还应当符合国家关于中小学教科书发行单位的结构、布局宏观调控和规划。

第十二条 单位申请从事中小学教科书发行业务,须报国家新闻出版广电总局审批。

国家新闻出版广电总局应当自受理之日起20个工作日内作出批准或者不予批准的决定。批准的,由国家新闻出版广电总局作出书面批复并颁发中小学教科书发行资质证。不予批准的,应当向申请单位书面说明理由。

申请材料包括下列书面材料:

(一)申请书,载明单位基本情况及申请事项;

(二)企业章程;

（三）出版物经营许可证和企业法人营业执照正副本复印件；
（四）法定代表人及主要负责人的身份证明，有关发行人员的资质证明；
（五）最近三年的企业法人年度财务会计报告及证明企业信誉的有关材料；
（六）经营场所、发行网点和储运场所的情况及使用权证明；
（七）企业信息管理系统情况的证明材料；
（八）企业发行中小学教科书过程中能够提供的服务和相关保障措施；
（九）企业法定代表人签署的企业依法经营中小学教科书发行业务的承诺书；
（十）拟申请从事中小学教科书发行业务的省、自治区、直辖市、计划单列市人民政府出版行政主管部门对企业基本信息、经营状况、储运能力、发行网点等的核实意见；
（十一）其他需要的证明材料。

第十三条 单位、个人从事出版物出租业务，应当于取得营业执照后15日内到当地县级人民政府出版行政主管部门备案。

备案材料包括下列书面材料：
（一）营业执照正副本复印件；
（二）经营场所情况；
（三）法定代表人或者主要负责人情况。

相关出版行政主管部门应在10个工作日内向申请备案单位、个人出具备案回执。

第十四条 国家允许外商投资企业从事出版物发行业务。

设立外商投资出版物发行企业或者外商投资企业从事出版物发行业务，申请人应向地方商务主管部门报送拟设立外商投资出版物发行企业的合同、章程，办理外商投资审批手续。地方商务主管部门在征得出版行政主管部门同意后，按照有关法律、法规的规定，作出批准或者不予批准的决定。予以批准的，颁发外商投资企业批准证书，并在经营范围后加注"凭行业经营许可开展"；不予批准的，书面通知申请人并说明理由。

申请人持外商投资企业批准证书到所在地工商行政主管部门办理营业执照或者在营业执照企业经营范围后加注相关内容，并按照本规定第七条至第十条及第十三条的有关规定到所在地出版行政主管部门履行审批或备案手续。

第十五条 单位、个人通过互联网等信息网络从事出版物发行业务的，应当依照本规定第七条至第十条的规定取得出版物经营许可证。

已经取得出版物经营许可证的单位、个人在批准的经营范围内通过互联网等信息网络从事出版物发行业务的，应自开展网络发行业务后15日内到原批准的出版行政主管部门备案。

备案材料包括下列书面材料：
（一）出版物经营许可证和营业执照正副本复印件；

（二）单位或者个人基本情况；

（三）从事出版物网络发行所依托的信息网络的情况。

相关出版行政主管部门应在10个工作日内向备案单位、个人出具备案回执。

第十六条　书友会、读者俱乐部或者其他类似组织申请从事出版物零售业务，按照本规定第九条、第十条的有关规定到所在地出版行政主管部门履行审批手续。

第十七条　从事出版物发行业务的单位、个人可在原发证机关所辖行政区域一定地点设立临时零售点开展其业务范围内的出版物销售活动。设立临时零售点时间不得超过10日，应提前到设点所在地县级人民政府出版行政主管部门备案并取得备案回执，并应遵守所在地其他有关管理规定。

备案材料包括下列书面材料：

（一）出版物经营许可证和营业执照正副本复印件；

（二）单位、个人基本情况；

（三）设立临时零售点的地点、时间、销售出版物品种；

（四）其他相关部门批准设立临时零售点的材料。

第十八条　出版物批发单位可以从事出版物零售业务。

出版物批发、零售单位设立不具备法人资格的发行分支机构，或者出版单位设立发行本版出版物的不具备法人资格的发行分支机构，不需单独办理出版物经营许可证，但应依法办理分支机构工商登记，并于领取营业执照后15日内到原发证机关和分支机构所在地出版行政主管部门备案。

备案材料包括下列书面材料：

（一）出版物经营许可证或者出版单位的出版许可证及分支机构营业执照正副本复印件；

（二）单位基本情况；

（三）单位设立不具备法人资格的发行分支机构的经营场所、经营范围等情况。

相关出版行政主管部门应在10个工作日内向备案单位、个人出具备案回执。

第十九条　从事出版物发行业务的单位、个人变更出版物经营许可证登记事项，或者兼并、合并、分立的，应当依照本规定到原批准的出版行政主管部门办理审批手续。出版行政主管部门自受理申请之日起20个工作日内作出批准或者不予批准的决定。批准的，由出版行政主管部门换发出版物经营许可证；不予批准的，应当向申请单位、个人书面说明理由。

申请材料包括下列书面材料：

（一）出版物经营许可证和营业执照正副本复印件；

（二）申请书，载明单位或者个人基本情况及申请变更事项；

（三）其他需要的证明材料。

从事出版物发行业务的单位、个人终止经营活动的，应当于15日内持出版物经营许可证和营业执照向原批准的出版行政主管部门备案，由原批准的出版行政主管部门注销出版物经营许可证。

第三章 出版物发行活动管理

第二十条 任何单位和个人不得发行下列出版物：

（一）含有《出版管理条例》禁止内容的违禁出版物；

（二）各种非法出版物，包括：未经批准擅自出版、印刷或者复制的出版物，伪造、假冒出版单位或者报刊名称出版的出版物，非法进口的出版物；

（三）侵犯他人著作权或者专有出版权的出版物；

（四）出版行政主管部门明令禁止出版、印刷或者复制、发行的出版物。

第二十一条 内部发行的出版物不得公开宣传、陈列、展示、征订、销售或面向社会公众发送。

第二十二条 从事出版物发行业务的单位和个人在发行活动中应当遵循公平、守法、诚实、守信的原则，依法订立供销合同，不得损害消费者的合法权益。

从事出版物发行业务的单位、个人，必须遵守下列规定：

（一）从依法取得出版物批发、零售资质的出版发行单位进货；发行进口出版物的，须从依法设立的出版物进口经营单位进货；

（二）不得超出出版行政主管部门核准的经营范围经营；

（三）不得张贴、散发、登载有法律、法规禁止内容的或者有欺诈性文字、与事实不符的征订单、广告和宣传画；

（四）不得擅自更改出版物版权页；

（五）出版物经营许可证应在经营场所明显处张挂；利用信息网络从事出版物发行业务的，应在其网站主页面或者从事经营活动的网页醒目位置公开出版物经营许可证和营业执照登载的有关信息或链接标识；

（六）不得涂改、变造、出租、出借、出售或者以其他任何形式转让出版物经营许可证和批准文件。

第二十三条 从事出版物发行业务的单位、个人，应查验供货单位的出版物经营许可证并留存复印件或电子文件，并将出版物发行进销货清单等有关非财务票据至少保存两年，以备查验。

进销货清单应包括进销出版物的名称、数量、折扣、金额以及发货方和进货方单位公章（签章）。

第二十四条 出版物发行从业人员应接受出版行政主管部门组织的业务培训。出版物发行单位应建立职业培训制度，积极组织本单位从业人员参加依法批准的职业技能鉴定机构实施的发行员职业技能鉴定。

第二十五条 出版单位可以发行本出版单位出版的出版物。发行非本出版单位出版的出版物的，须按照从事出版物发行业务的有关规定办理审批手续。

第二十六条 为出版物发行业务提供服务的网络交易平台应向注册地省、自治区、直辖市人民政府出版行政主管部门备案，接受出版行政主管部门的指导与监督管理。

备案材料包括下列书面材料:
（一）营业执照正副本复印件;
（二）单位基本情况;
（三）网络交易平台的基本情况。

省、自治区、直辖市人民政府出版行政主管部门应于10个工作日内向备案的网络交易平台出具备案回执。

提供出版物发行网络交易平台服务的经营者,应当对申请通过网络交易平台从事出版物发行业务的经营主体身份进行审查,核实经营主体的营业执照、出版物经营许可证,并留存证照复印件或电子文档备查。不得向无证无照、证照不齐的经营者提供网络交易平台服务。

为出版物发行业务提供服务的网络交易平台经营者应建立交易风险防控机制,保留平台内从事出版物发行业务经营主体的交易记录两年以备查验。对在网络交易平台内从事各类违法出版物发行活动的,应当采取有效措施予以制止,并及时向所在地出版行政主管部门报告。

第二十七条 省、自治区、直辖市出版行政主管部门和全国性出版、发行行业协会,可以主办全国性的出版物展销活动和跨省专业性出版物展销活动。主办单位应提前2个月报国家新闻出版广电总局备案。

市、县级出版行政主管部门和省级出版、发行协会可以主办地方性的出版物展销活动。主办单位应提前2个月报上一级出版行政主管部门备案。

备案材料包括下列书面材料:
（一）展销活动主办单位;
（二）展销活动时间、地点;
（三）展销活动的场地、参展单位、展销出版物品种、活动筹备等情况。

第二十八条 从事中小学教科书发行业务,必须遵守下列规定:
（一）从事中小学教科书发行业务的单位必须具备中小学教科书发行资质;
（二）纳入政府采购范围的中小学教科书,其发行单位须按照《中华人民共和国政府采购法》的有关规定确定;
（三）按照教育行政主管部门和学校选定的中小学教科书,在规定时间内完成发行任务,确保"课前到书,人手一册"。因自然灾害等不可抗力导致中小学教科书发行受到影响的,应及时采取补救措施,并报告所在地出版行政和教育行政主管部门;
（四）不得在中小学教科书发行过程中擅自征订、搭售教学用书目录以外的出版物;
（五）不得将中小学教科书发行任务向他人转让和分包;
（六）不得涂改、倒卖、出租、出借中小学教科书发行资质证书;
（七）中小学教科书发行费率按照国家有关规定执行,不得违反规定收取发行

费用;

（八）做好中小学教科书的调剂、添货、零售和售后服务等相关工作;

（九）应于发行任务完成后30个工作日内向国家新闻出版广电总局和所在地省级出版行政主管部门书面报告中小学教科书发行情况。

中小学教科书出版单位应在规定时间内向依法确定的中小学教科书发行单位足量供货，不得向不具备中小学教科书发行资质的单位供应中小学教科书。

第二十九条　任何单位、个人不得从事本规定第二十条所列出版物的征订、储存、运输、邮寄、投递、散发、附送等活动。

从事出版物储存、运输、投递等活动，应当接受出版行政主管部门的监督检查。

第三十条　从事出版物发行业务的单位、个人应当按照出版行政主管部门的规定接受年度核验，并按照《中华人民共和国统计法》《新闻出版统计管理办法》及有关规定如实报送统计资料，不得以任何借口拒报、迟报、虚报、瞒报以及伪造和篡改统计资料。

出版物发行单位、个人不再具备行政许可的法定条件的，由出版行政主管部门责令限期改正；逾期仍未改正的，由原发证机关撤销出版物经营许可证。

中小学教科书发行单位不再具备中小学教科书发行资质的法定条件的，由出版行政主管部门责令限期改正；逾期仍未改正的，由原发证机关撤销中小学教科书发行资质证。

第四章　法　律　责　任

第三十一条　未经批准，擅自从事出版物发行业务的，依照《出版管理条例》第六十一条处罚。

第三十二条　发行违禁出版物的，依照《出版管理条例》第六十二条处罚。

发行国家新闻出版广电总局禁止进口的出版物，或者发行未从依法批准的出版物进口经营单位进货的进口出版物，依照《出版管理条例》第六十三条处罚。

发行其他非法出版物和出版行政主管部门明令禁止出版、印刷或者复制、发行的出版物的，依照《出版管理条例》第六十五条处罚。

发行违禁出版物或者非法出版物的，当事人对其来源作出说明、指认，经查证属实的，没收出版物和非法所得，可以减轻或免除其他行政处罚。

第三十三条　违反本规定发行侵犯他人著作权或者专有出版权的出版物的，依照《中华人民共和国著作权法》和《中华人民共和国著作权法实施条例》的规定处罚。

第三十四条　在中小学教科书发行过程中违反本规定，有下列行为之一的，依照《出版管理条例》第六十五条处罚：

（一）发行未经依法审定的中小学教科书的;

（二）不具备中小学教科书发行资质的单位从事中小学教科书发行活动的;

（三）未按照《中华人民共和国政府采购法》有关规定确定的单位从事纳入政府采购范围的中小学教科书发行活动的。

第三十五条　出版物发行单位未依照规定办理变更审批手续的，依照《出版管理条例》第六十七条处罚。

第三十六条　单位、个人违反本规定被吊销出版物经营许可证的，其法定代表人或者主要负责人自许可证被吊销之日起10年内不得担任发行单位的法定代表人或者主要负责人。

第三十七条　违反本规定，有下列行为之一的，由出版行政主管部门责令停止违法行为，予以警告，并处3万元以下罚款：

（一）未能提供近两年的出版物发行进销货清单等有关非财务票据或者清单、票据未按规定载明有关内容的；

（二）超出出版行政主管部门核准的经营范围经营的；

（三）张贴、散发、登载有法律、法规禁止内容的或者有欺诈性文字、与事实不符的征订单、广告和宣传画的；

（四）擅自更改出版物版权页的；

（五）出版物经营许可证未在经营场所明显处张挂或者未在网页醒目位置公开出版物经营许可证和营业执照登载的有关信息或者链接标识的；

（六）出售、出借、出租、转让或者擅自涂改、变造出版物经营许可证的；

（七）公开宣传、陈列、展示、征订、销售或者面向社会公众发送规定应由内部发行的出版物的；

（八）委托无出版物批发、零售资质的单位或者个人销售出版物或者代理出版物销售业务的；

（九）未从依法取得出版物批发、零售资质的出版发行单位进货的；

（十）提供出版物网络交易平台服务的经营者未按本规定履行有关审查及管理责任的；

（十一）应按本规定进行备案而未备案的；

（十二）不按规定接受年度核验的。

第三十八条　在中小学教科书发行过程中违反本规定，有下列行为之一的，由出版行政主管部门责令停止违法行为，予以警告，并处3万元以下罚款：

（一）擅自调换已选定的中小学教科书的；

（二）擅自征订、搭售教学用书目录以外的出版物的；

（三）擅自将中小学教科书发行任务向他人转让和分包的；

（四）涂改、倒卖、出租、出借中小学教科书发行资质证书的；

（五）未在规定时间内完成中小学教科书发行任务的；

（六）违反国家有关规定收取中小学教科书发行费用的；

（七）未按规定做好中小学教科书的调剂、添货、零售和售后服务的；

（八）未按规定报告中小学教科书发行情况的；

（九）出版单位向不具备中小学教科书发行资质的单位供应中小学教科书的；

（十）出版单位未在规定时间内向依法确定的中小学教科书发行企业足量供货的；

（十一）在中小学教科书发行过程中出现重大失误，或者存在其他干扰中小学教科书发行活动行为的。

第三十九条　征订、储存、运输、邮寄、投递、散发、附送本规定第二十条所列出版物的，按照本规定第三十二条进行处罚。

第四十条　未按本规定第三十条报送统计资料的，按照《新闻出版统计管理办法》有关规定处理。

第五章　附　　则

第四十一条　允许香港、澳门永久性居民中的中国公民依照内地有关法律、法规和行政规章，在内地各省、自治区、直辖市设立从事出版物零售业务的个体工商户，无需经过外资审批。

第四十二条　本规定所称中小学教科书，是指经国务院教育行政主管部门审定和经授权审定的义务教育教学用书（含配套教学图册、音像材料等）。

中小学教科书发行包括中小学教科书的征订、储备、配送、分发、调剂、添货、零售、结算及售后服务等。

第四十三条　出版物经营许可证和中小学教科书发行资质证的设计、印刷、制作与发放等，按照《新闻出版许可证管理办法》有关规定执行。

第四十四条　本规定由国家新闻出版广电总局会同商务部负责解释。

第四十五条　本规定自 2016 年 6 月 1 日起施行，原新闻出版总署、商务部 2011 年 3 月 25 日发布的《出版物市场管理规定》同时废止。本规定施行前与本规定不一致的其他规定不再执行。

音像制品出版管理规定

1. 2004 年 6 月 17 日新闻出版总署令第 22 号公布
2. 根据 2015 年 8 月 28 日国家新闻出版广电总局令第 3 号《关于修订部分规章和规范性文件的决定》第一次修正
3. 根据 2017 年 12 月 11 日国家新闻出版广电总局令第 13 号《关于废止、修改和宣布失效部分规章、规范性文件的决定》第二次修正

第一章　总　　则

第一条　为了加强音像制品出版的管理，促进我国音像出版事业的健康发展与繁荣，根据《出版管理条例》、《音像制品管理条例》，制定本规定。

第二条　在中华人民共和国境内从事音像制品出版活动，适用本规定。

本规定所称音像制品是指录有内容的录音带(AT)、录像带(VT)、激光唱盘(CD)、数码激光视盘(VCD)及高密度光盘(DVD)等。

第三条 任何组织和个人不得出版含有《音像制品管理条例》第三条第二款禁止内容的音像制品。

第四条 新闻出版总署负责全国音像制品出版的监督管理工作。县级以上地方人民政府负责出版管理的行政部门(以下简称出版行政部门)负责本行政区域内音像制品出版的监督管理工作。

音像出版单位的主管机关、主办单位应当按照出版法律、法规和规章,对音像出版单位的出版活动履行管理职责。

第五条 国家对出版音像制品,实行许可制度;未经许可,任何单位和个人不得从事音像制品的出版活动。

音像制品出版的许可证件和批准文件,不得出租、出借、出售或者以其他任何形式转让。

第六条 音像出版行业的社会团体按照其章程,在出版行政部门的指导下,实行自律管理。

第二章 出版单位的设立

第七条 设立音像出版单位,应当具备下列条件:

(一)有音像出版单位的名称、章程;

(二)有符合新闻出版总署认定的主办单位及其主管机关;

(三)有确定的业务范围;

(四)有适应业务范围需要的组织机构和取得国家出版专业技术人员资格的编辑人员,其人数不得少于10人,其中从事音像出版业务2年以上并具有中级以上出版专业技术人员职业资格的不得少于5人;

(五)有30万元以上的注册资本;

(六)有适应业务范围需要的设备和工作场所;

(七)法律、行政法规规定的其他条件。

审批设立音像出版单位,除依照前款所列条件外,还应当符合国家关于音像出版单位总量、布局和结构的规划。

第八条 申请设立音像出版单位,由主办单位向所在地省、自治区、直辖市人民政府出版行政部门提出申请;省、自治区、直辖市人民政府出版行政部门自受理申请之日起20日内提出审核意见,连同申请材料报新闻出版总署审批。

第九条 设立音像出版单位的申请书应当载明下列事项:

(一)音像出版单位的名称、地址;

(二)音像出版单位的主办单位及其主管机关的名称、地址;

(三)音像出版单位的法定代表人或者主要负责人及音像出版专业人员的姓名、住址、资格证明文件;

(四)音像出版单位的注册资本数额、来源及性质证明;

(五)音像出版单位工作场所使用证明文件。

申请书应当附具出版单位的章程和设立出版单位的主办单位及主管机关的有关证明材料。

第十条 新闻出版总署应当自收到申请书之日起60日内作出批准或者不批准的决定,并由省、自治区、直辖市人民政府出版行政部门书面通知主办单位;不批准的,应当说明理由。

第十一条 音像出版单位的主办单位应当自收到批准决定之日起60日内,向所在地省、自治区、直辖市人民政府出版行政部门登记,领取《音像制品出版许可证》(以下简称出版许可证)。音像出版单位经登记后,持出版许可证到工商行政管理部门登记,依法领取营业执照。

音像出版单位自登记之日起满180日未从事出版活动的,由原登记的出版行政部门注销登记,并报新闻出版总署备案。因不可抗力或者其他正当理由发生前款所列情形的,向出版行政部门申请延期。

第十二条 音像出版单位变更名称、主办单位或者主管机关、业务范围,或者兼并其他音像出版单位,或者因合并、分立而设立新的音像出版单位的,应当依照本规定第七条至第十条的规定办理审批手续,并到原登记的工商行政管理部门办理相应的登记手续。

第十三条 音像出版单位变更地址、法定代表人或者主要负责人,或者终止音像出版经营活动的,应当到原登记的工商行政管理部门办理变更登记或者注销登记,并在30日内向新闻出版总署备案。

第十四条 音像出版单位的法定代表人或者主要负责人应当具有中级以上出版专业技术人员职业资格,具有从事音像出版业务3年以上的经历,并应通过新闻出版总署或省、自治区、直辖市人民政府出版行政部门组织的岗位培训,获得《岗位培训合格证书》。

第十五条 音像出版单位中从事编辑、出版、校对等专业技术工作的人员,必须通过国家出版专业技术人员职业资格考试,取得规定级别的出版专业职业资格,持相应的《中华人民共和国出版专业技术人员职业资格证书》上岗。

第三章 出版活动的管理

第十六条 音像出版单位不得超出出版许可证确定的业务范围从事音像制品的出版活动。

第十七条 音像出版单位应当按照国家标准及其他有关规定标识、使用《中国标准音像制品编码》(以下简称版号)。版号由新闻出版总署负责管理和调控,由省、自治区、直辖市人民政府出版行政部门发放。

第十八条 音像出版单位实行编辑责任制度,保障音像制品刊载的内容合法。

第十九条 音像出版单位实行年度出版计划备案制度,出版计划的内容应包括选题名称、制作单位、主创人员、类别、载体、内容提要、节目长度、计划出版时间。出版计划报送的程序为：

（一）本年度上一年的12月20日以前报送本年度出版计划；本年度3月1日-20日、9月1日-20日报送本年度出版调整计划。

（二）出版计划及出版调整计划，须经所在地省、自治区、直辖市人民政府出版行政部门审核。

（三）省、自治区、直辖市人民政府出版行政部门应当自受理出版计划报送申请之日起20日内，向音像出版单位回复审核意见，并报新闻出版总署备案。

第二十条 音像出版单位出版涉及国家安全、社会安定等方面的重大选题，应当依照重大选题备案的有关规定报新闻出版总署备案。未经备案的重大选题，不得出版。

第二十一条 图书出版社、报社、期刊社、电子出版物出版社，出版配合本版出版物的音像制品，须向所在地省、自治区、直辖市人民政府出版行政部门提交申请书和样本。

第二十二条 出版配合本版出版物的音像制品申请书，须写明本版出版物的名称、制作单位；主创人员、主要内容、出版时间、节目长度；复制数量和载体形式等内容。

第二十三条 出版单位所在地省、自治区、直辖市人民政府出版行政部门，应当自受理申请之日起20日内对其申请书和样本进行审核。审核同意的，配发版号，发放复制委托书，并报新闻出版总署备案；审核不同意的，应当说明理由。

第二十四条 经批准出版的配合本版出版物音像制品，其名称须与本版出版物一致，并须与本版出版物统一配套销售，不得单独定价销售。

第二十五条 音像出版单位及经批准出版配合本版出版物音像制品的其他出版单位，应在其出版的音像制品及其包装的明显位置，标明出版单位的名称、地址和音像制品的版号；出版时间、责任编辑、著作权人和条形码。出版进口的音像制品，还应当标明进口批准文号。

第二十六条 音像出版单位不得向任何单位或者个人出租、出借、出售或者以其他任何形式转让本单位的名称，不得向任何单位或者个人出售或者以其他形式出售或转让本单位版号。

第二十七条 任何单位和个人不得以购买、租用、借用、擅自使用音像出版单位的名称或者以购买、伪造版号等形式从事音像制品出版活动。

第二十八条 音像出版单位不得委托未取得《音像制品制作许可证》的单位制作音像制品。

第二十九条 音像出版单位、经批准出版配合本版出版物音像制品的出版单位，应自音像制品出版之日起30日内，分别向国家图书馆、中国版本图书馆和新闻出版总署免费送交样本。

第四章 非卖品的管理

第三十条 用于无偿赠送、发放及业务交流的音像制品属于音像非卖品，不得定价，不得销售或变相销售,不得收取任何费用。

第三十一条 复制单位接受委托复制音像制品非卖品的,应当验证委托单位或者个人的身份证明和其出具的音像制品非卖品复制委托书,并要求委托方提供非卖品使用目的、名称、制作单位、主要内容、发送对象、复制数量、节目长度和载体形式等信息。

第三十二条 委托复制音像制品非卖品的单位或者个人须在音像制品非卖品包装和盘(带)显著位置标注"音像非卖品"字样。

第五章　委托复制的管理

第三十三条 委托复制音像制品,须使用复制委托书。

音像出版单位及其他委托复制单位,必须遵守国家关于复制委托书的管理规定。

复制委托书由新闻出版总署统一印制。

第三十四条 复制委托书由音像出版单位及其他委托复制单位向所在地省、自治区、直辖市人民政府出版行政部门领取。

第三十五条 出版单位及其他委托复制单位应当按照规定开具或填写复制委托书,并将复制委托书直接交送复制单位。

出版单位及其他委托复制单位须保证复制委托书内容真实、准确、完整。

出版单位及其他委托复制单位不得以任何形式向任何单位或者个人出售或者转让复制委托书。

第三十六条 音像出版单位及其他委托复制单位,须确定专人管理复制委托书并建立使用记录。复制委托书使用记录的内容包括开具时间、音像制品及具体节目名称、相对应的版号、管理人员签名。

复制委托书使用记录保存期为两年。

第三十七条 音像出版单位及其他委托复制单位,自音像制品完成复制之日起30日内,向所在地省、自治区、直辖市人民政府出版行政部门上交由本单位及复制单位签章的复制委托书第二联及音像制品样品。

第三十八条 申请出版配合本版出版物音像制品或音像非卖品的单位,自获得批准之日起90日内未能出版的,须向所在地省、自治区、直辖市人民政府出版行政部门交回复制委托书。

第三十九条 音像出版单位出版的音像制品、其他出版单位出版的配合本版出版物音像制品、音像非卖品须委托依法设立的复制单位复制。

第六章　审核登记

第四十条 音像出版单位实行审核登记制度,审核登记每两年进行一次。

第四十一条 申请审核登记的音像出版单位应提交以下材料:

(一)《音像出版单位审核登记表》;

(二)音像制品出版业务情况报告,应当包括:执行出版管理的法律、法规和规章的情况，出版经营情况，人员、场所、设施情况；

（三）两年内出版的音像制品登记表；

（四）出版许可证的复印件。

第四十二条 音像出版单位应于审核登记年度1月15日前向所在地省、自治区、直辖市人民政府出版行政部门申请年度审核登记并提交相应材料。各省、自治区、直辖市人民政府出版行政部门对本行政区域内申请登记的音像出版单位进行审核，并于同年2月底前完成审核登记工作。

第四十三条 对符合下列条件的音像出版单位，省、自治区、直辖市人民政府出版行政部门予以登记：

（一）符合本规定第七条的规定；

（二）两年内无违反出版管理法律、法规和规章的情形；

（三）两年内出版音像制品不少于10种。

第四十四条 对不符合前条所列条件之一的音像出版单位，省、自治区、直辖市人民政府出版行政部门予以暂缓登记。

暂缓登记的期限为3个月。省、自治区、直辖市人民政府出版行政部门应当责令暂缓登记的出版单位在此期限内进行整顿，达到本规定第七条的规定条件。

在暂缓登记的期限届满前，省、自治区、直辖市人民政府出版行政部门应对暂缓登记的出版单位进行审查，对于达到本规定第七条的规定条件的，予以登记。对于未达到本规定第七条的规定条件的，提出注销登记意见报新闻出版总署批准。对注销登记的出版单位，由所在地省、自治区、直辖市人民政府出版行政部门缴回其出版许可证。

第四十五条 各省、自治区、直辖市人民政府出版行政部门应于同年3月20日前将审核登记情况及有关材料复印件汇总后报新闻出版总署备案。

第七章 罚 则

第四十六条 未经批准，擅自设立音像制品出版单位，擅自从事音像制品出版业务的，依照《音像制品管理条例》第三十九条处罚。

第四十七条 出版含有《音像制品管理条例》第三条第二款禁止内容的音像制品，依照《音像制品管理条例》第四十条处罚。

第四十八条 出版音像制品的单位有下列行为之一的，依照《音像制品管理条例》第四十二条处罚：

（一）向其他单位、个人出租、出借、出售或者以其他任何形式转让本单位的名称、音像制品出版的许可证件或者批准文件，出售或者以其他任何形式转让本单位的版号或者复制委托书的；

（二）委托未取得《音像制品制作许可证》的单位制作音像制品，或者委托非依法设立的复制单位复制音像制品的。

第四十九条 出版音像制品的单位有下列行为之一的，依照《音像制品管理条例》第

四十四条处罚:

(一)未按规定将年度出版计划和涉及国家安全、社会安定等方面的重大选题报新闻出版总署备案的;

(二)变更名称、主办单位或者主管机关、地址、法定代表人或者主要负责人、业务范围等,未依照本规定第十二条、第十三条办理审批、备案手续的;

(三)未在其出版的音像制品及其包装的明显位置标明本规定所规定的项目的;

(四)未依照规定期限送交音像制品样本的。

第五十条 有下列行为之一的,由出版行政部门责令停止违法行为,给予警告,并处3万元以下的罚款:

(一)其他出版单位配合本版出版物出版音像制品,其名称与本版出版物不一致或者单独定价销售的;

(二)音像出版单位及其他委托复制单位,未按照本规定第三十六条规定的内容、期限留存备查材料的;

(三)委托复制非卖品的单位销售或变相销售非卖品或者以非卖品收取费用的;

(四)委托复制非卖品的单位未在非卖品包装和盘带显著位置注明非卖品编号的。

第八章 附 则

第五十一条 音像制品的出版许可证由新闻出版总署统一印制。

第五十二条 本规定有关行政许可的期限以工作日计算,不含法定节假日。

第五十三条 本办法自2004年8月1日起施行,新闻出版署1996年2月1日发布的《音像制品出版管理办法》同时废止。

期刊出版管理规定

1. 2005年9月30日新闻出版总署令第31号公布
2. 根据2017年12月11日国家新闻出版广电总局令第13号《关于废止、修改和宣布失效部分规章、规范性文件的决定》修正

第一章 总 则

第一条 为了促进我国期刊业的繁荣和发展,规范期刊出版活动,加强期刊出版管理,根据国务院《出版管理条例》及相关法律法规,制定本规定。

第二条 在中华人民共和国境内从事期刊出版活动,适用本规定。

期刊由依法设立的期刊出版单位出版。期刊出版单位出版期刊,必须经新闻

出版总署批准,持有国内统一连续出版物号,领取《期刊出版许可证》。

本规定所称期刊又称杂志,是指有固定名称,用卷、期或者年、季、月顺序编号,按照一定周期出版的成册连续出版物。

本规定所称期刊出版单位,是指依照国家有关规定设立,经新闻出版总署批准并履行登记注册手续的期刊社。法人出版期刊不设立期刊社的,其设立的期刊编辑部视为期刊出版单位。

第三条　期刊出版必须坚持马克思列宁主义、毛泽东思想、邓小平理论和"三个代表"重要思想,坚持正确的舆论导向和出版方向,坚持把社会效益放在首位、社会效益和经济效益相统一的原则,传播和积累有益于提高民族素质、经济发展和社会进步的科学技术和文化知识,弘扬中华民族优秀文化,促进国际文化交流,丰富人民群众的精神文化生活。

第四条　期刊发行分公开发行和内部发行。

内部发行的期刊只能在境内按指定范围发行,不得在社会上公开发行、陈列。

第五条　新闻出版总署负责全国期刊出版活动的监督管理工作,制定并实施全国期刊出版的总量、结构、布局的规划,建立健全期刊出版质量评估制度、期刊年度核验制度以及期刊出版退出机制等监督管理制度。

地方各级新闻出版行政部门负责本行政区域内的期刊出版活动的监督管理工作。

第六条　期刊出版单位负责期刊的编辑、出版等期刊出版活动。

期刊出版单位合法的出版活动受法律保护。任何组织和个人不得非法干扰、阻止、破坏期刊的出版。

第七条　新闻出版总署对为我国期刊业繁荣和发展做出突出贡献的期刊出版单位及个人实施奖励。

第八条　期刊出版行业的社会团体按照其章程,在新闻出版行政部门的指导下,实行自律管理。

第二章　期刊创办和期刊出版单位设立

第九条　创办期刊、设立期刊出版单位,应当具备下列条件:

(一)有确定的、不与已有期刊重复的名称;

(二)有期刊出版单位的名称、章程;

(三)有符合新闻出版总署认定条件的主管、主办单位;

(四)有确定的期刊出版业务范围;

(五)有30万元以上的注册资本;

(六)有适应期刊出版活动需要的组织机构和符合国家规定资格条件的编辑专业人员;

(七)有与主办单位在同一行政区域的固定的工作场所;

(八)有确定的法定代表人或者主要负责人,该法定代表人或者主要负责人必须是在境内长久居住的中国公民；

（九）法律、行政法规规定的其他条件。

除前款所列条件外，还须符合国家对期刊及期刊出版单位总量、结构、布局的总体规划。

第十条 中央在京单位创办期刊并设立期刊出版单位，经主管单位审核同意后，由主办单位报新闻出版总署审批。

中国人民解放军和中国人民武装警察部队系统创办期刊并设立期刊出版单位，由中国人民解放军总政治部宣传部新闻出版局审核同意后报新闻出版总署审批。

其他单位创办期刊并设立期刊出版单位，经主管单位审核同意后，由主办单位向所在地省、自治区、直辖市新闻出版行政部门提出申请，省、自治区、直辖市新闻出版行政部门审核同意后，报新闻出版总署审批。

第十一条 两个以上主办单位合办期刊，须确定一个主要主办单位，并由主要主办单位提出申请。

期刊的主要主办单位应为其主管单位的隶属单位。期刊出版单位和主要主办单位须在同一行政区域。

第十二条 创办期刊、设立期刊出版单位，由期刊出版单位的主办单位提出申请，并提交以下材料：

（一）按要求填写的《期刊出版申请表》；

（二）主管单位、主办单位的有关资质证明材料；

（三）拟任出版单位法定代表人或主要负责人简历、身份证明文件及国家有关部门颁发的职业资格证书；

（四）编辑出版人员的职业资格证书；

（五）办刊资金来源、数额及相关的证明文件；

（六）期刊出版单位的章程；

（七）工作场所使用证明；

（八）期刊出版可行性论证报告。

第十三条 新闻出版总署应当自收到创办期刊、设立期刊出版单位的申请之日起90日内，作出批准或者不批准的决定，并直接或者由省、自治区、直辖市新闻出版行政部门书面通知主办单位；不批准的，应当说明理由。

第十四条 期刊主办单位应当自收到新闻出版总署批准决定之日起60日内办理注册登记手续：

（一）持批准文件到所在地省、自治区、直辖市新闻出版行政部门领取《期刊出版登记表》，填写一式五份，经期刊主管单位审核签章后，报所在地省、自治区、直辖市新闻出版行政部门，省、自治区、直辖市新闻出版行政部门应在15日内，将《期刊出版登记表》报送新闻出版总署备案；

（二）公开发行的期刊，可以向 ISSN 中国国家中心申领国际标准连续出版物号，并向新闻出版总署条码中心申领条型码；

（三）省、自治区、直辖市新闻出版行政部门对《期刊出版登记表》审核无误后，在10日内向主办单位发放《期刊出版许可证》；

（四）期刊出版单位持《期刊出版许可证》到工商行政管理部门办理登记手续，依法领取营业执照。

《期刊出版登记表》由期刊出版单位、主办单位、主管单位及所在地省、自治区、直辖市新闻出版行政部门各留存一份。

第十五条 期刊主办单位自收到新闻出版总署的批准文件之日起60日内未办理注册登记手续，批准文件自行失效，登记机关不再受理登记，期刊主办单位须把有关批准文件缴回新闻出版总署。

期刊出版单位自登记之日起满90日未出版期刊的，由新闻出版总署撤销《期刊出版许可证》，并由原登记的新闻出版行政部门注销登记。

因不可抗力或者其他正当理由发生前款所列情形的，期刊出版单位可以向原登记的新闻出版行政部门申请延期。

第十六条 期刊社应当具备法人条件，经核准登记后，取得法人资格，以其全部法人财产独立承担民事责任。

期刊编辑部不具有法人资格，其民事责任由其主办单位承担。

第十七条 期刊出版单位变更名称、合并或者分立、改变资本结构，出版新的期刊，依照本规定第十条至第十四条的规定办理审批、登记手续。

第十八条 期刊变更名称、主办单位或主管单位、业务范围、刊期的，依照本规定第十条至第十四条的规定办理审批、登记手续。

期刊变更登记地，经主管、主办单位同意后，由期刊出版单位到新登记地省、自治区、直辖市新闻出版行政部门办理登记手续。

期刊变更刊期，新闻出版总署可以委托省、自治区、直辖市新闻出版行政部门审批。

本规定所称期刊业务范围包括办刊宗旨、文种。

第十九条 期刊出版单位变更期刊开本、法定代表人或者主要负责人、在同一登记地内变更地址，经其主办单位审核同意后，由期刊出版单位在15日内向所在地省、自治区、直辖市新闻出版行政部门备案。

第二十条 期刊休刊，期刊出版单位须向所在地省、自治区、直辖市新闻出版行政部门备案并说明休刊理由和期限。

期刊休刊时间不得超过一年。休刊超过一年的，由新闻出版总署撤销《期刊出版许可证》，所在地省、自治区、直辖市新闻出版行政部门注销登记。

第二十一条 期刊出版单位终止期刊出版活动的，经主管单位同意后，由其主办单位向所在地省、自治区、直辖市新闻出版行政部门办理注销登记，并由省、自治区、直辖市新闻出版行政部门报新闻出版总署备案。

第二十二条 期刊注销登记,以同一名称设立的期刊出版单位须与期刊同时注销,并到原登记的工商行政管理部门办理注销登记。

注销登记的期刊和期刊出版单位不得再以该名称从事出版、经营活动。

第二十三条 中央期刊出版单位组建期刊集团,由新闻出版总署批准;地方期刊出版单位组建期刊集团,向所在地省、自治区、直辖市新闻出版行政部门提出申请,经审核同意后,报新闻出版总署批准。

第三章 期刊的出版

第二十四条 期刊出版实行编辑责任制度,保障期刊刊载内容符合国家法律、法规的规定。

第二十五条 期刊不得刊载《出版管理条例》和其他有关法律、法规以及国家规定的禁止内容。

第二十六条 期刊刊载的内容不真实、不公正,致使公民、法人或者其他组织的合法权益受到侵害的,期刊出版单位应当公开更正,消除影响,并依法承担其他民事责任。

期刊刊载的内容不真实、不公正,致使公民、法人或者其他组织的合法权益受到侵害的,当事人有权要求期刊出版单位更正或者答辩,期刊出版单位应当在其最近出版的一期期刊上予以发表;拒绝发表的,当事人可以向人民法院提出诉讼。

期刊刊载的内容不真实、不公正,损害公共利益的,新闻出版总署或者省、自治区、直辖市新闻出版行政部门可以责令该期刊出版单位更正。

第二十七条 期刊刊载涉及国家安全、社会安定等重大选题的内容,须按照重大选题备案管理规定办理备案手续。

第二十八条 公开发行的期刊不得转载、摘编内部发行出版物的内容。

期刊转载、摘编互联网上的内容,必须按照有关规定对其内容进行核实,并在刊发的明显位置标明下载文件网址、下载日期等。

第二十九条 期刊出版单位与境外出版机构开展合作出版项目,须经新闻出版总署批准,具体办法另行规定。

第三十条 期刊出版质量须符合国家标准和行业标准。期刊使用语言文字须符合国家有关规定。

第三十一条 期刊须在封底或版权页上刊载以下版本记录:期刊名称、主管单位、主办单位、出版单位、印刷单位、发行单位、出版日期、总编辑(主编)姓名、发行范围、定价、国内统一连续出版物号、广告经营许可证号等。

领取国际标准连续出版物号的期刊须同时刊印国际标准连续出版物号。

第三十二条 期刊须在封面的明显位置刊载期刊名称和年、月、期、卷等顺序编号,不得以总期号代替年、月、期号。

期刊封面其他文字标识不得明显于刊名。

期刊的外文刊名须是中文刊名的直译。外文期刊封面上必须同时刊印中文刊名;少数民族文种期刊封面上必须同时刊印汉语刊名。

第三十三条 一个国内统一连续出版物号只能对应出版一种期刊,不得用同一国内统一连续出版物号出版不同版本的期刊。

出版不同版本的期刊,须按创办新期刊办理审批手续。

第三十四条 期刊可以在正常刊期之外出版增刊。每种期刊每年可以出版两期增刊。

期刊出版单位出版增刊,应当经其主管单位审核同意后,由主办单位报所在地省、自治区、直辖市新闻出版行政部门备案。备案文件应当说明拟出增刊的出版理由、出版时间、文章编目、期数、页码、印数、印刷单位等;所在地省、自治区、直辖市新闻出版行政部门备案后,发给备案证明文件,配发增刊备案号。

增刊内容必须符合正刊的业务范围,开本和发行范围必须与正刊一致;增刊除刊印本规定第三十一条所列版本纪录外,还须刊印增刊备案号,并在封面刊印正刊名称和注明"增刊"。

第三十五条 期刊合订本须按原期刊出版顺序装订,不得对期刊内容另行编排,并在其封面明显位置标明期刊名称及"合订本"字样。

期刊因内容违法被新闻出版行政部门给予行政处罚的,该期期刊的相关篇目不得收入合订本。

被注销登记的期刊,不得制作合订本。

第三十六条 期刊出版单位不得出卖、出租、转让本单位名称及所出版期刊的刊号、名称、版面,不得转借、转让、出租和出卖《期刊出版许可证》。

第三十七条 期刊出版单位利用其期刊开展广告业务,必须遵守广告法律规定,发布广告须依法查验有关证明文件,核实广告内容,不得刊登有害的、虚假的等违法广告。

期刊的广告经营者限于在合法授权范围内开展广告经营、代理业务,不得参与期刊的采访、编辑等出版活动。

第三十八条 期刊采编业务与经营业务必须严格分开。

禁止以采编报道相威胁,以要求被报道对象做广告、提供赞助、加入理事会等损害被报道对象利益的行为牟取不正当利益。

期刊不得刊登任何形式的有偿新闻。

第三十九条 期刊出版单位的新闻采编人员从事新闻采访活动,必须持有新闻出版总署统一核发的新闻记者证,并遵守新闻出版总署《新闻记者证管理办法》的有关规定。

第四十条 具有新闻采编业务的期刊出版单位在登记地以外的地区设立记者站,参照新闻出版总署《报社记者站管理办法》审批、管理。其他期刊出版单位一律不得设立记者站。

期刊出版单位是否具有新闻采编业务由新闻出版总署认定。

第四十一条 期刊出版单位不得以不正当竞争行为或者方式开展经营活动,不得利用权力摊派发行期刊。

第四十二条 期刊出版单位须遵守国家统计法规,依法向新闻出版行政部门报送统计资料。

期刊出版单位应配合国家认定的出版物发行数据调查机构进行期刊发行数据调查,提供真实的期刊发行数据。

第四十三条 期刊出版单位须在每期期刊出版30日内,分别向新闻出版总署、中国版本图书馆、国家图书馆以及所在地省、自治区、直辖市新闻出版行政部门缴送样刊3本。

第四章 监督管理

第四十四条 期刊出版活动的监督管理实行属地原则。

省、自治区、直辖市新闻出版行政部门依法负责对本行政区域期刊和期刊出版单位的登记、年度核验、质量评估、行政处罚等工作,对本行政区域的期刊出版活动进行监督管理。

其他地方新闻出版行政部门依法对本行政区域内期刊出版单位及其期刊出版活动进行监督管理。

第四十五条 期刊出版管理实施期刊出版事后审读制度、期刊出版质量评估制度、期刊年度核验制度和期刊出版从业人员资格管理制度。

期刊出版单位应当按照新闻出版总署的规定,将从事期刊出版活动的情况向新闻出版行政部门提出书面报告。

第四十六条 新闻出版总署负责全国期刊审读工作。地方各级新闻出版行政部门负责对本行政区域内出版的期刊进行审读。下级新闻出版行政部门要定期向上一级新闻出版行政部门提交审读报告。

主管单位须对其主管的期刊进行审读,定期向所在地新闻出版行政部门报送审读报告。

期刊出版单位应建立期刊阅评制度,定期写出阅评报告。新闻出版行政部门根据管理工作的需要,可以随时调阅、检查期刊出版单位的阅评报告。

第四十七条 新闻出版总署制定期刊出版质量综合评估标准体系,对期刊出版质量进行全面评估。

经期刊出版质量综合评估,期刊出版质量未达到规定标准或者不能维持正常出版活动的,由新闻出版总署撤销《期刊出版许可证》,所在地省、自治区、直辖市新闻出版行政部门注销登记。

第四十八条 省、自治区、直辖市新闻出版行政部门负责对本行政区域的期刊实施年度核验。年度核验内容包括期刊出版单位及其所出版期刊登记项目、出版质量、遵纪守法情况等。

第四十九条 年度核验按照以下程序进行:

(一)期刊出版单位提出年度自检报告,填写由新闻出版总署统一印制的《期刊

登记项目年度核验表》,经期刊主办单位、主管单位审核盖章后,连同本年度出版的样刊报省、自治区、直辖市新闻出版行政部门;

(二)省、自治区、直辖市新闻出版行政部门对期刊出版单位自检报告、《期刊登记项目年度核验表》及样刊进行审核查验;

(三)经核验符合规定标准的,省、自治区、直辖市新闻出版行政部门在《期刊出版许可证》上加盖年度核验章;《期刊出版许可证》上加盖年度核验章即为通过年度核验,期刊出版单位可以继续从事期刊出版活动;

(四)省、自治区、直辖市新闻出版行政部门在完成期刊年度核验工作30日内向新闻出版总署提交期刊年度核验工作报告。

第五十条 有下列情形之一的,暂缓年度核验:

(一)正在限期停业整顿的;

(二)经审核发现有违法情况应予处罚的;

(三)主管单位、主办单位未履行管理责任,导致期刊出版管理混乱的;

(四)存在其他违法嫌疑需要进一步核查的。

暂缓年度核验的期限由省、自治区、直辖市新闻出版行政部门确定,报新闻出版总署备案。缓验期满,按本规定第四十八条、第四十九条重新办理年度核验。

第五十一条 期刊有下列情形之一的,不予通过年度核验:

(一)违法行为被查处后拒不改正或者没有明显整改效果的;

(二)期刊出版质量长期达不到规定标准的;

(三)经营恶化已经资不抵债的;

(四)已经不具备本规定第九条规定条件的。

不予通过年度核验的,由新闻出版总署撤销《期刊出版许可证》,所在地省、自治区、直辖市新闻出版行政部门注销登记。

未通过年度核验的,期刊出版单位自第二年起停止出版该期刊。

第五十二条 《期刊出版许可证》加盖年度核验章后方可继续使用。有关部门在办理期刊出版、印刷、发行等手续时,对未加盖年度核验章的《期刊出版许可证》不予采用。

不按规定参加年度核验的期刊出版单位,经催告仍未参加年度核验的,由新闻出版总署撤销《期刊出版许可证》,所在地省、自治区、直辖市新闻出版行政部门注销登记。

第五十三条 年度核验结果,核验机关可以向社会公布。

第五十四条 期刊出版从业人员,应具备国家规定的新闻出版职业资格条件。

第五十五条 期刊出版单位的社长、总编辑须符合国家规定的任职资格和条件。

期刊出版单位的社长、总编辑须参加新闻出版行政部门组织的岗位培训。

期刊出版单位的新任社长、总编辑须经过岗位培训合格后才能上岗。

第五章 法律责任

第五十六条 期刊出版单位违反本规定的,新闻出版行政部门视其情节轻重,可以采取下列行政措施：

（一）下达警示通知书；

（二）通报批评；

（三）责令公开检讨；

（四）责令改正；

（五）责令停止印制、发行期刊；

（六）责令收回期刊；

（七）责成主办单位、主管单位监督期刊出版单位整改。

警示通知书由新闻出版总署制定统一格式，由新闻出版总署或者省、自治区、直辖市新闻出版行政部门下达给违法的期刊出版单位，并抄送违法期刊出版单位的主办单位及其主管单位。

本条所列行政措施可以并用。

第五十七条 未经批准，擅自设立期刊出版单位，或者擅自从事期刊出版业务，假冒期刊出版单位名称或者伪造、假冒期刊名称出版期刊的，依照《出版管理条例》第六十一条处罚。

期刊出版单位未履行备案手续擅自出版增刊、擅自与境外出版机构开展合作出版项目的，按前款处罚。

第五十八条 出版含有《出版管理条例》和其他有关法律、法规以及国家规定禁载内容期刊的，依照《出版管理条例》第六十二条处罚。

第五十九条 期刊出版单位违反本规定第三十六条的，依照《出版管理条例》第六十六条处罚。

期刊出版单位允许或者默认广告经营者参与期刊采访、编辑等出版活动的，按前款处罚。

第六十条 期刊出版单位有下列行为之一的，依照《出版管理条例》第六十七条处罚：

（一）期刊变更名称、主办单位或主管单位、业务范围、刊期，未依照本规定办理审批手续的；

（二）期刊出版单位变更名称、合并或分立、改变资本结构、出版新的期刊，未依照本规定办理审批手续的；

（三）期刊出版单位未将涉及国家安全、社会安定等方面的重大选题备案的；

（四）期刊出版单位未依照本规定缴送样刊的。

第六十一条 期刊出版单位违反本规定第四条第二款的，依照新闻出版总署《出版物市场管理规定》第四十八条处罚。

第六十二条 期刊出版单位有下列行为之一的，由新闻出版总署或者省、自治区、直辖市新闻出版行政部门给予警告，并处3万元以下罚款：

（一）期刊出版单位变更期刊开本、法定代表人或者主要负责人、在同一登记地内变更地址，未按本规定第十九条报送备案的；

（二）期刊休刊未按本规定第二十条报送备案的；

（三）刊载损害公共利益的虚假或者失实报道，拒不执行新闻出版行政部门更正命令的；

（四）公开发行的期刊转载、摘编内部发行出版物内容的；

（五）期刊转载、摘编互联网上的内容，违反本规定第二十八条第二款的；

（六）未按照本规定第三十一条刊载期刊版本记录的；

（七）违反本规定第三十二条关于期刊封面标识的规定的；

（八）违反本规定第三十三条，"一号多刊"的；

（九）出版增刊违反本规定第三十四条第三款的；

（十）违反本规定第三十五条制作期刊合订本的；

（十一）刊登有偿新闻或者违反本规定第三十八条其他规定的；

（十二）违反本规定第四十一条，以不正当竞争行为开展经营活动或者利用权力摊派发行的。

第六十三条 期刊出版单位新闻采编人员违反新闻记者证的有关规定，依照新闻出版总署《新闻记者证管理办法》的规定处罚。

第六十四条 期刊出版单位违反记者站的有关规定，依照新闻出版总署《报社记者站管理办法》的规定处罚。

第六十五条 对期刊出版单位做出行政处罚，新闻出版行政部门应告知其主办单位和主管单位，可以通过媒体向社会公布。

对期刊出版单位做出行政处罚，新闻出版行政部门可以建议其主办单位或者主管单位对直接责任人和主要负责人予以行政处分或者调离岗位。

第六章 附 则

第六十六条 本规定施行后，新闻出版署《期刊管理暂行规定》和《〈期刊管理暂行规定〉行政处罚实施办法》同时废止，此前新闻出版行政部门对期刊出版活动的其他规定，凡与本规定不一致的，以本规定为准。

第六十七条 本规定自 2005 年 12 月 1 日起施行。

复制管理办法

1. 2009 年 6 月 30 日新闻出版总署令第 42 号公布
2. 根据 2015 年 8 月 28 日国家新闻出版广电总局令第 3 号《关于修订部分规章和规范性文件的决定》修订

第一章 总 则

第一条 为了加强管理，促进我国复制业健康发展，根据《出版管理条例》和《音像制品管理条例》的有关规定,制定本办法。

第二条 本办法适用于光盘、磁带磁盘以及新闻出版总署认定的其他存储介质形态(以下简称其他介质)的复制经营活动。

本办法所称光盘包括只读类光盘和可录类光盘。其中,只读类光盘是指存储有内容的光盘;可录类光盘是指空白光盘。

本办法所称复制经营活动,包括经营性的光盘复制生产和存储有内容的磁带磁盘复制等活动。

本办法所称复制单位是指从事光盘、磁带磁盘和其他介质复制经营活动的单位。

第三条 任何单位和个人禁止复制含有以下内容的复制品:

(一)反对宪法确定的基本原则的;
(二)危害国家统一、主权和领土完整的;
(三)泄露国家秘密、危害国家安全或者损害国家荣誉和利益的;
(四)煽动民族仇恨、民族歧视,破坏民族团结,或者侵害民族风俗、习惯的;
(五)宣扬邪教、迷信的;
(六)扰乱社会秩序、破坏社会稳定的;
(七)宣扬淫秽、赌博、暴力或者教唆犯罪的;
(八)侮辱或者诽谤他人,侵害他人合法权益的;
(九)危害社会公德或者民族优秀文化传统的;
(十)有法律、行政法规和国家规定禁止的其他内容的。

第四条 新闻出版总署主管全国光盘、磁带磁盘以及其他介质复制经营活动的监督管理工作,负责只读类光盘设立的审批。

县级以上地方新闻出版行政部门负责本行政区域内光盘、磁带磁盘以及其他介质复制经营活动的监督管理工作。其中,省级新闻出版行政部门负责可录类光盘生产单位和磁带磁盘复制单位设立的审批。

第五条 新闻出版行政部门根据已经取得的违法嫌疑证据或者举报,对涉嫌违法从事复制经营活动的行为进行查处时,可以检查与违法活动有关的物品;对有证据证明是与违法活动有关的物品,可以查封或者扣押。

第六条 复制单位应当建立质量保障体系,健全各项管理制度。

第七条 复制行业的社会团体按照其章程,在新闻出版行政部门的指导下,实行自律管理。

第二章 复制单位的设立

第八条 国家对复制经营活动实行许可制度;未经许可,任何单位和个人不得从事复制经营活动。

设立复制单位须由新闻出版行政部门审批,核发复制经营许可证,并经工商行政部门登记注册后方可进行生产。设立外商投资复制单位,除由新闻出版行政部门批准外,还须报商务部审批并颁发外商投资企业批准证书。

第九条 设立复制单位应当具备下列条件：

（一）有复制单位的名称、章程；

（二）有确定的业务范围；

（三）有适应业务范围需要的生产经营场所和必要的资金、设备等生产经营条件；

（四）有适应业务范围需要的组织机构和人员；

（五）有关法律、行政法规规定的其他条件。

审批设立复制单位,除依照前款规定外,还应当符合国家有关复制单位总量、结构和布局的规划。

第十条 设立复制单位,应当向所在地省级新闻出版行政部门提出申请,并提交下列申请文件：

（一）按要求填写的申请表；

（二）企业章程；

（三）可行性研究报告；

（四）法定代表人或者主要负责人的身份证明和履历证明；

（五）注册资本数额、来源及性质证明；

（六）经营场所和必备的生产条件证明；

（七）新设立企业的,须提交工商部门核发的企业名称预先核准通知书。

第十一条 申请设立只读类光盘复制单位的,由所在地省级新闻出版行政部门审核同意后,报新闻出版总署审批,并提交省级新闻出版行政部门的初审文件和本办法第十条规定的申请文件。新闻出版总署应自受理之日起 60 日内作出批准或不批准的决定,并由省级新闻出版行政部门通知申请人；不批准的,应当说明理由。

申请设立可录类光盘生产单位和磁带磁盘复制单位的,省级新闻出版行政部门应自受理之日起 20 日内作出批准或不批准的决定,并通知申请人；不批准的,应当说明理由。

第十二条 国家允许设立外商投资可录类光盘生产单位,允许设立中外合资经营、中外合作经营只读类光盘和磁带磁盘复制单位,但中方必须控股或占主导地位。国家禁止设立外商独资只读类光盘和磁带磁盘复制单位。

第十三条 经新闻出版行政部门批准设立的复制单位,其复制生产设备安装调试完毕,经所在地省级新闻出版行政部门验收合格并发给复制经营许可证后,方可投产。

复制单位应当在 60 日内持新闻出版行政部门有关批准文件或复制经营许可证到所在地工商行政部门办理登记手续。

第十四条 复制单位申请兼营或者变更业务范围,或者兼并其他复制单位,或者因合并、分立而设立新的复制单位,应当依照本办法第九条至第十一条的规定办理审批登记手续。

　　复制单位变更名称、地址、法定代表人或者主要负责人或者终止复制经营活动的，应当到原登记的工商行政部门办理变更登记或者注销登记。由省级新闻出版行政部门批准设立的复制单位，应在工商机关登记后30日内直接向省级新闻出版行政部门备案；由新闻出版总署批准设立的复制单位，应在工商机关登记后20日内向省级新闻出版行政部门提交备案申请，省级新闻出版行政部门在接到申请之日起20日内向新闻出版总署备案；备案机关进行备案后变更或者注销复制经营许可证。

第三章　复制生产设备管理

第十五条　国家对光盘复制生产设备实行审批管理。

　　本办法所称的光盘复制生产设备是指从事光盘母盘刻录生产和子盘复制生产的设备。包括下列主要部分：用于光盘生产的金属母盘生产设备、精密注塑机、真空金属溅镀机、粘合机、保护胶涂覆机、染料层旋涂机、专用模具、盘面印刷机和光盘质量在线检测仪、离线检测仪等。

　　增加、进口、购买、变更光盘复制生产设备，须由新闻出版行政部门审批。其中增加、进口、购买、变更只读类光盘复制生产设备，由新闻出版总署审批；增加、进口、购买、变更可录类光盘生产设备，由所在地省级新闻出版行政部门审批，报新闻出版总署备案。

第十六条　光盘复制生产设备进口管理流程依据新闻出版总署、商务部、海关总署有关规定执行。

　　禁止进口旧（二手）光盘复制生产设备，禁止旧（二手）光盘复制生产设备进入出口加工区、保税区等海关监管特殊区域。

第十七条　被查处关闭光盘复制单位和被查缴的光盘复制生产设备的处理，由所在地省级新闻出版行政部门在本辖区内定向审批。需要跨省处理的，所在地省级新闻出版行政部门可报新闻出版总署在省际之间调剂，由同意接收或收购的光盘复制单位所在地省级新闻出版行政部门审批。接收或收购上述光盘复制生产设备的单位，必须是现有的合法光盘复制单位在许可经营的范围内接收或收购对应的生产设备，超出原许可经营范围的，应按本办法第十四条的规定办理审批手续。

　　被查处关闭光盘复制单位的光盘复制生产设备的价格，由买卖双方协商解决；被查缴的光盘复制生产设备的价格，由有关部门评估定价。

　　省级新闻出版行政部门应在审批后20日内向新闻出版总署备案。

　　申请单位向所在地省级新闻出版行政部门提出申请，经批准后，凭新闻出版行政部门的批准文件按上述程序办理有关设备的交接手续。

第十八条　进口用于国产设备制造或者其他科研用途的光盘复制生产设备的，依照本办法第十五条、第十六条的规定办理相关手续。

第十九条　国家对国产光盘复制生产设备的生产和销售实行备案管理。国产光盘复制生产设备生产和销售后,应分别在30日内向所在地省级新闻出版行政部门备案。备案内容包括生产和销售国产光盘复制生产设备的时间、设备名称、设备编号、设备数量和销售对象等。

第二十条 从事只读类光盘复制,必须使用蚀刻有新闻出版总署核发的光盘来源识别码(SID码)的注塑模具。

光盘复制单位蚀刻SID码,应当向所在地省级新闻出版行政部门提出申请,由所在地省级新闻出版部门报新闻出版总署核发SID码;复制单位应于收到核发文件之日起20日内到指定刻码单位进行蚀刻,并在刻码后按有关规定向光盘生产源鉴定机构报送样盘。

刻码单位应将蚀刻SID码的情况通报新闻出版总署,光盘生产源鉴定机构应将样盘报送情况通报新闻出版总署。

第二十一条 复制生产设备的技术、质量指标应当符合国家或者行业标准。

第四章 复制经营活动管理

第二十二条 复制单位必须严格按所批准的经营范围进行复制经营,不得超范围复制经营。

第二十三条 国家对复制经营活动实行复制委托书制度。

复制单位接受委托复制音像制品或者电子出版物的,应当验证委托的出版单位盖章的复制委托书及其他法定文书。

接受委托复制属于非卖品或计算机软件的,应当验证经省级新闻出版行政部门核发并由委托单位盖章的复制委托书。

第二十四条 复制单位接受委托复制境外产品的,应当事先将该样品及有关证明文件报经所在地省级新闻出版行政部门审核同意;复制的产品除样品外应当全部出境。

加工贸易项下只读类光盘的进出口管理,依照国家有关规定执行。

第二十五条 复制单位不得接受非音像出版单位、电子出版物出版单位或者个人的委托复制经营性的音像制品、电子出版物;不得擅自复制音像制品、电子出版物、计算机软件、音像非卖品、电子出版物非卖品等。

第二十六条 复制单位应该建立和保存完整清晰的复制业务档案,包括委托方按本办法有关规定所提交的复制委托书和其他法定文书以及复制样品、生产单据、发货记录等。保存期为2年,以备查验。

第二十七条 复制单位对委托加工的产品除样品外必须全部交付委托单位,不得擅自加制,不得将委托单位提供的母盘、母带、样品等以任何方式转让或出售、复制给任何单位和个人。

第二十八条 复制单位所复制的产品质量应符合国家或者行业标准。

第二十九条 复制单位必须依照国家有关统计法规和规定按时填报有关统计报表,并由省级新闻出版行政部门审核汇总后上报新闻出版总署。

第三十条　复制单位在复制生产过程中,如发现所复制的产品涉及本办法第三条内容或与委托证明文件所规定的内容不符,或复制的产品被新闻出版行政部门明令查禁、停止复制的,应立即停止复制,及时报告新闻出版行政部门,并按要求上缴或封存,不得拖延或隐匿。

第三十一条　复制单位的法定代表人或者主要负责人应当接受所在地省级新闻出版行政部门组织的岗位培训。

第三十二条　复制单位实行年度核验制度,年度核验每两年逢单数年进行一次。新闻出版总署负责指导年度核验,省级新闻出版行政部门负责对本行政区域内的复制单位实施年度核验。核验内容包括复制单位的登记项目、设立条件、经营状况、资产变化、技术设备、产品质量、人员培训、遵纪守法情况等。

第三十三条　复制单位进行年度核验,应提交以下材料:
　　(一)复制单位年度核验登记表;
　　(二)复制单位按照年度核验要求提交的自检报告;
　　(三)复制经营许可证、营业执照等有关企业证明文件的复印件。

第三十四条　复制单位年度核验程序:
　　(一)复制单位应于核验年度1月15日前向所在地省级新闻出版行政部门提交年度核验材料;
　　(二)各省级新闻出版行政部门对本行政区域内复制单位情况进行全面审核,并于该年度2月底前完成年度核验工作。对符合要求的单位予以通过年度核验;对不符合要求的单位暂缓年度核验;
　　(三)各省级新闻出版行政部门应于该年度3月底前将年度核验情况报送新闻出版总署备案。

第三十五条　复制单位有下列情形之一的,暂缓年度核验:
　　(一)不具备本办法第九条规定条件的;
　　(二)因违反规定正在限期停业整顿的;
　　(三)发现有违法行为应予处罚的;
　　(四)经营恶化不能正常开展复制经营活动的;
　　(五)存在其他违法嫌疑活动需要进一步核查的。
　　暂缓年度核验的期限由省级新闻出版行政部门确定,最长不得超过3个月。期间,省级新闻出版行政部门应当督促、指导暂缓年度核验的复制单位进行整改。暂缓年度核验期满,达到要求的复制单位予以通过年度核验;仍未达到要求的复制单位,所在地省级新闻出版行政部门提出注销登记意见,由原发证机关撤销复制经营许可证。

第三十六条　不按规定参加年度核验的复制单位,经书面催告仍未参加年度核验的,所在地省级新闻出版行政部门提出注销登记意见,由原发证机关撤销复制经营许可证。

第三十七条 对非法干扰、阻止和破坏复制经营活动的,县级以上新闻出版行政部门及其他有关部门,应当及时采取措施,予以制止。

第五章 法律责任

第三十八条 未经批准,擅自设立复制单位或擅自从事复制业务的,由新闻出版行政部门、工商行政部门依照法定职权予以取缔;触犯刑律的,依照刑法有关规定,依法追究刑事责任;尚不够刑事处罚的,没收违法经营的复制产品和违法所得以及进行违法活动的专用工具、设备;违法经营额1万元以上的,并处违法经营额5倍以上10倍以下的罚款;违法经营额不足1万元的,并处5万元以下的罚款。

第三十九条 复制明知或者应知含有本办法第三条所列内容产品或其他非法出版物的,依照刑法有关规定,依法追究刑事责任;尚不够刑事处罚的,由新闻出版行政部门责令限期停业整顿,没收违法所得,违法经营额1万元以上的,并处违法经营额5倍以上10倍以下的罚款;违法经营额不足1万元的,可以并处5万元以下罚款;情节严重的,由批准设立的新闻出版行政部门吊销其复制经营许可证。如果当事人对所复制产品的来源作出说明、指认,经查证属实的,没收出版物、违法所得,可以减轻或者免除其他行政处罚。

第四十条 有下列行为之一的,由新闻出版行政部门责令停止违法行为,给予警告,没收违法经营的产品和违法所得;违法经营额1万元以上的,并处违法经营额5倍以上10倍以下的罚款;违法经营额不足1万元的,并处1万元以上5万元以下罚款;情节严重的,并责令停业整顿或者由新闻出版总署吊销其复制经营许可证:

(一)复制单位未依照本办法的规定验证复制委托书及其他法定文书的;

(二)复制单位擅自复制他人的只读类光盘和磁带磁盘的;

(三)复制单位接受非音像出版单位、电子出版物单位或者个人委托复制经营性的音像制品、电子出版物或者自行复制音像制品、电子出版物的;

(四)复制单位未履行法定手续复制境外产品的,或者复制的境外产品没有全部运输出境的。

第四十一条 有下列行为之一的,由新闻出版行政部门责令改正,给予警告;情节严重的,并责令停业整顿或者由新闻出版总署吊销其复制经营许可证:

(一)复制单位变更名称、地址、法定代表人或者主要负责人、业务范围等,未依照本办法规定办理审批、备案手续的;

(二)复制单位未依照本办法的规定留存备查的材料的;

(三)光盘复制单位使用未蚀刻或者未按本办法规定蚀刻SID码的注塑模具复制只读类光盘的。

第四十二条 有下列行为之一的,由新闻出版行政部门责令停止违法行为,给予警告,并处3万元以下的罚款:

(一)光盘复制单位违反本办法第十五条的规定,未经审批,擅自增加、进口、购买、变更光盘复制生产设备的;

（二）国产光盘复制生产设备的生产商未按本办法第十九条的要求报送备案的；

（三）光盘复制单位未按本办法第二十条规定报送样盘的；

（四）复制生产设备或复制产品不符合国家或行业标准的；

（五）复制单位的有关人员未按本办法第三十一条参加岗位培训的；

（六）违反本办法的其他行为。

第四十三条 复制单位违反本办法被处以吊销许可证行政处罚的，其法定代表人或者主要负责人自许可证被吊销之日起10年内不得担任复制单位法定代表人或者主要负责人。

第六章 附 则

第四十四条 本办法自2009年8月1日起施行。1996年2月1日新闻出版署发布的《音像制品复制管理办法》同时废止。其他有关复制管理规定，凡与本办法相抵触的，以本办法为准。

5. 集体管理与付酬

著作权集体管理条例

1. 2004年12月28日国务院令第429号公布
2. 根据2011年1月8日国务院令第588号《关于废止和修改部分行政法规的决定》第一次修订
3. 根据2013年12月7日国务院令第645号《关于修改部分行政法规的决定》第二次修订

第一章 总 则

第一条 为了规范著作权集体管理活动，便于著作权人和与著作权有关的权利人（以下简称权利人）行使权利和使用者使用作品，根据《中华人民共和国著作权法》（以下简称著作权法）制定本条例。

第二条 本条例所称著作权集体管理，是指著作权集体管理组织经权利人授权，集中行使权利人的有关权利并以自己的名义进行的下列活动：

（一）与使用者订立著作权或者与著作权有关的权利许可使用合同（以下简称许可使用合同）；

（二）向使用者收取使用费；

（三）向权利人转付使用费；

（四）进行涉及著作权或者与著作权有关的权利的诉讼、仲裁等。

第三条 本条例所称著作权集体管理组织,是指为权利人的利益依法设立,根据权利人授权、对权利人的著作权或者与著作权有关的权利进行集体管理的社会团体。

著作权集体管理组织应当依照有关社会团体登记管理的行政法规和本条例的规定进行登记并开展活动。

第四条 著作权法规定的表演权、放映权、广播权、出租权、信息网络传播权、复制权等权利人自己难以有效行使的权利,可以由著作权集体管理组织进行集体管理。

第五条 国务院著作权管理部门主管全国的著作权集体管理工作。

第六条 除依照本条例规定设立的著作权集体管理组织外,任何组织和个人不得从事著作权集体管理活动。

第二章 著作权集体管理组织的设立

第七条 依法享有著作权或者与著作权有关的权利的中国公民、法人或者其他组织,可以发起设立著作权集体管理组织。

设立著作权集体管理组织,应当具备下列条件:

(一)发起设立著作权集体管理组织的权利人不少于50人;

(二)不与已经依法登记的著作权集体管理组织的业务范围交叉、重合;

(三)能在全国范围代表相关权利人的利益;

(四)有著作权集体管理组织的章程草案、使用费收取标准草案和向权利人转付使用费的办法(以下简称使用费转付办法)草案。

第八条 著作权集体管理组织章程应当载明下列事项:

(一)名称、住所;

(二)设立宗旨;

(三)业务范围;

(四)组织机构及其职权;

(五)会员大会的最低人数;

(六)理事会的职责及理事会负责人的条件和产生、罢免的程序;

(七)管理费提取、使用办法;

(八)会员加入、退出著作权集体管理组织的条件、程序;

(九)章程的修改程序;

(十)著作权集体管理组织终止的条件、程序和终止后资产的处理。

第九条 申请设立著作权集体管理组织,应当向国务院著作权管理部门提交证明符合本条例第七条规定的条件的材料。国务院著作权管理部门应当自收到材料之日起60日内,作出批准或者不予批准的决定。批准的,发给著作权集体管理许可证;不予批准的,应当说明理由。

第十条 申请人应当自国务院著作权管理部门发给著作权集体管理许可证之日起30日内,依照有关社会团体登记管理的行政法规到国务院民政部门办理登记手续。

第十一条 依法登记的著作权集体管理组织,应当自国务院民政部门发给登记证书之日起30日内,将其登记证书副本报国务院著作权管理部门备案;国务院著作权管理部门应当将报备的登记证书副本以及著作权集体管理组织章程、使用费收取标准、使用费转付办法予以公告。

第十二条　著作权集体管理组织设立分支机构,应当经国务院著作权管理部门批准,并依照有关社会团体登记管理的行政法规到国务院民政部门办理登记手续。经依法登记的,应当将分支机构的登记证书副本报国务院著作权管理部门备案,由国务院著作权管理部门予以公告。

第十三条　著作权集体管理组织应当根据下列因素制定使用费收取标准:
　　(一)使用作品、录音录像制品等的时间、方式和地域范围;
　　(二)权利的种类;
　　(三)订立许可使用合同和收取使用费工作的繁简程度。

第十四条　著作权集体管理组织应当根据权利人的作品或者录音录像制品等使用情况制定使用费转付办法。

第十五条　著作权集体管理组织修改章程,应当依法经国务院民政部门核准后,由国务院著作权管理部门予以公告。

第十六条　著作权集体管理组织被依法撤销登记的,自被撤销登记之日起不得再进行著作权集体管理业务活动。

第三章　著作权集体管理组织的机构

第十七条　著作权集体管理组织会员大会(以下简称会员大会)为著作权集体管理组织的权力机构。

　　会员大会由理事会依照本条例规定负责召集。理事会应当于会员大会召开60日以前将会议的时间、地点和拟审议事项予以公告;出席会员大会的会员,应当于会议召开30日以前报名。报名出席会员大会的会员少于章程规定的最低人数时,理事会应当将会员大会报名情况予以公告,会员可以于会议召开5日以前补充报名,并由全部报名出席会员大会的会员举行会员大会。

　　会员大会行使下列职权:
　　(一)制定和修改章程;
　　(二)制定和修改使用费收取标准;
　　(三)制定和修改使用费转付办法;
　　(四)选举和罢免理事;
　　(五)审议批准理事会的工作报告和财务报告;
　　(六)制定内部管理制度;
　　(七)决定使用费转付方案和著作权集体管理组织提取管理费的比例;
　　(八)决定其他重大事项。

　　会员大会每年召开一次;经10%以上会员或者理事会提议,可以召开临时会员大会。会员大会作出决定,应当经出席会议的会员过半数表决通过。

第十八条 著作权集体管理组织设立理事会,对会员大会负责,执行会员大会决定。理事会成员不得少于9人。

理事会任期为4年,任期届满应当进行换届选举。因特殊情况可以提前或者延期换届,但是换届延期不得超过1年。

第四章 著作权集体管理活动

第十九条 权利人可以与著作权集体管理组织以书面形式订立著作权集体管理合同,授权该组织对其依法享有的著作权或者与著作权有关的权利进行管理。权利人符合章程规定加入条件的,著作权集体管理组织应当与其订立著作权集体管理合同,不得拒绝。

权利人与著作权集体管理组织订立著作权集体管理合同并按照章程规定履行相应手续后,即成为该著作权集体管理组织的会员。

第二十条 权利人与著作权集体管理组织订立著作权集体管理合同后,不得在合同约定期限内自己行使或者许可他人行使合同约定的由著作权集体管理组织行使的权利。

第二十一条 权利人可以依照章程规定的程序,退出著作权集体管理组织,终止著作权集体管理合同。但是,著作权集体管理组织已经与他人订立许可使用合同的,该合同在期限届满前继续有效;该合同有效期内,权利人有权获得相应的使用费并可以查阅有关业务材料。

第二十二条 外国人、无国籍人可以通过与中国的著作权集体管理组织订立相互代表协议的境外同类组织,授权中国的著作权集体管理组织管理其依法在中国境内享有的著作权或者与著作权有关的权利。

前款所称相互代表协议,是指中国的著作权集体管理组织与境外的同类组织相互授权对方在其所在国家或者地区进行集体管理活动的协议。

著作权集体管理组织与境外同类组织订立的相互代表协议应当报国务院著作权管理部门备案,由国务院著作权管理部门予以公告。

第二十三条 著作权集体管理组织许可他人使用其管理的作品、录音录像制品等,应当与使用者以书面形式订立许可使用合同。

著作权集体管理组织不得与使用者订立专有许可使用合同。

使用者以合理的条件要求与著作权集体管理组织订立许可使用合同,著作权集体管理组织不得拒绝。

许可使用合同的期限不得超过2年;合同期限届满可以续订。

第二十四条 著作权集体管理组织应当建立权利信息查询系统,供权利人和使用者查询。权利信息查询系统应当包括著作权集体管理组织管理的权利种类和作品、录音录像制品等的名称、权利人姓名或者名称、授权管理的期限。

权利人和使用者对著作权集体管理组织管理的权利的信息进行咨询时,该组织应当予以答复。

第二十五条　除著作权法第二十三条、第三十三条第二款、第四十条第三款、第四十三条第二款和第四十四条规定应当支付的使用费外,著作权集体管理组织应当根据国务院著作权管理部门公告的使用费收取标准,与使用者约定收取使用费的具体数额。

第二十六条　两个或者两个以上著作权集体管理组织就同一使用方式向同一使用者收取使用费,可以事先协商确定由其中一个著作权集体管理组织统一收取。统一收取的使用费在有关著作权集体管理组织之间经协商分配。

第二十七条　使用者向著作权集体管理组织支付使用费时,应当提供其使用的作品、录音录像制品等的名称、权利人姓名或者名称和使用的方式、数量、时间等有关使用情况;许可使用合同另有约定的除外。

使用者提供的有关使用情况涉及该使用者商业秘密的,著作权集体管理组织负有保密义务。

第二十八条　著作权集体管理组织可以从收取的使用费中提取一定比例作为管理费,用于维持其正常的业务活动。

著作权集体管理组织提取管理费的比例应当随着使用费收入的增加而逐步降低。

第二十九条　著作权集体管理组织收取的使用费,在提取管理费后,应当全部转付给权利人,不得挪作他用。

著作权集体管理组织转付使用费,应当编制使用费转付记录。使用费转付记录应当载明使用费总额、管理费数额、权利人姓名或者名称、作品或者录音录像制品等的名称、有关使用情况、向各权利人转付使用费的具体数额等事项,并应当保存10年以上。

第五章　对著作权集体管理组织的监督

第三十条　著作权集体管理组织应当依法建立财务、会计制度和资产管理制度,并按照国家有关规定设置会计账簿。

第三十一条　著作权集体管理组织的资产使用和财务管理受国务院著作权管理部门和民政部门的监督。

著作权集体管理组织应当在每个会计年度结束时制作财务会计报告,委托会计师事务所依法进行审计,并公布审计结果。

第三十二条　著作权集体管理组织应当对下列事项进行记录,供权利人和使用者查阅:

（一）作品许可使用情况;

（二）使用费收取和转付情况;

（三）管理费提取和使用情况。

权利人有权查阅、复制著作权集体管理组织的财务报告、工作报告和其他业务材料;著作权集体管理组织应当提供便利。

第三十三条　权利人认为著作权集体管理组织有下列情形之一的,可以向国务院著作权管理部门检举:

（一）权利人符合章程规定的加入条件要求加入著作权集体管理组织,或者会员依照章程规定的程序要求退出著作权集体管理组织,著作权集体管理组织拒绝的;

（二）著作权集体管理组织不按照规定收取、转付使用费,或者不按照规定提取、使用管理费的;

（三）权利人要求查阅本条例第三十二条规定的记录、业务材料,著作权集体管理组织拒绝提供的。

第三十四条　使用者认为著作权集体管理组织有下列情形之一的,可以向国务院著作权管理部门检举:

（一）著作权集体管理组织违反本条例第二十三条规定拒绝与使用者订立许可使用合同的;

（二）著作权集体管理组织未根据公告的使用费收取标准约定收取使用费的具体数额的;

（三）使用者要求查阅本条例第三十二条规定的记录,著作权集体管理组织拒绝提供的。

第三十五条　权利人和使用者以外的公民、法人或者其他组织认为著作权集体管理组织有违反本条例规定的行为的,可以向国务院著作权管理部门举报。

第三十六条　国务院著作权管理部门应当自接到检举、举报之日起60日内对检举、举报事项进行调查并依法处理。

第三十七条　国务院著作权管理部门可以采取下列方式对著作权集体管理组织进行监督,并应当对监督活动作出记录:

（一）检查著作权集体管理组织的业务活动是否符合本条例及其章程的规定;

（二）核查著作权集体管理组织的会计账簿、年度预算和决算报告及其他有关业务材料;

（三）派员列席著作权集体管理组织的会员大会、理事会等重要会议。

第三十八条　著作权集体管理组织应当依法接受国务院民政部门和其他有关部门的监督。

第六章　法　律　责　任

第三十九条　著作权集体管理组织有下列情形之一的,由国务院著作权管理部门责令限期改正:

（一）违反本条例第二十二条规定,未将与境外同类组织订立的相互代表协议报国务院著作权管理部门备案的;

（二）违反本条例第二十四条规定,未建立权利信息查询系统的;

（三）未根据公告的使用费收取标准约定收取使用费的具体数额的。

著作权集体管理组织超出业务范围管理权利人的权利的,由国务院著作权管理部门责令限期改正,其与使用者订立的许可使用合同无效;给权利人、使用者造成损害的,依法承担民事责任。

第四十条　著作权集体管理组织有下列情形之一的,由国务院著作权管理部门责令限期改正;逾期不改正的,责令会员大会或者理事会根据本条例规定的权限罢免或者解聘直接负责的主管人员:

(一)违反本条例第十九条规定拒绝与权利人订立著作权集体管理合同的,或者违反本条例第二十一条的规定拒绝会员退出该组织的要求的;

(二)违反本条例第二十三条规定,拒绝与使用者订立许可使用合同的;

(三)违反本条例第二十八条规定提取管理费的;

(四)违反本条例第二十九条规定转付使用费的;

(五)拒绝提供或者提供虚假的会计账簿、年度预算和决算报告或者其他有关业务材料的。

第四十一条　著作权集体管理组织自国务院民政部门发给登记证书之日起超过6个月无正当理由未开展著作权集体管理活动,或者连续中止著作权集体管理活动6个月以上的,由国务院著作权管理部门吊销其著作权集体管理许可证,并由国务院民政部门撤销登记。

第四十二条　著作权集体管理组织从事营利性经营活动的,由工商行政管理部门依法予以取缔,没收违法所得;构成犯罪的,依法追究刑事责任。

第四十三条　违反本条例第二十七条的规定,使用者能够提供有关使用情况而拒绝提供,或者在提供有关使用情况时弄虚作假的,由国务院著作权管理部门责令改正;著作权集体管理组织可以中止许可使用合同。

第四十四条　擅自设立著作权集体管理组织或者分支机构,或者擅自从事著作权集体管理活动的,由国务院著作权管理部门或者民政部门依照职责分工予以取缔,没收违法所得;构成犯罪的,依法追究刑事责任。

第四十五条　依照本条例规定从事著作权集体管理组织审批和监督工作的国家行政机关工作人员玩忽职守、滥用职权、徇私舞弊,构成犯罪的,依法追究刑事责任;尚不构成犯罪的,依法给予行政处分。

第七章　附　　则

第四十六条　本条例施行前已经设立的著作权集体管理组织,应当自本条例生效之日起3个月内,将其章程、使用费收取标准、使用费转付办法及其他有关材料报国务院著作权管理部门审核,并将其与境外同类组织订立的相互代表协议报国务院著作权管理部门备案。

第四十七条　依照著作权法第二十三条、第三十三条第二款、第四十条第三款的规定使用他人作品,未能依照《中华人民共和国著作权法实施条例》第三十二条的规定向权利人支付使用费的,应当将使用费连同邮资以及使用作品的有关情况送交管理相关权利的著作权集体管理组织,由该著作权集体管理组织将使用费转付给权利人。

负责转付使用费的著作权集体管理组织应当建立作品使用情况查询系统,供权利人、使用者查询。

负责转付使用费的著作权集体管理组织可以从其收到的使用费中提取管理费,管理费按照会员大会决定的该集体管理组织管理费的比例减半提取。除管理费外,该著作权集体管理组织不得从其收到的使用费中提取其他任何费用。

第四十八条 本条例自 2005 年 3 月 1 日起施行。

使用文字作品支付报酬办法

1. 2014 年 9 月 23 日国家版权局、国家发展和改革委员会令第 11 号公布
2. 自 2014 年 11 月 1 日起施行

第一条 为保护文字作品著作权人的著作权,规范使用文字作品的行为,促进文字作品的创作与传播,根据《中华人民共和国著作权法》及相关行政法规,制定本办法。

第二条 除法律、行政法规另有规定外,使用文字作品支付报酬由当事人约定;当事人没有约定或者约定不明的,适用本办法。

第三条 以纸介质出版方式使用文字作品支付报酬可以选择版税、基本稿酬加印数稿酬或者一次性付酬等方式。

版税,是指使用者以图书定价×实际销售数或者印数×版税率的方式向著作权人支付的报酬。

基本稿酬,是指使用者按作品的字数,以千字为单位向著作权人支付的报酬。

印数稿酬,是指使用者根据图书的印数,以千册为单位按基本稿酬的一定比例向著作权人支付的报酬。

一次性付酬,是指使用者根据作品的质量、篇幅、作者的知名度、影响力以及使用方式、使用范围和授权期限等因素,一次性向著作权人支付的报酬。

第四条 版税率标准和计算方法:

(一)原创作品:3%—10%

(二)演绎作品:1%—7%

采用版税方式支付报酬的,著作权人可以与使用者在合同中约定,在交付作品时或者签订合同时由使用者向著作权人预付首次实际印数或者最低保底发行数的版税。

首次出版发行数不足千册的,按千册支付版税,但在下次结算版税时对已经支付版税部分不再重复支付。

第五条 基本稿酬标准和计算方法：

(一)原创作品:每千字80—300元,注释部分参照该标准执行。

(二)演绎作品:

1. 改编:每千字20—100元;

2. 汇编:每千字10—20元;

3. 翻译:每千字50—200元。

支付基本稿酬以千字为单位,不足千字部分按千字计算。

支付报酬的字数按实有正文计算,即以排印的版面每行字数乘以全部实有的行数计算。占行题目或者末尾排不足一行的,按一行计算。

诗词每十行按一千字计算,作品不足十行的按十行计算。

辞书类作品按双栏排版的版面折合的字数计算。

第六条 印数稿酬标准和计算方法：

每印一千册,按基本稿酬的1%支付。不足一千册的,按一千册计算。

作品重印时只支付印数稿酬,不再支付基本稿酬。

采用基本稿酬加印数稿酬的付酬方式的,著作权人可以与使用者在合同中约定,在交付作品时由使用者支付基本稿酬的30%—50%。除非合同另有约定,作品一经使用,使用者应当在6个月内付清全部报酬。作品重印的,应在重印后6个月内付清印数稿酬。

第七条 一次性付酬的,可以参照本办法第五条规定的基本稿酬标准及其计算方法。

第八条 使用演绎作品,除合同另有约定或者原作品已进入公有领域外,使用者还应当取得原作品著作权人的许可并支付报酬。

第九条 使用者未与著作权人签订书面合同,或者签订了书面合同但未约定付酬方式和标准,与著作权人发生争议的,应当按本办法第四条、第五条规定的付酬标准的上限分别计算报酬,以较高者向著作权人支付,并不得以出版物抵作报酬。

第十条 著作权人许可使用者通过转授权方式在境外出版作品,但对支付报酬没有约定或约定不明的,使用者应当将所得报酬扣除合理成本后的70%支付给著作权人。

第十一条 报刊刊载作品只适用一次性付酬方式。

第十二条 报刊刊载未发表的作品,除合同另有约定外,应当自刊载后1个月内按每千字不低于100元的标准向著作权人支付报酬。

报刊刊载未发表的作品,不足五百字的按千字作半计算;超过五百字不足千字的按千字计算。

第十三条 报刊依照《中华人民共和国著作权法》的相关规定转载、摘编其他报刊已发表的作品,应当自报刊出版之日起2个月内,按每千字100元的付酬标准向著作权人支付报酬,不足五百字的按千字作半计算,超过五百字不足千字的按千字计算。

报刊出版者未按前款规定向著作权人支付报酬的,应当将报酬连同邮资以及转载、摘编作品的有关情况送交中国文字著作权协会代为收转。中国文字著作权协会收到相关报酬后,应当按相关规定及时向著作权人转付,并编制报酬收转记录。

报刊出版者按前款规定将相关报酬转交给中国文字著作权协会后,对著作权人不再承担支付报酬的义务。

第十四条 以纸介质出版方式之外的其他方式使用文字作品,除合同另有约定外,使用者应当参照本办法规定的付酬标准和付酬方式付酬。

在数字或者网络环境下使用文字作品,除合同另有约定外,使用者可以参照本办法规定的付酬标准和付酬方式付酬。

第十五条 教科书法定许可使用文字作品适用《教科书法定许可使用作品支付报酬办法》。

第十六条 本办法由国家版权局会同国家发展和改革委员会负责解释。

第十七条 本办法自2014年11月1日起施行。国家版权局1999年4月5日发布的《出版文字作品报酬规定》同时废止。

广播电台电视台播放录音制品支付报酬暂行办法

1. 2009年11月10日国务院令第566号公布
2. 根据2011年1月8日国务院令第588号《关于废止和修改部分行政法规的决定》修订

第一条 为了保障著作权人依法行使广播权,方便广播电台、电视台播放录音制品,根据《中华人民共和国著作权法》(以下称著作权法)第四十四条的规定,制定本办法。

第二条 广播电台、电视台可以就播放已经发表的音乐作品向著作权人支付报酬的方式、数额等有关事项与管理相关权利的著作权集体管理组织进行约定。

广播电台、电视台播放已经出版的录音制品,已经与著作权人订立许可使用合同的,按照合同约定的方式和标准支付报酬。

广播电台、电视台依照著作权法第四十四条的规定,未经著作权人的许可播放已经出版的录音制品(以下称播放录音制品)的,依照本办法向著作权人支付报酬。

第三条 本办法所称播放,是指广播电台、电视台以无线或者有线的方式进行的首播、重播和转播。

第四条 广播电台、电视台播放录音制品,可以与管理相关权利的著作权集体管理组织约定每年向著作权人支付固定数额的报酬;没有就固定数额进行约定或者约定不成的,广播电台、电视台与管理相关权利的著作权集体管理组织可以以下列方式

之一为基础,协商向著作权人支付报酬:

(一)以本台或者本台各频道(频率)本年度广告收入扣除15%成本费用后的余额,乘以本办法第五条或者第六条规定的付酬标准,计算支付报酬的数额;

(二)以本台本年度播放录音制品的时间总量,乘以本办法第七条规定的单位时间付酬标准,计算支付报酬的数额。

第五条 以本办法第四条第(一)项规定方式确定向著作权人支付报酬的数额的,自本办法施行之日起5年内,按照下列付酬标准协商支付报酬的数额:

(一)播放录音制品的时间占本台或者本频道(频率)播放节目总时间的比例(以下称播放时间比例)不足1%的,付酬标准为0.01%;

(二)播放时间比例为1%以上不足3%的,付酬标准为0.02%;

(三)播放时间比例为3%以上不足6%的,相应的付酬标准为0.09%到0.15%,播放时间比例每增加1%,付酬标准相应增加0.03%;

(四)播放时间比例为6%以上10%以下的,相应的付酬标准为0.24%到0.4%,播放时间比例每增加1%,付酬标准相应增加0.04%;

(五)播放时间比例超过10%不足30%的,付酬标准为0.5%;

(六)播放时间比例为30%以上不足50%的,付酬标准为0.6%;

(七)播放时间比例为50%以上不足80%的,付酬标准为0.7%;

(八)播放时间比例为80%以上的,付酬标准为0.8%。

第六条 以本办法第四条第(一)项规定方式确定向著作权人支付报酬的数额的,自本办法施行届满5年之日起,按照下列付酬标准协商支付报酬的数额:

(一)播放时间比例不足1%的,付酬标准为0.02%;

(二)播放时间比例为1%以上不足3%的,付酬标准为0.03%;

(三)播放时间比例为3%以上不足6%的,相应的付酬标准为0.12%到0.2%,播放时间比例每增加1%,付酬标准相应增加0.04%;

(四)播放时间比例为6%以上10%以下的,相应的付酬标准为0.3%到0.5%,播放时间比例每增加1%,付酬标准相应增加0.05%;

(五)播放时间比例超过10%不足30%的,付酬标准为0.6%;

(六)播放时间比例为30%以上不足50%的,付酬标准为0.7%;

(七)播放时间比例为50%以上不足80%的,付酬标准为0.8%;

(八)播放时间比例为80%以上的,付酬标准为0.9%。

第七条 以本办法第四条第(二)项规定的方式确定向著作权人支付报酬的数额的,按照下列付酬标准协商支付报酬的数额:

(一)广播电台的单位时间付酬标准为每分钟0.30元;

(二)电视台的单位时间付酬标准自本办法施行之日起5年内为每分钟1.50元,自本办法施行届满5年之日起为每分钟2元。

第八条 广播电台、电视台播放录音制品,未能依照本办法第四条的规定与管理相关权利的著作权集体管理组织约定支付报酬的固定数额,也未能协商确定应支付报酬的,应当依照本办法第四条第(一)项规定的方式和第五条、第六条规定的标准,确定向管理相关权利的著作权集体管理组织支付报酬的数额。

第九条 广播电台、电视台转播其他广播电台、电视台播放的录音制品的,其播放录音制品的时间按照实际播放时间的10%计算。

第十条 中部地区的广播电台、电视台依照本办法规定方式向著作权人支付报酬的数额,自本办法施行之日起5年内,按照依据本办法规定计算出的数额的50%计算。

西部地区的广播电台、电视台以及全国专门对少年儿童、少数民族和农村地区等播出的专业频道(频率),依照本办法规定方式向著作权人支付报酬的数额,自本办法施行之日起5年内,按照依据本办法规定计算出的数额的10%计算;自本办法施行届满5年之日起,按照依据本办法规定计算出的数额的50%计算。

第十一条 县级以上人民政府财政部门将本级人民政府设立的广播电台、电视台播放录音制品向著作权人支付报酬的支出作为核定其收支的因素,根据本地区财政情况综合考虑,统筹安排。

第十二条 广播电台、电视台向著作权人支付报酬,以年度为结算期。

广播电台、电视台应当于每年度第一季度将其上年度应当支付的报酬交由著作权集体管理组织转付给著作权人。

广播电台、电视台通过著作权集体管理组织向著作权人支付报酬时,应当提供其播放作品的名称、著作权人姓名或者名称、播放时间等情况,双方已有约定的除外。

第十三条 广播电台、电视台播放录音制品,未向管理相关权利的著作权集体管理组织会员以外的著作权人支付报酬的,应当按照本办法第十二条的规定将应支付的报酬送交管理相关权利的著作权集体管理组织;管理相关权利的著作权集体管理组织应当向著作权人转付。

第十四条 著作权集体管理组织向著作权人转付报酬,除本办法已有规定外,适用《著作权集体管理条例》的有关规定。

第十五条 广播电台、电视台依照本办法规定将应当向著作权人支付的报酬交给著作权集体管理组织后,对著作权集体管理组织与著作权人之间的纠纷不承担责任。

第十六条 广播电台、电视台与著作权人或者著作权集体管理组织因依照本办法规定支付报酬产生纠纷的,可以依法向人民法院提起民事诉讼,或者根据双方达成的书面仲裁协议向仲裁机构申请仲裁。

第十七条 本办法自2010年1月1日起施行。

录音法定许可付酬标准暂行规定

1. 1993年8月1日国家版权局发布
2. 国权〔1993〕41号

第一条 根据《中华人民共和国著作权法》第三十七条的规定以录音的形式使用已发表的作品,依本规定向著作权人付酬,但著作权人声明不得使用的除外。

第二条 录制发行录音制品采用版税的方式付酬,即录音制品批发价×版税率×录音制品发行数。

第三条 录制发行录音制品付酬标准为:

不含文字的纯音乐作品版税率为35%;

歌曲、歌剧作品版税率为35%,其中音乐部分占版税所得60%,文字部分占版税所得40%;

纯文字作品(含外国文字)版税率为3%;

国家机关通过行政措施保障发行的录音制品(如教材)版税率为15%。

第四条 录音制品中涉及两个或两个以上作品的,按照版税的方式以及相对应的版税率计算出录音制品中所有作品的报酬总额,再根据每一作品在整个录音制品中所占时间比例,确定其具体报酬。

第五条 使用改编作品进行录音,依照第三条和第四条的规定确定具体报酬后,向作品的著作权人支付70%,向原作品著作权人支付30%。原作品已超过著作权保护期或不适用著作权法的,只按上述比例向被录制作品的著作权人付酬。

第六条 本规定由国家版权局负责解释。

国家版权局关于《录音法定许可付酬标准暂行规定》的补充通知

1. 1994年10月7日
2. 国权〔1994〕65号

1993年8月1日国家版权局颁布了《录音法定许可付酬标准暂行规定》,规定了以录音的形式使用已发表的作品的付酬标准。根据《中华人民共和国著作权法》第三十九条和第四十二条的规定,录音制作者经许可复制发行其他录音制作者制作的录音制品和广播电台制作的广播节目,均应当按照规定向著作权人和表演者

支付报酬。对于上述两种复制发行情况的付酬标准,《录音法定许可证酬标准暂行规定》中没有做出规定,为此,特做如下补充规定:

除合同另有约定的,根据《中华人民共和国著作权法》第三十九条和第四十二条的规定,录音制作者经许可复制发行其他录音制作者制作的录音制品或复制发行广播电台制作的广播节目,向著作权人支付报酬的,适用《录音法定许可付酬标准暂行规定》第二条、第三条、第四条和第五条的规定;向表演者付酬的适用第二条、第四条和第五条的规定并按第二条规定的各类作品标准的50%付酬。

电影作品著作权集体管理使用费转付办法

2010年9月14日国家版权局公告2010年第1号公布施行

根据《中华人民共和国著作权法》、《著作权集体管理条例》和《中国电影著作权协会章程》,制定向权利人转付电影作品著作权使用费办法。

第一章 适用范围和转付类型

第一条 适用范围

(1)本办法适用于中国电影著作权协会(以下简称"协会")按《电影作品著作权集体管理使用费收取标准》收取的电影作品著作权使用费向电影作品权利人的转付。

(2)本办法还适用于由协会按与境外相关著作权协会订立的"相互代表协议"委托收取的电影作品著作权使用费的转付。

第二条 转付类型

本办法规定的转付类型包括:常规转付(首次转付和最终转付)、境外著作权集体管理组织收取的使用费转付和其他转付。

第二章 转付原则和方式

第三条 转付原则

(1)收取的使用费在扣除第三章规定的费用后,其余必须及时足额向作品权利人转付,不得无故拖延,不得挪作他用。

(2)同一作品向不同使用者因不同使用方式收取的使用费,实行按日历年度汇集后一次转付。

(3)权利人向协会授权、登记并经核实其所提供的信息准确无误后,可以获得转付的使用费。

(4)转付使用费必须编制使用费转付记录,载明使用费总额、管理费总额、权利人名称、作品名称、有关使用情况、向权利人转付使用费数额等事项。转付记录保存期不低于十年。

第四条 转付方式

(1)使用费的收取和转付必须使用协会指定的账户。

(2)根据作品使用的实际情况及能掌握的信息详尽程度,实行下列三种转付方式:

精确转付。在使用者能按许可合同提供详尽的作品使用信息,或通过具有权威性的第三方能获得作品使用的详尽信息的情况下,应严格依据这些信息精确地向作品权利人转付使用费;

抽样转付。在使用面较广而使用者又无法提供作品使用的详尽信息的情况下,可按抽样调查的信息实行抽样转付;

平均转付。在作品使用面广、使用单价低而又难以实行精确转付或抽样转付的情况下,可对相关作品的使用费实行平均分配。

(3)同一作品有多个权利人时,应按向协会登记并核实无误的各方分享比例,将使用费转付给各权利人;如各权利人一致同意其中一个权利人代表各方收取使用费,则使用费转付给该权利人。

第三章 管理费、版权保护基金和准备金

第五条 管理费

(1)会员电影作品的著作权的使用费,协会按实收使用费提取10%作为管理费,这一比例应当随着使用费收入的增加而逐步降低。

(2)非会员电影作品的著作权的使用费,协会按实收使用费提取15%作为管理费。

(3)按与境外相关著作权协会订立的"相互代表协议"委托收取的著作权使用费,协会从实收使用费中提取8%作为管理费,非会员电影作品从实收使用费中提取12%作为管理费。

(4)管理费的使用应严格遵照会员大会表决通过的"管理费使用办法"执行,并每年向会员大会通报,接受会员监督。

第六条 版权保护基金和准备金

(1)从收到使用费至向权利人实行转付期间,使用费产生的利息纳入版权保护基金。

(2)版权保护基金及其使用办法由协会理事会决定。因确有实际需要而版权保护基金又数额不足时,理事会可提议从使用费结余或转付款项中提取适当比例注入版权保护基金,但必须经会员大会表决通过。

(3)如因无现行法律、法规和司法解释的明确依据或对作品权利登记有争议,致使其使用费无法转付时,该应转付款项留作准备金。

第四章 常 规 转 付

第七条 首次转付

(1)已按第六章规定登记的电影作品,每年收取的使用费扣除第三章规定的费

用后的金额为使用费首次转付总额。

（2）在日历年度使用费收取工作完成后一个月内开始实行首次转付。

第八条　最终转付

（1）未按第六章规定登记的电影作品，如使用者合法使用并主动交纳使用费，该项使用费列入准备金。权利人两年内作补充登记的，在登记日后一个月内可获得最终转付；逾期两年不作登记的，该项使用费纳入版权保护基金。

（2）按第三章第六条（3）留取的准备金，在确定法律依据或权利登记争议解决后一个月内，实行最终转付。

第五章　境外著作权集体管理组织收取的使用费转付和其他转付

第九条　境外著作权集体管理组织收取的使用费转付

（1）境外著作权集体管理组织收取的使用费是指境外著作权集体管理组织与协会订立相互代表协议并按协议收取的使用费。

（2）境外著作权集体管理组织收取的使用费实行单项结算并在收到使用费一个月内向权利人转付。

（3）境外收取的使用费一律按兑换日牌价向作品权利人转付人民币。

第十条　其他转付

在特殊情况下，可以根据协会理事会的决定，对某些作品实行其他转付。

第六章　附　　则

第十一条　作品登记

（1）纳入著作权集体管理的电影作品必须由权利人向协会登记，并与协会订立著作权集体管理合同。

（2）作品登记必须载明作品名称、权利人姓名或名称、著作权转让情况（已转让的应注明年限及受让方姓名或名称）、出品和首映（首播）日期等详细信息。

（3）从作品登记的日历年度开始，权利人可以获得转付的使用费。

第十二条　协会作品库

（1）协会作品库包括协会会员授权协会管理的所有电影作品。

（2）协会作品库还包括权利人自己独立授权的电影作品和境外同类组织与协会签订相互代表协议所授权的电影作品。

第十三条　办法的实行和修改

（1）本办法经会员大会讨论通过并经国务院著作权管理部门公告后实行。

（2）本办法的修改必须经理事会提请会员大会通过并报请国务院著作权管理部门批准。

第十四条　本办法解释权

本办法解释权属协会理事会。

电影作品著作权集体管理使用费收取标准

2010年9月14日国家版权局公告2010年第1号公布施行

根据《中华人民共和国著作权法》、《著作权集体管理条例》等法律法规的有关规定,借鉴国内外著作权集体管理组织的价格尺度,结合目前中国电影版权交易的实际情况,经过广泛深入地调查研究,并充分听取权利人和使用者的意见,就电影作品在大众传媒领域内的使用,制定本电影作品著作权集体管理使用费收取标准。

鉴于电影作品的可看性、受众面以及成本差异较大,为尽量准确计算使用费,以国内票房和影片成本的高低为标准将影片分为六类(其中国内票房所占比重为65%,影片成本所占比重为35%。设定 N = 国内票房×65% + 影片成本×35%):

第一类,N≥2亿元人民币的影片。

第二类,1亿元人民币≤N<2亿元人民币的影片。

第三类,5000万元人民币≤N<1亿元人民币的影片。

第四类,1000万元人民币≤N<5000万元人民币的影片。

第五类,N<1000万元人民币的影片。

第六类,未进院线上映的影片。

收取著作权使用费的电影作品包括:所有取得政府主管部门颁发的《电影片公映许可证》、且在《著作权法》规定的保护期内的影片。其中,美术片长度超过110分钟的,按110%计算,长度等于、少于85分钟的,按85%计算;科教片、(新闻)纪录片大于、等于或少于60分钟的,分别以100%、90%及80%计算。

一、网络

通过有线或无线网络提供用户在线观看或下载影片,使用的是电影作品的信息网络传播权。根据影片类别的不同,其使用费分别按以下两类办法结算:

(一)第一、二、三、四类影片的著作权使用费按用户点击次数×每次点击费用×35%计算,但是使用者应在取得使用许可时支付基本使用费:

第一类影片,距首映两年内的,基本使用费下限为10万元/部年,其后每年递减20%,至12000元/部年不再递减;

第二类影片,距首映两年内的,基本使用费为8-10万元/部年,其后每年递减20%,至10000元/部年不再递减;

第三类影片,距首映两年内的,基本使用费为6-8万元/部年,其后每年递减20%,至8000元/部年不再递减;

第四类影片,距首映两年内的,基本使用费为4-6万元/部年,其后每年递减20%,至6000元/部年不再递减。

用户点击次数×每次点击费用×35%＞基本使用费的,超过基本使用费之后的每一次点击,按20%－25%追加支付;

用户点击次数×每次点击费用×35%≤基本使用费的,则不再追加支付,但基本使用费不减。

(二)一次性结算

第五、第六类影片实行打包收费办法结算,根据打包数量以及影片种类、长度、距首映时间的长短等因素计算,确定为2000－40000元/部年。

二、网吧

网吧使用电影作品一般是通过服务器下载建立数据库提供的。网吧播映影片使用的是电影作品的复制权和放映权(或区别于互联网的局域网内使用的信息网络传播权)。其每天的使用费为:电脑总量×网吧每小时收费标准×7.5%。

三、视频点播(VOD)

由VOD运营商向用户(包括宾馆饭店)提供电影作品,使用的是电影作品的复制权和局域网信息网络传播权。

使用第一、二、三、四类影片在按点击次数收费时,应先缴纳基本使用费,再结算使用费:

(一)每年每部影片的基本使用费:由VOD运营商确定的该部影片每次点击的单价×33.3%×终端用户数×10%;

(二)年度使用费的计算方式是按VOD运营商确定的每次点击该影片的单价×30%×年点击次数,即为每部影片每年的使用费。

基本使用费必须预付,次年结算。年度使用费少于基本使用费的,基本使用费不退;多于基本使用费的则须补足。

使用第五、六类影片或第一、二、三、四类影片点播下线后纳入打包收费的,每部影片的使用费根据用户数量、距首映时间的长短及影片本身的可看性确定为5000－50000元/年。

四、交通工具

飞机、火车、轮船、长途汽车等交通工具目前一般都是通过各自公司或中介公司提供并建立的数据库播映影片,使用的是电影作品的复制权和放映权。其使用费标准如下:

(一)飞机和火车:

在影片首映两年内,其覆盖范围超过10000架次(列次)/年的,每年每部影片的使用费为:

第一类影片,2.5－5万元;

第二类影片,1.8－2.5万元;

第三类影片,1.6－1.8万元;

第四类影片,1.4－1.6万元;

第五、六类影片,2500 – 14000 元。

覆盖范围在 10000 架次(列次)/年以下的,使用费减半。

影片首映两年后,使用费可酌减。

(二)轮船:

影片首映两年内,其覆盖范围超过 5000 航次/年的,每年每部影片使用费为:

第一类影片,10000 – 11000 元;

第二类影片,9000 – 10000 元;

第三类影片,8000 – 9000 元;

第四类影片,7000 – 8000 元;

其余影片因类别和长度不同,800 – 6000 元。

覆盖范围少于 5000 航次/年的,使用费减半。

影片首映两年后,使用费可酌减。

(三)长途汽车:

凡播映电影作品的长途汽车,不分使用影片的数量及类别,一律实行统收,每辆车每年收取著作权使用费 365 – 500 元。

五、非营利性局域网

社区、机关、企事业单位的非营利性局域网播映电影,使用的是电影作品的信息网络传播权,按每 500 户终端为一个计算单位,每个计算单位每年每部影片的著作权使用费为 100 元。一年内使用满 50 部影片的按九折计算,一年内使用满 100 部的按八折计算。

六、音像制品出租

经营影片音像制品出租业务,使用的是电影作品的出租权。每年每个出租点统收电影作品出租权使用费 200 元。

七、其他

在广播、电视、网络、手机等领域通过剪辑、汇编电影作品传播的,使用的是电影作品的汇编权。使用电影作品的汇编权必须事先(或通过著作权集体管理组织)得到权利人的许可。汇编后的作品应得到权利人的认可。其使用费可根据选用量的多少等因素另行商定。

本使用费收取标准为基准价。在实施过程中根据实际情况可作适当浮动,但浮动幅度由协会理事会讨论决定。

使用音乐作品进行表演的著作权许可使用费标准

2011 年 10 月 27 日国家版权局公告 2011 年第 3 号公布

本标准根据音乐作品表演权内容分为现场表演类收费标准和机械表演类收费标

准两部分。

现场表演收费标准

音乐会、演唱会等现场表演的收费,按以下公式计算:

音乐著作权使用费 = 座位数 × 平均票价 × 4%

按此公式计算,分摊至每首音乐作品时,最低使用费为:

座位数在1000(含)以下时,每首音乐作品收费低于100元的,按100元计;

座位数在1001-2000时,每首音乐作品收费低于200元的,按200元计;

座位数在2001-5000时,每首音乐作品收费低于300元的,按300元计;

座位数在5001-10000时,每首音乐作品收费低于500元的,按500元计;

座位数在10001-20000时,每首音乐作品收费低于1000元的,按1000元计;

座位数在20001-30000时,每首音乐作品收费低于1500元的,按1500元计;

座位数在30001-40000时,每首音乐作品收费低于2000元的,按2000元计;

座位数在40001-50000时,每首音乐作品收费低于2500元的,按2500元计;

座位数在50001(含)以上时,每首音乐作品收费低于3000元的,按3000元计。

注:

"座位数",指演出场地可以提供给观众的实际座位数。

"平均票价"应依申请人演出前提供的预计出售门票的价位及其相应票数的清单计算;申请人未提供的,按各档票价之和除以档数计算。

超过5分钟的音乐作品,每5分钟按一首音乐作品计。其中,超过部分不足5分钟的,按5分钟计。

不售票的演出,每首音乐作品均应按照上述标准中的最低使用费计算。

机械表演收费标准

收费标准一 本标准适用于夜总会、歌舞厅(不含卡拉OK歌厅)、迪斯科舞厅等。

此类场所按营业面积收费,则:

1)营业面积不足100平方米的,每平方米每天收费0.15元;

2)营业面积超过100平方米的,增加的部分每平方米每天收费0.12元。

收费标准二 本标准适用于酒吧、咖啡厅、餐厅等。

1. 仅提供机械表演的:

营业面积不足40平方米的,每平方米每天收费0.025元;

营业面积超过40平方米的,增加的部分每平方米每天收费0.02元。

2. 提供机械表演和现场表演的:

营业面积不足40平方米的,每平方米每天收费0.05元;

营业面积超过40平方米的,增加的部分每平方米每天收费0.04元。

3. 如设有荧光屏播放音乐作品,则每个荧光屏每年加收350元。

收费标准三 本标准适用于宾馆。

此类场所按客房数收费,其中:

五星级宾馆,每年每间客房45元;

四星级宾馆,每年每间客房40元;

三星级宾馆,每年每间客房35元;

二星级宾馆,每年每间客房15元;

一星级宾馆,每年每间客房10元。

此类场所如在客房外设有荧光屏播放音乐作品,则每个荧光屏每年加收200元。所附夜总会、歌舞厅、咖啡厅、餐厅等场所按相关标准另行计算。

收费标准四 本标准适用于各类卖场。

1. 超市

对于同一家门店:

①营业面积在200平方米(含)以下的部分,每平方米每年收费2.65元;

营业面积在201—500平方米的部分,每平方米每年收费2.60元;

营业面积在501—1000平方米的部分,每平方米每年收费2.50元;

营业面积在1001—3000平方米的部分,每平方米每年收费2.38元;

营业面积在3001—5000平方米的部分,每平方米每年收费2.25元;

营业面积在5001—10000平方米的部分,每平方米每年收费2.10元;

营业面积在10001—20000平方米的部分,每平方米每年收费1.90元;

营业面积在20001平方米以上的部分,每平方米每年收费1.80元。

依照上述标准计算,年度使用费不足200元的按200元计。

②设有荧光屏播放音乐作品的,则:

荧光屏之对角线长度不超过20英寸的,每个荧光屏每年加收200元;

荧光屏之对角线长度在20—50英寸的,每个荧光屏每年加收500元;

荧光屏之对角线长度超过50英寸的,每个荧光屏每年加收1000元。

2. 商场

对于同一家门店:

①营业面积在1000平方米(含)以下的部分,每年每平方米收费3元;

营业面积在1001—5000平方米的部分,每年每平方米收费2.8元;

营业面积在5001—10000平方米的部分,每年每平方米收费2.55元;

营业面积在10001—30000平方米的部分,每年每平方米收费2.25元;

营业面积在30001—50000平方米的部分,每年每平方米收费1.90元;

营业面积在50001—100000平方米的部分,每年每平方米收费1.5元;

营业面积在100000平方米以上的部分,每年每平方米收费1元。

依照上述标准计算,年度使用费不足500元的按500元计。

②如设有荧光屏播放音乐作品,则:

荧光屏之对角线长度不超过20英寸的,每个荧光屏每年加收200元;

荧光屏之对角线长度在 20-50 英寸的,每个荧光屏每年加收 500 元;
荧光屏之对角线长度超过 50 英寸的,每个荧光屏每年加收 1000 元。

3. 家居店

对于同一家门店:

①营业面积在 3000 平方米(含)以下的部分,每平方米每年收费 1.80 元;
营业面积在 3001-10000 平方米的部分,每平方米每年收费 1.50 元;
营业面积在 10001-20000 平方米的部分,每平方米每年收费 1.20 元;
营业面积在 20001 平方米以上的部分,每平方米每年收费 1 元。

②如设有荧光屏播放音乐作品,则:

荧光屏之对角线长度不超过 20 英寸的,每个荧光屏每年加收 200 元;
荧光屏之对角线长度在 20-50 英寸的,每个荧光屏每年加收 300 元;
荧光屏之对角线长度超过 50 英寸的,每个荧光屏每年加收 600 元。

4. 汽车四 S 店

①按照营业面积,每平方米每年收费 1.5 元;照此标准计算,年度使用费低于 200 元的按 200 元计。

②如设有荧光屏播放音乐作品,则:

荧光屏之对角线长度不超过 20 英寸的,每个荧光屏每年加收 200 元;
荧光屏之对角线长度在 20-50 英寸的,每个荧光屏每年加收 300 元;
荧光屏之对角线长度超过 50 英寸的,每个荧光屏每年加收 600 元。

5. 音像店

①按照营业面积,每平方米每年收费 5 元。照此标准计算,年度使用费低于 400 元的按 400 元计。

②设有荧光屏播放音乐作品的,每个荧光屏每年加收 200 元。

注:收费标准四所列各经营场所中,所附餐厅等已有相应收费标准的均按相应收费标准另行计算。

收费标准五 本标准适用于健身房。

对于同一家门店:

①按照营业面积,

不超过 200 平方米的部分,每平方米每年收费 4.5 元;
201-500 平方米的部分,每平方米每年收费 4.2 元;
501-1000 平方米的部分,每平方米每年收费 4 元;
1000 平方米以上的部分,每平方米每年收费 3.6 元。

②设有荧光屏播放音乐作品的,则:

荧光屏之对角线长度不超过 20 英寸的,每个每年 200 元;
荧光屏之对角线长度在 20-50 英寸的,每个每年 500 元;
荧光屏之对角线长度超过 50 英寸的,每个每年 1000 元。

收费标准六 本标准适用于溜冰场。

①按照营业面积,每平方米每年收费 7 元。

②设有荧光屏播放音乐作品的,每个荧光屏每年加收 500 元。

收费标准七 本标准适用于保龄球馆、台球厅、洗浴中心、美容院、发廊、影楼。

①按照营业面积,每平方米每年收费 1.8 元;照此标准计算,年度使用费低于 300 元的按 300 元计。

②设有荧光屏播放音乐作品的,每个荧光屏每年加收 350 元。

③所附餐厅等已有相应收费标准的场所均按相应收费标准另行计算。

收费标准八 本标准适用于音乐喷泉。

面积在 50 平方米以下的,每年收费 200 元;

面积在 51-300 平方米的,每年收费 400 元;

面积在 301 平方米以上的,每年收费 1000 元。

收费标准九 本标准适用于话剧、戏剧。

①以机械表演方式使用音乐作品的,按照每场每分钟 100 元的标准收取音乐著作权使用费,不足一分钟的按一分钟计算。

②以演员演唱的方式使用音乐作品的,按照每场每半分钟 100 元的标准收取音乐著作权使用费,不足半分钟的按半分钟计算。

收费标准十 本标准适用于银行、电信等行业的营业厅。

①按照营业面积,每平方米每年 5 元。照此标准计算,年度使用费低于 500 元的按 500 元计。

②设有荧光屏播放音乐作品的,每个荧光屏每年加收 400 元。

收费标准十一 本标准适用于展厅。

长期使用音乐的展厅,每平方米每天收费 0.01 元。照此标准计算,年度使用费低于 200 元的按 200 元计。

收费标准十二 本标准适用于短期展览(车展、时装展等)。

此类场所按照展台费的 1% 计算或

1. 仅以机械表演方式使用音乐作品的:每展台每天 200 元;

2. 以机械表演和现场表演两种方式使用音乐作品的:每展台每天 500 元。

本标准中所指展台以 100 平方米为单位,不足 100 平方米的按 100 平方米计算。

收费标准十三 本标准适用于办公楼、写字楼。

①每平方米每年收费 1 元。照此标准计算,年度使用费低于 200 元的按 200 元计。

②电梯间如播放音乐,则每部电梯每年加收 300 元。

③设有荧光屏播放音乐作品的,每个荧光屏每年加收 200 元。

④所附餐厅等已有相应收费标准的场所均按相应收费标准另行计算。

收费标准十四 本标准适用于公园。

此类场所按照扬声器的数量计算使用费:
1. 非主题公园,每个扬声器每年100元;
2. 主题公园,每个扬声器每年200元;
3. 游乐场,每个扬声器每年300元。

以上场所中,如有现场表演,则音乐著作权使用费加倍计算。

所附餐厅等已有相应收费标准的场所均按相应收费标准另行计算。

收费标准十五　　本标准适用于嘉年华。

在嘉年华活动中以播放背景音乐或进行现场表演(演唱会除外)的方式使用音乐作品,按照每天每千平米100元的标准收取音乐著作权使用费,不足一千平米的按一千平米计。

注:本标准中所称"嘉年华活动"特指室外大型文化、娱乐活动。

收费标准十六　　本标准适用于各类交通工具及其等候场所。

1. 客运汽车

客车数量在50辆车(含)以内的,每辆车每年收费为400元;客车数量超过50辆的,超过部分每辆车每年收费为300元。

2. 航空

国际运营线:

每运载1000名乘客每公里0.10元;

但每班次最低收费不得低于30元。

国内运营线:

每运载1000名乘客每公里0.05元;

但每班次最低收费不得低于6元。

3. 铁路

高铁线路:每车次运行每公里收费0.02元。

动车线路:每车次运行每公里收费0.015元。

直快线路和旅游线路:每车次运行每公里收费0.01元。

特快线路:每车次运行每公里收费0.008元。

快速线路:每车次运行每公里收费0.007元。

普通线路:每车次运行每公里收费0.005元。

4. 船舶

容客量不超过100人的,每艘船每年收费300元;

容客量在101-500人的,每艘船每年收费500元;

容客量在501-1000人的,每艘船每年收费1000元;

容客量超过1000人的,每艘船每年收费2000元。

5. 候车、候船、候机大厅

按照营业面积,每平方米每年收费1元。照此标准计算,每个场所年度使用费低于200元的按200元计。

收费标准十七 本标准适用于电话等候音乐。

在电话等候音乐中使用音乐作品,按照使用电话线的数量计算使用费:5条电话线以下(含5条)每年500元;5至10条电话线(含10条)每年750元;10条电话线以上每增加10条电话线每年增加400元。

注:电话线的数量应与电话总机和分机的总数相一致。

附　则

该许可标准在我国中部、西部等经济相对落后的地区执行时,可以根据实际情况进行适当调整后适用。

在连锁企业就其所属门店统一解决音乐作品表演权时,可以基于连锁企业经营规模将本标准进行适当调整后适用。

在行业协会就其会员单位统一解决音乐表演权时,可以基于行业覆盖率将本标准进行适当调整后适用。

国家版权局关于复制发行境外录音制品向著作权人付酬有关问题的通知

1. 2000年9月13日
2. 国权〔2000〕38号

各省、自治区、直辖市版权局:

近年来,国内音像出版单位和其他单位引进境外录音制品在境内复制发行时,因授权方和引进方在授权合同中未约定向词曲作品著作权人付酬事项,引起了不必要的纷争。为避免今后再发生此类纠纷,进一步规范引进境外录音制品合同,经研究,就有关事宜通知如下:

一、音像出版单位或其他单位在引进境外录音制品时,应在授权合同中就向音乐作品的著作权人付酬事宜与授权方做出明确约定。

二、凡在合同中约定由引进方(包括音像出版单位或其他单位)向境外录音制品中的词曲著作权人付酬,词曲著作权人是中国音乐著作权协会会员的,或词曲著作权人所属的集体管理协会与中国音乐著作权协会签订相互代理协议的,引进方应将使用报酬支付给中国音乐著作权协会。词曲著作权人不属于中国音乐著作权协会管理范围的,引进方应直接向词曲著作权人付酬或委托著作权集体管理组织代为转付。

三、引进方支付报酬的标准按国家版权局颁发的《录音法定许可付酬标准暂行规定》和《关于录音法定许可付酬标准暂行规定的补充通知》中规定的标准支付。

请各地版权局将本通知转发当地音像出版单位,并认真检查执行情况。

三、专　利

1. 综　合

中华人民共和国专利法

1. 1984 年 3 月 12 日第六届全国人民代表大会常务委员会第四次会议通过
2. 根据 1992 年 9 月 4 日第七届全国人民代表大会常务委员会第二十七次会议《关于修改〈中华人民共和国专利法〉的决定》第一次修正
3. 根据 2000 年 8 月 25 日第九届全国人民代表大会常务委员会第十七次会议《关于修改〈中华人民共和国专利法〉的决定》第二次修正
4. 根据 2008 年 12 月 27 日第十一届全国人民代表大会常务委员会第六次会议《关于修改〈中华人民共和国专利法〉的决定》第三次修正
5. 根据 2020 年 10 月 17 日第十三届全国人民代表大会常务委员会第二十二次会议《关于修改〈中华人民共和国专利法〉的决定》第四次修正

目　录

第一章　总　则
第二章　授予专利权的条件
第三章　专利的申请
第四章　专利申请的审查和批准
第五章　专利权的期限、终止和无效
第六章　专利实施的特别许可
第七章　专利权的保护
第八章　附　则

第一章　总　则

第一条　【立法目的】为了保护专利权人的合法权益,鼓励发明创造,推动发明创造的应用,提高创新能力,促进科学技术进步和经济社会发展,制定本法。

第二条　【发明创造范围】本法所称的发明创造是指发明、实用新型和外观设计。

发明,是指对产品、方法或者其改进所提出的新的技术方案。

实用新型,是指对产品的形状、构造或者其结合所提出的适于实用的新的技术方案。

外观设计,是指对产品的整体或者局部的形状、图案或者其结合以及色彩与形状、图案的结合所作出的富有美感并适于工业应用的新设计。

第三条 【管理部门】国务院专利行政部门负责管理全国的专利工作;统一受理和审查专利申请,依法授予专利权。

省、自治区、直辖市人民政府管理专利工作的部门负责本行政区域内的专利管理工作。

第四条 【保密处理】申请专利的发明创造涉及国家安全或者重大利益需要保密的,按照国家有关规定办理。

第五条 【不授予专利权的情形】对违反法律、社会公德或者妨害公共利益的发明创造,不授予专利权。

对违反法律、行政法规的规定获取或者利用遗传资源,并依赖该遗传资源完成的发明创造,不授予专利权。

第六条 【职务发明】执行本单位的任务或者主要是利用本单位的物质技术条件所完成的发明创造为职务发明创造。职务发明创造申请专利的权利属于该单位,申请被批准后,该单位为专利权人。该单位可以依法处置其职务发明创造申请专利的权利和专利权,促进相关发明创造的实施和运用。

非职务发明创造,申请专利的权利属于发明人或者设计人;申请被批准后,该发明人或者设计人为专利权人。

利用本单位的物质技术条件所完成的发明创造,单位与发明人或者设计人订有合同,对申请专利的权利和专利权的归属作出约定的,从其约定。

第七条 【非职务专利申请】对发明人或者设计人的非职务发明创造专利申请,任何单位或者个人不得压制。

第八条 【合作发明专利权归属】两个以上单位或者个人合作完成的发明创造、一个单位或者个人接受其他单位或者个人委托所完成的发明创造,除另有协议的以外,申请专利的权利属于完成或者共同完成的单位或者个人;申请被批准后,申请的单位或者个人为专利权人。

第九条 【同一发明创造只授一项专利】同样的发明创造只能授予一项专利权。但是,同一申请人同日对同样的发明创造既申请实用新型专利又申请发明专利,先获得的实用新型专利权尚未终止,且申请人声明放弃该实用新型专利权的,可以授予发明专利权。

两个以上的申请人分别就同样的发明创造申请专利的,专利权授予最先申请的人。

第十条 【申请权、专利权转让】专利申请权和专利权可以转让。

中国单位或者个人向外国人、外国企业或者外国其他组织转让专利申请权或者专利权的,应当依照有关法律、行政法规的规定办理手续。

转让专利申请权或者专利权的,当事人应当订立书面合同,并向国务院专利行政部门登记,由国务院专利行政部门予以公告。专利申请权或者专利权的转让自登记之日起生效。

第十一条　【排他规定】发明和实用新型专利权被授予后,除本法另有规定的以外,任何单位或者个人未经专利权人许可,都不得实施其专利,即不得为生产经营目的制造、使用、许诺销售、销售、进口其专利产品,或者使用其专利方法以及使用、许诺销售、销售、进口依照该专利方法直接获得的产品。

外观设计专利权被授予后,任何单位或者个人未经专利权人许可,都不得实施其专利,即不得为生产经营目的制造、许诺销售、销售、进口其外观设计专利产品。

第十二条　【许可合同】任何单位或者个人实施他人专利的,应当与专利权人订立实施许可合同,向专利权人支付专利使用费。被许可人无权允许合同规定以外的任何单位或者个人实施该专利。

第十三条　【实施费用支付】发明专利申请公布后,申请人可以要求实施其发明的单位或者个人支付适当的费用。

第十四条　【共有专利权的实施】专利申请权或者专利权的共有人对权利的行使有约定的,从其约定。没有约定的,共有人可以单独实施或者以普通许可方式许可他人实施该专利;许可他人实施该专利的,收取的使用费应当在共有人之间分配。

除前款规定的情形外,行使共有的专利申请权或者专利权应当取得全体共有人的同意。

第十五条　【职务发明奖励】被授予专利权的单位应当对职务发明创造的发明人或者设计人给予奖励;发明创造专利实施后,根据其推广应用的范围和取得的经济效益,对发明人或者设计人给予合理的报酬。

国家鼓励被授予专利权的单位实行产权激励,采取股权、期权、分红等方式,使发明人或者设计人合理分享创新收益。

第十六条　【署名权与标识权】发明人或者设计人有权在专利文件中写明自己是发明人或者设计人。

专利权人有权在其专利产品或者该产品的包装上标明专利标识。

第十七条　【涉外规定】在中国没有经常居所或者营业所的外国人、外国企业或者外国其他组织在中国申请专利的,依照其所属国同中国签订的协议或者共同参加的国际条约,或者依照互惠原则,根据本法办理。

第十八条　【外国人或组织专利事务委托】在中国没有经常居所或者营业所的外国人、外国企业或者外国其他组织在中国申请专利和办理其他专利事务的,应当委托依法设立的专利代理机构办理。

中国单位或者个人在国内申请专利和办理其他专利事务的,可以委托依法设立的专利代理机构办理。

专利代理机构应当遵守法律、行政法规,按照被代理人的委托办理专利申请或者其他专利事务;对被代理人发明创造的内容,除专利申请已经公布或者公告的以外,负有保密责任。专利代理机构的具体管理办法由国务院规定。

第十九条　【中国人涉外专利申请委托】任何单位或者个人将在中国完成的发明或者实用新型向外国申请专利的,应当事先报经国务院专利行政部门进行保密审查。保密审查的程序、期限等按照国务院的规定执行。

中国单位或者个人可以根据中华人民共和国参加的有关国际条约提出专利国际申请。申请人提出专利国际申请的,应当遵守前款规定。

国务院专利行政部门依照中华人民共和国参加的有关国际条约、本法和国务院有关规定处理专利国际申请。

对违反本条第一款规定向外国申请专利的发明或者实用新型,在中国申请专利的,不授予专利权。

第二十条　【滥用专利权的处理】申请专利和行使专利权应当遵循诚实信用原则。不得滥用专利权损害公共利益或者他人合法权益。

滥用专利权,排除或者限制竞争,构成垄断行为的,依照《中华人民共和国反垄断法》处理。

第二十一条　【专利审查要求】国务院专利行政部门应当按照客观、公正、准确、及时的要求,依法处理有关专利的申请和请求。

国务院专利行政部门应当加强专利信息公共服务体系建设,完整、准确、及时发布专利信息,提供专利基础数据,定期出版专利公报,促进专利信息传播与利用。

在专利申请公布或者公告前,国务院专利行政部门的工作人员及有关人员对其内容负有保密责任。

第二章　授予专利权的条件

第二十二条　【授予条件】授予专利权的发明和实用新型,应当具备新颖性、创造性和实用性。

新颖性,是指该发明或者实用新型不属于现有技术;也没有任何单位或者个人就同样的发明或者实用新型在申请日以前向国务院专利行政部门提出过申请,并记载在申请日以后公布的专利申请文件或者公告的专利文件中。

创造性,是指与现有技术相比,该发明具有突出的实质性特点和显著的进步,该实用新型具有实质性特点和进步。

实用性,是指该发明或者实用新型能够制造或者使用,并且能够产生积极效果。

本法所称现有技术,是指申请日以前在国内外为公众所知的技术。

第二十三条　【外观设计专利权授予条件】授予专利权的外观设计,应当不属于现有设计;也没有任何单位或者个人就同样的外观设计在申请日以前向国务院专利行政部门提出过申请,并记载在申请日以后公告的专利文件中。

授予专利权的外观设计与现有设计或者现有设计特征的组合相比,应当具有明显区别。

授予专利权的外观设计不得与他人在申请日以前已经取得的合法权利相冲突。

本法所称现有设计,是指申请日以前在国内外为公众所知的设计。

第二十四条 【新颖性保持特殊规定】申请专利的发明创造在申请日以前六个月内,有下列情形之一的,不丧失新颖性:

(一)在国家出现紧急状态或者非常情况时,为公共利益目的首次公开的;

(二)在中国政府主办或者承认的国际展览会上首次展出的;

(三)在规定的学术会议或者技术会议上首次发表的;

(四)他人未经申请人同意而泄露其内容的。

第二十五条 【不授予专利权的情形】对下列各项,不授予专利权:

(一)科学发现;

(二)智力活动的规则和方法;

(三)疾病的诊断和治疗方法;

(四)动物和植物品种;

(五)原子核变换方法以及用原子核变换方法获得的物质;

(六)对平面印刷品的图案、色彩或者二者的结合作出的主要起标识作用的设计。

对前款第(四)项所列产品的生产方法,可以依照本法规定授予专利权。

第三章 专利的申请

第二十六条 【发明或实用新型专利申请文件】申请发明或者实用新型专利的,应当提交请求书、说明书及其摘要和权利要求书等文件。

请求书应当写明发明或者实用新型的名称,发明人的姓名,申请人姓名或者名称、地址,以及其他事项。

说明书应当对发明或者实用新型作出清楚、完整的说明,以所属技术领域的技术人员能够实现为准;必要的时候,应当有附图。摘要应当简要说明发明或者实用新型的技术要点。

权利要求书应当以说明书为依据,清楚、简要地限定要求专利保护的范围。

依赖遗传资源完成的发明创造,申请人应当在专利申请文件中说明该遗传资源的直接来源和原始来源;申请人无法说明原始来源的,应当陈述理由。

第二十七条 【外观设计专利权申请文件】申请外观设计专利的,应当提交请求书、该外观设计的图片或者照片以及对该外观设计的简要说明等文件。

申请人提交的有关图片或者照片应当清楚地显示要求专利保护的产品的外观设计。

第二十八条 【申请日确定】国务院专利行政部门收到专利申请文件之日为申请日。如果申请文件是邮寄的,以寄出的邮戳日为申请日。

第二十九条 【申请优先权】申请人自发明或者实用新型在外国第一次提出专利申请之日起十二个月内,或者自外观设计在外国第一次提出专利申请之日起六个月内,又在中国就相同主题提出专利申请的,依照该外国同中国签订的协议或者共同参加的国际条约,或者依照相互承认优先权的原则,可以享有优先权。

申请人自发明或者实用新型在中国第一次提出专利申请之日起十二个月内,或者自外观设计在中国第一次提出专利申请之日起六个月内,又向国务院专利行政部门就相同主题提出专利申请的,可以享有优先权。

第三十条 【优先权书面声明】申请人要求发明、实用新型专利优先权的,应当在申请的时候提出书面声明,并且在第一次提出申请之日起十六个月内,提交第一次提出的专利申请文件的副本。

申请人要求外观设计专利优先权的,应当在申请的时候提出书面声明,并且在三个月内提交第一次提出的专利申请文件的副本。

申请人未提出书面声明或者逾期未提交专利申请文件副本的,视为未要求优先权。

第三十一条 【专利数量确定】一件发明或者实用新型专利申请应当限于一项发明或者实用新型。属于一个总的发明构思的两项以上的发明或者实用新型,可以作为一件申请提出。

一件外观设计专利申请应当限于一项外观设计。同一产品两项以上的相似外观设计,或者用于同一类别并且成套出售或者使用的产品的两项以上外观设计,可以作为一件申请提出。

第三十二条 【申请撤回】申请人可以在被授予专利权之前随时撤回其专利申请。

第三十三条 【申请文件修改】申请人可以对其专利申请文件进行修改,但是,对发明和实用新型专利申请文件的修改不得超出原说明书和权利要求书记载的范围,对外观设计专利申请文件的修改不得超出原图片或者照片表示的范围。

第四章 专利申请的审查和批准

第三十四条 【审查结果公布】国务院专利行政部门收到发明专利申请后,经初步审查认为符合本法要求的,自申请日起满十八个月,即行公布。国务院专利行政部门可以根据申请人的请求早日公布其申请。

第三十五条 【实质审查】发明专利申请自申请日起三年内,国务院专利行政部门可以根据申请人随时提出的请求,对其申请进行实质审查;申请人无正当理由逾期不请求实质审查的,该申请即被视为撤回。

国务院专利行政部门认为必要的时候,可以自行对发明专利申请进行实质审查。

第三十六条 【实质审查资料提交】发明专利的申请人请求实质审查的时候,应当提交在申请日前与其发明有关的参考资料。

发明专利已经在外国提出过申请的,国务院专利行政部门可以要求申请人在指定期限内提交该国为审查其申请进行检索的资料或者审查结果的资料;无正当理由逾期不提交的,该申请即被视为撤回。

第三十七条 【申请不符合规定的处理】国务院专利行政部门对发明专利申请进行实质审查后,认为不符合本法规定的,应当通知申请人,要求其在指定的期限内陈述意见,或者对其申请进行修改;无正当理由逾期不答复的,该申请即被视为撤回。

第三十八条 【驳回申请情形】发明专利申请经申请人陈述意见或者进行修改后,国务院专利行政部门仍然认为不符合本法规定的,应当予以驳回。

第三十九条 【发明专利权的授予】发明专利申请经实质审查没有发现驳回理由的,由国务院专利行政部门作出授予发明专利权的决定,发给发明专利证书,同时予以登记和公告。发明专利权自公告之日起生效。

第四十条 【实用新型和外观设计专利权的授予】实用新型和外观设计专利申请经初步审查没有发现驳回理由的,由国务院专利行政部门作出授予实用新型专利权或者外观设计专利权的决定,发给相应的专利证书,同时予以登记和公告。实用新型专利权和外观设计专利权自公告之日起生效。

第四十一条 【专利申请复审】专利申请人对国务院专利行政部门驳回申请的决定不服的,可以自收到通知之日起三个月内向国务院专利行政部门请求复审。国务院专利行政部门复审后,作出决定,并通知专利申请人。

专利申请人对国务院专利行政部门的复审决定不服的,可以自收到通知之日起三个月内向人民法院起诉。

第五章 专利权的期限、终止和无效

第四十二条 【专利权期限】发明专利权的期限为二十年,实用新型专利权的期限为十年,外观设计专利权的期限为十五年,均自申请日起计算。

自发明专利申请日起满四年,且自实质审查请求之日起满三年后授予发明专利权的,国务院专利行政部门应专利权人的请求,就发明专利在授权过程中的不合理延迟给予专利权期限补偿,但由申请人引起的不合理延迟除外。

为补偿新药上市审评审批占用的时间,对在中国获得上市许可的新药相关发明专利,国务院专利行政部门应专利权人的请求给予专利权期限补偿。补偿期限不超过五年,新药批准上市后总有效专利权期限不超过十四年。

第四十三条 【年费】专利权人应当自被授予专利权的当年开始缴纳年费。

第四十四条 【专利权提前终止情形】有下列情形之一的,专利权在期限届满前终止:

(一)没有按照规定缴纳年费的;

(二)专利权人以书面声明放弃其专利权的。

专利权在期限届满前终止的,由国务院专利行政部门登记和公告。

第四十五条 【专利权授予异议】自国务院专利行政部门公告授予专利权之日起,任何单位或者个人认为该专利权的授予不符合本法有关规定的,可以请求国务院专利行政部门宣告该专利权无效。

第四十六条 【异议审查】国务院专利行政部门对宣告专利权无效的请求应当及时审查和作出决定,并通知请求人和专利权人。宣告专利权无效的决定,由国务院专利行政部门登记和公告。

对国务院专利行政部门宣告专利权无效或者维持专利权的决定不服的,可以自收到通知之日起三个月内向人民法院起诉。人民法院应当通知无效宣告请求程序的对方当事人作为第三人参加诉讼。

第四十七条 【专利权宣告无效的效力和处理】宣告无效的专利权视为自始即不存在。

宣告专利权无效的决定,对在宣告专利权无效前人民法院作出并已执行的专利侵权的判决、调解书,已经履行或者强制执行的专利侵权纠纷处理决定,以及已经履行的专利实施许可合同和专利权转让合同,不具有追溯力。但是因专利权人的恶意给他人造成的损失,应当给予赔偿。

依照前款规定不返还专利侵权赔偿金、专利使用费、专利权转让费,明显违反公平原则的,应当全部或者部分返还。

第六章 专利实施的特别许可

第四十八条 【加强专利公共服务】国务院专利行政部门、地方人民政府管理专利工作的部门应当会同同级相关部门采取措施,加强专利公共服务,促进专利实施和运用。

第四十九条 【公益发明】国有企业事业单位的发明专利,对国家利益或者公共利益具有重大意义的,国务院有关主管部门和省、自治区、直辖市人民政府报经国务院批准,可以决定在批准的范围内推广应用,允许指定的单位实施,由实施单位按照国家规定向专利权人支付使用费。

第五十条 【开放许可声明】专利权人自愿以书面方式向国务院专利行政部门声明愿意许可任何单位或者个人实施其专利,并明确许可使用费支付方式、标准的,由国务院专利行政部门予以公告,实行开放许可。就实用新型、外观设计专利提出开放许可声明的,应当提供专利权评价报告。

专利权人撤回开放许可声明的,应当以书面方式提出,并由国务院专利行政部门予以公告。开放许可声明被公告撤回的,不影响在先给予的开放许可的效力。

第五十一条 【开放许可使用费】任何单位或者个人有意愿实施开放许可的专利的,以书面方式通知专利权人,并依照公告的许可使用费支付方式、标准支付许可使用费后,即获得专利实施许可。

开放许可实施期间,对专利权人缴纳专利年费相应给予减免。

实行开放许可的专利权人可以与被许可人就许可使用费进行协商后给予普通许可,但不得就该专利给予独占或者排他许可。

第五十二条 【开放许可纠纷处理】当事人就实施开放许可发生纠纷的,由当事人协商解决;不愿协商或者协商不成的,可以请求国务院专利行政部门进行调解,也可以向人民法院起诉。

第五十三条 【对具备实施条件单位或个人的强制许可】有下列情形之一的,国务院专利行政部门根据具备实施条件的单位或者个人的申请,可以给予实施发明专利或者实用新型专利的强制许可:

（一）专利权人自专利权被授予之日起满三年,且自提出专利申请之日起满四年,无正当理由未实施或者未充分实施其专利的;

（二）专利权人行使专利权的行为被依法认定为垄断行为,为消除或者减少该行为对竞争产生的不利影响的。

第五十四条 【公益性强制许可】在国家出现紧急状态或者非常情况时,或者为了公共利益的目的,国务院专利行政部门可以给予实施发明专利或者实用新型专利的强制许可。

第五十五条 【药品专利强制许可】为了公共健康目的,对取得专利权的药品,国务院专利行政部门可以给予制造并将其出口到符合中华人民共和国参加的有关国际条约规定的国家或者地区的强制许可。

第五十六条 【依赖型专利强制许可】一项取得专利权的发明或者实用新型比前已经取得专利权的发明或者实用新型具有显著经济意义的重大技术进步,其实施又有赖于前一发明或者实用新型的实施的,国务院专利行政部门根据后一专利权人的申请,可以给予实施前一发明或者实用新型的强制许可。

在依照前款规定给予实施强制许可的情形下,国务院专利行政部门根据前一专利权人的申请,也可以给予实施后一发明或者实用新型的强制许可。

第五十七条 【半导体技术强制许可限制】强制许可涉及的发明创造为半导体技术的,其实施限于公共利益的目的和本法第五十三条第(二)项规定的情形。

第五十八条 【强制许可实施的重心】除依照本法第五十三条第(二)项、第五十五条规定给予的强制许可外,强制许可的实施应当主要为了供应国内市场。

第五十九条 【申请强制许可的证据提交】依照本法第五十三条第(一)项、第五十六条规定申请强制许可的单位或者个人应当提供证据,证明其以合理的条件请求专利权人许可其实施专利,但未能在合理的时间内获得许可。

第六十条 【强制许可的通知及公告】国务院专利行政部门作出的给予实施强制许可的决定,应当及时通知专利权人,并予以登记和公告。

给予实施强制许可的决定,应当根据强制许可的理由规定实施的范围和时间。强制许可的理由消除并不再发生时,国务院专利行政部门应根据专利权人的请求,经审查后作出终止实施强制许可的决定。

第六十一条 【独占实施权的排除】取得实施强制许可的单位或者个人不享有独占的实施权,并且无权允许他人实施。

第六十二条 【费用支付】取得实施强制许可的单位或者个人应当付给专利权人合理的使用费,或者依照中华人民共和国参加的有关国际条约的规定处理使用费问题。

付给使用费的,其数额由双方协商;双方不能达成协议的,由国务院专利行政部门裁决。

第六十三条　【起诉情形】专利权人对国务院专利行政部门关于实施强制许可的决定不服的,专利权人和取得实施强制许可的单位或者个人对国务院专利行政部门关于实施强制许可的使用费的裁决不服的,可以自收到通知之日起三个月内向人民法院起诉。

第七章　专利权的保护

第六十四条　【保护范围】发明或者实用新型专利权的保护范围以其权利要求的内容为准,说明书及附图可以用于解释权利要求的内容。

外观设计专利权的保护范围以表示在图片或者照片中的该产品的外观设计为准,简要说明可以用于解释图片或者照片所表示的该产品的外观设计。

第六十五条　【纠纷解决】未经专利权人许可,实施其专利,即侵犯其专利权,引起纠纷的,由当事人协商解决;不愿协商或者协商不成的,专利权人或者利害关系人可以向人民法院起诉,也可以请求管理专利工作的部门处理。管理专利工作的部门处理时,认定侵权行为成立的,可以责令侵权人立即停止侵权行为,当事人不服的,可以自收到处理通知之日起十五日内依照《中华人民共和国行政诉讼法》向人民法院起诉;侵权人期满不起诉又不停止侵权行为的,管理专利工作的部门可以申请人民法院强制执行。进行处理的管理专利工作的部门应当事人的请求,可以就侵犯专利权的赔偿数额进行调解;调解不成的,当事人可以依照《中华人民共和国民事诉讼法》向人民法院起诉。

第六十六条　【专利侵权纠纷的举证要求】专利侵权纠纷涉及新产品制造方法的发明专利的,制造同样产品的单位或者个人应当提供其产品制造方法不同于专利方法的证明。

专利侵权纠纷涉及实用新型专利或者外观设计专利的,人民法院或者管理专利工作的部门可以要求专利权人或者利害关系人出具由国务院专利行政部门对相关实用新型或者外观设计进行检索、分析和评价后作出的专利权评价报告,作为审理、处理专利侵权纠纷的证据;专利权人、利害关系人或者被控侵权人也可以主动出具专利权评价报告。

第六十七条　【不构成侵权情形】在专利侵权纠纷中,被控侵权人有证据证明其实施的技术或者设计属于现有技术或者现有设计的,不构成侵犯专利权。

第六十八条　【假冒专利的法律责任】假冒专利的,除依法承担民事责任外,由负责专利执法的部门责令改正并予公告,没收违法所得,可以处违法所得五倍以下的罚款;没有违法所得或者违法所得在五万元以下的,可以处二十五万元以下的罚款;构成犯罪的,依法追究刑事责任。

第六十九条　【查处涉嫌假冒专利行为】负责专利执法的部门根据已经取得的证据,对涉嫌假冒专利行为进行查处时,有权采取下列措施:

(一)询问有关当事人,调查与涉嫌违法行为有关的情况;
(二)对当事人涉嫌违法行为的场所实施现场检查;
(三)查阅、复制与涉嫌违法行为有关的合同、发票、账簿以及其他有关资料;
(四)检查与涉嫌违法行为有关的产品;
(五)对有证据证明是假冒专利的产品,可以查封或者扣押。

管理专利工作的部门应专利权人或者利害关系人的请求处理专利侵权纠纷时,可以采用前款第(一)项、第(二)项、第(四)项所列措施。

负责专利执法的部门、管理专利工作的部门依法行使前两款规定的职权时,当事人应当予以协助、配合,不得拒绝、阻挠。

第七十条　【专利侵权纠纷处理形式】国务院专利行政部门可以应专利权人或者利害关系人的请求处理在全国有重大影响的专利侵权纠纷。

地方人民政府管理专利工作的部门应专利权人或者利害关系人请求处理专利侵权纠纷,对在本行政区域内侵犯其同一专利权的案件可以合并处理;对跨区域侵犯其同一专利权的案件可以请求上级地方人民政府管理专利工作的部门处理。

第七十一条　【侵权赔偿数额确定】侵犯专利权的赔偿数额按照权利人因被侵权所受到的实际损失或者侵权人因侵权所获得的利益确定;权利人的损失或者侵权人获得的利益难以确定的,参照该专利许可使用费的倍数合理确定。对故意侵犯专利权,情节严重的,可以在按照上述方法确定数额的一倍以上五倍以下确定赔偿数额。

权利人的损失、侵权人获得的利益和专利许可使用费均难以确定的,人民法院可以根据专利权的类型、侵权行为的性质和情节等因素,确定给予三万元以上五百万元以下的赔偿。

赔偿数额还应当包括权利人为制止侵权行为所支付的合理开支。

人民法院为确定赔偿数额,在权利人已经尽力举证,而与侵权行为相关的账簿、资料主要由侵权人掌握的情况下,可以责令侵权人提供与侵权行为相关的账簿、资料;侵权人不提供或者提供虚假的账簿、资料的,人民法院可以参考权利人的主张和提供的证据判定赔偿数额。

第七十二条　【诉前保全】专利权人或者利害关系人有证据证明他人正在实施或者即将实施侵犯专利权、妨碍其实现权利的行为,如不及时制止将会使其合法权益受到难以弥补的损害的,可以在起诉前依法向人民法院申请采取财产保全、责令作出一定行为或者禁止作出一定行为的措施。

第七十三条　【诉前证据保全】为了制止专利侵权行为,在证据可能灭失或者以后难以取得的情况下,专利权人或者利害关系人可以在起诉前依法向人民法院申请保全证据。

第七十四条　【诉讼时效】侵犯专利权的诉讼时效为三年,自专利权人或者利害关系人知道或者应当知道侵权行为以及侵权人之日起计算。

发明专利申请公布后至专利权授予前使用该发明未支付适当使用费的,专利权人要求支付使用费的诉讼时效为三年,自专利权人知道或者应当知道他人使用其发明之日起计算,但是,专利权人于专利权授予之日前即已知道或者应当知道的,自专利权授予之日起计算。

第七十五条　【不视为侵权情形】有下列情形之一的,不视为侵犯专利权:

（一）专利产品或者依照专利方法直接获得的产品,由专利权人或者经其许可的单位、个人售出后,使用、许诺销售、销售、进口该产品的;

（二）在专利申请日前已经制造相同产品、使用相同方法或者已经作好制造、使用的必要准备,并且仅在原有范围内继续制造、使用的;

（三）临时通过中国领陆、领水、领空的外国运输工具,依照其所属国同中国签订的协议或者共同参加的国际条约,或者依照互惠原则,为运输工具自身需要而在其装置和设备中使用有关专利的;

（四）专为科学研究和实验而使用有关专利的;

（五）为提供行政审批所需要的信息,制造、使用、进口专利药品或者专利医疗器械的,以及专门为其制造、进口专利药品或者专利医疗器械的。

第七十六条　【药品相关专利权纠纷的解决】药品上市审评审批过程中,药品上市许可申请人与有关专利权人或者利害关系人,因申请注册的药品相关的专利权产生纠纷的,相关当事人可以向人民法院起诉,请求就申请注册的药品相关技术方案是否落入他人药品专利权保护范围作出判决。国务院药品监督管理部门在规定的期限内,可以根据人民法院生效裁判作出是否暂停批准相关药品上市的决定。

药品上市许可申请人与有关专利权人或者利害关系人也可以就申请注册的药品相关的专利权纠纷,向国务院专利行政部门请求行政裁决。

国务院药品监督管理部门会同国务院专利行政部门制定药品上市许可审批与药品上市许可申请阶段专利权纠纷解决的具体衔接办法,报国务院同意后实施。

第七十七条　【不承担赔偿责任情形】为生产经营目的使用、许诺销售或者销售不知道是未经专利权人许可而制造并售出的专利侵权产品,能证明该产品合法来源的,不承担赔偿责任。

第七十八条　【泄露国家秘密的处罚】违反本法第十九条规定向外国申请专利,泄露国家秘密的,由所在单位或者上级主管机关给予行政处分;构成犯罪的,依法追究刑事责任。

第七十九条　【主管部门推荐专利产品的禁止及处罚】管理专利工作的部门不得参与向社会推荐专利产品等经营活动。

管理专利工作的部门违反前款规定的,由其上级机关或者监察机关责令改正,消除影响,有违法收入的予以没收;情节严重的,对直接负责的主管人员和其他直接责任人员依法给予处分。

第八十条　【渎职处罚】从事专利管理工作的国家机关工作人员以及其他有关国家机

关工作人员玩忽职守、滥用职权、徇私舞弊,构成犯罪的,依法追究刑事责任;尚不构成犯罪的,依法给予处分。

第八章 附 则

第八十一条 【手续费用缴纳】向国务院专利行政部门申请专利和办理其他手续,应当按照规定缴纳费用。

第八十二条 【施行日期】本法自1985年4月1日起施行。

中华人民共和国专利法实施细则

1. 2001年6月15日中华人民共和国国务院令第306号公布
2. 根据2002年12月28日国务院令第306号《关于修改〈中华人民共和国专利法实施细则〉的决定》第一次修订
3. 根据2010年1月9日国务院令第569号《关于修改〈中华人民共和国专利法实施细则〉的决定》第二次修订
4. 根据2023年12月11日国务院令第769号《关于修改〈中华人民共和国专利法实施细则〉的决定》第三次修订

第一章 总 则

第一条 根据《中华人民共和国专利法》(以下简称专利法),制定本细则。

第二条 专利法和本细则规定的各种手续,应当以书面形式或者国务院专利行政部门规定的其他形式办理。以电子数据交换等方式能够有形地表现所载内容,并可以随时调取查用的数据电文(以下统称电子形式),视为书面形式。

第三条 依照专利法和本细则规定提交的各种文件应当使用中文;国家有统一规定的科技术语的,应当采用规范词;外国人名、地名和科技术语没有统一中文译文的,应当注明原文。

依照专利法和本细则规定提交的各种证件和证明文件是外文的,国务院专利行政部门认为必要时,可以要求当事人在指定期限内附送中文译文;期满未附送的,视为未提交该证件和证明文件。

第四条 向国务院专利行政部门邮寄的各种文件,以寄出的邮戳日为递交日;邮戳日不清晰的,除当事人能够提出证明外,以国务院专利行政部门收到日为递交日。

以电子形式向国务院专利行政部门提交各种文件的,以进入国务院专利行政部门指定的特定电子系统的日期为递交日。

国务院专利行政部门的各种文件,可以通过电子形式、邮寄、直接送交或者其他方式送达当事人。当事人委托专利代理机构的,文件送交专利代理机构;未委托专利代理机构的,文件送交请求书中指明的联系人。

国务院专利行政部门邮寄的各种文件,自文件发出之日起满 15 日,推定为当事人收到文件之日。当事人提供证据能够证明实际收到文件的日期的,以实际收到日为准。

根据国务院专利行政部门规定应当直接送交的文件,以交付日为送达日。

文件送交地址不清,无法邮寄的,可以通过公告的方式送达当事人。自公告之日起满 1 个月,该文件视为已经送达。

国务院专利行政部门以电子形式送达的各种文件,以进入当事人认可的电子系统的日期为送达日。

第五条 专利法和本细则规定的各种期限开始的当日不计算在期限内,自下一日开始计算。期限以年或者月计算的,以其最后一月的相应日为期限届满日;该月无相应日的,以该月最后一日为期限届满日;期限届满日是法定休假日的,以休假日后的第一个工作日为期限届满日。

第六条 当事人因不可抗拒的事由而延误专利法或者本细则规定的期限或者国务院专利行政部门指定的期限,导致其权利丧失的,自障碍消除之日起 2 个月内且自期限届满之日起 2 年内,可以向国务院专利行政部门请求恢复权利。

除前款规定的情形外,当事人因其他正当理由延误专利法或者本细则规定的期限或者国务院专利行政部门指定的期限,导致其权利丧失的,可以自收到国务院专利行政部门的通知之日起 2 个月内向国务院专利行政部门请求恢复权利;但是,延误复审请求期限的,可以自复审请求期限届满之日起 2 个月内向国务院专利行政部门请求恢复权利。

当事人依照本条第一款或者第二款的规定请求恢复权利的,应当提交恢复权利请求书,说明理由,必要时附具有关证明文件,并办理权利丧失前应当办理的相应手续;依照本条第二款的规定请求恢复权利的,还应当缴纳恢复权利请求费。

当事人请求延长国务院专利行政部门指定的期限的,应当在期限届满前,向国务院专利行政部门提交延长期限请求书,说明理由,并办理有关手续。

本条第一款和第二款的规定不适用专利法第二十四条、第二十九条、第四十二条、第七十四条规定的期限。

第七条 专利申请涉及国防利益需要保密的,由国防专利机构受理并进行审查;国务院专利行政部门受理的专利申请涉及国防利益需要保密的,应当及时移交国防专利机构进行审查。经国防专利机构审查没有发现驳回理由的,由国务院专利行政部门作出授予国防专利权的决定。

国务院专利行政部门认为其受理的发明或者实用新型专利申请涉及国防利益以外的国家安全或者重大利益需要保密的,应当及时作出按照保密专利申请处理的决定,并通知申请人。保密专利申请的审查、复审以及保密专利权无效宣告的特殊程序,由国务院专利行政部门规定。

第八条 专利法第十九条所称在中国完成的发明或者实用新型,是指技术方案的实质性内容在中国境内完成的发明或者实用新型。

任何单位或者个人将在中国完成的发明或者实用新型向外国申请专利的,应当按照下列方式之一请求国务院专利行政部门进行保密审查:

(一)直接向外国申请专利或者向有关国外机构提交专利国际申请的,应当事先向国务院专利行政部门提出请求,并详细说明其技术方案;

(二)向国务院专利行政部门申请专利后拟向外国申请专利或者向有关国外机构提交专利国际申请的,应当在向外国申请专利或者向有关国外机构提交专利国际申请前向国务院专利行政部门提出请求。

向国务院专利行政部门提交专利国际申请的,视为同时提出了保密审查请求。

第九条 国务院专利行政部门收到依照本细则第八条规定递交的请求后,经过审查认为该发明或者实用新型可能涉及国家安全或者重大利益需要保密的,应当在请求递交日起2个月内向申请人发出保密审查通知;情况复杂的,可以延长2个月。

国务院专利行政部门依照前款规定通知进行保密审查的,应当在请求递交日起4个月内作出是否需要保密的决定,并通知申请人;情况复杂的,可以延长2个月。

第十条 专利法第五条所称违反法律的发明创造,不包括仅其实施为法律所禁止的发明创造。

第十一条 申请专利应当遵循诚实信用原则。提出各类专利申请应当以真实发明创造活动为基础,不得弄虚作假。

第十二条 除专利法第二十八条和第四十二条规定的情形外,专利法所称申请日,有优先权的,指优先权日。

本细则所称申请日,除另有规定的外,是指专利法第二十八条规定的申请日。

第十三条 专利法第六条所称执行本单位的任务所完成的职务发明创造,是指:

(一)在本职工作中作出的发明创造;

(二)履行本单位交付的本职工作之外的任务所作出的发明创造;

(三)退休、调离原单位后或者劳动、人事关系终止后1年内作出的,与其在原单位承担的本职工作或者原单位分配的任务有关的发明创造。

专利法第六条所称本单位,包括临时工作单位;专利法第六条所称本单位的物质技术条件,是指本单位的资金、设备、零部件、原材料或者不对外公开的技术信息和资料等。

第十四条 专利法所称发明人或者设计人,是指对发明创造的实质性特点作出创造性贡献的人。在完成发明创造过程中,只负责组织工作的人、为物质技术条件的利用提供方便的人或者从事其他辅助工作的人,不是发明人或者设计人。

第十五条 除依照专利法第十条规定转让专利权外,专利权因其他事由发生转移的,当事人应当凭有关证明文件或者法律文书向国务院专利行政部门办理专利权转移手续。

专利权人与他人订立的专利实施许可合同,应当自合同生效之日起 3 个月内向国务院专利行政部门备案。

以专利权出质的,由出质人和质权人共同向国务院专利行政部门办理出质登记。

第十六条　专利工作应当贯彻党和国家知识产权战略部署,提升我国专利创造、运用、保护、管理和服务水平,支持全面创新,促进创新型国家建设。

国务院专利行政部门应当提升专利信息公共服务能力,完整、准确、及时发布专利信息,提供专利基础数据,促进专利相关数据资源的开放共享、互联互通。

第二章　专利的申请

第十七条　申请专利的,应当向国务院专利行政部门提交申请文件。申请文件应当符合规定的要求。

申请人委托专利代理机构向国务院专利行政部门申请专利和办理其他专利事务的,应当同时提交委托书,写明委托权限。

申请人有 2 人以上且未委托专利代理机构的,除请求书中另有声明的外,以请求书中指明的第一申请人为代表人。

第十八条　依照专利法第十八条第一款的规定委托专利代理机构在中国申请专利和办理其他专利事务的,涉及下列事务,申请人或者专利权人可以自行办理:

(一)申请要求优先权的,提交第一次提出的专利申请(以下简称在先申请)文件副本;

(二)缴纳费用;

(三)国务院专利行政部门规定的其他事务。

第十九条　发明、实用新型或者外观设计专利申请的请求书应当写明下列事项:

(一)发明、实用新型或者外观设计的名称;

(二)申请人是中国单位或者个人的,其名称或者姓名、地址、邮政编码、统一社会信用代码或者身份证件号码;申请人是外国人、外国企业或者外国其他组织的,其姓名或者名称、国籍或者注册的国家或者地区;

(三)发明人或者设计人的姓名;

(四)申请人委托专利代理机构的,受托机构的名称、机构代码以及该机构指定的专利代理师的姓名、专利代理师资格证号码、联系电话;

(五)要求优先权的,在先申请的申请日、申请号以及原受理机构的名称;

(六)申请人或者专利代理机构的签字或者盖章;

(七)申请文件清单;

(八)附加文件清单;

(九)其他需要写明的有关事项。

第二十条　发明或者实用新型专利申请的说明书应当写明发明或者实用新型的名称,该名称应当与请求书中的名称一致。说明书应当包括下列内容:

（一）技术领域：写明要求保护的技术方案所属的技术领域；

（二）背景技术：写明对发明或者实用新型的理解、检索、审查有用的背景技术；有可能的，并引证反映这些背景技术的文件；

（三）发明内容：写明发明或者实用新型所要解决的技术问题以及解决其技术问题采用的技术方案，并对照现有技术写明发明或者实用新型的有益效果；

（四）附图说明：说明书有附图的，对各幅附图作简略说明；

（五）具体实施方式：详细写明申请人认为实现发明或者实用新型的优选方式；必要时，举例说明；有附图的，对照附图。

发明或者实用新型专利申请人应当按照前款规定的方式和顺序撰写说明书，并在说明书每一部分前面写明标题，除非其发明或者实用新型的性质用其他方式或者顺序撰写能节约说明书的篇幅并使他人能够准确理解其发明或者实用新型。

发明或者实用新型说明书应当用词规范、语句清楚，并不得使用"如权利要求……所述的……"一类的引用语，也不得使用商业性宣传用语。

发明专利申请包含一个或者多个核苷酸或者氨基酸序列的，说明书应当包括符合国务院专利行政部门规定的序列表。

实用新型专利申请说明书应当有表示要求保护的产品的形状、构造或者其结合的附图。

第二十一条 发明或者实用新型的几幅附图应当按照"图1，图2，……"顺序编号排列。

发明或者实用新型说明书文字部分中未提及的附图标记不得在附图中出现，附图中未出现的附图标记不得在说明书文字部分中提及。申请文件中表示同一组成部分的附图标记应当一致。

附图中除必需的词语外，不应当含有其他注释。

第二十二条 权利要求书应当记载发明或者实用新型的技术特征。

权利要求书有几项权利要求的，应当用阿拉伯数字顺序编号。

权利要求书中使用的科技术语应当与说明书中使用的科技术语一致，可以有化学式或者数学式，但是不得有插图。除绝对必要的外，不得使用"如说明书……部分所述"或者"如图……所示"的用语。

权利要求中的技术特征可以引用说明书附图中相应的标记，该标记应当放在相应的技术特征后并置于括号内，便于理解权利要求。附图标记不得解释为对权利要求的限制。

第二十三条 权利要求书应当有独立权利要求，也可以有从属权利要求。

独立权利要求应当从整体上反映发明或者实用新型的技术方案，记载解决技术问题的必要技术特征。

从属权利要求应当用附加的技术特征，对引用的权利要求作进一步限定。

第二十四条 发明或者实用新型的独立权利要求应当包括前序部分和特征部分，按照下列规定撰写：

（一）前序部分：写明要求保护的发明或者实用新型技术方案的主题名称和发明或者实用新型主题与最接近的现有技术共有的必要技术特征；

（二）特征部分：使用"其特征是……"或者类似的用语，写明发明或者实用新型区别于最接近的现有技术的技术特征。这些特征和前序部分写明的特征合在一起，限定发明或者实用新型要求保护的范围。

发明或者实用新型的性质不适于用前款方式表达的，独立权利要求可以用其他方式撰写。

一项发明或者实用新型应当只有一个独立权利要求，并写在同一发明或者实用新型的从属权利要求之前。

第二十五条 发明或者实用新型的从属权利要求应当包括引用部分和限定部分，按照下列规定撰写：

（一）引用部分：写明引用的权利要求的编号及其主题名称；

（二）限定部分：写明发明或者实用新型附加的技术特征。

从属权利要求只能引用在前的权利要求。引用两项以上权利要求的多项从属权利要求，只能以择一方式引用在前的权利要求，并不得作为另一项多项从属权利要求的基础。

第二十六条 说明书摘要应当写明发明或者实用新型专利申请所公开内容的概要，即写明发明或者实用新型的名称和所属技术领域，并清楚地反映所要解决的技术问题、解决该问题的技术方案的要点以及主要用途。

说明书摘要可以包含最能说明发明的化学式；有附图的专利申请，还应当在请求书中指定一幅最能说明该发明或者实用新型技术特征的说明书附图作为摘要附图。摘要中不得使用商业性宣传用语。

第二十七条 申请专利的发明涉及新的生物材料，该生物材料公众不能得到，并且对该生物材料的说明不足以使所属领域的技术人员实施其发明的，除应当符合专利法和本细则的有关规定外，申请人还应当办理下列手续：

（一）在申请日前或者最迟在申请日（有优先权的，指优先权日），将该生物材料的样品提交国务院专利行政部门认可的保藏单位保藏，并在申请时或者最迟自申请日起4个月内提交保藏单位出具的保藏证明和存活证明；期满未提交证明的，该样品视为未提交保藏；

（二）在申请文件中，提供有关该生物材料特征的资料；

（三）涉及生物材料样品保藏的专利申请应当在请求书和说明书中写明该生物材料的分类命名（注明拉丁文名称）、保藏该生物材料样品的单位名称、地址、保藏日期和保藏编号；申请时未写明的，应当自申请日起4个月内补正；期满未补正的，视为未提交保藏。

第二十八条 发明专利申请人依照本细则第二十七条的规定保藏生物材料样品的，

在发明专利申请公布后,任何单位或者个人需要将该专利申请所涉及的生物材料作为实验目的使用的,应当向国务院专利行政部门提出请求,并写明下列事项:

(一)请求人的姓名或者名称和地址;

(二)不向其他任何人提供该生物材料的保证;

(三)在授予专利权前,只作为实验目的使用的保证。

第二十九条 专利法所称遗传资源,是指取自人体、动物、植物或者微生物等含有遗传功能单位并具有实际或者潜在价值的材料和利用此类材料产生的遗传信息;专利法所称依赖遗传资源完成的发明创造,是指利用了遗传资源的遗传功能完成的发明创造。

就依赖遗传资源完成的发明创造申请专利的,申请人应当在请求书中予以说明,并填写国务院专利行政部门制定的表格。

第三十条 申请人应当就每件外观设计产品所需要保护的内容提交有关图片或者照片。

申请局部外观设计专利的,应当提交整体产品的视图,并用虚线与实线相结合或者其他方式表明所需要保护部分的内容。

申请人请求保护色彩的,应当提交彩色图片或者照片。

第三十一条 外观设计的简要说明应当写明外观设计产品的名称、用途,外观设计的设计要点,并指定一幅最能表明设计要点的图片或者照片。省略视图或者请求保护色彩的,应当在简要说明中写明。

对同一产品的多项相似外观设计提出一件外观设计专利申请的,应当在简要说明中指定其中一项作为基本设计。

申请局部外观设计专利的,应当在简要说明中写明请求保护的部分,已在整体产品的视图中用虚线与实线相结合方式表明的除外。

简要说明不得使用商业性宣传用语,也不得说明产品的性能。

第三十二条 国务院专利行政部门认为必要时,可以要求外观设计专利申请人提交使用外观设计的产品样品或者模型。样品或者模型的体积不得超过 30 厘米 × 30 厘米 × 30 厘米,重量不得超过 15 公斤。易腐、易损或者危险品不得作为样品或者模型提交。

第三十三条 专利法第二十四条第(二)项所称中国政府承认的国际展览会,是指国际展览会公约规定的在国际展览局注册或者由其认可的国际展览会。

专利法第二十四条第(三)项所称学术会议或者技术会议,是指国务院有关主管部门或者全国性学术团体组织召开的学术会议或者技术会议,以及国务院有关主管部门认可的由国际组织召开的学术会议或者技术会议。

申请专利的发明创造有专利法第二十四条第(二)项或者第(三)项所列情形的,申请人应当在提出专利申请时声明,并自申请日起 2 个月内提交有关发明创造已经展出或者发表,以及展出或者发表日期的证明文件。

申请专利的发明创造有专利法第二十四条第(一)项或者第(四)项所列情形的,国务院专利行政部门认为必要时,可以要求申请人在指定期限内提交证明文件。

申请人未依照本条第三款的规定提出声明和提交证明文件的,或者未依照本条第四款的规定在指定期限内提交证明文件的,其申请不适用专利法第二十四条的规定。

第三十四条 申请人依照专利法第三十条的规定要求外国优先权的,申请人提交的在先申请文件副本应当经原受理机构证明。依照国务院专利行政部门与该受理机构签订的协议,国务院专利行政部门通过电子交换等途径获得在先申请文件副本的,视为申请人提交了经该受理机构证明的在先申请文件副本。要求本国优先权,申请人在请求书中写明在先申请的申请日和申请号的,视为提交了在先申请文件副本。

要求优先权,但请求书中漏写或者错写在先申请的申请日、申请号和原受理机构名称中的一项或者两项内容的,国务院专利行政部门应当通知申请人在指定期限内补正;期满未补正的,视为未要求优先权。

要求优先权的申请人的姓名或者名称与在先申请文件副本中记载的申请人姓名或者名称不一致的,应当提交优先权转让证明材料,未提交该证明材料的,视为未要求优先权。

外观设计专利申请人要求外国优先权,其在先申请未包括对外观设计的简要说明,申请人按照本细则第三十一条规定提交的简要说明未超出在先申请文件的图片或者照片表示的范围的,不影响其享有优先权。

第三十五条 申请人在一件专利申请中,可以要求一项或者多项优先权;要求多项优先权的,该申请的优先权期限从最早的优先权日起计算。

发明或者实用新型专利申请人要求本国优先权,在先申请是发明专利申请的,可以就相同主题提出发明或者实用新型专利申请;在先申请是实用新型专利申请的,可以就相同主题提出实用新型或者发明专利申请。外观设计专利申请人要求本国优先权,在先申请是发明或者实用新型专利申请的,可以就附图显示的设计提出相同主题的外观设计专利申请;在先申请是外观设计专利申请的,可以就相同主题提出外观设计专利申请。但是,提出后一申请时,在先申请的主题有下列情形之一的,不得作为要求本国优先权的基础:

(一)已经要求外国优先权或者本国优先权的;

(二)已经被授予专利权的;

(三)属于按照规定提出的分案申请的。

申请人要求本国优先权的,其在先申请自后一申请提出之日起即视为撤回,但外观设计专利申请人要求以发明或者实用新型专利申请作为本国优先权基础的除外。

第三十六条 申请人超出专利法第二十九条规定的期限,向国务院专利行政部门就相同主题提出发明或者实用新型专利申请,有正当理由的,可以在期限届满之日起2个月内请求恢复优先权。

第三十七条 发明或者实用新型专利申请人要求了优先权的,可以自优先权日起16个月内或者自申请日起4个月内,请求在请求书中增加或者改正优先权要求。

第三十八条 在中国没有经常居所或者营业所的申请人,申请专利或者要求外国优先权的,国务院专利行政部门认为必要时,可以要求其提供下列文件:

(一)申请人是个人的,其国籍证明;

(二)申请人是企业或者其他组织的,其注册的国家或者地区的证明文件;

(三)申请人的所属国,承认中国单位和个人可以按照该国国民的同等条件,在该国享有专利权、优先权和其他与专利有关的权利的证明文件。

第三十九条 依照专利法第三十一条第一款规定,可以作为一件专利申请提出的属于一个总的发明构思的两项以上的发明或者实用新型,应当在技术上相互关联,包含一个或者多个相同或者相应的特定技术特征,其中特定技术特征是指每一项发明或者实用新型作为整体,对现有技术作出贡献的技术特征。

第四十条 依照专利法第三十一条第二款规定,将同一产品的多项相似外观设计作为一件申请提出的,对该产品的其他设计应当与简要说明中指定的基本设计相似。一件外观设计专利申请中的相似外观设计不得超过10项。

专利法第三十一条第二款所称同一类别并且成套出售或者使用的产品的两项以上外观设计,是指各产品属于分类表中同一大类,习惯上同时出售或者同时使用,而且各产品的外观设计具有相同的设计构思。

将两项以上外观设计作为一件申请提出的,应当将各项外观设计的顺序编号标注在每件外观设计产品各幅图片或者照片的名称之前。

第四十一条 申请人撤回专利申请的,应当向国务院专利行政部门提出声明,写明发明创造的名称、申请号和申请日。

撤回专利申请的声明在国务院专利行政部门做好公布专利申请文件的印刷准备工作后提出的,申请文件仍予公布;但是,撤回专利申请的声明应当在以后出版的专利公报上予以公告。

第三章 专利申请的审查和批准

第四十二条 在初步审查、实质审查、复审和无效宣告程序中,实施审查和审理的人员有下列情形之一的,应当自行回避,当事人或者其他利害关系人可以要求其回避:

(一)是当事人或者其代理人的近亲属的;

(二)与专利申请或者专利权有利害关系的;

(三)与当事人或者其代理人有其他关系,可能影响公正审查和审理的;

(四)复审或者无效宣告程序中,曾参与原申请的审查的。

第四十三条 国务院专利行政部门收到发明或者实用新型专利申请的请求书、说明书(实用新型必须包括附图)和权利要求书,或者外观设计专利申请的请求书、外观设计的图片或者照片和简要说明后,应当明确申请日、给予申请号,并通知申请人。

第四十四条 专利申请文件有下列情形之一的,国务院专利行政部门不予受理,并通知申请人:

(一)发明或者实用新型专利申请缺少请求书、说明书(实用新型无附图)或者权利要求书的,或者外观设计专利申请缺少请求书、图片或者照片、简要说明的;

(二)未使用中文的;

(三)申请文件的格式不符合规定的;

(四)请求书中缺少申请人姓名或者名称,或者缺少地址的;

(五)明显不符合专利法第十七条或者第十八条第一款的规定的;

(六)专利申请类别(发明、实用新型或者外观设计)不明确或者难以确定的。

第四十五条 发明或者实用新型专利申请缺少或者错误提交权利要求书、说明书或者权利要求书、说明书的部分内容,但申请人在递交日要求了优先权的,可以自递交日起2个月内或者在国务院专利行政部门指定的期限内以援引在先申请文件的方式补交。补交的文件符合有关规定的,以首次提交文件的递交日为申请日。

第四十六条 说明书中写有对附图的说明但无附图或者缺少部分附图的,申请人应当在国务院专利行政部门指定的期限内补交附图或者声明取消对附图的说明。申请人补交附图的,以向国务院专利行政部门提交或者邮寄附图之日为申请日;取消对附图的说明的,保留原申请日。

第四十七条 两个以上的申请人同日(指申请日;有优先权的,指优先权日)分别就同样的发明创造申请专利的,应当在收到国务院专利行政部门的通知后自行协商确定申请人。

同一申请人在同日(指申请日)对同样的发明创造既申请实用新型专利又申请发明专利的,应当在申请时分别说明对同样的发明创造已申请了另一专利;未作说明的,依照专利法第九条第一款关于同样的发明创造只能授予一项专利权的规定处理。

国务院专利行政部门公告授予实用新型专利权,应当公告申请人已依照本条第二款的规定同时申请了发明专利的说明。

发明专利申请经审查没有发现驳回理由的,国务院专利行政部门应当通知申请人在规定期限内声明放弃实用新型专利权。申请人声明放弃的,国务院专利行政部门应当作出授予发明专利权的决定,并在公告授予发明专利权时一并公告申请人放弃实用新型专利权声明。申请人不同意放弃的,国务院专利行政部门应当驳回该发明专利申请;申请人期满未答复的,视为撤回该发明专利申请。

实用新型专利权自公告授予发明专利权之日起终止。

第四十八条 一件专利申请包括两项以上发明、实用新型或者外观设计的,申请人可以在本细则第六十条第一款规定的期限届满前,向国务院专利行政部门提出分案申请;但是,专利申请已经被驳回、撤回或者视为撤回的,不能提出分案申请。

国务院专利行政部门认为一件专利申请不符合专利法第三十一条和本细则第三十九条或者第四十条的规定的,应当通知申请人在指定期限内对其申请进行修改;申请人期满未答复的,该申请视为撤回。

分案的申请不得改变原申请的类别。

第四十九条 依照本细则第四十八条规定提出的分案申请,可以保留原申请日,享有优先权的,可以保留优先权日,但是不得超出原申请记载的范围。

分案申请应当依照专利法及本细则的规定办理有关手续。

分案申请的请求书中应当写明原申请的申请号和申请日。

第五十条 专利法第三十四条和第四十条所称初步审查,是指审查专利申请是否具备专利法第二十六条或者第二十七条规定的文件和其他必要的文件,这些文件是否符合规定的格式,并审查下列各项:

(一)发明专利申请是否明显属于专利法第五条、第二十五条规定的情形,是否不符合专利法第十七条、第十八条第一款、第十九条第一款或者本细则第十一条、第十九条、第二十九条第二款的规定,是否明显不符合专利法第二条第二款、第二十六条第五款、第三十一条第一款、第三十三条或者本细则第二十条至第二十四条的规定;

(二)实用新型专利申请是否明显属于专利法第五条、第二十五条规定的情形,是否不符合专利法第十七条、第十八条第一款、第十九条第一款或者本细则第十一条、第十九条至第二十二条、第二十四条至第二十六条的规定,是否明显不符合专利法第二条第三款、第二十二条、第二十六条第三款、第二十六条第四款、第三十一条第一款、第三十三条或者本细则第二十三条、第四十九条第一款的规定,是否依照专利法第九条规定不能取得专利权;

(三)外观设计专利申请是否明显属于专利法第五条、第二十五条第一款第(六)项规定的情形,是否不符合专利法第十七条、第十八条第一款或者本细则第十一条、第十九条、第三十条、第三十一条的规定,是否明显不符合专利法第二条第四款、第二十三条第一款、第二十三条第二款、第二十七条第二款、第三十一条第二款、第三十三条或者本细则第四十九条第一款的规定,是否依照专利法第九条规定不能取得专利权;

(四)申请文件是否符合本细则第二条、第三条第一款的规定。

国务院专利行政部门应当将审查意见通知申请人,要求其在指定期限内陈述意见或者补正;申请人期满未答复的,其申请视为撤回。申请人陈述意见或者补正后,国务院专利行政部门仍然认为不符合前款所列各项规定的,应当予以驳回。

第五十一条 除专利申请文件外,申请人向国务院专利行政部门提交的与专利申请有关的其他文件有下列情形之一的,视为未提交:

(一)未使用规定的格式或者填写不符合规定的；
(二)未按照规定提交证明材料的。
国务院专利行政部门应当将视为未提交的审查意见通知申请人。

第五十二条　申请人请求早日公布其发明专利申请的,应当向国务院专利行政部门声明。国务院专利行政部门对该申请进行初步审查后,除予以驳回的外,应当立即将申请予以公布。

第五十三条　申请人写明使用外观设计的产品及其所属类别的,应当使用国务院专利行政部门公布的外观设计产品分类表。未写明使用外观设计的产品所属类别或者所写的类别不确切的,国务院专利行政部门可以予以补充或者修改。

第五十四条　自发明专利申请公布之日起至公告授予专利权之日止,任何人均可以对不符合专利法规定的专利申请向国务院专利行政部门提出意见,并说明理由。

第五十五条　发明专利申请人因有正当理由无法提交专利法第三十六条规定的检索资料或者审查结果资料的,应当向国务院专利行政部门声明,并在得到有关资料后补交。

第五十六条　国务院专利行政部门依照专利法第三十五条第二款的规定对专利申请自行进行审查时,应当通知申请人。

申请人可以对专利申请提出延迟审查请求。

第五十七条　发明专利申请人在提出实质审查请求时以及在收到国务院专利行政部门发出的发明专利申请进入实质审查阶段通知书之日起的3个月内,可以对发明专利申请主动提出修改。

实用新型或者外观设计专利申请人自申请日起2个月内,可以对实用新型或者外观设计专利申请主动提出修改。

申请人在收到国务院专利行政部门发出的审查意见通知书后对专利申请文件进行修改的,应当针对通知书指出的缺陷进行修改。

国务院专利行政部门可以自行修改专利申请文件中文字和符号的明显错误。国务院专利行政部门自行修改的,应当通知申请人。

第五十八条　发明或者实用新型专利申请的说明书或者权利要求书的修改部分,除个别文字修改或者增删外,应当按照规定格式提交替换页。外观设计专利申请的图片或者照片的修改,应当按照规定提交替换页。

第五十九条　依照专利法第三十八条的规定,发明专利申请经实质审查应当予以驳回的情形是指:
(一)申请属于专利法第五条、第二十五条规定的情形,或者依照专利法第九条规定不能取得专利权的；
(二)申请不符合专利法第二条第二款、第十九条第一款、第二十二条、第二十六条第三款、第二十六条第四款、第二十六条第五款、第三十一条第一款或者本细则第十一条、第二十三条第二款规定的；

(三)申请的修改不符合专利法第三十三条规定,或者分案的申请不符合本细则第四十九条第一款的规定的。

第六十条 国务院专利行政部门发出授予专利权的通知后,申请人应当自收到通知之日起2个月内办理登记手续。申请人按期办理登记手续的,国务院专利行政部门应当授予专利权,颁发专利证书,并予以公告。

期满未办理登记手续的,视为放弃取得专利权的权利。

第六十一条 保密专利申请经审查没有发现驳回理由的,国务院专利行政部门应当作出授予保密专利权的决定,颁发保密专利证书,登记保密专利权的有关事项。

第六十二条 授予实用新型或者外观设计专利权的决定公告后,专利法第六十六条规定的专利权人、利害关系人、被控侵权人可以请求国务院专利行政部门作出专利权评价报告。申请人可以在办理专利权登记手续时请求国务院专利行政部门作出专利权评价报告。

请求作出专利权评价报告的,应当提交专利权评价报告请求书,写明专利申请号或者专利号。每项请求应当限于一项专利申请或者专利权。

专利权评价报告请求书不符合规定的,国务院专利行政部门应当通知请求人在指定期限内补正;请求人期满未补正的,视为未提出请求。

第六十三条 国务院专利行政部门应当自收到专利权评价报告请求书后2个月内作出专利权评价报告,但申请人在办理专利权登记手续时请求作出专利权评价报告的,国务院专利行政部门应当自公告授予专利权之日起2个月内作出专利权评价报告。

对同一项实用新型或者外观设计专利权,有多个请求人请求作出专利权评价报告的,国务院专利行政部门仅作出一份专利权评价报告。任何单位或者个人可以查阅或者复制该专利权评价报告。

第六十四条 国务院专利行政部门对专利公告、专利单行本中出现的错误,一经发现,应当及时更正,并对所作更正予以公告。

第四章 专利申请的复审与专利权的无效宣告

第六十五条 依照专利法第四十一条的规定向国务院专利行政部门请求复审的,应当提交复审请求书,说明理由,必要时还应当附具有关证据。

复审请求不符合专利法第十八条第一款或者第四十一条第一款规定的,国务院专利行政部门不予受理,书面通知复审请求人并说明理由。

复审请求书不符合规定格式的,复审请求人应当在国务院专利行政部门指定的期限内补正;期满未补正的,该复审请求视为未提出。

第六十六条 请求人在提出复审请求或者在对国务院专利行政部门的复审通知书作出答复时,可以修改专利申请文件;但是,修改应当仅限于消除驳回决定或者复审通知书指出的缺陷。

第六十七条 国务院专利行政部门进行复审后,认为复审请求不符合专利法和本细则有关规定或者专利申请存在其他明显违反专利法和本细则有关规定情形的,应当通知复审请求人,要求其在指定期限内陈述意见。期满未答复的,该复审请求视为撤回;经陈述意见或者进行修改后,国务院专利行政部门认为仍不符合专利法和本细则有关规定的,应当作出驳回复审请求的复审决定。

国务院专利行政部门进行复审后,认为原驳回决定不符合专利法和本细则有关规定的,或者认为经过修改的专利申请文件消除了原驳回决定和复审通知书指出的缺陷的,应当撤销原驳回决定,继续进行审查程序。

第六十八条 复审请求人在国务院专利行政部门作出决定前,可以撤回其复审请求。

复审请求人在国务院专利行政部门作出决定前撤回其复审请求的,复审程序终止。

第六十九条 依照专利法第四十五条的规定,请求宣告专利权无效或者部分无效的,应当向国务院专利行政部门提交专利权无效宣告请求书和必要的证据一式两份。无效宣告请求书应当结合提交的所有证据,具体说明无效宣告请求的理由,并指明每项理由所依据的证据。

前款所称无效宣告请求的理由,是指被授予专利的发明创造不符合专利法第二条、第十九条第一款、第二十二条、第二十三条、第二十六条第三款、第二十六条第四款、第二十七条第二款、第三十三条或者本细则第十一条、第二十三条第二款、第四十九条第一款的规定,或者属于专利法第五条、第二十五条规定的情形,或者依照专利法第九条规定不能取得专利权。

第七十条 专利权无效宣告请求不符合专利法第十八条第一款或者本细则第六十九条规定的,国务院专利行政部门不予受理。

在国务院专利行政部门就无效宣告请求作出决定之后,又以同样的理由和证据请求无效宣告的,国务院专利行政部门不予受理。

以不符合专利法第二十三条第三款的规定为理由请求宣告外观设计专利权无效,但是未提交证明权利冲突的证据的,国务院专利行政部门不予受理。

专利权无效宣告请求书不符合规定格式的,无效宣告请求人应当在国务院专利行政部门指定的期限内补正;期满未补正的,该无效宣告请求视为未提出。

第七十一条 在国务院专利行政部门受理无效宣告请求后,请求人可以在提出无效宣告请求之日起1个月内增加理由或者补充证据。逾期增加理由或者补充证据的,国务院专利行政部门可以不予考虑。

第七十二条 国务院专利行政部门应当将专利权无效宣告请求书和有关文件的副本送交专利权人,要求其在指定的期限内陈述意见。

专利权人和无效宣告请求人应当在指定期限内答复国务院专利行政部门发出的转送文件通知书或者无效宣告请求审查通知书;期满未答复的,不影响国务院专利行政部门审理。

第七十三条 在无效宣告请求的审查过程中,发明或者实用新型专利的专利权人可以修改其权利要求书,但是不得扩大原专利的保护范围。国务院专利行政部门在修改后的权利要求基础上作出维持专利权有效或者宣告专利权部分无效的决定的,应当公告修改后的权利要求。

发明或者实用新型专利的专利权人不得修改专利说明书和附图,外观设计专利的专利权人不得修改图片、照片和简要说明。

第七十四条 国务院专利行政部门根据当事人的请求或者案情需要,可以决定对无效宣告请求进行口头审理。

国务院专利行政部门决定对无效宣告请求进行口头审理的,应当向当事人发出口头审理通知书,告知举行口头审理的日期和地点。当事人应当在通知书指定的期限内作出答复。

无效宣告请求人对国务院专利行政部门发出的口头审理通知书在指定的期限内未作答复,并且不参加口头审理的,其无效宣告请求视为撤回;专利权人不参加口头审理的,可以缺席审理。

第七十五条 在无效宣告请求审查程序中,国务院专利行政部门指定的期限不得延长。

第七十六条 国务院专利行政部门对无效宣告的请求作出决定前,无效宣告请求人可以撤回其请求。

国务院专利行政部门作出决定之前,无效宣告请求人撤回其请求或者其无效宣告请求被视为撤回的,无效宣告请求审查程序终止。但是,国务院专利行政部门认为根据已进行的审查工作能够作出宣告专利权无效或者部分无效的决定的,不终止审查程序。

第五章 专利权期限补偿

第七十七条 依照专利法第四十二条第二款的规定请求给予专利权期限补偿的,专利权人应当自公告授予专利权之日起3个月内向国务院专利行政部门提出。

第七十八条 依照专利法第四十二条第二款的规定给予专利权期限补偿的,补偿期限按照发明专利在授权过程中不合理延迟的实际天数计算。

前款所称发明专利在授权过程中不合理延迟的实际天数,是指自发明专利申请日起满4年且自实质审查请求之日起满3年之日至公告授予专利权之日的间隔天数,减去合理延迟的天数和由申请人引起的不合理延迟的天数。

下列情形属于合理延迟:

(一)依照本细则第六十六条的规定修改专利申请文件后被授予专利权的,因复审程序引起的延迟;

(二)因本细则第一百零三条、第一百零四条规定情形引起的延迟;

(三)其他合理情形引起的延迟。

同一申请人同日对同样的发明创造既申请实用新型又申请发明专利,依照本细则第四十七条第四款的规定取得发明专利权的,该发明专利权的期限不适用专利法第四十二条第二款的规定。

第七十九条 专利法第四十二条第二款规定的由申请人引起的不合理延迟包括以下情形:

(一)未在指定期限内答复国务院专利行政部门发出的通知;

(二)申请延迟审查;

(三)因本细则第四十五条规定情形引起的延迟;

(四)其他由申请人引起的不合理延迟。

第八十条 专利法第四十二条第三款所称新药相关发明专利是指符合规定的新药产品专利、制备方法专利、医药用途专利。

第八十一条 依照专利法第四十二条第三款的规定请求给予新药相关发明专利权期限补偿的,应当符合下列要求,自该新药在中国获得上市许可之日起3个月内向国务院专利行政部门提出:

(一)该新药同时存在多项专利的,专利权人只能请求对其中一项专利给予专利权期限补偿;

(二)一项专利同时涉及多个新药的,只能对一个新药就该专利提出专利权期限补偿请求;

(三)该专利在有效期内,且尚未获得过新药相关发明专利权期限补偿。

第八十二条 依照专利法第四十二条第三款的规定给予专利权期限补偿的,补偿期限按照该专利申请日至该新药在中国获得上市许可之日的间隔天数减去5年,在符合专利法第四十二条第三款规定的基础上确定。

第八十三条 新药相关发明专利在专利权期限补偿期间,该专利的保护范围限于该新药及其经批准的适应症相关技术方案;在保护范围内,专利权人享有的权利和承担的义务与专利权期限补偿前相同。

第八十四条 国务院专利行政部门对依照专利法第四十二条第二款、第三款的规定提出的专利权期限补偿请求进行审查后,认为符合补偿条件的,作出给予期限补偿的决定,并予以登记和公告;不符合补偿条件的,作出不予期限补偿的决定,并通知提出请求的专利权人。

第六章 专利实施的特别许可

第八十五条 专利权人自愿声明对其专利实行开放许可的,应当在公告授予专利权后提出。

开放许可声明应当写明以下事项:

(一)专利号;

(二)专利权人的姓名或者名称;

(三)专利许可使用费支付方式、标准;

(四)专利许可期限;

(五)其他需要明确的事项。

开放许可声明内容应当准确、清楚,不得出现商业性宣传用语。

第八十六条 专利权有下列情形之一的,专利权人不得对其实行开放许可:
(一)专利权处于独占或者排他许可有效期限内的;
(二)属于本细则第一百零三条、第一百零四条规定的中止情形的;
(三)没有按照规定缴纳年费的;
(四)专利权被质押,未经质权人同意的;
(五)其他妨碍专利权有效实施的情形。

第八十七条 通过开放许可达成专利实施许可的,专利权人或者被许可人应当凭能够证明达成许可的书面文件向国务院专利行政部门备案。

第八十八条 专利权人不得通过提供虚假材料、隐瞒事实等手段,作出开放许可声明或者在开放许可实施期间获得专利年费减免。

第八十九条 专利法第五十三条第(一)项所称未充分实施其专利,是指专利权人及其被许可人实施其专利的方式或者规模不能满足国内对专利产品或者专利方法的需求。

专利法第五十五条所称取得专利权的药品,是指解决公共健康问题所需的医药领域中的任何专利产品或者依照专利方法直接获得的产品,包括取得专利权的制造该产品所需的活性成分以及使用该产品所需的诊断用品。

第九十条 请求给予强制许可的,应当向国务院专利行政部门提交强制许可请求书,说明理由并附具有关证明文件。

国务院专利行政部门应当将强制许可请求书的副本送交专利权人,专利权人应当在国务院专利行政部门指定的期限内陈述意见;期满未答复的,不影响国务院专利行政部门作出决定。

国务院专利行政部门在作出驳回强制许可请求的决定或者给予强制许可的决定前,应当通知请求人和专利权人拟作出的决定及其理由。

国务院专利行政部门依照专利法第五十五条的规定作出给予强制许可的决定,应当同时符合中国缔结或者参加的有关国际条约关于为了解决公共健康问题而给予强制许可的规定,但中国作出保留的除外。

第九十一条 依照专利法第六十二条的规定,请求国务院专利行政部门裁决使用费数额的,当事人应当提出裁决请求书,并附具双方不能达成协议的证明文件。国务院专利行政部门应当自收到请求书之日起3个月内作出裁决,并通知当事人。

第七章 对职务发明创造的发明人或者设计人的奖励和报酬

第九十二条 被授予专利权的单位可以与发明人、设计人约定或者在其依法制定的规章制度中规定专利法第十五条规定的奖励、报酬的方式和数额。鼓励被授予专利权的单位实行产权激励,采取股权、期权、分红等方式,使发明人或者设计人合理分享创新收益。

企业、事业单位给予发明人或者设计人的奖励、报酬,按照国家有关财务、会计制度的规定进行处理。

第九十三条 被授予专利权的单位未与发明人、设计人约定也未在其依法制定的规章制度中规定专利法第十五条规定的奖励的方式和数额的,应当自公告授予专利权之日起3个月内发给发明人或者设计人奖金。一项发明专利的奖金最低不少于4000元;一项实用新型专利或者外观设计专利的奖金最低不少于1500元。

由于发明人或者设计人的建议被其所属单位采纳而完成的发明创造,被授予专利权的单位应当从优发给奖金。

第九十四条 被授予专利权的单位未与发明人、设计人约定也未在其依法制定的规章制度中规定专利法第十五条规定的报酬的方式和数额的,应当依照《中华人民共和国促进科技成果转化法》的规定,给予发明人或者设计人合理的报酬。

第八章 专利权的保护

第九十五条 省、自治区、直辖市人民政府管理专利工作的部门以及专利管理工作量大又有实际处理能力的地级市、自治州、盟、地区和直辖市的区人民政府管理专利工作的部门,可以处理和调解专利纠纷。

第九十六条 有下列情形之一的,属于专利法第七十条所称的在全国有重大影响的专利侵权纠纷:

(一)涉及重大公共利益的;

(二)对行业发展有重大影响的;

(三)跨省、自治区、直辖市区域的重大案件;

(四)国务院专利行政部门认为可能有重大影响的其他情形。

专利权人或者利害关系人请求国务院专利行政部门处理专利侵权纠纷,相关案件不属于在全国有重大影响的专利侵权纠纷的,国务院专利行政部门可以指定有管辖权的地方人民政府管理专利工作的部门处理。

第九十七条 当事人请求处理专利侵权纠纷或者调解专利纠纷的,由被请求人所在地或者侵权行为地的管理专利工作的部门管辖。

两个以上管理专利工作的部门都有管辖权的专利纠纷,当事人可以向其中一个管理专利工作的部门提出请求;当事人向两个以上有管辖权的管理专利工作的部门提出请求的,由最先受理的管理专利工作的部门管辖。

管理专利工作的部门对管辖权发生争议的,由其共同的上级人民政府管理专利工作的部门指定管辖;无共同上级人民政府管理专利工作的部门的,由国务院专利行政部门指定管辖。

第九十八条 在处理专利侵权纠纷过程中,被请求人提出无效宣告请求并被国务院专利行政部门受理的,可以请求管理专利工作的部门中止处理。

管理专利工作的部门认为被请求人提出的中止理由明显不能成立的,可以不中止处理。

第九十九条 专利权人依照专利法第十六条的规定,在其专利产品或者该产品的包装上标明专利标识的,应当按照国务院专利行政部门规定的方式予以标明。

专利标识不符合前款规定的,由县级以上负责专利执法的部门责令改正。

第一百条 申请人或者专利权人违反本细则第十一条、第八十八条规定的,由县级以上负责专利执法的部门予以警告,可以处10万元以下的罚款。

第一百零一条 下列行为属于专利法第六十八条规定的假冒专利的行为:

(一)在未被授予专利权的产品或者其包装上标注专利标识,专利权被宣告无效后或者终止后继续在产品或者其包装上标注专利标识,或者未经许可在产品或者产品包装上标注他人的专利号;

(二)销售第(一)项所述产品;

(三)在产品说明书等材料中将未被授予专利权的技术或者设计称为专利技术或者专利设计,将专利申请称为专利,或者未经许可使用他人的专利号,使公众将所涉及的技术或者设计误认为是专利技术或者专利设计;

(四)伪造或者变造专利证书、专利文件或者专利申请文件;

(五)其他使公众混淆,将未被授予专利权的技术或者设计误认为是专利技术或者专利设计的行为。

专利权终止前依法在专利产品、依照专利方法直接获得的产品或者其包装上标注专利标识,在专利权终止后许诺销售、销售该产品的,不属于假冒专利行为。

销售不知道是假冒专利的产品,并且能够证明该产品合法来源的,由县级以上负责专利执法的部门责令停止销售。

第一百零二条 除专利法第六十五条规定的外,管理专利工作的部门应当事人请求,可以对下列专利纠纷进行调解:

(一)专利申请权和专利权归属纠纷;

(二)发明人、设计人资格纠纷;

(三)职务发明创造的发明人、设计人的奖励和报酬纠纷;

(四)在发明专利申请公布后专利权授予前使用发明而未支付适当费用的纠纷;

(五)其他专利纠纷。

对于前款第(四)项所列的纠纷,当事人请求管理专利工作的部门调解的,应当在专利权被授予之后提出。

第一百零三条 当事人因专利申请权或者专利权的归属发生纠纷,已请求管理专利工作的部门调解或者向人民法院起诉的,可以请求国务院专利行政部门中止有关程序。

依照前款规定请求中止有关程序的,应当向国务院专利行政部门提交请求书,说明理由,并附具管理专利工作的部门或者人民法院的写明申请号或者专利号的有关受理文件副本。国务院专利行政部门认为当事人提出的中止理由明显不能成立的,可以不中止有关程序。

管理专利工作的部门作出的调解书或者人民法院作出的判决生效后,当事人应当向国务院专利行政部门办理恢复有关程序的手续。自请求中止之日起1年内,有关专利申请权或者专利权归属的纠纷未能结案,需要继续中止有关程序的,请求人应当在该期限内请求延长中止。期满未请求延长的,国务院专利行政部门自行恢复有关程序。

第一百零四条 人民法院在审理民事案件中裁定对专利申请权或者专利权采取保全措施的,国务院专利行政部门应当在收到写明申请号或者专利号的裁定书和协助执行通知书之日中止被保全的专利申请权或者专利权的有关程序。保全期限届满,人民法院没有裁定继续采取保全措施的,国务院专利行政部门自行恢复有关程序。

第一百零五条 国务院专利行政部门根据本细则第一百零三条和第一百零四条规定中止有关程序,是指暂停专利申请的初步审查、实质审查、复审程序,授予专利权程序和专利权无效宣告程序;暂停办理放弃、变更、转移专利权或者专利申请权手续,专利权质押手续以及专利权期限届满前的终止手续等。

第九章 专利登记和专利公报

第一百零六条 国务院专利行政部门设置专利登记簿,登记下列与专利申请和专利权有关的事项:
(一)专利权的授予;
(二)专利申请权、专利权的转移;
(三)专利权的质押、保全及其解除;
(四)专利实施许可合同的备案;
(五)国防专利、保密专利的解密;
(六)专利权的无效宣告;
(七)专利权的终止;
(八)专利权的恢复;
(九)专利权期限的补偿;
(十)专利实施的开放许可;
(十一)专利实施的强制许可;
(十二)专利权人的姓名或者名称、国籍和地址的变更。

第一百零七条 国务院专利行政部门定期出版专利公报,公布或者公告下列内容:
(一)发明专利申请的著录事项和说明书摘要;
(二)发明专利申请的实质审查请求和国务院专利行政部门对发明专利申请自行进行实质审查的决定;
(三)发明专利申请公布后的驳回、撤回、视为撤回、视为放弃、恢复和转移;
(四)专利权的授予以及专利权的著录事项;
(五)实用新型专利的说明书摘要,外观设计专利的一幅图片或者照片;

(六)国防专利、保密专利的解密;
(七)专利权的无效宣告;
(八)专利权的终止、恢复;
(九)专利权期限的补偿;
(十)专利权的转移;
(十一)专利实施许可合同的备案;
(十二)专利权的质押、保全及其解除;
(十三)专利实施的开放许可事项;
(十四)专利实施的强制许可的给予;
(十五)专利权人的姓名或者名称、国籍和地址的变更;
(十六)文件的公告送达;
(十七)国务院专利行政部门作出的更正;
(十八)其他有关事项。

第一百零八条 国务院专利行政部门应当提供专利公报、发明专利申请单行本以及发明专利、实用新型专利、外观设计专利单行本,供公众免费查阅。

第一百零九条 国务院专利行政部门负责按照互惠原则与其他国家、地区的专利机关或者区域性专利组织交换专利文献。

第十章 费 用

第一百一十条 向国务院专利行政部门申请专利和办理其他手续时,应当缴纳下列费用:
(一)申请费、申请附加费、公布印刷费、优先权要求费;
(二)发明专利申请实质审查费、复审费;
(三)年费;
(四)恢复权利请求费、延长期限请求费;
(五)著录事项变更费、专利权评价报告请求费、无效宣告请求费、专利文件副本证明费。

前款所列各种费用的缴纳标准,由国务院发展改革部门、财政部门会同国务院专利行政部门按照职责分工规定。国务院财政部门、发展改革部门可以会同国务院专利行政部门根据实际情况对申请专利和办理其他手续应当缴纳的费用种类和标准进行调整。

第一百一十一条 专利法和本细则规定的各种费用,应当严格按照规定缴纳。

直接向国务院专利行政部门缴纳费用的,以缴纳当日为缴费日;以邮局汇付方式缴纳费用的,以邮局汇出的邮戳日为缴费日;以银行汇付方式缴纳费用的,以银行实际汇出日为缴费日。

多缴、重缴、错缴专利费用的,当事人可以自缴费日起3年内,向国务院专利行政部门提出退款请求,国务院专利行政部门应当予以退还。

第一百一十二条　申请人应当自申请日起2个月内或者在收到受理通知书之日起15日内缴纳申请费、公布印刷费和必要的申请附加费;期满未缴纳或者未缴足的,其申请视为撤回。

申请人要求优先权的,应当在缴纳申请费的同时缴纳优先权要求费;期满未缴纳或者未缴足的,视为未要求优先权。

第一百一十三条　当事人请求实质审查或者复审的,应当在专利法及本细则规定的相关期限内缴纳费用;期满未缴纳或者未缴足的,视为未提出请求。

第一百一十四条　申请人办理登记手续时,应当缴纳授予专利权当年的年费;期满未缴纳或者未缴足的,视为未办理登记手续。

第一百一十五条　授予专利权当年以后的年费应当在上一年度期满前缴纳。专利权人未缴纳或者未缴足的,国务院专利行政部门应当通知专利权人自应当缴纳年费期满之日起6个月内补缴,同时缴纳滞纳金;滞纳金的金额按照每超过规定的缴费时间1个月,加收当年全额年费的5%计算;期满未缴纳的,专利权自应当缴纳年费期满之日起终止。

第一百一十六条　恢复权利请求费应当在本细则规定的相关期限内缴纳;期满未缴纳或者未缴足的,视为未提出请求。

延长期限请求费应当在相应期限届满之日前缴纳;期满未缴纳或者未缴足的,视为未提出请求。

著录事项变更费、专利权评价报告请求费、无效宣告请求费应当自提出请求之日起1个月内缴纳;期满未缴纳或者未缴足的,视为未提出请求。

第一百一十七条　申请人或者专利权人缴纳本细则规定的各种费用有困难的,可以按照规定向国务院专利行政部门提出减缴的请求。减缴的办法由国务院财政部门会同国务院发展改革部门、国务院专利行政部门规定。

第十一章　关于发明、实用新型国际申请的特别规定

第一百一十八条　国务院专利行政部门根据专利法第十九条规定,受理按照专利合作条约提出的专利国际申请。

按照专利合作条约提出并指定中国的专利国际申请(以下简称国际申请)进入国务院专利行政部门处理阶段(以下称进入中国国家阶段)的条件和程序适用本章的规定;本章没有规定的,适用专利法及本细则其他各章的有关规定。

第一百一十九条　按照专利合作条约已确定国际申请日并指定中国的国际申请,视为向国务院专利行政部门提出的专利申请,该国际申请日视为专利法第二十八条所称的申请日。

第一百二十条　国际申请的申请人应当在专利合作条约第二条所称的优先权日(本章简称优先权日)起30个月内,向国务院专利行政部门办理进入中国国家阶段的手续;申请人未在该期限内办理该手续的,在缴纳宽限费后,可以在自优先权日起32个月内办理进入中国国家阶段的手续。

第一百二十一条 申请人依照本细则第一百二十条的规定办理进入中国国家阶段的手续的,应当符合下列要求:

(一)以中文提交进入中国国家阶段的书面声明,写明国际申请号和要求获得的专利权类型;

(二)缴纳本细则第一百一十条第一款规定的申请费、公布印刷费,必要时缴纳本细则第一百二十条规定的宽限费;

(三)国际申请以外文提出的,提交原始国际申请的说明书和权利要求书的中文译文;

(四)在进入中国国家阶段的书面声明中写明发明创造的名称,申请人姓名或者名称、地址和发明人的姓名,上述内容应当与世界知识产权组织国际局(以下简称国际局)的记录一致;国际申请中未写明发明人的,在上述声明中写明发明人的姓名;

(五)国际申请以外文提出的,提交摘要的中文译文,有附图和摘要附图的,提交附图副本并指定摘要附图,附图中有文字的,将其替换为对应的中文文字;

(六)在国际阶段向国际局已办理申请人变更手续的,必要时提供变更后的申请人享有申请权的证明材料;

(七)必要时缴纳本细则第一百一十条第一款规定的申请附加费。

符合本条第一款第(一)项至第(三)项要求的,国务院专利行政部门应当给予申请号,明确国际申请进入中国国家阶段的日期(以下简称进入日),并通知申请人其国际申请已进入中国国家阶段。

国际申请已进入中国国家阶段,但不符合本条第一款第(四)项至第(七)项要求的,国务院专利行政部门应当通知申请人在指定期限内补正;期满未补正的,其申请视为撤回。

第一百二十二条 国际申请有下列情形之一的,其在中国的效力终止:

(一)在国际阶段,国际申请被撤回或者被视为撤回,或者国际申请对中国的指定被撤回的;

(二)申请人未在优先权日起32个月内按照本细则第一百二十条规定办理进入中国国家阶段手续的;

(三)申请人办理进入中国国家阶段的手续,但自优先权日起32个月期限届满仍不符合本细则第一百二十一条第(一)项至第(三)项要求的。

依照前款第(一)项的规定,国际申请在中国的效力终止的,不适用本细则第六条的规定;依照前款第(二)项、第(三)项的规定,国际申请在中国的效力终止的,不适用本细则第六条第二款的规定。

第一百二十三条 国际申请在国际阶段作过修改,申请人要求以经修改的申请文件为基础进行审查的,应当自进入日起2个月内提交修改部分的中文译文。在该期间内未提交中文译文的,对申请人在国际阶段提出的修改,国务院专利行政部门不予考虑。

第一百二十四条 国际申请涉及的发明创造有专利法第二十四条第(二)项或者第(三)项所列情形之一,在提出国际申请时作过声明的,申请人应当在进入中国国家阶段的书面声明中予以说明,并自进入日起 2 个月内提交本细则第三十三条第三款规定的有关证明文件;未予说明或者期满未提交证明文件的,其申请不适用专利法第二十四条的规定。

第一百二十五条 申请人按照专利合作条约的规定,对生物材料样品的保藏已作出说明的,视为已经满足了本细则第二十七条第(三)项的要求。申请人应当在进入中国国家阶段声明中指明记载生物材料样品保藏事项的文件以及在该文件中的具体记载位置。

申请人在原始提交的国际申请的说明书中已记载生物材料样品保藏事项,但是没有在进入中国国家阶段声明中指明的,应当自进入日起 4 个月内补正。期满未补正的,该生物材料视为未提交保藏。

申请人自进入日起 4 个月内向国务院专利行政部门提交生物材料样品保藏证明和存活证明的,视为在本细则第二十七条第(一)项规定的期限内提交。

第一百二十六条 国际申请涉及的发明创造依赖遗传资源完成的,申请人应当在国际申请进入中国国家阶段的书面声明中予以说明,并填写国务院专利行政部门制定的表格。

第一百二十七条 申请人在国际阶段已要求一项或者多项优先权,在进入中国国家阶段时该优先权要求继续有效的,视为已经依照专利法第三十条的规定提出了书面声明。

申请人应当自进入日起 2 个月内缴纳优先权要求费;期满未缴纳或者未缴足的,视为未要求该优先权。

申请人在国际阶段已依照专利合作条约的规定,提交过在先申请文件副本的,办理进入中国国家阶段手续时不需要向国务院专利行政部门提交在先申请文件副本。申请人在国际阶段未提交在先申请文件副本的,国务院专利行政部门认为必要时,可以通知申请人在指定期限内补交;申请人期满未补交的,其优先权要求视为未提出。

第一百二十八条 国际申请的申请日在优先权期限届满之后 2 个月内,在国际阶段受理局已经批准恢复优先权的,视为已经依照本细则第三十六条的规定提出了恢复优先权请求;在国际阶段申请人未请求恢复优先权,或者提出了恢复优先权请求但受理局未批准,申请人有正当理由的,可以自进入日起 2 个月内向国务院专利行政部门请求恢复优先权。

第一百二十九条 在优先权日起 30 个月期满前要求国务院专利行政部门提前处理和审查国际申请的,申请人除应当办理进入中国国家阶段手续外,还应当依照专利合作条约第二十三条第二款规定提出请求。国际局尚未向国务院专利行政部门传送国际申请的,申请人应当提交经确认的国际申请副本。

第一百三十条 要求获得实用新型专利权的国际申请,申请人可以自进入日起2个月内对专利申请文件主动提出修改。

要求获得发明专利权的国际申请,适用本细则第五十七条第一款的规定。

第一百三十一条 申请人发现提交的说明书、权利要求书或者附图中的文字的中文译文存在错误的,可以在下列规定期限内依照原始国际申请文本提出改正:

(一)在国务院专利行政部门做好公布发明专利申请或者公告实用新型专利权的准备工作之前;

(二)在收到国务院专利行政部门发出的发明专利申请进入实质审查阶段通知书之日起3个月内。

申请人改正译文错误的,应当提出书面请求并缴纳规定的译文改正费。

申请人按照国务院专利行政部门的通知书的要求改正译文的,应当在指定期限内办理本条第二款规定的手续;期满未办理规定手续的,该申请视为撤回。

第一百三十二条 对要求获得发明专利权的国际申请,国务院专利行政部门经初步审查认为符合专利法和本细则有关规定的,应当在专利公报上予以公布;国际申请以中文以外的文字提出的,应当公布申请文件的中文译文。

要求获得发明专利权的国际申请,由国际局以中文进行国际公布的,自国际公布日或者国务院专利行政部门公布之日起适用专利法第十三条的规定;由国际局以中文以外的文字进行国际公布的,自国务院专利行政部门公布之日起适用专利法第十三条的规定。

对国际申请,专利法第二十一条和第二十二条中所称的公布是指本条第一款所规定的公布。

第一百三十三条 国际申请包含两项以上发明或者实用新型的,申请人可以自进入日起,依照本细则第四十八条第一款的规定提出分案申请。

在国际阶段,国际检索单位或者国际初步审查单位认为国际申请不符合专利合作条约规定的单一性要求时,申请人未按照规定缴纳附加费,导致国际申请某些部分未经国际检索或者未经国际初步审查,在进入中国国家阶段时,申请人要求将所述部分作为审查基础,国务院专利行政部门认为国际检索单位或者国际初步审查单位对发明单一性的判断正确的,应当通知申请人在指定期限内缴纳单一性恢复费。期满未缴纳或者未足额缴纳的,国际申请中未经检索或者未经国际初步审查的部分视为撤回。

第一百三十四条 国际申请在国际阶段被有关国际单位拒绝给予国际申请日或者宣布视为撤回的,申请人在收到通知之日起2个月内,可以请求国际局将国际申请档案中任何文件的副本转交国务院专利行政部门,并在该期限内向国务院专利行政部门办理本细则第一百二十条规定的手续,国务院专利行政部门应当在接到国际局传送的文件后,对国际单位作出的决定是否正确进行复查。

第一百三十五条　基于国际申请授予的专利权,由于译文错误,致使依照专利法第六十四条规定确定的保护范围超出国际申请的原文所表达的范围的,以依据原文限制后的保护范围为准;致使保护范围小于国际申请的原文所表达的范围的,以授权时的保护范围为准。

第十二章　关于外观设计国际申请的特别规定

第一百三十六条　国务院专利行政部门根据专利法第十九条第二款、第三款规定,处理按照工业品外观设计国际注册海牙协定(1999年文本)(以下简称海牙协定)提出的外观设计国际注册申请。

　　国务院专利行政部门处理按照海牙协定提出并指定中国的外观设计国际注册申请(简称外观设计国际申请)的条件和程序适用本章的规定;本章没有规定的,适用专利法及本细则其他各章的有关规定。

第一百三十七条　按照海牙协定已确定国际注册日并指定中国的外观设计国际申请,视为向国务院专利行政部门提出的外观设计专利申请,该国际注册日视为专利法第二十八条所称的申请日。

第一百三十八条　国际局公布外观设计国际申请后,国务院专利行政部门对外观设计国际申请进行审查,并将审查结果通知国际局。

第一百三十九条　国际局公布的外观设计国际申请中包括一项或者多项优先权的,视为已经依照专利法第三十条的规定提出了书面声明。

　　外观设计国际申请的申请人要求优先权的,应当自外观设计国际申请公布之日起3个月内提交在先申请文件副本。

第一百四十条　外观设计国际申请涉及的外观设计有专利法第二十四条第(二)项或者第(三)项所列情形的,应当在提出外观设计国际申请时声明,并自外观设计国际申请公布之日起2个月内提交本细则第三十三条第三款规定的有关证明文件。

第一百四十一条　一件外观设计国际申请包括两项以上外观设计的,申请人可以自外观设计国际申请公布之日起2个月内,向国务院专利行政部门提出分案申请,并缴纳费用。

第一百四十二条　国际局公布的外观设计国际申请中包括含设计要点的说明书的,视为已经依照本细则第三十一条的规定提交了简要说明。

第一百四十三条　外观设计国际申请经国务院专利行政部门审查后没有发现驳回理由的,由国务院专利行政部门作出给予保护的决定,通知国际局。

　　国务院专利行政部门作出给予保护的决定后,予以公告,该外观设计专利权自公告之日起生效。

第一百四十四条　已在国际局办理权利变更手续的,申请人应当向国务院专利行政部门提供有关证明材料。

第十三章　附　　则

第一百四十五条　经国务院专利行政部门同意,任何人均可以查阅或者复制已经公布或者公告的专利申请的案卷和专利登记簿,并可以请求国务院专利行政部门出具专利登记簿副本。

已视为撤回、驳回和主动撤回的专利申请的案卷,自该专利申请失效之日起满2年后不予保存。

已放弃、宣告全部无效和终止的专利权的案卷,自该专利权失效之日起满3年后不予保存。

第一百四十六条 向国务院专利行政部门提交申请文件或者办理各种手续,应当由申请人、专利权人、其他利害关系人或者其代表人签字或者盖章;委托专利代理机构的,由专利代理机构盖章。

请求变更发明人姓名、专利申请人和专利权人的姓名或者名称、国籍和地址、专利代理机构的名称、地址和专利代理师姓名的,应当向国务院专利行政部门办理著录事项变更手续,必要时应当提交变更理由的证明材料。

第一百四十七条 向国务院专利行政部门邮寄有关申请或者专利权的文件,应当使用挂号信函,不得使用包裹。

除首次提交专利申请文件外,向国务院专利行政部门提交各种文件、办理各种手续的,应当标明申请号或者专利号、发明创造名称和申请人或者专利权人姓名或者名称。

一件信函中应当只包含同一申请的文件。

第一百四十八条 国务院专利行政部门根据专利法和本细则制定专利审查指南。

第一百四十九条 本细则自2001年7月1日起施行。1992年12月12日国务院批准修订、1992年12月21日中国专利局发布的《中华人民共和国专利法实施细则》同时废止。

国防专利条例

1. 2004年9月17日国务院、中央军事委员会令第418号公布
2. 自2004年11月1日起施行

第一章 总 则

第一条 为了保护有关国防的发明专利权,确保国家秘密,便利发明创造的推广应用,促进国防科学技术的发展,适应国防现代化建设的需要,根据《中华人民共和国专利法》,制定本条例。

第二条 国防专利是指涉及国防利益以及对国防建设具有潜在作用需要保密的发明专利。

第三条 国家国防专利机构(以下简称国防专利机构)负责受理和审查国防专利申

请。经国防专利机构审查认为符合本条例规定的,由国务院专利行政部门授予国防专利权。

国务院国防科学技术工业主管部门和中国人民解放军总装备部(以下简称总装备部)分别负责地方系统和军队系统的国防专利管理工作。

第四条 涉及国防利益或者对国防建设具有潜在作用被确定为绝密级国家秘密的发明不得申请国防专利。

国防专利申请以及国防专利的保密工作,在解密前依照《中华人民共和国保守国家秘密法》和国家有关规定进行管理。

第五条 国防专利权的保护期限为20年,自申请日起计算。

第六条 国防专利在保护期内,因情况变化需要变更密级、解密或者国防专利权终止后需要延长保密期限的,国防专利机构可以作出变更密级、解密或者延长保密期限的决定;但是对在申请国防专利前已被确定为国家秘密的,应当征得原确定密级和保密期限的机关、单位或者其上级机关的同意。

被授予国防专利权的单位或者个人(以下统称国防专利权人)可以向国防专利机构提出变更密级、解密或者延长保密期限的书面申请;属于国有企业事业单位或者军队单位的,应当附送原确定密级和保密期限的机关、单位或者其上级机关的意见。

国防专利机构应当将变更密级、解密或者延长保密期限的决定,在该机构出版的《国防专利内部通报》上刊登,并通知国防专利权人,同时将解密的国防专利报送国务院专利行政部门转为普通专利。国务院专利行政部门应当及时将解密的国防专利向社会公告。

第七条 国防专利申请权和国防专利权经批准可以向国内的中国单位和个人转让。

转让国防专利申请权或者国防专利权,应当确保国家秘密不被泄露,保证国防和军队建设不受影响,并向国防专利机构提出书面申请,由国防专利机构进行初步审查后依照本条例第三条第二款规定的职责分工,及时报送国务院国防科学技术工业主管部门、总装备部审批。

国务院国防科学技术工业主管部门、总装备部应当自国防专利机构受理申请之日起30日内作出批准或者不批准的决定;作出不批准决定的,应当书面通知申请人并说明理由。

经批准转让国防专利申请权或者国防专利权的,当事人应当订立书面合同,并向国防专利机构登记,由国防专利机构在《国防专利内部通报》上刊登。国防专利申请权或者国防专利权的转让自登记之日起生效。

第八条 禁止向国外的单位和个人以及在国内的外国人和外国机构转让国防专利申请权和国防专利权。

第九条 需要委托专利代理机构申请国防专利和办理其他国防专利事务的,应当委托国防专利机构指定的专利代理机构办理。专利代理机构及其工作人员对在办理国防专利申请和其他国防专利事务过程中知悉的国家秘密,负有保密义务。

第二章　国防专利的申请、审查和授权

第十条　申请国防专利的,应当向国防专利机构提交请求书、说明书及其摘要和权利要求书等文件。

国防专利申请人应当按照国防专利机构规定的要求和统一格式撰写申请文件,并亲自送交或者经过机要通信以及其他保密方式传交国防专利机构,不得按普通函件邮寄。

国防专利机构收到国防专利申请文件之日为申请日;申请文件通过机要通信邮寄的,以寄出的邮戳日为申请日。

第十一条　国防专利机构定期派人到国务院专利行政部门查看普通专利申请,发现其中有涉及国防利益或者对国防建设具有潜在作用需要保密的,经国务院专利行政部门同意后转为国防专利申请,并通知申请人。

普通专利申请转为国防专利申请后,国防专利机构依照本条例的有关规定对该国防专利申请进行审查。

第十二条　授予国防专利权的发明,应当具备新颖性、创造性和实用性。

新颖性,是指在申请日之前没有同样的发明在国外出版物上公开发表过、在国内出版物上发表过、在国内使用过或者以其他方式为公众所知,也没有同样的发明由他人提出过申请并在申请日以后获得国防专利权。

创造性,是指同申请日之前已有的技术相比,该发明有突出的实质性特点和显著的进步。

实用性,是指该发明能够制造或者使用,并且能够产生积极效果。

第十三条　申请国防专利的发明在申请日之前 6 个月内,有下列情形之一的,不丧失新颖性:

(一)在国务院有关主管部门、中国人民解放军有关主管部门举办的内部展览会上首次展出的;

(二)在国务院有关主管部门、中国人民解放军有关主管部门召开的内部学术会议或者技术会议上首次发表的;

(三)他人未经国防专利申请人同意而泄露其内容的。

有前款所列情形的,国防专利申请人应当在申请时声明,并自申请日起 2 个月内提供有关证明文件。

第十四条　国防专利机构对国防专利申请进行审查后,认为不符合本条例规定的,应当通知国防专利申请人在指定的期限内陈述意见或者对其国防专利申请进行修改、补正;无正当理由逾期不答复的,该国防专利申请即被视为撤回。

国防专利申请人在自申请日起 6 个月内或者在对第一次审查意见通知书进行答复时,可以对其国防专利申请主动提出修改。

申请人对其国防专利申请文件进行修改不得超出原说明书和权利要求书记载

的范围。

第十五条 国防专利申请人陈述意见或者对国防专利申请进行修改、补正后,国防专利机构认为仍然不符合本条例规定的,应当予以驳回。

第十六条 国防专利机构设立国防专利复审委员会,负责国防专利的复审和无效宣告工作。

国防专利复审委员会由技术专家和法律专家组成,其主任委员由国防专利机构负责人兼任。

第十七条 国防专利申请人对国防专利机构驳回申请的决定不服的,可以自收到通知之日起3个月内,向国防专利复审委员会请求复审。国防专利复审委员会复审并作出决定后,通知国防专利申请人。

第十八条 国防专利申请经审查认为没有驳回理由或者驳回后经过复审认为不应当驳回的,由国务院专利行政部门作出授予国防专利权的决定,并委托国防专利机构颁发国防专利证书,同时在国务院专利行政部门出版的专利公报上公告该国防专利的申请日、授权日和专利号。国防专利机构应当将该国防专利的有关事项予以登记,并在《国防专利内部通报》上刊登。

第十九条 任何单位或者个人认为国防专利权的授予不符合本条例规定的,可以向国防专利复审委员会提出宣告该国防专利权无效的请求。

第二十条 国防专利复审委员会对宣告国防专利权无效的请求进行审查并作出决定后,通知请求人和国防专利权人。宣告国防专利权无效的决定,国防专利机构应当予以登记并在《国防专利内部通报》上刊登,国务院专利行政部门应当在专利公报上公布。

第三章　国防专利的实施

第二十一条 国防专利机构应当自授予国防专利权之日起3个月内,将该国防专利有关文件副本送交国务院有关主管部门或者中国人民解放军有关主管部门。收到文件副本的部门,应当在4个月内就该国防专利的实施提出书面意见,并通知国防专利机构。

第二十二条 国务院有关主管部门、中国人民解放军有关主管部门,可以允许其指定的单位实施本系统或者本部门内的国防专利;需要指定实施本系统或者本部门以外的国防专利的,应当向国防专利机构提出书面申请,由国防专利机构依照本条例第三条第二款规定的职责分工报国务院国防科学技术工业主管部门、总装备部批准后实施。

国防专利机构对国防专利的指定实施予以登记,并在《国防专利内部通报》上刊登。

第二十三条 实施他人国防专利的单位应当与国防专利权人订立书面实施合同,依照本条例第二十五条的规定向国防专利权人支付费用,并报国防专利机构备案。实施单位不得允许合同规定以外的单位实施该国防专利。

第二十四条 国防专利权人许可国外的单位或者个人实施其国防专利的,应当确保国家秘密不被泄露,保证国防和军队建设不受影响,并向国防专利机构提出书面申请,由国防专利机构进行初步审查后依照本条例第三条第二款规定的职责分工,及时报送国务院国防科学技术工业主管部门、总装备部审批。

国务院国防科学技术工业主管部门、总装备部应当自国防专利机构受理申请之日起30日内作出批准或者不批准的决定;作出不批准决定的,应当书面通知申请人并说明理由。

第二十五条　实施他人国防专利的,应当向国防专利权人支付国防专利使用费。实施使用国家直接投入的国防科研经费或者其他国防经费进行科研活动所产生的国防专利,符合产生该国防专利的经费使用目的的,可以只支付必要的国防专利实施费;但是,科研合同另有约定或者科研任务书另有规定的除外。

前款所称国防专利实施费,是指国防专利实施中发生的为提供技术资料、培训人员以及进一步开发技术等所需的费用。

第二十六条　国防专利指定实施的实施费或者使用费的数额,由国防专利权人与实施单位协商确定;不能达成协议的,由国防专利机构裁决。

第二十七条　国家对国防专利权人给予补偿。国防专利机构在颁发国防专利证书后,向国防专利权人支付国防专利补偿费,具体数额由国防专利机构确定。属于职务发明的,国防专利权人应当将不少于50%的补偿费发给发明人。

第四章　国防专利的管理和保护

第二十八条　国防专利机构出版的《国防专利内部通报》属于国家秘密文件,其知悉范围由国防专利机构确定。

《国防专利内部通报》刊登下列内容:
(一)国防专利申请中记载的著录事项;
(二)国防专利的权利要求书;
(三)发明说明书的摘要;
(四)国防专利权的授予;
(五)国防专利权的终止;
(六)国防专利权的无效宣告;
(七)国防专利申请权、国防专利权的转移;
(八)国防专利的指定实施;
(九)国防专利实施许可合同的备案;
(十)国防专利的变更密级、解密;
(十一)国防专利保密期限的延长;
(十二)国防专利权人的姓名或者名称、地址的变更;
(十三)其他有关事项。

第二十九条　国防专利权被授予后,有下列情形之一的,经国防专利机构同意,可以查阅国防专利说明书:

(一)提出宣告国防专利权无效请求的;
(二)需要实施国防专利的;
(三)发生国防专利纠纷的;
(四)因国防科研需要的。
查阅者对其在查阅过程中知悉的国家秘密负有保密义务。

第三十条 国务院有关主管部门、中国人民解放军有关主管部门和各省、自治区、直辖市的国防科学技术工业管理部门应当指定一个机构管理国防专利工作,并通知国防专利机构。该管理国防专利工作的机构在业务上受国防专利机构指导。

承担国防科研、生产任务以及参与军事订货的军队单位、国务院履行出资人职责的企业和国务院直属事业单位,应当指定相应的机构管理本单位的国防专利工作。

第三十一条 国防专利机构应当事人请求,可以对下列国防专利纠纷进行调解:
(一)国防专利申请权和国防专利权归属纠纷;
(二)国防专利发明人资格纠纷;
(三)职务发明的发明人的奖励和报酬纠纷;
(四)国防专利使用费和实施费纠纷。

第三十二条 除《中华人民共和国专利法》和本条例另有规定的以外,未经国防专利权人许可实施其国防专利,即侵犯其国防专利权,引起纠纷的,由当事人协商解决;不愿协商或者协商不成的,国防专利权人或者利害关系人可以向人民法院起诉,也可以请求国防专利机构处理。

第三十三条 违反本条例规定,泄露国家秘密的,依照《中华人民共和国保守国家秘密法》和国家有关规定处理。

第五章 附 则

第三十四条 向国防专利机构申请国防专利和办理其他手续,应当按照规定缴纳费用。

第三十五条 《中华人民共和国专利法》和《中华人民共和国专利法实施细则》的有关规定适用于国防专利,但本条例有专门规定的依照本条例的规定执行。

第三十六条 本条例自2004年11月1日起施行。1990年7月30日国务院、中央军事委员会批准的《国防专利条例》同时废止。

专利标识标注办法

1. 2012年3月8日国家知识产权局令第63号公布
2. 自2012年5月1日起施行

第一条 为了规范专利标识的标注方式,维护正常的市场经济秩序,根据《中华人民共和国专利法》(以下简称专利法)和《中华人民共和国专利法实施细则》的有关规定,制定本办法。

第二条　标注专利标识的,应当按照本办法予以标注。

第三条　管理专利工作的部门负责在本行政区域内对标注专利标识的行为进行监督管理。

第四条　在授予专利权之后的专利权有效期内,专利权人或者经专利权人同意享有专利标识标注权的被许可人可以在其专利产品、依照专利方法直接获得的产品、该产品的包装或者该产品的说明书等材料上标注专利标识。

第五条　标注专利标识的,应当标明下述内容:

（一）采用中文标明专利权的类别,例如中国发明专利、中国实用新型专利、中国外观设计专利;

（二）国家知识产权局授予专利权的专利号。

除上述内容之外,可以附加其他文字、图形标记,但附加的文字、图形标记及其标注方式不得误导公众。

第六条　在依照专利方法直接获得的产品、该产品的包装或者该产品的说明书等材料上标注专利标识的,应当采用中文标明该产品系依照专利方法所获得的产品。

第七条　专利权被授予前在产品、该产品的包装或者该产品的说明书等材料上进行标注的,应当采用中文标明中国专利申请的类别、专利申请号,并标明"专利申请,尚未授权"字样。

第八条　专利标识的标注不符合本办法第五条、第六条或者第七条规定的,由管理专利工作的部门责令改正。

专利标识标注不当,构成假冒专利行为的,由管理专利工作的部门依照专利法第六十三条的规定进行处罚。

第九条　本办法由国家知识产权局负责解释。

第十条　本办法自2012年5月1日起施行。2003年5月30日国家知识产权局令第二十九号发布的《专利标记和专利号标注方式的规定》同时废止。

专利收费减缴办法

1. 2016年7月27日财政部、国家发展和改革委员会发布
2. 财税〔2016〕78号
3. 自2016年9月1日起施行

第一条　为贯彻落实国务院《关于新形势下加快知识产权强国建设的若干意见》(国发〔2015〕71号)要求,根据《中华人民共和国专利法实施细则》有关规定,制定本

办法。

第二条 专利申请人或者专利权人可以请求减缴下列专利收费：

(一)申请费(不包括公布印刷费、申请附加费)；

(二)发明专利申请实质审查费；

(三)年费(自授予专利权当年起六年内的年费)；

(四)复审费。

第三条 专利申请人或者专利权人符合下列条件之一的,可以向国家知识产权局请求减缴上述收费：

(一)上年度月均收入低于3500元(年4.2万元)的个人；

(二)上年度企业应纳税所得额低于30万元的企业；

(三)事业单位、社会团体、非营利性科研机构。

两个或者两个以上的个人或者单位为共同专利申请人或者共有专利权人的,应当分别符合前款规定。

第四条 专利申请人或者专利权人为个人或者单位的,减缴本办法第二条规定收费的85%。

两个或者两个以上的个人或者单位为共同专利申请人或者共有专利权人的,减缴本办法第二条规定收费的70%。

第五条 专利申请人或者专利权人只能请求减缴尚未到期的收费。减缴申请费的请求应当与专利申请同时提出,减缴其他收费的请求可以与专利申请同时提出,也可以在相关收费缴纳期限届满日两个半月之前提出。未按规定时限提交减缴请求的,不予减缴。

第六条 专利申请人或者专利权人请求减缴专利收费的,应当提交收费减缴请求书及相关证明材料。专利申请人或者专利权人通过专利事务服务系统提交专利收费减缴请求并经审核批准备案的,在一个自然年度内再次请求减缴专利收费,仅需提交收费减缴请求书,无需再提交相关证明材料。

第七条 个人请求减缴专利收费的,应当在收费减缴请求书中如实填写本人上年度收入情况,同时提交所在单位出具的年度收入证明；无固定工作的,提交户籍所在地或者经常居住地县级民政部门或者乡镇人民政府(街道办事处)出具的关于其经济困难情况证明。

企业请求减缴专利收费的,应当在收费减缴请求书中如实填写经济困难情况,同时提交上年度企业所得税年度纳税申报表复印件。在汇算清缴期内,企业提交上上年度企业所得税年度纳税申报表复印件。

事业单位、社会团体、非营利性科研机构请求减缴专利收费的,应当提交法人证明材料复印件。

第八条 国家知识产权局收到收费减缴请求书后,应当进行审查,作出是否批准减缴请求的决定,并通知专利申请人或者专利权人。

第九条　专利收费减缴请求有下列情形之一的,不予批准:
（一）未使用国家知识产权局制定的收费减缴请求书的;
（二）收费减缴请求书未签字或者盖章的;
（三）收费减缴请求不符合本办法第二条或者第三条规定的;
（四）收费减缴请求的个人或者单位未提供符合本办法第七条规定的证明材料的;
（五）收费减缴请求书中的专利申请人或者专利权人的姓名或者名称,或者发明创造名称,与专利申请书或者专利登记簿中的相应内容不一致的。

第十条　经国家知识产权局批准的收费减缴请求,专利申请人或者专利权人应当在规定期限内,按照批准后的应缴数额缴纳专利费。收费减缴请求批准后,专利申请人或者专利权人发生变更的,对于尚未缴纳的收费,变更后的专利申请人或者专利权人应当重新提交收费减缴请求。

第十一条　专利收费减缴请求审批决定作出后,国家知识产权局发现该决定存在错误的,应予更正,并将更正决定及时通知专利申请人或者专利权人。

专利申请人或者专利权人在专利收费减缴请求时提供虚假情况或者虚假证明材料的,国家知识产权局应当在查实后撤销减缴专利收费决定,通知专利申请人或者专利权人在指定期限内补缴已经减缴的收费,并取消其自本年度起五年内收费减缴资格,期满未补缴或者补缴额不足的,按缴费不足依法作出相应处理。

专利代理机构或者专利代理人帮助、指使、引诱专利申请人或者专利权人实施上述行为的,依照有关规定进行处理。

第十二条　本办法自2016年9月1日起施行。此前有关规定与本办法不一致的,以本办法为准。

专利权质押登记办法

2021年11月15日国家知识产权局公告第461号发布施行

第一条　为了促进专利权运用和资金融通,保障相关权利人合法权益,规范专利权质押登记,根据《中华人民共和国民法典》《中华人民共和国专利法》及有关规定,制定本办法。

第二条　国家知识产权局负责专利权质押登记工作。

第三条　以专利权出质的,出质人与质权人应当订立书面合同。
质押合同可以是单独订立的合同,也可以是主合同中的担保条款。
出质人和质权人应共同向国家知识产权局办理专利权质押登记,专利权质权自国家知识产权局登记时设立。

第四条 以共有的专利权出质的,除全体共有人另有约定的以外,应当取得其他共有人的同意。

第五条 在中国没有经常居所或者营业所的外国人、外国企业或者外国其他组织办理专利权质押登记手续的,应当委托依法设立的专利代理机构办理。

中国单位或者个人办理专利权质押登记手续的,可以委托依法设立的专利代理机构办理。

第六条 当事人可以通过互联网在线提交电子件、邮寄或窗口提交纸件等方式办理专利权质押登记相关手续。

第七条 申请专利权质押登记的,当事人应当向国家知识产权局提交下列文件:

(一)出质人和质权人共同签字或盖章的专利权质押登记申请表;

(二)专利权质押合同;

(三)双方当事人的身份证明,或当事人签署的相关承诺书;

(四)委托代理的,注明委托权限的委托书;

(五)其他需要提供的材料。

专利权经过资产评估的,当事人还应当提交资产评估报告。

除身份证明外,当事人提交的其他各种文件应当使用中文。身份证明是外文的,当事人应当附送中文译文;未附送的,视为未提交。

当事人通过互联网在线办理专利权质押登记手续的,应当对所提交电子件与纸件原件的一致性作出承诺,并于事后补交纸件原件。

第八条 当事人提交的专利权质押合同应当包括以下与质押登记相关的内容:

(一)当事人的姓名或名称、地址;

(二)被担保债权的种类和数额;

(三)债务人履行债务的期限;

(四)专利权项数以及每项专利权的名称、专利号、申请日、授权公告日;

(五)质押担保的范围。

第九条 除本办法第八条规定的事项外,当事人可以在专利权质押合同中约定下列事项:

(一)质押期间专利权年费的缴纳;

(二)质押期间专利权的转让、实施许可;

(三)质押期间专利权被宣告无效或者专利权归属发生变更时的处理;

(四)实现质权时,相关技术资料的交付;

(五)已办理质押登记的同一申请人的实用新型有同样的发明创造于同日申请发明专利、质押期间该发明申请被授予专利权的情形处理。

第十条 国家知识产权局收到当事人提交的质押登记申请文件,应当予以受理,并自收到之日起5个工作日内进行审查,决定是否予以登记。

通过互联网在线方式提交的,国家知识产权局在2个工作日内进行审查并决定是否予以登记。

第十一条 专利权质押登记申请经审查合格的,国家知识产权局在专利登记簿上予以登记,并向当事人发送《专利权质押登记通知书》。经审查发现有下列情形之一的,国家知识产权局作出不予登记的决定,并向当事人发送《专利权质押不予登记通知书》:

(一)出质人不是当事人申请质押登记时专利登记簿记载的专利权人的;

(二)专利权已终止或者已被宣告无效的;

(三)专利申请尚未被授予专利权的;

(四)专利权没有按照规定缴纳年费的;

(五)因专利权的归属发生纠纷已请求国家知识产权局中止有关程序,或者人民法院裁定对专利权采取保全措施,专利权的质押手续被暂停办理的;

(六)债务人履行债务的期限超过专利权有效期的;

(七)质押合同不符合本办法第八条规定的;

(八)以共有专利权出质但未取得全体共有人同意且无特别约定的;

(九)专利权已被申请质押登记且处于质押期间的;

(十)请求办理质押登记的同一申请人的实用新型有同样的发明创造已于同日申请发明专利的,但当事人被告知该情况后仍声明同意继续办理专利权质押登记的除外;

(十一)专利权已被启动无效宣告程序的,但当事人被告知该情况后仍声明同意继续办理专利权质押登记的除外;

(十二)其他不符合出质条件的情形。

第十二条 专利权质押期间,国家知识产权局发现质押登记存在本办法第十一条所列情形并且尚未消除的,或者发现其他应当撤销专利权质押登记的情形的,应当撤销专利权质押登记,并向当事人发出《专利权质押登记撤销通知书》。

专利权质押登记被撤销的,质押登记的效力自始无效。

第十三条 专利权质押期间,当事人的姓名或者名称、地址更改的,应当持专利权质押登记变更申请表、变更证明或当事人签署的相关承诺书,向国家知识产权局办理专利权质押登记变更手续。

专利权质押期间,被担保的主债权种类及数额或者质押担保的范围发生变更的,当事人应当自变更之日起 30 日内持专利权质押登记变更申请表以及变更协议,向国家知识产权局办理专利权质押登记变更手续。

国家知识产权局收到变更登记申请后,经审核,向当事人发出《专利权质押登记变更通知书》,审核期限按照本办法第十条办理登记手续的期限执行。

第十四条 有下列情形之一的,当事人应当持专利权质押登记注销申请表、注销证明或当事人签署的相关承诺书,向国家知识产权局办理质押登记注销手续:

(一)债务人按期履行债务或者出质人提前清偿所担保的债务的;

(二)质权已经实现的;
(三)质权人放弃质权的;
(四)因主合同无效、被撤销致使质押合同无效、被撤销的;
(五)法律规定质权消灭的其他情形。
国家知识产权局收到注销登记申请后,经审核,向当事人发出《专利权质押登记注销通知书》,审核期限按照本办法第十条办理登记手续的期限执行。专利权质押登记的效力自注销之日起终止。

第十五条 专利登记簿记录专利权质押登记的以下事项,并在定期出版的专利公报上予以公告:出质人、质权人、主分类号、专利号、授权公告日、质押登记日、变更项目、注销日等。

第十六条 出质人和质权人以合理理由提出请求的,可以查阅或复制专利权质押登记手续办理相关文件。
专利权人以他人未经本人同意而办理专利权质押登记手续为由提出查询和复制请求的,可以查阅或复制办理专利权质押登记手续过程中提交的申请表、含有出质人签字或盖章的文件。

第十七条 专利权质押期间,出质人未提交质权人同意其放弃该专利权的证明材料的,国家知识产权局不予办理专利权放弃手续。

第十八条 专利权质押期间,出质人未提交质权人同意转让或者许可实施该专利权的证明材料的,国家知识产权局不予办理专利权转让登记手续或者专利实施许可合同备案手续。
出质人转让或者许可他人实施出质的专利权的,出质人所得的转让费、许可费应当向质权人提前清偿债务或者提存。

第十九条 专利权质押期间,出现以下情形的,国家知识产权局应当及时通知质权人:
(一)被宣告无效或者终止的;
(二)专利年费未按照规定时间缴纳的;
(三)因专利权的归属发生纠纷已请求国家知识产权局中止有关程序,或者人民法院裁定对专利权采取保全措施的。

第二十条 当事人选择以承诺方式办理专利权质押登记相关手续的,国家知识产权局必要时对当事人的承诺内容是否属实进行抽查,发现承诺内容与实际情况不符的,应当向当事人发出通知,要求限期整改。逾期拒不整改或者整改后仍不符合条件的,国家知识产权局按照相关规定采取相应的失信惩戒措施。

第二十一条 本办法由国家知识产权局负责解释。
第二十二条 本办法自发布之日起施行。

2. 专利代理

专利代理条例

1. 1991年3月4日国务院令第76号发布
2. 2018年11月6日国务院令第706号修订
3. 自2019年3月1日起施行

第一章 总 则

第一条 为了规范专利代理行为,保障委托人、专利代理机构和专利代理师的合法权益,维护专利代理活动的正常秩序,促进专利代理行业健康发展,根据《中华人民共和国专利法》,制定本条例。

第二条 本条例所称专利代理,是指专利代理机构接受委托,以委托人的名义在代理权限范围内办理专利申请、宣告专利权无效等专利事务的行为。

第三条 任何单位和个人可以自行在国内申请专利和办理其他专利事务,也可以委托依法设立的专利代理机构办理,法律另有规定的除外。

专利代理机构应当按照委托人的委托办理专利事务。

第四条 专利代理机构和专利代理师执业应当遵守法律、行政法规,恪守职业道德、执业纪律,维护委托人的合法权益。

专利代理机构和专利代理师依法执业受法律保护。

第五条 国务院专利行政部门负责全国的专利代理管理工作。

省、自治区、直辖市人民政府管理专利工作的部门负责本行政区域内的专利代理管理工作。

第六条 专利代理机构和专利代理师可以依法成立和参加专利代理行业组织。

专利代理行业组织应当制定专利代理行业自律规范。专利代理行业自律规范不得与法律、行政法规相抵触。

国务院专利行政部门依法对专利代理行业组织进行监督、指导。

第二章 专利代理机构和专利代理师

第七条 专利代理机构的组织形式应当为合伙企业、有限责任公司等。

第八条 合伙企业、有限责任公司形式的专利代理机构从事专利代理业务应当具备下列条件:

(一)有符合法律、行政法规规定的专利代理机构名称;

(二)有书面合伙协议或者公司章程;

(三)有独立的经营场所;

(四)合伙人、股东符合国家有关规定。

第九条 从事专利代理业务,应当向国务院专利行政部门提出申请,提交有关材料,取得专利代理机构执业许可证。国务院专利行政部门应当自受理申请之日起20日内作出是否颁发专利代理机构执业许可证的决定。

专利代理机构合伙人、股东或者法定代表人等事项发生变化的,应当办理变更手续。

第十条 具有高等院校理工科专业专科以上学历的中国公民可以参加全国专利代理师资格考试;考试合格的,由国务院专利行政部门颁发专利代理师资格证。专利代理师资格考试办法由国务院专利行政部门制定。

第十一条 专利代理师执业应当取得专利代理师资格证,在专利代理机构实习满1年,并在一家专利代理机构从业。

第十二条 专利代理师首次执业,应当自执业之日起30日内向专利代理机构所在地省、自治区、直辖市人民政府管理专利工作的部门备案。

省、自治区、直辖市人民政府管理专利工作的部门应当为专利代理师通过互联网备案提供方便。

第三章 专利代理执业

第十三条 专利代理机构可以接受委托,代理专利申请、宣告专利权无效、转让专利申请权或者专利权以及订立专利实施许可合同等专利事务,也可以应当事人要求提供专利事务方面的咨询。

第十四条 专利代理机构接受委托,应当与委托人订立书面委托合同。专利代理机构接受委托后,不得就同一专利申请或者专利权的事务接受有利益冲突的其他当事人的委托。

专利代理机构应当指派在本机构执业的专利代理师承办专利代理业务,指派的专利代理师本人及其近亲属不得与其承办的专利代理业务有利益冲突。

第十五条 专利代理机构解散或者被撤销、吊销执业许可证的,应当妥善处理各种尚未办结的专利代理业务。

第十六条 专利代理师应当根据专利代理机构的指派承办专利代理业务,不得自行接受委托。

专利代理师不得同时在两个以上专利代理机构从事专利代理业务。

专利代理师对其签名办理的专利代理业务负责。

第十七条 专利代理机构和专利代理师对其在执业过程中了解的发明创造的内容,除专利申请已经公布或者公告的以外,负有保守秘密的义务。

第十八条 专利代理机构和专利代理师不得以自己的名义申请专利或者请求宣告专利权无效。

第十九条 国务院专利行政部门和地方人民政府管理专利工作的部门的工作人员离

职后,在法律、行政法规规定的期限内不得从事专利代理工作。

曾在国务院专利行政部门或者地方人民政府管理专利工作的部门任职的专利代理师,不得对其审查、审理或者处理过的专利申请或专利案件进行代理。

第二十条 专利代理机构收费应当遵循自愿、公平和诚实信用原则,兼顾经济效益和社会效益。

国家鼓励专利代理机构和专利代理师为小微企业以及无收入或者低收入的发明人、设计人提供专利代理援助服务。

第二十一条 专利代理行业组织应当加强对会员的自律管理,组织开展专利代理师业务培训和职业道德、执业纪律教育,对违反行业自律规范的会员实行惩戒。

第二十二条 国务院专利行政部门和省、自治区、直辖市人民政府管理专利工作的部门应当采取随机抽查等方式,对专利代理机构和专利代理师的执业活动进行检查、监督,发现违反本条例规定的,及时依法予以处理,并向社会公布检查、处理结果。检查不得收取任何费用。

第二十三条 国务院专利行政部门和省、自治区、直辖市人民政府管理专利工作的部门应当加强专利代理公共信息发布,为公众了解专利代理机构经营情况、专利代理师执业情况提供查询服务。

第四章 法 律 责 任

第二十四条 以隐瞒真实情况、弄虚作假手段取得专利代理机构执业许可证、专利代理师资格证的,由国务院专利行政部门撤销专利代理机构执业许可证、专利代理师资格证。

专利代理机构取得执业许可证后,因情况变化不再符合本条例规定的条件的,由国务院专利行政部门责令限期整改;逾期未改正或者整改不合格的,撤销执业许可证。

第二十五条 专利代理机构有下列行为之一的,由省、自治区、直辖市人民政府管理专利工作的部门责令限期改正,予以警告,可以处10万元以下的罚款;情节严重或者逾期未改正的,由国务院专利行政部门责令停止承接新的专利代理业务6个月至12个月,直至吊销专利代理机构执业许可证:

(一)合伙人、股东或者法定代表人等事项发生变化未办理变更手续;

(二)就同一专利申请或者专利权的事务接受有利益冲突的其他当事人的委托;

(三)指派专利代理师承办与其本人或者其近亲属有利益冲突的专利代理业务;

(四)泄露委托人的发明创造内容,或者以自己的名义申请专利或请求宣告专利权无效;

(五)疏于管理,造成严重后果。

专业代理机构在执业过程中泄露委托人的发明创造内容,涉及泄露国家秘密、侵犯商业秘密的,或者向有关行政、司法机关的工作人员行贿,提供虚假证据的,依照有关法律、行政法规的规定承担法律责任;由国务院专利行政部门吊销专利代理机构执业许可证。

第二十六条 专利代理师有下列行为之一的,由省、自治区、直辖市人民政府管理专利工作的部门责令限期改正,予以警告,可以处5万元以下的罚款;情节严重或者逾期未改正的,由国务院专利行政部门责令停止承办新的专利代理业务6个月至12个月,直至吊销专利代理师资格证:

(一)未依照本条例规定进行备案;

(二)自行接受委托办理专利代理业务;

(三)同时在两个以上专利代理机构从事专利代理业务;

(四)违反本条例规定对其审查、审理或者处理过的专利申请或专利案件进行代理;

(五)泄露委托人的发明创造内容,或者以自己的名义申请专利或请求宣告专利权无效。

专利代理师在执业过程中泄露委托人的发明创造内容,涉及泄露国家秘密、侵犯商业秘密的,或者向有关行政、司法机关的工作人员行贿,提供虚假证据的,依照有关法律、行政法规的规定承担法律责任;由国务院专利行政部门吊销专利代理师资格证。

第二十七条 违反本条例规定擅自开展专利代理业务的,由省、自治区、直辖市人民政府管理专利工作的部门责令停止违法行为,没收违法所得,并处违法所得1倍以上5倍以下的罚款。

第二十八条 国务院专利行政部门或者省、自治区、直辖市人民政府管理专利工作的部门的工作人员违反本条例规定,滥用职权、玩忽职守、徇私舞弊的,依法给予处分;构成犯罪的,依法追究刑事责任。

第五章 附 则

第二十九条 外国专利代理机构在中华人民共和国境内设立常驻代表机构,须经国务院专利行政部门批准。

第三十条 律师事务所可以依据《中华人民共和国律师法》、《中华人民共和国民事诉讼法》等法律、行政法规开展与专利有关的业务,但从事代理专利申请、宣告专利权无效业务应当遵守本条例规定,具体办法由国务院专利行政部门商国务院司法行政部门另行制定。

第三十一条 代理国防专利事务的专利代理机构和专利代理师的管理办法,由国务院专利行政部门商国家国防专利机构主管机关另行制定。

第三十二条 本条例自2019年3月1日起施行。

本条例施行前依法设立的专利代理机构以及依法执业的专利代理人,在本条例施行后可以继续以专利代理机构、专利代理师的名义开展专利代理业务。

专利代理管理办法

1. 2019年4月4日国家市场监督管理总局令第6号公布
2. 自2019年5月1日起施行

第一章 总 则

第一条 为了规范专利代理行为,保障委托人、专利代理机构以及专利代理师的合法权益,维护专利代理行业的正常秩序,促进专利代理行业健康发展,根据《中华人民共和国专利法》《专利代理条例》以及其他有关法律、行政法规的规定,制定本办法。

第二条 国家知识产权局和省、自治区、直辖市人民政府管理专利工作的部门依法对专利代理机构和专利代理师进行管理和监督。

第三条 国家知识产权局和省、自治区、直辖市人民政府管理专利工作的部门应当按照公平公正公开、依法有序、透明高效的原则对专利代理执业活动进行检查和监督。

第四条 专利代理机构和专利代理师可以依法成立和参加全国性或者地方性专利代理行业组织。专利代理行业组织是社会团体,是专利代理师的自律性组织。

专利代理行业组织应当制定专利代理行业自律规范,行业自律规范不得与法律、行政法规、部门规章相抵触。专利代理机构、专利代理师应当遵守行业自律规范。

第五条 专利代理机构和专利代理师执业应当遵守法律、行政法规和本办法,恪守职业道德、执业纪律,诚实守信,规范执业,提升专利代理质量,维护委托人的合法权益和专利代理行业正常秩序。

第六条 国家知识产权局和省、自治区、直辖市人民政府管理专利工作的部门可以根据实际情况,通过制定政策、建立机制等措施,支持引导专利代理机构为小微企业以及无收入或者低收入的发明人、设计人提供专利代理援助服务。

鼓励专利代理行业组织和专利代理机构利用自身资源开展专利代理援助工作。

第七条 国家知识产权局和省、自治区、直辖市人民政府管理专利工作的部门应当加强电子政务建设和专利代理公共信息发布,优化专利代理管理系统,方便专利代理机构、专利代理师和公众办理事务、查询信息。

第八条 任何单位、个人未经许可,不得代理专利申请和宣告专利权无效等业务。

第二章 专利代理机构

第九条 专利代理机构的组织形式应当为合伙企业、有限责任公司等。合伙人、股东应当为中国公民。

第十条 合伙企业形式的专利代理机构申请办理执业许可证的,应当具备下列条件:
(一)有符合法律、行政法规和本办法第十四条规定的专利代理机构名称;
(二)有书面合伙协议;
(三)有独立的经营场所;
(四)有两名以上合伙人;
(五)合伙人具有专利代理师资格证,并有两年以上专利代理师执业经历。

第十一条 有限责任公司形式的专利代理机构申请办理执业许可证的,应当具备下列条件:
(一)有符合法律、行政法规和本办法第十四条规定的专利代理机构名称;
(二)有书面公司章程;
(三)有独立的经营场所;
(四)有五名以上股东;
(五)五分之四以上股东以及公司法定代表人具有专利代理师资格证,并有两年以上专利代理师执业经历。

第十二条 律师事务所申请办理执业许可证的,应当具备下列条件:
(一)有独立的经营场所;
(二)有两名以上合伙人或者专职律师具有专利代理师资格证。

第十三条 有下列情形之一的,不得作为专利代理机构的合伙人、股东:
(一)不具有完全民事行为能力;
(二)因故意犯罪受过刑事处罚;
(三)不能专职在专利代理机构工作;
(四)所在专利代理机构解散或者被撤销、吊销执业许可证,未妥善处理各种尚未办结的专利代理业务。

专利代理机构以欺骗、贿赂等不正当手段取得执业许可证,被依法撤销、吊销的,其合伙人、股东、法定代表人自处罚决定作出之日起三年内不得在专利代理机构新任合伙人或者股东、法定代表人。

第十四条 专利代理机构只能使用一个名称。除律师事务所外,专利代理机构的名称中应当含有"专利代理"或者"知识产权代理"等字样。专利代理机构分支机构的名称由专利代理机构全名称、分支机构所在城市名称或者所在地区名称和"分公司"或者"分所"等组成。

专利代理机构的名称不得在全国范围内与正在使用或者已经使用过的专利代理机构的名称相同或者近似。

律师事务所申请办理执业许可证的,可以使用该律师事务所的名称。

第十五条 申请专利代理机构执业许可证的,应当通过专利代理管理系统向国家知识产权局提交申请书和下列申请材料:
(一)合伙企业形式的专利代理机构应当提交营业执照、合伙协议和合伙人身

份证件扫描件;

(二)有限责任公司形式的专利代理机构应当提交营业执照、公司章程和股东身份证件扫描件;

(三)律师事务所应当提交律师事务所执业许可证和具有专利代理师资格证的合伙人、专职律师身份证件扫描件。

申请人应当对其申请材料实质内容的真实性负责。必要时,国家知识产权局可以要求申请人提供原件进行核实。法律、行政法规和国务院决定另有规定的除外。

第十六条 申请材料不符合本办法第十五条规定的,国家知识产权局应当自收到申请材料之日起五日内一次告知申请人需要补正的全部内容,逾期未告知的,自收到申请材料之日起视为受理;申请材料齐全、符合法定形式,或者申请人按照要求提交全部补正申请材料的,应当受理该申请。受理或者不予受理申请的,应当书面通知申请人并说明理由。

国家知识产权局应当自受理之日起十日内予以审核,对符合规定条件的,予以批准,向申请人颁发专利代理机构执业许可证;对不符合规定条件的,不予批准,书面通知申请人并说明理由。

第十七条 专利代理机构名称、经营场所、合伙协议或者公司章程、合伙人或者执行事务合伙人、股东或者法定代表人发生变化的,应当自办理企业变更登记之日起三十日内向国家知识产权局申请办理变更手续;律师事务所具有专利代理师资格证的合伙人或者专职律师等事项发生变化的,应当自司法行政部门批准之日起三十日内向国家知识产权局申请办理变更手续。

国家知识产权局应当自申请受理之日起十日内作出相应决定,对符合本办法规定的事项予以变更。

第十八条 专利代理机构在国家知识产权局登记的信息应当与其在市场监督管理部门或者司法行政部门的登记信息一致。

第十九条 专利代理机构解散或者不再办理专利代理业务的,应当在妥善处理各种尚未办结的业务后,向国家知识产权局办理注销专利代理机构执业许可证手续。

专利代理机构注销营业执照,或者营业执照、执业许可证被撤销、吊销的,应当在营业执照注销三十日前或者接到撤销、吊销通知书之日起三十日内通知委托人解除委托合同,妥善处理尚未办结的业务,并向国家知识产权局办理注销专利代理机构执业许可证的手续。未妥善处理全部专利代理业务的,专利代理机构的合伙人、股东不得办理专利代理师执业备案变更。

第二十条 专利代理机构设立分支机构办理专利代理业务的,应当具备下列条件:

(一)办理专利代理业务时间满两年;

(二)有十名以上专利代理师执业,拟设分支机构应当有一名以上专利代理师执业,并且分支机构负责人应当具有专利代理师资格证;

（三）专利代理师不得同时在两个以上的分支机构担任负责人；

（四）设立分支机构前三年内未受过专利代理行政处罚；

（五）设立分支机构时未被列入经营异常名录或者严重违法失信名单。

第二十一条 专利代理机构的分支机构不得以自己的名义办理专利代理业务。专利代理机构应当对其分支机构的执业活动承担法律责任。

第二十二条 专利代理机构设立、变更或者注销分支机构的，应当自完成分支机构相关企业或者司法登记手续之日起三十日内，通过专利代理管理系统向分支机构所在地的省、自治区、直辖市人民政府管理专利工作的部门进行备案。

备案应当填写备案表并上传下列材料：

（一）设立分支机构的，上传分支机构营业执照或者律师事务所分所执业许可证扫描件；

（二）变更分支机构注册事项的，上传变更以后的分支机构营业执照或者律师事务所分所执业许可证扫描件；

（三）注销分支机构的，上传妥善处理完各种事项的说明。

第二十三条 专利代理机构应当建立健全质量管理、利益冲突审查、投诉处理、年度考核等执业管理制度以及人员管理、财务管理、档案管理等运营制度，对专利代理师在执业活动中遵守职业道德、执业纪律的情况进行监督。

专利代理机构的股东应当遵守国家有关规定，恪守专利代理职业道德、执业纪律，维护专利代理行业正常秩序。

第二十四条 专利代理机构通过互联网平台宣传、承接专利代理业务的，应当遵守《中华人民共和国电子商务法》等相关规定。

前款所述专利代理机构应当在首页显著位置持续公示并及时更新专利代理机构执业许可证等信息。

第三章 专利代理师

第二十五条 专利代理机构应当依法按照自愿和协商一致的原则与其聘用的专利代理师订立劳动合同。专利代理师应当受专利代理机构指派承办专利代理业务，不得自行接受委托。

第二十六条 专利代理师执业应当符合下列条件：

（一）具有完全民事行为能力；

（二）取得专利代理师资格证；

（三）在专利代理机构实习满一年，但具有律师执业经历或者三年以上专利审查经历的人员除外；

（四）在专利代理机构担任合伙人、股东，或者与专利代理机构签订劳动合同；

（五）能专职从事专利代理业务。

符合前款所列全部条件之日为执业之日。

第二十七条 专利代理实习人员进行专利代理业务实习，应当接受专利代理机构的指导。

第二十八条 专利代理师首次执业的，应当自执业之日起三十日内通过专利代理管理系统向专利代理机构所在地的省、自治区、直辖市人民政府管理专利工作的部门进行执业备案。

备案应当填写备案表并上传下列材料：

（一）本人身份证件扫描件；

（二）与专利代理机构签订的劳动合同；

（三）实习评价材料。

专利代理师应当对其备案材料实质内容的真实性负责。必要时，省、自治区、直辖市人民政府管理专利工作的部门可以要求提供原件进行核实。

第二十九条 专利代理师从专利代理机构离职的，应当妥善办理业务移交手续，并自离职之日起三十日内通过专利代理管理系统向专利代理机构所在地的省、自治区、直辖市人民政府管理专利工作的部门提交解聘证明等，进行执业备案变更。

专利代理师转换执业专利代理机构的，应当自转换执业之日起三十日内进行执业备案变更，上传与专利代理机构签订的劳动合同或者担任股东、合伙人的证明。

未在规定时间内变更执业备案的，视为逾期未主动履行备案变更手续，省、自治区、直辖市人民政府管理专利工作的部门核实后可以直接予以变更。

第四章　专利代理行业组织

第三十条 专利代理行业组织应当严格行业自律，组织引导专利代理机构和专利代理师依法规范执业，不断提高行业服务水平。

第三十一条 国家知识产权局和省、自治区、直辖市人民政府管理专利工作的部门根据国家有关规定对专利代理行业组织进行监督和管理。

第三十二条 专利代理行业组织应当依法履行下列职责：

（一）维护专利代理机构和专利代理师的合法权益；

（二）制定行业自律规范，加强行业自律，对会员实施考核、奖励和惩戒，及时向社会公布其吸纳的会员信息和对会员的惩戒情况；

（三）组织专利代理机构、专利代理师开展专利代理援助服务；

（四）组织专利代理师实习培训和执业培训，以及职业道德、执业纪律教育；

（五）按照国家有关规定推荐专利代理师担任诉讼代理人；

（六）指导专利代理机构完善管理制度，提升专利代理服务质量；

（七）指导专利代理机构开展实习工作；

（八）开展专利代理行业国际交流；

（九）其他依法应当履行的职责。

第三十三条 专利代理行业组织应当建立健全非执业会员制度，鼓励取得专利代理师资格证的非执业人员参加专利代理行业组织、参与专利代理行业组织事务，加强非执业会员的培训和交流。

第五章 专利代理监管

第三十四条 国家知识产权局组织指导全国的专利代理机构年度报告、经营异常名录和严重违法失信名单的公示工作。

第三十五条 专利代理机构应当按照国家有关规定提交年度报告。年度报告应当包括以下内容：

（一）专利代理机构通信地址、邮政编码、联系电话、电子邮箱等信息；

（二）执行事务合伙人或者法定代表人、合伙人或者股东、专利代理师的姓名，从业人数信息；

（三）合伙人、股东的出资额、出资时间、出资方式等信息；

（四）设立分支机构的信息；

（五）专利代理机构通过互联网等信息网络提供专利代理服务的信息网络平台名称、网址等信息；

（六）专利代理机构办理专利申请、宣告专利权无效、转让、许可、纠纷的行政处理和诉讼、质押融资等业务信息；

（七）专利代理机构资产总额、负债总额、营业总收入、主营业务收入、利润总额、净利润、纳税总额等信息；

（八）专利代理机构设立境外分支机构、其从业人员获得境外专利代理从业资质的信息；

（九）其他应当予以报告的信息。

律师事务所可仅提交其从事专利事务相关的内容。

第三十六条 国家知识产权局以及省、自治区、直辖市人民政府管理专利工作的部门的工作人员应当对专利代理机构年度报告中不予公示的内容保密。

第三十七条 专利代理机构有下列情形之一的，按照国家有关规定列入经营异常名录：

（一）未在规定的期限提交年度报告；

（二）取得专利代理机构执业许可证或者提交年度报告时提供虚假信息；

（三）擅自变更名称、办公场所、执行事务合伙人或者法定代表人、合伙人或者股东；

（四）分支机构设立、变更、注销未按照规定办理备案手续；

（五）不再符合执业许可条件，省、自治区、直辖市人民政府管理专利工作的部门责令其整改，期限届满仍不符合条件；

（六）专利代理机构公示信息与其在市场监督管理部门或者司法行政部门的登记信息不一致；

（七）通过登记的经营场所无法联系。

第三十八条 专利代理机构有下列情形之一的，按照国家有关规定列入严重违法失信名单：

（一）被列入经营异常名录满三年仍未履行相关义务；

（二）受到责令停止承接新的专利代理业务、吊销专利代理机构执业许可证的专利代理行政处罚。

第三十九条 国家知识产权局指导省、自治区、直辖市人民政府管理专利工作的部门对专利代理机构和专利代理师的执业活动情况进行检查、监督。

专利代理机构跨省设立分支机构的，其分支机构应当由分支机构所在地的省、自治区、直辖市人民政府管理专利工作的部门进行检查、监督。该专利代理机构所在地的省、自治区、直辖市人民政府管理专利工作的部门应当予以协助。

第四十条 国家知识产权局和省、自治区、直辖市人民政府管理专利工作的部门应当采取书面检查、实地检查、网络监测等方式对专利代理机构和专利代理师进行检查、监督。

在检查过程中应当随机抽取检查对象，随机选派执法检查人员。发现违法违规情况的，应当及时依法处理，并向社会公布检查、处理结果。对已被列入经营异常名录或者严重违法失信名单的专利代理机构，省、自治区、直辖市人民政府管理专利工作的部门应当进行实地检查。

第四十一条 省、自治区、直辖市人民政府管理专利工作的部门应当重点对下列事项进行检查、监督：

（一）专利代理机构是否符合执业许可条件；

（二）专利代理机构合伙人、股东以及法定代表人是否符合规定；

（三）专利代理机构年度报告的信息是否真实、完整、有效，与其在市场监督管理部门或者司法行政部门公示的信息是否一致；

（四）专利代理机构是否存在本办法第三十七条规定的情形；

（五）专利代理机构是否建立健全执业管理制度和运营制度等情况；

（六）专利代理师是否符合执业条件并履行备案手续；

（七）未取得专利代理执业许可的单位或者个人是否存在擅自开展专利代理业务的违法行为。

第四十二条 省、自治区、直辖市人民政府管理专利工作的部门依法进行检查监督时，应当将检查监督的情况和处理结果予以记录，由检查监督人员签字后归档。

当事人应当配合省、自治区、直辖市人民政府管理专利工作的部门的检查监督，接受询问，如实提供有关情况和材料。

第四十三条 国家知识产权局和省、自治区、直辖市人民政府管理专利工作的部门对存在违法违规行为的机构或者人员，可以进行警示谈话、提出意见，督促及时整改。

第四十四条 国家知识产权局和省、自治区、直辖市人民政府管理专利工作的部门应当督促专利代理机构贯彻实施专利代理相关服务规范，引导专利代理机构提升服务质量。

第四十五条　国家知识产权局应当及时向社会公布专利代理机构执业许可证取得、变更、注销、撤销、吊销等相关信息,以及专利代理师的执业备案、撤销、吊销等相关信息。

国家知识产权局和省、自治区、直辖市人民政府管理专利工作的部门应当及时向社会公示专利代理机构年度报告信息,列入或者移出经营异常名录、严重违法失信名单信息,行政处罚信息,以及对专利代理执业活动的检查情况。行政处罚、检查监督结果纳入国家企业信用信息公示系统向社会公布。

律师事务所、律师受到专利代理行政处罚的,应当由国家知识产权局和省、自治区、直辖市人民政府管理专利工作的部门将信息通报相关司法行政部门。

第六章　专利代理违法行为的处理

第四十六条　任何单位或者个人认为专利代理机构、专利代理师的执业活动违反专利代理管理有关法律、行政法规、部门规章规定,或者认为存在擅自开展专利代理业务情形的,可以向省、自治区、直辖市人民政府管理专利工作的部门投诉和举报。

省、自治区、直辖市人民政府管理专利工作的部门收到投诉和举报后,应当依据市场监督管理投诉举报处理办法、行政处罚程序等有关规定进行调查处理。本办法另有规定的除外。

第四十七条　对具有重大影响的专利代理违法违规行为,国家知识产权局可以协调或者指定有关省、自治区、直辖市人民政府管理专利工作的部门进行处理。对于专利代理违法行为的处理涉及两个以上省、自治区、直辖市人民政府管理专利工作的部门的,可以报请国家知识产权局组织协调处理。

对省、自治区、直辖市人民政府管理专利工作的部门专利代理违法行为处理工作,国家知识产权局依法进行监督。

第四十八条　省、自治区、直辖市人民政府管理专利工作的部门可以依据本地实际,要求下一级人民政府管理专利工作的部门协助处理专利代理违法违规行为;也可以依法委托有实际处理能力的管理公共事务的事业组织处理专利代理违法违规行为。

委托方应当对受托方的行为进行监督和指导,并承担法律责任。

第四十九条　省、自治区、直辖市人民政府管理专利工作的部门应当及时、全面、客观、公正地调查收集与案件有关的证据。可以通过下列方式对案件事实进行调查核实:

(一)要求当事人提交书面意见陈述;

(二)询问当事人;

(三)到当事人所在地进行现场调查,可以调阅有关业务案卷和档案材料;

(四)其他必要、合理的方式。

第五十条　案件调查终结后,省、自治区、直辖市人民政府管理专利工作的部门认为应当对专利代理机构作出责令停止承接新的专利代理业务、吊销执业许可证,或者对专利代理师作出责令停止承办新的专利代理业务、吊销专利代理师资格证行政处罚的,应当及时报送调查结果和处罚建议,提请国家知识产权局处理。

第五十一条 专利代理机构有下列情形之一的,属于《专利代理条例》第二十五条规定的"疏于管理,造成严重后果"的违法行为:

(一)因故意或者重大过失给委托人、第三人利益造成损失,或者损害社会公共利益;

(二)从事非正常专利申请行为,严重扰乱专利工作秩序;

(三)诋毁其他专利代理师、专利代理机构,以不正当手段招揽业务,存在弄虚作假行为,严重扰乱行业秩序,受到有关行政机关处罚;

(四)严重干扰专利审查工作或者专利行政执法工作正常进行;

(五)专利代理师从专利代理机构离职未妥善办理业务移交手续,造成严重后果;

(六)专利代理机构执业许可证信息与市场监督管理部门、司法行政部门的登记信息或者实际情况不一致,未按照要求整改,给社会公众造成重大误解;

(七)分支机构设立、变更、注销不符合规定的条件或者没有按照规定备案,严重损害当事人利益;

(八)默许、指派专利代理师在未经其本人撰写或者审核的专利申请等法律文件上签名,严重损害当事人利益;

(九)涂改、倒卖、出租、出借专利代理机构执业许可证,严重扰乱行业秩序。

第五十二条 有下列情形之一的,属于《专利代理条例》第二十七条规定的"擅自开展专利代理业务"的违法行为:

(一)通过租用、借用等方式利用他人资质开展专利代理业务;

(二)未取得专利代理机构执业许可证或者不符合专利代理师执业条件,擅自代理专利申请、宣告专利权无效等相关业务,或者以专利代理机构、专利代理师的名义招揽业务;

(三)专利代理机构执业许可证或者专利代理师资格证被撤销或者吊销后,擅自代理专利申请、宣告专利权无效等相关业务,或者以专利代理机构、专利代理师的名义招揽业务。

第五十三条 专利代理师对其签名办理的专利代理业务负责。对于非经本人办理的专利事务,专利代理师有权拒绝在相关法律文件上签名。

专利代理师因专利代理质量等原因给委托人、第三人利益造成损失或者损害社会公共利益的,省、自治区、直辖市人民政府管理专利工作的部门可以对签名的专利代理师予以警告。

第五十四条 国家知识产权局按照有关规定,对专利代理领域严重失信主体开展联合惩戒。

第五十五条 法律、行政法规对专利代理机构经营活动违法行为的处理另有规定的,从其规定。

第七章　附　　则

第五十六条　本办法由国家市场监督管理总局负责解释。
第五十七条　本办法中二十日以内期限的规定是指工作日,不含法定节假日。
第五十八条　本办法自 2019 年 5 月 1 日起施行。2015 年 4 月 30 日国家知识产权局令第 70 号发布的《专利代理管理办法》、2002 年 12 月 12 日国家知识产权局令第 25 号发布的《专利代理惩戒规则(试行)》同时废止。

专利代理师资格考试办法

1. 2019 年 4 月 23 日国家市场监督管理总局令第 7 号公布
2. 自 2019 年 6 月 1 日起施行

第一章　总　　则

第一条　为了规范专利代理师资格考试工作,根据《中华人民共和国专利法》和《专利代理条例》,制定本办法。
第二条　专利代理师资格考试(以下简称考试)是全国统一的专利代理师执业准入资格考试。
第三条　国家知识产权局负责考试组织工作,制定考试政策和考务管理制度,指导省、自治区、直辖市人民政府管理专利工作的部门的考务工作,负责考试命题、专利代理师资格证书颁发、组织巡考、考试安全保密、全国范围内重大突发事件的应急处理、应试人员和考试工作人员的违规违纪行为处理等工作。

　　国家知识产权局成立专利代理师考试委员会。考试委员会审定考试大纲和确定考试合格分数线,其成员由国家知识产权局、国务院有关部门、专利代理行业组织的有关人员和专利代理师代表组成,主任由国家知识产权局局长担任。考试委员会办公室负责考试各项具体工作。
第四条　省、自治区、直辖市人民政府管理专利工作的部门负责本行政区域内的考务工作,执行国家知识产权局制定的考试政策和考务管理制度。省、自治区、直辖市人民政府管理专利工作的部门成立考试工作领导小组,负责本行政区域内考务组织、考试安全保密、突发事件应急处理和上报、应试人员和考试工作人员违规违纪行为处理等工作。
第五条　考试每年举行一次,实行全国统一命题,命题范围以考试大纲为准。考试包括以下科目:
　　(一)专利法律知识;
　　(二)相关法律知识;

（三）专利代理实务。

第六条 考试为闭卷考试,采用计算机化考试方式。

第七条 考试实行全国统一评卷。阅卷的组织协调工作由考试委员会办公室承担。

第八条 应试人员在三年内全部科目考试合格的,经审核后由国家知识产权局颁发专利代理师资格证。

第九条 国家知识产权局和省、自治区、直辖市人民政府管理专利工作的部门应当做好考试的保密工作。保密工作应当坚持统一领导、分级管理、逐级负责、积极防范、突出重点的原则。

第十条 国家知识产权局和省、自治区、直辖市人民政府管理专利工作的部门应当及时预防和有效应对考试过程中的突发事件。突发事件应急处理工作应当遵循统一指挥、分级负责、有效控制、依法处理的原则,做到预防为主、常备不懈。

第十一条 国家知识产权局和省、自治区、直辖市人民政府管理专利工作的部门依据本办法对应试人员和考试工作人员的违规违纪行为进行处理时,应当事实清楚、证据确凿,程序规范,适用规定准确。

第十二条 国家知识产权局可以根据专利代理行业发展的需要,在符合条件的地区实施考试优惠政策。符合考试优惠政策的考生,由国家知识产权局颁发允许在本省、自治区、直辖市内执业的专利代理师资格证。

第二章 考试组织

第十三条 国家知识产权局每年在举行考试四个月前向社会发布考试有关事项公告,公布考点城市、报名程序、考试时间和资格授予等相关安排。

第十四条 省、自治区、直辖市人民政府管理专利工作的部门符合规定条件的,可以向国家知识产权局申请在本行政区域内设置考点。

第十五条 国家知识产权局可以委托计算机化考试服务方(以下简称考试服务方)执行部分考务工作。

考试服务方应当接受国家知识产权局和在本行政区域内设有考点的省、自治区、直辖市人民政府管理专利工作的部门(以下简称考点局)的监督和指导。

第十六条 国家知识产权局向考点局指派巡考人员。巡考人员监督、协调考点局和考试服务方的考务工作,发现问题及时向国家知识产权局上报。

全部科目考试结束后,巡考人员应当将考点局回收的考场情况记录表复印件、违规情况报告单和相关资料带回,交至考试委员会办公室。

第十七条 考点局监督和指导考试服务方落实本地区考站和考场,组织对本地区考站和考场情况进行检查,监督和指导考试服务方承办考务工作,并应当在考试前召开监考职责说明会。

考点局应当指派考站负责人。

第十八条 考点局应当监督和指导考试服务方按照集中、便利的原则选择考场。考场应当符合下列要求:

（一）消防设施齐全、疏散通道畅通、安静、通风良好、光线充足；
（二）硬件、软件和网络配置符合规定；
（三）具备暂时存放考生随身携带物品的区域或者设施。

第十九条 考点局应当在每个考站设置考务办公室，作为处理考试相关事务的场所，并根据需要安排、配备保卫和医务人员，协助维护考试秩序，提供医疗救助服务。

第二十条 考试工作人员应当具有较高政治素质，遵守考试纪律，熟悉考试业务，工作认真负责。有配偶或者直系亲属参加当年考试的，应当主动回避。

第三章 考试报名

第二十一条 符合以下条件的中国公民，可以报名参加考试：
（一）具有完全民事行为能力；
（二）取得国家承认的理工科大专以上学历，并获得毕业证书或者学位证书。
香港特别行政区、澳门特别行政区永久性居民中的中国公民和台湾地区居民可以报名参加考试。

第二十二条 从事专利审查等工作满七年的中国公民，可以申请免予专利代理实务科目考试。

第二十三条 有下列情形之一的，不得报名参加考试：
（一）因故意犯罪受过刑事处罚，自刑罚执行完毕之日起未满三年；
（二）受吊销专利代理师资格证的处罚，自处罚决定之日起未满三年。

第二十四条 报名参加考试的人员，应当选择适合的考点城市之一，在规定的时间内报名。报名人员应当填写、上传下列材料，并缴纳相关费用：
（一）报名表、专利代理师资格预申请表及照片；
（二）有效身份证件扫描件；
（三）学历或者学位证书扫描件。持香港特别行政区、澳门特别行政区、台湾地区或者国外高等学校学历学位证书报名的，须上传教育部留学服务中心的学历学位认证书扫描件；
（四）专利代理师资格申请承诺书扫描件。
申请免予专利代理实务科目考试的人员报名时还应当填写、上传免试申请书，证明从事专利审查等工作情况的材料。

第二十五条 国家知识产权局考试委员会办公室统一制作准考证，并发放给符合报名条件的考试报名人员。

第四章 考场规则

第二十六条 应试人员应当持本人准考证和与报名信息一致的有效身份证件原件，在每科考试开始前的指定时间进入考场，接受身份查验后在指定位置参加考试。

第二十七条 应试人员不得携带下列物品进入考场：
（一）任何书籍、期刊、笔记以及带有文字的纸张；
（二）任何具有通讯、存储、录放等功能的电子产品；

应试人员携带前款所述物品或者其他与考试无关的物品的,应当在各科考试开始前交由监考人员代为保管。

第二十八条　应试人员在考试期间应当严格遵守考场纪律,保持考场肃静,不得相互交谈、随意站立或者走动,不得查看或者窥视他人答题,不得传递任何信息,不得在考场内喧哗、吸烟、饮食或者有其他影响考场秩序的行为。

第二十九条　考试开始30分钟后,应试人员不得进入考场。考试开始60分钟后,应试人员方可交卷离场。

第三十条　应试人员入座后,不得擅自离开座位和考场。考试结束前,应试人员有特殊情况需要暂时离开考场的,应当由监考人员陪同,返回考场时应当重新接受身份查验。

应试人员因突发疾病不能继续考试的,应当立即停止考试,离开考场。

第三十一条　考试期间出现考试机故障、网络故障或者供电故障等异常情况,导致应试人员无法正常考试的,应试人员应当听从监考人员的安排。

因前款所述客观原因导致应试人员答题时间出现损失的,应试人员可以当场向监考人员提出补时要求,由监考人员依据本办法第三十九条的规定予以处理。

第三十二条　考试结束时,应试人员应当听从监考人员指令,立即停止考试,将草稿纸整理好放在桌面上,等候监考人员清点回收。监考人员宣布退场后,应试人员方可退出考场。应试人员离开考场后不得在考场附近逗留、喧哗。

第三十三条　应试人员不得抄录、复制、传播和扩散试题内容,不得将草稿纸带出考场。

第五章　监 考 规 则

第三十四条　监考人员由国家知识产权局委托的考试服务方选派,并报国家知识产权局和考点局备案。

第三十五条　监考人员进入考场应当佩戴统一制发的监考标志。

第三十六条　考试开始前,监考人员应当完成下列工作:

(一)考试开始前90分钟,进入考场,检查考场管理机、考试服务器和考试机是否正常运行;

(二)考试开始前60分钟,到考务办公室领取考务相关表格和草稿纸;

(三)考试开始前40分钟,组织应试人员进入考场,核对准考证和身份证件,查验应试人员身份,要求应试人员本人在考场情况记录表中签名并拍照。对没有同时携带准考证和身份证件的应试人员,不得允许其进入考场;

(四)考试开始前10分钟,向应试人员宣读或者播放应试人员考场守则;

(五)考试开始前5分钟,提醒应试人员登录考试界面、核对考试相关信息,并向应试人员发放草稿纸,做好考试准备;

(六)考试开始时,准时点击考场管理机上的"开始考试"按钮。

第三十七条　考试期间,监考人员应当逐一核对应试人员准考证和身份证件上的照片是否与本人一致。

发现应试人员本人与证件上照片不一致的,监考人员应当在考场管理机上与报名数据库中信息进行核对。经核对确认不一致的,监考人员应当报告考站负责人,由其决定该应试人员是否能够继续参加考试,并及时做好相应处理。

第三十八条 考试期间出现考试机故障、网络故障或者供电故障等异常情况,导致应试人员无法正常考试的,监考人员应当维持考场秩序,安抚应试人员,立即请技术支持人员排除故障。重要情况应当及时向考站负责人报告。考站负责人应当做好相应处理,必要时应当逐级上报国家知识产权局,并根据国家知识产权局指令进行相应处理。

第三十九条 因考试机故障等客观原因导致个别应试人员答题时间出现损失,应当向应试人员补时,补时应当等于应试人员实际损失时间。补时不超过10分钟的,经监考人员批准给予补时;补时10分钟以上30分钟以下的,报经考站负责人批准,给予补时;补时超过30分钟的,应当逐级上报国家知识产权局,并根据国家知识产权局指令进行相应处理。

第四十条 监考人员应当恪尽职守,不得在考场内吸烟、阅读书报、闲谈、接打电话或者有其他与监考要求无关的行为。监考人员不得对试题内容作任何解释或者暗示。应试人员对试题的正确性提出质疑的,监考人员应当及时上报,并根据国家知识产权局指令进行相应处理。

第四十一条 发现应试人员违规违纪行为的,监考人员应当及时报告考站负责人并做好以下工作:

(一)要求该应试人员立即停止答题;

(二)收缴违规物品,填写违规物品暂扣和退还表;

(三)对应试人员违规违纪行为进行认定,并在违规情况报告单中记录其违规情况和交卷时间,由两名监考人员签字确认;

(四)将记录的内容告知应试人员,并要求其签字确认。应试人员拒不签字的,监考人员应当在违规情况报告单中注明;

(五)在考场情况记录表中记录该应试人员姓名、准考证号、违规违纪情形等内容;

(六)及时向考站负责人报告应试人员违规违纪情况,并将考务相关表格及违规物品等证据材料一并上交考站负责人。确认应试人员有抄袭作弊行为的,监考人员应当提交相关证明材料。

第四十二条 考试结束后,监考人员应当清点、回收草稿纸,检查所有考试机是否交卷成功,确认成功后按照要求上传本考场考试数据。

第四十三条 考试期间监考人员应当如实填写考务相关表格。应试人员退出考场后,监考人员应当将考场情况记录表、违规情况报告单、违规物品暂扣和退还表、工作程序记录表和草稿纸交考站负责人验收。

第四十四条 每科考试结束后,监考人员应当清理考场并对考场进行封闭,考场钥匙由考站指定的专人管理。

第六章 成绩公布与资格授予

第四十五条 考试成绩及考试合格分数线由考试委员会办公室公布。考试成绩公布前,任何人不得擅自泄露分数情况。

第四十六条 应试人员认为其考试成绩有明显异常的,可以自考试成绩公布之日起十五日内向考试委员会办公室提出书面复查申请,逾期提出的复查申请不予受理。考试成绩复查仅限于重新核对各题得分之和相加是否有误。应试人员不得自行查阅本人试卷。

第四十七条 考试委员会办公室应当指定两名以上工作人员共同完成复查工作。复查结果由考试委员会办公室书面通知提出复查请求的应试人员。

复查发现分数确有错误需要予以更正的,经考试委员会办公室负责人审核同意,报考试委员会主任批准后,方可更正分数。

第四十八条 国家知识产权局在考试合格分数线公布后一个月内向通过考试并经过审核的应试人员颁发专利代理师资格证。

第七章 保密与应急处理

第四十九条 未启用的考试试题为机密级国家秘密,考试试题题库为秘密级国家秘密,按照《中华人民共和国保守国家秘密法》的规定管理。

第五十条 命审题人员信息、试题命制工作方案、参考答案、评分标准、考试合格标准、应试人员的考试成绩和其他有关数据,属于工作秘密,未经国家知识产权局批准不得公开。

第五十一条 国家知识产权局组织成立考试保密工作领导小组,负责制定考试保密管理有关工作方案,指导、检查和监督考点局的考试安全保密工作,对命审题、巡考、阅卷等相关涉密人员进行保密教育和业务培训,在发生失泄密事件时会同国家知识产权局保密委员会采取有效措施进行处置。

国家知识产权局组织成立考试突发事件应急处理领导小组,指导考点局的突发事件应急处理工作,组织处理全国范围内的重大突发事件。

第五十二条 考点局应当会同同级保密工作部门成立地方考试保密工作领导小组,负责制定本行政区域内考试保密制度的具体实施方案,监督、检查保密制度的执行情况,对参与考试工作的涉密人员进行审核并向国家知识产权局备案,对相关涉密考试工作人员进行保密教育和业务培训。

考点局应当成立考试突发事件应急处理领导小组,负责制定本行政区域内的考试突发事件应急处理预案,负责突发事件的处理和上报工作。

第五十三条 考试服务方接受国家知识产权局委托,执行相应部分考务工作时应当接受国家知识产权局的监督和检查,严格遵守保密法律法规、本办法及委托合同中的具体要求,并对涉及考试的相关人员进行严格管理。

第五十四条 考试保密工作管理具体办法和考试应急处理具体预案由国家知识产权

局制定。

第八章 违规违纪行为的处理

第五十五条 应试人员有下列情形之一的,由监考人员给予其口头警告,并责令其改正;经警告仍不改正的,监考人员应当报告考站负责人,由其决定责令违规违纪人员离开考场:

(一)随身携带本办法第二十七条禁止携带的物品进入考场;
(二)有本办法第二十八条禁止的行为;
(三)故意损坏考试设备;
(四)有其他违规违纪行为。

第五十六条 应试人员有下列情形之一的,监考人员应当报告考站负责人,由其决定责令违规违纪人员离开考场,并报国家知识产权局决定给予其本场考试成绩无效的处理:

(一)夹带或者查看与考试有关资料;
(二)违规使用具有通讯、存储、录放等功能的电子产品;
(三)抄袭他人答案或者同意、默许、帮助他人抄袭;
(四)以口头、书面或者肢体语言等方式传递答题信息;
(五)协助他人作弊;
(六)将考试内容带出考场;
(七)有其他较为严重的违规违纪行为。

第五十七条 应试人员有下列情形之一的,监考人员应当报告考站负责人,由其决定责令违规违纪人员离开考场,并报国家知识产权局决定给予其当年考试成绩无效的处理:

(一)与其他考场应试人员或者考场外人员串通作弊;
(二)以打架斗殴等方式严重扰乱考场秩序;
(三)以威胁、侮辱、殴打等方式妨碍考试工作人员履行职责;
(四)有其他严重的违规违纪行为。

应试人员以及其他人员有前款规定情形,构成违反治安管理行为的,移交公安机关处理;构成犯罪的,移交司法机关处理。

第五十八条 应试人员有下列情形之一的,监考人员应当报告考站负责人,由其决定责令违规违纪人员离开考场,并报国家知识产权局决定给予其当年考试成绩无效、三年不得报名参加专利代理师资格考试的处理:

(一)由他人冒名代替或者代替他人参加考试;
(二)参与有组织作弊情节严重;
(三)有其他特别严重的违规违纪行为。

应试人员以及其他人员有前款规定情形,构成违反治安管理行为的,移交公安机关处理;构成犯罪的,移交司法机关处理。

第五十九条 通过提供虚假证明材料或者以其他违法手段获得准考证并参加考试的,由国家知识产权局决定给予其当年考试成绩无效的处理。已经取得专利代理师资格证的,由国家知识产权局决定给予撤销专利代理师资格证的处理。

第六十条 考试工作人员有下列行为之一的,由国家知识产权局或者考点局决定停止其参加当年考务工作,并视情节轻重给予或者建议其所在单位给予相应处理:

(一)有应当回避考试工作的情形而未回避;

(二)发现报名人员有提供虚假证明或者证件等行为而隐瞒不报;

(三)因资料审核、考场巡检或者发放准考证等环节工作失误,致使应试人员未能如期参加考试或者使考试工作受到重大影响;

(四)擅自变更考试时间、地点或者其他考试安排;

(五)因未认真履行职责,造成所负责的考场秩序混乱;

(六)擅自将试题等与考试有关内容带出考场或者传递给他人;

(七)命题人员在保密期内从事与专利代理师考试有关的授课、答疑、辅导等活动;

(八)阅卷人员在评卷中擅自更改评分标准,或者不按评分标准进行评卷;

(九)偷换或者涂改应试人员答卷、考试成绩或者考场原始记录材料。

第六十一条 考试工作人员有下列情形之一的,由国家知识产权局或者考点局决定停止其参加当年考务工作,并视情节轻重给予或者建议其所在单位给予相应处分;构成犯罪的,移交司法机关处理:

(一)组织或者参与组织考试作弊;

(二)纵容、包庇或者帮助应试人员作弊;

(三)丢失、泄露、窃取未启用的考试试题、参考答案和评分标准;

(四)未按规定履行职责或者有其他违规违纪行为。

第六十二条 国家知识产权局依据本办法对应试人员给予本场考试成绩无效、当年考试成绩无效、三年不得报名参加专利代理师考试、撤销专利代理师资格证的处理的,应当以书面方式作出处理决定并通知本人,按照有关规定实施失信联合惩戒。

对考试工作人员违规违纪行为进行处理的,应当以书面方式作出处理决定并通知本人,并将有关证据材料存档备查。

第六十三条 对于应试人员或者考试工作人员因违规违纪行为受到处理的有关情况,国家知识产权局或者考点局认为必要时可以通报其所在单位。

第六十四条 应试人员对处理决定不服的,可以依法申请行政复议或者提起行政诉讼。

第九章 附 则

第六十五条 本办法中的考站是指实施考试的学校或者机构,考场是指举行考试的机房,考试机是指应试人员考试用计算机,考试工作人员是指参与考试命审题、试卷制作、监考、巡考、阅卷和考试保密管理等相关工作的人员。

第六十六条 本办法施行之前国家知识产权局颁发的专利代理人资格证书继续有效。

第六十七条 本办法自 2019 年 6 月 1 日起施行。2008 年 8 月 25 日国家知识产权局令第 47 号发布的《专利代理人资格考试实施办法》、第 48 号发布的《专利代理人资格考试考务规则》和 2008 年 9 月 26 日国家知识产权局令第 49 号发布的《专利代理人资格考试违纪行为处理办法》同时废止。

专利代理信用评价管理办法（试行）

1. 2023 年 3 月 31 日国家知识产权局公布
2. 国知发运字〔2023〕10 号

第一章 总 则

第一条 为了深入贯彻落实中共中央、国务院印发的《知识产权强国建设纲要（2021—2035 年）》和国务院印发的《"十四五"知识产权保护和运用规划》的决策部署，加强专利代理分级分类信用监管，促进专利代理机构、专利代理师依法诚信执业，维护专利代理行业秩序，依据《中华人民共和国专利法》《专利代理条例》等法律法规，以及《国务院办公厅关于进一步完善失信约束制度构建诚信建设长效机制的指导意见》《国务院办公厅关于加快推进社会信用体系建设构建以信用为基础的新型监管机制的指导意见》等文件，制定本办法。

第二条 专利代理信用评价，是指知识产权管理部门对专利代理机构、专利代理师从事专利代理服务的执业信用状况进行计分和等级评价。

第三条 国家知识产权局主管全国专利代理信用评价管理工作。省、自治区、直辖市人民政府管理专利工作的部门负责本行政区域内专利代理信用评价工作的组织和实施。

国家知识产权局和省、自治区、直辖市人民政府管理专利工作的部门联合开展专利代理信用评价管理工作，实现信息共享。

第四条 国家知识产权局和省、自治区、直辖市人民政府管理专利工作的部门根据社会信用体系建设需要，建立与相关行业主管部门和专利代理行业协会等行业组织的工作联系制度和信息交换制度，完善专利代理信用评价机制，推送相关信用信息，推进部门信息共享、部门联合守信激励和失信惩戒。

第二章 信用等级评价

第五条 专利代理机构和专利代理师信用等级按照从高到低顺序分为"A"、"B"、"C"、"D"级，按计分情况评价。计分满分为 100 分，根据负面信息予以扣减。负面信息包括不规范经营或执业行为、机构经营异常情况、受行政或刑事处罚、行业惩戒等情况。等级标准如下：
（一）A级为信用积分90分以上（含）100分以下（含）的；
（二）B级为信用积分80分以上（含）不满90分的；
（三）C级为信用积分60分以上（含）不满80分的；
（四）D级为信用积分不满60分的。

根据荣誉奖励、社会贡献等，适当设置附加加分项，并增设"A＋"等级，等级标准为超过100分的。

第六条　国家知识产权局和省、自治区、直辖市人民政府管理专利工作的部门按照《专利代理机构信用评价指标体系及评价规则》和《专利代理师信用评价指标体系及评价规则》，依据书面证明材料，对专利代理机构、专利代理师进行信用计分，形成专利代理机构和专利代理师的信用等级。全国性专利代理行业组织产生的信用信息汇集至国家知识产权局统一进行信用计分，地方性专利代理行业组织产生的信用信息汇集至行业组织所在地的省、自治区、直辖市人民政府管理专利工作的部门统一进行信用计分。

专利代理评价的信用信息采集、信用计分、等级确定、结果公示通过专利代理管理系统进行。

第七条　专利代理信用信息依托专利代理管理系统，从以下渠道采集：
（一）国家知识产权局和地方知识产权管理部门在行政管理过程中产生的信息，以及专利代理监管工作过程中产生的信息；
（二）各专利代理行业组织在日常工作中产生的信息；
（三）专利代理机构和专利代理师报送的信息；
（四）其他行业主管部门和行业协会公开的信息，以及能够反映专利代理机构和专利代理师信用状况的其他信息。

专利代理机构跨区域开展业务的信息，以及分支机构的相关信用信息，由业务开展或分支机构所在地采集，归集到机构所在地的省、自治区、直辖市人民政府管理专利工作的部门。

第八条　专利代理机构、专利代理师信用计分和等级实施动态管理，国家知识产权局和省、自治区、直辖市人民政府管理专利工作的部门自收到信用变更信息7个工作日内更新信用计分及信用等级。除另有规定外，信用计分因相关情形被扣减或增加满12个月后，扣减或增加的分数清零，引起信用等级变化的，随之更新。

第三章　信用信息的公示、查询、异议和信用修复

第九条　国家知识产权局和省、自治区、直辖市人民政府管理专利工作的部门可以在政府网站、专利业务网上办理平台、专利代办处、知识产权业务受理窗口等场所公示专利代理机构信用等级。

国家知识产权局通过专利代理管理系统提供专利代理信用信息查询服务。社会公众可以查询专利代理机构和专利代理师的信用等级；专利代理机构可以查询

本机构的信用计分明细和本机构执业的专利代理师的信用等级；专利代理师可以查询本人的信用计分明细。

第十条 专利代理机构和专利代理师对信用等级和计分有异议的，可以通过专利代理管理系统向所在地的省、自治区、直辖市人民政府管理专利工作的部门申请核查，并提供相关资料或者证明材料。省、自治区、直辖市人民政府管理专利工作的部门于收到申请之日起15个工作日内对异议申请完成核查，并将核查结果、理由告知提出异议的申请人。异议请求获得支持的，予以恢复信用计分和等级，异议期的信用计分和等级不影响信用评价结果运用。

第十一条 专利代理机构和专利代理师被扣减信用计分满6个月后，履行相关义务纠正相关行为且已完成纠正的，可以通过专利代理管理系统向所在地的省、自治区、直辖市人民政府管理专利工作的部门提供相关资料或者证明材料，申请信用修复。省、自治区、直辖市人民政府管理专利工作的部门于收到申请之日起15个工作日内对修复申请进行审核，并将审核结果、理由告知修复申请的申请人。修复申请通过的，所扣分数不再计算。

具有下列情形之一的，不予信用修复：

（一）距离上一次信用修复时间不足12个月的；

（二）申请信用修复过程中存在弄虚作假、故意隐瞒事实等行为；

（三）法律、行政法规和党中央、国务院政策文件明确规定不可修复的。

对于存在前款第（二）种情形的，自发现之日起2年内不得再次申请信用修复，并重新计算信用计分扣分期限。

第十二条 专利代理机构和专利代理师对国家知识产权局作出的信用计分结果提出异议或申请信用修复的，由所在地的省、自治区、直辖市人民政府管理专利工作的部门统一受理，并通过专利代理管理系统向国家知识产权局报请审核。相关审核结果、理由由所在地的省、自治区、直辖市人民政府管理专利工作的部门负责告知申请人。

第四章 结果运用

第十三条 国家知识产权局和省、自治区、直辖市人民政府管理专利工作的部门建立专利代理信用管理联动机制，根据专利代理机构和专利代理师信用状况，实施分类服务和监管。

第十四条 对于达到"A+"、"A"级的专利代理机构和专利代理师，国家知识产权局和省、自治区、直辖市人民政府管理专利工作的部门可以减少日常检查频次，在有关行政审批等工作中为其提供便利化服务，在财政性资金项目申请、有关审查便利化措施备案中优先受理和审核。

第十五条 对于"B"级的专利代理机构和专利代理师，国家知识产权局和省、自治区、直辖市人民政府管理专利工作的部门，实施常规监管，适时进行业务指导，并视信用等级变化，实施相应的激励和分类监管措施。

第十六条　对于"C"级的专利代理机构和专利代理师,国家知识产权局和省、自治区、直辖市人民政府管理专利工作的部门列为重点检查对象,提高检查频次,进行业务指导和政策宣讲。在财政性资金项目申请、有关审查便利化措施备案中从严受理和审核。

第十七条　对于"D"级的专利代理机构和专利代理师,国家知识产权局和地方知识产权管理部门,以及各类专利代理协会、知识产权服务业协会实行分类管理,列为重点监管对象,提高检查频次,依法严格监管,限制其适用告知承诺制等便利措施,在各类优惠政策、财政性资金项目申请、有关审查便利化措施备案、评优评先评奖、各类活动参加单位筛查、诉讼代理人推荐、有关专家和人才推荐中予以协同限制。

第五章　附　则

第十八条　省、自治区、直辖市人民政府管理专利工作的部门可以依据本办法制定具体实施办法。

第十九条　本办法由国家知识产权局负责解释。

第二十条　本办法自 2023 年 5 月 1 日起试行。

　　　　　　附件:1. 专利代理机构信用评价指标体系及评价规则(略)
　　　　　　　　2. 专利代理师信用评价指标体系及评价规则(略)

3. 专 利 申 请

关于专利电子申请的规定

1. 2010 年 8 月 26 日国家知识产权局令第 57 号公布
2. 自 2010 年 10 月 1 日起施行

第一条　为了规范与通过互联网传输并以电子文件形式提出的专利申请(以下简称专利电子申请)有关的程序和要求,方便申请人提交专利申请,提高专利审批效率,推进电子政务建设,依照《中华人民共和国专利法实施细则》(以下简称专利法实施细则)第二条和第十五条第二款,制定本规定。

第二条　提出专利电子申请的,应当事先与国家知识产权局签订《专利电子申请系统用户注册协议》(以下简称用户协议)。

　　开办专利电子申请代理业务的专利代理机构,应当以该专利代理机构名义与国家知识产权局签订用户协议。

　　申请人委托已与国家知识产权局签订用户协议的专利代理机构办理专利电子申请业务的,无须另行与国家知识产权局签订用户协议。

第三条 申请人有两人以上且未委托专利代理机构的,以提交电子申请的申请人为代表人。

第四条 发明、实用新型和外观设计专利申请均可以采用电子文件形式提出。

依照专利法实施细则第一百零一条第二款的规定进入中国国家阶段的专利申请,可以采用电子文件形式提交。

依照专利法实施细则第一百零一条第一款的规定向国家知识产权局提出专利国际申请的,不适用本规定。

第五条 申请专利的发明创造涉及国家安全或者重大利益需要保密的,应当以纸件形式提出专利申请。

申请人以电子文件形式提出专利申请后,国家知识产权局认为该专利申请需要保密的,应当将该专利申请转为纸件形式继续审查并通知申请人。申请人在后续程序中应当以纸件形式递交各种文件。

依照专利法实施细则第八条第二款第(一)项直接向外国申请专利或者向有关国外机构提交专利国际申请的,申请人向国家知识产权局提出的保密审查请求和技术方案应当以纸件形式提出。

第六条 提交专利电子申请和相关文件的,应当遵守规定的文件格式、数据标准、操作规范和传输方式。专利电子申请和相关文件未能被国家知识产权局专利电子申请系统正常接收的,视为未提交。

第七条 申请人办理专利电子申请各种手续的,应当以电子文件形式提交相关文件。除另有规定外,国家知识产权局不接受申请人以纸件形式提交的相关文件。不符合本款规定的,相关文件视为未提交。

以纸件形式提出专利申请并被受理后,除涉及国家安全或者重大利益需要保密的专利申请外,申请人可以请求将纸件申请转为专利电子申请。

特殊情形下需要将专利电子申请转为纸件申请的,申请人应当提出请求,经国家知识产权局审批并办理相关手续后可以转为纸件申请。

第八条 申请人办理专利电子申请的各种手续的,对专利法及其实施细则或者专利审查指南中规定的应当以原件形式提交的相关文件,申请人可以提交原件的电子扫描文件。国家知识产权局认为必要时,可以要求申请人在指定期限内提交原件。

申请人在提出专利电子申请时请求减缴或者缓缴专利法实施细则规定的各种费用需要提交有关证明文件的,应当在提出专利申请时提交证明文件原件的电子扫描文件。未提交电子扫描文件的,视为未提交有关证明文件。

第九条 采用电子文件形式向国家知识产权局提交的各种文件,以国家知识产权局专利电子申请系统收到电子文件之日为递交日。

对于专利电子申请,国家知识产权局以电子文件形式向申请人发出的各种通知书、决定或者其他文件,自文件发出之日起满15日,推定为申请人收到文件之日。

第十条 专利法及其实施细则和专利审查指南中关于专利申请和相关文件的所有规

定,除专门针对以纸件形式提交的专利申请和相关文件的规定之外,均适用于专利电子申请。

第十一条 本规定由国家知识产权局负责解释。

第十二条 本规定自 2010 年 10 月 1 日起施行。2004 年 2 月 12 日国家知识产权局令第三十五号发布的《关于电子专利申请的规定》同时废止。

专利优先审查管理办法

1. 2017 年 6 月 27 日国家知识产权局令第 76 号公布
2. 自 2017 年 8 月 1 日起施行

第一条 为了促进产业结构优化升级,推进国家知识产权战略实施和知识产权强国建设,服务创新驱动发展,完善专利审查程序,根据《中华人民共和国专利法》和《中华人民共和国专利法实施细则》(以下简称专利法实施细则)的有关规定,制定本办法。

第二条 下列专利申请或者案件的优先审查适用本办法:
（一）实质审查阶段的发明专利申请;
（二）实用新型和外观设计专利申请;
（三）发明、实用新型和外观设计专利申请的复审;
（四）发明、实用新型和外观设计专利的无效宣告。
依据国家知识产权局与其他国家或者地区专利审查机构签订的双边或者多边协议开展优先审查的,按照有关规定处理,不适用本办法。

第三条 有下列情形之一的专利申请或者专利复审案件,可以请求优先审查:
（一）涉及节能环保、新一代信息技术、生物、高端装备制造、新能源、新材料、新能源汽车、智能制造等国家重点发展产业;
（二）涉及各省级和设区的市级人民政府重点鼓励的产业;
（三）涉及互联网、大数据、云计算等领域且技术或者产品更新速度快;
（四）专利申请人或者复审请求人已经做好实施准备或者已经开始实施,或者有证据证明他人正在实施其发明创造;
（五）就相同主题首次在中国提出专利申请又向其他国家或者地区提出申请的该中国首次申请;
（六）其他对国家利益或者公共利益具有重大意义需要优先审查。

第四条 有下列情形之一的无效宣告案件,可以请求优先审查:
（一）针对无效宣告案件涉及的专利发生侵权纠纷,当事人已请求地方知识产权局处理、向人民法院起诉或者请求仲裁调解组织仲裁调解;

(二)无效宣告案件涉及的专利对国家利益或者公共利益具有重大意义。

第五条 对专利申请、专利复审案件提出优先审查请求,应当经全体申请人或者全体复审请求人同意;对无效宣告案件提出优先审查请求,应当经无效宣告请求人或者全体专利权人同意。

处理、审理涉案专利侵权纠纷的地方知识产权局、人民法院或者仲裁调解组织可以对无效宣告案件提出优先审查请求。

第六条 对专利申请、专利复审案件、无效宣告案件进行优先审查的数量,由国家知识产权局根据不同专业技术领域的审查能力、上一年度专利授权量以及本年度待审案件数量等情况确定。

第七条 请求优先审查的专利申请或者专利复审案件应当采用电子申请方式。

第八条 申请人提出发明、实用新型、外观设计专利申请优先审查请求的,应当提交优先审查请求书、现有技术或者现有设计信息材料和相关证明文件;除本办法第三条第五项的情形外,优先审查请求书应当由国务院相关部门或者省级知识产权局签署推荐意见。

当事人提出专利复审、无效宣告案件优先审查请求的,应当提交优先审查请求书和相关证明文件;除在实质审查或者初步审查程序中已经进行优先审查的专利复审案件外,优先审查请求书应当由国务院相关部门或者省级知识产权局签署推荐意见。

地方知识产权局、人民法院、仲裁调解组织提出无效宣告案件优先审查请求的,应当提交优先审查请求书并说明理由。

第九条 国家知识产权局受理和审核优先审查请求后,应当及时将审核意见通知优先审查请求人。

第十条 国家知识产权局同意进行优先审查的,应当自同意之日起,在以下期限内结案:

(一)发明专利申请在四十五日内发出第一次审查意见通知书,并在一年内结案;

(二)实用新型和外观设计专利申请在两个月内结案;

(三)专利复审案件在七个月内结案;

(四)发明和实用新型专利无效宣告案件在五个月内结案,外观设计专利无效宣告案件在四个月内结案。

第十一条 对于优先审查的专利申请,申请人应当尽快作出答复或者补正。申请人答复发明专利审查意见通知书的期限为通知书发文日起两个月,申请人答复实用新型和外观设计专利审查意见通知书的期限为通知书发文日起十五日。

第十二条 对于优先审查的专利申请,有下列情形之一的,国家知识产权局可以停止优先审查程序,按普通程序处理,并及时通知优先审查请求人:

(一)优先审查请求获得同意后,申请人根据专利法实施细则第五十一条第一、二款对申请文件提出修改；

（二）申请人答复期限超过本办法第十一条规定的期限；

（三）申请人提交虚假材料；

（四）在审查过程中发现为非正常专利申请。

第十三条 对于优先审查的专利复审或者无效宣告案件，有下列情形之一的，专利复审委员会可以停止优先审查程序，按普通程序处理，并及时通知优先审查请求人：

（一）复审请求人延期答复；

（二）优先审查请求获得同意后，无效宣告请求人补充证据和理由；

（三）优先审查请求获得同意后，专利权人以删除以外的方式修改权利要求书；

（四）专利复审或者无效宣告程序被中止；

（五）案件审理依赖于其他案件的审查结论；

（六）疑难案件，并经专利复审委员会主任批准。

第十四条 本办法由国家知识产权局负责解释。

第十五条 本办法自2017年8月1日起施行。2012年8月1日起施行的《发明专利申请优先审查管理办法》同时废止。

规范申请专利行为的规定

1. 2023年12月21日国家知识产权局令第77号公布
2. 自2024年1月20日起施行

第一条 为了规范申请专利行为，维护专利工作的正常秩序，根据《中华人民共和国专利法》、《中华人民共和国专利法实施细则》、《专利代理条例》等有关法律法规制定本规定。

第二条 提出或者代理提出专利申请的，应当遵守法律、行政法规和部门规章的有关规定，遵循专利法立法宗旨，恪守诚实信用原则，以真实发明创造活动为基础，不得弄虚作假，不得违反《中华人民共和国专利法实施细则》第十一条的规定实施非正常申请专利行为。

第三条 本规定所称非正常申请专利行为包括：

（一）所提出的多件专利申请的发明创造内容明显相同，或者实质上由不同发明创造特征、要素简单组合形成的；

（二）所提出专利申请存在编造、伪造、变造发明创造内容、实验数据或者技术效果，或者抄袭、简单替换、拼凑现有技术或者现有设计等类似情况的；

（三）所提出专利申请的发明创造内容主要为利用计算机技术等随机生成的；

（四）所提出专利申请的发明创造为明显不符合技术改进、设计常理，或者变劣、堆砌、非必要缩限保护范围的；

（五）申请人无实际研发活动提交多件专利申请，且不能作出合理解释的；

（六）将实质上与特定单位、个人或者地址关联的多件专利申请恶意分散、先后或者异地提出的；

（七）出于不正当目的转让、受让专利申请权，或者虚假变更发明人、设计人的；

（八）违反诚实信用原则、扰乱专利工作正常秩序的其他非正常申请专利行为。

第四条　任何单位或者个人不得代理、诱导、教唆、帮助他人实施各类非正常申请专利行为。

第五条　国务院专利行政部门根据《中华人民共和国专利法》、《中华人民共和国专利法实施细则》相关规定，在专利申请的受理、初步审查、实质审查、复审程序或者国际申请的国际阶段程序中发现或者根据举报线索得知，并初步认定存在非正常申请专利行为的，可以组成专门审查工作组或者授权审查员启动专门审查程序，通知申请人在指定的期限内陈述意见并提交证明材料，或者主动撤回相关专利申请、法律手续办理请求。

第六条　申请人无正当理由逾期未答复的，相关专利申请视为撤回，相关法律手续办理请求视为未提出。

第七条　经申请人陈述意见后，国务院专利行政部门仍然认为属于非正常申请专利行为的，应当依法驳回相关专利申请，或者不予批准相关法律手续办理请求。

申请人对驳回专利申请决定不服的，可以依法提出专利复审请求；对不予批准相关法律手续办理请求不服的，可以依法提出行政复议申请或者提起行政诉讼。

第八条　对实施非正常申请专利行为的单位或者个人，依据《中华人民共和国专利法》、《中华人民共和国专利法实施细则》实施行政处罚。

对实施本规定第四条规定的非正常申请专利行为的专利代理机构，以及擅自开展专利代理业务的机构或者个人，依据《专利代理条例》及相关规定实施行政处罚。

对于违反本规定涉嫌犯罪的，依法移送司法机关追究刑事责任。

第九条　可以对非正常申请专利行为采取下列处理措施：

（一）对该非正常专利申请不予减缴专利费用；对于五年内多次实施非正常申请专利行为等情节严重的申请人，其在该段时间内提出的专利申请均不予减缴专利费用；已经减缴的，要求其补缴相关减缴费用；

（二）在国务院专利行政部门政府网站和有关媒体上予以公告，并将相关信息纳入全国信用信息共享平台；

（三）实施非正常申请专利行为损害社会公共利益，并受到市场监督管理等部门较重行政处罚的，依照国家有关规定列入市场监督管理严重违法失信名单；

（四）在国务院专利行政部门的专利申请数量统计中扣除非正常申请专利行为相关的专利申请数量；

（五）对申请人和相关代理机构不予资助或者奖励；已经资助或者奖励的，全部或者部分追还。

第十条 采取本规定第九条所列处理措施前,必要时允许当事人陈述意见。

第十一条 管理专利工作的部门应当引导公众和专利代理机构依法提出专利申请,加强对非正常申请专利行为的管理。

地方管理专利工作的部门和专利代办处发现或者根据举报得知非正常申请专利行为线索的,应当及时向国务院专利行政部门报告。国务院专利行政部门对非正常申请专利行为依法进行处理时,地方管理专利工作的部门应当予以配合。

第十二条 向国外提出或者代理提出专利申请的,应当遵守中国和相关国家、地区法律法规的规定。不得违反诚实信用原则,不以真实发明创造活动为基础,以弄虚作假的方式提出专利申请,牟取不正当利益。

第十三条 本规定自2024年1月20日起施行。2007年8月27日国家知识产权局令第四十五号公布的《关于规范专利申请行为的若干规定》,2017年2月28日国家知识产权局令第七十五号公布的《国家知识产权局关于修改〈关于规范专利申请行为的若干规定〉的决定》和2021年3月11日国家知识产权局公告第四一一号公布的《关于规范申请专利行为的办法》同时废止。

4. 专 利 许 可

专利实施许可合同备案办法

1. 2011年6月27日国家知识产权局令第62号公布
2. 自2011年8月1日起施行

第一条 为了切实保护专利权,规范专利实施许可行为,促进专利权的运用,根据《中华人民共和国专利法》《中华人民共和国合同法》和相关法律法规,制定本办法。

第二条 国家知识产权局负责全国专利实施许可合同的备案工作。

第三条 专利实施许可的许可人应当是合法的专利权人或者其他权利人。

以共有的专利权订立专利实施许可合同的,除全体共有人另有约定或者《中华人民共和国专利法》另有规定的外,应当取得其他共有人的同意。

第四条 申请备案的专利实施许可合同应当以书面形式订立。

订立专利实施许可合同可以使用国家知识产权局统一制订的合同范本;采用其他合同文本的,应当符合《中华人民共和国合同法》的规定。

第五条 当事人应当自专利实施许可合同生效之日起3个月内办理备案手续。

第六条 在中国没有经常居所或者营业所的外国人、外国企业或者外国其他组织办理备案相关手续的,应当委托依法设立的专利代理机构办理。

中国单位或者个人办理备案相关手续的,可以委托依法设立的专利代理机构办理。

第七条 当事人可以通过邮寄、直接送交或者国家知识产权局规定的其他方式办理专利实施许可合同备案相关手续。

第八条 申请专利实施许可合同备案的,应当提交下列文件:

（一）许可人或者其委托的专利代理机构签字或者盖章的专利实施许可合同备案申请表;

（二）专利实施许可合同;

（三）双方当事人的身份证明;

（四）委托专利代理机构的,注明委托权限的委托书;

（五）其他需要提供的材料。

第九条 当事人提交的专利实施许可合同应当包括以下内容:

（一）当事人的姓名或者名称、地址;

（二）专利权项数以及每项专利权的名称、专利号、申请日、授权公告日;

（三）实施许可的种类和期限。

第十条 除身份证明外,当事人提交的其他各种文件应当使用中文。身份证明是外文的,当事人应当附送中文译文;未附送的,视为未提交。

第十一条 国家知识产权局自收到备案申请之日起7个工作日内进行审查并决定是否予以备案。

第十二条 备案申请经审查合格的,国家知识产权局应当向当事人出具《专利实施许可合同备案证明》。

备案申请有下列情形之一的,不予备案,并向当事人发送《专利实施许可合同不予备案通知书》:

（一）专利权已经终止或者被宣告无效的;

（二）许可人不是专利登记簿记载的专利权人或者有权授予许可的其他权利人的;

（三）专利实施许可合同不符合本办法第九条规定的;

（四）实施许可的期限超过专利权有效期的;

（五）共有专利权人违反法律规定或者约定订立专利实施许可合同的;

（六）专利权处于年费缴纳滞纳期的;

（七）因专利权的归属发生纠纷或者人民法院裁定对专利权采取保全措施,专利权的有关程序被中止的;

（八）同一专利实施许可合同重复申请备案的;

（九）专利权被质押的,但经质权人同意的除外;

（十）与已经备案的专利实施许可合同冲突的;

（十一）其他不应当予以备案的情形。

第十三条　专利实施许可合同备案后,国家知识产权局发现备案申请存在本办法第十二条第二款所列情形并且尚未消除的,应当撤销专利实施许可合同备案,并向当事人发出《撤销专利实施许可合同备案通知书》。

第十四条　专利实施许可合同备案的有关内容由国家知识产权局在专利登记簿上登记,并在专利公报上公告以下内容:许可人、被许可人、主分类号、专利号、申请日、授权公告日、实施许可的种类和期限、备案日期。

专利实施许可合同备案后变更、注销以及撤销的,国家知识产权局予以相应登记和公告。

第十五条　国家知识产权局建立专利实施许可合同备案数据库。公众可以查询专利实施许可合同备案的法律状态。

第十六条　当事人延长实施许可的期限的,应当在原实施许可的期限届满前2个月内,持变更协议、备案证明和其他有关文件向国家知识产权局办理备案变更手续。

变更专利实施许可合同其他内容的,参照前款规定办理。

第十七条　实施许可的期限届满或者提前解除专利实施许可合同的,当事人应当在期限届满或者订立解除协议后30日内持备案证明、解除协议和其他有关文件向国家知识产权局办理备案注销手续。

第十八条　经备案的专利实施许可合同涉及的专利权被宣告无效或者在期限届满前终止的,当事人应当及时办理备案注销手续。

第十九条　经备案的专利实施许可合同的种类、期限、许可使用费计算方法或者数额等,可以作为管理专利工作的部门对侵权赔偿数额进行调解的参照。

第二十条　当事人以专利申请实施许可合同申请备案的,参照本办法执行。

申请备案时,专利申请被驳回、撤回或者视为撤回的,不予备案。

第二十一条　当事人以专利申请实施许可合同申请备案的,专利申请被批准授予专利权后,当事人应当及时将专利申请实施许可合同名称及有关条款作相应变更;专利申请被驳回、撤回或者视为撤回的,当事人应当及时办理备案注销手续。

第二十二条　本办法自2011年8月1日起施行。2001年12月17日国家知识产权局令第十八号发布的《专利实施许可合同备案管理办法》同时废止。

专利实施强制许可办法

1. 2012年3月15日国家知识产权局令第64号公布
2. 自2012年5月1日起施行

第一章　总　　则

第一条　为了规范实施发明专利或者实用新型专利的强制许可(以下简称强制许可)

的给予、费用裁决和终止程序,根据《中华人民共和国专利法》(以下简称专利法)、《中华人民共和国专利法实施细则》及有关法律法规,制定本办法。

第二条　国家知识产权局负责受理和审查强制许可请求、强制许可使用费裁决请求和终止强制许可请求并作出决定。

第三条　请求给予强制许可、请求裁决强制许可使用费和请求终止强制许可,应当使用中文以书面形式办理。

依照本办法提交的各种证件、证明文件是外文的,国家知识产权局认为必要时,可以要求当事人在指定期限内附送中文译文;期满未附送的,视为未提交该证件、证明文件。

第四条　在中国没有经常居所或者营业所的外国人、外国企业或者外国其他组织办理强制许可事务的,应当委托依法设立的专利代理机构办理。

当事人委托专利代理机构办理强制许可事务的,应当提交委托书,写明委托权限。一方当事人有两个以上且未委托专利代理机构的,除另有声明外,以提交的书面文件中指明的第一当事人为该方代表人。

第二章　强制许可请求的提出与受理

第五条　专利权人自专利权被授予之日起满3年,且自提出专利申请之日起满4年,无正当理由未实施或者未充分实施其专利的,具备实施条件的单位或者个人可以根据专利法第四十八条第一项的规定,请求给予强制许可。

专利权人行使专利权的行为被依法认定为垄断行为的,为消除或者减少该行为对竞争产生的不利影响,具备实施条件的单位或者个人可以根据专利法第四十八条第二项的规定,请求给予强制许可。

第六条　在国家出现紧急状态或者非常情况时,或者为了公共利益的目的,国务院有关主管部门可以根据专利法第四十九条的规定,建议国家知识产权局给予其指定的具备实施条件的单位强制许可。

第七条　为了公共健康目的,具备实施条件的单位可以根据专利法第五十条的规定,请求给予制造取得专利权的药品并将其出口到下列国家或者地区的强制许可:

(一)最不发达国家或者地区;

(二)依照有关国际条约通知世界贸易组织表明希望作为进口方的该组织的发达成员或者发展中成员。

第八条　一项取得专利权的发明或者实用新型比前已经取得专利权的发明或者实用新型具有显著经济意义的重大技术进步,其实施又有赖于前一发明或者实用新型的实施的,该专利权人可以根据专利法第五十一条的规定请求给予实施前一专利的强制许可。国家知识产权局给予实施前一专利的强制许可的,前一专利权人也可以请求给予实施后一专利的强制许可。

第九条　请求给予强制许可的,应当提交强制许可请求书,写明下列各项:

(一)请求人的姓名或者名称、地址、邮政编码、联系人及电话;

（二）请求人的国籍或者注册的国家或者地区；

（三）请求给予强制许可的发明专利或者实用新型专利的名称、专利号、申请日、授权公告日，以及专利权人的姓名或者名称；

（四）请求给予强制许可的理由和事实、期限；

（五）请求人委托专利代理机构的，受托机构的名称、机构代码以及该机构指定的代理人的姓名、执业证号码、联系电话；

（六）请求人的签字或者盖章；委托专利代理机构的，还应当有该机构的盖章；

（七）附加文件清单；

（八）其他需要注明的事项。

请求书及其附加文件应当一式两份。

第十条 强制许可请求涉及两个或者两个以上的专利权人的，请求人应当按专利权人的数量提交请求书及其附加文件副本。

第十一条 根据专利法第四十八条第一项或者第五十一条的规定请求给予强制许可的，请求人应当提供证据，证明其以合理的条件请求专利权人许可其实施专利，但未能在合理的时间内获得许可。

根据专利法第四十八条第二项的规定请求给予强制许可的，请求人应当提交已经生效的司法机关或者反垄断执法机构依法将专利权人行使专利权的行为认定为垄断行为的判决或者决定。

第十二条 国务院有关主管部门根据专利法第四十九条建议给予强制许可的，应当指明下列各项：

（一）国家出现紧急状态或者非常情况，或者为了公共利益目的需要给予强制许可；

（二）建议给予强制许可的发明专利或者实用新型专利的名称、专利号、申请日、授权公告日，以及专利权人的姓名或者名称；

（三）建议给予强制许可的期限；

（四）指定的具备实施条件的单位名称、地址、邮政编码、联系人及电话；

（五）其他需要注明的事项。

第十三条 根据专利法第五十条的规定请求给予强制许可的，请求人应当提供进口方及其所需药品和给予强制许可的有关信息。

第十四条 强制许可请求有下列情形之一的，不予受理并通知请求人：

（一）请求给予强制许可的发明专利或者实用新型专利的专利号不明确或者难以确定；

（二）请求文件未使用中文；

（三）明显不具备请求强制许可的理由；

（四）请求给予强制许可的专利权已经终止或者被宣告无效。

第十五条 请求文件不符合本办法第四条、第九条、第十条规定的，请求人应当自收到通知之日起15日内进行补正。期满未补正的,该请求视为未提出。

第十六条 国家知识产权局受理强制许可请求的,应当及时将请求书副本送交专利权人。除另有指定的外,专利权人应当自收到通知之日起15日内陈述意见;期满未答复的,不影响国家知识产权局作出决定。

第三章 强制许可请求的审查和决定

第十七条 国家知识产权局应当对请求人陈述的理由、提供的信息和提交的有关证明文件以及专利权人陈述的意见进行审查;需要实地核查的,应当指派两名以上工作人员实地核查。

第十八条 请求人或者专利权人要求听证的,由国家知识产权局组织听证。

国家知识产权局应当在举行听证7日前通知请求人、专利权人和其他利害关系人。

除涉及国家秘密、商业秘密或者个人隐私外,听证公开进行。

举行听证时,请求人、专利权人和其他利害关系人可以进行申辩和质证。

举行听证时应当制作听证笔录,交听证参加人员确认无误后签字或者盖章。

根据专利法第四十九条或者第五十条的规定建议或者请求给予强制许可的,不适用听证程序。

第十九条 请求人在国家知识产权局作出决定前撤回其请求的,强制许可请求的审查程序终止。

在国家知识产权局作出决定前,请求人与专利权人订立了专利实施许可合同的,应当及时通知国家知识产权局,并撤回其强制许可请求。

第二十条 经审查认为强制许可请求有下列情形之一的,国家知识产权局应当作出驳回强制许可请求的决定:

(一)请求人不符合本办法第四条、第五条、第七条或者第八条的规定;

(二)请求给予强制许可的理由不符合专利法第四十八条、第五十条或者第五十一条的规定;

(三)强制许可请求涉及的发明创造是半导体技术的,其理由不符合专利法第五十二条的规定;

(四)强制许可请求不符合本办法第十一条或者第十三条的规定;

(五)请求人陈述的理由、提供的信息或者提交的有关证明文件不充分或者不真实。

国家知识产权局在作出驳回强制许可请求的决定前,应当通知请求人拟作出的决定及其理由。除另有指定的外,请求人可以自收到通知之日起15日内陈述意见。

第二十一条 经审查认为请求给予强制许可的理由成立的,国家知识产权局应当作出给予强制许可的决定。在作出给予强制许可的决定前,应当通知请求人和专利权人拟作出的决定及其理由。除另有指定的外,双方当事人可以自收到通知之日起 15 日内陈述意见。

国家知识产权局根据专利法第四十九条作出给予强制许可的决定前,应当通知专利权人拟作出的决定及其理由。

第二十二条 给予强制许可的决定应当写明下列各项:

(一)取得强制许可的单位或者个人的名称或者姓名、地址;

(二)被给予强制许可的发明专利或者实用新型专利的名称、专利号、申请日及授权公告日;

(三)给予强制许可的范围和期限;

(四)决定的理由、事实和法律依据;

(五)国家知识产权局的印章及负责人签字;

(六)决定的日期;

(七)其他有关事项。

给予强制许可的决定应当自作出之日起 5 日内通知请求人和专利权人。

第二十三条 国家知识产权局根据专利法第五十条作出给予强制许可的决定的,还应当在该决定中明确下列要求:

(一)依据强制许可制造的药品数量不得超过进口方所需的数量,并且必须全部出口到该进口方;

(二)依据强制许可制造的药品应当采用特定的标签或者标记明确注明该药品是依据强制许可而制造的;在可行并且不会对药品价格产生显著影响的情况下,应当对药品本身采用特殊的颜色或者形状,或者对药品采用特殊的包装;

(三)药品装运前,取得强制许可的单位应当在其网站或者世界贸易组织的有关网站上发布运往进口方的药品数量以及本条第二项所述的药品识别特征等信息。

第二十四条 国家知识产权局根据专利法第五十条作出给予强制许可的决定的,由国务院有关主管部门将下列信息通报世界贸易组织:

(一)取得强制许可的单位的名称和地址;

(二)出口药品的名称和数量;

(三)进口方;

(四)强制许可的期限;

(五)本办法第二十三条第三项所述网址。

第四章 强制许可使用费裁决请求的审查和裁决

第二十五条 请求裁决强制许可使用费的,应当提交强制许可使用费裁决请求书,写明下列各项:

(一)请求人的姓名或者名称、地址;

(二)请求人的国籍或者注册的国家或者地区;

(三)给予强制许可的决定的文号;

（四）被请求人的姓名或者名称、地址；
（五）请求裁决强制许可使用费的理由；
（六）请求人委托专利代理机构的，受托机构的名称、机构代码以及该机构指定的代理人的姓名、执业证号码、联系电话；
（七）请求人的签字或者盖章；委托专利代理机构的，还应当有该机构的盖章；
（八）附加文件清单；
（九）其他需要注明的事项。
请求书及其附加文件应当一式两份。

第二十六条　强制许可使用费裁决请求有下列情形之一的，不予受理并通知请求人：
（一）给予强制许可的决定尚未作出；
（二）请求人不是专利权人或者取得强制许可的单位或者个人；
（三）双方尚未进行协商或者经协商已经达成协议。

第二十七条　国家知识产权局受理强制许可使用费裁决请求的，应当及时将请求书副本送交对方当事人。除另有指定的外，对方当事人应自收到通知之日起15日内陈述意见；期满未答复的，不影响国家知识产权局作出决定。
强制许可使用费裁决过程中，双方当事人可以提交书面意见。国家知识产权局可以根据案情需要听取双方当事人的口头意见。

第二十八条　请求人在国家知识产权局作出决定前撤回其裁决请求的，裁决程序终止。

第二十九条　国家知识产权局应当自收到请求书之日起3个月内作出强制许可使用费的裁决决定。

第三十条　强制许可使用费裁决决定应当写明下列各项：
（一）取得强制许可的单位或者个人的名称或者姓名、地址；
（二）被给予强制许可的发明专利或者实用新型专利的名称、专利号、申请日及授权公告日；
（三）裁决的内容及其理由；
（四）国家知识产权局的印章及负责人签字；
（五）决定的日期；
（六）其他有关事项。
强制许可使用费裁决决定应当自作出之日起5日内通知双方当事人。

第五章　终止强制许可请求的审查和决定

第三十一条　有下列情形之一的，强制许可自动终止：
（一）给予强制许可的决定规定的强制许可期限届满；
（二）被给予强制许可的发明专利或者实用新型专利终止或者被宣告无效。

第三十二条　给予强制许可的决定中规定的强制许可期限届满前，强制许可的理由消除并不再发生的，专利权人可以请求国家知识产权局作出终止强制许可的决定。

请求终止强制许可的,应当提交终止强制许可请求书,写明下列各项:

(一)专利权人的姓名或者名称、地址;

(二)专利权人的国籍或者注册的国家或者地区;

(三)请求终止的给予强制许可决定的文号;

(四)请求终止强制许可的理由和事实;

(五)专利权人委托专利代理机构的,受托机构的名称、机构代码以及该机构指定的代理人的姓名、执业证号码、联系电话;

(六)专利权人的签字或者盖章;委托专利代理机构的,还应当有该机构的盖章;

(七)附加文件清单;

(八)其他需要注明的事项。

请求书及其附加文件应当一式两份。

第三十三条 终止强制许可的请求有下列情形之一的,不予受理并通知请求人:

(一)请求人不是被给予强制许可的发明专利或者实用新型专利的专利权人;

(二)未写明请求终止的给予强制许可决定的文号;

(三)请求文件未使用中文;

(四)明显不具备终止强制许可的理由。

第三十四条 请求文件不符合本办法第三十二条规定的,请求人应当自收到通知之日起15日内进行补正。期满未补正的,该请求视为未提出。

第三十五条 国家知识产权局受理终止强制许可请求的,应当及时将请求书副本送交取得强制许可的单位或者个人。除另有指定的外,取得强制许可的单位或者个人应当自收到通知之日起15日内陈述意见;期满未答复的,不影响国家知识产权局作出决定。

第三十六条 国家知识产权局应当对专利权人陈述的理由和提交的有关证明文件以及取得强制许可的单位或者个人陈述的意见进行审查;需要实地核查的,应当指派两名以上工作人员实地核查。

第三十七条 专利权人在国家知识产权局作出决定前撤回其请求的,相关程序终止。

第三十八条 经审查认为请求终止强制许可的理由不成立的,国家知识产权局应当作出驳回终止强制许可请求的决定。在作出驳回终止强制许可请求的决定前,应当通知专利权人拟作出的决定及其理由。除另有指定的外,专利权人可以自收到通知之日起15日内陈述意见。

第三十九条 经审查认为请求终止强制许可的理由成立的,国家知识产权局应当作出终止强制许可的决定。在作出终止强制许可的决定前,应当通知取得强制许可的单位或者个人拟作出的决定及其理由。除另有指定的外,取得强制许可的单位或者个人可以自收到通知之日起15日内陈述意见。

终止强制许可的决定应当写明下列各项:

（一）专利权人的姓名或者名称、地址；
（二）取得强制许可的单位或者个人的名称或者姓名、地址；
（三）被给予强制许可的发明专利或者实用新型专利的名称、专利号、申请日及授权公告日；
（四）给予强制许可的决定的文号；
（五）决定的事实和法律依据；
（六）国家知识产权局的印章及负责人签字；
（七）决定的日期；
（八）其他有关事项。

终止强制许可的决定应当自作出之日起5日内通知专利权人和取得强制许可的单位或者个人。

第六章 附 则

第四十条 已经生效的给予强制许可的决定和终止强制许可的决定，以及强制许可自动终止的，应当在专利登记簿上登记并在专利公报上公告。

第四十一条 当事人对国家知识产权局关于强制许可的决定不服的，可以依法申请行政复议或者提起行政诉讼。

第四十二条 本办法由国家知识产权局负责解释。

第四十三条 本办法自2012年5月1日起施行。2003年6月13日国家知识产权局令第三十一号发布的《专利实施强制许可办法》和2005年11月29日国家知识产权局令第三十七号发布的《涉及公共健康问题的专利实施强制许可办法》同时废止。

5. 专利侵权认定与专利纠纷处理

专利侵权行为认定指南（试行）（节录）*

1. 2016年5月5日国家知识产权局发布
2. 国知发管字〔2016〕31号

判断被控侵权产品或方法是否侵犯了某一项专利权，不仅需要判断所述产品或方法是否落入该专利权的保护范围，还应当认定被控侵权行为是否属于专利法意义上的侵权行为。缺少其中任何一方面，都无法直接得出被控侵权行为构成侵权的结论。实践中，前者重点是将被控侵权产品或方法与涉案专利进行技术对比，后者重点

---

* 限于篇幅，本书中对本文件中所列案例未作收录。——编者注

是考察被控侵权人实施的行为本身,二者的判断过程和标准相对独立,不存在固定的先后顺序。

判断被控侵权人是否具有侵犯专利权的行为,可以遵循以下步骤:(1)被控侵权人是否存在实施他人专利的行为;(2)被控侵权人实施他人专利的行为是否在专利授权之后且在专利权保护期内;(3)被控侵权人是否经专利权人许可、是否不以生产经营为目的以及是否被《专利法》明确规定为不侵犯专利权。

第1章 实施专利的行为

根据《专利法》第十一条的规定,实施专利,对发明和实用新型专利权而言,是指制造、使用、许诺销售、销售、进口专利产品,使用专利方法以及使用、许诺销售、销售、进口依照该专利方法直接获得的产品;对于外观设计专利权而言,是指制造、许诺销售、销售、进口外观设计专利产品。

《专利法》第十一条列举的五种行为是对侵犯专利权行为的穷举,未列入其中的行为,不构成实施专利的行为,不能采用类比的方式将其纳入侵犯专利权行为的范畴。例如,设计专利产品的行为,如果未将该设计转化为专利产品,则设计行为本身不构成实施专利的行为;仓储和运输专利产品的行为,如果该专利产品不是由行为人制造,行为人也未销售或许诺销售该专利产品,则仓储和运输行为不构成实施专利的行为,但构成共同侵权的除外。

第1节 制　造

制造,对于发明和实用新型专利权而言,是指做出或者形成具有与权利要求记载的全部技术特征相同或者等同的技术特征的产品;对于外观设计专利权而言,是指做出或者形成采用外观设计专利的图片或者照片中所表示的设计的产品。

制造行为的对象应当是专利产品,包括将原材料经化学反应、将零部件经物理组装形成权利要求所保护的专利产品等行为。

1.1.1　产品的数量、质量和制造方法对制造行为的影响

在制造行为的认定中,通常需要关注制造的结果,即制造的产品是否为专利产品。产品的数量、质量或性能以及制造方法通常不影响对制造行为的认定,除非制造产品的数量极少从而影响到对生产经营目的的认定或者产品的质量或性能使得产品未落入权利要求参数限定的范围内,或者权利要求中同时限定了特定的制造方法。

1.1.2　委托加工或贴牌生产行为

委托加工或加工承揽,是指定作人或委托人提供样品或图纸,承揽人或加工人按定作人或委托人的要求完成产品,承揽人或加工人交付成品,定作人或委托人支付报酬的行为。企业接受委托加工或贴牌生产都属于加工承揽。

如果委托加工或者贴牌生产的产品侵犯专利权,承揽人或加工人的加工行为构成实施专利的行为,定作人或委托人的委托行为也构成制造专利产品的行为。

1.1.3　在已有产品上添加图案和/或色彩获得专利产品的行为

外观设计是指对产品的形状、图案或者其结合以及色彩与形状、图案的结合所作出的富有美感并适用于工业应用的新设计。组成外观设计的要素是形状、图案和色彩。外观设计专利保护的对象有：单纯形状的设计、单纯图案的设计、形状和图案的结合的设计、形状与色彩结合的设计、图案与色彩结合的设计以及形状、图案和色彩结合的设计。被控侵权人从他人处获得已有产品，并在产品上添加图案和/或色彩，如果最终的产品落入外观设计专利保护的范围，则该添加图案和/或色彩的行为属于制造专利产品的行为。

1.1.4 制造产品仅供出口的行为

未经专利权人许可擅自制造侵权产品并全部出口到国外的行为，虽然因产品全部销往国外，并不会损害专利权人在本国市场销售其专利产品，但其仍然构成制造专利产品的行为，属于侵权行为。

第 2 节 使 用

使用，对于发明或者实用新型产品专利而言，是指权利要求所记载的产品技术方案的技术功能得到了应用，该应用不局限于专利说明书中指明的产品用途，除非权利要求中已明确记载该用途；对于方法发明专利而言，是指权利要求记载的专利方法技术方案的每一个步骤均被实现，使用该方法的结果不影响对是否构成侵犯专利权行为的认定。

单纯使用侵犯外观设计专利权的产品的行为不属于侵犯专利权的行为。

1.2.1 将专利产品组装成另一产品

将侵犯发明或者实用新型专利权的产品作为零部件或中间产品制造另一产品的，一般应当认定属于对侵权产品的使用。

1.2.2 拥有、储存或保存侵权产品

拥有、储存或保存侵犯专利权产品的行为，通常不构成使用侵权产品的行为。

判断拥有、储存或保存侵权产品是否构成使用行为，需要考虑产品的性质以及储存或保存的目的等因素。例如，如果行为人购买了侵权产品，但仅存放于库房中，尚未进行下一步的销售行为，其本身也不具备使用该产品的条件，则储存行为不应被认定为使用侵权产品的行为。但是，对于某些属于备用性质的产品，例如急救装置、救火设备等，只要将其按照使用要求在建筑物内予以配置，就构成使用行为，不能认为只有在救火或急救中的使用才构成专利法意义上的使用。同样，如果储存或保存某种产品的目的是随时投入使用，则只要备用状态存在，也构成使用侵犯专利权产品的行为。

1.2.3 使用专利方法

专利技术方案可以分为产品技术方案和方法技术方案，方法技术方案又可以分为产品制造方法和操作使用方法。产品制造方法是制造某种产品的方法，一般是通过设定一定条件、使用特定的装置设备并按照特定的工艺步骤使某种物品如原材料、中间产品在结构、形状或物理化学特性上发生变化并形成新的产品的方法。操作使用方法是对特定装置设备、特定产品的操作使用，如测量、计算、制冷、通信方法等。

使用专利方法，是指权利要求记载的专利方法技术方案的每一个步骤均被实现。使用专利方法的结果不影响对是否构成侵犯专利权的认定。对于产品制造方法专利，使用专利方法就是按照专利方法生产出相应产品的行为，通常表现为制造相关产品的过程，在结果上表现为制造出相应的产品；对于操作使用方法专利，使用专利方法就是生产经营过程中按照专利方法的步骤、条件逐一再现专利方法的全过程。

使用专利方法是专利方法的完整再现，如果专利方法有特定步骤顺序，则使用专利方法还应遵循该顺序。一般而言，省略专利方法的步骤或者未按专利方法的顺序完整地再现专利方法，均不构成使用专利方法的侵权行为。

第3节 销 售

销售侵权产品，是指将落入产品权利要求保护范围的侵权产品的所有权、依照专利方法直接获得的侵权产品的所有权或者含有外观设计专利的侵权产品的所有权从卖方有偿转移到买方。搭售或以其他方式转让上述产品所有权，变相获取商业利益的，也属于销售该产品。

销售行为的完成，应以合同依法成立为判断标准，不要求合同实际履行完毕。如果合同成立后出卖人未交付产品，不影响销售行为已成立的定性。

1.3.1 将侵权产品作为零部件制造另一产品并销售

将侵犯发明或者实用新型专利权的产品作为零部件，制造另一产品并销售的，应当认定属于销售侵权产品的行为。

将侵犯外观设计专利权的产品作为零部件，制造另一产品并销售的，应当认定属于销售侵犯外观设计专利权的产品的行为，但侵犯外观设计专利权的产品在另一产品中仅具有技术功能的除外。仅具有技术功能，是指该零部件在最终产品的正常使用中不产生视觉效果，只具有技术功能。不产生视觉效果，既有可能是零部件位于最终产品的内部等不可视部位，也有可能是零部件部分被遮挡，无法从整体上体现出侵权产品与现有设计的区别。

1.3.2 搭售、搭送

搭售，是指销售商要求消费者在购买其商品或服务的同时购买另一种商品或服务。搭售行为构成侵犯专利权既包括搭售品构成侵权的情形，也包括被搭售品构成侵权的情形。无论搭售行为在形式上是否具有独立性，只要搭售品或者被搭售品构成侵犯专利权，则搭售行为应被认定为侵权行为。

搭送，是指销售者在销售某种商品或提供服务时，基于广告宣传等目的免费赠送某种商品或服务。与搭售行为不同，搭送行为从形式上对消费者是免费的。但这并不意味着即便搭送的是侵权产品，销售商也不承担侵权责任。如果销售商搭送的产品或服务侵犯了他人专利权，即使销售的产品未侵权，搭送行为和主销售行为合并成为一种特殊的销售行为，也构成侵犯专利权的行为。

第4节 许 诺 销 售

在销售侵犯他人专利权的产品行为实际发生前，被控侵权人作出销售侵犯他人专利权产品的意思表示的,构成许诺销售。

以做广告、在商店橱窗中陈列、在网络或者在展销会上展出、寄送供试用的侵权产品等方式作出销售侵犯他人专利权产品的意思表示的,可以认定为许诺销售。许诺销售的方式还可以是口头、电话、传真等。

许诺销售既包括合同法上的要约,也包括合同法上的要约邀请。许诺销售成立的关键,不在于订立合同的意向最先由谁提出,只要被控侵权人一方作出将会提供侵权产品的意思表示即可构成许诺销售。

许诺销售行为本身即构成独立的直接侵犯专利权的行为,并非实际销售行为之前的准备性工作,不能以其后确实发生实际销售行为来认定许诺销售行为成立。许诺销售侵权产品的,其后实际销售的产品未落入专利权保护范围的,即便以销售方式侵犯专利权的行为不能成立,也不影响对以许诺销售方式侵犯专利权的行为成立的认定。

第5节 进　　口

进口侵权产品,是指将落入产品专利权权利要求保护范围的侵权产品、依照专利方法直接获得的侵权产品或者含有外观设计专利的侵权产品在空间上从境外运进境内的行为。

无论被控侵权产品自哪一国家进口,这种产品在其制造国或者出口国是否享有专利保护,该产品是专利产品还是依照专利方法直接得到的产品,进口者的主观状态如何,只要该产品越过边界进入海关,都属于进口侵权产品的行为。

进口行为的成立,不以产品交付给进口商为判断基准,只要产品进入海关即可判定进口行为成立。

专利权人或者其被许可人在我国境外售出其专利产品或者依照专利方法直接获得的产品后,购买者将该产品进口到我国境内以及随后在我国境内使用、许诺销售、销售该产品的,不构成侵犯专利权的行为。

第6节 产品制造方法专利的延伸保护

所谓"产品制造方法专利的延伸保护",是指一项产品制造方法发明专利权被授予后,任何单位或者个人未经专利权人许可,除了不得为生产经营目的使用该专利方法外,也不得为生产经营目的使用、许诺销售、销售或者进口依照该专利方法直接获得的产品。

1.6.1 延伸保护仅涉及产品制造方法

方法专利包括制造方法、加工方法、作业方法、物质的用途等专利。只有产生专利法意义上的产品的方法才涉及延伸保护,不产生专利法意义上的产品的方法不涉及延伸保护。

专利法意义上的产品,是指符合专利法定义的,具有一定结构、组成、性状、功能的产品,不仅包括常规的物品,还包括物质、机器、装置、系统等。

产生专利法意义上的产品的方法主要是制造方法和加工方法。产生专利法意义上的产品既可以是通过将原材料经一系列加工步骤处理后获得一种全新的产品,也可以是对原有物品的性能、结构进行改进后获得一种不同于原有物品的产品。

1.6.2 "直接获得"的含义

产品制造方法专利权只能延伸到依照该专利方法直接获得的产品。

所谓"直接获得",是指完成专利方法的最后一个步骤后所获得的最初产品。当权利要求的主题名称中的目标产品与完成最后一个方法步骤后获得的最初产品一致时,主题名称中的目标产品就是制备方法直接获得的产品;当主题名称中的目标产品与完成最后一个方法步骤后获得的最初产品不一致时,需要根据说明书的内容,考察二者的关系。如果说明书中已经明确最后一个方法步骤获得的最初产品能通过常规的方法转化为主题名称中的目标产品,则该权利要求直接获得的产品是所述主题名称中的目标产品;如果说明书中没有明确最后一个方法步骤获得的最初产品如何转化为主题名称中的目标产品,并且转化方法非所属领域的公知技术,则该权利要求直接获得的产品是最后一个方法步骤获得的最初产品。

1.6.3 延伸保护与是否获得新产品无关

对于依照专利方法直接获得的产品,无论该产品是新产品还是已知产品均可获得延伸保护。只要制造方法本身被授予专利权,即使该方法直接获得的是已知产品,任何单位或个人未经专利权人许可许诺销售、销售、使用、进口该已知产品的行为也构成侵犯专利权的行为。

第 2 章 不侵犯专利权的行为

根据《专利法》第十一条的规定,如果被控侵权人实施专利经过专利权人许可,或者不以生产经营为目的,或者被《专利法》第六十九条明确规定为不侵犯专利权,则该行为不构成侵犯专利权的行为。

第 1 节 经专利权人许可

专利权人许可分为明示许可和默示许可。专利权人明示许可是指专利权人以书面或口头形式确定其不会对被许可方实施专利的行为追究侵权责任。专利权人默示许可是指虽然不存在明确表示,但专利权人存在语言或行为暗示,使得他人认为其可以实施专利而不会被控侵权。

2.1.1 专利权人明示许可

专利实施许可合同是专利权人作出明示许可的主要方式。专利实施许可合同是指专利权人、专利申请人或者其他权利人作为许可人,授权被许可人在约定的范围内实施专利,被许可人支付约定使用费所订立的合同。

根据许可人是否保留实施权以及是否有权再许可他人实施,专利实施许可包括普通实施许可、排他实施许可和独占实施许可。

普通实施许可,是指专利权人将专利技术许可被许可人在一定范围内实施,同时保留在该范围内对该专利技术的使用权与转让权。普通专利实施许可的特征是,技术的使用权许可给被许可人的同时,专利权人仍保有使用这一专利技术的权利,同时不排斥其继续以同样条件在同一区域许可他人实施。

排他实施许可,是指专利权人在约定许可实施专利的范围内将该专利仅许可一个被许可人实施,但专利权人依约定可以自行实施该专利。排他实施许可的特征是,被许可人在规定的范围内享有对合同规定的专利技术的使用权,专利权人仍保留在该范围内的使用权,但排除任何第三方在该范围内对同一专利技术的使用权。

独占实施许可,是指专利权人在约定许可实施专利的范围内,将该专利仅许可一个被许可人实施,专利权人依约定不得实施该专利。独占实施许可的特征是,被许可人在规定的范围内享有对合同规定的专利技术的使用权,专利权人或任何第三方均不享有在该范围内对该项专利技术的使用权。

双方当事人对专利实施许可方式没有约定或者约定不明确的,认定为普通实施许可。专利实施许可合同约定被许可人可以再许可他人实施专利的,除当事人另有约定外,该再许可应当认定为普通实施许可。

2.1.2 专利权人默示许可

专利权人默示许可是默示合同的一种形式。专利权人默示许可包括基于产品销售产生的专利默示许可和基于先前使用产生的专利默示许可等。

2.1.2.1 基于产品销售产生的专利默示许可

对于产品专利,如果专利权人或其被许可人并非销售专利产品本身,而是销售专利产品的相关零部件,这些零部件只能用于制造该专利产品,不能用于其他任何用途,同时专利权人或其被许可人在销售这些零部件时没有明确提出限制性条件,此时应当认为购买者获得了利用这些零部件制造、组装专利产品的默示许可,其制造、组装行为不构成专利侵权行为。对于方法专利,如果专利权人或其被许可人销售的设备或产品只能专用于实施其专利方法,同时专利权人或其被许可人在销售这些专利设备或产品时没有明确提出限制性条件,此时应当认为购买者获得了实施专利方法的默示许可。

基于零部件或专用设备、产品的销售认定存在专利默示许可时应当满足两个条件:第一,专利权人或其被许可人销售的零部件、专用设备或产品除了用于实施专利技术外,没有其他任何用途;第二,专利权人或其被许可人在销售零部件、专用设备或产品时没有明确提出限制性条件。

2.1.2.2 基于先前使用而产生的专利默示许可

如果专利权人先前存在允许他人使用的行为,则他人有可能基于该先前使用获得实施专利的默示许可。

第2节 指定许可或强制许可

根据《专利法》第十四条的规定,对于国有企业事业单位的发明专利,其对国家利益或者公共利益具有重大意义,且经国务院有关主管部门和省、自治区、直辖市人民政府报经国务院批准,决定在批准的范围内推广应用而指定被控侵权人实施的,构成指定许可,不属于侵犯专利权的行为。

根据《专利法》第四十八条至第五十一条的规定,国务院专利行政部门对于发明或者实用新型专利给予被控侵权人专利实施强制许可的,不构成侵犯专利权。

第3节 不以生产经营为目的

以生产经营为目的是指为工农业生产或者商业经营等目的,不包括以非商业为目的的私人消费行为。

2.3.1 以私人方式实施专利的行为

判断私人方式实施专利的行为是否属于"以生产经营为目的"的行为,重点在于判断其是否为商业目的。为满足个人使用或者消费目的实施专利的行为通常不构成"以生产经营为目的"的行为,私人方式的许诺销售和销售则应认定为"以生产经营为目的"。例如,未经权利人许可,以私人方式将专利产品销售给朋友、邻居的行为,构成侵犯专利权的行为;未经权利人许可,雇佣他人实施专利供私人使用,被雇佣人实施专利的行为,也构成侵犯专利权的行为。

2.3.2 在公共服务、公益事业、慈善事业中实施专利的行为

判断从事公共服务、公益事业、慈善事业等是否属于"不以生产经营为目的",应该结合具体案情具体分析,单位的性质并不能决定其行为的非生产经营性,重点考察行为本身是否为以生产经营为目的。如果政府机关、非营利性单位、社会团体的制造、使用、进口等行为不单纯是为了公共服务、公益事业或慈善事业,也可能构成生产经营行为。市场化运行的公共服务主体,在公共服务行为中,未经许可实施专利,不能主张"非生产经营目的"抗辩。

以生产经营为目的并不要求以营利为目的,但以营利为目的的行为应当属于"以生产经营为目的"的行为。制造、使用、进口专利产品和使用专利方法的行为,可能为生产经营目的而实施,也可能为非生产经营目的而实施,但销售和许诺销售一般只能为生产经营目的而实施。单位为自己企业员工福利和需求,未经许可实施专利,虽然并没有营利,也不能主张"不以生产经营为目的"的抗辩。

专利纠纷行政调解指引(试行)(节录)[*]

1. 2016年5月5日国家知识产权局发布
2. 国知发管字〔2016〕31号

第1章 专利行政调解程序

发生专利纠纷时,当事人可以请求管理专利工作的部门对该专利纠纷予以调解。
专利行政调解,是管理专利工作的部门在日常专利管理和专利行政执法过程中,

---

[*] 限于篇幅,本书中对本文件中所列案例未作收录。——编者注

对专利申请权和专利权的权属纠纷、发明人或设计人资格纠纷、职务发明创造的发明人或设计人的奖励和报酬纠纷、发明专利临时保护期使用费纠纷以及侵犯专利权的赔偿数额纠纷等,以《专利法》及相关法律法规为依据,以当事人自愿为原则,通过对当事人的说服和疏导,促使当事人平等协商、互谅互让,达成调解协议,以快速解决纠纷的行为。

第1节 基本原则

除遵循专利行政执法的基本原则外,行政调解还应当遵循以下原则:

(1)自愿原则。调解应当充分尊重当事人意愿,不得强迫当事人接受调解方式或者调解协议。

(2)合法原则。调解应当符合法律、法规及规章,不得损害国家利益、公共利益和他人合法权益。

(3)保密原则。除双方当事人均明确表示可以公开进行外,调解应当在保密状态下进行,调解内容和文件材料不得对外公开。

(4)无偿原则。管理专利工作的部门调解专利纠纷,不得收取任何费用。

第2节 调解请求的提出、受理和立案

1.2.1 调解请求的提出

行政调解可以由一方当事人或者双方当事人提出请求。

请求管理专利工作的部门调解专利纠纷的,应当提交书面请求书(1份正本以及与被请求人人数相当的副本)。

请求书应当记载以下内容:

(1)请求人的姓名或者名称、地址,法定代表人或者主要负责人的姓名、职务;委托有代理人的,写明委托代理人的姓名、职务、通信联系方式和代理机构的名称、地址;

(2)被请求人的姓名或者名称、地址,法定代表人或者主要负责人的姓名、职务;

(3)请求调解的具体事项、依据的事实和理由。

请求书应当由请求人签名或盖章。

1.2.2 调解请求的管辖

发生专利纠纷的,当事人可以请求被请求人所在地的管理专利工作的部门予以调解。

管理专利工作的部门认为调解案件不属于本部门管辖的,应当告知当事人向有管辖权的部门请求调解。

管理专利工作的部门对管辖权发生争议的,由其共同的上级人民政府管理专利工作的部门指定管辖;无共同上级人民政府管理专利工作的部门的,由国家知识产权局指定管辖。

1.2.3 受理范围

除专利侵权纠纷和专利侵权赔偿额纠纷之外,管理专利工作的部门还可以对下

列专利纠纷进行调解：

(1)专利申请权和专利权的权属纠纷(以下简称"专利权属纠纷")；

(2)发明人或设计人资格纠纷；

(3)职务发明创造的发明人或设计人的奖励和报酬纠纷(以下简称"奖酬纠纷")；

(4)在发明专利申请公布后专利权授予前使用发明而未支付适当费用的纠纷(以下简称"发明专利临时保护期使用费纠纷")。

1.2.4 受理条件

请求调解专利纠纷的,应当符合下列条件：

(1)请求人是专利纠纷的当事人或其权利继受人；

(2)有明确的被请求人；

(3)有明确的请求事项和具体事实、理由；

(4)属于该管理专利工作的部门的受案范围和管辖范围；

(5)当事人没有就该专利纠纷向人民法院起诉,也未申请仲裁。

专利权属纠纷的当事人包括专利权人或专利申请人、其他主张对专利或专利申请享有权利的人。

发明人或设计人资格纠纷的当事人包括发明人或设计人、主张自己为发明人或设计人的人以及专利申请人或专利权人。专利文件上列有多个发明人或设计人,部分发明人主张其中某一个或某一些发明人或设计人未对发明创造的实质性特点作出创造性贡献的,主张者和被主张者均为当事人。

奖酬纠纷的当事人包括专利权人、发明人或设计人或其权利继受人,主张自己为发明人或设计人的人。

发明专利临时保护期使用费纠纷的当事人包括发明专利技术使用者和专利权人或其权利继受人,但不包括专利实施许可合同的被许可人。

1.2.5 受理及立案

管理专利工作的部门收到上述纠纷的调解请求后,符合受理条件的,应当在5个工作日内将请求书副本送达被请求人,要求其在收到请求书副本之日起15日内提交意见陈述书,表明是否同意调解；被请求人同意调解的,可以就请求人提出的调解事项说明理由。

被请求人同意进行调解并提交意见陈述书就请求人提出的调解事项说明理由的,管理专利工作的部门应当及时立案,并发出立案通知书,通知请求人和被请求人调解的时间和地点。

专利纠纷涉及第三人的,应当通知第三人参加,一并进行调解。

被请求人逾期未提交意见陈述书,或者在意见陈述书中表示不接受调解的,管理专利工作的部门应当在期限届满或者收到意见陈述书之日起5个工作日内制作不予立案通知书,并送达请求人。

1.2.6 不予受理

下列行政调解请求,管理专利工作的部门不予受理:
(1)已向仲裁机构申请仲裁的;
(2)已向人民法院起诉的;
(3)不属于该管理专利工作的部门的受案和管辖范围;
(4)管理专利工作的部门认为不应受理的其他情形。

第3节 调解工作

1.3.1 调解员

管理专利工作的部门受理行政调解请求后,应当在收到被请求人同意调解的意见陈述书之日起5个工作日内安排双方当事人从调解员名录中协商选定调解员;不能共同选定调解员的,由管理专利工作的部门负责人从调解员名录中指定调解员。

事实清楚、情形简单的纠纷,可以由1名调解员现场组织调解;其他情形的纠纷,应当由3名以上调解员组成调解组进行调解。

调解员有下列情形之一的,应当回避:
(1)是本案当事人或者与当事人、代理人有近亲属关系的;
(2)与本案有利害关系的;
(3)与本案当事人、代理人有其他关系,可能影响案件公正调解的。

当事人认为调解员有前款应当回避情形之一的,可以向管理专利工作的部门口头或者书面申请其回避;调解员有前款情形之一的,应当主动回避。

管理专利工作的部门负责人决定调解员的回避。

1.3.2 调解

调解时,调解员应当宣布调解纪律,核对当事人身份,宣布当事人的权利和义务,宣布调解员、记录人的身份,询问当事人是否申请回避。

调解过程中,调解员应当充分听取双方当事人的意见陈述,查明争议的基本事实,依据法律、法规、规章及政策对双方当事人进行说服、劝导,引导当事人达成调解协议。

当事人可以自行提出调解方案,调解员也可以提出调解方案供双方当事人协商时参考。

管理专利工作的部门调解专利纠纷,应当制作调解笔录,记载调解时间、地点、参加人员、当事人基本情况、协商事项、当事人意见和调解结果,由当事人和主持调解的调解员核对无误后签名或者盖章。

调解时,调解员应当对调解过程以及调解过程中获悉的国家秘密、商业秘密、个人隐私和其他依法不应公开的信息保守秘密,但为维护国家利益、社会公共利益、他人合法权益的除外。

调解结果涉及第三人合法权益的,应当征得第三人同意。第三人不同意的,终止行政调解。

1.3.3 调解协议书

当事人通过调解达成协议的,可以签订调解协议书。当事人认为不需要签订调解协议书的,由调解员将协议内容记入笔录,并交双方当事人签字或盖章。

调解协议书应当载明下列事项:

(1)当事人及其委托代理人的相关情况,包括姓名或名称、性别、年龄、职业、工作单位、住所、法定代表人姓名和职务;

(2)纠纷的主要事实、争议事项;

(3)当事人达成调解协议的内容、履行的方式和期限;

(4)当事人违反调解协议的责任;

(5)调解协议书的生效条件和生效时间;

(6)其他相关事项。

调解协议书应当由当事人及调解员签名或盖章,并加盖管理专利工作的部门的公章。

调解协议书未明确具体的生效时间的,自双方当事人签字或盖章之日起生效。

当事人应当自觉履行调解协议,不得擅自变更或者解除调解协议。

有下列情形之一的,行政调解协议无效:

(1)违反法律、法规的强制性规定;

(2)损害国家利益、社会公共利益及他人合法权益。

1.3.4 调解时限

管理专利工作的部门调解专利纠纷,应当在立案之日起60日内结案。有特殊情况需要延长的,经部门领导批准,可以延长30日。

1.3.5 中止调解

有下列情形影响案件处理的,当事人可以提出中止处理请求,是否中止,由管理专利工作的部门决定:

(1)一方当事人死亡,需要等待继承人表明是否参加案件处理的;

(2)一方当事人丧失民事行为能力,尚未确定法定代理人的;

(3)作为一方当事人的法人或者其他组织终止,尚未确定权利义务承受人的;

(4)一方当事人因不可抗拒的事由,不能参加案件处理的;

(5)本案必须以另一案的处理结果为依据,而另一案尚未处结的;

(6)其他应当中止处理的情形。

中止的原因消除后,依当事人的申请可恢复调解。

1.3.6 举证责任

调解专利纠纷,由当事人对其主张负举证责任。但下列事实,当事人无须举证证明:

(1)众所周知的事实;

(2)自然规律及定理;

(3) 根据法律规定或者已知事实和日常生活经验法则，能推定出的另一事实；
(4) 已为人民法院发生法律效力的裁判所确认的事实；
(5) 已为仲裁机构的生效裁决所确认的事实；
(6) 已为有效公证文书所证明的事实。

上述(1)、(3)、(4)、(5)、(6)项，当事人有相反证据足以推翻的除外。此外，一方当事人对另一方当事人陈述的案件事实明确表示承认的，另一方当事人无须举证。

管理专利工作的部门在处理专利侵权纠纷时，可根据需要依职权调查收集有关证据。

1.3.7 调解终止

有下列情形之一的，调解终止：
(1) 达成调解协议的；
(2) 调解过程中至少一方不同意继续进行调解的；
(3) 调解过程中至少一方无正当理由在规定的时间不参加调解活动的；
(4) 经调解未能在合理期限内达成调解协议的。

经调解未能达成调解协议的，管理专利工作的部门应当终止调解，并告知当事人其他的法律解决途径。

1.3.8 司法确认

调解协议达成后，双方当事人可以向有管辖权的人民法院申请司法确认。经司法确认有效的调解协议，一方当事人拒绝履行或者未全部履行的，另一方当事人可以向作出确认决定的人民法院申请强制执行。

第4节 其他事项

1.4.1 案卷管理

管理专利工作的部门受理专利纠纷调解案件的，应当按照一案一号、一案一卷的原则建立案卷。调解员应将调解专利纠纷案件过程中形成的文书、档案及时归档，统一管理。

调解员应当在案件结案后3个月内将调解案卷移交本部门档案管理机构归档。

1.4.2 调解员名录

管理专利工作的部门应当建立本部门的调解员名录，供当事人遴选。

调解员通常应当具有涉案专利所属技术领域的技术知识和专利法律知识。

管理专利工作的部门调解时，经双方当事人同意，可以邀请有关单位和个人予以协助。

1.4.3 调解员管理

调解员无正当理由或者在规定的时间内不履行调解职责，造成严重后果的，应当按规定追究相关人员的责任。

管理专利工作的部门应当定期对调解员进行培训，并可以对在行政调解工作中作出突出贡献的调解员和其他工作人员给予表彰。

第2章 专利权属纠纷的行政调解

根据《专利法实施细则》第八十五条第一项的规定,管理专利工作的部门应当事人请求,可以对专利申请权和专利权归属纠纷进行调解。

第1节 基本概念

2.1.1 发明创造

《专利法》所称的发明创造是指发明、实用新型和外观设计。

发明,是指对产品、方法或者其改进所提出的新的技术方案。

实用新型,是指对产品的形状、构造或者其结合提出的适于实用的新的技术方案。

外观设计,是指对产品的形状、图案或者其结合以及色彩与形状、图案的结合所作出的富有美感并适于工业应用的新设计。

2.1.2 专利申请权

专利申请权是指从发明创造被提交专利申请之后到被授予专利权之前,申请人享有的处置该专利申请的权利,包括修改申请文件、决定是否继续进行申请程序等权利,其指向的是已经提出申请但尚未被授权的发明创造。

2.1.3 专利权

专利权是指发明创造被公告授予专利权之后,专利权人享有的对该发明创造进行处置的权利,包括放弃其专利、转让其专利、许可他人实施其专利、制止他人未经专利权人许可,以生产经营为目的实施专利的权利等,其指向的是已经被授予专利权的发明创造。

2.1.4 专利权属纠纷

专利权属纠纷,是指双方或多方当事人之间,对专利申请权和专利权的归属问题产生争议进而引起的纠纷。

2.1.5 发明人或设计人

发明人或设计人,是指对发明创造的实质性特点作出创造性贡献的人。在完成发明创造过程中,只负责组织工作的人、为物质技术条件的利用提供方便的人或者从事其他辅助工作的人,不是发明人或设计人。

2.1.6 本单位

本单位,是指发明人或设计人所在的、能够以自己的名义从事民事活动、独立享有民事权利、独立承担民事责任和义务的组织,既包括法人单位,也包括能够独立从事民事活动的非法人单位,如个人独资企业、个人合伙企业等。本单位包括借调、兼职、实习等建立临时劳动关系的临时工作单位,以及在作出发明创造之前1年内发明人或设计人办理退休、调离手续或者劳动、人事关系终止的单位。

2.1.7 本单位的物质技术条件

本单位的物质技术条件,是指本单位的资金、设备、零部件、原材料或者不对外公开的技术资料等。

第 2 节 职务发明创造引起的专利权属纠纷的行政调解

执行本单位的任务或者主要是利用本单位的物质技术条件所完成的发明创造为职务发明创造。职务发明创造申请专利的权利属于该单位;申请被批准后,该单位为专利权人。

利用本单位的物质技术条件所完成的发明创造,单位与发明人或者设计人订有合同,对申请专利的权利和专利权的归属作出约定的,从其约定。

2.2.1 职务发明专利权属纠纷调解案件的类型

因职务发明创造引发的权属纠纷调解请求通常由发明人或设计人或者其所在单位提起。包括:

(1)发明人或设计人认为归属于其所在单位的发明创造属于非职务发明;

(2)发明人或设计人将研发成果以个人名义申请专利,其所在单位认为该发明创造属于职务发明创造;

(3)发明人或设计人从原单位退休、调离原单位后或者与原单位终止劳动、人事关系后 1 年内,其作为发明人或设计人的发明创造由其本人、其他单位或个人提交专利申请,原单位认为该发明创造与发明人或设计人在原单位承担的本职工作或者原单位分配的任务有关联,属于发明人或设计人在原单位的职务发明创造;

(4)主张自己为发明人或设计人的自然人在提起发明人或设计人资格纠纷调解请求的同时,主张所述发明创造为非职务发明创造而提起专利权属纠纷调解请求。

2.2.2 职务发明创造的判断

下列发明创造属于职务发明创造:

(1)在本职工作中作出的发明创造;

(2)履行本单位在本职工作之外分配的任务所作出的发明创造;

(3)退休、调离原单位后或者劳动、人事关系终止后 1 年内作出的,与其在原单位承担的本职工作或者原单位分配的任务有关的发明创造;

(4)主要是利用本单位的资金、设备、零部件、原材料或者不对外公开的技术资料等物质技术条件所完成的发明创造。

判断是否属于职务发明创造,不取决于发明创造是在单位内还是在单位外作出,也不取决于是在工作时间之内还是在工作时间之外的业余时间作出,只要属于执行本单位的任务或者主要是利用了本单位的物质技术条件,均属于职务发明创造。

2.2.2.1 本职工作中的发明创造

"本职工作"是指根据劳动合同、聘用合同等确定的工作人员的工作职责。本职工作即发明人或设计人的职务范围,属日常工作职责,既不是指单位的业务范围,也不是指个人所学专业的范围。

本职工作的性质是判断发明创造的作出是否为执行本单位的任务的首要因素。原则上,一个单位研发部门工作人员的本职工作即为从事研究、开发、设计等,他们在执行相应的研究、开发、设计任务中完成的发明创造属于在本职工作中作出的发明创造。如果发明人或设计人的本职工作并非研发，而是其他不涉及技术创造的工作，例如行政管理、秘书、人力资源管理等，其没有从事发明创造的义务，如果其在完成相应职责工作之余作出了与本单位相关的发明创造，则不属于在本职工作中完成的发明创造。

2.2.2.2 履行本单位交付的其他任务作出的发明创造

履行本单位交付的其他任务过程中完成的发明创造，属于职务发明创造。

认定一项任务是否为单位分配给工作人员的在其本职工作之外的其他任务，应当有明确、具体的依据，包括单位与工作人员之间签订的协议、单位有关部门发出的书面通知、办理的有关手续等。

2.2.2.3 一定期限内与原单位有关联的发明创造

发明人或设计人退休、调离原单位后或者劳动、人事关系终止后1年内作出的，与其在原单位承担的本职工作或者原单位分配的任务有关的发明创造，属于职务发明创造。

"退休、调离原单位后或者劳动、人事关系终止后1年内"，应当从发明人或设计人办理退休、离职手续，正式与原单位解除劳动关系之日起算。

"作出"发明创造的日期应当是发明创造的实际完成日，而非发明创造提交专利申请的申请日。如果在1年内申请专利的，可以推定该专利申请日为作出发明创造的最迟日期；如果在1年后申请专利的，不能直接推定该发明创造是在1年后作出的，需要原单位（主张该发明创造为职务发明创造的当事人）提供其他证据证明该发明创造的实际作出日期。原单位不能证明该发明创造的实际作出日期的，推定专利申请日为实际作出日期。

"与其在原单位承担的本职工作或者原单位分配的任务有关"，应理解为该发明创造在发明人或设计人在原单位具体承担的本职工作之内，或者在原单位分配的其他任务范围之内。如果发明创造只是在原单位的业务范围内，但与发明人或设计人在原单位的本职工作或被分配的其他任务无关，则不属于"一定期限内与原单位有关联的职务发明创造"。

2.2.2.4 主要利用本单位的物质技术条件完成的发明创造

"主要利用本单位的物质技术条件完成的发明创造"，是指发明人或设计人在本职工作或本单位交付的其他任务以外，按照自己的意志主动完成的发明创造，在该发明创造的完成过程中，全部或者大部分利用了单位的资金、设备、器材或者原材料等物质条件，或者发明创造的实质性内容基于该单位尚未公开的技术成果、阶段性技术成果或者关键技术。对利用本单位提供的物质技术条件，约定返还资金或者交纳使用费的除外。

判断发明创造的作出是否主要利用了本单位的物质技术条件，要考虑本单位的物质技术条件是否属于完成发明创造不可或缺或不可替代的前提条件，或者所利用的本单位的物质技术条件是否对发明创造的完成具有实质性贡献或起到决定性作用。在研究开发过程中利用本单位已公开或者已为本领域普通技术人员公知的技术信息,或者仅在发明创造完成后利用本单位的物质技术条件对技术方案进行验证、测试的,不属于主要利用本单位的物质技术条件。

如果对本单位的物质技术条件的利用只是少量的、可有可无的,或者所述物质技术条件对发明创造的完成没有起到实质性帮助,则不被认为达到"主要利用本单位的物质技术条件"的程度。

2.2.2.5 单位与发明人或设计人就权利归属作出合同约定

单位与发明人或设计人之间可以对发明创造的权利归属作出约定,这种约定应当采用书面合同的形式。在对专利权属纠纷进行行政调解时,应首先考察双方当事人是否就专利申请权或专利权归属存在合同约定。有合同约定的,应首先确定合同的有效性。在合同有效的情况下,遵从合同约定确定权利归属。在合同无效的情况下,视为无合同约定,按照《专利法》第六条第一款的规定确定权利归属,具体操作参见本节相关内容。

第3节 委托开发与合作开发引起的专利权属纠纷的行政调解

技术开发合同是指当事人之间就新技术、新产品、新工艺或者新材料及其系统的研究开发所订立的合同。技术开发合同包括委托开发合同和合作开发合同。根据《专利法》第八条的规定,委托或合作开发过程中完成的发明创造,专利申请权和专利权的归属取决于双方是否就该发明创造的归属另有协议约定。双方约定专利申请权和专利权归属的,从其约定。

2.3.1 委托开发完成的发明创造

委托开发完成的发明创造,是指一个单位或个人提出研究开发任务并提供经费和报酬,由其他单位或者个人进行研究开发所完成的发明创造。委托开发合同的标的是一项新的发明创造,通常表现为一项新的技术方案,既可以是技术方案本身,也可以是体现技术方案的产品、工艺、材料或者其组合。

一个单位或者个人接受其他单位或者个人委托所完成的发明创造,双方就该发明创造的归属另有协议约定的,专利申请权属于协议约定的一方;双方没有协议约定归属的,专利申请权属于完成的单位或者个人;申请被批准后,申请的单位或者个人为专利权人。

2.3.2 合作开发完成的发明创造

合作开发完成的发明创造,是指两个以上单位或者个人共同进行投资、共同参与研究开发工作所完成的发明创造。

两个以上单位或者个人合作完成的发明创造,合作各方就发明创造的归属订有协议的,按照协议确定权利归属。没有订立协议的,专利申请权和专利权属于完成或者共同完成的单位或者个人。

所述完成或者共同完成的单位或者个人,是指对发明创造的实质性特点作出了创造性贡献的合作方。如果发明创造的完成是基于对某一合作方提供的特有的技术、设施或试验数据等的运用,则该合作方亦应视为对发明创造的实质性特点作出了创造性贡献。

"完成或者共同完成的单位",是指完成发明创造的发明人或设计人所在的单位。在没有协议的情况下,如果各方派出的人员对发明创造的完成都作出创造性贡献,各方就是共同完成发明创造的单位或者个人,应当共同享有权利;如果只有一方的发明人对发明创造的完成作出了创造性贡献,其他合作方虽然参加了研究开发,但是没有作出创造性贡献,就只有发明人或设计人所代表的一方享有权利。

关于实质性特点和创造性贡献的判断,参见本指引相关规定。

2.3.3 委托开发与合作开发的判断

委托开发合同与合作开发合同都是当事人之间就新技术、新产品、新工艺和新材料及其组合的研究开发所订立的合同。有合同约定权利归属的,没有必要区分合同的性质究竟是委托开发和合作开发,应按照约定确定权利归属;双方没有约定权利归属的,需要判断双方是合作关系还是委托关系,以及发明创造究竟是双方共同完成的还是某一方独自完成的。

判断究竟是合作开发合同还是委托开发合同,除了考察合同的名称之外,还可以根据两者的不同特点来决定。包括:

(1)当事人之间的权利义务关系。合作开发合同,双方当事人享有和承担着类似的权利和义务;委托开发合同,除保密义务等双方均承担的义务以外,双方当事人之间的权利义务一般是相对的,委托方的义务是受托方(开发方)的权利,而受托方的义务则是委托方的权利。

(2)当事人参与研究开发工作的方式。合作开发合同的当事人共同参加研究开发工作,双方既可以共同进行全部的研究开发工作,也可以约定不同的分工,分别承担不同阶段或不同部分的研究开发工作;委托开发合同则不同,当事人一方主要负责物质投资和/或经费投入,一般不参与实体研究,即使参与研究,也仅起辅助或检查的作用,而另一方则主要从事研究开发工作。

(3)合同主体的能力。合作开发合同的当事人双方一般都具有研究开发能力,而委托开发合同的当事人,一般受托方具有科研能力。

判断合同双方究竟属于委托开发还是合作开发,主要依据两点:一是双方是否都进行了投资,二是双方是否都派出了人员参与研究开发。如果仅有一方投资,另一方进行研究开发,则一般属于委托开发;如果双方都进行了投资,则一般属于合作关系。但专利申请权或者专利权究竟属于哪一方,需要看哪一方派出的人员对发明创造的完成作出了创造性贡献。假定双方派出的人员均对发明创造的完成作出了创造性贡献,则双方共同享有权利;假定只有一方派出的人员对发明创造的完成作出了创造性贡献,则完成的发明创造只能由完成方享有权利。

2.3.4 发明创造的内容与合同标的的关系

判断基于合同的发明创造的归属,还应当考虑所涉及的专利或专利申请的技术方案与双方合同标的之间的关系。在双方存在委托或合作合同的情况下,如果涉案专利申请的技术方案与合同标的不具有关联性,则不能认为涉案专利申请是基于合同完成的发明创造。

第4节 技术转让引起的专利权属纠纷的行政调解

技术转让是指转让方将自己所拥有的技术转让给受让方的行为。广义上的技术转让包括专利权转让、专利申请权转让、技术秘密转让、专利实施许可、技术秘密使用许可等形式。

技术转让中的技术是制造产品和提供服务的系统知识,主要以专利技术和技术秘密(非专利技术)形式存在。技术转让实质上是知识产权的转让,转让的是具有权属性质的技术。本领域普通技术人员已经掌握的技术、专利期满的技术等社会公众可以自由使用的技术,通常不能成为技术转让的标的。

技术转让的当事人应当签订书面合同。技术转让合同一般针对的是现有的特定的专利、专利申请、技术秘密等,通常不包括转让尚待研究开发的技术成果或者传授不涉及专利或者技术秘密成果权属的知识、技术、经验和信息订立的合同。

通常情况下,专利实施许可转让的仅仅是专利技术的实施权,不涉及权属转移,很少引起专利权属纠纷。由技术转让引起的专利权属纠纷一般包括专利申请权转让和专利权转让(以下统称"权利转让")引起的专利权属纠纷、技术秘密转让引起的专利权属纠纷,以及技术秘密使用许可引起的专利权属纠纷。

2.4.1 权利转让

转让专利申请权或者专利权的,当事人应当订立书面合同,并向国务院专利行政部门登记,由国务院专利行政部门予以公告。专利申请权或者专利权的转让自登记之日起生效。中国单位或者个人向外国人、外国企业或者外国其他组织转让专利申请权或者专利权的,应当依照有关法律、行政法规的规定办理手续。

在调解由于权利转让引起的专利权属纠纷时,管理专利工作的部门应确定转让合同是否有效以及转让是否已经生效。签订转让合同并向国务院专利行政部门申请登记的,专利申请权或者专利权归属转让后的当事人;签订转让合同但未向国务院专利行政部门申请登记的,专利申请权或者专利权未发生转移。将相关的专利申请权和专利权调解归转让前的当事人还是转让后的当事人,要视转让合同的具体情况具体分析。

2.4.2 技术秘密转让

技术秘密是一种未申请专利的技术成果,不受专利法保护。

技术秘密可以完全让与他人。技术秘密转让后,受让人有完全处置该技术秘密的权利,包括将其申请专利。除非合同中有约定,技术秘密转让后,将该技术申请专利的权利属于受让人。

由于技术秘密转让引起的专利权属纠纷,在进行行政调解时应确定技术秘密转让合同是否有效。

2.4.3 技术秘密使用许可

技术秘密使用许可可以分为独占许可、排他许可和普通许可。独占许可是指被许可方在合同规定的区域内享有使用技术秘密的独占权,即使是许可方(技术秘密的权利人)也无权使用该技术。排他许可是指在合同规定的区域内,许可方仅能给予被许可方使用技术秘密的权利,不得再许可第三方使用,但是许可方自己可以保留使用该技术秘密的权利。普通许可是指在合同规定的区域内,许可方既能给予被许可方使用技术秘密的权利,也能保留自己使用该技术秘密的权利,还可以将该技术秘密以同样的方式许可给第三方使用。

无论是许可方还是被许可方,都负有对技术秘密的保密义务,不应当将其申请专利。但是,当一方当事人违背保密协议和合同约定,将技术秘密申请专利的,无论哪一种许可方式,专利申请权和专利权均应当归许可方(即技术秘密的权利人)所有。如果许可方申请了专利,其应当承担违约和赔偿责任,且被许可方有权继续按照技术秘密使用许可协议的约定使用该专利;如果是被许可方申请了专利,其不仅要承担违约和赔偿责任,还要归还专利申请权和专利权。

第3章 发明人或设计人署名权纠纷的行政调解

一项发明创造的发明人或设计人有权在专利申请文件中写明自己是发明人或设计人。当事人对于发明人或设计人资格或专利申请文件上的署名权发生纠纷的,可以请求管理专利工作的部门进行调解。

第1节 发明人或设计人资格的构成要件

发明人或设计人,是指对发明创造的实质性特点作出创造性贡献的人。对发明与实用新型专利或专利申请的实质性特点作出创造性贡献的人,称为发明人;对于外观设计专利或专利申请的实质性特点作出创造性贡献的人,称为设计人。在完成发明创造过程中,只负责组织工作的人、为物质技术条件的利用提供方便的人或者从事其他辅助工作的人,不是发明人或设计人。

发明人或设计人有权在一项发明、实用新型或外观设计专利申请文件中署名,其通常应具备以下几个要件:

(1)存在专利法意义上的发明创造,包括发明、实用新型或外观设计专利或专利申请;

(2)发明人或设计人应当是所述发明创造的实际参与人;

(3)发明人或设计人对发明创造的实质性特点作出了创造性贡献。

3.1.1 存在专利法意义上的发明创造

存在一项专利法意义上的发明创造是判断是否具备发明人或设计人资格的前提条件。专利法意义上的发明创造包括发明、实用新型和外观设计,既可以是经授权公告的专利,也可以是尚未授权的专利申请。

发明或实用新型专利或专利申请所涉及的发明创造应当是指专利文件或专利申请文件中记载的技术方案,其中不仅包括权利要求书记载的技术方案,也包括仅记载在说明书中而未记载在权利要求书中的技术方案,但记载在说明书摘要而未记载在说明书或权利要求书中的技术方案不能作为专利法意义上的发明创造。

3.1.2 是发明创造的实际参与人

有资格作为发明人或设计人的人应当实际参与到发明创造的形成过程中,未实际参与发明创造的人不能作为发明人或设计人。根据发明创造性质的不同,实际参与的表现形式可能会有差异。

3.1.3 对发明创造的实质性特点作出创造性贡献

3.1.3.1 实质性特点

理论上,发明创造的实质性特点,对于发明和实用新型而言,是指与作出发明创造时已有的技术相比,发明创造在技术方案的构成上所具有的本质区别,它不是在已有的技术基础上通过逻辑分析、推理或者简单试验就能够自然而然得出的结果,而是必须经过创造性思维活动才能获得的结果;对于外观设计而言,是指外观设计与现有设计或者现有设计特征的组合相比,应当具有明显的区别。

现实中,发明创造的实质性特点应理解为专利申请文件或者专利文件中当事人声称的技术改进,对这一技术改进作出创造性贡献的人都应当认定为发明人或设计人。在根据专利文件或专利申请文件无法确定所述技术改进之处时,以整体技术方案为准,对在技术方案的任何一部分作出创造性贡献的人,均为发明人或设计人。

3.1.3.2 创造性贡献

对发明创造的实质性特点作出"创造性贡献",是指发明创造的参与人对于该发明创造相比已有技术的改进的作出起主要作用,例如提出技术构思、提出验证构思可行性的方案、提出修改构思的方案等。所述"创造性贡献"不同于《专利法》第二十二条第三款规定的"创造性"。

在对创造性贡献作出认定时,应当分解所涉及专利技术方案的实质性技术构成,提出实质性技术构成并由此实现技术方案的人,是对发明创造的实质性特点作出创造性贡献的人。

判断当事人是否对发明创造作出创造性贡献,应当基于技术本身,仅仅负责项目组织、人员调配、资金划拨、实验操作、设备购买、资料收集、文献检索等,不能认为对实质性特点作出了创造性贡献。

第2节 判断发明人或设计人资格的考虑因素

在判断谁有资格作为发明人或设计人时,需要综合考虑多方面的因素,比如:当事人提交的证据、当事人对技术方案的细节及其形成过程的了解程度,以及当事人在发明创造的形成中所承担的角色。

3.2.1 当事人提交的证据

一般来说,无论职务发明还是非职务发明,一项发明创造从构思、试验、改进到形成最终的技术方案乃至专利申请文件的过程中,都会留有相关资料。这些资料是确定发明人或设计人资格的关键证据。

当事人之间就发明人或设计人资格产生争议时,发明创造应当已经完成,而确定谁是否实际参与发明创造的作出,属于对之前发生事件的事后判断,一定程度上依赖于当事人提供的证据。尤其是当专利申请文件或专利文件中记载了某人为发明人或设计人,请求人欲推翻这一法律拟制,认为某人不是真正的发明人或设计人时,负有相比证明其为发明人或设计人更重的举证责任。

3.2.2 当事人对技术方案的细节及其形成过程的了解程度

一般情况下,发明创造的主要完成者对技术构思的缘起、项目研发时的技术状况、研发过程中遇到的主要困难、发明创造的解决方式以及效果等各个方面应当会有详细的了解。调解署名权纠纷时,除了客观证据外,争议双方对发明创造完成过程各阶段的了解程度也可以辅助确定真正的发明人或设计人。

3.2.3 当事人在发明创造过程中承担的角色

未从技术角度对发明创造的作出起到主要作用的人不能作为发明人或设计人。这类人员通常包括研究项目的组织人、为物质技术条件的利用提供方便的人、从事其他辅助性工作的人。

3.2.3.1 组织人

组织人通常包括研究课题或研发项目的牵头人、负责人,合作项目的联系人等,其在课题或项目研发过程中仅仅起到确定项目、筹措经费、调配人员、提供各种后勤保障的作用。既组织领导整个课题或项目的全部进程,又实际参与课题或项目的具体研究工作的人,不应当被排除到发明人或设计人之外。

3.2.3.2 提供物质条件便利的人

一项发明创造从形成技术构思到具体技术方案的完成需要诸多物质条件的保障,例如购买设备、提供原材料、保养维修仪器与设备等。为发明创造的完成提供物质条件便利的人不能作为发明人或设计人。

3.2.3.3 辅助人

辅助人是指研究项目组中不参与大量实质性、创造性的工作,仅根据主要参与人员的指示提供辅助性外围劳动的人。辅助人通常包括实验操作人员、文献检索人员、数据分析人员、产品检测人员、资料管理人员等。

第3节 判断发明人或设计人资格的注意事项

3.3.1 发明人或设计人署名权的性质

发明人或设计人署名权属于一种依附于发明人或设计人之自然人身份的精神权利,是法律规定对于发明人或设计人就发明创造的作出给予的精神层面的肯定和奖励。其具有以下特征:

(1)专有性,也称排他性。署名权只能由发明人或设计人本人享有,未对发明创造的实质性特点作出创造性贡献的其他任何人都不能享有。

(2)不可让与性。署名权与发明人或设计人本身不可分离,与专利权或专利申请权归属的变化无关,既不依协议的规定而发生变化,也不能被继承。

3.3.2 发明人或设计人署名权纠纷中的举证

未将真正的发明人或设计人写入专利文件或专利申请文件中，或者将不是发明人或设计人的人写入专利文件或专利申请文件中，都是对发明人或设计人署名权的侵犯。

主张自己是发明人或设计人的，被请求人可以是专利申请人或专利权人，也可以是专利申请文件或专利文件中载明的发明人或设计人；主张专利文件或专利申请文件中载明的发明人或设计人非真正的发明人或设计人的，被请求人应当是被控不具备发明人或设计人资格的人。

请求人主张自己为发明人或设计人，或者主张记载在专利申请文件或专利文件中的发明人或设计人不具备发明人或设计人资格的，应当提供相应的证据。主张自己为发明人、设计人的，应当举证证明自己对发明创造的实质性特点作出了创造性贡献；主张专利申请文件或专利文件中载明的发明人或设计人非真正的发明人或设计人的，应当举证证明该自然人未参与发明创造的完成或者未对发明创造的实质性特点作出创造性贡献。请求人举证不能的，应当承担对自己不利的后果。

第4章 奖酬纠纷的行政调解

被授予专利权的单位应当对职务发明创造的发明人或设计人给予奖励；发明创造专利实施后，根据其推广应用的范围和取得的经济效益，被授予专利权的单位应当对发明人或设计人给予合理的报酬。

发明人或设计人就职务发明创造的奖励或报酬与所在单位发生纠纷的，可以请求管理专利工作的部门进行调解。

第1节 基本概念和基本原则

4.1.1 奖励和报酬

奖励是指给予发明人或设计人金钱或物品奖励，以对其进行勉励。奖励可以表现为货币形式的奖金或物品形式的奖品，也可以是期权或股权等方式，但通常表现为奖金。

报酬是作为报偿付给发明人或设计人的金钱或实物等。报酬通常表现为货币形式的金钱，即一定比例的营业利润提成，也可以是期权或股权等方式。

4.1.2 被授予专利权的单位

向职务发明人或设计人支付奖励和报酬的主体是被授予专利权的单位。

被授予专利权的单位是指中国大陆境内的单位，包括法人单位和非法人单位，具体可以是国有企事业单位、民营企业、外商投资企业。所述单位不限于发明人或设计人正式工作的单位，还包括临时工作的单位。

将在国外完成的发明创造向中国申请专利并在中国获得专利授权的单位，不负有《专利法》第十六条规定的支付奖励和报酬的义务。

单位将员工完成或参与完成的职务发明创造按照技术转让合同、委托开发合同或合作开发合同的约定转移转给受让方，并由受让方获得专利权的，单位视为被授予专利权的单位。

4.1.3 职务发明人或设计人

有权获得奖励和报酬的人是职务发明创造的发明人或设计人。适格的发明人或设计人应当同时符合以下条件：(1)是所在单位的工作人员或临时工作人员，例如从其他单位借调、聘请来的人员和劳务派遣人员；(2)对职务发明创造的实质性特点作出创造性贡献。在完成发明创造过程中，只负责组织工作的人、为物质技术条件的利用提供方便的人或者从事其他辅助工作的人，不是发明人或设计人。关于职务发明创造的构成以及实质性特点与创造性贡献的判断，参见本指引相关规定。

尽管作为单位员工就职于某一单位，但其完成的发明创造不属于职务发明创造的，发明人或设计人不应当被认为是职务发明人或设计人。利用本单位的物质技术条件所完成的发明创造，单位与发明人或设计人订有合同，约定申请专利的权利和专利权属于发明人或设计人，由发明人或设计人返还研发资金或者支付使用费的，该发明创造不属于职务发明创造，发明人或设计人不属于职务发明人或设计人。

除有相反证据外，在专利文件中写明的发明人或设计人通常应视为职务发明创造的发明人或设计人，推定其对发明创造的实质性特点作出了创造性贡献，有权获得奖励和报酬。发明人或设计人经过合法变更的，应当以变更后的发明人或设计人作为有权获得奖励或报酬的主体。

职务发明人或设计人与原单位解除或者终止劳动关系或者人事关系后，除与原单位另有约定外，其从原单位获得奖励和报酬的权利不受影响；职务发明人死亡的，其获得奖金和报酬的权利由其继承人继承。

4.1.4 约定优先原则

职务发明人或设计人与所在单位事先约定奖励和报酬的数额、支付方式以及支付时间的，单位应当按照约定支付奖励和报酬。单位与发明人或设计人之间没有约定或约定不明时，按照《专利法》及其实施细则、《合同法》以及其他相关法律法规的规定支付奖励和报酬。

单位与发明人或设计人之间的这种约定可以采用单独订立合同的形式，也可作为劳动合同的一部分。这种约定可以在项目研发之前作出，也可以在发明创造完成后作出。

单位在规章制度中规定有关奖励和报酬事项的，其性质相当于有关奖励、报酬的格式合同。单位在与员工签订劳动合同时，对于该部分内容，应当明确告知员工。未明确告知且规定的奖励和报酬低于法定标准的，该部分内容对该员工不具有约束力。

单位与职务发明人或设计人之间的奖励、报酬约定应当合法、有效。单位与员工的约定或者其规章制度的规定不合理地限制或剥夺发明人或设计人根据《专利法》及其实施细则享有的获得奖励、报酬的权利的，不得作为确定奖励和报酬的依据。

按照约定优先原则，奖励、报酬的形式可以多种多样。除了采取货币形式之外，还可以采取股票、期权等其他物质形式，只要能达到《专利法》及其实施细则规定的合理的原则要求即可。

约定的奖励和报酬采用货币形式予以支付的,约定的数额可以比法定标准高,也可以比法定标准低。单位可以自主地根据自身的行业特性、生产研发状况、知识产权战略发展需求等制定相应的具体标准。

第2节 奖励纠纷的行政调解

发明人或设计人就职务发明创造奖励纠纷向管理专利工作的部门提出调解请求的,管理专利工作的部门应当审查发明人或设计人是否满足应当给予奖励的条件。满足奖励条件的,管理专利工作的部门应当审查发明人或设计人与被请求人是否就职务发明奖励存在约定。如果双方有约定,根据约定确定支付奖励的数额与方式;如果没有约定,根据法定标准确定支付奖励的数额与方式。

单位对于请求人的发明人或设计人资格有争议的,应当先按照本指引第三章的规定确定职务发明创造的发明人或设计人。经审查,如果请求人不具有职务发明人或设计人资格,管理专利工作的部门应当对调解请求不予受理;如果请求人具有职务发明人或设计人资格,则按照本章的规定确定奖励的数额和方式。

4.2.1 支付奖励的条件

发明人或设计人获得奖励应当符合以下条件:

(1)其完成或参与完成的发明创造属于职务发明创造,申请专利的权利归单位所有;

(2)单位就该发明创造获得了中国专利权;

(3)被授予的专利权未被宣告无效。

利用本单位的物质技术条件所完成的发明创造,单位与发明人或设计人订有合同,约定申请专利的权利和专利权属于发明人或设计人,由发明人或设计人返还研发资金或者支付使用费的,发明人或设计人不属于职务发明人或设计人,无权获得奖励。

单位明确表示放弃有关职务发明创造的权益,由发明人或设计人申请并获得专利权的,发明人或设计人无权获得奖励。

单位将员工完成或参与完成的职务发明创造按照技术转让合同、委托开发合同或合作开发合同的约定移转给受让方,并由受让方获得专利权的,单位视为被授予专利权的单位,有义务向职务发明人或设计人支付奖励。

被授予的专利权在单位支付奖励前被依法宣告无效的,单位不再负有支付奖励的义务。支付奖励后专利被依法宣告无效的,职务发明人或设计人可以不予返还奖励。

4.2.2 奖励的方式和数额

4.2.2.1 约定标准

发明人或设计人获得奖励的具体方式和数额可以由发明人或设计人与所在单位通过合同或其他适当的形式约定,比如在单位制定的规章制度中规定。有约定的,奖励的具体方式和数额根据约定来确定。约定的数额应当合理。

如果发明创造的完成归功于发明人或设计人提出的建议,所在单位采纳该建议后才得以完成该发明的,所在单位应当从优给予奖励。这种建议应当是指,对发明、实用新型专利技术方案的实质性内容带来了创造性贡献,或者给外观设计带来了明显区别于现有设计的美感,尤其是带来了独特的视觉效果,对完成发明创造具有积极意义或作用。从优发给奖金是指比约定标准要高,具体程度可以由单位根据所述发明创造对单位生产经营的影响、单位的经济情况等因素决定。

4.2.2.2 法定标准

被授予专利权的单位未与发明人或设计人约定奖励的具体数额和方式的,应当按照法定方式和标准对发明人或设计人进行奖励。根据《专利法实施细则》第七十七条的规定,法定方式为奖金,一项发明专利的奖金最低不少于3000元,一项实用新型专利或者外观设计专利的奖金最低不少于1000元。

在适用法定标准时,如果发明创造的完成主要源于发明人或设计人提出的建议,而该建议的采纳又被认为对发明创造的实质性内容作出了创造性贡献,则对该发明人或设计人的奖金应适当高于上述法定标准。

第3节 报酬纠纷的行政调解

单位、发明人或设计人就职务发明创造报酬纠纷向管理专利工作的部门提出调解请求的,管理专利工作的部门应当审查发明人或设计人是否满足应当给予报酬的条件。满足条件的,管理专利工作的部门应当审查发明人或设计人与单位是否就职务发明创造报酬存在约定。如果双方有约定,根据约定确定支付报酬的数额与方式;如果没有约定,根据法定标准确定支付报酬的数额与方式。

4.3.1 支付报酬的条件

同时满足以下条件的,单位应当向职务发明人或设计人支付报酬:
(1)发明创造被授予专利权且在纠纷发生时专利权处于有效状态;
(2)专利已被转让、实施或被许可实施;
(3)单位因专利转让、实施或许可实施获得了转让费、许可使用费等经济效益。

"实施"是指《专利法》第十一条规定的实施,即为生产经营目的制造、使用、许诺销售、销售、进口发明或实用新型专利产品,或者使用专利方法以及使用、许诺销售、销售、进口依照该专利方法直接获得的产品,或者为生产经营目的制造、许诺销售、销售、进口外观设计专利产品。判断专利权人(即单位)是否实施了发明或实用新型专利,应以其制造、使用的产品或使用的方法是否落入了专利权利要求的保护范围为准;判断专利权人是否实施了外观设计专利,应以其制造的产品是否与专利相同或实质相同为准。具体的判断标准应当与专利侵权标准一致。在专利技术方案的基础上进行一些改进,如果改进后的技术方案仍然落入专利保护范围内,仍应认定为实施该专利。

专利权人许可他人实施或者将专利权转让给他人的,应当视为专利权人(单位)

实施了该专利,无论被许可人或者受让人是否实际实施。发明人或设计人有权从专利权人获得的许可费或转让费中提取一定比例的数额作为报酬。职务发明人或设计人只能向所在单位主张报酬,不能直接向专利被许可人或受让人主张报酬。

他人为生产经营目的非法实施专利,同样属于专利实施行为。专利权人起诉他人侵权获得的侵权赔偿减去合理的诉讼成本后,应当按照约定或法律规定向发明人或设计人支付报酬。

利用本单位的物质技术条件所完成的发明创造,单位与发明人订有合同,约定申请专利的权利和专利权属于发明人或设计人,由发明人或设计人返还研发资金或者支付使用费的,不属于职务发明,单位不负有向发明人或设计人支付报酬的义务。

单位明确表示放弃有关职务发明创造的权益,由发明人或设计人申请并获得专利权的,不负有向发明人或设计人支付报酬的义务。

4.3.2 支付报酬的数额

4.3.2.1 约定标准

发明人或设计人获得报酬的具体数额和方式可以由发明人或设计人与所在单位通过合同或其他适当的形式约定,比如在单位制定的规章制度中规定。有约定的,应当根据约定来确定报酬的数额和支付方式。约定的报酬数额应当合理。

单位与员工没有就职务发明报酬签订协议或者单位未在其规章制度中规定该事项的,可以在事后补充签订协议。补充签订的协议同样应当优先适用。

约定报酬的数额是否合理,应当考虑单位通过职务发明创造获得的经济效益和职务发明人或设计人对职务发明创造完成的贡献程度等因素。

4.3.2.2 法定标准

如果被授予专利权的单位未与发明人或设计人约定支付报酬的方式和数额的,报酬的数额应当适用法定标准,即对于发明或者实用新型专利,每年应当从实施该项专利的营业利润中提取不低于2%、从实施该项外观设计专利的营业利润中提取不低于0.2%作为报酬给予发明人或设计人,或者参照上述比例,给予发明人或设计人一次性报酬。

发明人或设计人获得报酬的数额应当与专利对营业利润的贡献正相关。

所述营业利润是指所在单位在一定时间内实施专利后获得的营业收入相对于未实施专利时的营业收入增加的利润,减去相应比例的营业费用、管理费用以及财务费用后所剩余的数额。这里的营业利润相当于会计学上的税后利润。如果其他条件不变,实施专利后获得的营业利润减少,则不应当向发明人或设计人支付报酬。

在未与职务发明人或设计人约定也未在单位规章制度中规定报酬的情形下,国有企事业单位和军队单位自行实施其发明专利权的,给予全体职务发明人的报酬总额不低于实施该发明专利的营业利润的3%;转让、许可他人实施发明专利权或者以发明专利权出资入股的,给予全体职务发明人的报酬总额不低于转让费、许可费或者出资比例的20%。

实施获得的利润或许可费无法确定的,应当考虑职务发明对整个产品或者工艺经济效益的贡献,以及职务发明人对职务发明的贡献等因素,合理确定报酬数额。

在报酬纠纷的行政调解中,报酬的提成比例可以根据专利对营业利润的贡献来确定,但一般不应低于法定标准。

4.3.2.3 许可与转让专利权

单位许可其他单位或者个人实施其专利或者转让其专利,获得收益的,可以与职务发明人或设计人约定支付报酬的数额、比例与方式。单位应当按照约定支付报酬。没有约定的,应当从收取的使用费或转让费中提取不低于10%,作为报酬给予发明人或设计人。

单位以专利权出资的,应当按照转让专利权处理。

因单位经营策略或者发展模式的需要而低价、无偿转让或者许可他人实施职务发明创造专利的,应当参照相关技术的市场价格,合理确定对职务发明人或设计人的报酬数额。

被授予的专利权在单位支付报酬前被依法宣告无效的,单位不再负有支付报酬的义务。支付报酬后专利被依法宣告无效的,职务发明人或设计人可以不予返还报酬。

第4节 多个发明人之间的奖酬纠纷的调解

职务发明人或设计人有两个或以上的,奖励和报酬应当按照各发明人或设计人的贡献大小在发明人或设计人之间分配。奖励或报酬视为发明人或设计人之间按份共有。对发明创造贡献大的,所占份额大;贡献小的,所占份额也小。

主张自己贡献大应当多分的发明人或设计人负有举证证明其贡献较其他发明人或设计人大的责任。如果主张多分的请求缺乏证据支持,则发明人或设计人的贡献应当视为同等大小,由全体发明人或设计人平均分配奖励、报酬。

对职务发明创造作出创造性贡献的大小与发明人或设计人在专利申请文件上的排名、在单位中的职位高低等没有必然联系。

发明人或设计人之间存在分配比例协议的,应当按照分配协议进行分配。

部分发明人或设计人放弃获得奖励、报酬的权利,其他发明人或设计人有权获得全部奖励或报酬。

第5章 发明专利申请临时保护期使用费纠纷的行政调解

发明专利申请从提交到授权经历三个效力完全不同的阶段:(1)申请日到公布日;(2)公布日到专利授权公告日;(3)专利授权公告后。第二个阶段又被称为发明专利申请临时保护期。

发明专利申请授权后,专利权人有权要求在临时保护期内实施其发明的单位或者个人支付适当的费用。双方当事人就临时保护期使用费产生纠纷的,可以请求管理专利工作的部门予以调解。

第1节　临时保护的构成条件

请求人(通常是专利权人或其利害关系人)向被请求人(涉嫌实施发明的单位或个人)主张临时保护期使用费,应当符合如下构成要件:

(1)涉案专利应仅限于发明专利;
(2)涉案专利被授予专利权,且请求人在专利授权后提出调解请求;
(3)被请求人实施专利的行为发生在临时保护期内;
(4)被请求人的实施行为落入专利保护范围。

5.1.1　涉案专利仅限于发明专利

被请求支付临时保护期使用费的专利应当仅限于发明专利。请求人以实用新型专利或外观设计专利主张临时保护期使用费的,管理专利工作的部门不予支持。

5.1.2　涉案专利被授予专利权,且请求人在专利授权后提出调解请求

发明专利申请被授予专利权,且请求人提出的调解请求在专利授权公告之后是构成临时保护的必要条件。提出请求时专利申请尚未被授予专利权的,管理专利工作的部门对请求人请求他人支付临时保护期使用费的主张不予支持。

5.1.3　他人的实施行为发生在临时保护期

请求支付临时保护期使用费是在专利授权之后,专利权人或其利害关系人请求管理专利工作的部门对他人在发明专利申请临时保护期内实施发明的行为予以追溯的权利。他人实施发明的行为发生在临时保护期内是构成临时保护不可或缺的另一要件。

在发明专利临时保护期内实施发明包括:未经专利申请人许可,以生产经营为目的,制造、使用、许诺销售、销售、进口专利产品,或者使用专利方法以及使用、许诺销售、销售、进口依照该专利方法直接获得的产品。

如果他人实施发明的行为发生在发明专利申请日至公布日之间,请求人依此行为主张临时保护期使用费的请求,管理专利工作的部门将不予支持;如果他人实施发明的行为发生在发明专利授权后,请求人应当提出侵权纠纷调解请求而非临时保护期使用费纠纷调解请求。当请求人未明确其究竟主张临时保护期使用费,还是侵权损害赔偿时,管理专利工作的部门应当释明二者的含义,由请求人根据侵权行为发生的时间确定行政调解请求的性质;在请求人不能正确选择的情况下,由管理专利工作的部门根据当事人提出的理由和提供的证据综合予以确定。当被请求人的实施行为从临时保护期内一直持续到专利授权之后,管理专利工作的部门应当分别予以认定。

5.1.4　他人的实施行为落入专利保护范围

构成临时保护的第四个必要条件是,他人的实施行为落入专利保护范围。所述"专利保护范围",应当以请求人指定的权利要求的保护范围为准。

5.1.4.1　专利文本的确定

在提出调解请求时,请求人应当提交发明专利申请公布文本和提出调解请求时有效的专利文本。如果专利授权公告后未经历无效宣告程序,所述有效的专利文本为

专利授权公告文本;如果专利授权公告后经历过无效宣告程序,所述有效的专利文本应当是生效的专利复审委员会无效宣告请求审查决定最终维持有效的专利文本。

请求人应当明确提出请求所依据文本的权利要求。无论针对公布文本还是最终有效的专利文本,如果请求人未明确具体的权利要求,管理专利工作的部门应当向请求人释明,要求其指定具体的权利要求;经释明,请求人仍然未明确的,以相应的独立权利要求为准。对于权利要求书中包括多项独立权利要求的,管理专利工作的部门应当向请求人释明,要求其指定具体的权利要求;经释明,请求人仍然未明确具体的权利要求的,管理专利工作的部门根据请求人在请求书中的具体理由选定最相关的独立权利要求作为比对基础。

5.1.4.2 专利保护范围的确定

根据发明专利申请公布时权利要求保护范围(范围 A)和提起调解请求时有效的权利要求保护范围(范围 B)的关系,存在如下不同的情形:(1)范围 A = 范围 B;(2)范围 A > 范围 B;(3)范围 A < 范围 B;(4)范围 A 与 范围 B 完全不同。

如果被请求人的实施行为同时落入上述两个保护范围,应当认定被请求人在临时保护期内实施了该发明,应当支付临时保护期使用费;如果被请求人的实施行为未落入任何一个保护范围或者仅落入其中一个保护范围,应当认定被请求人在临时保护期内未实施该发明。

5.1.4.3 被请求人的行为是否落入专利保护范围的确定

判断被请求人的实施行为是否落入范围 A 或范围 B 的方法与专利侵权判定方法完全相同,即首先判定被请求人的实施行为是否字面落入范围 A 或范围 B,在未构成字面落入的情况下,判断二者的区别是否构成等同。

根据案件的具体情况,管理专利工作的部门既可以先对比范围 A 与范围 B 的大小,判断案件属于如上哪种情形,然后再判断被请求人的实施行为是否落入专利保护范围;也可以先判断被请求人的实施行为是否落入范围 B,之后再根据需要判断其是否落入范围 A。

5.1.4.4 注意事项

在处理调解请求时,管理专利工作的部门应当注意针对涉案专利是否存在未审结的无效宣告请求。如果相关无效宣告请求案尚未结案,同时双方当事人就被请求人的行为是否落入专利保护范围存在争议的,管理专利工作的部门可以中止临时保护期使用费纠纷调解请求的审理。

第 2 节 临时保护期使用费的确定

临时保护期使用费是在专利授权后对专利权人利益的一种事后补偿。在确定临时保护期使用费时,综合考虑实施行为的性质、情节、后果实施行为人的技术来源、主观是否具有故意、生产能力及规模、产品价格等因素。

5.2.1 确定补偿费用的原则

发明专利申请的"临时保护"和专利授权公告后的"正式保护"是两种不同性质

的保护。被请求人在专利授权后未经许可实施发明的,应当支付侵权损害赔偿,但其在临时保护期内实施发明的,仅需支付适当的补偿即可。补偿数额应"适当",不应超过相应期间的专利许可使用费,一般也不宜直接依照专利侵权赔偿数额的计算方法,而是应较相同情节的侵权赔偿数额低。

5.2.2 确定补偿费用的考虑因素

在确定临时保护期使用费时,应当综合考虑各种因素。包括:

(1)专利权人已经许可他人实施的,可参照专利许可使用费确定。

(2)专利权人尚未许可他人实施的,可根据实施发明专利的收益和发明专利的贡献大小确定合适的数额。专利权人实施发明专利所获得的收益越大,发明本身的贡献在所述收益中所占的比重越大,临时保护期使用费应越高。

(3)他人实施行为的技术来源。他人实施的专利可能源于自我研发,也可能源于专利申请的公布。对于自我研发的技术而言,虽然实施人并未利用专利申请人的智力劳动成果,但为鼓励发明创造的公开以推动整体社会进步,也可以要求实施人支付临时保护费,但一般应当少于利用专利申请公布而需要支付的临时保护费。

(4)要考虑实施人主观故意程度。如果专利申请人在临时保护期间内对相关实施人提出过相关警告,而相关实施人并不理睬或扩大实施范围等,则可参照侵犯专利权的赔偿来确定临时保护期使用费。

第6章 专利侵权损害赔偿额的计算

管理专利工作的部门在处理专利侵权纠纷时,应当事人的请求,可以就侵犯专利权的赔偿数额进行调解。

权利人与被控侵权人就专利侵权赔偿数额或者计算方式有约定的,管理专利工作的部门应当按照约定确定赔偿数额;权利人与被控侵权人就专利侵权赔偿数额或者计算方式没有约定的,管理专利工作的部门应当在根据《专利法》第六十五条的规定确定赔偿数额的基础上,本着公平、合理的原则组织双方就赔偿数额达成调解协议。

按照《专利法》第六十五条的规定,侵犯专利权的赔偿数额按照权利人因被侵权所受到的实际损失确定;实际损失难以确定的,可以按照侵权人因侵权所获得的利益确定。权利人的损失或者侵权人获得的利益难以确定的,参照该专利许可使用费的倍数合理确定。赔偿数额还应当包括权利人为制止侵权行为所支付的合理开支。权利人的损失、侵权人获得的利益和专利许可使用费均难以确定的,可以根据专利权的类型、侵权行为的性质和情节等因素,确定给予1万元以上100万元以下的赔偿。

第1节 权利人的实际损失

权利人的实际损失是指权利人因侵权人的侵权行为而减少的利润。权利人未实施专利技术或专利设计的,不得按照权利人的实际损失确定赔偿数额。

6.1.1 权利人实际损失的计算

权利人的实际损失可以按照专利权人的专利产品因侵权所造成销售量减少的总

数乘以每件专利产品的合理利润所得之积计算。

专利权人的专利产品因侵权所造成销售量减少的总数不能确定的,可以按照侵权产品在市场上销售的总数予以确定。

每件专利产品的合理利润可以按照专利权人销售全部专利产品的平均利润计算,即销售收入减去生产、销售成本后除以销售数量,也可以直接参照专项审计报告所载明的项目利润计算表确定。

权利人应当对其主张的实际损失和侵权与损失之间具有直接因果关系承担举证责任,也应当对每件专利产品的合理利润承担举证责任。对于权利人主张的合理利润,经明示,被控侵权人没有异议的,权利人可以免予举证。

6.1.2 确定权利人实际损失时的考虑因素

在确定权利人的实际损失时,要考虑专利对于整个产品利润的贡献、与专利产品相关的配件及零部件的销售损失以及其他因素。

6.1.2.1 专利对于整个产品利润的贡献

侵犯发明、实用新型专利权的产品系另一产品的零部件时,如果专利产品有单独的销售价格和利润,应当按基于该产品的全部利润确定合理利润,计算损害赔偿金额;如果专利产品没有单独的销售价格和利润,则应当根据成品的利润乘以该零部件在实现成品利润中的作用比重确定合理利润。

侵犯外观设计专利权的产品为包装物时,应当按照包装物本身的价值及其在实现被包装产品利润中的作用等因素确定专利产品的合理利润。

权利人应当举证证明专利产品在实现成品利润中的作用比重;作用比重无法确定的,由管理专利工作的部门酌定。

6.1.2.2 与专利产品相关的配件及零部件的销售损失

权利人的实际损失不仅包括因侵权失去的专利产品的销售额,也包括对专利产品相关配件和零部件失去的销售额。如果权利人能够证明其专利产品之前是与非专利零配件一同销售的,那么专利侵权损害赔偿额的计算也应当包括和专利产品相关的配件以及零部件所失去的销售额。

6.1.2.3 其他因素

确定权利人的实际损失时,还应当考虑其他因素,例如市场对专利产品的需求、权利人是否具有开发这种需求的生产和市场销售能力、权利人是否有获得这种利润的可能性、侵权行为和侵权结果之间是否存在因果关系(不包括其他原因导致权利人销售额的下降或增长的停滞)等因素。

权利人对这些因素的存在负有举证责任。管理专利工作的部门可以应用"四步检验法"判断权利人是否充分举证,即考察权利人是否举证证明:(1)市场对专利产品的需求;(2)不存在可接受的非侵权替代产品;(3)权利人具有开发这种需求的生产和市场营销能力;以及(4)如果没有侵权产品的话,权利人本可能获得的利润额。如果以上所有四个要件都得到证明,则权利人的利润损失可以得到赔偿;如果其中任何一个要件没有得到证明,则应当按照其他法定方式确定赔偿数额。

可以通过其他合理方式确定权利人合理损失的,管理专利工作的部门应当在综合考量全部证据后予以确定。

第2节 侵权人获得的利益

侵权人获得的利益是指侵权人因侵犯专利权人的专利权而直接获得的利益。该利益应当限于侵权人因侵犯专利权行为所获得的利益,因其他原因所产生的利益,应当合理扣除。

6.2.1 侵权人获得的利益的计算

侵权人获得的利益可以按照侵权产品在市场上销售的数量乘以每件侵权产品的合理利润所得之积计算;或者可以按照侵权产品的销售总额乘以该时间段的营业利润率计算。

每件侵权产品的合理利润是指被控侵权人销售全部侵权产品的平均利润,即销售收入减去生产、销售成本后除以销售数量。每件侵权产品的合理利润可以按照侵权人的平均营业利润计算。对于完全以侵权为业的侵权人,可以按照平均销售利润计算。平均营业利润是指营业收入减去营业成本的差额除以销售量,营业成本一般包括管理费、广告费、租金等。平均销售利润是指销售收入减去销售成本的差额除以销售量。

营业利润率是指营业利润除以营业收入。营业利润率难以确定的,可以按照该行业或领域通常的利润率计算。

上述利润、成本、费用、销售数量等可根据审计报告、咨询报告或者发票等予以确定,也可参照侵权人订货合同中载明的进货成本以及销售合同中载明的销售价格或者通过进货单、报价单等证据予以确定。

6.2.2 确定侵权人获得的利益时的考虑因素

在确定侵权人获得的利益时,也要考虑专利对于整个产品利润的贡献,排除侵权人因侵权行为之外的其他原因,如广告宣传或市场地位等获得的利益,并从侵权人的侵权产品总销售金额中扣除管理费、广告费、租金等费用。

6.2.2.1 专利对于整个产品利润的贡献

侵犯发明、实用新型专利权的产品系另一产品的零部件时,如果该产品有单独的销售价格和利润,应当按基于该产品的全部利润确定合理利润,并据此计算损害赔偿金额;如果该产品没有单独的销售价格和利润,则应当根据成品的利润乘以该零部件在实现成品利润中的作用比重确定合理利润。

侵犯外观设计专利权的产品为包装物时,应当按照包装物本身的价值及其在实现被包装产品利润中的作用等因素确定专利产品的合理利润。

权利人应当举证证明专利产品在实现成品利润中的作用比重;作用比重无法确定的,由管理专利工作的部门酌定。

6.2.2.2 需要扣除的费用

侵权人获得的利益应当从侵权人的侵权产品总销售金额中扣除管理费、广告费、租金等费用。

6.2.3 侵权人获得的利益的举证责任分配

原则上，权利人应当对其主张的侵权人获得的利益以及侵权与所获利益之间具有直接因果关系承担举证责任。

为确定侵权人获得的利益，在权利人已经尽力举证，但与专利侵权行为相关的账簿、资料主要由侵权人掌握的情况下，管理专利工作的部门可以责令侵权人提供与专利侵权行为相关的账簿、资料；侵权人无正当理由拒不提供或者提供虚假的账簿、资料的，可以根据权利人的主张和提供的证据认定赔偿数额。

第3节 专利许可使用费的合理倍数

许可使用费是指侵权行为发生时或相近时期权利人许可他人实施其专利获得的报酬。在参照专利许可使用费的倍数为依据确定侵权赔偿数额时，侵权赔偿数额通常为专利许可使用费的1~3倍。

6.3.1 许可使用费的确定

权利人提供的向国家知识产权局备案的专利实施许可合同约定的许可使用费，通常可以直接认定为专利许可使用费。同一时期存在多项许可使用费的，按照许可使用费的平均值计算赔偿数额。

6.3.2 以许可使用费为依据确定赔偿数额时的注意事项

6.3.2.1 专利实施许可合同的当事人与权利人的关联关系

如果专利实施许可合同的一方当事人为权利人的关联方，不宜将其中约定的许可使用费直接作为专利许可使用费用于计算侵权赔偿数额。

6.3.2.2 专利实施许可合同是否实际履行

《专利实施许可合同》未实际履行的，不宜将其中约定的许可使用费直接作为专利许可使用费用于计算侵权赔偿数额。

6.3.2.3 专利实施许可合同中约定的许可使用费是否合理

专利实施许可合同中约定的许可使用费明显低于或高于正常的许可使用费的，不宜将其中约定的许可使用费直接作为专利许可使用费用于计算侵权赔偿数额。

6.3.2.4 确定合理倍数时需要考虑多个因素

确定具体的合理倍数时，应当结合考虑专利权的类别、侵权人侵权的性质、规模、持续时间、地域范围，专利许可的性质、范围、时间、使用费数额等因素。

对于恶意侵权、重复侵权或者侵权情节严重的，可酌情加重适用专利许可使用费的倍数。对于专利实施许可合同中一次性地或者包含多年专利使用费的，需要考察专利许可使用费的使用年限。

第4节 法定赔偿

权利人直接主张适用《专利法》第六十五条第二款确定赔偿数额，或者权利人的损失、侵权人获得的利益和专利许可使用费均难以确定的，可以根据专利权的类型、侵权行为的性质和情节、专利技术或设计的市场价值等因素，确定给予1万元以上

100万元以下的赔偿,一般不得低于1万元,也不得高于100万元。

6.4.1 确定法定赔偿数额的方法

6.4.1.1 市场法

市场法,是指利用市场上相同或类似专利技术或设计的近期交易价格为参照,结合其他相关影响因素对专利技术或设计的市场价值进行评估。

采用该方法对侵权损害赔偿进行评估时,可以按照以下程序进行:

(1)选择参照物;

(2)在评估对象与参照物之间选择比较因素;

(3)指标对比、量化差异;

(4)在各参照物成交价格的基础上调整已经量化的对比指标差异;

(5)综合分析确定评估结果;

(6)运用市场法估计单项专利权应考虑的可比因素;

(7)将通过市场法评估出来的相关专利权价值与该专利可能的损害赔偿数额进行比较,确定两者是等同还是有差异,最终确定法定赔偿额。

运用市场法确定法定赔偿时,通常可以根据经济发展程度相类似地区对类似性质的被请求人企业就类似专利产品价值的侵权损害赔偿判决,或者参考类似请求人在本地区对类似性质被请求人的相类似产品的损害赔偿数额的判决先例,确定最终的损害赔偿额。

6.4.1.2 收益法

专利技术或设计已经用于商业经营的,可以通过估算专利技术或设计在相同期限的经营中的收益比例,确定赔偿数额。

采用该方法进行评估时,可以按照以下程序进行:

(1)搜集验证与评估对象未来预期收益有关的数据资料,包括经营前景、财务状况、市场形势以及经营风险等;

(2)分析测算评估对象未来预期收益;

(3)确定折现率或资本化率;

(4)以所确定折现率将被评估专利预测收益折算成现值;

(5)分析确定评估结果;

(6)将通过收益法评估出来的相关专利权价值与该专利可能的损害赔偿数额进行比较,确定两者是等同还是有差异,最终确定法定赔偿额。

6.4.1.3 成本法

专利技术或设计的研发成本可以确定的,可以根据该成本的合理比例确定赔偿数额。

6.4.2 需要考虑的其他因素

除上述市场法、收益法、成本法外,对专利技术进行评估需综合考虑以下因素:

(1)权利人可能的实际损失,或者侵权人可能的侵权所得。即对权利人的实际损失或侵权人的侵权所得的数额有一个合理的估计,其是确定法定赔偿额的基础,可有效防止自由裁量的随意性。

(2)专利权的类型和创新程度。即需考虑专利属于发明、实用新型还是外观设计专利。一般来说,专利的创新程度和技术含量越高,对生产效率和质量的影响越大;发明专利的侵权赔偿额应为最高,实用新型专利次之,外观设计专利再次。

(3)专利权的价值。即需考虑专利技术的创造性、显著性、技术研发成本、技术实施情况、市场上同类产品的平均利润等因素。

(4)侵权行为的性质。即考虑是直接侵权还是间接侵权、是生产过程中的侵权还是销售过程中的侵权、是初次侵权还是重复侵权等因素。

(5)侵权行为的情节。即考虑侵权行为的次数、侵权行为持续的时间和空间程度、权利人发出侵权警告后侵权人的行为表现、侵权行为的组织化程度等因素。

(6)侵权行为的损害后果。即应根据侵权行为对权利人的商业利润、商业声誉、社会评价的影响等进行衡量。

(7)侵权人的主观过错程度。主观因素决定过错程度,并影响责任的大小和归属;过错越大,对权利人造成的损失可能越严重。

(8)作为部件的专利产品在整个产品中所起的作用。通常专利产品在整个产品中的作用越大,价值越高。

(9)同类专利的合理转让费、许可使用费。

(10)其他可能影响确定赔偿数额的因素。例如,专利是否经过无效程序,并且已被专利复审委员会维持有效;专利属于基础专利还是从属专利,从属专利的价值往往低于基础专利;市场上是否有可替代产品或更新产品。

第5节 合 理 开 支

合理开支是指权利人为制止侵权行为所必要而遭受的直接损失,一般包括公证费、调查取证费、交通食宿费、误工费、材料印制费等,不应包括上述费用在支付后获得赔偿前期间的利息等间接损失。

权利人应当举证证明其合理开支的数额,必要时应当说明开支合理的理由并提交相关证据。不合理的开支或者合理但缺乏证据支持的开支,不应由侵权人赔偿。

权利人直接主张法定赔偿的,管理专利工作的部门确定的赔偿数额不得包括权利人为制止侵权行为所支付的合理开支。

专利开放许可实施纠纷调解工作办法(试行)

1. 2024年7月2日国家知识产权局发布
2. 自发布之日起施行

第一章 总　　则

第一条 为了促进专利技术的实施与运用,及时化解专利开放许可实施过程中出现的纠纷,依据《中华人民共和国专利法》《中华人民共和国专利法实施细则》等有关规定,制定本办法。

第二条 本办法适用于调解《中华人民共和国专利法》第五十二条所称实施专利开放许可发生纠纷的情形。

第三条 专利开放许可实施纠纷调解应遵循下列原则:

(一)自愿原则。充分尊重当事人意思自治,保障当事人依法行使权利,不得强迫当事人接受调解。

(二)合法原则。专利开放许可实施纠纷调解应当符合法律、法规、规章要求,不得损害国家利益、公共利益和他人合法权益。

(三)公平原则。专利开放许可实施纠纷调解应当遵循公平原则,合理地确定双方当事人的权利和义务。

(四)保密原则。参与调解的工作人员、案件代理人、专家等应当对调解过程中获悉的商业秘密、个人隐私及其他依法不应公开的信息保守秘密,双方当事人同意公开的除外。

第二章 案件受理

第四条 当事人就实施专利开放许可使用费支付标准和支付方式、专利开放许可生效时间、专利许可期限等内容发生的纠纷,并自愿接受调解的,应当以书面方式提出调解申请,并将调解申请书当面提交或者邮寄至国家知识产权局。

第五条 提出调解申请时应当提交下列文件:

(一)调解申请书。调解申请书应当写明双方当事人的姓名或者名称、地址、联系人、联系方式;申请调解的纠纷事由、争议的简要说明、申请调解的事项等内容。

(二)申请人身份证明文件。主要包括自然人身份证件,法人或其他组织营业执照副本或其他主体资格证明文件。其中,自然人应当提交自然人身份证件复印件并在复印件上签字确认。法人或其他组织应当提交营业执照副本或其他主体资格证明文件复印件,法定代表人或主要负责人身份证明复印件,上述复印件均应当加盖公章。

(三)相关证据材料。包括但不限于已登记的专利开放许可声明、生效的专利开放许可实施合同等与案件有关的证据材料。

(四)授权委托书。申请人可以委托1至2人作为代理人参加调解。申请人委托代理人参加调解的,应当提交书面授权委托书。授权委托书应当明确记载委托事项、权限和期限。

(五)其他与案件调解相关的材料。

第六条　国家知识产权局在受理调解案件时,可以由双方当事人共同提出申请,也可以由一方当事人提出申请。

由当事人一方提出申请的,国家知识产权局向被申请方当事人发送调解通知书,征询调解意愿。被申请方当事人在收到调解通知书后,应当在10个工作日内反馈是否同意调解的确认书。如同意调解,应当同时提交第五条所列文件。

第七条　国家知识产权局应当在5个工作日内对调解申请作出是否受理的决定,并通知双方当事人。案情特别复杂或者有其他特殊情况的,立案期限可以延长5个工作日。

国家知识产权局经审查决定不予受理的,应当作出不予受理通知书,并向当事人书面说明理由。

第八条　具有下列情形之一的调解申请不予受理:

(一)一方当事人提出调解申请,另一方当事人不接受调解的;

(二)当事人已向人民法院提起诉讼并且已被受理的;

(三)当事人已向仲裁机构提起仲裁申请的;

(四)人民法院或仲裁机构已经对该纠纷作出裁判的;

(五)无法受理的其他情形。

第九条　国家知识产权局应当对受理的调解申请进行立案登记,包括但不限于立案编号、所涉专利信息、申请人信息、代理机构及代理人信息、申请调解的主要事项、随案证据材料等。

第三章　案件调解

第十条　国家知识产权局受理调解申请后,应当及时指定调解员主持调解。

国家知识产权局可以根据案件调解需要邀请有关单位、专业人员或者其他相关人员参与调解。

第十一条　对于事实清楚、权利义务关系明确或者所涉金额不大的案件,可以由1名调解员主持开展调解。对于重大、疑难、复杂或者所涉金额较大的案件,应当由3名以上调解员组成调解合议组,合议组组成人数应当为奇数,最多不超过5人。

第十二条　调解员有下列情形之一的应当回避:

(一)是本案当事人或其代理人近亲属的;

(二)与本案纠纷有利害关系的;

(三)与本案纠纷当事人、代理人有其他关系,可能影响公正调解的。

第十三条　调解工作人员进行调解时,不得有下列行为:

(一)徇私舞弊,偏袒一方当事人;
(二)压制、侮辱、打击当事人;
(三)索取、收受财物或者牟取其他不正当利益;
(四)泄露国家秘密、商业秘密和个人隐私;
(五)其他影响调解公正或者损害当事人合法权益的行为。

第十四条 当事人享有下列权利:
(一)自主表达意愿、自愿达成调解协议;
(二)要求公开或者不公开进行调解;
(三)接受调解、拒绝调解或者要求中止、终止调解;
(四)法律、法规、规章规定的其他权利。

第十五条 当事人应当履行下列义务:
(一)如实陈述争议纠纷事实;
(二)依法全面提交有关证据;
(三)遵守调解秩序,尊重调解工作人员和对方当事人;
(四)自觉履行达成的调解协议;
(五)法律、法规、规章规定的其他义务。

第十六条 当事人具有下列情形之一,构成治安违法的,由公安机关给予行政处罚;构成犯罪的,依法追究刑事责任。
(一)威胁、殴打调解工作人员或者对方当事人的;
(二)扰乱调解秩序的;
(三)提供伪造的证据材料的;
(四)其他干扰、阻挠调解的行为。

第十七条 调解工作人员可以按照以下步骤开展调解:
(一)核实身份并告知权利义务。调解开始时,调解工作人员应当核对当事人身份,宣布调解纪律,并告知双方当事人依法享有的权利和履行的义务等。
(二)查清事实。调解工作人员可以通过问询、质证、查看与案件有关的材料、现场调查、召开协调会等方式查清案件事实。
(三)调解与处理。调解工作人员可以通过现场调解、电话调解、书面调解、在线调解等多种方式开展调解。同一案件中可以综合使用多种调解方式。组织现场调解的,应当在调解 3 个工作日前将调解的时间、地点和调解员等事项书面告知当事人。当事人不能参加现场调解的,应当提前至少 1 个工作日申请改期。案件由合议组开展调解的,由合议组组长主持调解过程。
(四)制作调解笔录。调解员或调解合议组应当制作调解笔录,简要记载调解时间、地点、参加人员、协商事项、当事人意见和调解结果,由当事人核对无误后签名或者盖章。

第十八条 国家知识产权局应当自受理调解申请之日起 30 个工作日内完成案件调

解。情况复杂或者有其他特殊情形，经双方当事人同意的，可以适当延长，延长期限不超过30个工作日。

调解过程中需要向专家咨询或者对相关事实作出鉴定的，专家咨询或者鉴定时间不计入调解期限。

第十九条　有下列情形之一的，当事人可以提出中止处理请求，由调解员或调解合议组作出是否中止的决定：

（一）因正当理由经对方当事人认可，暂时不能参加调解或中途要求中止调解的；

（二）专利权被提起无效宣告请求的；

（三）不可抗力或意外事件；

（四）法律、法规、规章规定的其他应当中止处理的情形。

第二十条　中止原因消除后，依当事人申请可以恢复调解，中止时间不计入调解期限。

第四章　结　案

第二十一条　现场调解且能够即时履行或者双方当事人均认为不需要制作调解协议书的案件，可以不制作调解协议书，由调解员或调解合议组在调解笔录上记录调解结果。

第二十二条　经调解达成协议，有下列情形之一的，应当制作调解协议书：

（一）一方当事人要求制作调解协议书的；

（二）有财务给付内容且不能即时履行完毕的；

（三）调解的事项具有重大、疑难、复杂纠纷情形的；

（四）应当制作调解协议书的其他情形。

第二十三条　调解协议书应当载明以下内容：

（一）当事人及委托代理人基本情况；

（二）争议纠纷事项；

（三）调解结果，包括履行协议的方式、期限等。

（四）其他约定事项。

第二十四条　调解协议书自签字盖章之日起生效。调解协议书载明具体生效时间的，以载明的生效时间为准。

第二十五条　调解协议书由当事人各执一份，国家知识产权局留存一份。

第二十六条　有下列情形之一的，调解员应当终止调解：

（一）一方当事人要求终止调解；

（二）调解期限届满，且未达成调解协议的；

（三）当事人无正当理由缺席或者中途退出调解的；

（四）调解结果涉及第三人利益，第三人不同意调解的；

（五）公民死亡或者法人、其他组织终止，无权利义务承受人或者权利义务承受人放弃调解的；

（六）当事人就争议纠纷提起诉讼或者仲裁的；

（七）法律、法规、规章规定的需要终止调解的其他情形。

调解终止的，应当制作调解终止通知书或者记录在调解笔录中。

第二十七条 调解结案或者终止后，当事人不得再以同一事实和理由申请调解。

第二十八条 调解结案或者终止后，国家知识产权局应当对调解案件材料归档保存。归档材料应当按照一案一号、一案一卷的原则建立案卷。

第五章 附 则

第二十九条 本办法由国家知识产权局负责解释。

第三十条 本办法自发布之日起施行。

最高人民法院关于审理侵犯专利权纠纷案件应用法律若干问题的解释

1. 2009年12月21日最高人民法院审判委员会第1480次会议通过
2. 2009年12月28日公布
3. 法释〔2009〕21号
4. 自2010年1月1日起施行

为正确审理侵犯专利权纠纷案件，根据《中华人民共和国专利法》、《中华人民共和国民事诉讼法》等有关法律规定，结合审判实际，制定本解释。

第一条 人民法院应当根据权利人主张的权利要求，依据专利法第五十九条第一款的规定确定专利权的保护范围。权利人在一审法庭辩论终结前变更其主张的权利要求的，人民法院应当准许。

权利人主张以从属权利要求确定专利权保护范围的，人民法院应当以该从属权利要求记载的附加技术特征及其引用的权利要求记载的技术特征，确定专利权的保护范围。

第二条 人民法院应当根据权利要求的记载，结合本领域普通技术人员阅读说明书及附图后对权利要求的理解，确定专利法第五十九条第一款规定的权利要求的内容。

第三条 人民法院对于权利要求，可以运用说明书及附图、权利要求书中的相关权利要求、专利审查档案进行解释。说明书对权利要求用语有特别界定的，从其特别界定。

以上述方法仍不能明确权利要求含义的，可以结合工具书、教科书等公知文献以及本领域普通技术人员的通常理解进行解释。

第四条 对于权利要求中以功能或者效果表述的技术特征,人民法院应当结合说明书和附图描述的该功能或者效果的具体实施方式及其等同的实施方式,确定该技术特征的内容。

第五条 对于仅在说明书或者附图中描述而在权利要求中未记载的技术方案,权利人在侵犯专利权纠纷案件中将其纳入专利权保护范围的,人民法院不予支持。

第六条 专利申请人、专利权人在专利授权或者无效宣告程序中,通过对权利要求、说明书的修改或者意见陈述而放弃的技术方案,权利人在侵犯专利权纠纷案件中又将其纳入专利权保护范围的,人民法院不予支持。

第七条 人民法院判定被诉侵权技术方案是否落入专利权的保护范围,应当审查权利人主张的权利要求所记载的全部技术特征。

被诉侵权技术方案包含与权利要求记载的全部技术特征相同或者等同的技术特征的,人民法院应当认定其落入专利权的保护范围;被诉侵权技术方案的技术特征与权利要求记载的全部技术特征相比,缺少权利要求记载的一个以上的技术特征,或者有一个以上技术特征不相同也不等同的,人民法院应当认定其没有落入专利权的保护范围。

第八条 在与外观设计专利产品相同或者相近种类产品上,采用与授权外观设计相同或者近似的外观设计的,人民法院应当认定被诉侵权设计落入专利法第五十九条第二款规定的外观设计专利权的保护范围。

第九条 人民法院应当根据外观设计产品的用途,认定产品种类是否相同或者相近。确定产品的用途,可以参考外观设计的简要说明、国际外观设计分类表、产品的功能以及产品销售、实际使用的情况等因素。

第十条 人民法院应当以外观设计专利产品的一般消费者的知识水平和认知能力,判断外观设计是否相同或者近似。

第十一条 人民法院认定外观设计是否相同或者近似时,应当根据授权外观设计、被诉侵权设计的设计特征,以外观设计的整体视觉效果进行综合判断;对于主要由技术功能决定的设计特征以及对整体视觉效果不产生影响的产品的材料、内部结构等特征,应当不予考虑。

下列情形,通常对外观设计的整体视觉效果更具有影响:

(一)产品正常使用时容易被直接观察到的部位相对于其他部位;

(二)授权外观设计区别于现有设计的设计特征相对于授权外观设计的其他设计特征。

被诉侵权设计与授权外观设计在整体视觉效果上无差异的,人民法院应当认定两者相同;在整体视觉效果上无实质性差异的,应当认定两者近似。

第十二条 将侵犯发明或者实用新型专利权的产品作为零部件,制造另一产品的,人民法院应当认定属于专利法第十一条规定的使用行为;销售该另一产品的,人民法院应当认定属于专利法第十一条规定的销售行为。

将侵犯外观设计专利权的产品作为零部件,制造另一产品并销售的,人民法院应当认定属于专利法第十一条规定的销售行为,但侵犯外观设计专利权的产品在该另一产品中仅具有技术功能的除外。

对于前两款规定的情形,被诉侵权人之间存在分工合作的,人民法院应当认定为共同侵权。

第十三条 对于使用专利方法获得的原始产品,人民法院应当认定为专利法第十一条规定的依照专利方法直接获得的产品。

对于将上述原始产品进一步加工、处理而获得后续产品的行为,人民法院应当认定属于专利法第十一条规定的使用依照该专利方法直接获得的产品。

第十四条 被诉落入专利权保护范围的全部技术特征,与一项现有技术方案中的相应技术特征相同或者无实质性差异的,人民法院应当认定被诉侵权人实施的技术属于专利法第六十二条规定的现有技术。

被诉侵权设计与一个现有设计相同或者无实质性差异的,人民法院应当认定被诉侵权人实施的设计属于专利法第六十二条规定的现有设计。

第十五条 被诉侵权人以非法获得的技术或者设计主张先用权抗辩的,人民法院不予支持。

有下列情形之一的,人民法院应当认定属于专利法第六十九条第(二)项规定的已经作好制造、使用的必要准备:

(一)已经完成实施发明创造所必需的主要技术图纸或者工艺文件;

(二)已经制造或者购买实施发明创造所必需的主要设备或者原材料。

专利法第六十九条第(二)项规定的原有范围,包括专利申请日前已有的生产规模以及利用已有的生产设备或者根据已有的生产准备可以达到的生产规模。

先用权人在专利申请日后将其已经实施或作好实施必要准备的技术或设计转让或者许可他人实施,被诉侵权人主张该实施行为属于在原有范围内继续实施的,人民法院不予支持,但该技术或设计与原有企业一并转让或者承继的除外。

第十六条 人民法院依据专利法第六十五条第一款的规定确定侵权人因侵权所获得的利益,应当限于侵权人因侵犯专利权行为所获得的利益;因其他权利所产生的利益,应当合理扣除。

侵犯发明、实用新型专利权的产品系另一产品的零部件的,人民法院应当根据该零部件本身的价值及其在实现成品利润中的作用等因素合理确定赔偿数额。

侵犯外观设计专利权的产品为包装物的,人民法院应当按照包装物本身的价值及其在实现被包装产品利润中的作用等因素合理确定赔偿数额。

第十七条 产品或者制造产品的技术方案在专利申请日以前为国内外公众所知的,人民法院应当认定该产品不属于专利法第六十一条第一款规定的新产品。

第十八条 权利人向他人发出侵犯专利权的警告,被警告人或者利害关系人经书面催告权利人行使诉权,自权利人收到该书面催告之日起一个月内或者自书面催告发出之日起二个月内,权利人不撤回警告也不提起诉讼,被警告人或者利害关系人向人民法院提起请求确认其行为不侵犯专利权的诉讼的,人民法院应当受理。

第十九条 被诉侵犯专利权行为发生在 2009 年 10 月 1 日以前的,人民法院适用修改前的专利法;发生在 2009 年 10 月 1 日以后的,人民法院适用修改后的专利法。

被诉侵犯专利权行为发生在 2009 年 10 月 1 日以前且持续到 2009 年 10 月 1 日以后,依据修改前和修改后的专利法的规定侵权人均应承担赔偿责任的,人民法院适用修改后的专利法确定赔偿数额。

第二十条 本院以前发布的有关司法解释与本解释不一致的,以本解释为准。

最高人民法院关于审理侵犯专利权纠纷案件应用法律若干问题的解释(二)

1. 2016 年 1 月 25 日最高人民法院审判委员会第 1676 次会议通过、2016 年 3 月 21 日公布、自 2016 年 4 月 1 日起施行(法释〔2016〕1 号)
2. 根据 2020 年 12 月 23 日最高人民法院审判委员会第 1823 次会议通过、2020 年 12 月 29 日公布、自 2021 年 1 月 1 日起施行的《最高人民法院关于修改〈最高人民法院关于审理侵犯专利权纠纷案件应用法律若干问题的解释(二)〉等十八件知识产权类司法解释的决定》(法释〔2020〕19 号)修正

为正确审理侵犯专利权纠纷案件,根据《中华人民共和国民法典》《中华人民共和国专利法》《中华人民共和国民事诉讼法》等有关法律规定,结合审判实践,制定本解释。

第一条 权利要求书有两项以上权利要求的,权利人应当在起诉状中载明据以起诉被诉侵权人侵犯其专利权的权利要求。起诉状对此未记载或者记载不明的,人民法院应当要求权利人明确。经释明,权利人仍不予明确的,人民法院可以裁定驳回起诉。

第二条 权利人在专利侵权诉讼中主张的权利要求被国务院专利行政部门宣告无效的,审理侵犯专利权纠纷案件的人民法院可以裁定驳回权利人基于该无效权利要求的起诉。

有证据证明宣告上述权利要求无效的决定被生效的行政判决撤销的,权利人可以另行起诉。

专利权人另行起诉的,诉讼时效期间从本条第二款所称行政判决书送达之日起计算。

第三条 因明显违反专利法第二十六条第三款、第四款导致说明书无法用于解释权利要求,且不属于本解释第四条规定的情形,专利权因此被请求宣告无效的,审理

侵犯专利权纠纷案件的人民法院一般应当裁定中止诉讼；在合理期限内专利权未被请求宣告无效的，人民法院可以根据权利要求的记载确定专利权的保护范围。

第四条 权利要求书、说明书及附图中的语法、文字、标点、图形、符号等存有歧义，但本领域普通技术人员通过阅读权利要求书、说明书及附图可以得出唯一理解的，人民法院应当根据该唯一理解予以认定。

第五条 在人民法院确定专利权的保护范围时，独立权利要求的前序部分、特征部分以及从属权利要求的引用部分、限定部分记载的技术特征均有限定作用。

第六条 人民法院可以运用与涉案专利存在分案申请关系的其他专利及其专利审查档案、生效的专利授权确权裁判文书解释涉案专利的权利要求。

专利审查档案，包括专利审查、复审、无效程序中专利申请人或者专利权人提交的书面材料，国务院专利行政部门制作的审查意见通知书、会晤记录、口头审理记录、生效的专利复审请求审查决定书和专利权无效宣告请求审查决定书等。

第七条 被诉侵权技术方案在包含封闭式组合物权利要求全部技术特征的基础上增加其他技术特征的，人民法院应当认定被诉侵权技术方案未落入专利权的保护范围，但该增加的技术特征属于不可避免的常规数量杂质的除外。

前款所称封闭式组合物权利要求，一般不包括中药组合物权利要求。

第八条 功能性特征，是指对于结构、组分、步骤、条件或其之间的关系等，通过其在发明创造中所起的功能或者效果进行限定的技术特征，但本领域普通技术人员仅通过阅读权利要求即可直接、明确地确定实现上述功能或者效果的具体实施方式的除外。

与说明书及附图记载的实现前款所称功能或者效果不可缺少的技术特征相比，被诉侵权技术方案的相应技术特征是以基本相同的手段，实现相同的功能，达到相同的效果，且本领域普通技术人员在被诉侵权行为发生时无需经过创造性劳动就能够联想到的，人民法院应当认定该相应技术特征与功能性特征相同或者等同。

第九条 被诉侵权技术方案不能适用于权利要求中使用环境特征所限定的使用环境的，人民法院应当认定被诉侵权技术方案未落入专利权的保护范围。

第十条 对于权利要求中以制备方法界定产品的技术特征，被诉侵权产品的制备方法与其不相同也不等同的，人民法院应当认定被诉侵权技术方案未落入专利权的保护范围。

第十一条 方法权利要求未明确记载技术步骤的先后顺序，但本领域普通技术人员阅读权利要求书、说明书及附图后直接、明确地认为该技术步骤应当按照特定顺序实施的，人民法院应当认定该步骤顺序对于专利权的保护范围具有限定作用。

第十二条 权利要求采用"至少""不超过"等用语对数值特征进行界定，且本领域普通技术人员阅读权利要求书、说明书及附图后认为专利技术方案特别强调该用语对技术特征的限定作用，权利人主张与其不相同的数值特征属于等同特征的，人民法院不予支持。

第十三条 权利人证明专利申请人、专利权人在专利授权确权程序中对权利要求书、说明书及附图的限缩性修改或者陈述被明确否定的,人民法院应当认定该修改或者陈述未导致技术方案的放弃。

第十四条 人民法院在认定一般消费者对于外观设计所具有的知识水平和认知能力时,一般应当考虑被诉侵权行为发生时授权外观设计所属相同或者相近种类产品的设计空间。设计空间较大的,人民法院可以认定一般消费者通常不容易注意到不同设计之间的较小区别;设计空间较小的,人民法院可以认定一般消费者通常更容易注意到不同设计之间的较小区别。

第十五条 对于成套产品的外观设计专利,被诉侵权设计与其一项外观设计相同或者近似的,人民法院应当认定被诉侵权设计落入专利权的保护范围。

第十六条 对于组装关系唯一的组件产品的外观设计专利,被诉侵权设计与其组合状态下的外观设计相同或者近似的,人民法院应当认定被诉侵权设计落入专利权的保护范围。

对于各构件之间无组装关系或者组装关系不唯一的组件产品的外观设计专利,被诉侵权设计与其全部单个构件的外观设计均相同或者近似的,人民法院应当认定被诉侵权设计落入专利权的保护范围;被诉侵权设计缺少其单个构件的外观设计或者与之不相同也不近似的,人民法院应当认定被诉侵权设计未落入专利权的保护范围。

第十七条 对于变化状态产品的外观设计专利,被诉侵权设计与变化状态图所示各种使用状态下的外观设计均相同或者近似的,人民法院应当认定被诉侵权设计落入专利权的保护范围;被诉侵权设计缺少其一种使用状态下的外观设计或者与之不相同也不近似的,人民法院应当认定被诉侵权设计未落入专利权的保护范围。

第十八条 权利人依据专利法第十三条诉请在发明专利申请公布日至授权公告日期间实施该发明的单位或者个人支付适当费用的,人民法院可以参照有关专利许可使用费合理确定。

发明专利申请公布时申请人请求保护的范围与发明专利公告授权时的专利权保护范围不一致,被诉技术方案均落入上述两种范围的,人民法院应当认定被告在前款所称期间内实施了该发明;被诉技术方案仅落入其中一种范围的,人民法院应当认定被告在前款所称期间内未实施该发明。

发明专利公告授权后,未经专利权人许可,为生产经营目的使用、许诺销售、销售在本条第一款所称期间内已由他人制造、销售、进口的产品,且该他人已支付或者书面承诺支付专利法第十三条规定的适当费用的,对于权利人关于上述使用、许诺销售、销售行为侵犯专利权的主张,人民法院不予支持。

第十九条 产品买卖合同依法成立的,人民法院应当认定属于专利法第十一条规定的销售。

第二十条 对于将依照专利方法直接获得的产品进一步加工、处理而获得的后续产品,进行再加工、处理的,人民法院应当认定不属于专利法第十一条规定的"使用依照该专利方法直接获得的产品"。

第二十一条 明知有关产品系专门用于实施专利的材料、设备、零部件、中间物等,未经专利权人许可,为生产经营目的将该产品提供给他人实施了侵犯专利权的行为,权利人主张该提供者的行为属于民法典第一千一百六十九条规定的帮助他人实施侵权行为的,人民法院应予支持。

明知有关产品、方法被授予专利权,未经专利权人许可,为生产经营目的积极诱导他人实施了侵犯专利权的行为,权利人主张该诱导者的行为属于民法典第一千一百六十九条规定的教唆他人实施侵权行为的,人民法院应予支持。

第二十二条 对于被诉侵权人主张的现有技术抗辩或者现有设计抗辩,人民法院应当依照专利申请日时施行的专利法界定现有技术或者现有设计。

第二十三条 被诉侵权技术方案或者外观设计落入在先的涉案专利权的保护范围,被诉侵权人以其技术方案或者外观设计被授予专利权为由抗辩不侵犯涉案专利权的,人民法院不予支持。

第二十四条 推荐性国家、行业或者地方标准明示所涉必要专利的信息,被诉侵权人以实施该标准无需专利权人许可为由抗辩不侵犯该专利权的,人民法院一般不予支持。

推荐性国家、行业或者地方标准明示所涉必要专利的信息,专利权人、被诉侵权人协商该专利的实施许可条件时,专利权人故意违反其在标准制定中承诺的公平、合理、无歧视的许可义务,导致无法达成专利实施许可合同,且被诉侵权人在协商中无明显过错的,对于权利人请求停止标准实施行为的主张,人民法院一般不予支持。

本条第二款所称实施许可条件,应当由专利权人、被诉侵权人协商确定。经充分协商,仍无法达成一致的,可以请求人民法院确定。人民法院在确定上述实施许可条件时,应当根据公平、合理、无歧视的原则,综合考虑专利的创新程度及其在标准中的作用、标准所属的技术领域、标准的性质、标准实施的范围和相关的许可条件等因素。

法律、行政法规对实施标准中的专利另有规定的,从其规定。

第二十五条 为生产经营目的使用、许诺销售或者销售不知道是未经专利权人许可而制造并售出的专利侵权产品,且举证证明该产品合法来源的,对于权利人请求停止上述使用、许诺销售、销售行为的主张,人民法院应予支持,但被诉侵权产品的使用者举证证明其已支付该产品的合理对价的除外。

本条第一款所称不知道,是指实际不知道且不应当知道。

本条第一款所称合法来源,是指通过合法的销售渠道、通常的买卖合同等正常商业方式取得产品。对于合法来源,使用者、许诺销售者或者销售者应当提供符合交易习惯的相关证据。

第二十六条 被告构成对专利权的侵犯,权利人请求判令其停止侵权行为的,人民法院应予支持,但基于国家利益、公共利益的考量,人民法院可以不判令被告停止被诉行为,而判令其支付相应的合理费用。

第二十七条 权利人因被侵权所受到的实际损失难以确定的,人民法院应当依照专利法第六十五条第一款的规定,要求权利人对侵权人因侵权所获得的利益进行举证;在权利人已经提供侵权人所获利益的初步证据,而与专利侵权行为相关的账簿、资料主要由侵权人掌握的情况下,人民法院可以责令侵权人提供该账簿、资料;侵权人无正当理由拒不提供或者提供虚假的账簿、资料的,人民法院可以根据权利人的主张和提供的证据认定侵权人因侵权所获得的利益。

第二十八条 权利人、侵权人依法约定专利侵权的赔偿数额或者赔偿计算方法,并在专利侵权诉讼中主张依据该约定确定赔偿数额的,人民法院应予支持。

第二十九条 宣告专利权无效的决定作出后,当事人根据该决定依法申请再审,请求撤销专利权无效宣告前人民法院作出但未执行的专利侵权的判决、调解书的,人民法院可以裁定中止再审审查,并中止原判决、调解书的执行。

专利权人向人民法院提供充分、有效的担保,请求继续执行前款所称判决、调解书的,人民法院应当继续执行;侵权人向人民法院提供充分、有效的反担保,请求中止执行的,人民法院应当准许。人民法院生效裁判未撤销宣告专利权无效的决定的,专利权人应当赔偿因继续执行给对方造成的损失;宣告专利权无效的决定被人民法院生效裁判撤销,专利权仍有效,人民法院可以依据前款所称判决、调解书直接执行上述反担保财产。

第三十条 在法定期限内对宣告专利权无效的决定不向人民法院起诉或者起诉后生效裁判未撤销该决定,当事人根据该决定依法申请再审,请求撤销宣告专利权无效前人民法院作出但未执行的专利侵权的判决、调解书的,人民法院应当再审。当事人根据该决定,依法申请终结执行宣告专利权无效前人民法院作出但未执行的专利侵权的判决、调解书的,人民法院应当裁定终结执行。

第三十一条 本解释自2016年4月1日起施行。最高人民法院以前发布的相关司法解释与本解释不一致的,以本解释为准。

最高人民法院关于审理专利纠纷案件
适用法律问题的若干规定

1. 2001年6月19日最高人民法院审判委员会第1180次会议通过、2001年6月22日公布、自2001年7月1日起施行(法释〔2001〕21号)
2. 根据2013年2月25日最高人民法院审判委员会第1570次会议通过、2013年4月1日公布、自2013年4月15日起施行的《最高人民法院关于修改〈最高人民法院关于审理专利纠纷案件适用法律问题的若干规定〉的决定》(法释〔2013〕9号)第一次修正
3. 根据2015年1月19日最高人民法院审判委员会第1641次会议通过、2015年1月29日公布、自2015年2月1日起施行的《最高人民法院关于修改〈最高人民法院关于审理专利纠纷案件适用法律问题的若干规定〉的决定》(法释〔2015〕4号)第二次修正
4. 根据2020年12月23日最高人民法院审判委员会第1823次会议通过、2020年12月29日公布、自2021年1月1日起施行的《最高人民法院关于修改〈最高人民法院关于审理侵犯专利权纠纷案件应用法律若干问题的解释(二)〉等十八件知识产权类司法解释的决定》(法释〔2020〕19号)第三次修正

为了正确审理专利纠纷案件,根据《中华人民共和国民法典》《中华人民共和国专利法》《中华人民共和国民事诉讼法》和《中华人民共和国行政诉讼法》等法律的规定,作如下规定:

第一条 人民法院受理下列专利纠纷案件:
  1. 专利申请权权属纠纷案件;
  2. 专利权权属纠纷案件;
  3. 专利合同纠纷案件;
  4. 侵害专利权纠纷案件;
  5. 假冒他人专利纠纷案件;
  6. 发明专利临时保护期使用费纠纷案件;
  7. 职务发明创造发明人、设计人奖励、报酬纠纷案件;
  8. 诉前申请行为保全纠纷案件;
  9. 诉前申请财产保全纠纷案件;
  10. 因申请行为保全损害责任纠纷案件;
  11. 因申请财产保全损害责任纠纷案件;
  12. 发明创造发明人、设计人署名权纠纷案件;
  13. 确认不侵害专利权纠纷案件;
  14. 专利权宣告无效后返还费用纠纷案件;
  15. 因恶意提起专利权诉讼损害责任纠纷案件;

16. 标准必要专利使用费纠纷案件；
17. 不服国务院专利行政部门维持驳回申请复审决定案件；
18. 不服国务院专利行政部门专利权无效宣告请求决定案件；
19. 不服国务院专利行政部门实施强制许可决定案件；
20. 不服国务院专利行政部门实施强制许可使用费裁决案件；
21. 不服国务院专利行政部门行政复议决定案件；
22. 不服国务院专利行政部门作出的其他行政决定案件；
23. 不服管理专利工作的部门行政决定案件；
24. 确认是否落入专利权保护范围纠纷案件；
25. 其他专利纠纷案件。

第二条 因侵犯专利权行为提起的诉讼，由侵权行为地或者被告住所地人民法院管辖。

侵权行为地包括：被诉侵犯发明、实用新型专利权的产品的制造、使用、许诺销售、销售、进口等行为的实施地；专利方法使用行为的实施地，依照该专利方法直接获得的产品的使用、许诺销售、销售、进口等行为的实施地；外观设计专利产品的制造、许诺销售、销售、进口等行为的实施地；假冒他人专利的行为实施地。上述侵权行为的侵权结果发生地。

第三条 原告仅对侵权产品制造者提起诉讼，未起诉销售者，侵权产品制造地与销售地不一致的，制造地人民法院有管辖权；以制造者与销售者为共同被告起诉的，销售地人民法院有管辖权。

销售者是制造者分支机构，原告在销售地起诉侵权产品制造者制造、销售行为的，销售地人民法院有管辖权。

第四条 对申请日在 2009 年 10 月 1 日前（不含该日）的实用新型专利提起侵犯专利权诉讼，原告可以出具由国务院专利行政部门作出的检索报告；对申请日在 2009 年 10 月 1 日以后的实用新型或者外观设计专利提起侵犯专利权诉讼，原告可以出具由国务院专利行政部门作出的专利权评价报告。根据案件审理需要，人民法院可以要求原告提交检索报告或者专利权评价报告。原告无正当理由不提交的，人民法院可以裁定中止诉讼或者判令原告承担可能的不利后果。

侵犯实用新型、外观设计专利权纠纷案件的被告请求中止诉讼的，应当在答辩期内对原告的专利权提出宣告无效的请求。

第五条 人民法院受理的侵犯实用新型、外观设计专利权纠纷案件，被告在答辩期间内请求宣告该项专利权无效的，人民法院应当中止诉讼，但具备下列情形之一的，可以不中止诉讼：

（一）原告出具的检索报告或者专利权评价报告未发现导致实用新型或者外观设计专利权无效的事由的；

（二）被告提供的证据足以证明其使用的技术已经公知的；

（三）被告请求宣告该项专利权无效所提供的证据或者依据的理由明显不充分的；

（四）人民法院认为不应当中止诉讼的其他情形。

第六条 人民法院受理的侵犯实用新型、外观设计专利权纠纷案件，被告在答辩期间届满后请求宣告该项专利权无效的，人民法院不应当中止诉讼，但经审查认为有必要中止诉讼的除外。

第七条 人民法院受理的侵犯发明专利权纠纷案件或者经国务院专利行政部门审查维持专利权的侵犯实用新型、外观设计专利权纠纷案件，被告在答辩期间内请求宣告该项专利权无效的，人民法院可以不中止诉讼。

第八条 人民法院决定中止诉讼，专利权人或者利害关系人请求责令被告停止有关行为或者采取其他制止侵权损害继续扩大的措施，并提供了担保，人民法院经审查符合有关法律规定的，可以在裁定中止诉讼的同时一并作出有关裁定。

第九条 人民法院对专利权进行财产保全，应当向国务院专利行政部门发出协助执行通知书，载明要求协助执行的事项，以及对专利权保全的期限，并附人民法院作出的裁定书。

对专利权保全的期限一次不得超过六个月，自国务院专利行政部门收到协助执行通知书之日起计算。如果仍然需要对该专利权继续采取保全措施的，人民法院应当在保全期限届满前向国务院专利行政部门另行送达继续保全的协助执行通知书。保全期限届满前未送达的，视为自动解除对该专利权的财产保全。

人民法院对出质的专利权可以采取财产保全措施，质权人的优先受偿权不受保全措施的影响；专利权人与被许可人已经签订的独占实施许可合同，不影响人民法院对该专利权进行财产保全。

人民法院对已经进行保全的专利权，不得重复进行保全。

第十条 2001年7月1日以前利用本单位的物质技术条件所完成的发明创造，单位与发明人或者设计人订有合同，对申请专利的权利和专利权的归属作出约定的，从其约定。

第十一条 人民法院受理的侵犯专利权纠纷案件，涉及权利冲突的，应当保护在先依法享有权利的当事人的合法权益。

第十二条 专利法第二十三条第三款所称的合法权利，包括就作品、商标、地理标志、姓名、企业名称、肖像，以及有一定影响的商品名称、包装、装潢等享有的合法权利或者权益。

第十三条 专利法第五十九条第一款所称的"发明或者实用新型专利权的保护范围以其权利要求的内容为准，说明书及附图可以用于解释权利要求的内容"，是指专利权的保护范围应当以权利要求记载的全部技术特征所确定的范围为准，也包括与该技术特征相等同的特征所确定的范围。

等同特征，是指与所记载的技术特征以基本相同的手段，实现基本相同的功能,达到基本相同的效果,并且本领域普通技术人员在被诉侵权行为发生时无需经过创造性劳动就能够联想到的特征。

第十四条 专利法第六十五条规定的权利人因被侵权所受到的实际损失可以根据专利权人的专利产品因侵权所造成销售量减少的总数乘以每件专利产品的合理利润所得之积计算。权利人销售量减少的总数难以确定的,侵权产品在市场上销售的总数乘以每件专利产品的合理利润所得之积可以视为权利人因被侵权所受到的实际损失。

专利法第六十五条规定的侵权人因侵权所获得的利益可以根据该侵权产品在市场上销售的总数乘以每件侵权产品的合理利润所得之积计算。侵权人因侵权所获得的利益一般按照侵权人的营业利润计算,对于完全以侵权为业的侵权人,可以按照销售利润计算。

第十五条 权利人的损失或者侵权人获得的利益难以确定,有专利许可使用费可以参照的,人民法院可以根据专利权的类型、侵权行为的性质和情节、专利许可的性质、范围、时间等因素,参照该专利许可使用费的倍数合理确定赔偿数额;没有专利许可使用费可以参照或者专利许可使用费明显不合理的,人民法院可以根据专利权的类型、侵权行为的性质和情节等因素,依照专利法第六十五条第二款的规定确定赔偿数额。

第十六条 权利人主张其为制止侵权行为所支付合理开支的,人民法院可以在专利法第六十五条确定的赔偿数额之外另行计算。

第十七条 侵犯专利权的诉讼时效为三年,自专利权人或者利害关系人知道或者应当知道权利受到损害以及义务人之日起计算。权利人超过三年起诉的,如果侵权行为在起诉时仍在继续,在该项专利权有效期内,人民法院应当判决被告停止侵权行为,侵权损害赔偿数额应当自权利人向人民法院起诉之日起向前推算三年计算。

第十八条 专利法第十一条、第六十九条所称的许诺销售,是指以做广告、在商店橱窗中陈列或者在展销会上展出等方式作出销售商品的意思表示。

第十九条 人民法院受理的侵犯专利权纠纷案件,已经过管理专利工作的部门作出侵权或者不侵权认定的,人民法院仍应当就当事人的诉讼请求进行全面审查。

第二十条 以前的有关司法解释与本规定不一致的,以本规定为准。

四、商　标

1. 综　合

中华人民共和国商标法

1. 1982年8月23日第五届全国人民代表大会常务委员会第二十四次会议通过
2. 根据1993年2月22日第七届全国人民代表大会常务委员会第三十次会议《关于修改〈中华人民共和国商标法〉的决定》第一次修正
3. 根据2001年10月27日第九届全国人民代表大会常务委员会第二十四次会议《关于修改〈中华人民共和国商标法〉的决定》第二次修正
4. 根据2013年8月30日第十二届全国人民代表大会常务委员会第四次会议《关于修改〈中华人民共和国商标法〉的决定》第三次修正
5. 根据2019年4月23日第十三届全国人民代表大会常务委员会第十次会议《关于修改〈中华人民共和国建筑法〉等八部法律的决定》第四次修正

目　录

第一章　总　则
第二章　商标注册的申请
第三章　商标注册的审查和核准
第四章　注册商标的续展、变更、转让和使用许可
第五章　注册商标的无效宣告
第六章　商标使用的管理
第七章　注册商标专用权的保护
第八章　附　则

第一章　总　则

第一条　【立法宗旨】为了加强商标管理，保护商标专用权，促使生产、经营者保证商品和服务质量，维护商标信誉，以保障消费者和生产、经营者的利益，促进社会主义市场经济的发展，特制定本法。

第二条　【商标主管部门】国务院工商行政管理部门商标局主管全国商标注册和管理的工作。

国务院工商行政管理部门设立商标评审委员会,负责处理商标争议事宜。

第三条 【注册商标及其分类、保护】经商标局核准注册的商标为注册商标,包括商品商标、服务商标和集体商标、证明商标;商标注册人享有商标专用权,受法律保护。

本法所称集体商标,是指以团体、协会或者其他组织名义注册,供该组织成员在商事活动中使用,以表明使用者在该组织中的成员资格的标志。

本法所称证明商标,是指由对某种商品或者服务具有监督能力的组织所控制,而由该组织以外的单位或者个人使用于其商品或者服务,用以证明该商品或者服务的原产地、原料、制造方法、质量或者其他特定品质的标志。

集体商标、证明商标注册和管理的特殊事项,由国务院工商行政管理部门规定。

第四条 【商标注册】自然人、法人或者其他组织在生产经营活动中,对其商品或者服务需要取得商标专用权的,应当向商标局申请商标注册。不以使用为目的的恶意商标注册申请,应当予以驳回。

本法有关商品商标的规定,适用于服务商标。

第五条 【注册商标共有】两个以上的自然人、法人或者其他组织可以共同向商标局申请注册同一商标,共同享有和行使该商标专用权。

第六条 【商标强制注册】法律、行政法规规定必须使用注册商标的商品,必须申请商标注册,未经核准注册的,不得在市场销售。

第七条 【诚实信用原则和商品质量】申请注册和使用商标,应当遵循诚实信用原则。

商标使用人应当对其使用商标的商品质量负责。各级工商行政管理部门应当通过商标管理,制止欺骗消费者的行为。

第八条 【商标的本质特征和构成要素】任何能够将自然人、法人或者其他组织的商品与他人的商品区别开的标志,包括文字、图形、字母、数字、三维标志、颜色组合和声音等,以及上述要素的组合,均可以作为商标申请注册。

第九条 【申请注册和使用商标的原则】申请注册的商标,应当有显著特征,便于识别,并不得与他人在先取得的合法权利相冲突。

商标注册人有权标明"注册商标"或者注册标记。

第十条 【不得作为商标使用的标志】下列标志不得作为商标使用:

(一)同中华人民共和国的国家名称、国旗、国徽、国歌、军旗、军徽、军歌、勋章等相同或者近似的,以及同中央国家机关的名称、标志、所在地特定地点的名称或者标志性建筑物的名称、图形相同的;

(二)同外国的国家名称、国旗、国徽、军旗等相同或者近似的,但经该国政府同意的除外;

(三)同政府间国际组织的名称、旗帜、徽记等相同或者近似的,但经该组织同意或者不易误导公众的除外;

(四)与表明实施控制、予以保证的官方标志、检验印记相同或者近似的,但经授权的除外；

（五）同"红十字"、"红新月"的名称、标志相同或者近似的；

（六）带有民族歧视性的；

（七）带有欺骗性，容易使公众对商品的质量等特点或者产地产生误认的；

（八）有害于社会主义道德风尚或者有其他不良影响的。

县级以上行政区划的地名或者公众知晓的外国地名，不得作为商标。但是，地名具有其他含义或者作为集体商标、证明商标组成部分的除外；已经注册的使用地名的商标继续有效。

第十一条 【**不得作为商标注册的标志及显著特征的取得**】下列标志不得作为商标注册：

（一）仅有本商品的通用名称、图形、型号的；

（二）仅直接表示商品的质量、主要原料、功能、用途、重量、数量及其他特点的；

（三）其他缺乏显著特征的。

前款所列标志经过使用取得显著特征，并便于识别的，可以作为商标注册。

第十二条 【**三维标志商标的限制**】以三维标志申请注册商标的，仅由商品自身的性质产生的形状、为获得技术效果而需有的商品形状或者使商品具有实质性价值的形状，不得注册。

第十三条 【**驰名商标的特别保护**】为相关公众所熟知的商标，持有人认为其权利受到侵害时，可以依照本法规定请求驰名商标保护。

就相同或者类似商品申请注册的商标是复制、摹仿或者翻译他人未在中国注册的驰名商标，容易导致混淆的，不予注册并禁止使用。

就不相同或者不相类似商品申请注册的商标是复制、摹仿或者翻译他人已经在中国注册的驰名商标，误导公众，致使该驰名商标注册人的利益可能受到损害的，不予注册并禁止使用。

第十四条 【**驰名商标认定**】驰名商标应当根据当事人的请求，作为处理涉及商标案件需要认定的事实进行认定。认定驰名商标应当考虑下列因素：

（一）相关公众对该商标的知晓程度；

（二）该商标使用的持续时间；

（三）该商标的任何宣传工作的持续时间、程度和地理范围；

（四）该商标作为驰名商标受保护的记录；

（五）该商标驰名的其他因素。

在商标注册审查、工商行政管理部门查处商标违法案件过程中，当事人依照本法第十三条规定主张权利的，商标局根据审查、处理案件的需要，可以对商标驰名情况作出认定。

在商标争议处理过程中，当事人依照本法第十三条规定主张权利的，商标评审委员会根据处理案件的需要，可以对商标驰名情况作出认定。

在商标民事、行政案件审理过程中,当事人依照本法第十三条规定主张权利的,最高人民法院指定的人民法院根据审理案件的需要,可以对商标驰名情况作出认定。

生产、经营者不得将"驰名商标"字样用于商品、商品包装或者容器上,或者用于广告宣传、展览以及其他商业活动中。

第十五条 【禁止恶意抢注】未经授权,代理人或者代表人以自己的名义将被代理人或者被代表人的商标进行注册,被代理人或者被代表人提出异议的,不予注册并禁止使用。

就同一种商品或者类似商品申请注册的商标与他人在先使用的未注册商标相同或者近似,申请人与该他人具有前款规定以外的合同、业务往来关系或者其他关系而明知该他人商标存在,该他人提出异议的,不予注册。

第十六条 【地理标志】商标中有商品的地理标志,而该商品并非来源于该标志所示的地区,误导公众的,不予注册并禁止使用;但是,已经善意取得注册的继续有效。

前款所称地理标志,是指标示某商品来源于某地区,该商品的特定质量、信誉或者其他特征,主要由该地区的自然因素或者人文因素所决定的标志。

第十七条 【外国人或者外国企业在我国申请商标注册】外国人或者外国企业在中国申请商标注册的,应当按其所属国和中华人民共和国签订的协议或者共同参加的国际条约办理,或者按对等原则办理。

第十八条 【商标代理】申请商标注册或者办理其他商标事宜,可以自行办理,也可以委托依法设立的商标代理机构办理。

外国人或者外国企业在中国申请商标注册和办理其他商标事宜的,应当委托依法设立的商标代理机构办理。

第十九条 【商标代理机构的行为规范】商标代理机构应当遵循诚实信用原则,遵守法律、行政法规,按照被代理人的委托办理商标注册申请或者其他商标事宜;对在代理过程中知悉的被代理人的商业秘密,负有保密义务。

委托人申请注册的商标可能存在本法规定不得注册情形的,商标代理机构应当明确告知委托人。

商标代理机构知道或者应当知道委托人申请注册的商标属于本法第四条、第十五条和第三十二条规定情形的,不得接受其委托。

商标代理机构除对其代理服务申请商标注册外,不得申请注册其他商标。

第二十条 【商标代理行业组织】商标代理行业组织应当按照章程规定,严格执行吸纳会员的条件,对违反行业自律规范的会员实行惩戒。商标代理行业组织对其吸纳的会员和对会员的惩戒情况,应当及时向社会公布。

第二十一条 【商标国际注册】商标国际注册遵循中华人民共和国缔结或者参加的有关国际条约确立的制度,具体办法由国务院规定。

第二章 商标注册的申请

第二十二条 【商标注册申请的提出】商标注册申请人应当按规定的商品分类表填报使用商标的商品类别和商品名称,提出注册申请。

商标注册申请人可以通过一份申请就多个类别的商品申请注册同一商标。

商标注册申请等有关文件,可以以书面方式或者数据电文方式提出。

第二十三条 【核定使用范围之外需另行申请】注册商标需要在核定使用范围之外的商品上取得商标专用权的,应当另行提出注册申请。

第二十四条 【改变标志需重新注册】注册商标需要改变其标志的,应当重新提出注册申请。

第二十五条 【优先权】商标注册申请人自其商标在外国第一次提出商标注册申请之日起六个月内,又在中国就相同商品以同一商标提出商标注册申请的,依照该外国同中国签订的协议或者共同参加的国际条约,或者按照相互承认优先权的原则,可以享有优先权。

依照前款要求优先权的,应当在提出商标注册申请的时候提出书面声明,并且在三个月内提交第一次提出的商标注册申请文件的副本;未提出书面声明或者逾期未提交商标注册申请文件副本的,视为未要求优先权。

第二十六条 【国际展览会中的临时保护】商标在中国政府主办的或者承认的国际展览会展出的商品上首次使用的,自该商品展出之日起六个月内,该商标的注册申请人可以享有优先权。

依照前款要求优先权的,应当在提出商标注册申请的时候提出书面声明,并且在三个月内提交展出其商品的展览会名称、在展出商品上使用该商标的证据、展出日期等证明文件;未提出书面声明或者逾期未提交证明文件的,视为未要求优先权。

第二十七条 【申请商标注册的行为规则】为申请商标注册所申报的事项和所提供的材料应当真实、准确、完整。

第三章 商标注册的审查和核准

第二十八条 【初步审查】对申请注册的商标,商标局应当自收到商标注册申请文件之日起九个月内审查完毕,符合本法有关规定的,予以初步审定公告。

第二十九条 【说明或者修正】在审查过程中,商标局认为商标注册申请内容需要说明或者修正的,可以要求申请人做出说明或者修正。申请人未做出说明或者修正的,不影响商标局做出审查决定。

第三十条 【驳回申请】申请注册的商标,凡不符合本法有关规定或者同他人在同一种商品或者类似商品上已经注册的或者初步审定的商标相同或者近似的,由商标局驳回申请,不予公告。

第三十一条 【申请在先原则】两个或者两个以上的商标注册申请人,在同一种商品或者类似商品上,以相同或者近似的商标申请注册的,初步审定并公告申请在先的商标;同一天申请的,初步审定并公告使用在先的商标,驳回其他人的申请,不予公告。

第三十二条 【保护在先权利和禁止恶意抢注】申请商标注册不得损害他人现有的在先权利,也不得以不正当手段抢先注册他人已经使用并有一定影响的商标。

第三十三条 【商标异议程序和核准注册】对初步审定公告的商标,自公告之日起三个月内,在先权利人、利害关系人认为违反本法第十三条第二款和第三款、第十五条、第十六条第一款、第三十条、第三十一条、第三十二条规定的,或者任何人认为违反本法第四条、第十条、第十一条、第十二条、第十九条第四款规定的,可以向商标局提出异议。公告期满无异议的,予以核准注册,发给商标注册证,并予公告。

第三十四条 【驳回申请的救济程序】对驳回申请、不予公告的商标,商标局应当书面通知商标注册申请人。商标注册申请人不服的,可以自收到通知之日起十五日内向商标评审委员会申请复审。商标评审委员会应当自收到申请之日起九个月内做出决定,并书面通知申请人。有特殊情况需要延长的,经国务院工商行政管理部门批准,可以延长三个月。当事人对商标评审委员会的决定不服的,可以自收到通知之日起三十日内向人民法院起诉。

第三十五条 【商标异议的处理程序】对初步审定公告的商标提出异议的,商标局应当听取异议人和被异议人陈述事实和理由,经调查核实后,自公告期满之日起十二个月内做出是否准予注册的决定,并书面通知异议人和被异议人。有特殊情况需要延长的,经国务院工商行政管理部门批准,可以延长六个月。

商标局做出准予注册决定的,发给商标注册证,并予公告。异议人不服的,可以依照本法第四十四条、第四十五条的规定向商标评审委员会请求宣告该注册商标无效。

商标局做出不予注册决定,被异议人不服的,可以自收到通知之日起十五日内向商标评审委员会申请复审。商标评审委员会应当自收到申请之日起十二个月内做出复审决定,并书面通知异议人和被异议人。有特殊情况需要延长的,经国务院工商行政管理部门批准,可以延长六个月。被异议人对商标评审委员会的决定不服的,可以自收到通知之日起三十日内向人民法院起诉。人民法院应当通知异议人作为第三人参加诉讼。

商标评审委员会在依照前款规定进行复审的过程中,所涉及的在先权利的确定必须以人民法院正在审理或者行政机关正在处理的另一案件的结果为依据的,可以中止审查。中止原因消除后,应当恢复审查程序。

第三十六条 【决定的生效时间、权利取得时间及其效力】法定期限届满,当事人对商标局做出的驳回申请决定、不予注册决定不申请复审或者对商标评审委员会做出的复审决定不向人民法院起诉的,驳回申请决定、不予注册决定或者复审决定生效。

经审查异议不成立而准予注册的商标,商标注册申请人取得商标专用权的时间自初步审定公告三个月期满之日起计算。自该商标公告期满之日起至准予注册决定做出前,对他人在同一种或者类似商品上使用与该商标相同或者近似的标志的行为不具有追溯力;但是,因该使用人的恶意给商标注册人造成的损失,应当给予赔偿。

第三十七条 【及时审查】对商标注册申请和商标复审申请应当及时进行审查。

第三十八条 【更正】商标注册申请人或者注册人发现商标申请文件或者注册文件有明显错误的,可以申请更正。商标局依法在其职权范围内作出更正,并通知当事人。

前款所称更正错误不涉及商标申请文件或者注册文件的实质性内容。

第四章 注册商标的续展、变更、转让和使用许可

第三十九条 【有效期】注册商标的有效期为十年,自核准注册之日起计算。

第四十条 【续展手续】注册商标有效期满,需要继续使用的,商标注册人应当在期满前十二个月内按照规定办理续展手续;在此期间未能办理的,可以给予六个月的宽展期。每次续展注册的有效期为十年,自该商标上一届有效期满次日起计算。期满未办理续展手续的,注销其注册商标。

商标局应当对续展注册的商标予以公告。

第四十一条 【变更】注册商标需要变更注册人的名义、地址或者其他注册事项的,应当提出变更申请。

第四十二条 【转让】转让注册商标的,转让人和受让人应当签订转让协议,并共同向商标局提出申请。受让人应当保证使用该注册商标的商品质量。

转让注册商标的,商标注册人对其在同一种商品上注册的近似的商标,或者在类似商品上注册的相同或者近似的商标,应当一并转让。

对容易导致混淆或者有其他不良影响的转让,商标局不予核准,书面通知申请人并说明理由。

转让注册商标经核准后,予以公告。受让人自公告之日起享有商标专用权。

第四十三条 【使用许可】商标注册人可以通过签订商标使用许可合同,许可他人使用其注册商标。许可人应当监督被许可人使用其注册商标的商品质量。被许可人应当保证使用该注册商标的商品质量。

经许可使用他人注册商标的,必须在使用该注册商标的商品上标明被许可人的名称和商品产地。

许可他人使用其注册商标的,许可人应当将其商标使用许可报商标局备案,由商标局公告。商标使用许可未经备案不得对抗善意第三人。

第五章 注册商标的无效宣告

第四十四条 【违反绝对拒绝注册理由的无效程序】已经注册的商标,违反本法第四条、第十条、第十一条、第十二条、第十九条第四款规定的,或者是以欺骗手段或者其他不正当手段取得注册的,由商标局宣告该注册商标无效;其他单位或者个人可

以请求商标评审委员会宣告该注册商标无效。

商标局做出宣告注册商标无效的决定,应当书面通知当事人。当事人对商标局的决定不服的,可以自收到通知之日起十五日内向商标评审委员会申请复审。商标评审委员会应当自收到申请之日起九个月内做出决定,并书面通知当事人。有特殊情况需要延长的,经国务院工商行政管理部门批准,可以延长三个月。当事人对商标评审委员会的决定不服的,可以自收到通知之日起三十日内向人民法院起诉。

其他单位或者个人请求商标评审委员会宣告注册商标无效的,商标评审委员会收到申请后,应当书面通知有关当事人,并限期提出答辩。商标评审委员会应当自收到申请之日起九个月内做出维持注册商标或者宣告注册商标无效的裁定,并书面通知当事人。有特殊情况需要延长的,经国务院工商行政管理部门批准,可以延长三个月。当事人对商标评审委员会的裁定不服的,可以自收到通知之日起三十日内向人民法院起诉。人民法院应当通知商标裁定程序的对方当事人作为第三人参加诉讼。

第四十五条 【违反相对拒绝注册理由的无效程序】 已经注册的商标,违反本法第十三条第二款和第三款、第十五条、第十六条第一款、第三十条、第三十一条、第三十二条规定的,自商标注册之日起五年内,在先权利人或者利害关系人可以请求商标评审委员会宣告该注册商标无效。对恶意注册的,驰名商标所有人不受五年的时间限制。

商标评审委员会收到宣告注册商标无效的申请后,应当书面通知有关当事人,并限期提出答辩。商标评审委员会应当自收到申请之日起十二个月内做出维持注册商标或者宣告注册商标无效的裁定,并书面通知当事人。有特殊情况需要延长的,经国务院工商行政管理部门批准,可以延长六个月。当事人对商标评审委员会的裁定不服的,可以自收到通知之日起三十日内向人民法院起诉。人民法院应当通知商标裁定程序的对方当事人作为第三人参加诉讼。

商标评审委员会在依照前款规定对无效宣告请求进行审查的过程中,所涉及的在先权利的确定必须以人民法院正在审理或者行政机关正在处理的另一案件的结果为依据的,可以中止审查。中止原因消除后,应当恢复审查程序。

第四十六条 【无效审查决定、裁定的生效】 法定期限届满,当事人对商标局宣告注册商标无效的决定不申请复审或者对商标评审委员会的复审决定、维持注册商标或者宣告注册商标无效的裁定不向人民法院起诉的,商标局的决定或者商标评审委员会的复审决定、裁定生效。

第四十七条 【商标无效的法律效力】 依照本法第四十四条、第四十五条的规定宣告无效的注册商标,由商标局予以公告,该注册商标专用权视为自始即不存在。

宣告注册商标无效的决定或者裁定,对宣告无效前人民法院做出并已执行的商标侵权案件的判决、裁定、调解书和工商行政管理部门做出并已执行的商标侵权案件的处理决定以及已经履行的商标转让或者使用许可合同不具有追溯力。但是,因商标注册人的恶意给他人造成的损失,应当给予赔偿。

依照前款规定不返还商标侵权赔偿金、商标转让费、商标使用费,明显违反公平原则的,应当全部或者部分返还。

第六章 商标使用的管理

第四十八条 【商标使用】本法所称商标的使用,是指将商标用于商品、商品包装或者容器以及商品交易文书上,或者将商标用于广告宣传、展览以及其他商业活动中,用于识别商品来源的行为。

第四十九条 【注册商标的撤销】商标注册人在使用注册商标的过程中,自行改变注册商标、注册人名义、地址或者其他注册事项的,由地方工商行政管理部门责令限期改正;期满不改正的,由商标局撤销其注册商标。

注册商标成为其核定使用的商品的通用名称或者没有正当理由连续三年不使用的,任何单位或者个人可以向商标局申请撤销该注册商标。商标局应当自收到申请之日起九个月内做出决定。有特殊情况需要延长的,经国务院工商行政管理部门批准,可以延长三个月。

第五十条 【一年内不予核准】注册商标被撤销、被宣告无效或者期满不再续展的,自撤销、宣告无效或者注销之日起一年内,商标局对与该商标相同或者近似的商标注册申请,不予核准。

第五十一条 【违反强制注册规定的法律责任】违反本法第六条规定的,由地方工商行政管理部门责令限期申请注册,违法经营额五万元以上的,可以处违法经营额百分之二十以下的罚款,没有违法经营额或者违法经营额不足五万元的,可以处一万元以下的罚款。

第五十二条 【不当使用未注册商标的法律责任】将未注册商标冒充注册商标使用的,或者使用未注册商标违反本法第十条规定的,由地方工商行政管理部门予以制止,限期改正,并可以予以通报,违法经营额五万元以上的,可以处违法经营额百分之二十以下的罚款,没有违法经营额或者违法经营额不足五万元的,可以处一万元以下的罚款。

第五十三条 【违法使用"驰名商标"字样的法律责任】违反本法第十四条第五款规定的,由地方工商行政管理部门责令改正,处十万元罚款。

第五十四条 【撤销决定的救济程序】对商标局撤销或者不予撤销注册商标的决定,当事人不服的,可以自收到通知之日起十五日内向商标评审委员会申请复审。商标评审委员会应当自收到申请之日起九个月内做出决定,并书面通知当事人。有特殊情况需要延长的,经国务院工商行政管理部门批准,可以延长三个月。当事人对商标评审委员会的决定不服的,可以自收到通知之日起三十日内向人民法院起诉。

第五十五条 【撤销决定的生效及其效力】法定期限届满,当事人对商标局做出的撤销注册商标的决定不申请复审或者对商标评审委员会做出的复审决定不向人民法院起诉的,撤销注册商标的决定、复审决定生效。

被撤销的注册商标,由商标局予以公告,该注册商标专用权自公告之日起终止。

第七章　注册商标专用权的保护

第五十六条　【保护范围】注册商标的专用权,以核准注册的商标和核定使用的商品为限。

第五十七条　【商标侵权的情形】有下列行为之一的,均属侵犯注册商标专用权:

（一）未经商标注册人的许可,在同一种商品上使用与其注册商标相同的商标的;

（二）未经商标注册人的许可,在同一种商品上使用与其注册商标近似的商标,或者在类似商品上使用与其注册商标相同或者近似的商标,容易导致混淆的;

（三）销售侵犯注册商标专用权的商品的;

（四）伪造、擅自制造他人注册商标标识或者销售伪造、擅自制造的注册商标标识的;

（五）未经商标注册人同意,更换其注册商标并将该更换商标的商品又投入市场的;

（六）故意为侵犯他人商标专用权行为提供便利条件,帮助他人实施侵犯商标专用权行为的;

（七）给他人的注册商标专用权造成其他损害的。

第五十八条　【将商标用作企业字号】将他人注册商标、未注册的驰名商标作为企业名称中的字号使用,误导公众,构成不正当竞争行为的,依照《中华人民共和国反不正当竞争法》处理。

第五十九条　【注册商标专用权的限制】注册商标中含有的本商品的通用名称、图形、型号,或者直接表示商品的质量、主要原料、功能、用途、重量、数量及其他特点,或者含有的地名,注册商标专用权人无权禁止他人正当使用。

三维标志注册商标中含有的商品自身的性质产生的形状、为获得技术效果而需有的商品形状或者使商品具有实质性价值的形状,注册商标专用权人无权禁止他人正当使用。

商标注册人申请商标注册前,他人已经在同一种商品或者类似商品上先于商标注册人使用与注册商标相同或者近似并有一定影响的商标的,注册商标专用权人无权禁止该使用人在原使用范围内继续使用该商标,但可以要求其附加适当区别标识。

第六十条　【商标侵权的处理】有本法第五十七条所列侵犯注册商标专用权行为之一,引起纠纷的,由当事人协商解决;不愿协商或者协商不成的,商标注册人或者利害关系人可以向人民法院起诉,也可以请求工商行政管理部门处理。

工商行政管理部门处理时,认定侵权行为成立的,责令立即停止侵权行为,没收、销毁侵权商品和主要用于制造侵权商品、伪造注册商标标识的工具,违法经营额五万元以上的,可以处违法经营额五倍以下的罚款,没有违法经营额或者违法经营额不足五万元的,可以处二十五万元以下的罚款。对五年内实施两次以上商标侵权行为或者有其他严重情节的,应当从重处罚。销售不知道是侵犯注册商标专用权的商品,能证明该商品是自己合法取得并说明提供者的,由工商行政管理部门责令停止销售。

对侵犯商标专用权的赔偿数额的争议,当事人可以请求进行处理的工商行政管理部门调解,也可以依照《中华人民共和国民事诉讼法》向人民法院起诉。经工商行政管理部门调解,当事人未达成协议或者调解书生效后不履行的,当事人可以依照《中华人民共和国民事诉讼法》向人民法院起诉。

第六十一条　【商标侵权的查处和司法移送】对侵犯注册商标专用权的行为,工商行政管理部门有权依法查处;涉嫌犯罪的,应当及时移送司法机关依法处理。

第六十二条　【工商部门的职权及中止查处】县级以上工商行政管理部门根据已经取得的违法嫌疑证据或者举报,对涉嫌侵犯他人注册商标专用权的行为进行查处时,可以行使下列职权:

（一）询问有关当事人,调查与侵犯他人注册商标专用权有关的情况;

（二）查阅、复制当事人与侵权活动有关的合同、发票、账簿以及其他有关资料;

（三）对当事人涉嫌从事侵犯他人注册商标专用权活动的场所实施现场检查;

（四）检查与侵权活动有关的物品;对有证据证明是侵犯他人注册商标专用权的物品,可以查封或者扣押。

工商行政管理部门依法行使前款规定的职权时,当事人应当予以协助、配合,不得拒绝、阻挠。

在查处商标侵权案件过程中,对商标权属存在争议或者权利人同时向人民法院提起商标侵权诉讼的,工商行政管理部门可以中止案件的查处。中止原因消除后,应当恢复或者终结案件查处程序。

第六十三条　【商标侵权的赔偿数额】侵犯商标专用权的赔偿数额,按照权利人因被侵权所受到的实际损失确定;实际损失难以确定的,可以按照侵权人因侵权所获得的利益确定;权利人的损失或者侵权人获得的利益难以确定的,参照该商标许可使用费的倍数合理确定。对恶意侵犯商标专用权,情节严重的,可以在按照上述方法确定数额的一倍以上五倍以下确定赔偿数额。赔偿数额应当包括权利人为制止侵权行为所支付的合理开支。

人民法院为确定赔偿数额,在权利人已经尽力举证,而与侵权行为相关的账簿、资料主要由侵权人掌握的情况下,可以责令侵权人提供与侵权行为相关的账簿、资料;侵权人不提供或者提供虚假的账簿、资料的,人民法院可以参考权利人的主张和提供的证据判定赔偿数额。

权利人因被侵权所受到的实际损失、侵权人因侵权所获得的利益、注册商标许可使用费难以确定的,由人民法院根据侵权行为的情节判决给予五百万元以下的赔偿。

人民法院审理商标纠纷案件,应权利人请求,对属于假冒注册商标的商品,除特殊情况外,责令销毁;对主要用于制造假冒注册商标的商品的材料、工具,责令销毁,且不予补偿;或者在特殊情况下,责令禁止前述材料、工具进入商业渠道,且不予补偿。

假冒注册商标的商品不得在仅去除假冒注册商标后进入商业渠道。

第六十四条 【不承担赔偿责任的情形】注册商标专用权人请求赔偿,被控侵权人以注册商标专用权人未使用注册商标提出抗辩的,人民法院可以要求注册商标专用权人提供此前三年内实际使用该注册商标的证据。注册商标专用权人不能证明此前三年内实际使用过该注册商标,也不能证明因侵权行为受到其他损失的,被控侵权人不承担赔偿责任。

销售不知道是侵犯注册商标专用权的商品,能证明该商品是自己合法取得并说明提供者的,不承担赔偿责任。

第六十五条 【诉前临时措施】商标注册人或者利害关系人有证据证明他人正在实施或者即将实施侵犯其注册商标专用权的行为,如不及时制止将会使其合法权益受到难以弥补的损害的,可以依法在起诉前向人民法院申请采取责令停止有关行为和财产保全的措施。

第六十六条 【诉前证据保全】为制止侵权行为,在证据可能灭失或者以后难以取得的情况下,商标注册人或者利害关系人可以依法在起诉前向人民法院申请保全证据。

第六十七条 【刑事责任】未经商标注册人许可,在同一种商品上使用与其注册商标相同的商标,构成犯罪的,除赔偿被侵权人的损失外,依法追究刑事责任。

伪造、擅自制造他人注册商标标识或者销售伪造、擅自制造的注册商标标识,构成犯罪的,除赔偿被侵权人的损失外,依法追究刑事责任。

销售明知是假冒注册商标的商品,构成犯罪的,除赔偿被侵权人的损失外,依法追究刑事责任。

第六十八条 【商标代理机构的法律责任】商标代理机构有下列行为之一的,由工商行政管理部门责令限期改正,给予警告,处一万元以上十万元以下的罚款;对直接负责的主管人员和其他直接责任人员给予警告,处五千元以上五万元以下的罚款;构成犯罪的,依法追究刑事责任:

(一)办理商标事宜过程中,伪造、变造或者使用伪造、变造的法律文件、印章、签名的;

(二)以诋毁其他商标代理机构等手段招徕商标代理业务或者以其他不正当手段扰乱商标代理市场秩序的;

（三）违反本法第四条、第十九条第三款和第四款规定的。

商标代理机构有前款规定行为的，由工商行政管理部门记入信用档案；情节严重的，商标局、商标评审委员会并可以决定停止受理其办理商标代理业务，予以公告。

商标代理机构违反诚实信用原则，侵害委托人合法利益的，应当依法承担民事责任，并由商标代理行业组织按照章程规定予以惩戒。

对恶意申请商标注册的，根据情节给予警告、罚款等行政处罚；对恶意提起商标诉讼的，由人民法院依法给予处罚。

第六十九条 【国家机关工作人员的行为规范】从事商标注册、管理和复审工作的国家机关工作人员必须秉公执法，廉洁自律，忠于职守，文明服务。

商标局、商标评审委员会以及从事商标注册、管理和复审工作的国家机关工作人员不得从事商标代理业务和商品生产经营活动。

第七十条 【工商部门的内部监督】工商行政管理部门应当建立健全内部监督制度，对负责商标注册、管理和复审工作的国家机关工作人员执行法律、行政法规和遵守纪律的情况，进行监督检查。

第七十一条 【国家机关工作人员的法律责任】从事商标注册、管理和复审工作的国家机关工作人员玩忽职守、滥用职权、徇私舞弊，违法办理商标注册、管理和复审事项，收受当事人财物，牟取不正当利益，构成犯罪的，依法追究刑事责任；尚不构成犯罪的，依法给予处分。

第八章 附 则

第七十二条 【费用】申请商标注册和办理其他商标事宜的，应当缴纳费用，具体收费标准另定。

第七十三条 【施行日期及效力】本法自1983年3月1日起施行。1963年4月10日国务院公布的《商标管理条例》同时废止；其他有关商标管理的规定，凡与本法抵触的，同时失效。

本法施行前已经注册的商标继续有效。

中华人民共和国商标法实施条例

1. 2002年8月3日国务院令第358号公布
2. 2014年4月29日国务院令第651号修订
3. 自2014年5月1日起施行

第一章 总 则

第一条 根据《中华人民共和国商标法》（以下简称商标法），制定本条例。

第二条 本条例有关商品商标的规定，适用于服务商标。

第三条 商标持有人依照商标法第十三条规定请求驰名商标保护的,应当提交其商标构成驰名商标的证据材料。商标局、商标评审委员会应当依照商标法第十四条的规定,根据审查、处理案件的需要以及当事人提交的证据材料,对其商标驰名情况作出认定。

第四条 商标法第十六条规定的地理标志,可以依照商标法和本条例的规定,作为证明商标或者集体商标申请注册。

以地理标志作为证明商标注册的,其商品符合使用该地理标志条件的自然人、法人或者其他组织可以要求使用该证明商标,控制该证明商标的组织应当允许。以地理标志作为集体商标注册的,其商品符合使用该地理标志条件的自然人、法人或者其他组织,可以要求参加以该地理标志作为集体商标注册的团体、协会或者其他组织,该团体、协会或者其他组织应当依据其章程接纳为会员;不要求参加以该地理标志作为集体商标注册的团体、协会或者其他组织的,也可以正当使用该地理标志,该团体、协会或者其他组织无权禁止。

第五条 当事人委托商标代理机构申请商标注册或者办理其他商标事宜,应当提交代理委托书。代理委托书应当载明代理内容及权限;外国人或者外国企业的代理委托书还应当载明委托人的国籍。

外国人或者外国企业的代理委托书及与其有关的证明文件的公证、认证手续,按照对等原则办理。

申请商标注册或者转让商标,商标注册申请人或者商标转让受让人为外国人或者外国企业的,应当在申请书中指定中国境内接收人负责接收商标局、商标评审委员会后继商标业务的法律文件。商标局、商标评审委员会后继商标业务的法律文件向中国境内接收人送达。

商标法第十八条所称外国人或者外国企业,是指在中国没有经常居所或者营业所的外国人或者外国企业。

第六条 申请商标注册或者办理其他商标事宜,应当使用中文。

依照商标法和本条例规定提交的各种证件、证明文件和证据材料是外文的,应当附送中文译文;未附送的,视为未提交该证件、证明文件或者证据材料。

第七条 商标局、商标评审委员会工作人员有下列情形之一的,应当回避,当事人或者利害关系人可以要求其回避:

(一)是当事人或者当事人、代理人的近亲属的;

(二)与当事人、代理人有其他关系,可能影响公正的;

(三)与申请商标注册或者办理其他商标事宜有利害关系的。

第八条 以商标法第二十二条规定的数据电文方式提交商标注册申请等有关文件,应当按照商标局或者商标评审委员会的规定通过互联网提交。

第九条 除本条例第十八条规定的情形外,当事人向商标局或者商标评审委员会提交文件或者材料的日期,直接递交的,以递交日为准;邮寄的,以寄出的邮戳日为准;邮戳日不清晰或者没有邮戳的,以商标局或者商标评审委员会实际收到日为准,但是当事人能够提出实际邮戳日证据的除外。通过邮政企业以外的快递企业递交的,以快递企业收寄日为准;收寄日不明确的,以商标局或者商标评审委员会实际收到日为准,但是当事人能够提出实际收寄日证据的除外。以数据电文方式提交的,以进入商标局或者商标评审委员会电子系统的日期为准。

当事人向商标局或者商标评审委员会邮寄文件,应当使用给据邮件。

当事人向商标局或者商标评审委员会提交文件,以书面方式提交的,以商标局或者商标评审委员会所存档案记录为准;以数据电文方式提交的,以商标局或者商标评审委员会数据库记录为准,但是当事人确有证据证明商标局或者商标评审委员会档案、数据库记录有错误的除外。

第十条 商标局或者商标评审委员会的各种文件,可以通过邮寄、直接递交、数据电文或者其他方式送达当事人;以数据电文方式送达当事人的,应当经当事人同意。当事人委托商标代理机构的,文件送达商标代理机构视为送达当事人。

商标局或者商标评审委员会向当事人送达各种文件的日期,邮寄的,以当事人收到的邮戳日为准;邮戳日不清晰或者没有邮戳的,自文件发出之日起满15日视为送达当事人,但是当事人能够证明实际收到日的除外;直接递交的,以递交日为准;以数据电文方式送达的,自文件发出之日起满15日视为送达当事人,但是当事人能够证明文件进入其电子系统日期的除外。文件通过上述方式无法送达的,可以通过公告方式送达,自公告发布之日起满30日,该文件视为送达当事人。

第十一条 下列期间不计入商标审查、审理期限:

(一)商标局、商标评审委员会文件公告送达的期间;

(二)当事人需要补充证据或者补正文件的期间以及因当事人更换需要重新答辩的期间;

(三)同日申请提交使用证据及协商、抽签需要的期间;

(四)需要等待优先权确定的期间;

(五)审查、审理过程中,依案件申请人的请求等待在先权利案件审理结果的期间。

第十二条 除本条第二款规定的情形外,商标法和本条例规定的各种期限开始的当日不计算在期限内。期限以年或者月计算的,以期限最后一月的相应日为期限届满日;该月无相应日的,以该月最后一日为期限届满日;期限届满日是节假日的,以节假日后的第一个工作日为期限届满日。

商标法第三十九条、第四十条规定的注册商标有效期从法定日开始起算,期限最后一月相应日的前一日为期限届满日,该月无相应日的,以该月最后一日为期限届满日。

第二章 商标注册的申请

第十三条 申请商标注册,应当按照公布的商品和服务分类表填报。每一件商标注册申请应当向商标局提交《商标注册申请书》1份、商标图样1份;以颜色组合或者着色图样申请商标注册的,应当提交着色图样,并提交黑白稿1份;不指定颜色的,应当提交黑白图样。

商标图样应当清晰,便于粘贴,用光洁耐用的纸张印制或者用照片代替,长和宽应当不大于10厘米,不小于5厘米。

以三维标志申请商标注册的,应当在申请书中予以声明,说明商标的使用方式,并提交能够确定三维形状的图样,提交的商标图样应当至少包含三面视图。

以颜色组合申请商标注册的,应当在申请书中予以声明,说明商标的使用方式。

以声音标志申请商标注册的,应当在申请书中予以声明,提交符合要求的声音样本,对申请注册的声音商标进行描述,说明商标的使用方式。对声音商标进行描述,应当以五线谱或者简谱对申请用作商标的声音加以描述并附加文字说明;无法以五线谱或者简谱描述的,应当以文字加以描述;商标描述与声音样本应当一致。

申请注册集体商标、证明商标的,应当在申请书中予以声明,并提交主体资格证明文件和使用管理规则。

商标为外文或者包含外文的,应当说明含义。

第十四条 申请商标注册的,申请人应当提交其身份证明文件。商标注册申请人的名义与所提交的证明文件应当一致。

前款关于申请人提交其身份证明文件的规定适用于向商标局提出的办理变更、转让、续展、异议、撤销等其他商标事宜。

第十五条 商品或者服务项目名称应当按照商品和服务分类表中的类别号、名称填写;商品或者服务项目名称未列入商品和服务分类表的,应当附送对该商品或者服务的说明。

商标注册申请等有关文件以纸质方式提出的,应当打字或者印刷。

本条第二款规定适用于办理其他商标事宜。

第十六条 共同申请注册同一商标或者办理其他共有商标事宜的,应当在申请书中指定一个代表人;没有指定代表人的,以申请书中顺序排列的第一人为代表人。

商标局和商标评审委员会的文件应当送达代表人。

第十七条 申请人变更其名义、地址、代理人、文件接收人或者删减指定的商品的,应当向商标局办理变更手续。

申请人转让其商标注册申请的,应当向商标局办理转让手续。

第十八条 商标注册的申请日期以商标局收到申请文件的日期为准。

商标注册申请手续齐备、按照规定填写申请文件并缴纳费用的,商标局予以受理并书面通知申请人;申请手续不齐备、未按照规定填写申请文件或者未缴纳费用的,商标局不予受理,书面通知申请人并说明理由。申请手续基本齐备或者申请文件基本符合规定,但是需要补正的,商标局通知申请人予以补正,限其自收到通知之日起 30 日内,按照指定内容补正并交回商标局。在规定期限内补正并交回商标局的,保留申请日期;期满未补正的或者不按照要求进行补正的,商标局不予受理并书面通知申请人。

本条第二款关于受理条件的规定适用于办理其他商标事宜。

第十九条 两个或者两个以上的申请人,在同一种商品或者类似商品上,分别以相同或者近似的商标在同一天申请注册的,各申请人应当自收到商标局通知之日起 30 日内提交其申请注册前在先使用该商标的证据。同日使用或者均未使用的,各申请人可以自收到商标局通知之日起 30 日内自行协商,并将书面协议报送商标局;不愿协商或者协商不成的,商标局通知各申请人以抽签的方式确定一个申请人,驳回其他人的注册申请。商标局已经通知但申请人未参加抽签的,视为放弃申请,商标局应当书面通知未参加抽签的申请人。

第二十条 依照商标法第二十五条规定要求优先权的,申请人提交的第一次提出商标注册申请文件的副本应当经受理该申请的商标主管机关证明,并注明申请日期和申请号。

第三章 商标注册申请的审查

第二十一条 商标局对受理的商标注册申请,依照商标法及本条例的有关规定进行审查,对符合规定或者在部分指定商品上使用商标的注册申请符合规定的,予以初步审定,并予以公告;对不符合规定或者在部分指定商品上使用商标的注册申请不符合规定的,予以驳回或者驳回在部分指定商品上使用商标的注册申请,书面通知申请人并说明理由。

第二十二条 商标局对一件商标注册申请在部分指定商品上予以驳回的,申请人可以将该申请中初步审定的部分申请分割成另一件申请,分割后的申请保留原申请的申请日期。

需要分割的,申请人应当自收到商标局《商标注册申请部分驳回通知书》之日起 15 日内,向商标局提出分割申请。

商标局收到分割申请后,应当将原申请分割为两件,对分割出来的初步审定申请生成新的申请号,并予以公告。

第二十三条 依照商标法第二十九条规定,商标局认为对商标注册申请内容需要说明或者修正的,申请人应当自收到商标局通知之日起 15 日内作出说明或者修正。

第二十四条 对商标局初步审定予以公告的商标提出异议的,异议人应当向商标局提交下列商标异议材料一式两份并标明正、副本:

(一)商标异议申请书;

(二)异议人的身份证明;

(三)以违反商标法第十三条第二款和第三款、第十五条、第十六条第一款、第三十条、第三十一条、第三十二条规定为由提出异议的,异议人作为在先权利人或者利害关系人的证明。

商标异议申请书应当有明确的请求和事实依据,并附送有关证据材料。

第二十五条 商标局收到商标异议申请书后,经审查,符合受理条件的,予以受理,向申请人发出受理通知书。

第二十六条 商标异议申请有下列情形的,商标局不予受理,书面通知申请人并说明理由:

(一)未在法定期限内提出的;

(二)申请人主体资格、异议理由不符合商标法第三十三条规定的;

(三)无明确的异议理由、事实和法律依据的;

(四)同一异议人以相同的理由、事实和法律依据针对同一商标再次提出异议申请的。

第二十七条 商标局应当将商标异议材料副本及时送交被异议人,限其自收到商标异议材料副本之日起30日内答辩。被异议人不答辩的,不影响商标局作出决定。

当事人需要在提出异议申请或者答辩后补充有关证据材料的,应当在商标异议申请书或者答辩书中声明,并自提交商标异议申请书或者答辩书之日起3个月内提交;期满未提交的,视为当事人放弃补充有关证据材料。但是,在期满后生成或者当事人有其他正当理由未能在期满前提交的证据,在期满后提交的,商标局将证据交对方当事人并质证后可以采信。

第二十八条 商标法第三十五条第三款和第三十六条第一款所称不予注册决定,包括在部分指定商品上不予注册决定。

被异议商标在商标局作出准予注册决定或者不予注册决定前已经刊发注册公告的,撤销该注册公告。经审查异议不成立而准予注册的,在准予注册决定生效后重新公告。

第二十九条 商标注册申请人或者商标注册人依照商标法第三十八条规定提出更正申请的,应当向商标局提交更正申请书。符合更正条件的,商标局核准后更正相关内容;不符合更正条件的,商标局不予核准,书面通知申请人并说明理由。

已经刊发初步审定公告或者注册公告的商标经更正的,刊发更正公告。

第四章 注册商标的变更、转让、续展

第三十条 变更商标注册人名义、地址或者其他注册事项的,应当向商标局提交变更申请书。变更商标注册人名义的,还应当提交有关登记机关出具的变更证明文件。商标局核准的,发给商标注册人相应证明,并予以公告;不予核准的,应当书面通知申请人并说明理由。

变更商标注册人名义或者地址的,商标注册人应当将其全部注册商标一并变更;未一并变更的,由商标局通知其限期改正;期满未改正的,视为放弃变更申请,商标局应当书面通知申请人。

第三十一条 转让注册商标的,转让人和受让人应当向商标局提交转让注册商标申请书。转让注册商标申请手续应当由转让人和受让人共同办理。商标局核准转让

注册商标申请的,发给受让人相应证明,并予以公告。

转让注册商标,商标注册人对其在同一种或者类似商品上注册的相同或者近似的商标未一并转让的,由商标局通知其限期改正;期满未改正的,视为放弃转让该注册商标的申请,商标局应当书面通知申请人。

第三十二条 注册商标专用权因转让以外的继承等其他事由发生移转的,接受该注册商标专用权的当事人应当凭有关证明文件或者法律文书到商标局办理注册商标专用权移转手续。

注册商标专用权移转的,注册商标专用权人在同一种或者类似商品上注册的相同或者近似的商标,应当一并移转;未一并移转的,由商标局通知其限期改正;期满未改正的,视为放弃该移转注册商标的申请,商标局应当书面通知申请人。

商标移转申请经核准的,予以公告。接受该注册商标专用权移转的当事人自公告之日起享有商标专用权。

第三十三条 注册商标需要续展注册的,应当向商标局提交商标续展注册申请书。商标局核准商标注册续展申请的,发给相应证明并予以公告。

第五章 商标国际注册

第三十四条 商标法第二十一条规定的商标国际注册,是指根据《商标国际注册马德里协定》(以下简称马德里协定)、《商标国际注册马德里协定有关议定书》(以下简称马德里议定书)及《商标国际注册马德里协定及该协定有关议定书的共同实施细则》的规定办理的马德里商标国际注册。

马德里商标国际注册申请包括以中国为原属国的商标国际注册申请、指定中国的领土延伸申请及其他有关的申请。

第三十五条 以中国为原属国申请商标国际注册的,应当在中国设有真实有效的营业所,或者在中国有住所,或者拥有中国国籍。

第三十六条 符合本条例第三十五条规定的申请人,其商标已在商标局获得注册的,可以根据马德里协定申请办理该商标的国际注册。

符合本条例第三十五条规定的申请人,其商标已在商标局获得注册,或者已向商标局提出商标注册申请并被受理的,可以根据马德里议定书申请办理该商标的国际注册。

第三十七条 以中国为原属国申请商标国际注册的,应当通过商标局向世界知识产权组织国际局(以下简称国际局)申请办理。

以中国为原属国的,与马德里协定有关的商标国际注册的后期指定、放弃、注销,应当通过商标局向国际局申请办理;与马德里协定有关的商标国际注册的转让、删减、变更、续展,可以通过商标局向国际局申请办理,也可以直接向国际局申请办理。

以中国为原属国的,与马德里议定书有关的商标国际注册的后期指定、转让、删减、放弃、注销、变更、续展,可以通过商标局向国际局申请办理,也可以直接向国际局申请办理。

第三十八条 通过商标局向国际局申请商标国际注册及办理其他有关申请的,应当提交符合国际局和商标局要求的申请书和相关材料。

第三十九条 商标国际注册申请指定的商品或者服务不得超出国内基础申请或者基础注册的商品或者服务的范围。

第四十条 商标国际注册申请手续不齐备或者未按照规定填写申请书的,商标局不予受理,申请日不予保留。

申请手续基本齐备或者申请书基本符合规定,但需要补正的,申请人应当自收到补正通知书之日起 30 日内予以补正,逾期未补正的,商标局不予受理,书面通知申请人。

第四十一条 通过商标局向国际局申请商标国际注册及办理其他有关申请的,应当按照规定缴纳费用。

申请人应当自收到商标局缴费通知单之日起 15 日内,向商标局缴纳费用。期满未缴纳的,商标局不受理其申请,书面通知申请人。

第四十二条 商标局在马德里协定或者马德里议定书规定的驳回期限(以下简称驳回期限)内,依照商标法和本条例的有关规定对指定中国的领土延伸申请进行审查,作出决定,并通知国际局。商标局在驳回期限内未发出驳回或者部分驳回通知的,该领土延伸申请视为核准。

第四十三条 指定中国的领土延伸申请人,要求将三维标志、颜色组合、声音标志作为商标保护或者要求保护集体商标、证明商标的,自该商标在国际局国际注册簿登记之日起 3 个月内,应当通过依法设立的商标代理机构,向商标局提交本条例第十三条规定的相关材料。未在上述期限内提交相关材料的,商标局驳回该领土延伸申请。

第四十四条 世界知识产权组织对商标国际注册有关事项进行公告,商标局不再另行公告。

第四十五条 对指定中国的领土延伸申请,自世界知识产权组织《国际商标公告》出版的次月 1 日起 3 个月内,符合商标法第三十三条规定条件的异议人可以向商标局提出异议申请。

商标局在驳回期限内将异议申请的有关情况以驳回决定的形式通知国际局。

被异议人可以自收到国际局转发的驳回通知书之日起 30 日内进行答辩,答辩书及相关证据材料应当通过依法设立的商标代理机构向商标局提交。

第四十六条 在中国获得保护的国际注册商标,有效期自国际注册日或者后期指定日起算。在有效期届满前,注册人可以向国际局申请续展,在有效期内未申请续展的,可以给予 6 个月的宽展期。商标局收到国际局的续展通知后,依法进行审查。国际局通知未续展的,注销该国际注册商标。

第四十七条 指定中国的领土延伸申请办理转让的,受让人应当在缔约方境内有真实有效的营业所,或者在缔约方境内有住所,或者是缔约方国民。

转让人未将其在相同或者类似商品或者服务上的相同或者近似商标一并转让的,商标局通知注册人自发出通知之日起3个月内改正;期满未改正或者转让容易引起混淆或者有其他不良影响的,商标局作出该转让在中国无效的决定,并向国际局作出声明。

第四十八条 指定中国的领土延伸申请办理删减,删减后的商品或者服务不符合中国有关商品或者服务分类要求或者超出原指定商品或者服务范围的,商标局作出该删减在中国无效的决定,并向国际局作出声明。

第四十九条 依照商标法第四十九条第二款规定申请撤销国际注册商标,应当自该商标国际注册申请的驳回期限届满之日起满3年后向商标局提出申请;驳回期限届满时仍处在驳回复审或者异议相关程序的,应当自商标局或者商标评审委员会作出的准予注册决定生效之日起满3年后向商标局提出申请。

依照商标法第四十四条第一款规定申请宣告国际注册商标无效的,应当自该商标国际注册申请的驳回期限届满后向商标评审委员会提出申请;驳回期限届满时仍处在驳回复审或者异议相关程序的,应当自商标局或者商标评审委员会作出的准予注册决定生效后向商标评审委员会提出申请。

依照商标法第四十五条第一款规定申请宣告国际注册商标无效的,应当自该商标国际注册申请的驳回期限届满之日起5年内向商标评审委员会提出申请;驳回期限届满时仍处在驳回复审或者异议相关程序的,应当自商标局或者商标评审委员会作出的准予注册决定生效之日起5年内向商标评审委员会提出申请。对恶意注册的,驰名商标所有人不受5年的时间限制。

第五十条 商标法和本条例下列条款的规定不适用于办理商标国际注册相关事宜:

(一)商标法第二十八条、第三十五条第一款关于审查和审理期限的规定;

(二)本条例第二十二条、第三十条第二款;

(三)商标法第四十二条及本条例第三十一条关于商标转让由转让人和受让人共同申请并办理手续的规定。

第六章 商 标 评 审

第五十一条 商标评审是指商标评审委员会依照商标法第三十四条、第三十五条、第四十四条、第四十五条、第五十四条的规定审理有关商标争议事宜。当事人向商标评审委员会提出商标评审申请,应当有明确的请求、事实、理由和法律依据,并提供相应证据。

商标评审委员会根据事实,依法进行评审。

第五十二条 商标评审委员会审理不服商标局驳回商标注册申请决定的复审案件,应当针对商标局的驳回决定和申请人申请复审的事实、理由、请求及评审时的事实状态进行审理。

商标评审委员会审理不服商标局驳回商标注册申请决定的复审案件,发现申请注册的商标有违反商标法第十条、第十一条、第十二条和第十六条第一款规定情形,商标局并未依据上述条款作出驳回决定的,可以依据上述条款作出驳回申请的复审决定。商标评审委员会作出复审决定前应当听取申请人的意见。

第五十三条　商标评审委员会审理不服商标局不予注册决定的复审案件,应当针对商标局的不予注册决定和申请人申请复审的事实、理由、请求及原异议人提出的意见进行审理。

商标评审委员会审理不服商标局不予注册决定的复审案件,应当通知原异议人参加并提出意见。原异议人的意见对案件审理结果有实质影响的,可以作为评审的依据;原异议人不参加或者不提出意见的,不影响案件的审理。

第五十四条　商标评审委员会审理依照商标法第四十四条、第四十五条规定请求宣告注册商标无效的案件,应当针对当事人申请和答辩的事实、理由及请求进行审理。

第五十五条　商标评审委员会审理不服商标局依照商标法第四十四条第一款规定作出宣告注册商标无效决定的复审案件,应当针对商标局的决定和申请人申请复审的事实、理由及请求进行审理。

第五十六条　商标评审委员会审理不服商标局依照商标法第四十九条规定作出撤销或者维持注册商标决定的复审案件,应当针对商标局作出撤销或者维持注册商标决定和当事人申请复审时所依据的事实、理由及请求进行审理。

第五十七条　申请商标评审,应当向商标评审委员会提交申请书,并按照对方当事人的数量提交相应份数的副本;基于商标局的决定书申请复审的,还应当同时附送商标局的决定书副本。

商标评审委员会收到申请书后,经审查,符合受理条件的,予以受理;不符合受理条件的,不予受理,书面通知申请人并说明理由;需要补正的,通知申请人自收到通知之日起30日内补正。经补正仍不符合规定的,商标评审委员会不予受理,书面通知申请人并说明理由;期满未补正的,视为撤回申请,商标评审委员会应当书面通知申请人。

商标评审委员会受理商标评审申请后,发现不符合受理条件的,予以驳回,书面通知申请人并说明理由。

第五十八条　商标评审委员会受理商标评审申请后应当及时将申请书副本送交对方当事人,限其自收到申请书副本之日起30日内答辩;期满未答辩的,不影响商标评审委员会的评审。

第五十九条　当事人需要在提出评审申请或者答辩后补充有关证据材料的,应当在申请书或者答辩书中声明,并自提交申请书或者答辩书之日起3个月内提交;期满未提交的,视为放弃补充有关证据材料。但是,在期满后生成或者当事人有其他正当理由未能在期满前提交的证据,在期满后提交的,商标评审委员会将证据交对方当事人并质证后可以采信。

第六十条　商标评审委员会根据当事人的请求或者实际需要,可以决定对评审申请进行口头审理。

　　商标评审委员会决定对评审申请进行口头审理的,应当在口头审理15日前书面通知当事人,告知口头审理的日期、地点和评审人员。当事人应当在通知书指定的期限内作出答复。

　　申请人不答复也不参加口头审理的,其评审申请视为撤回,商标评审委员会应当书面通知申请人;被申请人不答复也不参加口头审理的,商标评审委员会可以缺席评审。

第六十一条　申请人在商标评审委员会作出决定、裁定前,可以书面向商标评审委员会要求撤回申请并说明理由,商标评审委员会认为可以撤回的,评审程序终止。

第六十二条　申请人撤回商标评审申请的,不得以相同的事实和理由再次提出评审申请。商标评审委员会对商标评审申请已经作出裁定或者决定的,任何人不得以相同的事实和理由再次提出评审申请。但是,经不予注册复审程序予以核准注册后向商标评审委员会提起宣告注册商标无效的除外。

第七章　商标使用的管理

第六十三条　使用注册商标,可以在商品、商品包装、说明书或者其他附着物上标明"注册商标"或者注册标记。

　　注册标记包括㊟和®。使用注册标记,应当标注在商标的右上角或者右下角。

第六十四条　《商标注册证》遗失或者破损的,应当向商标局提交补发《商标注册证》申请书。《商标注册证》遗失的,应当在《商标公告》上刊登遗失声明。破损的《商标注册证》,应当在提交补发申请时交回商标局。

　　商标注册人需要商标局补发商标变更、转让、续展证明,出具商标注册证明,或者商标申请人需要商标局出具优先权证明文件的,应当向商标局提交相应申请书。符合要求的,商标局发给相应证明;不符合要求的,商标局不予办理,通知申请人并告知理由。

　　伪造或者变造《商标注册证》或者其他商标证明文件的,依照刑法关于伪造、变造国家机关证件罪或者其他罪的规定,依法追究刑事责任。

第六十五条　有商标法第四十九条规定的注册商标成为其核定使用的商品通用名称情形的,任何单位或者个人可以向商标局申请撤销该注册商标,提交申请时应当附送证据材料。商标局受理后应当通知商标注册人,限其自收到通知之日起2个月内答辩;期满未答辩的,不影响商标局作出决定。

第六十六条　有商标法第四十九条规定的注册商标无正当理由连续3年不使用情形的,任何单位或者个人可以向商标局申请撤销该注册商标,提交申请时应当说明有关情况。商标局受理后应当通知商标注册人,限其自收到通知之日起2个月内提交该商标在撤销申请提出前使用的证据材料或者说明不使用的正当理由;期满未提供使用的证据材料或者证据材料无效并没有正当理由的,由商标局撤销其注册商标。

前款所称使用的证据材料，包括商标注册人使用注册商标的证据材料和商标注册人许可他人使用注册商标的证据材料。

以无正当理由连续3年不使用为由申请撤销注册商标的，应当自该注册商标注册公告之日起满3年后提出申请。

第六十七条 下列情形属于商标法第四十九条规定的正当理由：

（一）不可抗力；

（二）政府政策性限制；

（三）破产清算；

（四）其他不可归责于商标注册人的正当事由。

第六十八条 商标局、商标评审委员会撤销注册商标或者宣告注册商标无效，撤销或者宣告无效的理由仅及于部分指定商品的，对在该部分指定商品上使用的商标注册予以撤销或者宣告无效。

第六十九条 许可他人使用其注册商标的，许可人应当在许可合同有效期内向商标局备案并报送备案材料。备案材料应当说明注册商标使用许可人、被许可人、许可期限、许可使用的商品或者服务范围等事项。

第七十条 以注册商标专用权出质的，出质人与质权人应当签订书面质权合同，并共同向商标局提出质权登记申请，由商标局公告。

第七十一条 违反商标法第四十三条第二款规定的，由工商行政管理部门责令限期改正；逾期不改正的，责令停止销售，拒不停止销售的，处10万元以下的罚款。

第七十二条 商标持有人依照商标法第十三条规定请求驰名商标保护的，可以向工商行政管理部门提出请求。经商标局依照商标法第十四条规定认定为驰名商标的，由工商行政管理部门责令停止违反商标法第十三条规定使用商标的行为，收缴、销毁违法使用的商标标识；商标标识与商品难以分离的，一并收缴、销毁。

第七十三条 商标注册人申请注销其注册商标或者注销其商标在部分指定商品上的注册的，应当向商标局提交商标注销申请书，并交回原《商标注册证》。

商标注册人申请注销其注册商标或者注销其商标在部分指定商品上的注册，经商标局核准注销的，该注册商标专用权或者该注册商标专用权在该部分指定商品上的效力自商标局收到其注销申请之日起终止。

第七十四条 注册商标被撤销或者依照本条例第七十三条的规定被注销的，原《商标注册证》作废，并予以公告；撤销该商标在部分指定商品上的注册的，或者商标注册人申请注销其商标在部分指定商品上的注册的，重新核发《商标注册证》，并予以公告。

第八章 注册商标专用权的保护

第七十五条 为侵犯他人商标专用权提供仓储、运输、邮寄、印制、隐匿、经营场所、网络商品交易平台等，属于商标法第五十七条第六项规定的提供便利条件。

第七十六条　在同一种商品或者类似商品上将与他人注册商标相同或者近似的标志作为商品名称或者商品装潢使用，误导公众的，属于商标法第五十七条第二项规定的侵犯注册商标专用权的行为。

第七十七条　对侵犯注册商标专用权的行为，任何人可以向工商行政管理部门投诉或者举报。

第七十八条　计算商标法第六十条规定的违法经营额，可以考虑下列因素：

（一）侵权商品的销售价格；

（二）未销售侵权商品的标价；

（三）已查清侵权商品实际销售的平均价格；

（四）被侵权商品的市场中间价格；

（五）侵权人因侵权所产生的营业收入；

（六）其他能够合理计算侵权商品价值的因素。

第七十九条　下列情形属于商标法第六十条规定的能证明该商品是自己合法取得的情形：

（一）有供货单位合法签章的供货清单和货款收据且经查证属实或者供货单位认可的；

（二）有供销双方签订的进货合同且经查证已真实履行的；

（三）有合法进货发票且发票记载事项与涉案商品对应的；

（四）其他能够证明合法取得涉案商品的情形。

第八十条　销售不知道是侵犯注册商标专用权的商品，能证明该商品是自己合法取得并说明提供者的，由工商行政管理部门责令停止销售，并将案件情况通报侵权商品提供者所在地工商行政管理部门。

第八十一条　涉案注册商标权属正在商标局、商标评审委员会审理或者人民法院诉讼中，案件结果可能影响案件定性的，属于商标法第六十二条第三款规定的商标权属存在争议。

第八十二条　在查处商标侵权案件过程中，工商行政管理部门可以要求权利人对涉案商品是否为权利人生产或者其许可生产的产品进行辨认。

第九章　商　标　代　理

第八十三条　商标法所称商标代理，是指接受委托人的委托，以委托人的名义办理商标注册申请、商标评审或者其他商标事宜。

第八十四条　商标法所称商标代理机构，包括经工商行政管理部门登记从事商标代理业务的服务机构和从事商标代理业务的律师事务所。

商标代理机构从事商标局、商标评审委员会主管的商标事宜代理业务的，应当按照下列规定向商标局备案：

（一）交验工商行政管理部门的登记证明文件或者司法行政部门批准设立律师事务所的证明文件并留存复印件；

(二)报送商标代理机构的名称、住所、负责人、联系方式等基本信息;
(三)报送商标代理从业人员名单及联系方式。
　　工商行政管理部门应当建立商标代理机构信用档案。商标代理机构违反商标法或者本条例规定的,由商标局或者商标评审委员会予以公开通报,并记入其信用档案。

第八十五条　商标法所称商标代理从业人员,是指在商标代理机构中从事商标代理业务的工作人员。
　　商标代理从业人员不得以个人名义自行接受委托。

第八十六条　商标代理机构向商标局、商标评审委员会提交的有关申请文件,应当加盖该代理机构公章并由相关商标代理从业人员签字。

第八十七条　商标代理机构申请注册或者受让其代理服务以外的其他商标,商标局不予受理。

第八十八条　下列行为属于商标法第六十八条第一款第二项规定的以其他不正当手段扰乱商标代理市场秩序的行为:
　　(一)以欺诈、虚假宣传、引人误解或者商业贿赂等方式招徕业务的;
　　(二)隐瞒事实,提供虚假证据,或者威胁、诱导他人隐瞒事实,提供虚假证据的;
　　(三)在同一商标案件中接受有利益冲突的双方当事人委托的。

第八十九条　商标代理机构有商标法第六十八条规定行为的,由行为人所在地或者违法行为发生地县级以上工商行政管理部门进行查处并将查处情况通报商标局。

第九十条　商标局、商标评审委员会依照商标法第六十八条规定停止受理商标代理机构办理商标代理业务的,可以作出停止受理该商标代理机构商标代理业务6个月以上直至永久停止受理的决定。停止受理商标代理业务的期间届满,商标局、商标评审委员会应当恢复受理。
　　商标局、商标评审委员会作出停止受理或者恢复受理商标代理的决定应当在其网站予以公告。

第九十一条　工商行政管理部门应当加强对商标代理行业组织的监督和指导。

第十章　附　　则

第九十二条　连续使用至1993年7月1日的服务商标,与他人在相同或者类似的服务上已注册的服务商标相同或者近似的,可以继续使用;但是,1993年7月1日后中断使用3年以上的,不得继续使用。
　　已连续使用至商标局首次受理新放开商品或者服务项目之日的商标,与他人在新放开商品或者服务项目相同或者类似的商品或者服务上已注册的商标相同或者近似的,可以继续使用;但是,首次受理之日后中断使用3年以上的,不得继续使用。

第九十三条　商标注册用商品和服务分类表,由商标局制定并公布。

申请商标注册或者办理其他商标事宜的文件格式,由商标局、商标评审委员会制定并公布。

商标评审委员会的评审规则由国务院工商行政管理部门制定并公布。

第九十四条 商标局设置《商标注册簿》,记载注册商标及有关注册事项。

第九十五条 《商标注册证》及相关证明是权利人享有注册商标专用权的凭证。《商标注册证》记载的注册事项,应当与《商标注册簿》一致;记载不一致的,除有证据证明《商标注册簿》确有错误外,以《商标注册簿》为准。

第九十六条 商标局发布《商标公告》,刊发商标注册及其他有关事项。

《商标公告》采用纸质或者电子形式发布。

除送达公告外,公告内容自发布之日起视为社会公众已经知道或者应当知道。

第九十七条 申请商标注册或者办理其他商标事宜,应当缴纳费用。缴纳费用的项目和标准,由国务院财政部门、国务院价格主管部门分别制定。

第九十八条 本条例自2014年5月1日起施行。

商标代理监督管理规定

1. 2022年10月27日国家市场监督管理总局令第63号公布
2. 自2022年12月1日起施行

第一章 总 则

第一条 为了规范商标代理行为,提升商标代理服务质量,维护商标代理市场的正常秩序,促进商标代理行业健康发展,根据《中华人民共和国商标法》(以下简称商标法)、《中华人民共和国商标法实施条例》(以下简称商标法实施条例)以及其他有关法律法规,制定本规定。

第二条 商标代理机构接受委托人的委托,可以以委托人的名义在代理权限范围内依法办理以下事宜:

(一)商标注册申请;

(二)商标变更、续展、转让、注销;

(三)商标异议;

(四)商标撤销、无效宣告;

(五)商标复审、商标纠纷的处理;

(六)其他商标事宜。

本规定所称商标代理机构,包括经市场主体登记机关依法登记从事商标代理业务的服务机构和从事商标代理业务的律师事务所。

第三条 商标代理机构和商标代理从业人员应当遵守法律法规和国家有关规定,遵循诚实信用原则，恪守职业道德，规范从业行为，提升商标代理服务质量，维护委托人的合法权益和商标代理市场正常秩序。

本规定所称商标代理从业人员包括商标代理机构的负责人，以及受商标代理机构指派承办商标代理业务的本机构工作人员。

商标代理从业人员应当遵纪守法，有良好的信用状况，品行良好，熟悉商标法律法规，具备依法从事商标代理业务的能力。

第四条 商标代理行业组织是商标代理行业的自律性组织。

商标代理行业组织应当严格行业自律，依照章程规定，制定行业自律规范和惩戒规则，加强业务培训和职业道德、职业纪律教育，组织引导商标代理机构和商标代理从业人员依法规范从事代理业务，不断提高行业服务水平。

知识产权管理部门依法加强对商标代理行业组织的监督和指导，支持商标代理行业组织加强行业自律和规范。

鼓励商标代理机构、商标代理从业人员依法参加商标代理行业组织。

第二章　商标代理机构备案

第五条 商标代理机构从事国家知识产权局主管的商标事宜代理业务的，应当依法及时向国家知识产权局备案。

商标代理机构备案的有效期为三年。有效期届满需要继续从事代理业务的，商标代理机构可以在有效期届满前六个月内办理延续备案。每次延续备案的有效期为三年，自原备案有效期满次日起计算。

第六条 商标代理机构的备案信息包括：

（一）营业执照或者律师事务所执业许可证；

（二）商标代理机构的名称、住所、联系方式、统一社会信用代码，负责人、非上市公司的股东、合伙人姓名；

（三）商标代理从业人员姓名、身份证件号码、联系方式；

（四）法律法规以及国家知识产权局规定应当提供的其他信息。

国家知识产权局能够通过政务信息共享平台获取的相关信息，不得要求商标代理机构重复提供。

第七条 商标代理机构备案信息发生变化的，应当自实际发生变化或者有关主管部门登记、批准之日起三十日内向国家知识产权局办理变更备案，并提交相应材料。

第八条 商标代理机构申请市场主体注销登记，备案有效期届满未办理延续或者自行决定不再从事商标代理业务，被撤销或者被吊销营业执照、律师事务所执业许可证，或者国家知识产权局决定永久停止受理其办理商标代理业务的，应当在妥善处理未办结的商标代理业务后，向国家知识产权局办理注销备案。

商标代理机构存在前款规定情形的，国家知识产权局应当在商标网上服务系统、商标代理系统中进行标注，并不再受理其提交的商标代理业务申请，但处理未办结商标代理业务的除外。

商标代理机构应当在申请市场主体注销登记或者自行决定不再从事商标代理业务前,或者自接到撤销、吊销决定书、永久停止受理其办理商标代理业务决定之日起三十日内,按照法律法规规定和合同约定妥善处理未办结的商标代理业务,通知委托人办理商标代理变更,或者经委托人同意与其他已经备案的商标代理机构签订业务移转协议。

第九条 商标代理机构提交的备案、变更备案、延续备案或者注销备案材料符合规定的,国家知识产权局应当及时予以办理,通知商标代理机构并依法向社会公示。

第三章　商标代理行为规范

第十条 商标代理机构从事商标代理业务不得采取欺诈、诱骗等不正当手段,不得损害国家利益、社会公共利益和他人合法权益。

商标代理机构不得以其法定代表人、股东、合伙人、实际控制人、高级管理人员、员工等的名义变相申请注册或者受让其代理服务以外的其他商标,也不得通过另行设立市场主体或者通过与其存在关联关系的市场主体等其他方式变相从事上述行为。

第十一条 商标代理机构应当积极履行管理职责,规范本机构商标代理从业人员职业行为,建立健全质量管理、利益冲突审查、恶意申请筛查、投诉处理、保密管理、人员管理、财务管理、档案管理等管理制度,对本机构商标代理从业人员遵守法律法规、行业规范等情况进行监督,发现问题及时予以纠正。

商标代理机构应当加强对本机构商标代理从业人员的职业道德和职业纪律教育,组织开展业务学习,为其参加业务培训和继续教育提供条件。

第十二条 商标代理机构应当在其住所或者经营场所醒目位置悬挂营业执照或者律师事务所执业许可证。

商标代理机构通过网络从事商标代理业务的,应当在其网站首页或者从事经营活动的主页面显著位置持续公示机构名称、经营场所、经营范围等营业执照或者律师事务所执业许可证记载的信息,以及其他商标代理业务备案信息等。

第十三条 商标代理机构从事商标代理业务,应当与委托人以书面形式签订商标代理委托合同,依法约定双方的权利义务以及其他事项。商标代理委托合同不得违反法律法规以及国家有关规定。

第十四条 商标代理机构接受委托办理商标代理业务,应当进行利益冲突审查,不得在同一案件中接受有利益冲突的双方当事人委托。

第十五条 商标代理机构应当按照委托人的要求依法办理商标注册申请或者其他商标事宜;在代理过程中应当遵守关于商业秘密和个人信息保护的有关规定。

委托人申请注册的商标可能存在商标法规定不得注册情形的,商标代理机构应当以书面通知等方式明确告知委托人。

商标代理机构知道或者应当知道委托人申请注册的商标属于商标法第四条、第十五条和第三十二条规定情形的,不得接受其委托。

商标代理机构应当严格履行代理职责,依据商标法第二十七条,对委托人所申报的事项和提供的商标注册申请或者办理其他商标事宜的材料进行核对,及时向委托人通报委托事项办理进展情况、送交法律文书和材料,无正当理由不得拖延。

第十六条 商标代理从业人员应当根据商标代理机构的指派承办商标代理业务,不得以个人名义自行接受委托。

商标代理从业人员不得同时在两个以上商标代理机构从事商标代理业务。

第十七条 商标代理机构向国家知识产权局提交的有关文件,应当加盖本代理机构公章并由相关商标代理从业人员签字。

商标代理机构和商标代理从业人员对其盖章和签字办理的商标代理业务负责。

第十八条 商标代理机构应当对所承办业务的案卷和有关材料及时立卷归档,妥善保管。

商标代理机构的记录应当真实、准确、完整。

第十九条 商标代理机构收费应当遵守相关法律法规,遵循自愿、公平、合理和诚实信用原则,兼顾经济效益和社会效益。

第四章 商标代理监管

第二十条 知识产权管理部门建立商标代理机构和商标代理从业人员信用档案。

国家知识产权局对信用档案信息进行归集整理,开展商标代理行业分级分类评价。地方知识产权管理部门、市场监督管理部门、商标代理行业组织应当协助做好信用档案信息的归集整理工作。

第二十一条 以下信息应当记入商标代理机构和商标代理从业人员信用档案:

(一)商标代理机构和商标代理从业人员受到行政处罚的信息;

(二)商标代理机构接受监督检查的信息;

(三)商标代理机构和商标代理从业人员加入商标代理行业组织信息,受到商标代理行业组织惩戒的信息;

(四)商标代理机构被列入经营异常名录或者严重违法失信名单的信息;

(五)其他可以反映商标代理机构信用状况的信息。

第二十二条 商标代理机构应当按照国家有关规定报送年度报告。

第二十三条 商标代理机构故意侵犯知识产权,提交恶意商标注册申请,损害社会公共利益,从事严重违法商标代理行为,性质恶劣、情节严重、社会危害较大,受到较重行政处罚的,按照《市场监督管理严重违法失信名单管理办法》等有关规定列入严重违法失信名单。

第二十四条 知识产权管理部门依法对商标代理机构和商标代理从业人员代理行为进行监督检查,可以依法查阅、复制有关材料,询问当事人或者其他与案件有关的单位和个人,要求当事人或者有关人员在一定期限内如实提供有关材料,以及采取其他合法必要合理的措施。商标代理机构和商标代理从业人员应当予以协助配合。

第二十五条 知识产权管理部门应当引导商标代理机构合法从事商标代理业务,提升服务质量。

对存在商标代理违法违规行为的商标代理机构或者商标代理从业人员,知识产权管理部门可以依职责对其进行约谈、提出意见,督促其及时整改。

第二十六条 知识产权管理部门负责商标代理等信息的发布和公示工作,健全与市场监督管理部门之间的信息共享、查处情况通报、业务指导等协同配合机制。

第五章 商标代理违法行为的处理

第二十七条 有下列情形之一的,属于商标法第六十八条第一款第一项规定的办理商标事宜过程中,伪造、变造或者使用伪造、变造的法律文件、印章、签名的行为:

(一)伪造、变造国家机关公文、印章的;

(二)伪造、变造国家机关之外其他单位的法律文件、印章的;

(三)伪造、变造签名的;

(四)知道或者应当知道属于伪造、变造的公文、法律文件、印章、签名,仍然使用的;

(五)其他伪造、变造或者使用伪造、变造的法律文件、印章、签名的情形。

第二十八条 有下列情形之一的,属于以诋毁其他商标代理机构等手段招徕商标代理业务的行为:

(一)编造、传播虚假信息或者误导性信息,损害其他商标代理机构商业声誉的;

(二)教唆、帮助他人编造、传播虚假信息或者误导性信息,损害其他商标代理机构商业声誉的;

(三)其他以诋毁其他商标代理机构等手段招徕商标代理业务的情形。

第二十九条 有下列情形之一的,属于商标法第六十八条第一款第二项规定的以其他不正当手段扰乱商标代理市场秩序的行为:

(一)知道或者应当知道委托人以欺骗手段或者其他不正当手段申请注册,或者利用突发事件、公众人物、舆论热点等信息,恶意申请注册有害于社会主义道德风尚或者有其他不良影响的商标,仍接受委托的;

(二)向从事商标注册和管理工作的人员进行贿赂或者利益输送,或者违反规定获取尚未公开的商标注册相关信息、请托转递涉案材料等,牟取不正当利益的;

(三)违反法律法规和国家有关从业限制的规定,聘用曾从事商标注册和管理工作的人员,经知识产权管理部门告知后,拖延或者拒绝纠正其聘用行为的;

(四)代理不同的委托人申请注册相同或者类似商品或者服务上的相同商标的,申请时在先商标已经无效的除外;

(五)知道或者应当知道转让商标属于恶意申请的注册商标,仍帮助恶意注册人办理转让的;

(六)假冒国家机关官方网站、邮箱、电话等或者以国家机关工作人员的名义提供虚假信息误导公众,或者向委托人提供商标业务相关材料或者收取费用牟取不正当利益的;

(七)知道或者应当知道委托人滥用商标权仍接受委托,或者指使商标权利人滥用商标权牟取不正当利益的;

(八)知道或者应当知道委托人使用的是伪造、变造、编造的虚假商标材料,仍帮助委托人提交,或者与委托人恶意串通制作、提交虚假商标申请等材料的;

(九)虚构事实向主管部门举报其他商标代理机构的;

(十)为排挤竞争对手,以低于成本的价格提供服务的;

(十一)其他以不正当手段扰乱商标代理市场秩序的情形。

第三十条 有下列情形之一的,属于商标法第十九条第三款、第四款规定的行为:

(一)曾经代理委托人申请注册商标或者办理异议、无效宣告以及复审事宜,委托人商标因违反商标法第四条、第十五条或者第三十二条规定,被国家知识产权局生效的决定或者裁定驳回申请、不予核准注册或者宣告无效,仍代理其在同一种或者类似商品上再次提交相同或者近似商标注册申请的;

(二)曾经代理委托人办理其他商标业务,知悉委托人商标存在违反商标法第四条、第十五条或者第三十二条规定的情形,仍接受委托的;

(三)违反本规定第十条第二款规定的;

(四)其他属于商标法第十九条第三款、第四款规定的情形。

第三十一条 有下列情形之一的,属于以欺诈、虚假宣传、引人误解或者商业贿赂等方式招徕业务的行为:

(一)与他人恶意串通或者虚构事实,诱骗委托人委托其办理商标事宜的;

(二)以承诺结果、夸大自身代理业务成功率等形式误导委托人的;

(三)伪造或者变造荣誉、资质资格,欺骗、误导公众的;

(四)以盗窃、贿赂、欺诈、胁迫或者其他不正当手段获取商标信息,或者披露、使用、允许他人使用以前述手段获取的商标信息,以谋取交易机会的;

(五)明示或者暗示可以通过非正常方式加速办理商标事宜,或者提高办理商标事宜成功率,误导委托人的;

(六)以给予财物或者其他手段贿赂单位或者个人,以谋取交易机会的;

(七)其他以不正当手段招徕商标代理业务的情形。

第三十二条 有下列情形之一的,属于商标法实施条例第八十八条第三项规定的在同一商标案件中接受有利益冲突的双方当事人委托的行为:

(一)在商标异议、撤销、宣告无效案件或者复审、诉讼程序中接受双方当事人委托的;

(二)曾代理委托人申请商标注册,又代理其他人对同一商标提出商标异议、撤销、宣告无效申请的;

(三)其他在同一案件中接受有利益冲突的双方当事人委托的情形。

第三十三条 商标代理机构通过网络从事商标代理业务,有下列行为之一的,《中华人民共和国反垄断法》《中华人民共和国反不正当竞争法》《中华人民共和国价格法》《中华人民共和国广告法》等法律法规有规定的,从其规定;没有规定的,由市场监督管理部门给予警告,可以处五万元以下罚款;情节严重的,处五万元以上十万元以下罚款:

(一)利用其客户资源、平台数据以及其他经营者对其在商标代理服务上的依赖程度等因素,恶意排挤竞争对手的;

(二)通过编造用户评价、伪造业务量等方式进行虚假或者引人误解的商业宣传,欺骗、误导委托人的;

(三)通过电子侵入、擅自外挂插件等方式,影响商标网上服务系统、商标代理系统等正常运行的;

(四)通过网络展示具有重大不良影响商标的;

(五)其他通过网络实施的违法商标代理行为。

第三十四条 市场监督管理部门依据商标法第六十八条规定对商标代理机构的违法行为进行查处后,依照有关规定将查处情况通报国家知识产权局。国家知识产权局收到通报,或者发现商标代理机构存在商标法第六十八条第一款行为,情节严重的,可以依法作出停止受理其办理商标代理业务六个月以上直至永久停止受理的决定,并予公告。

因商标代理违法行为,两年内受到三次以上行政处罚的,属于前款规定情节严重的情形。

商标代理机构被停止受理商标代理业务的,在停止受理业务期间,或者未按照本规定第八条第三款规定妥善处理未办结商标代理业务的,该商标代理机构负责人、直接责任人员以及负有管理责任的股东、合伙人不得在商标代理机构新任负责人、股东、合伙人。

第三十五条 国家知识产权局作出的停止受理商标代理机构办理商标代理业务决定有期限的,期限届满并且已改正违法行为的,恢复受理该商标代理机构业务,并予公告。

第三十六条 从事商标代理业务的商标代理机构,未依法办理备案、变更备案、延续备案或者注销备案,未妥善处理未办结的商标代理业务,或者违反本规定第十五条第四款规定,损害委托人利益或者扰乱商标代理市场秩序的,由国家知识产权局予以通报,并记入商标代理机构信用档案。

商标代理机构有前款所述情形的,由市场监督管理部门责令限期改正;期满不改正的,给予警告,情节严重的,处十万元以下罚款。

第三十七条 知识产权管理部门应当健全内部监督制度,对从事商标注册和管理工作的人员执行法律法规和遵守纪律的情况加强监督检查。

从事商标注册和管理工作的人员必须秉公执法、廉洁自律、忠于职守、文明服务，不得从事商标代理业务或者违反规定从事、参与营利性活动。从事商标注册和管理工作的人员离职后的从业限制，依照或者参照《中华人民共和国公务员法》等法律法规和国家有关规定执行。

第三十八条　从事商标注册和管理工作的人员玩忽职守、滥用职权、徇私舞弊，违法办理商标注册事项和其他商标事宜，收受商标代理机构或者商标代理从业人员财物，牟取不正当利益的，应当依法进行处理；构成犯罪的，依法追究刑事责任。

第三十九条　知识产权管理部门对违法违纪行为涉及的商标，应当依据商标法以及相关法律法规严格审查和监督管理，并及时处理。

第四十条　法律法规对商标代理机构经营活动违法行为的处理另有规定的，从其规定。

第四十一条　律师事务所和律师从事商标代理业务除遵守法律法规和本规定外，还应当遵守国家其他有关规定。

第四十二条　除本规定第二条规定的商标代理机构外，其他机构或者个人违反本规定从事商标代理业务或者与商标代理业务有关的其他活动，参照本规定处理。

第四十三条　本规定自2022年12月1日起施行。

商标侵权判断标准

1. 2020年6月15日国家知识产权局发布
2. 国知发保字〔2020〕23号

第一条　为加强商标执法指导工作，统一执法标准，提升执法水平，强化商标专用权保护，根据《中华人民共和国商标法》（以下简称商标法）、《中华人民共和国商标法实施条例》（以下简称商标法实施条例）以及相关法律法规、部门规章，制定本标准。

第二条　商标执法相关部门在处理、查处商标侵权案件时适用本标准。

第三条　判断是否构成商标侵权，一般需要判断涉嫌侵权行为是否构成商标法意义上的商标的使用。

商标的使用，是指将商标用于商品、商品包装、容器、服务场所以及交易文书上，或者将商标用于广告宣传、展览以及其他商业活动中，用以识别商品或者服务来源的行为。

第四条　商标用于商品、商品包装、容器以及商品交易文书上的具体表现形式包括但不限于：

（一）采取直接贴附、刻印、烙印或者编织等方式将商标附着在商品、商品包装、容器、标签等上，或者使用在商品附加标牌、产品说明书、介绍手册、价目表等上；

（二）商标使用在与商品销售有联系的交易文书上，包括商品销售合同、发票、票据、收据、商品进出口检验检疫证明、报关单据等。

第五条 商标用于服务场所以及服务交易文书上的具体表现形式包括但不限于：

（一）商标直接使用于服务场所，包括介绍手册、工作人员服饰、招贴、菜单、价目表、名片、奖券、办公文具、信笺以及其他提供服务所使用的相关物品上；

（二）商标使用于和服务有联系的文件资料上，如发票、票据、收据、汇款单据、服务协议、维修维护证明等。

第六条 商标用于广告宣传、展览以及其他商业活动中的具体表现形式包括但不限于：

（一）商标使用在广播、电视、电影、互联网等媒体中，或者使用在公开发行的出版物上，或者使用在广告牌、邮寄广告或者其他广告载体上；

（二）商标在展览会、博览会上使用，包括在展览会、博览会上提供的使用商标的印刷品、展台照片、参展证明及其他资料；

（三）商标使用在网站、即时通讯工具、社交网络平台、应用程序等载体上；

（四）商标使用在二维码等信息载体上；

（五）商标使用在店铺招牌、店堂装饰装潢上。

第七条 判断是否为商标的使用应当综合考虑使用人的主观意图、使用方式、宣传方式、行业惯例、消费者认知等因素。

第八条 未经商标注册人许可的情形包括未获得许可或者超出许可的商品或者服务的类别、期限、数量等。

第九条 同一种商品是指涉嫌侵权人实际生产销售的商品名称与他人注册商标核定使用的商品名称相同的商品，或者二者商品名称不同但在功能、用途、主要原料、生产部门、消费对象、销售渠道等方面相同或者基本相同，相关公众一般认为是同种商品。

同一种服务是指涉嫌侵权人实际提供的服务名称与他人注册商标核定使用的服务名称相同的服务，或者二者服务名称不同但在服务的目的、内容、方式、提供者、对象、场所等方面相同或者基本相同，相关公众一般认为是同种服务。

核定使用的商品或者服务名称是指国家知识产权局在商标注册工作中对商品或者服务使用的名称，包括《类似商品和服务区分表》（以下简称区分表）中列出的商品或者服务名称和未在区分表中列出但在商标注册中接受的商品或者服务名称。

第十条 类似商品是指在功能、用途、主要原料、生产部门、消费对象、销售渠道等方面具有一定共同性的商品。

类似服务是指在服务的目的、内容、方式、提供者、对象、场所等方面具有一定共同性的服务。

第十一条 判断是否属于同一种商品或者同一种服务、类似商品或者类似服务，应当在权利人注册商标核定使用的商品或者服务与涉嫌侵权的商品或者服务之间进行比对。

第十二条 判断涉嫌侵权的商品或者服务与他人注册商标核定使用的商品或者服务是否构成同一种商品或者同一种服务、类似商品或者类似服务，参照现行区分表进行认定。

对于区分表未涵盖的商品，应当基于相关公众的一般认识，综合考虑商品的功能、用途、主要原料、生产部门、消费对象、销售渠道等因素认定是否构成同一种或者类似商品；

对于区分表未涵盖的服务，应当基于相关公众的一般认识，综合考虑服务的目的、内容、方式、提供者、对象、场所等因素认定是否构成同一种或者类似服务。

第十三条 与注册商标相同的商标是指涉嫌侵权的商标与他人注册商标完全相同，以及虽有不同但视觉效果或者声音商标的听觉感知基本无差别、相关公众难以分辨的商标。

第十四条 涉嫌侵权的商标与他人注册商标相比较，可以认定与注册商标相同的情形包括：

（一）文字商标有下列情形之一的：

1. 文字构成、排列顺序均相同的；

2. 改变注册商标的字体、字母大小写、文字横竖排列，与注册商标之间基本无差别的；

3. 改变注册商标的文字、字母、数字等之间的间距，与注册商标之间基本无差别的；

4. 改变注册商标颜色，不影响体现注册商标显著特征的；

5. 在注册商标上仅增加商品通用名称、图形、型号等缺乏显著特征内容，不影响体现注册商标显著特征的；

（二）图形商标在构图要素、表现形式等视觉上基本无差别的；

（三）文字图形组合商标的文字构成、图形外观及其排列组合方式相同，商标在整体视觉上基本无差别的；

（四）立体商标中的显著三维标志和显著平面要素相同，或者基本无差别的；

（五）颜色组合商标中组合的颜色和排列的方式相同，或者基本无差别的；

（六）声音商标的听觉感知和整体音乐形象相同，或者基本无差别的；

（七）其他与注册商标在视觉效果或者听觉感知上基本无差别的。

第十五条 与注册商标近似的商标是指涉嫌侵权的商标与他人注册商标相比较，文字商标的字形、读音、含义近似，或者图形商标的构图、着色、外形近似，或者文字图形组合商标的整体排列组合方式和外形近似，或者立体商标的三维标志的形状和外形近似，或者颜色组合商标的颜色或者组合近似，或者声音商标的听觉感知或者整体音乐形象近似等。

第十六条 涉嫌侵权的商标与他人注册商标是否构成近似，参照现行《商标审查及审理标准》关于商标近似的规定进行判断。

第十七条 判断商标是否相同或者近似,应当在权利人的注册商标与涉嫌侵权商标之间进行比对。

第十八条 判断与注册商标相同或者近似的商标时,应当以相关公众的一般注意力和认知力为标准,采用隔离观察、整体比对和主要部分比对的方法进行认定。

第十九条 在商标侵权判断中,在同一种商品或者同一种服务上使用近似商标,或者在类似商品或者类似服务上使用相同、近似商标的情形下,还应当对是否容易导致混淆进行判断。

第二十条 商标法规定的容易导致混淆包括以下情形:

(一)足以使相关公众认为涉案商品或者服务是由注册商标权利人生产或者提供;

(二)足以使相关公众认为涉案商品或者服务的提供者与注册商标权利人存在投资、许可、加盟或者合作等关系。

第二十一条 商标执法相关部门判断是否容易导致混淆,应当综合考量以下因素以及各因素之间的相互影响:

(一)商标的近似情况;

(二)商品或者服务的类似情况;

(三)注册商标的显著性和知名度;

(四)商品或者服务的特点及商标使用的方式;

(五)相关公众的注意和认知程度;

(六)其他相关因素。

第二十二条 自行改变注册商标或者将多件注册商标组合使用,与他人在同一种商品或者服务上的注册商标相同的,属于商标法第五十七条第一项规定的商标侵权行为。

自行改变注册商标或者将多件注册商标组合使用,与他人在同一种或者类似商品或者服务上的注册商标近似、容易导致混淆的,属于商标法第五十七条第二项规定的商标侵权行为。

第二十三条 在同一种商品或者服务上,将企业名称中的字号突出使用,与他人注册商标相同的,属于商标法第五十七条第一项规定的商标侵权行为。

在同一种或者类似商品或者服务上,将企业名称中的字号突出使用,与他人注册商标近似、容易导致混淆的,属于商标法第五十七条第二项规定的商标侵权行为。

第二十四条 不指定颜色的注册商标,可以自由附着颜色,但以攀附为目的附着颜色,与他人在同一种或者类似商品或者服务上的注册商标近似、容易导致混淆的,属于商标法第五十七条第二项规定的商标侵权行为。

注册商标知名度较高,涉嫌侵权人与注册商标权利人处于同一行业或者具有较大关联性的行业,且无正当理由使用与注册商标相同或者近似标志的,应当认定涉嫌侵权人具有攀附意图。

第二十五条 在包工包料的加工承揽经营活动中,承揽人使用侵犯注册商标专用权商品的,属于商标法第五十七条第三项规定的商标侵权行为。

第二十六条 经营者在销售商品时,附赠侵犯注册商标专用权商品的,属于商标法第五十七条第三项规定的商标侵权行为。

第二十七条 有下列情形之一的,不属于商标法第六十条第二款规定的"销售不知道是侵犯注册商标专用权的商品":

(一)进货渠道不符合商业惯例,且价格明显低于市场价格的;

(二)拒不提供账目、销售记录等会计凭证,或者会计凭证弄虚作假的;

(三)案发后转移、销毁物证,或者提供虚假证明、虚假情况的;

(四)类似违法情形受到处理后再犯的;

(五)其他可以认定当事人明知或者应知的。

第二十八条 商标法第六十条第二款规定的"说明提供者"是指涉嫌侵权人主动提供供货商的名称、经营地址、联系方式等准确信息或者线索。

对于因涉嫌侵权人提供虚假或者无法核实的信息导致不能找到提供者的,不视为"说明提供者"。

第二十九条 涉嫌侵权人属于商标法第六十条第二款规定的销售不知道是侵犯注册商标专用权的商品的,对其侵权商品责令停止销售,对供货商立案查处或者将案件线索移送具有管辖权的商标执法相关部门查处。

对责令停止销售的侵权商品,侵权人再次销售的,应当依法查处。

第三十条 市场主办方、展会主办方、柜台出租人、电子商务平台等经营者怠于履行管理职责,明知或者应知市场内经营者、参展方、柜台承租人、平台内电子商务经营者实施商标侵权行为而不予制止的;或者虽然不知情,但经商标执法相关部门通知或者商标权利人持生效的行政、司法文书告知后,仍未采取必要措施制止商标侵权行为的,属于商标法第五十七条第六项规定的商标侵权行为。

第三十一条 将与他人注册商标相同或者相近似的文字注册为域名,并且通过该域名进行相关商品或者服务交易的电子商务,容易使相关公众产生误认的,属于商标法第五十七条第七项规定的商标侵权行为。

第三十二条 在查处商标侵权案件时,应当保护合法在先权利。

以外观设计专利权、作品著作权抗辩他人注册商标专用权的,若注册商标的申请日先于外观设计专利申请日或者有证据证明的该著作权作品创作完成日,商标执法相关部门可以对商标侵权案件进行查处。

第三十三条 商标法第五十九条第三款规定的"有一定影响的商标"是指在国内在先使用并为一定范围内相关公众所知晓的未注册商标。

有一定影响的商标的认定,应当考虑该商标的持续使用时间、销售量、经营额、广告宣传等因素进行综合判断。

使用人有下列情形的,不视为在原使用范围内继续使用:

（一）增加该商标使用的具体商品或者服务;

（二）改变该商标的图形、文字、色彩、结构、书写方式等内容,但以与他人注册商标相区别为目的而进行的改变除外;

（三）超出原使用范围的其他情形。

第三十四条 商标法第六十条第二款规定的"五年内实施两次以上商标侵权行为"指同一当事人被商标执法相关部门、人民法院认定侵犯他人注册商标专用权的行政处罚或者判决生效之日起,五年内又实施商标侵权行为的。

第三十五条 正在国家知识产权局审理或者人民法院诉讼中的下列案件,可以适用商标法第六十二条第三款关于"中止"的规定:

（一）注册商标处于无效宣告中的;

（二）注册商标处于续展宽展期的;

（三）注册商标权属存在其他争议情形的。

第三十六条 在查处商标侵权案件过程中,商标执法相关部门可以要求权利人对涉案商品是否为权利人生产或者其许可生产的商品出具书面辨认意见。权利人应当对其辨认意见承担相应法律责任。

商标执法相关部门应当审查辨认人出具辨认意见的主体资格及辨认意见的真实性。涉嫌侵权人无相反证据推翻该辨认意见的,商标执法相关部门将该辨认意见作为证据予以采纳。

第三十七条 本标准由国家知识产权局负责解释。

第三十八条 本标准自公布之日起施行。

商标一般违法判断标准

1. 2021年12月13日国家知识产权局发布
2. 国知发保字〔2021〕34号

第一条 为了加强商标管理,强化商标执法业务指导,统一执法标准,根据《中华人民共和国商标法》(以下简称《商标法》)、《中华人民共和国商标法实施条例》(以下简称《商标法实施条例》)以及相关法律法规、部门规章,制定本标准。

第二条 负责商标执法的部门查处商标一般违法行为适用本标准。

第三条 本标准所称的商标一般违法行为是指违反商标管理秩序的行为。

有下列行为之一的,均属商标一般违法:

（一）违反《商标法》第六条规定,必须使用注册商标而未使用的;

(二)违反《商标法》第十条规定,使用不得作为商标使用的标志的;

(三)违反《商标法》第十四条第五款规定,在商业活动中使用"驰名商标"字样的;

(四)违反《商标法》第四十三条第二款规定,商标被许可人未标明其名称和商品产地的;

(五)违反《商标法》第四十九条第一款规定,商标注册人在使用注册商标的过程中,自行改变注册商标、注册人名义、地址或者其他注册事项的;

(六)违反《商标法》第五十二条规定,将未注册商标冒充注册商标使用的;

(七)违反《商标法实施条例》第四条第二款和《集体商标、证明商标注册和管理办法》第十四条、第十五条、第十七条、第十八条、第二十条、第二十一条规定,未履行集体商标、证明商标管理义务的;

(八)违反《商标印制管理办法》第七条至第十条规定,未履行商标印制管理义务的;

(九)违反《规范商标申请注册行为若干规定》第三条规定,恶意申请商标注册的;

(十)其他违反商标管理秩序的。

第四条 根据《商标法》第六条、《中华人民共和国烟草专卖法》第十九条、《中华人民共和国烟草专卖法实施条例》第二十二条和第六十五条规定,卷烟、雪茄烟、有包装的烟丝以及电子烟等新型烟草制品必须使用注册商标,未在中国核准注册的,不得在中国生产、销售。

在中国销售的进口卷烟、雪茄烟、有包装的烟丝以及电子烟等新型烟草制品,必须使用在中国核准注册的商标。

第五条 使用的未注册商标是否违反《商标法》第十条规定,一般以中国境内公众的通常认识作为判断标准。

但有合理充分的理由证明中国境内特定公众认为使用的未注册商标违反了该条第一款第六项至八项规定的除外。

第六条 使用的未注册商标是否构成《商标法》第十条第一款规定的相同或者近似,参照《商标审查审理指南》进行判断。

第七条 《商标法》第十条第一款第六项规定的带有民族歧视性,是指使用未注册商标的文字、图形或者其他构成要素带有对特定民族进行丑化、贬低或者其他不平等看待该民族的内容。

第八条 《商标法》第十条第一款第七项规定的带有欺骗性,是指商标对其使用商品或者服务的质量等特点或者产地作了超过其固有程度或者与事实不符的表示,易使公众对商品或者服务的质量等特点或者产地产生错误的认识。

但公众基于日常生活经验等不会对商品或者服务的质量等特点或者产地产生误认的除外。

第九条　使用的未注册商标有下列情形之一的,均属《商标法》第十条第一款第七项规定的带有欺骗性:

（一）易使公众对商品或者服务的质量、主要原料、功能、用途、重量、数量以及其他特点产生误认的;

（二）易使公众对商品或者服务的产地产生误认的;

（三）其他对使用商品或者服务的质量等特点或者产地作了超过其固有程度或者与事实不符的表示、易使公众产生误认的。

第十条　《商标法》第十条第一款第八项规定的有害于社会主义道德风尚,是指损害中国公众共同生活及其行为的准则、规范以及在一定时期内社会上流行的良好风气和习惯。

第十一条　《商标法》第十条第一款第八项规定的其他不良影响,是指标志的文字、图形或者其他构成要素具有贬损含义,或者该标志本身虽无贬损含义但作为商标使用,易对中国政治、经济、文化、宗教、民族等社会公共利益和公共秩序产生消极、负面的影响。

第十二条　使用的未注册商标有下列情形之一的,均属《商标法》第十条第一款第八项规定的其他不良影响:

（一）对国家安全、国家统一有危害的;

（二）对国家主权、尊严、形象有损害的;

（三）有害于民族、种族尊严或者感情的;

（四）有害于宗教信仰、宗教感情或者民间信仰的;

（五）与恐怖主义组织、邪教组织名称相同或者近似的;

（六）与突发公共事件特有名称相同或者近似的;

（七）商标或者其构成要素与政治、经济、文化、宗教、民族等公众人物的姓名、肖像等相同或者近似,对社会公共利益和公共秩序产生消极、负面影响的;

（八）其他对公共利益和公共秩序产生消极、负面影响的。

第十三条　判断使用的未注册商标是否有害于社会主义道德风尚或者有其他不良影响,应当综合考量以下因素以及各因素之间的相互影响:

（一）该商标使用时的政治背景、社会背景、历史背景、文化传统、民族风俗、宗教政策等;

（二）该商标的构成要素以及其使用的商品或者服务;

（三）使用人的主观意图、使用方式以及使用行为所产生的社会影响等。

公众日常生活经验,或者辞典、工具书等记载,或者相关公众的通常认识,可以作为有害于社会主义道德风尚或者有其他不良影响的判断依据。

第十四条　使用的未注册商标具有多种含义,其中某一含义易使公众认为其属于《商标法》第十条第一款第六至八项规定情形的,可以认定违反该款规定。

第十五条　国家知识产权局认定商标注册申请违反《商标法》第十条规定且相关决

定、裁定生效后,商标申请人或者他人继续使用该商标的,负责商标执法的部门依法查处。

第十六条　负责商标执法的部门发现已经注册的商标涉嫌违反《商标法》第十条规定的,应当逐级报告国家知识产权局,由国家知识产权局按照规定程序依法处理。国家知识产权局作出宣告注册商标无效的决定生效后,商标注册人或者他人继续使用该商标的,负责商标执法的部门应当依法查处。

第十七条　违反《商标法》第十四条第五款规定的,应综合考虑违法行为的情节、危害后果、主观过错等因素,依照《商标法》第五十三条和《中华人民共和国行政处罚法》第三十三条规定处理。

第十八条　《商标法》第四十九条第一款所称自行改变注册商标,是指商标注册人擅自对注册商标的文字、图形、字母、数字、三维标志、颜色组合、声音等构成要素作局部改动或者变换相对位置,影响对该注册商标的认知或者识别,仍标明"注册商标"或者注册标记的。

第十九条　将卷烟整体包装作为商标注册的,其按照国家有关规定加注警语、修改警语内容和警语区面积造成卷烟商标改变并使用的行为,不视为违反《商标法》第四十九条第一款的规定。

第二十条　有下列情形之一的,均属《商标法》第四十九条第一款规定的自行改变商标注册事项:

（一）商标注册人名义（姓名或者名称）发生变化后,未依法向国家知识产权局提出变更申请的;

（二）商标注册人地址发生变化后,未依法向国家知识产权局提出变更申请,或者商标注册人实际地址与《商标注册簿》上记载的地址不一致的;

（三）除商标注册人名义、地址之外的其他注册事项发生变化后,商标注册人未依法向国家知识产权局提出变更申请的。

第二十一条　商标注册人自行改变注册商标、注册人名义、地址或者其他注册事项,由负责商标执法的部门责令限期改正;期满不改正的,负责商标执法的部门逐级报告国家知识产权局,由国家知识产权局按照规定程序依法处理。

第二十二条　《商标法》第五十二条所称的冒充注册商标,是指在使用未注册商标的商品、商品包装、容器、服务场所以及交易文书上或者在广告宣传、展览以及其他商业活动中,标明"注册商标",或者在未注册商标上标注注册标记,或者在未注册商标上标注与注册标记近似的符号,误导相关公众的。

第二十三条　商标注册人或者使用人有下列行为之一的,均属《商标法》第五十二条规定的冒充注册商标:

（一）使用未向国家知识产权局提出注册申请的商标且标明"注册商标"或者标注注册标记的;

（二）使用向国家知识产权局提出注册申请但被驳回或者尚未核准注册的商标

且标明"注册商标"或者标注注册标记的；

（三）注册商标被撤销、被宣告无效、因期满未续展被注销或者申请注销被核准后，继续标明"注册商标"或者标注注册标记的，但在注册商标失效前已进入流通领域的商品除外；

（四）超出注册商标核定使用的商品或者服务而使用该商标且标明"注册商标"或者标注注册标记的；

（五）改变注册商标的显著特征后仍标明"注册商标"或者标注注册标记的；

（六）组合使用两件以上注册商标且标注注册标记，但未按照注册商标逐一标注注册标记的；

（七）标明"注册商标"或者标注注册标记的进口商品，该商标未在中国注册且未声明的。

商标注册人或者使用人的上述行为，同时构成《商标法》第五十七条规定的侵犯他人注册商标专用权的，负责商标执法的部门应当依照《商标法》第六十条第二款规定查处；涉嫌犯罪的，应当及时移送司法机关依法处理。

第二十四条 商标注册人应当监督被许可人合法使用其注册商标。商标注册人明知或者应知被许可人存在自行改变注册商标、注册人名义、地址或者其他注册事项而不及时制止的，商标注册人承担自行改变注册商标的法律责任。

第二十五条 集体商标、证明商标注册人违反《商标法实施条例》第四条第二款和《集体商标、证明商标注册和管理办法》第十四条、第十五条、第十七条、第十八条、第二十条规定的，由负责商标执法的部门按照《集体商标、证明商标注册和管理办法》第二十二条规定处理。

第二十六条 非集体成员生产的商品符合地理标志条件的，其可以正当使用该地理标志中的地名，但无权使用该作为地理标志注册的集体商标标识。

第二十七条 集体商标注册人有下列情形之一的，均属《集体商标、证明商标注册和管理办法》第二十一条规定的没有对该商标的使用进行有效管理或者控制：

（一）违反该集体商标使用管理规则的成员未承担责任的；

（二）使用该集体商标商品的检验监督制度未有效运行的；

（三）其他没有对该商标的使用进行有效管理或者控制的。

第二十八条 证明商标注册人有下列情形之一的，均属《集体商标、证明商标注册和管理办法》第二十一条规定的没有对该商标的使用进行有效管理或者控制：

（一）违反该证明商标使用管理规则的使用人未承担责任的；

（二）使用该证明商标商品的检验监督制度未有效运行的；

（三）其他没有对该商标的使用进行有效管理或者控制的。

第二十九条 《印刷业管理条例》、《商标印制管理办法》所称的商标标识，是指与商品配套一同进入流通领域的带有商标的有形载体，包括注册商标标识和未注册商标标识。

商标标识一般独立于被标志的商品，不具有该商品的功能。

第三十条 商标印制，是指印刷、制作商标标识的行为。

以印染、冲压等方式直接在商品、商品零部件、商品的主要原材料（不含商品的包装物）上标注商标图文的，属于商品生产加工行为，一般不属于前款所称的商标印制。

第三十一条 商标印制单位承印标注"注册商标"字样或者注册标记的商标标识，应当按照《商标印制管理办法》第三条、第四条、第五条、第七条的规定，核查《商标注册证》等证明文件和承印商标是否与《商标注册证》核准注册的商标一致，以及该注册商标是否有效。未履行上述审核义务的，负责商标执法的部门应当依法查处。

第三十二条 商标印制单位承印未标注"注册商标"字样和注册标记的商标标识，未履行以下审核义务的，负责商标执法的部门应当依法查处：

（一）按照《商标印制管理办法》第三条、第六条、第七条的规定，核查证明文件以及商标图样；

（二）通过国家知识产权局官网查询在同一种商品或者服务上，他人是否已注册与承印商标标识相同的商标。

他人已在同一种商品或者服务上注册与承印商标标识相同的商标，商标印制单位仍然承接印制的，按照《商标印制管理办法》第十三条规定处理。

第三十三条 负责商标执法的部门查处恶意申请商标注册行为，可以参照国家知识产权局认定商标注册申请或者商标注册违反《商标法》第四条、第十条第一款第八项、第十三条、第十五条、第三十二条规定或者属于第四十四条第一款"以欺骗或者其他不正当手段取得注册的"情形的生效决定或者裁定，并结合具体案情，作出处理。

第三十四条 本标准由国家知识产权局负责解释。涉及商标授权确权的，适用《商标审查审理指南》。

第三十五条 本标准自 2022 年 1 月 1 日起施行。

2. 商标注册与评审

集体商标、证明商标注册和管理规定

1. 2023 年 12 月 29 日国家知识产权局令第 79 号公布
2. 自 2024 年 2 月 1 日起施行

第一条 为了规范集体商标、证明商标的注册和使用管理，加强商标权益保护，维护

社会公共利益,促进特色产业发展,根据《中华人民共和国商标法》(以下简称商标法)、《中华人民共和国商标法实施条例》(以下简称实施条例)的规定,制定本规定。

第二条 本规定有关商品的规定,适用于服务。

第三条 申请集体商标注册的,应当附送主体资格证明文件、集体成员的名称、地址和使用管理规则。

申请以地理标志作为集体商标注册的团体、协会或者其他组织,其成员应当来自该地理标志标示的地区范围内。

第四条 申请证明商标注册的,应当附送主体资格证明文件、使用管理规则和证明其具有的或者其委托机构具有的专业技术人员、专业检测设备等情况的证明材料,以表明其具有监督该证明商标所证明的特定商品品质的能力。

第五条 申请以地理标志作为证明商标、集体商标注册的,应当附送管辖该地理标志所标示地区的县级以上人民政府或者主管部门的批准文件。

以地理标志作为证明商标、集体商标注册的,应当在申请书件中说明下列内容:

(一)该地理标志所标示的商品的特定质量、信誉或者其他特征;

(二)该商品的特定质量、信誉或者其他特征主要由该地理标志所标示地区的自然因素或者人文因素所决定;

(三)该地理标志所标示的地区的范围。

申请以地理标志作为证明商标、集体商标注册的应当提交具有的或者其委托机构具有的专业技术人员、专业检测设备等情况的证明材料。

外国人或者外国企业申请以地理标志作为证明商标、集体商标注册的,申请人应当提供该地理标志以其名义在其原属国受法律保护的证明。

第六条 集体商标、证明商标的使用管理规则应当依法制定,对注册人、集体成员和使用人具有约束力,并包括下列内容:

(一)使用该集体商标或者证明商标的宗旨;

(二)使用该集体商标的商品的品质或者使用该证明商标证明的商品的原产地、原料、制造方法、质量或者其他特定品质等;

(三)使用该集体商标或者证明商标的手续;

(四)使用该集体商标或者证明商标的权利、义务;

(五)集体商标的集体成员或者证明商标的使用人违反其使用管理规则应当承担的责任;

(六)注册人对使用该集体商标或者证明商标商品的检验监督制度。

证明商标的使用管理规则还应当包括使用该证明商标的条件。

集体商标、证明商标使用管理规则应当进行公告。注册人修改使用管理规则的,应当提出变更申请,经国家知识产权局审查核准,并自公告之日起生效。

第七条　以地理标志作为证明商标、集体商标注册的,可以是该地理标志标示地区的名称,也可以是能够标示某商品来源于该地区的其他标志。

前款所称地区无需与该地区的现行行政区划名称、范围完全一致。

第八条　多个葡萄酒地理标志构成同音字或者同形字,但能够彼此区分且不误导公众的,每个地理标志都可以作为证明商标或者集体商标申请注册。

使用他人作为证明商标、集体商标注册的葡萄酒、烈性酒地理标志标示并非来源于该地理标志所标示地区的葡萄酒、烈性酒,即使同时标出了商品的真正来源地,或者使用的是翻译文字,或者伴有"种"、"型"、"式"、"类"以及其他类似表述的,适用商标法第十六条的规定。

第九条　县级以上行政区划的地名或者公众知晓的地名作为组成部分申请注册集体商标、证明商标的,标志应当具有显著特征,便于识别;标志中含有商品名称的,指定商品应当与商标中的商品名称一致或者密切相关;商品的信誉与地名密切关联。但是损害社会公共利益的标志,不得注册。

地理标志作为证明商标、集体商标注册的,还应当依据本规定的有关规定办理。

第十条　申请人在其申请注册的集体商标、证明商标核准注册前,可以向国家知识产权局申请撤回该集体商标、证明商标的注册申请。

申请人撤回集体商标、证明商标注册申请的,应当注明申请人和商标注册申请号。经审查符合规定的,准予撤回。申请人名称不一致,或者商标注册申请已核准注册,或者已作出不予受理、驳回或者不予注册决定的,撤回申请不予核准。

第十一条　集体商标、证明商标注册人应当实施下列行为,履行商标管理职责,保证商品品质:

(一)按照使用管理规则准许集体成员使用集体商标,许可他人使用证明商标;

(二)及时公开集体成员、使用人信息、使用管理规则;

(三)检查集体成员、使用人的使用行为是否符合使用管理规则;

(四)检查使用集体商标、证明商标的商品是否符合使用管理规则的品质要求;

(五)及时取消不符合使用管理规则的集体成员、使用人的集体商标、证明商标使用资格,并履行变更、备案手续。

第十二条　为管理和运用集体商标、证明商标的需要,注册人可以向集体成员、使用人收取合理费用,收费金额、缴纳方式、缴纳期限应当基于公平合理原则协商确定并予以公开。

第十三条　集体商标注册人的成员发生变化的,注册人应当在3个月内向国家知识产权局申请变更注册事项,并由国家知识产权局公告。

证明商标注册人准许他人使用其商标的,注册人应当在许可后3个月内报国家知识产权局备案,并由国家知识产权局公告。

第十四条　申请转让集体商标、证明商标的,受让人应当具备相应的主体资格,并符合商标法、实施条例和本规定的规定。

集体商标、证明商标发生移转的,权利继受人应当具备相应的主体资格,并符合商标法、实施条例和本规定的规定。

第十五条　集体商标注册人的集体成员,在履行该集体商标使用管理规则规定的手续后,可以使用该集体商标。集体成员不得在不符合使用管理规则的商品上使用该集体商标。

集体商标注册人不得将该集体商标许可给非集体成员使用。

第十六条　凡符合证明商标使用管理规则规定条件的,在履行该证明商标使用管理规则规定的手续后,可以使用该证明商标,注册人不得拒绝办理手续。使用人不得在不符合使用管理规则的商品上使用该证明商标。

证明商标注册人不得在自己提供的商品上使用该证明商标。

第十七条　集体成员、使用人使用集体商标、证明商标时,应当保证使用的商品符合使用管理规则的品质要求。

集体成员、使用人可以将集体商标、证明商标与自己的注册商标同时使用。

地域范围外生产的商品不得使用作为证明商标、集体商标注册的地理标志。

第十八条　集体商标、证明商标注册人应当促进和规范商标使用,提升商标价值,维护商标信誉,推动特色产业发展。

第十九条　集体商标、证明商标注册人、集体成员、使用人应当加强品牌建设,履行下列职责:

(一)加强自律,建立产品溯源和监测机制,制定风险控制预案,维护商标品牌形象和信誉;

(二)鼓励采用或者制定满足市场需求的先进标准,树立良好的商标品牌形象;

(三)结合地方特色资源,挖掘商标品牌文化内涵,制定商标品牌建设发展计划,开展宣传推广,提升商标品牌价值。

第二十条　地方人民政府或者行业主管部门应当根据地方经济发展需要,合理配置公共资源,通过集体商标、证明商标加强区域品牌建设,促进相关市场主体协同发展。

地方知识产权管理部门应当支持区域品牌获得法律保护,指导集体商标、证明商标注册,加强使用管理,实行严格保护,提供公共服务,促进高质量发展。

第二十一条　国家知识产权局应当完整、准确、及时公布集体商标、证明商标注册信息,向社会公众提供信息查询服务。

第二十二条　对下列正当使用集体商标、证明商标中含有的地名的行为,注册商标专用权人无权禁止:

(一)在企业名称字号中使用;

(二)在配料表、包装袋等使用表明产品及其原料的产地;

(三)在商品上使用表明产地或者地域来源;

(四)在互联网平台或者店铺的商品详情、商品属性中客观表明地域来源；

(五)其他正当使用地名的行为。

前款所述正当使用集体商标、证明商标中含有的地名，应当以事实描述为目的且符合商业惯例，不得违反其他法律规定。

第二十三条 他人以事实描述方式在特色小吃、菜肴、菜单、橱窗展示、互联网商品详情展示等使用涉及餐饮类的集体商标、证明商标中的地名、商品名称等文字的，并且未导致误导公众的，属于正当使用行为，注册商标专用权人无权禁止。

第二十四条 实施条例第四条第二款中的正当使用该地理标志是指正当使用作为集体商标注册的地理标志中的地名、商品名称或者商品的通用名称，但不得擅自使用该集体商标。

第二十五条 有本规定第二十二条至第二十四条所述正当使用行为的，行为人不得恶意或者贬损集体商标、证明商标的信誉，扰乱市场竞争秩序，损害其注册人合法权益。

第二十六条 注册人怠于行使权利导致集体商标、证明商标成为核定使用的商品的通用名称或者没有正当理由连续3年不使用的，任何人可以根据商标法第四十九条申请撤销该注册商标。

第二十七条 对从事集体商标、证明商标注册和管理工作的人员以及其他依法履行公职的人员玩忽职守、滥用职权、徇私舞弊、弄虚作假、违法违纪办理商标注册、管理、保护等事项，收受当事人财物，牟取不正当利益，依法依纪给予处分；构成犯罪的，依法追究刑事责任。

第二十八条 本规定自2024年2月1日起施行。

商标评审规则

1. 1995年11月2日国家工商行政管理局令第37号公布
2. 根据2002年9月17日国家工商行政管理总局令第3号第一次修订
3. 根据2005年9月26日国家工商行政管理总局令第20号第二次修订
4. 根据2014年5月28日国家工商行政管理总局令第65号第三次修订
5. 自2014年6月1日起施行

第一章 总 则

第一条 为规范商标评审程序，根据《中华人民共和国商标法》(以下简称商标法)和《中华人民共和国商标法实施条例》(以下简称实施条例)，制定本规则。

第二条 根据商标法及实施条例的规定，国家工商行政管理总局商标评审委员会(以下简称商标评审委员会)负责处理下列商标评审案件：

（一）不服国家工商行政管理总局商标局（以下简称商标局）驳回商标注册申请决定，依照商标法第三十四条规定申请复审的案件；

（二）不服商标局不予注册决定，依照商标法第三十五条第三款规定申请复审的案件；

（三）对已经注册的商标，依照商标法第四十四条第一款、第四十五条第一款规定请求无效宣告的案件；

（四）不服商标局宣告注册商标无效决定，依照商标法第四十四条第二款规定申请复审的案件；

（五）不服商标局撤销或者不予撤销注册商标决定，依照商标法第五十四条规定申请复审的案件。

在商标评审程序中，前款第（一）项所指请求复审的商标统称为申请商标，第（二）项所指请求复审的商标统称为被异议商标，第（三）项所指请求无效宣告的商标统称为争议商标，第（四）、（五）项所指请求复审的商标统称为复审商标。本规则中，前述商标统称为评审商标。

第三条　当事人参加商标评审活动，可以以书面方式或者数据电文方式办理。

数据电文方式办理的具体办法由商标评审委员会另行制定。

第四条　商标评审委员会审理商标评审案件实行书面审理，但依照实施条例第六十条规定决定进行口头审理的除外。

口头审理的具体办法由商标评审委员会另行制定。

第五条　商标评审委员会根据商标法、实施条例和本规则做出的决定和裁定，应当以书面方式或者数据电文方式送达有关当事人，并说明理由。

第六条　除本规则另有规定外，商标评审委员会审理商标评审案件实行合议制度，由三名以上的单数商标评审人员组成合议组进行审理。

合议组审理案件，实行少数服从多数的原则。

第七条　当事人或者利害关系人依照实施条例第七条的规定申请商标评审人员回避的，应当以书面方式办理，并说明理由。

第八条　在商标评审期间，当事人有权依法处分自己的商标权和与商标评审有关的权利。在不损害社会公共利益、第三方权利的前提下，当事人之间可以自行或者经调解以书面方式达成和解。

对于当事人达成和解的案件，商标评审委员会可以结案，也可以做出决定或者裁定。

第九条　商标评审案件的共同申请人和共有商标的当事人办理商标评审事宜，应当依照实施条例第十六条第一款的规定确定一个代表人。

代表人参与评审的行为对其所代表的当事人发生效力，但代表人变更、放弃评审请求或者承认对方当事人评审请求的，应当有被代表的当事人书面授权。

商标评审委员会的文件应当送达代表人。

第十条　外国人或者外国企业办理商标评审事宜,在中国有经常居所或者营业所的,可以委托依法设立的商标代理机构办理,也可以直接办理;在中国没有经常居所或者营业所的,应当委托依法设立的商标代理机构办理。

第十一条　代理权限发生变更、代理关系解除或者变更代理人的,当事人应当及时书面告知商标评审委员会。

第十二条　当事人及其代理人可以申请查阅本案有关材料。

第二章　申请与受理

第十三条　申请商标评审,应当符合下列条件:
　　(一)申请人须有合法的主体资格;
　　(二)在法定期限内提出;
　　(三)属于商标评审委员会的评审范围;
　　(四)依法提交符合规定的申请书及有关材料;
　　(五)有明确的评审请求、事实、理由和法律依据;
　　(六)依法缴纳评审费用。

第十四条　申请商标评审,应当向商标评审委员会提交申请书;有被申请人的,应当按照被申请人的数量提交相应份数的副本;评审商标发生转让、移转、变更,已向商标局提出申请但是尚未核准公告的,当事人应当提供相应的证明文件;基于商标局的决定书申请复审的,还应当同时附送商标局的决定书。

第十五条　申请书应当载明下列事项:
　　(一)申请人的名称、通信地址、联系人和联系电话。评审申请有被申请人的,应当载明被申请人的名称和地址。委托商标代理机构办理商标评审事宜的,还应当载明商标代理机构的名称、地址、联系人和联系电话;
　　(二)评审商标及其申请号或者初步审定号、注册号和刊登该商标的《商标公告》的期号;
　　(三)明确的评审请求和所依据的事实、理由及法律依据。

第十六条　商标评审申请不符合本规则第十三条第(一)、(二)、(三)、(六)项规定条件之一的,商标评审委员会不予受理,书面通知申请人,并说明理由。

第十七条　商标评审申请不符合本规则第十三条第(四)、(五)项规定条件之一的,或者未按照实施条例和本规则规定提交有关证明文件的,或者有其他需要补正情形的,商标评审委员会应当向申请人发出补正通知,申请人应当自收到补正通知之日起三十日内补正。

　　经补正仍不符合规定的,商标评审委员会不予受理,书面通知申请人,并说明理由。未在规定期限内补正的,依照实施条例第五十七条规定,视为申请人撤回评审申请,商标评审委员会应当书面通知申请人。

第十八条　商标评审申请经审查符合受理条件的,商标评审委员会应当在三十日内向申请人发出《受理通知书》。

第十九条　商标评审委员会已经受理的商标评审申请,有下列情形之一的,属于不符合受理条件,应当依照实施条例第五十七条规定予以驳回:

（一）违反实施条例第六十二条规定,申请人撤回商标评审申请后,又以相同的事实和理由再次提出评审申请的;

（二）违反实施条例第六十二条规定,对商标评审委员会已经做出的裁定或者决定,以相同的事实和理由再次提出评审申请的;

（三）其他不符合受理条件的情形。

对经不予注册复审程序予以核准注册的商标提起宣告注册商标无效的,不受前款第（二）项规定限制。

商标评审委员会驳回商标评审申请,应当书面通知申请人,并说明理由。

第二十条　当事人参加评审活动,应当按照对方当事人的数量,提交相应份数的申请书、答辩书、意见书、质证意见及证据材料副本,副本内容应当与正本内容相同。不符合前述要求且经补正仍不符合要求的,依照本规则第十七条第二款的规定,不予受理评审申请,或者视为未提交相关材料。

第二十一条　评审申请有被申请人的,商标评审委员会受理后,应当及时将申请书副本及有关证据材料送达被申请人。被申请人应当自收到申请材料之日起三十日内向商标评审委员会提交答辩书及其副本;未在规定期限内答辩的,不影响商标评审委员会的评审。

商标评审委员会审理不服商标局不予注册决定的复审案件,应当通知原异议人参加并提出意见。原异议人应当在收到申请材料之日起三十日内向商标评审委员会提交意见书及其副本;未在规定期限内提出意见的,不影响案件审理。

第二十二条　被申请人参加答辩和原异议人参加不予注册复审程序应当有合法的主体资格。

商标评审答辩书、意见书及有关证据材料应当按照规定的格式和要求填写、提供。

不符合第二款规定或者有其他需要补正情形的,商标评审委员会向被申请人或者原异议人发出补正通知,被申请人或者原异议人应当自收到补正通知之日起三十日内补正。经补正仍不符合规定或者未在法定期限内补正的,视为未答辩或者未提出意见,不影响商标评审委员会的评审。

第二十三条　当事人需要在提出评审申请或者答辩后补充有关证据材料的,应当在申请书或者答辩书中声明,并自提交申请书或者答辩书之日起三个月内一次性提交;未在申请书或者答辩书中声明或者期满未提交的,视为放弃补充证据材料。但是,在期满后生成或者当事人有其他正当理由未能在期满前提交的证据,在期满后提交的,商标评审委员会将证据交对方当事人并质证后可以采信。

对当事人在法定期限内提供的证据材料,有对方当事人的,商标评审委员会应当将该证据材料副本送达给对方当事人。当事人应当在收到证据材料副本之日起三十日内进行质证。

第二十四条　当事人应当对其提交的证据材料逐一分类编号和制作目录清单,对证据材料的来源、待证的具体事实作简要说明,并签名盖章。

商标评审委员会收到当事人提交的证据材料后,应当按目录清单核对证据材料,并由经办人员在回执上签收,注明提交日期。

第二十五条　当事人名称或者通信地址等事项发生变更的,应当及时通知商标评审委员会,并依需要提供相应的证明文件。

第二十六条　在商标评审程序中,当事人的商标发生转让、移转的,受让人或者承继人应当及时以书面方式声明承受相关主体地位,参加后续评审程序并承担相应的评审后果。

未书面声明且不影响评审案件审理的,商标评审委员会可以将受让人或者承继人列为当事人做出决定或者裁定。

第三章　审　　理

第二十七条　商标评审委员会审理商标评审案件实行合议制度。但有下列情形之一的案件,可以由商标评审人员一人独任评审:

（一）仅涉及商标法第三十条和第三十一条所指在先商标权利冲突的案件中,评审时权利冲突已消除的;

（二）被请求撤销或者无效宣告的商标已经丧失专用权的;

（三）依照本规则第三十二条规定应当予以结案的;

（四）其他可以独任评审的案件。

第二十八条　当事人或者利害关系人依照实施条例第七条和本规则第七条的规定对商标评审人员提出回避申请的,被申请回避的商标评审人员在商标评审委员会做出是否回避的决定前,应当暂停参与本案的审理工作。

商标评审委员会在做出决定、裁定后收到当事人或者利害关系人提出的回避申请的,不影响评审决定、裁定的有效性。但评审人员确实存在需要回避的情形的,商标评审委员会应当依法做出处理。

第二十九条　商标评审委员会审理商标评审案件,应当依照实施条例第五十二条、第五十三条、第五十四条、第五十五条、第五十六条的规定予以审理。

第三十条　经不予注册复审程序予以核准注册的商标,原异议人向商标评审委员会请求无效宣告的,商标评审委员会应当另行组成合议组进行审理。

第三十一条　依照商标法第三十五条第四款、第四十五条第三款和实施条例第十一条第（五）项的规定,需要等待在先权利案件审理结果的,商标评审委员会可以决定暂缓审理该商标评审案件。

第三十二条　有下列情形之一的,终止评审,予以结案:

（一）申请人死亡或者终止后没有继承人或者继承人放弃评审权利的;

（二）申请人撤回评审申请的;

(三)当事人自行或者经调解达成和解协议,可以结案的;
(四)其他应当终止评审的情形。
商标评审委员会予以结案,应当书面通知有关当事人,并说明理由。

第三十三条　合议组审理案件应当制作合议笔录,并由合议组成员签名。合议组成员有不同意见的,应当如实记入合议笔录。

经审理终结的案件,商标评审委员会依法做出决定、裁定。

第三十四条　商标评审委员会做出的决定、裁定应当载明下列内容:
(一)当事人的评审请求、争议的事实、理由和证据;
(二)决定或者裁定认定的事实、理由和适用的法律依据;
(三)决定或者裁定结论;
(四)可以供当事人选用的后续程序和时限;
(五)决定或者裁定做出的日期。

决定、裁定由合议组成员署名,加盖商标评审委员会印章。

第三十五条　对商标评审委员会做出的决定、裁定,当事人不服向人民法院起诉的,应当在向人民法院递交起诉状的同时或者至迟十五日内将该起诉状副本抄送或者另行将起诉信息书面告知商标评审委员会。

除商标评审委员会做出的准予初步审定或者予以核准注册的决定外,商标评审委员会自发出决定、裁定之日起四个月内未收到来自人民法院应诉通知或者当事人提交的起诉状副本、书面起诉通知的,该决定、裁定移送商标局执行。

商标评审委员会自收到当事人提交的起诉状副本或者书面起诉通知之日起四个月内未收到来自人民法院应诉通知的,相关决定、裁定移送商标局执行。

第三十六条　在一审行政诉讼程序中,若因商标评审决定、裁定所引证的商标已经丧失在先权利导致决定、裁定事实认定、法律适用发生变化的,在原告撤诉的情况下,商标评审委员会可以撤回原决定或者裁定,并依据新的事实,重新做出商标评审决定或者裁定。

商标评审决定、裁定送达当事人后,商标评审委员会发现存在文字错误等非实质性错误的,可以向评审当事人发送更正通知书对错误内容进行更正。

第三十七条　商标评审决定、裁定经人民法院生效判决撤销的,商标评审委员会应当重新组成合议组,及时审理,并做出重审决定、裁定。

重审程序中,商标评审委员会对当事人新提出的评审请求和法律依据不列入重审范围;对当事人补充提交的足以影响案件审理结果的证据可以予以采信,有对方当事人的,应当送达对方当事人予以质证。

第四章　证据规则

第三十八条　当事人对自己提出的评审请求所依据的事实或者反驳对方评审请求所依据的事实有责任提供证据加以证明。

证据包括书证、物证、视听资料、电子数据、证人证言、鉴定意见、当事人的陈述等。

没有证据或者证据不足以证明当事人的事实主张的,由负有举证责任的当事人承担不利后果。

一方当事人对另一方当事人陈述的案件事实明确表示承认的,另一方当事人无需举证,但商标评审委员会认为确有必要举证的除外。

当事人委托代理人参加评审的,代理人的承认视为当事人的承认。但未经特别授权的代理人对事实的承认直接导致承认对方评审请求的除外;当事人在场但对其代理人的承认不作否认表示的,视为当事人的承认。

第三十九条 下列事实,当事人无需举证证明:

(一)众所周知的事实;

(二)自然规律及定理;

(三)根据法律规定或者已知事实和日常生活经验法则,能推定出的另一事实;

(四)已为人民法院发生法律效力的裁判所确认的事实;

(五)已为仲裁机构的生效裁决所确认的事实;

(六)已为有效公证文书所证明的事实。

前款(一)、(三)、(四)、(五)、(六)项,有相反证据足以推翻的除外。

第四十条 当事人向商标评审委员会提供书证的,应当提供原件,包括原本、正本和副本。提供原件有困难的,可以提供相应的复印件、照片、节录本;提供由有关部门保管的书证原件的复制件、影印件或者抄录件的,应当注明出处,经该部门核对无异后加盖其印章。

当事人向商标评审委员会提供物证的,应当提供原物。提供原物有困难的,可以提供相应的复制件或者证明该物证的照片、录像等其他证据;原物为数量较多的种类物的,可以提供其中的一部分。

一方当事人对另一方当事人所提书证、物证的复制件、照片、录像等存在怀疑并有相应证据支持的,或者商标评审委员会认为有必要的,被质疑的当事人应当提供或者出示有关证据的原件或者经公证的复印件。

第四十一条 当事人向商标评审委员会提供的证据系在中华人民共和国领域外形成,或者在香港、澳门、台湾地区形成,对方当事人对该证据的真实性存在怀疑并有相应证据支持的,或者商标评审委员会认为必要的,应当依照有关规定办理相应的公证认证手续。

第四十二条 当事人向商标评审委员会提供外文书证或者外文说明资料,应当附有中文译文。未提交中文译文的,该外文证据视为未提交。

对方当事人对译文具体内容有异议的,应当对有异议的部分提交中文译文。必要时,可以委托双方当事人认可的单位对全文,或者所使用或者有异议的部分进行翻译。

双方当事人对委托翻译达不成协议的,商标评审委员会可以指定专业翻译单位对全文,或者所使用的或者有异议的部分进行翻译。委托翻译所需费用由双方当事人各承担50%;拒绝支付翻译费用的,视为其承认对方提交的译文。

第四十三条 对单一证据有无证明力和证明力大小可以从下列方面进行审核认定:

(一)证据是否原件、原物,复印件、复制品与原件、原物是否相符;

(二)证据与本案事实是否相关;

(三)证据的形式、来源是否符合法律规定;

(四)证据的内容是否真实;

(五)证人或者提供证据的人,与当事人有无利害关系。

第四十四条 评审人员对案件的全部证据,应当从各证据与案件事实的关联程度、各证据之间的联系等方面进行综合审查判断。

有对方当事人的,未经交换质证的证据不应当予以采信。

第四十五条 下列证据不能单独作为认定案件事实的依据:

(一)未成年人所作的与其年龄和智力状况不相适应的证言;

(二)与一方当事人有亲属关系、隶属关系或者其他密切关系的证人所作的对该当事人有利的证言,或者与一方当事人有不利关系的证人所作的对该当事人不利的证言;

(三)应当参加口头审理作证而无正当理由不参加的证人证言;

(四)难以识别是否经过修改的视听资料;

(五)无法与原件、原物核对的复制件或者复制品;

(六)经一方当事人或者他人改动,对方当事人不予认可的证据材料;

(七)其他不能单独作为认定案件事实依据的证据材料。

第四十六条 一方当事人提出的下列证据,对方当事人提出异议但没有足以反驳的相反证据的,商标评审委员会应当确认其证明力:

(一)书证原件或者与书证原件核对无误的复印件、照片、副本、节录本;

(二)物证原物或者与物证原物核对无误的复制件、照片、录像资料等;

(三)有其他证据佐证并以合法手段取得的、无疑点的视听资料或者与视听资料核对无误的复制件。

第四十七条 一方当事人委托鉴定部门做出的鉴定结论,另一方当事人没有足以反驳的相反证据和理由的,可以确认其证明力。

第四十八条 一方当事人提出的证据,另一方当事人认可或者提出的相反证据不足以反驳的,商标评审委员会可以确认其证明力。

一方当事人提出的证据,另一方当事人有异议并提出反驳证据,对方当事人对反驳证据认可的,可以确认反驳证据的证明力。

第四十九条 双方当事人对同一事实分别举出相反的证据,但都没有足够的依据否定对方证据的,商标评审委员会应当结合案件情况,判断一方提供证据的证明力是否明显大于另一方提供证据的证明力,并对证明力较大的证据予以确认。

因证据的证明力无法判断导致争议事实难以认定的,商标评审委员会应当依据举证责任分配原则做出判断。

第五十条　评审程序中,当事人在申请书、答辩书、陈述及其委托代理人的代理词中承认的对己方不利的事实和认可的证据,商标评审委员会应当予以确认,但当事人反悔并有相反证据足以推翻的除外。

第五十一条　商标评审委员会就数个证据对同一事实的证明力,可以依照下列原则认定:

（一）国家机关以及其他职能部门依职权制作的公文文书优于其他书证;

（二）鉴定结论、档案材料以及经过公证或者登记的书证优于其他书证、视听资料和证人证言;

（三）原件、原物优于复制件、复制品;

（四）法定鉴定部门的鉴定结论优于其他鉴定部门的鉴定结论;

（五）原始证据优于传来证据;

（六）其他证人证言优于与当事人有亲属关系或者其他密切关系的证人提供的对该当事人有利的证言;

（七）参加口头审理作证的证人证言优于未参加口头审理作证的证人证言;

（八）数个种类不同、内容一致的证据优于一个孤立的证据。

第五章　期间、送达

第五十二条　期间包括法定期间和商标评审委员会指定的期间。期间应当依照实施条例第十二条的规定计算。

第五十三条　当事人向商标评审委员会提交的文件或者材料的日期,直接递交的,以递交日为准;邮寄的,以寄出的邮戳日为准;邮戳日不清晰或者没有邮戳的,以商标评审委员会实际收到日为准,但是当事人能够提出实际邮戳日证据的除外。通过邮政企业以外的快递企业递交的,以快递企业收寄日为准;收寄日不明确的,以商标评审委员会实际收到日为准,但是当事人能够提出实际收寄日证据的除外。以数据电文方式提交的,以进入商标评审委员会电子系统的日期为准。

当事人向商标评审委员会邮寄文件,应当使用给据邮件。

当事人向商标评审委员会提交文件,应当在文件中标明商标申请号或者注册号、申请人名称。提交的文件内容,以书面方式提交的,以商标评审委员会所存档案记录为准;以数据电文方式提交的,以商标评审委员会数据库记录为准,但是当事人确有证据证明商标评审委员会档案、数据库记录有错误的除外。

第五十四条　商标评审委员会的各种文件,可以通过邮寄、直接递交、数据电文或者其他方式送达当事人;以数据电文方式送达当事人的,应当经当事人同意。当事人委托商标代理机构的,文件送达商标代理机构视为送达当事人。

商标评审委员会向当事人送达各种文件的日期,邮寄的,以当事人收到的邮戳日为准;邮戳日不清晰或者没有邮戳的,自文件发出之日起满十五日,视为送达当事人,但当事人能够证明实际收到日的除外;直接递交的,以递交日为准。以数据电文方式送达的,自文件发出之日满十五日,视为送达当事人;文件通过上述方式无法送达的,可以通过公告方式送达当事人,自公告发布之日起满三十日,该文件视为已经送达。

商标评审委员会向当事人邮寄送达文件被退回后通过公告送达的,后续文件均采取公告送达方式,但当事人在公告送达后明确告知通信地址的除外。

第五十五条 依照实施条例第五条第三款的规定,商标评审案件的被申请人或者原异议人是在中国没有经常居所或者营业所的外国人或者外国企业的,由该评审商标注册申请书中载明的国内接收人负责接收商标评审程序的有关法律文件;商标评审委员会将有关法律文件送达该国内接收人,视为送达当事人。

依照前款规定无法确定国内接收人的,由商标局原审程序中的或者最后一个申请办理该商标相关事宜的商标代理机构承担商标评审程序中有关法律文件的签收及转达义务;商标评审委员会将有关法律文件送达该商标代理机构。商标代理机构在有关法律文件送达之前已经与国外当事人解除商标代理关系的,应当以书面形式向商标评审委员会说明有关情况,并自收到文件之日起十日内将有关法律文件交回商标评审委员会,由商标评审委员会另行送达。

马德里国际注册商标涉及国际局转发相关书件的,应当提交相应的送达证据。未提交的,应当书面说明原因,自国际局发文之日起满十五日视为送达。

上述方式无法送达的,公告送达。

第六章 附 则

第五十六条 从事商标评审工作的国家机关工作人员玩忽职守、滥用职权、徇私舞弊,违法办理商标评审事项,收受当事人财物,牟取不正当利益的,依法给予处分。

第五十七条 对于当事人不服商标局做出的驳回商标注册申请决定在2014年5月1日以前向商标评审委员会提出复审申请,商标评审委员会于2014年5月1日以后(含5月1日,下同)审理的案件,适用修改后的商标法。

对于当事人不服商标局做出的异议裁定在2014年5月1日以前向商标评审委员会提出复审申请,商标评审委员会于2014年5月1日以后审理的案件,当事人提出异议和复审的主体资格适用修改前的商标法,其他程序问题和实体问题适用修改后的商标法。

对于已经注册的商标,当事人在2014年5月1日以前向商标评审委员会提出争议和撤销复审申请,商标评审委员会于2014年5月1日以后审理的案件,相关程序问题适用修改后的商标法,实体问题适用修改前的商标法。

对于当事人在2014年5月1日以前向商标评审委员会提出申请的商标评审案件,应当自2014年5月1日起开始计算审理期限。

第五十八条 办理商标评审事宜的文书格式,由商标评审委员会制定并公布。

第五十九条 本规则由国家工商行政管理总局负责解释。

第六十条 本规则自2014年6月1日起施行。

规范商标申请注册行为若干规定

1. 2019年10月11日国家市场监督管理总局令第17号公布
2. 自2019年12月1日起施行

第一条 为了规范商标申请注册行为,规制恶意商标申请,维护商标注册管理秩序,保护社会公共利益,根据《中华人民共和国商标法》(以下简称商标法)和《中华人民共和国商标法实施条例》(以下简称商标法实施条例),制定本规定。

第二条 申请商标注册,应当遵守法律、行政法规和部门规章的规定,具有取得商标专用权的实际需要。

第三条 申请商标注册应当遵循诚实信用原则。不得有下列行为:

(一)属于商标法第四条规定的不以使用为目的恶意申请商标注册的;

(二)属于商标法第十三条规定,复制、摹仿或者翻译他人驰名商标的;

(三)属于商标法第十五条规定,代理人、代表人未经授权申请注册被代理人或者被代表人商标的;基于合同、业务往来关系或者其他关系明知他人在先使用的商标存在而申请注册该商标的;

(四)属于商标法第三十二条规定,损害他人现有的在先权利或者以不正当手段抢先注册他人已经使用并有一定影响的商标的;

(五)以欺骗或者其他不正当手段申请商标注册的;

(六)其他违反诚实信用原则,违背公序良俗,或者有其他不良影响的。

第四条 商标代理机构应当遵循诚实信用原则。知道或者应当知道委托人申请商标注册属于下列情形之一的,不得接受其委托:

(一)属于商标法第四条规定的不以使用为目的恶意申请商标注册的;

(二)属于商标法第十五条规定的;

(三)属于商标法第三十二条规定的。

商标代理机构除对其代理服务申请商标注册外,不得申请注册其他商标,不得以不正当手段扰乱商标代理市场秩序。

第五条 对申请注册的商标,商标注册部门发现属于违反商标法第四条规定的不以使用为目的的恶意商标注册申请,应当依法驳回,不予公告。

具体审查规程由商标注册部门根据商标法和商标法实施条例另行制定。

第六条 对初步审定公告的商标,在公告期内,因违反本规定的理由被提出异议的,商标注册部门经审查认为异议理由成立,应当依法作出不予注册决定。

对申请驳回复审和不予注册复审的商标,商标注册部门经审理认为属于违反本规定情形的,应当依法作出驳回或者不予注册的决定。

第七条 对已注册的商标,因违反本规定的理由,在法定期限内被提出宣告注册商标无效申请的,商标注册部门经审理认为宣告无效理由成立,应当依法作出宣告注册商标无效的裁定。

对已注册的商标,商标注册部门发现属于违反本规定情形的,应当依据商标法第四十四条规定,宣告该注册商标无效。

第八条 商标注册部门在判断商标注册申请是否属于违反商标法第四条规定时,可以综合考虑以下因素:

(一)申请人或者与其存在关联关系的自然人、法人、其他组织申请注册商标数量、指定使用的类别、商标交易情况等;

(二)申请人所在行业、经营状况等;

(三)申请人被已生效的行政决定或者裁定、司法判决认定曾从事商标恶意注册行为、侵犯他人注册商标专用权行为的情况;

(四)申请注册的商标与他人有一定知名度的商标相同或者近似的情况;

(五)申请注册的商标与知名人物姓名、企业字号、企业名称简称或者其他商业标识等相同或者近似的情况;

(六)商标注册部门认为应当考虑的其他因素。

第九条 商标转让情况不影响商标注册部门对违反本规定第三条情形的认定。

第十条 注册商标没有正当理由连续三年不使用的,任何单位或者个人可以向商标注册部门申请撤销该注册商标。商标注册部门受理后应当通知商标注册人,限其自收到通知之日起两个月内提交该商标在撤销申请提出前使用的证据材料或者说明不使用的正当理由;期满未提供使用的证据材料或者证据材料无效并没有正当理由的,由商标注册部门撤销其注册商标。

第十一条 商标注册部门作出本规定第五条、第六条、第七条所述决定或者裁定后,予以公布。

第十二条 对违反本规定第三条恶意申请商标注册的申请人,依据商标法第六十八条第四款的规定,由申请人所在地或者违法行为发生地县级以上市场监督管理部门根据情节给予警告、罚款等行政处罚。有违法所得的,可以处违法所得三倍最高不超过三万元的罚款;没有违法所得的,可以处一万元以下的罚款。

第十三条 对违反本规定第四条的商标代理机构,依据商标法第六十八条的规定,由行为人所在地或者违法行为发生地县级以上市场监督管理部门责令限期改正,给予警告,处一万元以上十万元以下的罚款;对直接负责的主管人员和其他直接责任人员给予警告,处五千元以上五万元以下的罚款;构成犯罪的,依法追究刑事责任。情节严重的,知识产权管理部门可以决定停止受理该商标代理机构办理商标代理业务,予以公告。

第十四条 作出行政处罚决定的政府部门应当依法将处罚信息通过国家企业信用信息公示系统向社会公示。

第十五条 对违反本规定第四条的商标代理机构,由知识产权管理部门对其负责人进行整改约谈。

第十六条 知识产权管理部门、市场监督管理部门应当积极引导申请人依法申请商标注册、商标代理机构依法从事商标代理业务,规范生产经营活动中使用注册商标的行为。

知识产权管理部门应当进一步畅通商标申请渠道、优化商标注册流程,提升商标公共服务水平,为申请人直接申请注册商标提供便利化服务。

第十七条 知识产权管理部门应当健全内部监督制度,对从事商标注册工作的国家机关工作人员执行法律、行政法规和遵守纪律的情况加强监督检查。

从事商标注册工作的国家机关工作人员玩忽职守、滥用职权、徇私舞弊,违法办理商标注册事项,收受当事人财物,牟取不正当利益的,应当依法给予处分;构成犯罪的,依法追究刑事责任。

第十八条 商标代理行业组织应当完善行业自律规范,加强行业自律,对违反行业自律规范的会员实行惩戒,并及时向社会公布。

第十九条 本规定自 2019 年 12 月 1 日起施行。

自然人办理商标注册申请注意事项

1. 2007 年 2 月 6 日国家工商行政管理总局商标局发布
2. 自 2007 年 2 月 12 日起施行

依照《中华人民共和国商标法》第四条的规定,从事生产、制造、加工、拣选、经销商品或者提供服务的自然人,需要取得商标专用权的,应当向商标局申请商标注册。以自然人名义办理商标注册、转让等申请事宜;除按照有关规定提交《商标注册申请书》、商标图样等材料外,还应注意以下事项:

一、个体工商户可以以其《个体工商户营业执照》登记的字号作为申请人名义提出商标注册申请,也可以以执照上登记的负责人名义提出商标注册申请。以负责人名义提出申请时应提交以下材料的复印件:

(一)负责人的身份证;

(二)营业执照。

二、个人合伙可以以其《营业执照》登记的字号或有关主管机关登记文件登记的字号作为申请人名义提出商标注册申请,也可以以全体合伙人的名义共同提出商标注册申请。以全体合伙人的名义共同提出申请时应提交以下材料的复印件:

(一)合伙人的身份证;

(二)营业执照;

（三）合伙协议。

三、农村承包经营户可以以其承包合同签约人的名义提出商标注册申请，申请时应提交以下材料的复印件：

（一）签约人身份证；

（二）承包合同。

四、其他依法获准从事经营活动的自然人，可以以其在有关行政主管机关颁发的登记文件中登载的经营者名义提出商标注册申请，申请时应提交以下材料的复印件：

（一）经营者的身份证；

（二）有关行政主管机关颁发的登记文件。

五、自然人提出商标注册申请的商品和服务范围，应以其在营业执照或有关登记文件核准的经营范围为限，或者以其自营的农副产品为限。

六、对于不符合《商标法》第四条规定的商标注册申请，商标局不予受理并书面通知申请人。

申请人提供虚假材料取得商标注册的，由商标局撤销该注册商标。

七、办理转让商标申请，受让人为自然人的，应参照上述事项办理。

商标注册申请快速审查办法（试行）

2022年1月14日国家知识产权局公告第467号发布施行

第一条　为了服务国家高质量发展，落实知识产权领域"放管服"改革决策部署，依法快速审查涉及国家利益、社会公共利益或者重大区域发展战略的商标注册申请，根据《中华人民共和国商标法》和《中华人民共和国商标法实施条例》的有关规定，结合商标工作实际，制定本办法。

第二条　有下列情形之一的商标注册申请，可以请求快速审查：

（一）涉及国家或省级重大工程、重大项目、重大科技基础设施、重大赛事、重大展会等名称，且商标保护具有紧迫性的；

（二）在特别重大自然灾害、特别重大事故灾难、特别重大公共卫生事件、特别重大社会安全事件等突发公共事件期间，与应对该突发公共事件直接相关的；

（三）为服务经济社会高质量发展，推动知识产权强国建设纲要实施确有必要的；

（四）其他对维护国家利益、社会公共利益或者重大区域发展战略具有重大现实意义的。

第三条　请求快速审查的商标注册申请，应当同时符合以下条件：

（一）经全体申请人同意；

（二）采用电子申请方式；

（三）所申请注册的商标仅由文字构成；

（四）非集体商标、证明商标的注册申请；

（五）指定商品或服务项目与第二条所列情形密切相关，且为《类似商品和服务区分表》列出的标准名称；

（六）未提出优先权请求。

第四条 请求快速审查商标注册的申请，应当以纸件形式向国家知识产权局提交以下材料：

（一）商标注册申请快速审查请求书；

（二）符合本办法第二条规定的相关材料；

（三）中央和国家机关相关部门、省级人民政府或其办公厅出具的对快速审查请求的推荐意见；或者省级知识产权管理部门出具的对快速审查请求理由及相关材料真实性的审核意见。

第五条 国家知识产权局受理快速审查请求后，对符合本办法规定的，准予快速审查并依法作出审查决定。对不符合本办法规定的，不予快速审查，按照法律规定的一般程序审查。

第六条 国家知识产权局准予快速审查的，应当自同意之日起 20 个工作日内审查完毕。

第七条 在快速审查过程中，发现商标注册申请有下列情形之一的，可以终止快速审查程序，按法律规定的一般程序审查：

（一）商标注册申请依法应进行补正、说明或者修正，以及进行同日申请审查程序的；

（二）商标注册申请人提出快速审查请求后，又提出暂缓审查请求的；

（三）存在其他无法予以快速审查情形的。

第八条 快速审查的商标注册申请在依法作出审查决定后，依照法律有关规定，相关主体可以对初步审定公告的商标注册申请提出异议，对驳回或部分驳回的商标注册申请提出驳回复审。

第九条 国家知识产权局处理商标注册申请快速审查应当严格依法履职、秉公用权，接受纪检监察部门监督，确保快速审查工作在监督下规范透明运行。

第十条 易产生重大不良影响的商标注册申请的快速处置办法另行规定。

第十一条 本办法由国家知识产权局负责解释。国家知识产权局商标局承担商标注册申请快速审查的具体工作。

第十二条 本办法自发布之日起施行。其他有关商标注册申请快速审查的规定，凡与本办法相抵触的以本办法为准。

商标网上申请试用办法

1. 2009年1月7日国家工商行政管理总局商标局发布
2. 商标综字〔2009〕第30号
3. 自2009年1月20日起施行

第一章 总 则

第一条 为了规范通过互联网以电子文件形式提出商标申请(以下简称商标网上申请)的有关程序和要求,根据《商标法》及其实施条例的有关规定,制定本办法。

第二条 提交商标网上申请的,应当遵守本办法和国家工商行政管理总局商标局(以下简称"商标局")制定的商标网上申请流程及其他相关规定。

第三条 提交商标网上申请的,应当通过中国商标网(http://www.ctmo.gov.cn)以商标局规定的文件格式、数据标准、操作规范和传输方式提交申请文件。

第四条 提交商标网上申请的,应当真实、完整、准确地填写申请信息。

第五条 提交商标网上申请的,申请信息以商标局的数据库记录为准。

第六条 商标申请人可以直接提交商标网上申请,也可以委托商标代理组织办理。通过商标代理组织提交商标网上申请的,视为商标申请人与商标代理组织存在委托代理关系。

第七条 直接提交商标网上申请的申请人,应当符合《商标法》第四条的规定,不违反《商标法》第十八条的规定,并具备在线支付商标申请费的技术条件。

　　代理商标网上申请的商标代理组织,应经企业登记机关依法登记并在商标局备案。

第二章 商标网上申请

第八条 由于技术原因,商标申请人或商标代理组织不得提交下列情形的网上申请:

　　(一)商标局公布的《自然人办理商标注册申请注意事项》所规范的商标注册申请;

　　(二)有优先权诉求的商标注册申请;

　　(三)人物肖像的商标注册申请;

　　(四)集体商标、证明商标的商标注册申请;

　　(五)指定使用的商品或服务项目没有列入《类似商品和服务区分表》的商标注册申请;

　　(六)外国人或外国企业作为商标申请人或共同申请人,未委托商标代理组织提交的商标注册申请。我国香港、澳门特别行政区和台湾地区的商标申请人参照本项规定办理;

（七）其它暂不宜采用网上申请的商标注册申请。

第九条　商标申请人直接提交商标网上申请的,应当在提交商标网上申请时,使用本人或其委托的付款人的银行卡立即在线足额支付商标规费;商标代理组织代理商标网上申请的,应当足额预付商标规费。

商标局对付款方式另有规定的,从其规定。

第十条　商标申请人直接提交商标网上申请的,商标局收到符合要求的电子申请书数据和足额缴纳商标申请费的信息视为该申请提交成功;商标代理组织代理商标网上申请的,商标局收到符合要求的电子申请书数据视为该申请提交成功。

不符合前款规定的,视为申请人或受其委托的商标代理组织未提交商标网上申请。商标申请人或商标代理组织可以登录中国商标网对其提交的商标申请进行查询。

第十一条　提交商标网上申请的,商标申请日期以商标局收到提交成功的电子申请书数据的日期为准。

第十二条　提交商标网上申请后,除商标网上申请是在试用过渡期内提交的或商标局规定应当递交相关书面申请材料的外,商标申请人或受其委托的商标代理组织无需再就同一件商标申请向商标局递交书面申请书和其他书面申请材料,否则,视为另一件商标申请。

提交商标网上申请后,商标网上申请是在试用过渡期内提交的或商标局规定应当递交相关书面申请材料的,商标申请人或受其委托的商标代理组织应当按商标网上申请流程的要求办理。《商标法》及其实施条例对递交期限有规定的,从其规定;《商标法》及其实施条例对递交期限没有规定的,商标申请人或受其委托的商标代理组织应当按商标网上申请流程的要求办理。

第十三条　代理商标网上申请的商标代理组织,应当妥善保存委托人的营业执照、身份证等主体资格证明文件的复印件和委托书原件,有关书件应当经委托人签章。商标注册与管理工作需要时,商标代理组织应当自接到商标局通知之日起15日内递交。

第十四条　商标网上申请的接收时间为法定工作日的8:00至16:30。但因故临时调整的,将在中国商标网予以公告,并以公告中标明的时间为准。

商标网上申请的接收时间以外提交的申请,不予受理。

第三章　法　律　责　任

第十五条　提交商标网上申请的,因所提交的申请信息不真实、不完整或不准确所造成的后果由其自行承担。

第十六条　严禁向商标局的商标网上申请系统发送计算机病毒或以任何手段进行网络攻击。因发送计算机病毒、网络攻击造成后果的,由其承担相应的法律责任,并赔偿商标局因此所遭受的损失。

第十七条　具有下列情形的,商标局将暂停其使用商标网上申请系统:

(一) 违反本办法第四、六、七、九、十三、十四条规定的；

(二) 违反本办法第十二条第二款的规定，未按期向商标局递交相关纸质申请材料或者递交的纸质申请材料与商标局的要求不一致的；

(三) 提交的商标网上申请属于本办法第八条所列情形的；

(四) 自本办法实施之日起，因拖欠商标申请费用导致商标申请被不予受理的；

(五) 具有不诚信行为或其他违法行为的；

(六) 违反本办法其它规定且情节严重的。

上述暂停使用商标网上申请系统的情形妥善解决后，当事人可以申请恢复使用。但是，暂停期不少于五个工作日。

第十八条 具有下列情形的，商标局将停止其使用商标网上申请系统：

(一) 连续2年内被暂停使用商标网上申请系统三次（含）以上的；

(二) 具有本办法第十六条规定情形的。

第四章 附 则

第十九条 商标网上申请系统受理的业务类型和商标申请人直接提交网上申请的具体事宜由商标局另行公告。

第二十条 在商标网上申请试用期间，商标局采用对试用单位日申请量适度限制的做法，并根据实际运行情况逐步放开限制。具体事宜另行公告。

第二十一条 本办法由商标局负责解释。

第二十二条 本办法自2009年1月20日起施行。

3. 商标许可使用与认定

商标使用许可合同备案办法

1. 1997年8月1日国家工商行政管理总局商标局发布
2. 商标〔1997〕39号

第一条 为了加强对商标使用许可合同的管理，规范商标使用许可行为，根据《中华人民共和国商标法》及《中华人民共和国商标法实施细则》的有关规定，制订本办法。

第二条 商标注册人许可他人使用其注册商标，必须签订商标使用许可合同。

第三条 订立商标使用许可合同，应当遵循自愿和诚实信用的原则。

任何单位和个人不得利用许可合同从事违法活动，损害社会公共利益和消费者权益。

第四条　商标使用许可合同自签订之日起三个月内,许可人应当将许可合同副本报送商标局备案。

第五条　向商标局办理商标使用许可合同备案事宜的,可以委托国家工商行政管理局认可的商标代理组织代理,也可以直接到商标局办理。

许可人是外国人或者外国企业的,应当委托国家工商行政管理局指定的商标代理组织代理。

第六条　商标使用许可合同至少应当包括下列内容:

(一)许可使用的商标及其注册证号;

(二)许可使用的商品范围;

(三)许可使用期限;

(四)许可使用商标的标识提供方式;

(五)许可人对被许可人使用其注册商标的商品质量进行监督的条款;

(六)在使用许可人注册商标的商品上标明被许可人的名称和商品产地的条款。

第七条　申请商标使用许可合同备案,应当提交下列书件:

(一)商标使用许可合同备案表;

(二)商标使用许可合同副本;

(三)许可使用商标的注册证复印件。

人用药品商标使用许可合同备案,应当同时附送被许可人取得的卫生行政管理部门的有效证明文件。

卷烟、雪茄烟和有包装烟丝的商标使用许可合同备案,应当同时附送被许可人取得的国家烟草主管部门批准生产的有效证明文件。

外文书件应当同时附送中文译本。

第八条　商标注册人通过被许可人许可第三方使用其注册商标的,其商标使用许可合同中应当含有允许被许可人许可第三方使用的内容或者出具相应的授权书。

第九条　申请商标使用许可合同备案,应当按照许可使用的商标数量填报商标使用许可合同备案表,并附送相应的使用许可合同副本及《商标注册证》复印件。

通过一份合同许可一个被许可人使用多个商标的,许可人应当按照商标数量报送商标使用许可合同备案表及《商标注册证》复印件,但可以只报送一份使用许可合同副本。

第十条　申请商标使用许可合同备案,许可人应当按照许可使用的商标数量缴纳备案费。

缴纳备案费可以采取直接向商标局缴纳的方式,也可以采取委托商标代理组织缴纳的方式。具体收费标准依照有关商标业务收费的规定执行。

第十一条　有下列情形之一的,商标局不予备案:

(一)许可人不是被许可商标的注册人的;

(二)许可使用的商标与注册商标不一致的;
(三)许可使用商标的注册证号与所提供商标注册证号不符的;
(四)许可使用的期限超过该注册商标的有效期限的;
(五)许可使用的商品超出了该注册商标核定使用的商品范围的;
(六)商标使用许可合同缺少本办法第六条所列内容的;
(七)备案申请缺少本办法第七条所列书件的;
(八)未缴纳商标使用许可合同备案费的;
(九)备案申请中的外文书件未附中文译本的;
(十)其他不予备案的情形。

第十二条 商标使用许可合同备案书件齐备,符合《商标法》及《商标法实施细则》有关规定的,商标局予以备案。

已备案的商标使用许可合同,由商标局向备案申请人发出备案通知书,并集中刊登在每月第2期《商标公告》上。

第十三条 不符合备案要求的,商标局予以退回并说明理由。

许可人应当自收到退回备案材料之日起一个月内,按照商标局指定的内容补正再报送备案。

第十四条 有下列情形之一的,应当重新申请商标使用许可合同备案:
(一)许可使用的商品范围变更的;
(二)许可使用的期限变更的;
(三)许可使用的商标所有权发生转移的;
(四)其他应当重新申请备案的情形。

第十五条 有下列情形之一的,许可人和被许可人应当书面通知商标局及其各自所在地县级工商行政管理机关:
(一)许可人名义变更的;
(二)被许可人名义变更的;
(三)商标使用许可合同提前终止的;
(四)其他需要通知的情形。

第十六条 对以欺骗手段或者其他不正当手段取得备案的,由商标局注销其商标使用许可合同备案并予以公告。

第十七条 对已备案的商标使用许可合同,任何单位和个人均可以提出书面查询申请,并按照有关规定交纳查询费。

第十八条 按照《商标法实施细则》第三十五条的规定,许可人和被许可人应当在许可合同签订之日起三个月内,将许可合同副本交送其所在地工商行政管理机关存查,具体存查办法可以参照本办法执行。

第十九条 县级以上工商行政管理机关依据《商标法》及其他法律、法规和规章的规定,负责对商标使用许可行为的指导、监督和管理。

第二十条 利用商标使用许可合同从事违法活动的,由县级以上工商行政管理机关依据《商标法》及其他法律、法规和规章的规定处理;构成犯罪的,依法追究刑事责任。

第二十一条 本办法所称商标许可人是指商标使用许可合同中许可他人使用其注册商标的人,商标被许可人是指符合《商标法》及《商标法实施细则》有关规定并经商标注册人授权使用其商标的人。

本办法有关商品商标的规定,适用于业务商标。

第二十二条 商标使用许可合同示范文本由商标局制定并公布。

第二十三条 本办法自发布之日起施行。商标局1985年2月25日颁发的《商标使用许可合同备案注意事项》同时废止。

附件1:

商标使用许可合同
(示范文本)

合同编号:
签订地点:

商标使用许可人(甲方)_____
商标使用被许可人(乙方)_____

根据《中华人民共和国商标法》第二十六条和《商标法实施细则》第三十五条规定,甲、乙双方遵循自愿和诚实信用的原则,经协商一致,签订本商标使用许可合同。

一、甲方将已注册的使用在____类____商品上的第____号____商标,许可乙方使用在____类____商品上。

商标标识:

二、许可使用的期限自_____年____月____日起至_____年____月____日止。合同期满,如需延长使用时间,由甲、乙双方另行续订商标使用许可合同。

三、甲方有权监督乙方使用注册商标的商品质量,乙方应当保证使用该注册商标的商品质量。具体措施为:_____。

四、乙方必须在使用该注册商标的商品上标明自己的企业名称和商品产地。

五、乙方不得任意改变甲方注册商标的文字、图形或者其组合,并不得超越许可的商品范围使用甲方的注册商标。

六、未经甲方授权,乙方不得以任何形式和理由将甲方注册商标许可第三方使用。

七、注册商标标识的提供方式:

八、许可使用费及支付方式:

九、本合同提前终止时,甲、乙双方应当分别自终止之日起一个月内书面通知商标局及其各自所在地县级工商行政管理机关。

十、违约责任：

十一、纠纷解决方式：

十二、其他事宜：

本合同一式____份，自签订之日起三个月内，由甲、乙双方分别将合同副本交送所在地县级工商行政管理机关存查，并由甲方报送商标局备案。

商标使用许可人（甲方）　　　　　商标使用被许可人（乙方）
　　　（签章）　　　　　　　　　　　　　（签章）
法定代表人　　　　　　　　　　　法定代表人
地址　　　　　　　　　　　　　　地址
邮编　　　　　　　　　　　　　　邮编
　　　　　　　　　　　　　　　　　　　年　　月　　日

附件2：

国家工商行政管理局商标局

商标使用许可合同备案通知书

标合同备字〔　　〕号

_____：

根据《中华人民共和国商标法》及《中华人民共和国商标法实施细则》有关规定，你(　　)于_____年___月___日报送我局的许可_____使用的第____号____商标使用许可合同副本，经审查，我局予以备案。

商标使用许可合同备案号为_____。

特此通知。

（商标局章）
年　　月　　日

驰名商标认定和保护规定

2014年7月3日国家工商行政管理总局令第66号公布

第一条　为规范驰名商标认定工作，保护驰名商标持有人的合法权益，根据《中华人民共和国商标法》(以下简称商标法)、《中华人民共和国商标法实施条例》(以下简称实施条例)，制定本规定。

第二条 驰名商标是在中国为相关公众所熟知的商标。

相关公众包括与使用商标所标示的某类商品或者服务有关的消费者,生产前述商品或者提供服务的其他经营者以及经销渠道中所涉及的销售者和相关人员等。

第三条 商标局、商标评审委员会根据当事人请求和审查、处理案件的需要,负责在商标注册审查、商标争议处理和工商行政管理部门查处商标违法案件过程中认定和保护驰名商标。

第四条 驰名商标认定遵循个案认定、被动保护的原则。

第五条 当事人依照商标法第三十三条规定向商标局提出异议,并依照商标法第十三条规定请求驰名商标保护的,可以向商标局提出驰名商标保护的书面请求并提交其商标构成驰名商标的证据材料。

第六条 当事人在商标不予注册复审案件和请求无效宣告案件中,依照商标法第十三条规定请求驰名商标保护的,可以向商标评审委员会提出驰名商标保护的书面请求并提交其商标构成驰名商标的证据材料。

第七条 涉及驰名商标保护的商标违法案件由市(地、州)级以上工商行政管理部门管辖。当事人请求工商行政管理部门查处商标违法行为,并依照商标法第十三条规定请求驰名商标保护的,可以向违法行为发生地的市(地、州)级以上工商行政管理部门进行投诉,并提出驰名商标保护的书面请求,提交证明其商标构成驰名商标的证据材料。

第八条 当事人请求驰名商标保护应当遵循诚实信用原则,并对事实及所提交的证据材料的真实性负责。

第九条 以下材料可以作为证明符合商标法第十四条第一款规定的证据材料:

(一)证明相关公众对该商标知晓程度的材料。

(二)证明该商标使用持续时间的材料,如该商标使用、注册的历史和范围的材料。该商标为未注册商标的,应当提供证明其使用持续时间不少于五年的材料。该商标为注册商标的,应当提供证明其注册时间不少于三年或者持续使用时间不少于五年的材料。

(三)证明该商标的任何宣传工作的持续时间、程度和地理范围的材料,如近三年广告宣传和促销活动的方式、地域范围、宣传媒体的种类以及广告投放量等材料。

(四)证明该商标曾在中国或者其他国家和地区作为驰名商标受保护的材料。

(五)证明该商标驰名的其他证据材料,如使用该商标的主要商品在近三年的销售收入、市场占有率、净利润、纳税额、销售区域等材料。

前款所称"三年"、"五年",是指被提出异议的商标注册申请日期、被提出无效宣告请求的商标注册申请日期之前的三年、五年,以及在查处商标违法案件中提出驰名商标保护请求日期之前的三年、五年。

第十条　当事人依照本规定第五条、第六条规定提出驰名商标保护请求的,商标局、商标评审委员会应当在商标法第三十五条、第三十七条、第四十五条规定的期限内及时作出处理。

第十一条　当事人依照本规定第七条规定请求工商行政管理部门查处商标违法行为的,工商行政管理部门应当对投诉材料予以核查,依照《工商行政管理机关行政处罚程序规定》的有关规定决定是否立案。决定立案的,工商行政管理部门应当对当事人提交的驰名商标保护请求及相关证据材料是否符合商标法第十三条、第十四条、实施条例第三条和本规定第九条规定进行初步核实和审查。经初步核查符合规定的,应当自立案之日起三十日内将驰名商标认定请示、案件材料副本一并报送上级工商行政管理部门。经审查不符合规定的,应当依照《工商行政管理机关行政处罚程序规定》的规定及时作出处理。

第十二条　省（自治区、直辖市）工商行政管理部门应当对本辖区内市（地、州）级工商行政管理部门报送的驰名商标认定相关材料是否符合商标法第十三条、第十四条、实施条例第三条和本规定第九条规定进行核实和审查。经核查符合规定的,应当自收到驰名商标认定相关材料之日起三十日内,将驰名商标认定请示、案件材料副本一并报送商标局。经审查不符合规定的,应当将有关材料退回原立案机关,由其依照《工商行政管理机关行政处罚程序规定》的规定及时作出处理。

第十三条　商标局、商标评审委员会在认定驰名商标时,应当综合考虑商标法第十四条第一款和本规定第九条所列各项因素,但不以满足全部因素为前提。

　　商标局、商标评审委员会在认定驰名商标时,需要地方工商行政管理部门核实有关情况的,相关地方工商行政管理部门应当予以协助。

第十四条　商标局经对省（自治区、直辖市）工商行政管理部门报送的驰名商标认定相关材料进行审查,认定构成驰名商标的,应当向报送请示的省（自治区、直辖市）工商行政管理部门作出批复。

　　立案的工商行政管理部门应当自商标局作出认定批复后六十日内依法予以处理,并将行政处罚决定书抄报所在省（自治区、直辖市）工商行政管理部门。省（自治区、直辖市）工商行政管理部门应当自收到抄报的行政处罚决定书之日起三十日内将案件处理情况及行政处罚决定书副本报送商标局。

第十五条　各级工商行政管理部门在商标注册和管理工作中应当加强对驰名商标的保护,维护权利人和消费者合法权益。商标违法行为涉嫌犯罪的,应当将案件及时移送司法机关。

第十六条　商标注册审查、商标争议处理和工商行政管理部门查处商标违法案件过程中,当事人依照商标法第十三条规定请求驰名商标保护时,可以提供该商标曾在我国作为驰名商标受保护的记录。

　　当事人请求驰名商标保护的范围与已被作为驰名商标予以保护的范围基本相同,且对方当事人对该商标驰名无异议,或者虽有异议,但异议理由和提供的证据明显不足以支持该异议的,商标局、商标评审委员会、商标违法案件立案部门可以根据该保护记录,结合相关证据,给予该商标驰名商标保护。

第十七条 在商标违法案件中,当事人通过弄虚作假或者提供虚假证据材料等不正当手段骗取驰名商标保护的,由商标局撤销对涉案商标已作出的认定,并通知报送驰名商标认定请示的省(自治区、直辖市)工商行政管理部门。

第十八条 地方工商行政管理部门违反本规定第十一条、第十二条规定未履行对驰名商标认定相关材料进行核实和审查职责,或者违反本规定第十三条第二款规定未予以协助或者未履行核实职责,或者违反本规定第十四条第二款规定逾期未对商标违法案件作出处理或者逾期未报送处理情况的,由上一级工商行政管理部门予以通报,并责令其整改。

第十九条 各级工商行政管理部门应当建立健全驰名商标认定工作监督检查制度。

第二十条 参与驰名商标认定与保护相关工作的人员,玩忽职守、滥用职权、徇私舞弊,违法办理驰名商标认定有关事项,收受当事人财物,牟取不正当利益的,依照有关规定予以处理。

第二十一条 本规定自公布之日起30日后施行。2003年4月17日国家工商行政管理总局公布的《驰名商标认定和保护规定》同时废止。

最高人民法院关于审理涉及驰名商标保护的民事纠纷案件应用法律若干问题的解释

1. 2009年4月22日最高人民法院审判委员会第1467次会议通过、2009年4月23日公布、自2009年5月1日起施行(法释〔2009〕3号)
2. 根据2020年12月23日最高人民法院审判委员会第1823次会议通过、2020年12月29日公布、自2021年1月1日起施行的《最高人民法院关于修改〈最高人民法院关于审理侵犯专利权纠纷案件应用法律若干问题的解释(二)〉等十八件知识产权类司法解释的决定》(法释〔2020〕19号)修正

为在审理侵犯商标权等民事纠纷案件中依法保护驰名商标,根据《中华人民共和国商标法》《中华人民共和国反不正当竞争法》《中华人民共和国民事诉讼法》等有关法律规定,结合审判实际,制定本解释。

第一条 本解释所称驰名商标,是指在中国境内为相关公众所熟知的商标。

第二条 在下列民事纠纷案件中,当事人以商标驰名作为事实根据,人民法院根据案件具体情况,认为确有必要的,对所涉商标是否驰名作出认定:

(一)以违反商标法第十三条的规定为由,提起的侵犯商标权诉讼;

(二)以企业名称与其驰名商标相同或者近似为由,提起的侵犯商标权或者不

正当竞争诉讼；

（三）符合本解释第六条规定的抗辩或者反诉的诉讼。

第三条 在下列民事纠纷案件中，人民法院对于所涉商标是否驰名不予审查：

（一）被诉侵犯商标权或者不正当竞争行为的成立不以商标驰名为事实根据的；

（二）被诉侵犯商标权或者不正当竞争行为因不具备法律规定的其他要件而不成立的。

原告以被告注册、使用的域名与其注册商标相同或者近似，并通过该域名进行相关商品交易的电子商务，足以造成相关公众误认为由，提起的侵权诉讼，按照前款第（一）项的规定处理。

第四条 人民法院认定商标是否驰名，应当以证明其驰名的事实为依据，综合考虑商标法第十四条第一款规定的各项因素，但是根据案件具体情况无需考虑该条规定的全部因素即足以认定商标驰名的情形除外。

第五条 当事人主张商标驰名的，应当根据案件具体情况，提供下列证据，证明被诉侵犯商标权或者不正当竞争行为发生时，其商标已属驰名：

（一）使用该商标的商品的市场份额、销售区域、利税等；

（二）该商标的持续使用时间；

（三）该商标的宣传或者促销活动的方式、持续时间、程度、资金投入和地域范围；

（四）该商标曾被作为驰名商标受保护的记录；

（五）该商标享有的市场声誉；

（六）证明该商标已属驰名的其他事实。

前款所涉及的商标使用的时间、范围、方式等，包括其核准注册前持续使用的情形。

对于商标使用时间长短、行业排名、市场调查报告、市场价值评估报告、是否曾被认定为著名商标等证据，人民法院应当结合认定商标驰名的其他证据，客观、全面地进行审查。

第六条 原告以被诉商标的使用侵犯其注册商标专用权为由提起民事诉讼，被告以原告的注册商标复制、摹仿或者翻译其在先未注册驰名商标为由提出抗辩或者提起反诉的，应当对其在先未注册商标驰名的事实负举证责任。

第七条 被诉侵犯商标权或者不正当竞争行为发生前，曾被人民法院或者行政管理部门认定驰名的商标，被告对该商标驰名的事实不持异议的，人民法院应当予以认定。被告提出异议的，原告仍应当对该商标驰名的事实负举证责任。

除本解释另有规定外，人民法院对于商标驰名的事实，不适用民事诉讼证据的自认规则。

第八条 对于在中国境内为社会公众所熟知的商标，原告已提供其商标驰名的基本证据,或者被告不持异议的,人民法院对该商标驰名的事实予以认定。

第九条 足以使相关公众对使用驰名商标和被诉商标的商品来源产生误认,或者足以使相关公众认为使用驰名商标和被诉商标的经营者之间具有许可使用、关联企业关系等特定联系的,属于商标法第十三条第二款规定的"容易导致混淆"。

足以使相关公众认为被诉商标与驰名商标具有相当程度的联系,而减弱驰名商标的显著性、贬损驰名商标的市场声誉,或者不正当利用驰名商标的市场声誉的,属于商标法第十三条第三款规定的"误导公众,致使该驰名商标注册人的利益可能受到损害"。

第十条 原告请求禁止被告在不相类似商品上使用与原告驰名的注册商标相同或者近似的商标或者企业名称的,人民法院应当根据案件具体情况,综合考虑以下因素后作出裁判:

(一)该驰名商标的显著程度;

(二)该驰名商标在使用被诉商标或者企业名称的商品的相关公众中的知晓程度;

(三)使用驰名商标的商品与使用被诉商标或者企业名称的商品之间的关联程度;

(四)其他相关因素。

第十一条 被告使用的注册商标违反商标法第十三条的规定,复制、摹仿或者翻译原告驰名商标,构成侵犯商标权的,人民法院应当根据原告的请求,依法判决禁止被告使用该商标,但被告的注册商标有下列情形之一的,人民法院对原告的请求不予支持:

(一)已经超过商标法第四十五条第一款规定的请求宣告无效期限的;

(二)被告提出注册申请时,原告的商标并不驰名的。

第十二条 当事人请求保护的未注册驰名商标,属于商标法第十条、第十一条、第十二条规定不得作为商标使用或者注册情形的,人民法院不予支持。

第十三条 在涉及驰名商标保护的民事纠纷案件中,人民法院对于商标驰名的认定,仅作为案件事实和判决理由,不写入判决主文;以调解方式审结的,在调解书中对商标驰名的事实不予认定。

第十四条 本院以前有关司法解释与本解释不一致的,以本解释为准。

4. 商标纠纷处理

最高人民法院关于人民法院
对注册商标权进行财产保全的解释

1. 2000年11月22日最高人民法院审判委员会第1144次会议通过、2001年1月2日公布、自2001年1月21日起施行(法释〔2001〕1号)
2. 根据2020年12月23日最高人民法院审判委员会第1823次会议通过、2020年12月29日公布、自2021年1月1日起施行的《最高人民法院关于修改〈最高人民法院关于审理侵犯专利权纠纷案件应用法律若干问题的解释(二)〉等十八件知识产权类司法解释的决定》(法释〔2020〕19号)修正

  为了正确实施对注册商标权的财产保全措施,避免重复保全,现就人民法院对注册商标权进行财产保全有关问题解释如下:

第一条 人民法院根据民事诉讼法有关规定采取财产保全措施时,需要对注册商标权进行保全的,应当向国家知识产权局商标局(以下简称商标局)发出协助执行通知书,载明要求商标局协助保全的注册商标的名称、注册人、注册证号码、保全期限以及协助执行保全的内容,包括禁止转让、注销注册商标、变更注册事项和办理商标权质押登记等事项。

第二条 对注册商标权保全的期限一次不得超过一年,自商标局收到协助执行通知书之日起计算。如果仍然需要对该注册商标权继续采取保全措施的,人民法院应当在保全期限届满前向商标局重新发出协助执行通知书,要求继续保全。否则,视为自动解除对该注册商标权的财产保全。

第三条 人民法院对已经进行保全的注册商标权,不得重复进行保全。

最高人民法院关于审理商标案件
有关管辖和法律适用范围问题的解释

1. 2001年12月25日最高人民法院审判委员会第1203次会议通过、2002年1月9日公布、自2002年1月21日起施行(法释〔2002〕1号)
2. 根据2020年12月23日最高人民法院审判委员会第1823次会议通过、2020年12月29日公布、自2021年1月1日起施行的《最高人民法院关于修改〈最高人民法院关于审理侵犯专利权纠纷案件应用法律若干问题的解释(二)〉等十八件知识产权类司法解释的决定》(法释〔2020〕19号)修正

《全国人民代表大会常务委员会关于修改〈中华人民共和国商标法〉的决定》(以下简称商标法修改决定)已由第九届全国人民代表大会常务委员会第二十四次会议通过,自2001年12月1日起施行。为了正确审理商标案件,根据《中华人民共和国商标法》(以下简称商标法)、《中华人民共和国民事诉讼法》和《中华人民共和国行政诉讼法》(以下简称行政诉讼法)的规定,现就人民法院审理商标案件有关管辖和法律适用范围等问题,作如下解释:

第一条 人民法院受理以下商标案件:
1. 不服国家知识产权局作出的复审决定或者裁定的行政案件;
2. 不服国家知识产权局作出的有关商标的其他行政行为的案件;
3. 商标权权属纠纷案件;
4. 侵害商标权纠纷案件;
5. 确认不侵害商标权纠纷案件;
6. 商标权转让合同纠纷案件;
7. 商标使用许可合同纠纷案件;
8. 商标代理合同纠纷案件;
9. 申请诉前停止侵害注册商标专用权案件;
10. 申请停止侵害注册商标专用权损害责任案件;
11. 申请诉前财产保全案件;
12. 申请诉前证据保全案件;
13. 其他商标案件。

第二条 本解释第一条所列第1项第一审案件,由北京市高级人民法院根据最高人民法院的授权确定其辖区内有关中级人民法院管辖。

本解释第一条所列第2项第一审案件,根据行政诉讼法的有关规定确定管辖。

商标民事纠纷第一审案件,由中级以上人民法院管辖。

各高级人民法院根据本辖区的实际情况,经最高人民法院批准,可以在较大城市确定1-2个基层人民法院受理第一审商标民事纠纷案件。

第三条 商标注册人或者利害关系人向国家知识产权局就侵犯商标权行为请求处理,又向人民法院提起侵害商标权诉讼请求损害赔偿的,人民法院应当受理。

第四条 国家知识产权局在商标法修改决定施行前受理的案件,于该决定施行后作出复审决定或裁定,当事人对复审决定或裁定不服向人民法院起诉的,人民法院应当受理。

第五条 除本解释另行规定外,对商标法修改决定施行前发生,属于修改后商标法第四条、第五条、第八条、第九条第一款、第十条第一款第(二)、(三)、(四)项、第十条第二款、第十一条、第十二条、第十三条、第十五条、第十六条、第二十四条、第二十五条、第三十一条所列举的情形,国家知识产权局于商标法修改决定施行后作出复审决定或者裁定,当事人不服向人民法院起诉的行政案件,适用修改后商标法的相应规定进行审查;属于其他情形的,适用修改前商标法的相应规定进行审查。

第六条 当事人就商标法修改决定施行时已满一年的注册商标发生争议,不服国家知识产权局作出的裁定向人民法院起诉的,适用修改前商标法第二十七条第二款规定的提出申请的期限处理;商标法修改决定施行时商标注册不满一年的,适用修改后商标法第四十一条第二款、第三款规定的提出申请的期限处理。

第七条 对商标法修改决定施行前发生的侵犯商标专用权行为,商标注册人或者利害关系人于该决定施行后在起诉前向人民法院提出申请采取责令停止侵权行为或者保全证据措施的,适用修改后商标法第五十七条、第五十八条的规定。

第八条 对商标法修改决定施行前发生的侵犯商标专用权行为起诉的案件,人民法院于该决定施行时尚未作出生效判决的,参照修改后商标法第五十六条的规定处理。

第九条 除本解释另行规定外,商标法修改决定施行后人民法院受理的商标民事纠纷案件,涉及该决定施行前发生的民事行为的,适用修改前商标法的规定;涉及该决定施行后发生的民事行为的,适用修改后商标法的规定;涉及该决定施行前发生,持续到该决定施行后的民事行为的,分别适用修改前、后商标法的规定。

第十条 人民法院受理的侵犯商标权纠纷案件,已经过行政管理部门处理的,人民法院仍应当就当事人民事争议的事实进行审查。

最高人民法院关于审理商标
民事纠纷案件适用法律若干问题的解释

1. 2002年10月12日最高人民法院审判委员会第1246次会议通过、2002年10月12日公布、自2002年10月16日起施行(法释〔2002〕32号)
2. 根据2020年12月23日最高人民法院审判委员会第1823次会议通过、2020年12月29日公布、自2021年1月1日起施行的《最高人民法院关于修改〈最高人民法院关于审理侵犯专利权纠纷案件应用法律若干问题的解释(二)〉等十八件知识产权类司法解释的决定》(法释〔2020〕19号)修正

为了正确审理商标纠纷案件,根据《中华人民共和国民法典》《中华人民共和国商标法》《中华人民共和国民事诉讼法》等法律的规定,就适用法律若干问题解释如下:

第一条 下列行为属于商标法第五十七条第(七)项规定的给他人注册商标专用权造成其他损害的行为:

(一)将与他人注册商标相同或者相近似的文字作为企业的字号在相同或者类似商品上突出使用,容易使相关公众产生误认的;

(二)复制、摹仿、翻译他人注册的驰名商标或其主要部分在不相同或者不相类似商品上作为商标使用,误导公众,致使该驰名商标注册人的利益可能受到损害的;

(三)将与他人注册商标相同或者相近似的文字注册为域名,并且通过该域名进行相关商品交易的电子商务,容易使相关公众产生误认的。

第二条 依据商标法第十三条第二款的规定,复制、摹仿、翻译他人未在中国注册的驰名商标或其主要部分,在相同或者类似商品上作为商标使用,容易导致混淆的,应当承担停止侵害的民事法律责任。

第三条 商标法第四十三条规定的商标使用许可包括以下三类:

(一)独占使用许可,是指商标注册人在约定的期间、地域和以约定的方式,将该注册商标仅许可一个被许可人使用,商标注册人依约定不得使用该注册商标;

(二)排他使用许可,是指商标注册人在约定的期间、地域和以约定的方式,将该注册商标仅许可一个被许可人使用,商标注册人依约定可以使用该注册商标但不得另行许可他人使用该注册商标;

(三)普通使用许可,是指商标注册人在约定的期间、地域和以约定的方式,许可他人使用其注册商标,并可自行使用该注册商标和许可他人使用其注册商标。

第四条 商标法第六十条第一款规定的利害关系人,包括注册商标使用许可合同的

被许可人、注册商标财产权利的合法继承人等。

在发生注册商标专用权被侵害时,独占使用许可合同的被许可人可以向人民法院提起诉讼;排他使用许可合同的被许可人可以和商标注册人共同起诉,也可以在商标注册人不起诉的情况下,自行提起诉讼;普通使用许可合同的被许可人经商标注册人明确授权,可以提起诉讼。

第五条 商标注册人或者利害关系人在注册商标续展宽展期内提出续展申请,未获核准前,以他人侵犯其注册商标专用权提起诉讼的,人民法院应当受理。

第六条 因侵犯注册商标专用权行为提起的民事诉讼,由商标法第十三条、第五十七条所规定侵权行为的实施地、侵权商品的储藏地或者查封扣押地、被告住所地人民法院管辖。

前款规定的侵权商品的储藏地,是指大量或者经常性储存、隐匿侵权商品所在地;查封扣押地,是指海关等行政机关依法查封、扣押侵权商品所在地。

第七条 对涉及不同侵权行为实施地的多个被告提起的共同诉讼,原告可以选择其中一个被告的侵权行为实施地人民法院管辖;仅对其中某一被告提起的诉讼,该被告侵权行为实施地的人民法院有管辖权。

第八条 商标法所称相关公众,是指与商标所标识的某类商品或者服务有关的消费者和与前述商品或者服务的营销有密切关系的其他经营者。

第九条 商标法第五十七条第(一)(二)项规定的商标相同,是指被控侵权的商标与原告的注册商标相比较,二者在视觉上基本无差别。

商标法第五十七条第(二)项规定的商标近似,是指被控侵权的商标与原告的注册商标相比较,其文字的字形、读音、含义或者图形的构图及颜色,或者其各要素组合后的整体结构相似,或者其立体形状、颜色组合近似,易使相关公众对商品的来源产生误认或者认为其来源与原告注册商标的商品有特定的联系。

第十条 人民法院依据商标法第五十七条第(一)(二)项的规定,认定商标相同或者近似按照以下原则进行:

(一)以相关公众的一般注意力为标准;

(二)既要进行对商标的整体比对,又要进行对商标主要部分的比对,比对应当在比对对象隔离的状态下分别进行;

(三)判断商标是否近似,应当考虑请求保护注册商标的显著性和知名度。

第十一条 商标法第五十七条第(二)项规定的类似商品,是指在功能、用途、生产部门、销售渠道、消费对象等方面相同,或者相关公众一般认为其存在特定联系、容易造成混淆的商品。

类似服务,是指在服务的目的、内容、方式、对象等方面相同,或者相关公众一般认为存在特定联系、容易造成混淆的服务。

商品与服务类似,是指商品和服务之间存在特定联系,容易使相关公众混淆。

第十二条 人民法院依据商标法第五十七条第(二)项的规定,认定商品或者服务是否类似,应当以相关公众对商品或者服务的一般认识综合判断;《商标注册用商品和服务国际分类表》《类似商品和服务区分表》可以作为判断类似商品或者服务的参考。

第十三条　人民法院依据商标法第六十三条第一款的规定确定侵权人的赔偿责任时,可以根据权利人选择的计算方法计算赔偿数额。

第十四条　商标法第六十三条第一款规定的侵权所获得的利益,可以根据侵权商品销售量与该商品单位利润乘积计算;该商品单位利润无法查明的,按照注册商标商品的单位利润计算。

第十五条　商标法第六十三条第一款规定的因被侵权所受到的损失,可以根据权利人因侵权所造成商品销售减少量或者侵权商品销售量与该注册商标商品的单位利润乘积计算。

第十六条　权利人因被侵权所受到的实际损失、侵权人因侵权所获得的利益、注册商标使用许可费均难以确定的,人民法院可以根据当事人的请求或者依职权适用商标法第六十三条第三款的规定确定赔偿数额。

人民法院在适用商标法第六十三条第三款规定确定赔偿数额时,应当考虑侵权行为的性质、期间、后果,侵权人的主观过错程度,商标的声誉及制止侵权行为的合理开支等因素综合确定。

当事人按照本条第一款的规定就赔偿数额达成协议的,应当准许。

第十七条　商标法第六十三条第一款规定的制止侵权行为所支付的合理开支,包括权利人或者委托代理人对侵权行为进行调查、取证的合理费用。

人民法院根据当事人的诉讼请求和案件具体情况,可以将符合国家有关部门规定的律师费用计算在赔偿范围内。

第十八条　侵犯注册商标专用权的诉讼时效为三年,自商标注册人或者利害权利人知道或者应当知道权利受到损害以及义务人之日起计算。商标注册人或者利害关系人超过三年起诉的,如果侵权行为在起诉时仍在持续,在该注册商标专用权有效期限内,人民法院应当判决被告停止侵权行为,侵权损害赔偿数额应当自权利人向人民法院起诉之日起向前推算三年计算。

第十九条　商标使用许可合同未经备案的,不影响该许可合同的效力,但当事人另有约定的除外。

第二十条　注册商标的转让不影响转让前已经生效的商标使用许可合同的效力,但商标使用许可合同另有约定的除外。

第二十一条　人民法院在审理侵犯注册商标专用权纠纷案件中,依据民法典第一百七十九条、商标法第六十条的规定和案件具体情况,可以判决侵权人承担停止侵害、排除妨碍、消除危险、赔偿损失、消除影响等民事责任,还可以作出罚款,收缴侵权商品、伪造的商标标识和主要用于生产侵权商品的材料、工具、设备等财物的民事制裁决定。罚款数额可以参照商标法第六十条第二款的有关规定确定。

行政管理部门对同一侵犯注册商标专用权行为已经给予行政处罚的,人民法院不再予以民事制裁。

第二十二条 人民法院在审理商标纠纷案件中,根据当事人的请求和案件的具体情况,可以对涉及的注册商标是否驰名依法作出认定。

认定驰名商标,应当依照商标法第十四条的规定进行。

当事人对曾经被行政主管机关或者人民法院认定的驰名商标请求保护的,对方当事人对涉及的商标驰名不持异议,人民法院不再审查。提出异议的,人民法院依照商标法第十四条的规定审查。

第二十三条 本解释有关商品商标的规定,适用于服务商标。

第二十四条 以前的有关规定与本解释不一致的,以本解释为准。

最高人民法院关于审理商标授权确权行政案件若干问题的规定

1. 2016年12月12日最高人民法院审判委员会第1703次会议通过、2017年1月10日公布、自2017年3月1日起施行(法释〔2017〕2号)
2. 根据2020年12月23日最高人民法院审判委员会第1823次会议通过、2020年12月29日公布、自2021年1月1日起施行的《最高人民法院关于修改〈最高人民法院关于审理侵犯专利权纠纷案件应用法律若干问题的解释(二)〉等十八件知识产权类司法解释的决定》(法释〔2020〕19号)修正

为正确审理商标授权确权行政案件,根据《中华人民共和国商标法》《中华人民共和国行政诉讼法》等法律规定,结合审判实践,制定本规定。

第一条 本规定所称商标授权确权行政案件,是指相对人或者利害关系人因不服国家知识产权局作出的商标驳回复审、商标不予注册复审、商标撤销复审、商标无效宣告及无效宣告复审等行政行为,向人民法院提起诉讼的案件。

第二条 人民法院对商标授权确权行政行为进行审查的范围,一般应根据原告的诉讼请求及理由确定。原告在诉讼中未提出主张,但国家知识产权局相关认定存在明显不当的,人民法院在各方当事人陈述意见后,可以对相关事由进行审查并作出裁判。

第三条 商标法第十条第一款第(一)项规定的同中华人民共和国的国家名称等"相同或者近似",是指商标标志整体上与国家名称等相同或者近似。

对于含有中华人民共和国的国家名称等,但整体上并不相同或者不相近似的标志,如果该标志作为商标注册可能导致损害国家尊严的,人民法院可以认定属于商标法第十条第一款第(八)项规定的情形。

第四条 商标标志或者其构成要素带有欺骗性,容易使公众对商品的质量等特点或

者产地产生误认,国家知识产权局认定其属于2001年修正的商标法第十条第一款第(七)项规定情形的,人民法院予以支持。

第五条 商标标志或者其构成要素可能对我国社会公共利益和公共秩序产生消极、负面影响的,人民法院可以认定其属于商标法第十条第一款第(八)项规定的"其他不良影响"。

将政治、经济、文化、宗教、民族等领域公众人物姓名等申请注册为商标,属于前款所指的"其他不良影响"。

第六条 商标标志由县级以上行政区划的地名或者公众知晓的外国地名和其他要素组成,如果整体上具有区别于地名的含义,人民法院应当认定其不属于商标法第十条第二款所指情形。

第七条 人民法院审查诉争商标是否具有显著特征,应当根据商标所指定使用商品的相关公众的通常认识,判断该商标整体上是否具有显著特征。商标标志中含有描述性要素,但不影响其整体具有显著特征的;或者描述性标志以独特方式加以表现,相关公众能够以其识别商品来源的,应当认定其具有显著特征。

第八条 诉争商标为外文标志时,人民法院应当根据中国境内相关公众的通常认识,对该外文商标是否具有显著特征进行审查判断。标志中外文的固有含义可能影响其在指定使用商品上的显著特征,但相关公众对该固有含义的认知程度较低,能够以该标志识别商品来源的,可以认定其具有显著特征。

第九条 仅以商品自身形状或者自身形状的一部分作为三维标志申请注册商标,相关公众一般情况下不易将其识别为指示商品来源标志的,该三维标志不具有作为商标的显著特征。

该形状系申请人所独创或者最早使用并不能当然导致其具有作为商标的显著特征。

第一款所称标志经过长期或者广泛使用,相关公众能够通过该标志识别商品来源的,可以认定该标志具有显著特征。

第十条 诉争商标属于法定的商品名称或者约定俗成的商品名称的,人民法院应当认定其属于商标法第十一条第一款第(一)项所指的通用名称。依据法律规定或者国家标准、行业标准属于商品通用名称的,应当认定为通用名称。相关公众普遍认为某一名称能够指代一类商品的,应当认定为约定俗成的通用名称。被专业工具书、辞典等列为商品名称的,可以作为认定约定俗成的通用名称的参考。

约定俗成的通用名称一般以全国范围内相关公众的通常认识为判断标准。对于由于历史传统、风土人情、地理环境等原因形成的相关市场固定的商品,在该相关市场内通用的称谓,人民法院可以认定为通用名称。

诉争商标申请人明知或者应知其申请注册的商标为部分区域内约定俗成的商品名称的,人民法院可以视其申请注册的商标为通用名称。

人民法院审查判断诉争商标是否属于通用名称,一般以商标申请日时的事实状态为准。核准注册时事实状态发生变化的,以核准注册时的事实状态判断其是否属于通用名称。

第十一条 商标标志只是或者主要是描述、说明所使用商品的质量、主要原料、功能、用途、重量、数量、产地等的,人民法院应当认定其属于商标法第十一条第一款第(二)项规定的情形。商标标志或者其构成要素暗示商品的特点,但不影响其识别商品来源功能的,不属于该项所规定的情形。

第十二条 当事人依据商标法第十三条第二款主张诉争商标构成对其未注册的驰名商标的复制、摹仿或者翻译而不应予以注册或者应予无效的,人民法院应当综合考量如下因素以及因素之间的相互影响,认定是否容易导致混淆:

(一)商标标志的近似程度;

(二)商品的类似程度;

(三)请求保护商标的显著性和知名程度;

(四)相关公众的注意程度;

(五)其他相关因素。

商标申请人的主观意图以及实际混淆的证据可以作为判断混淆可能性的参考因素。

第十三条 当事人依据商标法第十三条第三款主张诉争商标构成对其已注册的驰名商标的复制、摹仿或者翻译而不应予以注册或者应予无效的,人民法院应当综合考虑如下因素,以认定诉争商标的使用是否足以使相关公众认为其与驰名商标具有相当程度的联系,从而误导公众,致使驰名商标注册人的利益可能受到损害:

(一)引证商标的显著性和知名程度;

(二)商标标志是否足够近似;

(三)指定使用的商品情况;

(四)相关公众的重合程度及注意程度;

(五)与引证商标近似的标志被其他市场主体合法使用的情况或者其他相关因素。

第十四条 当事人主张诉争商标构成对其已注册的驰名商标的复制、摹仿或者翻译而不应予以注册或者应予无效,国家知识产权局依据商标法第三十条规定裁决支持其主张的,如果诉争商标注册未满五年,人民法院在当事人陈述意见之后,可以按照商标法第三十条规定进行审理;如果诉争商标注册已满五年,应当适用商标法第十三条第三款进行审理。

第十五条 商标代理人、代表人或者经销、代理等销售代理关系意义上的代理人、代表人未经授权,以自己的名义将与被代理人或者被代表人的商标相同或者近似的商标在相同或者类似商品上申请注册的,人民法院适用商标法第十五条第一款的规定进行审理。

在为建立代理或者代表关系的磋商阶段,前款规定的代理人或者代表人将被代理人或者被代表人的商标申请注册的,人民法院适用商标法第十五条第一款的规定进行审理。

商标申请人与代理人或者代表人之间存在亲属关系等特定身份关系的,可以推定其商标注册行为系与该代理人或者代表人恶意串通,人民法院适用商标法第十五条第一款的规定进行审理。

第十六条 以下情形可以认定为商标法第十五条第二款中规定的"其他关系":

(一)商标申请人与在先使用人之间具有亲属关系;

(二)商标申请人与在先使用人之间具有劳动关系;

(三)商标申请人与在先使用人营业地址邻近;

(四)商标申请人与在先使用人曾就达成代理、代表关系进行过磋商,但未形成代理、代表关系;

(五)商标申请人与在先使用人曾就达成合同、业务往来关系进行过磋商,但未达成合同、业务往来关系。

第十七条 地理标志利害关系人依据商标法第十六条主张他人商标不应予以注册或者应予无效,如果诉争商标指定使用的商品与地理标志产品并非相同商品,而地理标志利害关系人能够证明诉争商标使用在该产品上仍然容易导致相关公众误认为该产品来源于该地区并因此具有特定的质量、信誉或者其他特征的,人民法院予以支持。

如果该地理标志已经注册为集体商标或者证明商标,集体商标或者证明商标的权利人或者利害关系人可选择依据该条或者另行依据商标法第十三条、第三十条等主张权利。

第十八条 商标法第三十二条规定的在先权利,包括当事人在诉争商标申请日之前享有的民事权利或者其他应予保护的合法权益。诉争商标核准注册时在先权利已不存在的,不影响诉争商标的注册。

第十九条 当事人主张诉争商标损害其在先著作权的,人民法院应当依照著作权法等相关规定,对所主张的客体是否构成作品、当事人是否为著作权人或者其他有权主张著作权的利害关系人以及诉争商标是否构成对著作权的侵害等进行审查。

商标标志构成受著作权法保护的作品的,当事人提供的涉及商标标志的设计底稿、原件、取得权利的合同、诉争商标申请日之前的著作权登记证书等,均可以作为证明著作权归属的初步证据。

商标公告、商标注册证等可以作为确定商标申请人为有权主张商标标志著作权的利害关系人的初步证据。

第二十条 当事人主张诉争商标损害其姓名权,如果相关公众认为该商标标志指代了该自然人,容易认为标记有该商标的商品系经过该自然人许可或者与该自然人存在特定联系的,人民法院应当认定该商标损害了该自然人的姓名权。

当事人以其笔名、艺名、译名等特定名称主张姓名权,该特定名称具有一定的知名度,与该自然人建立了稳定的对应关系,相关公众以其指代该自然人的,人民法院予以支持。

第二十一条 当事人主张的字号具有一定的市场知名度,他人未经许可申请注册与该字号相同或者近似的商标,容易导致相关公众对商品来源产生混淆,当事人以此主张构成在先权益的,人民法院予以支持。

当事人以具有一定市场知名度并已与企业建立稳定对应关系的企业名称的简称为依据提出主张的,适用前款规定。

第二十二条 当事人主张诉争商标损害角色形象著作权的,人民法院按照本规定第十九条进行审查。

对于著作权保护期限内的作品,如果作品名称、作品中的角色名称等具有较高知名度,将其作为商标使用在相关商品上容易导致相关公众误认为其经过权利人的许可或者与权利人存在特定联系,当事人以此主张构成在先权益的,人民法院予以支持。

第二十三条 在先使用人主张商标申请人以不正当手段抢先注册其在先使用并有一定影响的商标的,如果在先使用商标已经有一定影响,而商标申请人明知或者应知该商标,即可推定其构成"以不正当手段抢先注册"。但商标申请人举证证明其没有利用在先使用商标商誉的恶意的除外。

在先使用人举证证明其在先商标有一定的持续使用时间、区域、销售量或者广告宣传的,人民法院可以认定为有一定影响。

在先使用人主张商标申请人在与其不相类似的商品上申请注册其在先使用并有一定影响的商标,违反商标法第三十二条规定的,人民法院不予支持。

第二十四条 以欺骗手段以外的其他方式扰乱商标注册秩序、损害公共利益、不正当占用公共资源或者谋取不正当利益的,人民法院可以认定其属于商标法第四十四条第一款规定的"其他不正当手段"。

第二十五条 人民法院判断诉争商标申请人是否"恶意注册"他人驰名商标,应综合考虑引证商标的知名度、诉争商标申请人申请诉争商标的理由以及使用诉争商标的具体情形来判断其主观意图。引证商标知名度高、诉争商标申请人没有正当理由的,人民法院可以推定其注册构成商标法第四十五条第一款所指的"恶意注册"。

第二十六条 商标权人自行使用、他人经许可使用以及其他不违背商标权人意志的使用,均可认定为商标法第四十九条第二款所称的使用。

实际使用的商标标志与核准注册的商标标志有细微差别,但未改变其显著特征的,可以视为注册商标的使用。

没有实际使用注册商标,仅有转让或者许可行为;或者仅是公布商标注册信息、声明享有注册商标专用权的,不认定为商标使用。

商标权人有真实使用商标的意图,并且有实际使用的必要准备,但因其他客观原因尚未实际使用注册商标的,人民法院可以认定其有正当理由。

第二十七条 当事人主张国家知识产权局下列情形属于行政诉讼法第七十条第(三)项规定的"违反法定程序"的,人民法院予以支持:

(一) 遗漏当事人提出的评审理由,对当事人权利产生实际影响的;
(二) 评审程序中未告知合议组成员,经审查确有应当回避事由而未回避的;
(三) 未通知适格当事人参加评审,该方当事人明确提出异议的;
(四) 其他违反法定程序的情形。

第二十八条 人民法院审理商标授权确权行政案件的过程中,国家知识产权局对诉争商标予以驳回、不予核准注册或者予以无效宣告的事由不复存在的,人民法院可以依据新的事实撤销国家知识产权局相关裁决,并判令其根据变更后的事实重新作出裁决。

第二十九条 当事人依据在原行政行为之后新发现的证据,或者在原行政程序中因客观原因无法取得或在规定的期限内不能提供的证据,或者新的法律依据提出的评审申请,不属于以"相同的事实和理由"再次提出评审申请。

在商标驳回复审程序中,国家知识产权局以申请商标与引证商标不构成使用在同一种或者类似商品上的相同或者近似商标为由准予申请商标初步审定公告后,以下情形不视为"以相同的事实和理由"再次提出评审申请:
(一) 引证商标所有人或者利害关系人依据该引证商标提出异议,国家知识产权局予以支持,被异议商标申请人申请复审的;
(二) 引证商标所有人或者利害关系人在申请商标获准注册后依据该引证商标申请宣告其无效的。

第三十条 人民法院生效裁判对于相关事实和法律适用已作出明确认定,相对人或者利害关系人对于国家知识产权局依据该生效裁判重新作出的裁决提起诉讼的,人民法院依法裁定不予受理;已经受理的,裁定驳回起诉。

第三十一条 本规定自2017年3月1日起施行。人民法院依据2001年修正的商标法审理的商标授权确权行政案件可参照适用本规定。

5. 商标与相关标识

原产地标记管理规定

1. 2001年3月5日国家出入境检验检疫局发布
2. 国检法〔2001〕51号
3. 自2001年4月1日起施行

第一章 总 则

第一条 为加强原产地标记管理工作,规范原产地标记的使用,保护生产者、经营者和消费者的合法权益,根据《中华人民共和国进出口商品检验法》及其实施条例、《中华人民共和国出口货物原产地规则》等有关法律法规和世界贸易组织《原产地规则协议》等国际条约、协议的规定,制定本规定。

第二条 本规定适用于对原产地标记的申请、评审、注册等原产地标记的认证和管理工作。

第三条 国家出入境检验检疫局(以下简称国家检验检疫局)统一管理全国原产地标记工作,负责原产地标记管理办法的制定、组织协调和监督管理。国家检验检疫局设在各地的出入境检验检疫局(以下简称检验检疫机构)负责其辖区内的原产地标记申请的受理、评审、报送注册和监督管理。

第四条 本规定所称原产地标记包括原产国标记和地理标志。原产地标记是原产地工作不可分割的组成部分。原产国标记是指用于指示一项产品或服务来源于某个国家或地区的标识、标签、标示、文字、图案以及与产地有关的各种证书等。地理标志是指一个国家、地区或特定地方的地理名称,用于指示一项产品来源于该地,且该产品的质量特征完全或主要取决于该地的地理环境、自然条件、人文背景等因素。

第五条 原产地标记的使用范围包括:
(一)标有"中国制造/生产"等字样的产品;
(二)名、优、特产品和传统的手工艺品;
(三)申请原产地认证标记的产品;
(四)涉及安全、卫生、环境保护及反欺诈行为的货物;
(五)涉及原产地标记的服务贸易和政府采购的商品;
(六)根据国家规定须标明来源地的产品。

第六条 检验检疫机构对原产地标记实施注册认证制度。

第七条 原产地标记的注册坚持自愿申请原则,原产地标记经注册后方可获得保护。涉及安全、卫生、环境保护及反欺诈行为的入境产品,以及我国法律、法规、双边协议等规定须使用原产地标记的进出境产品或者服务,按有关规定办理。

第八条 经国家检验检疫局批准注册的原产地标记为原产地认证标记,国家检验检疫局定期公布《受保护的原产地标记产品目录》,对已列入保护的产品,在检验检疫、放行等方面给予方便。已经检验检疫机构施加的各种标志、标签,凡已标明原产地的可视作原产地标记,未标明原产地的,按本规定有关条款办理。

第九条 取得原产地标记认证注册的产品或服务可以使用原产地认证标记,原产地认证标记包括图案、证书或者经国家检验检疫局认可的其他形式。

第十条 原产地标记的评审认定工作应坚持公平、公正、公开的原则。

第二章 原产地标记的申请、评审、注册和使用

第十一条 原产地标记的申请人包括国内外的组织、团体、生产经营企业或者自然人。

第十二条 申请出境货物原产地标记注册,申请人应向所在地检验检疫机构提出申

请,并提交相关的资料。申请入境货物原产地标记注册的,申请人应向国家检验检疫局提出申请,并提交相关的资料。

第十三条　检验检疫机构受理原产地标记注册申请后,按相关程序组织评审。经评审符合条件的,由国家检验检疫局批准注册并定期发布《受保护的原产地标记产品目录》。

第十四条　使用"中国制造"或"中国生产"原产地标记的出口货物须符合下列标准:
　　(一)在中国获得的完全原产品;
　　(二)含有进口成分的,须符合《中华人民共和国出口货物原产地规则》要求,并取得中国原产地资格。

第三章　原产地标记的保护与监督

第十五条　国家检验检疫局可根据有关地方人民政府和社会团体对原产地标记产品保护的建议,组织行业主管部门、行业协会、生产者代表以及有关专家进行评审,符合要求的,列入《受保护的原产地标记产品目录》。

第十六条　取得原产地认证标记的产品、服务及其生产经营企业,应接受检验检疫机构的监督检查。

第十七条　对违反本规定使用原产地标记的行为,依法追究其法律责任。

第十八条　从事原产地标记工作的人员滥用职权、徇私舞弊、泄露商业秘密的,给予行政处分;构成犯罪的,依法追究刑事责任。

第十九条　对原产地标记的申请受理、评审认证、注册、使用认定和管理工作有异议的,可以向所在地检验检疫机构或国家检验检疫局提出复审。

第四章　附　　则

第二十条　检验检疫机构办理原产地标记,按有关规定收取费用。

第二十一条　国家检验检疫局根据本规定制定实施办法。

第二十二条　本办法由国家检验检疫局负责解释。

第二十三条　本规定自2001年4月1日起施行。

地理标志产品保护办法

1. 2023年12月29日国家知识产权局令第80号公布
2. 自2024年2月1日起施行

第一章　总　　则

第一条　为了有效保护我国的地理标志产品,规范地理标志产品名称和地理标志专用标志的使用,保证地理标志产品的质量和特色,根据《中华人民共和国民法典》、

《中华人民共和国商标法》《中华人民共和国产品质量法》《中华人民共和国标准化法》《中华人民共和国反不正当竞争法》等有关规定,制定本办法。

第二条 本办法所称地理标志产品,是指产自特定地域,所具有的质量、声誉或者其他特性本质上取决于该产地的自然因素、人文因素的产品。地理标志产品包括:

(一)来自本地区的种植、养殖产品;

(二)原材料全部来自本地区或者部分来自其他地区,并在本地区按照特定工艺生产和加工的产品。

第三条 地理标志产品应当具备真实性、地域性、特异性和关联性。

真实性是地理标志产品的名称经过长期持续使用,被公众普遍知晓。地域性是地理标志产品的全部生产环节或者主要生产环节应当发生在限定的地域范围内。特异性是产品具有较明显的质量特色、特定声誉或者其他特性。关联性是产品的特异性由特定地域的自然因素和人文因素所决定。

第四条 本办法适用于地理标志产品的保护申请、审查认定、撤销、变更以及专用标志的使用管理等。

第五条 国家知识产权局负责全国地理标志产品以及专用标志的管理和保护工作;统一受理和审查地理标志产品保护申请,依法认定地理标志产品。

地方知识产权管理部门负责本行政区域内的地理标志产品以及专用标志的管理和保护工作。

第六条 地理标志产品保护遵循申请自愿、认定公开的原则。

申请地理标志产品保护、使用地理标志产品名称和专用标志应当遵循诚实信用原则。

第七条 获得地理标志产品保护的,应当规范使用地理标志产品名称和专用标志。

地理标志产品名称可以是由具有地理指示功能的名称和反映产品真实属性的通用名称构成的组合名称,也可以是具有长久使用历史的约定俗成的名称。

第八条 有下列情形之一,不给予地理标志产品认定:

(一)产品或者产品名称违反法律、违背公序良俗或者妨害公共利益的;

(二)产品名称仅为产品的通用名称的;

(三)产品名称为他人注册商标、未注册的驰名商标,误导公众的;

(四)产品名称与已受保护的地理标志产品名称相同,导致公众对产品的地理来源产生误认的;

(五)产品名称与国家审定的植物品种或者动物育种名称相同,导致公众对产品的地理来源产生误认的;

(六)产品或者特定工艺违反安全、卫生、环保要求,对环境、生态、资源可能产生危害。

第二章 申 请

第九条 地理标志产品保护申请,由提出产地范围的县级以上人民政府或者其指定的具有代表性的社会团体、保护申请机构(以下简称申请人)提出。

第十条 申请保护的产品产地在县域范围内的,由县级以上人民政府提出产地范围的建议;跨县域范围的,由共同的上级地方人民政府提出产地范围的建议;跨地市范围的,由有关省级人民政府提出产地范围的建议;跨省域范围的,由有关省级人民政府共同提出产地范围的建议。

第十一条 地理标志产品的保护申请材料应当向省级知识产权管理部门提交。

申请材料包括:

(一)有关地方人民政府关于划定地理标志产品产地范围的建议。

(二)有关地方人民政府关于地理标志产品申请、保护机制的文件。

(三)地理标志产品的相关材料,包括:

1. 地理标志产品保护申请书;

2. 地理标志产品保护要求,包括产品名称、产品类别;申请人信息;产地范围;产品描述;产品的理化、感官等质量特色、特定声誉或者其他特性及其与产地的自然因素和人文因素之间关系的说明;作为专用标志使用管理机构的地方知识产权管理部门信息;

3. 产品质量检验检测报告;

4. 拟申请保护的地理标志产品的技术标准;

5. 产品名称长期持续使用的文献记载等材料;

6. 产品的知名度,产品生产、销售情况的说明;

7. 地理标志产品特色质量检验检测机构信息。

(四)其他说明材料或者证明材料。

第十二条 省级知识产权管理部门应当自收到申请之日起3个月内提出初审意见。审查合格的,将初审意见和申请材料报送国家知识产权局;审查不合格的,书面通知申请人。

第三章 审查及认定

第十三条 国家知识产权局对收到的申请进行形式审查。审查合格的,予以受理并书面通知申请人;审查不合格的,书面通知申请人,申请人应当自收到书面通知之日起4个月内答复,期满未答复或者审查仍然不合格的,不予受理并书面通知申请人。

第十四条 对受理的地理标志产品保护申请,国家知识产权局组织开展技术审查。技术审查由国家知识产权局设立的地理标志产品专家审查委员会负责。

技术审查包括会议审查和必要的产地核查,申请人应当予以配合。

技术审查合格的,国家知识产权局发布初步认定公告;技术审查不合格的,驳回申请并书面通知申请人。

第十五条 有关单位或者个人对初步认定公告的地理标志产品有异议的,应当自初步认定公告之日起2个月内向国家知识产权局提出,提交请求书,说明理由,并附具有关证据材料。

期满无异议的,国家知识产权局发布认定公告。

异议请求有下列情形之一,国家知识产权局不予受理并书面通知异议人:

(一)未在法定期限内提出的;

(二)未具体说明异议理由的。

第十六条　国家知识产权局受理异议请求后,及时通知被异议人,并组织双方协商。协商不成的,国家知识产权局组织地理标志产品专家审查委员会审议后裁决。

异议成立的,国家知识产权局作出不予认定决定,并书面通知异议人和被异议人;异议不成立的,驳回异议请求,并书面通知异议人和被异议人,国家知识产权局发布认定公告。

第四章　地理标志产品保护体系及专用标志使用

第十七条　地理标志产品所在地人民政府规划并实施标准体系、检测体系和质量保证体系等保护体系建设。

第十八条　地理标志产品获得保护后,根据产品产地范围、类别、知名度等方面的因素,申请人应当配合制定地理标志产品有关国家标准、地方标准、团体标准,根据产品类别研制国家标准样品。

标准不得改变保护要求中认定的名称、产品类型、产地范围、质量特色等强制性规定。

第十九条　地理标志产品特色质量检验检测工作由具备相关资质条件的检验检测机构承担。必要时由国家知识产权局组织检验检测机构进行复检。

第二十条　地理标志产品产地范围内的生产者使用专用标志,应当向产地知识产权管理部门提出申请,并提交以下材料:

(一)地理标志专用标志使用申请书;

(二)地理标志产品特色质量检验检测报告。

产地知识产权管理部门对申请使用专用标志的生产者的产地进行核验。上述申请经所在地省级知识产权管理部门审核,并经国家知识产权局审查合格注册登记后,发布公告,生产者即可在其产品上使用地理标志专用标志。

国家知识产权局也可以委托符合条件的省级知识产权管理部门进行审查,审查合格的,由国家知识产权局注册登记后发布公告。

第二十一条　在研讨会、展览、展会等公益性活动中使用地理标志专用标志的,应当向所在地省级知识产权管理部门提出备案申请,并提交以下材料:

(一)地理标志专用标志使用登记备案表;

(二)地理标志专用标志使用设计图样。

所在地省级知识产权管理部门对上述备案申请进行审查,审查合格后报国家知识产权局备案。国家知识产权局备案后,有关主体可以在公益性活动中使用地理标志专用标志。

第二十二条　地理标志专用标志合法使用人应当在国家知识产权局官方网站下载基本图案矢量图。地理标志专用标志矢量图可按照比例缩放，标注应当清晰可识，不得更改专用标志的图案形状、构成、文字字体、图文比例、色值等。

第二十三条　地理标志产品生产者应当按照相应标准组织生产。其他单位或者个人不得擅自使用受保护的地理标志产品名称或者专用标志。

地理标志产品获得保护后，申请人应当采取措施对地理标志产品名称和专用标志的使用、产品特色质量等进行管理。

第二十四条　地方知识产权管理部门负责对本行政区域内受保护地理标志产品的产地范围、名称、质量特色、标准符合性、专用标志使用等方面进行日常监管。

省级知识产权管理部门应当定期向国家知识产权局报送地理标志产品以及专用标志监管信息和保护体系运行情况。

第二十五条　本办法所称地理标志产品名称或者专用标志的使用，是指将地理标志产品名称或者专用标志用于产品、产品包装或者容器以及产品交易文书上，或者将地理标志产品名称或者专用标志用于广告宣传、展览以及其他商业活动中，用以识别产品产地来源或者受保护地理标志产品的行为。

第五章　变更和撤销

第二十六条　地理标志产品保护要求需要变更的，应当向国家知识产权局提出变更申请。

（一）对保护要求的更新、完善，但不改变质量特色和产品形态，不涉及产品名称、产地范围变更的，国家知识产权局收到省级知识产权管理部门初审意见后，组织开展地理标志产品保护要求变更申请审查，审查合格的，国家知识产权局发布变更公告；审查不合格的，书面通知申请人。

（二）对地理标志产品名称、产地范围、质量特色和产品形态等主要内容变更的，国家知识产权局收到省级知识产权管理部门初审意见后，组织地理标志产品专家审查委员会开展技术审查。审查合格的，国家知识产权局发布初步变更公告，公告之日起2个月无异议或者有异议但异议不成立的，国家知识产权局发布变更公告；审查不合格的，书面通知申请人。

第二十七条　有下列情形之一，自国家知识产权局发布认定公告之日起，任何单位或者个人可以请求国家知识产权局撤销地理标志产品保护，说明理由，并附具有关证据材料：

（一）产品名称演变为通用名称的；

（二）连续3年未在生产销售中使用地理标志产品名称的；

（三）自然因素或者人文因素的改变致使地理标志产品质量特色不再能够得到保证，且难以恢复的；

（四）产品或者产品名称违反法律、违背公序良俗或者妨害公共利益的；

（五）产品或者特定工艺违反安全、卫生、环保要求，对环境、生态、资源可能产

(六)以欺骗手段或者其他不正当手段取得保护的。

第二十八条 撤销请求未具体说明撤销理由的,国家知识产权局不予受理,并书面通知请求人。

第二十九条 国家知识产权局对撤销请求进行审查,作出决定并书面通知当事人。

国家知识产权局决定撤销地理标志产品保护的,发布撤销公告。

当事人对撤销决定不服的,可以自收到通知之日起6个月内向人民法院起诉。

第六章 保护和监督

第三十条 有下列行为之一,依据相关法律法规处理:

(一)在产地范围外的相同或者类似产品上使用受保护的地理标志产品名称的;

(二)在产地范围外的相同或者类似产品上使用与受保护的地理标志产品名称相似的名称,误导公众的;

(三)将受保护的地理标志产品名称用于产地范围外的相同或者类似产品上,即使已标明真实产地,或者使用翻译名称,或者伴有如"种"、"型"、"式"、"类"、"风格"等之类表述的;

(四)在产地范围内的不符合地理标志产品标准和管理规范要求的产品上使用受保护的地理标志产品名称的;

(五)在产品上冒用地理标志专用标志的;

(六)在产品上使用与地理标志专用标志近似或者可能误导消费者的文字或者图案标志,误导公众的;

(七)销售上述产品的;

(八)伪造地理标志专用标志的;

(九)其他不符合相关法律法规规定的。

第三十一条 获准使用地理标志专用标志的生产者,营业执照已注销或者被吊销的,或者相关生产许可证已注销或者被吊销的,或者已迁出地理标志产品产地范围的,或者不再从事该地理标志产品生产的,或者未按相应标准组织生产且限期未改正的,或者在2年内未在受保护的地理标志产品上使用专用标志且限期未改正的,国家知识产权局注销其地理标志专用标志使用注册登记,停止其使用地理标志专用标志并发布公告。

第三十二条 地理标志产品生产者违反有关产品质量、标准方面规定的,依据《中华人民共和国产品质量法》、《中华人民共和国标准化法》等有关法律予以行政处罚。

第三十三条 将受保护的地理标志产品名称作为企业名称中的字号使用,误导公众,构成不正当竞争行为的,依据《中华人民共和国反不正当竞争法》处理。

第三十四条 对从事地理标志产品管理和保护工作以及其他依法履行公职的人员玩忽职守、滥用职权、徇私舞弊、弄虚作假、违法违纪办理地理标志产品管理和保护事项,收受当事人财物,牟取不正当利益的,依法依纪给予处分;构成犯罪的,依法追究刑事责任。

第七章 附 则

第三十五条 国外地理标志产品在中华人民共和国的申请、审查、专用标志使用、监督管理等特殊事项,由国家知识产权局另行规定。

第三十六条 本办法自 2024 年 2 月 1 日起施行。

特殊标志管理条例

1996 年 7 月 13 日国务院令第 202 号发布施行

第一章 总 则

第一条 为了加强对特殊标志的管理,推动文化、体育、科学研究及其他社会公益活动的发展,保护特殊标志所有人、使用人和消费者的合法权益,制定本条例。

第二条 本条例所称特殊标志,是指经国务院批准举办的全国性和国际性的文化、体育、科学研究及其他社会公益活动所使用的,由文字、图形组成的名称及缩写、会徽、吉祥物等标志。

第三条 经国务院工商行政管理部门核准登记的特殊标志,受本条例保护。

第四条 含有下列内容的文字、图形组成的特殊标志,不予登记:
（一）有损于国家或者国际组织的尊严或者形象的;
（二）有害于社会善良习俗和公共秩序的;
（三）带有民族歧视性,不利于民族团结的;
（四）缺乏显著性,不便于识别的;
（五）法律、行政法规禁止的其他内容。

第五条 特殊标志所有人使用或者许可他人使用特殊标志所募集的资金,必须用于特殊标志所服务的社会公益事业,并接受国务院财政部门、审计部门的监督。

第二章 特殊标志的登记

第六条 举办社会公益活动的组织者或者筹备者对其使用的名称、会徽、吉祥物等特殊标志,需要保护的,应当向国务院工商行政管理部门提出登记申请。

登记申请可以直接办理,也可以委托他人代理。

第七条 申请特殊标志登记,应当填写特殊标志登记申请书并提交下列文件:
（一）国务院批准举办该社会公益活动的文件;
（二）准许他人使用特殊标志的条件及管理办法;
（三）特殊标志图样 5 份,黑白墨稿 1 份。图样应当清晰,便于粘贴,用光洁耐

用的纸张印制或者用照片代替,长和宽不大于 10 厘米、不小于 5 厘米;

(四)委托他人代理的,应当附代理人委托书,注明委托事项和权限;

(五)国务院工商行政管理部门认为应当提交的其他文件。

第八条 国务院工商行政管理部门收到申请后,按照以下规定处理:

(一)符合本条例有关规定,申请文件齐备无误的,自收到申请之日起 15 日内,发给特殊标志登记申请受理通知书,并在发出通知之日起 2 个月内,将特殊标志有关事项、图样和核准使用的商品和服务项目,在特殊标志登记簿上登记,发给特殊标志登记证书。

特殊标志经核准登记后,由国务院工商行政管理部门公告。

(二)申请文件不齐备或者有误的,自收到申请之日起 10 日内发给特殊标志登记申请补正通知书,并限其自收到通知之日起 15 日内予以补正;期满不补正或者补正仍不符合规定的,发给特殊标志登记申请不予受理通知书。

(三)违反本条例第四条规定的,自收到申请之日起 15 日内发给特殊标志登记申请驳回通知书。申请人对驳回通知不服的,可以自收到驳回通知之日起 15 日内,向国务院工商行政管理部门申请复议。

前款所列各类通知书,由国务院工商行政管理部门送达申请人或者其代理人。因故不能直接送交的,以国务院工商行政管理部门公告或者邮寄之日起的 20 日为送达日期。

第九条 特殊标志有效期为 4 年,自核准登记之日起计算。

特殊标志所有人可以在有效期满前 3 个月内提出延期申请,延长的期限由国务院工商行政管理部门根据实际情况和需要决定。

特殊标志所有人变更地址,应当自变更之日起 1 个月内报国务院工商行政管理部门备案。

第十条 已获准登记的特殊标志有下列情形之一的,任何单位和个人可以在特殊标志公告刊登之日至其有效期满的期间,向国务院工商行政管理部门申明理由并提供相应证据,请求宣告特殊标志登记无效:

(一)同已在先申请的特殊标志相同或者近似的;

(二)同已在先申请注册的商标或者已获得注册的商标相同或者近似的;

(三)同已在先申请外观设计专利或者已依法取得专利权的外观设计专利相同或者近似的;

(四)侵犯他人著作权的。

第十一条 国务院工商行政管理部门自收到特殊标志登记无效申请之日起 10 日内,通知被申请人并限其自收到通知之日起 15 日内作出答辩。

被申请人拒绝答辩或者无正当理由超过答辩期限的,视为放弃答辩的权利。

第十二条 国务院工商行政管理部门自收到特殊标志登记无效申请之日起 3 个月内作出裁定,并通知当事人;当事人对裁定不服的,可以自收到通知之日起 15 日内,向国务院工商行政管理部门申请复议。

第三章 特殊标志的使用与保护

第十三条 特殊标志所有人可以在与其公益活动相关的广告、纪念品及其他物品上使用该标志,并许可他人在国务院工商行政管理部门核准使用该标志的商品或者服务项目上使用。

第十四条 特殊标志的使用人应当是依法成立的企业、事业单位、社会团体、个体工商户。

特殊标志使用人应当同所有人签订书面使用合同。

特殊标志使用人应当自合同签订之日起1个月内,将合同副本报国务院工商行政管理部门备案,并报使用人所在地县级以上人民政府工商行政管理部门存查。

第十五条 特殊标志所有人或者使用人有下列行为之一的,由其所在地或者行为发生地县级以上人民政府工商行政管理部门责令改正,可以处5万元以下的罚款;情节严重的,由县级以上人民政府工商行政管理部门责令使用人停止使用该特殊标志,由国务院工商行政管理部门撤销所有人的特殊标志登记:

(一)擅自改变特殊标志文字、图形的;

(二)许可他人使用特殊标志,未签订使用合同,或者使用人在规定期限内未报国务院工商行政管理部门备案或者未报所在地县级以上人民政府工商行政管理机关存查的;

(三)超出核准登记的商品或者服务范围使用的。

第十六条 有下列行为之一的,由县级以上人民政府工商行政管理部门责令侵权人立即停止侵权行为,没收侵权商品,没收违法所得,并处违法所得5倍以下的罚款,没有违法所得的,处1万元以下的罚款:

(一)擅自使用与所有人的特殊标志相同或者近似的文字、图形或者其组合的;

(二)未经特殊标志所有人许可,擅自制造、销售其特殊标志或者将其特殊标志用于商业活动的;

(三)有给特殊标志所有人造成经济损失的其他行为的。

第十七条 特殊标志所有人或者使用人发现特殊标志所有权或者使用权被侵害时,可以向侵权人所在地或者侵权行为发生地县级以上人民政府工商行政管理部门投诉;也可以直接向人民法院起诉。

工商行政管理部门受理特殊标志侵权案件投诉的,应当依特殊标志所有人的请求,就侵权的民事赔偿主持调解;调解不成的,特殊标志所有人可以向人民法院起诉。

第十八条 工商行政管理部门受理特殊标志侵权案件,在调查取证时,可以行使下列职权,有关当事人应当予以协助,不得拒绝:

(一)询问有关当事人;

(二)检查与侵权活动有关的物品;

(三)调查与侵权活动有关的行为;
(四)查阅、复制与侵权活动有关的合同、账册等业务资料。

第四章 附 则

第十九条 特殊标志申请费、公告费、登记费的收费标准,由国务院财政部门、物价部门会同国务院工商行政管理部门制定。

第二十条 申请特殊标志登记有关文书格式由国务院工商行政管理部门制定。

第二十一条 经国务院批准代表中国参加国际性文化、体育、科学研究等活动的组织所使用的名称、徽记、吉祥物等标志的保护,参照本条例的规定施行。

第二十二条 本条例自发布之日起施行。

世界博览会标志保护条例

1. 2004年10月20日国务院令第422号公布
2. 自2004年12月1日起施行

第一条 为了加强对世界博览会标志的保护,维护世界博览会标志权利人的合法权益,制定本条例。

第二条 本条例所称世界博览会标志,是指:
(一)中国2010年上海世界博览会申办机构的名称(包括全称、简称、译名和缩写,下同)、徽记或者其他标志;
(二)中国2010年上海世界博览会组织机构的名称、徽记或者其他标志;
(三)中国2010年上海世界博览会的名称、会徽、会旗、吉祥物、会歌、主题词、口号;
(四)国际展览局的局旗。

第三条 本条例所称世界博览会标志权利人,是指中国2010年上海世界博览会组织机构和国际展览局。

中国2010年上海世界博览会组织机构为本条例第二条第(一)、(二)、(三)项规定的世界博览会标志的权利人。中国2010年上海世界博览会组织机构和国际展览局之间关于本条例第二条第(四)项规定的世界博览会标志的权利划分,依照中国2010年上海世界博览会《申办报告》、《注册报告》和国际展览局《关于使用国际展览局局旗的规定》确定。

第四条 世界博览会标志权利人依照本条例享有世界博览会标志专有权。

未经世界博览会标志权利人许可,任何人不得为商业目的(含潜在商业目的,下同)使用世界博览会标志。

第五条 本条例所称为商业目的的使用,是指以营利为目的,以下列方式使用世界博览会标志：

（一）将世界博览会标志用于商品、商品包装或者容器以及商品交易文书上；

（二）将世界博览会标志用于服务业中；

（三）将世界博览会标志用于广告宣传、商业展览、营业性演出以及其他商业活动中；

（四）销售、进口、出口含有世界博览会标志的商品；

（五）制造或者销售世界博览会标志；

（六）将世界博览会标志作为字号申请企业名称登记，可能造成市场误认、混淆的；

（七）可能使他人认为行为人与世界博览会标志权利人之间存在许可使用关系而使用世界博览会标志的其他行为。

第六条 国务院工商行政管理部门依照本条例的规定，负责全国的世界博览会标志保护工作。

县级以上地方工商行政管理部门依照本条例的规定，负责本行政区域内的世界博览会标志保护工作。

第七条 世界博览会标志权利人应当将世界博览会标志报国务院工商行政管理部门备案，由国务院工商行政管理部门公告。

第八条 在本条例施行前已经依法使用世界博览会标志的，可以在原有范围内继续使用。

第九条 未经世界博览会标志权利人许可，为商业目的擅自使用世界博览会标志即侵犯世界博览会标志专有权，引起纠纷的，由当事人协商解决；不愿协商或者协商不成的，世界博览会标志权利人或者利害关系人可以依法向人民法院提起诉讼，也可以请求工商行政管理部门处理。

应当事人的请求，工商行政管理部门可以就侵犯世界博览会标志专有权的赔偿数额进行调解；调解不成的，当事人可以依法向人民法院提起诉讼。

第十条 工商行政管理部门根据已经取得的违法嫌疑证据或者举报查处涉嫌侵犯世界博览会标志专有权的行为时，可以行使下列职权：

（一）询问有关当事人，调查与侵犯世界博览会标志专有权有关的情况；

（二）查阅、复制与侵权活动有关的合同、发票、账簿以及其他有关资料；

（三）对当事人涉嫌侵犯世界博览会标志专有权活动的场所实施现场检查；

（四）检查与侵权活动有关的物品；对有证据证明侵犯世界博览会标志专有权的物品，予以查封或者扣押。

工商行政管理部门依法行使前款规定的职权时，当事人应当予以协助、配合，不得拒绝、阻挠。

第十一条 工商行政管理部门处理侵犯世界博览会标志专有权行为时，认定侵权行为成立的，责令立即停止侵权行为，没收、销毁侵权商品和专门用于制造侵权商品或者为商业目的擅自制造世界博览会标志的工具,有违法所得的,没收违法所得,可以并处违法所得5倍以下的罚款;没有违法所得的,可以并处5万元以下的罚款。

利用世界博览会标志进行诈骗等活动,构成犯罪的,依法追究刑事责任。

第十二条 侵犯世界博览会标志专有权的货物禁止进出口。世界博览会标志专有权海关保护的程序适用《中华人民共和国知识产权海关保护条例》的规定。

第十三条 侵犯世界博览会标志专有权的赔偿数额,按照权利人因被侵权所受到的损失或者侵权人因侵权所获得的利益确定,包括为制止侵权行为所支付的合理开支;被侵权人的损失或者侵权人获得的利益难以确定的,参照该世界博览会标志许可使用费合理确定。

销售不知道是侵犯世界博览会标志专有权的商品,能证明该商品是自己合法取得并说明提供者的,不承担赔偿责任。

第十四条 任何单位或者个人可以向工商行政管理部门或有关行政管理部门举报违反本条例使用世界博览会标志的行为。

第十五条 世界博览会标志除依照本条例受到保护外,还可以依照《中华人民共和国著作权法》、《中华人民共和国商标法》、《中华人民共和国专利法》、《中华人民共和国反不正当竞争法》、《特殊标志管理条例》等法律、行政法规的规定获得保护。

第十六条 本条例自2004年12月1日起施行。

奥林匹克标志保护条例

1. 2002年2月4日国务院令第345号公布
2. 2018年6月28日国务院令第699号修订
3. 自2018年7月31日起施行

第一条 为了加强对奥林匹克标志的保护,保障奥林匹克标志权利人的合法权益,促进奥林匹克运动发展,制定本条例。

第二条 本条例所称奥林匹克标志,是指:

(一)国际奥林匹克委员会的奥林匹克五环图案标志、奥林匹克旗、奥林匹克格言、奥林匹克徽记、奥林匹克会歌;

(二)奥林匹克、奥林匹亚、奥林匹克运动会及其简称等专有名称;

(三)中国奥林匹克委员会的名称、徽记、标志;

(四)中国境内申请承办奥林匹克运动会的机构的名称、徽记、标志;

(五)在中国境内举办的奥林匹克运动会的名称及其简称、吉祥物、会歌、火炬造型、口号、"主办城市名称+举办年份"等标志,以及其组织机构的名称、徽记;

（六）《奥林匹克宪章》和相关奥林匹克运动会主办城市合同中规定的其他与在中国境内举办的奥林匹克运动会有关的标志。

第三条 本条例所称奥林匹克标志权利人，是指国际奥林匹克委员会、中国奥林匹克委员会和中国境内申请承办奥林匹克运动会的机构、在中国境内举办的奥林匹克运动会的组织机构。

国际奥林匹克委员会、中国奥林匹克委员会和中国境内申请承办奥林匹克运动会的机构、在中国境内举办的奥林匹克运动会的组织机构之间的权利划分，依照《奥林匹克宪章》和相关奥林匹克运动会主办城市合同确定。

第四条 奥林匹克标志权利人依照本条例对奥林匹克标志享有专有权。

未经奥林匹克标志权利人许可，任何人不得为商业目的使用奥林匹克标志。

第五条 本条例所称为商业目的使用，是指以营利为目的，以下列方式利用奥林匹克标志：

（一）将奥林匹克标志用于商品、商品包装或者容器以及商品交易文书上；

（二）将奥林匹克标志用于服务项目中；

（三）将奥林匹克标志用于广告宣传、商业展览、营业性演出以及其他商业活动中；

（四）销售、进口、出口含有奥林匹克标志的商品；

（五）制造或者销售奥林匹克标志；

（六）其他以营利为目的利用奥林匹克标志的行为。

第六条 除本条例第五条规定外，利用与奥林匹克运动有关的元素开展活动，足以引人误认为与奥林匹克标志权利人之间有赞助或者其他支持关系，构成不正当竞争行为的，依照《中华人民共和国反不正当竞争法》处理。

第七条 国务院市场监督管理部门、知识产权主管部门依据本条例的规定，负责全国的奥林匹克标志保护工作。

县级以上地方市场监督管理部门依据本条例的规定，负责本行政区域内的奥林匹克标志保护工作。

第八条 奥林匹克标志权利人应当将奥林匹克标志提交国务院知识产权主管部门，由国务院知识产权主管部门公告。

第九条 奥林匹克标志有效期为10年，自公告之日起计算。

奥林匹克标志权利人可以在有效期满前12个月内办理续展手续，每次续展的有效期为10年，自该奥林匹克标志上一届有效期满次日起计算。国务院知识产权主管部门应当对续展的奥林匹克标志予以公告。

第十条 取得奥林匹克标志权利人许可，为商业目的使用奥林匹克标志的，应当同奥林匹克标志权利人订立使用许可合同。奥林匹克标志权利人应当将其许可使用奥林匹克标志的种类、被许可人、许可使用的商品或者服务项目、时限、地域范围等信息及时披露。

被许可人应当在使用许可合同约定的奥林匹克标志种类、许可使用的商品或者服务项目、时限、地域范围内使用奥林匹克标志。

第十一条 本条例施行前已经依法使用奥林匹克标志的,可以在原有范围内继续使用。

第十二条 未经奥林匹克标志权利人许可,为商业目的擅自使用奥林匹克标志,或者使用足以引人误认的近似标志,即侵犯奥林匹克标志专有权,引起纠纷的,由当事人协商解决;不愿协商或者协商不成的,奥林匹克标志权利人或者利害关系人可以向人民法院提起诉讼,也可以请求市场监督管理部门处理。市场监督管理部门处理时,认定侵权行为成立的,责令立即停止侵权行为,没收、销毁侵权商品和主要用于制造侵权商品或者为商业目的擅自制造奥林匹克标志的工具。违法经营额5万元以上的,可以并处违法经营额5倍以下的罚款,没有违法经营额或者违法经营额不足5万元的,可以并处25万元以下的罚款。当事人对处理决定不服的,可以依照《中华人民共和国行政复议法》申请行政复议,也可以直接依照《中华人民共和国行政诉讼法》向人民法院提起诉讼。进行处理的市场监督管理部门应当事人的请求,可以就侵犯奥林匹克标志专有权的赔偿数额进行调解;调解不成的,当事人可以依照《中华人民共和国民事诉讼法》向人民法院提起诉讼。

利用奥林匹克标志进行诈骗等活动,构成犯罪的,依法追究刑事责任。

第十三条 对侵犯奥林匹克标志专有权的行为,市场监督管理部门有权依法查处。

市场监督管理部门根据已经取得的违法嫌疑证据或者举报,对涉嫌侵犯奥林匹克标志专有权的行为进行查处时,可以行使下列职权:

(一)询问有关当事人,调查与侵犯奥林匹克标志专有权有关的情况;

(二)查阅、复制与侵权活动有关的合同、发票、账簿以及其他有关资料;

(三)对当事人涉嫌侵犯奥林匹克标志专有权活动的场所实施现场检查;

(四)检查与侵权活动有关的物品;对有证据证明是侵犯奥林匹克标志专有权的物品,予以查封或者扣押。

市场监督管理部门依法行使前款规定的职权时,当事人应当予以协助、配合,不得拒绝、阻挠。

第十四条 进出口货物涉嫌侵犯奥林匹克标志专有权的,由海关参照《中华人民共和国海关法》和《中华人民共和国知识产权海关保护条例》规定的权限和程序查处。

第十五条 侵犯奥林匹克标志专有权的赔偿数额,按照权利人因被侵权所受到的损失或者侵权人因侵权所获得的利益确定,包括为制止侵权行为所支付的合理开支;被侵权人的损失或者侵权人获得的利益难以确定的,参照该奥林匹克标志许可使用费合理确定。

销售不知道是侵犯奥林匹克标志专有权的商品,能证明该商品是自己合法取得并说明提供者的,不承担赔偿责任。

第十六条 奥林匹克标志除依照本条例受到保护外,还可以依照《中华人民共和国著作权法》、《中华人民共和国商标法》、《中华人民共和国专利法》、《特殊标志管理条例》等法律、行政法规的规定获得保护。

第十七条 对残奥会有关标志的保护,参照本条例执行。

第十八条 本条例自 2018 年 7 月 31 日起施行。

五、其他知识产权

中华人民共和国植物新品种保护条例

1. 1997年3月20日国务院令第213号公布
2. 根据2013年1月31日国务院令第635号《关于修改〈中华人民共和国植物新品种保护条例〉的决定》第一次修订
3. 根据2014年7月29日国务院令第653号《关于修改部分行政法规的决定》第二次修订

第一章 总 则

第一条 为了保护植物新品种权,鼓励培育和使用植物新品种,促进农业、林业的发展,制定本条例。

第二条 本条例所称植物新品种,是指经过人工培育的或者对发现的野生植物加以开发,具备新颖性、特异性、一致性和稳定性并有适当命名的植物品种。

第三条 国务院农业、林业行政部门(以下统称审批机关)按照职责分工共同负责植物新品种权申请的受理和审查并对符合本条例规定的植物新品种授予植物新品种权(以下称品种权)。

第四条 完成关系国家利益或者公共利益并有重大应用价值的植物新品种育种的单位或者个人,由县级以上人民政府或者有关部门给予奖励。

第五条 生产、销售和推广被授予品种权的植物新品种(以下称授权品种),应当按照国家有关种子的法律、法规的规定审定。

第二章 品种权的内容和归属

第六条 完成育种的单位或者个人对其授权品种,享有排他的独占权。任何单位或者个人未经品种权所有人(以下称品种权人)许可,不得为商业目的生产或者销售该授权品种的繁殖材料,不得为商业目的将该授权品种的繁殖材料重复使用于生产另一品种的繁殖材料;但是,本条例另有规定的除外。

第七条 执行本单位的任务或者主要是利用本单位的物质条件所完成的职务育种,植物新品种的申请权属于该单位;非职务育种,植物新品种的申请权属于完成育种的个人。申请被批准后,品种权属于申请人。

委托育种或者合作育种,品种权的归属由当事人在合同中约定;没有合同约定的,品种权属于受委托完成或者共同完成育种的单位或者个人。

第八条 一个植物新品种只能授予一项品种权。两个以上的申请人分别就同一个植物新品种申请品种权的,品种权授予最先申请的人;同时申请的,品种权授予最先完成该植物新品种育种的人。

第九条 植物新品种的申请权和品种权可以依法转让。

中国的单位或者个人就其在国内培育的植物新品种向外国人转让申请权或者品种权的,应当经审批机关批准。

国有单位在国内转让申请权或者品种权的,应当按照国家有关规定报经有关行政主管部门批准。

转让申请权或者品种权的,当事人应当订立书面合同,并向审批机关登记,由审批机关予以公告。

第十条 在下列情况下使用授权品种的,可以不经品种权人许可,不向其支付使用费,但是不得侵犯品种权人依照本条例享有的其他权利:

(一)利用授权品种进行育种及其他科研活动;

(二)农民自繁自用授权品种的繁殖材料。

第十一条 为了国家利益或者公共利益,审批机关可以作出实施植物新品种强制许可的决定,并予以登记和公告。

取得实施强制许可的单位或者个人应当付给品种权人合理的使用费,其数额由双方商定;双方不能达成协议的,由审批机关裁决。

品种权人对强制许可决定或者强制许可使用费的裁决不服的,可以自收到通知之日起3个月内向人民法院提起诉讼。

第十二条 不论授权品种的保护期是否届满,销售该授权品种应当使用其注册登记的名称。

第三章 授予品种权的条件

第十三条 申请品种权的植物新品种应当属于国家植物品种保护名录中列举的植物的属或者种。植物品种保护名录由审批机关确定和公布。

第十四条 授予品种权的植物新品种应当具备新颖性。新颖性,是指申请品种权的植物新品种在申请日前该品种繁殖材料未被销售,或者经育种者许可,在中国境内销售该品种繁殖材料未超过1年;在中国境外销售藤本植物、林木、果树和观赏树木品种繁殖材料未超过6年,销售其他植物品种繁殖材料未超过4年。

第十五条 授予品种权的植物新品种应当具备特异性。特异性,是指申请品种权的植物新品种应当明显区别于在递交申请以前已知的植物品种。

第十六条 授予品种权的植物新品种应当具备一致性。一致性,是指申请品种权的植物新品种经过繁殖,除可以预见的变异外,其相关的特征或者特性一致。

第十七条 授予品种权的植物新品种应当具备稳定性。稳定性,是指申请品种权的植物新品种经过反复繁殖后或者在特定繁殖周期结束时,其相关的特征或者特性保持不变。

第十八条 授予品种权的植物新品种应当具备适当的名称,并与相同或者相近的植物属或者种中已知品种的名称相区别。该名称经注册登记后即为该植物新品种的通用名称。

下列名称不得用于品种命名：

（一）仅以数字组成的；

（二）违反社会公德的；

（三）对植物新品种的特征、特性或者育种者的身份等容易引起误解的。

第四章 品种权的申请和受理

第十九条 中国的单位和个人申请品种权的，可以直接或者委托代理机构向审批机关提出申请。

中国的单位和个人申请品种权的植物新品种涉及国家安全或者重大利益需要保密的，应当按照国家有关规定办理。

第二十条 外国人、外国企业或者外国其他组织在中国申请品种权的，应当按其所属国和中华人民共和国签订的协议或者共同参加的国际条约办理，或者根据互惠原则，依照本条例办理。

第二十一条 申请品种权的，应当向审批机关提交符合规定格式要求的请求书、说明书和该品种的照片。

申请文件应当使用中文书写。

第二十二条 审批机关收到品种权申请文件之日为申请日；申请文件是邮寄的，以寄出的邮戳日为申请日。

第二十三条 申请人自在外国第一次提出品种权申请之日起12个月内，又在中国就该植物新品种提出品种权申请的，依照该外国同中华人民共和国签订的协议或者共同参加的国际条约，或者根据相互承认优先权的原则，可以享有优先权。

申请人要求优先权的，应当在申请时提出书面说明，并在3个月内提交经原受理机关确认的第一次提出的品种权申请文件的副本；未依照本条例规定提出书面说明或者提交申请文件副本的，视为未要求优先权。

第二十四条 对符合本条例第二十一条规定的品种权申请，审批机关应当予以受理，明确申请日、给予申请号，并自收到申请之日起1个月内通知申请人缴纳申请费。

对不符合或者经修改仍不符合本条例第二十一条规定的品种权申请，审批机关不予受理，并通知申请人。

第二十五条 申请人可以在品种权授予前修改或者撤回品种权申请。

第二十六条 中国的单位或者个人将国内培育的植物新品种向国外申请品种权的，应当按照职责分工向省级人民政府农业、林业行政部门登记。

第五章 品种权的审查与批准

第二十七条 申请人缴纳申请费后，审批机关对品种权申请的下列内容进行初步审查：

（一）是否属于植物品种保护名录列举的植物属或者种的范围；

（二）是否符合本条例第二十条的规定；

(三)是否符合新颖性的规定;

(四)植物新品种的命名是否适当。

第二十八条 审批机关应当自受理品种权申请之日起6个月内完成初步审查。对经初步审查合格的品种权申请,审批机关予以公告,并通知申请人在3个月内缴纳审查费。

对经初步审查不合格的品种权申请,审批机关应当通知申请人在3个月内陈述意见或者予以修正;逾期未答复或者修正后仍然不合格的,驳回申请。

第二十九条 申请人按照规定缴纳审查费后,审批机关对品种权申请的特异性、一致性和稳定性进行实质审查。

申请人未按照规定缴纳审查费的,品种权申请视为撤回。

第三十条 审批机关主要依据申请文件和其他有关书面材料进行实质审查。审批机关认为必要时,可以委托指定的测试机构进行测试或者考察业已完成的种植或者其他试验的结果。

因审查需要,申请人应当根据审批机关的要求提供必要的资料和该植物新品种的繁殖材料。

第三十一条 对经实质审查符合本条例规定的品种权申请,审批机关应当作出授予品种权的决定,颁发品种权证书,并予以登记和公告。

对经实质审查不符合本条例规定的品种权申请,审批机关予以驳回,并通知申请人。

第三十二条 审批机关设立植物新品种复审委员会。

对审批机关驳回品种权申请的决定不服的,申请人可以自收到通知之日起3个月内,向植物新品种复审委员会请求复审。植物新品种复审委员会应当自收到复审请求书之日起6个月内作出决定,并通知申请人。

申请人对植物新品种复审委员会的决定不服的,可以自接到通知之日起15日内向人民法院提起诉讼。

第三十三条 品种权被授予后,在自初步审查合格公告之日起至被授予品种权之日止的期间,对未经申请人许可,为商业目的生产或者销售该授权品种的繁殖材料的单位和个人,品种权人享有追偿的权利。

第六章 期限、终止和无效

第三十四条 品种权的保护期限,自授权之日起,藤本植物、林木、果树和观赏树木为20年,其他植物为15年。

第三十五条 品种权人应当自被授予品种权的当年开始缴纳年费,并且按照审批机关的要求提供用于检测的该授权品种的繁殖材料。

第三十六条 有下列情形之一的,品种权在其保护期限届满前终止:

(一)品种权人以书面声明放弃品种权的;

(二)品种权人未按照规定缴纳年费的;

(三) 品种权人未按照审批机关的要求提供检测所需的该授权品种的繁殖材料的;

(四) 经检测该授权品种不再符合被授予品种权时的特征和特性的。

品种权的终止,由审批机关登记和公告。

第三十七条 自审批机关公告授予品种权之日起,植物新品种复审委员会可以依据职权或者依据任何单位或者个人的书面请求,对不符合本条例第十四条、第十五条、第十六条和第十七条规定的,宣告品种权无效;对不符合本条例第十八条规定的,予以更名。宣告品种权无效或者更名的决定,由审批机关登记和公告,并通知当事人。

对植物新品种复审委员会的决定不服的,可以自收到通知之日起3个月内向人民法院提起诉讼。

第三十八条 被宣告无效的品种权视为自始不存在。

宣告品种权无效的决定,对在宣告前人民法院作出并已执行的植物新品种侵权的判决、裁定,省级以上人民政府农业、林业行政部门作出并已执行的植物新品种侵权处理决定,以及已经履行的植物新品种实施许可合同和植物新品种权转让合同,不具有追溯力;但是,因品种权人的恶意给他人造成损失的,应当给予合理赔偿。

依照前款规定,品种权人或者品种权转让人不向被许可实施人或者受让人返还使用费或者转让费,明显违反公平原则的,品种权人或者品种权转让人应当向被许可实施人或者受让人返还全部或者部分使用费或者转让费。

第七章 罚 则

第三十九条 未经品种权人许可,以商业目的生产或者销售授权品种的繁殖材料的,品种权人或者利害关系人可以请求省级以上人民政府农业、林业行政部门依据各自的职权进行处理,也可以直接向人民法院提起诉讼。

省级以上人民政府农业、林业行政部门依据各自的职权,根据当事人自愿的原则,对侵权所造成的损害赔偿可以进行调解。调解达成协议的,当事人应当履行;调解未达成协议的,品种权人或者利害关系人可以依照民事诉讼程序向人民法院提起诉讼。

省级以上人民政府农业、林业行政部门依据各自的职权处理品种权侵权案件时,为维护社会公共利益,可以责令侵权人停止侵权行为,没收违法所得和植物品种繁殖材料;货值金额5万元以上的,可处货值金额1倍以上5倍以下的罚款;没有货值金额或者货值金额5万元以下的,根据情节轻重,可处25万元以下的罚款。

第四十条 假冒授权品种的,由县级以上人民政府农业、林业行政部门依据各自的职权责令停止假冒行为,没收违法所得和植物品种繁殖材料;货值金额5万元以上的,处货值金额1倍以上5倍以下的罚款;没有货值金额或者货值金额5万元以下的,根据情节轻重,处25万元以下的罚款;情节严重,构成犯罪的,依法追究刑事责任。
第四十一条　省级以上人民政府农业、林业行政部门依据各自的职权在查处品种权侵权案件和县级以上人民政府农业、林业行政部门依据各自的职权在查处假冒授权品种案件时，根据需要，可以封存或者扣押与案件有关的植物品种的繁殖材料，查阅、复制或者封存与案件有关的合同、帐册及有关文件。
第四十二条　销售授权品种未使用其注册登记的名称的，由县级以上人民政府农业、林业行政部门依据各自的职权责令限期改正，可以处 1000 元以下的罚款。
第四十三条　当事人就植物新品种的申请权和品种权的权属发生争议的，可以向人民法院提起诉讼。
第四十四条　县级以上人民政府农业、林业行政部门的及有关部门的工作人员滥用职权、玩忽职守、徇私舞弊、索贿受贿，构成犯罪的，依法追究刑事责任；尚不构成犯罪的，依法给予行政处分。

第八章　附　　则

第四十五条　审批机关可以对本条例施行前首批列入植物品种保护名录的和本条例施行后新列入植物品种保护名录的植物属或者种的新颖性要求作出变通性规定。
第四十六条　本条例自 1997 年 10 月 1 日起施行。

植物新品种保护项目管理暂行办法

1. 2009 年 11 月 18 日农业部办公厅发布
2. 农办科〔2009〕73 号

第一章　总　　则

第一条　为加强植物新品种保护项目管理，规范项目资金使用，提高资金使用效益，根据国家财政项目支出管理有关规定及相关法律法规，制定本办法。
第二条　项目资金主要用于植物新品种保护法规规章制定和修订、国家知识产权战略贯彻实施、品种权申请受理、审查、测试、授权、复审、技术支撑体系建设、行政执法、宣传培训、政策研究、履约和国际交流等工作。
第三条　项目由农业部组织实施。农业部负责制定发布项目申报指南、组织项目评审、审批立项、实施的监督检查、组织验收等。

第二章　项目申报与立项

第四条　农业部根据农业植物新品种保护工作总体部署，印发项目申报指南。
第五条　各有关地方农业行政主管部门及科研、教学和其他事业单位根据项目申报指南编制项目申报书，主要包括项目必要性、可行性、年度目标、预期效益、项目内容及金额、时间进度、人员分工、资金测算、单位情况等内容,并上报农业部。

第六条 农业部对项目申报书进行审查,择优审批立项,并与项目承担单位签订《植物新品种保护项目合同》。项目合同主要包括项目来由、年度目标、预期效益、项目内容及金额、时间进度、人员分工、资金测算、单位情况等内容。

第三章 项目执行及资金管理

第七条 项目实施时间原则上为一年,特殊项目可滚动实施。凡纳入计划的项目,要按期完成并达到规定的项目目标。

第八条 对已立项的项目,项目资金由农业部下达到项目承担单位,项目承担单位必须按照批复的项目预算和项目合同组织实施,不得随意调整项目内容、进度安排、资金使用方向等。如确需调整,必须报农业部批准。

第九条 项目承担单位要对植物新品种保护项目资金设立专账管理,专款专用。

第十条 项目承担单位要建立信息反馈制度,根据农业部的要求及时报送资金使用、工作进度等相关资料。项目承担单位于每年年底前将项目执行情况、资金使用情况总结报农业部。

第十一条 涉及保密的有关内容,按照国家有关保密工作法律法规执行。

第十二条 对骗取、挪用、截留、挤占项目资金的行为,依照《财政违法行为处罚处分条例》及相关法律法规追究有关单位及其责任人的法律责任。

第四章 检查验收

第十三条 农业部按照批复的项目合同对项目承担单位的项目执行和资金使用情况进行检查,实行项目执行和资金使用情况与下年度项目资金安排挂钩。未完成项目内容和经费支出不合理的,下年度酌情减少项目资金或不予考虑资金支持,情节严重的将终止项目并视情况予以相应处罚。

第十四条 农业部对部分技术复杂且重大的项目实行验收,并在项目合同中予以明确。验收在项目完成后三个月内组织进行,项目承担单位应在验收前一个月向农业部提出验收申请,农业部视具体情况直接或委托有关单位进行验收。未能通过验收的项目须进行整改,整改完成后重新申请验收。无法进行验收的项目,除不可抗拒的因素外,项目承担单位及第一承担人要承担相应的责任。

第五章 附则

第十五条 本办法自发布之日起执行。

农业植物新品种权侵权案件处理规定

1. 2002年12月30日农业部令第24号发布
2. 自2003年2月1日起施行

第一条 为有效处理农业植物新品种权（以下简称品种权）侵权案件，根据《中华人民共和国植物新品种保护条例》（以下简称《条例》），制定本规定。

第二条 本规定所称的品种权侵权案件是指未经品种权人许可，以商业目的生产或销售授权品种的繁殖材料以及将该授权品种的繁殖材料重复使用于生产另一品种的繁殖材料的行为。

第三条 省级以上人民政府农业行政部门负责处理本行政辖区内品种权侵权案件。

第四条 请求省级以上人民政府农业行政部门处理品种权侵权案件的，应当符合下列条件：

（一）请求人是品种权人或者利害关系人；
（二）有明确的被请求人；
（三）有明确的请求事项和具体事实、理由；
（四）属于受案农业行政部门的受案范围和管辖；
（五）在诉讼时效范围内；
（六）当事人没有就该品种权侵权案件向人民法院起诉。

第一项所称利害关系人包括品种权实施许可合同的被许可人、品种权的合法继承人。品种权实施许可合同的被许可人中，独占实施许可合同的被许可人可以单独提出请求；排他实施许可合同的被许可人在品种权人不请求的情况下，可以单独提出请求；除合同另有约定外，普通实施许可合同的被许可人不能单独提出请求。

第五条 请求处理品种权侵权案件的诉讼时效为2年，自品种权人或利害关系人得知或应当得知侵权行为之日起计算。

第六条 请求省级以上人民政府农业行政部门处理品种权侵权案件的，应当提交请求书以及所涉及品种权的品种权证书，并且按照被请求人的数量提供请求书副本。

请求书应当记载以下内容：

（一）请求人的姓名或者名称、地址，法定代表人姓名、职务。委托代理的，代理人的姓名和代理机构的名称、地址；
（二）被请求人的姓名或者名称、地址；
（三）请求处理的事项、事实和理由。

请求书应当由请求人签名或盖章。

第七条 请求符合本办法第六条规定条件的,省级以上人民政府农业行政部门应当在收到请求书之日起 7 日内立案并书面通知请求人,同时指定 3 名以上单数承办人员处理该品种权侵权案件;请求不符合本办法第六条规定条件的,省级以上人民政府农业行政部门应当在收到请求书之日起 7 日内书面通知请求人不予受理,并说明理由。

第八条 省级以上人民政府农业行政部门应当在立案之日起 7 日内将请求书及其附件的副本通过邮寄、直接送交或者其他方式送被请求人,要求其在收到之日起 15 日内提交答辩书,并且按照请求人的数量提供答辩书副本。被请求人逾期不提交答辩书的,不影响省级以上人民政府农业行政部门进行处理。被请求人提交答辩书的,省级以上人民政府农业行政部门应当在收到之日起 7 日内将答辩书副本通过邮寄、直接送交或者其他方式送请求人。

第九条 省级以上人民政府农业行政部门处理品种权侵权案件一般以书面审理为主。必要时,可以举行口头审理,并在口头审理 7 日前通知当事人口头审理的时间和地点。当事人无正当理由拒不参加的,或者未经允许中途退出的,对请求人按撤回请求处理,对被请求人按缺席处理。

省级以上人民政府农业行政部门举行口头审理的,应当记录参加人和审理情况,经核对无误后,由案件承办人员和参加人签名或盖章。

第十条 除当事人达成调解、和解协议,请求人撤回请求之外,省级以上人民政府农业行政部门对侵权案件应作出处理决定,并制作处理决定书,写明以下内容:

(一)请求人、被请求人的姓名或者名称、地址,法定代表人或者主要负责人的姓名、职务,代理人的姓名和代理机构的名称;

(二)当事人陈述的事实和理由;

(三)认定侵权行为是否成立的理由和依据;

(四)处理决定:认定侵权行为成立的,应当责令被请求人立即停止侵权行为,写明处罚内容;认定侵权行为不成立的,应当驳回请求人的请求;

(五)不服处理决定申请行政复议或者提起行政诉讼的途径和期限。

处理决定书应当由案件承办人员署名,并加盖省级以上人民政府农业行政部门的公章。

第十一条 省级以上人民政府农业行政部门认定侵权行为成立并作出处理决定的,可以采取下列措施,制止侵权行为:

(一)侵权人生产授权品种繁殖材料或者直接使用授权品种的繁殖材料生产另一品种繁殖材料的,责令其立即停止生产,并销毁生产中的植物材料;已获得繁殖材料的,责令其不得销售;

(二)侵权人销售授权品种繁殖材料或者销售直接使用授权品种繁殖材料生产另一品种繁殖材料的,责令其立即停止销售行为,并且不得销售尚未售出的侵权品种繁殖材料;

(三)没收违法所得；

(四)处以违法所得5倍以下的罚款；

(五)停止侵权行为的其他必要措施。

第十二条 当事人对省级以上人民政府农业行政部门作出的处理决定不服的,可以依法申请行政复议或者向人民法院提起行政诉讼。期满不申请行政复议或者不起诉又不停止侵权行为的,省级以上人民政府农业行政部门可以申请人民法院强制执行。

第十三条 省级以上人民政府农业行政部门认定侵权行为成立的,可以根据当事人自愿的原则,对侵权所造成的损害赔偿进行调解。必要时,可以邀请有关单位和个人协助调解。

调解达成协议的,省级以上人民政府农业行政部门应当制作调解协议书,写明如下内容：

(一)请求人、被请求人的姓名或者名称、地址,法定代表人的姓名、职务。委托代理人的,代理人的姓名和代理机构的名称、地址；

(二)案件的主要事实和各方应承担的责任；

(三)协议内容以及有关费用的分担。调解协议书由各方当事人签名或盖章、案件承办人员签名并加盖省级以上人民政府农业行政部门的公章。调解书送达后,当事人应当履行协议。

调解未达成协议的,当事人可以依法向人民法院起诉。

第十四条 侵犯品种权的赔偿数额,按照权利人因被侵权所受到的损失或者侵权人因侵权所获得的利益确定。权利人的损失或者侵权人获得的利益难以确定的,按照品种权许可使用费的1倍以上5倍以下酌情确定。

第十五条 省级以上人民政府农业行政部门或者人民法院作出认定侵权行为成立的处理决定或者判决之后,被请求人就同一品种权再次作出相同类型的侵权行为,品种权人或者利害关系人请求处理的,省级以上人民政府农业行政部门可以直接作出责令立即停止侵权行为的处理决定并采取相应处罚措施。

第十六条 农业行政部门可以按照以下方式确定品种权案件行为人的违法所得：

(一)销售侵权或者假冒他人品种权的繁殖材料的,以该品种繁殖材料销售价格乘以销售数量作为其违法所得；

(二)订立侵权或者假冒他人品种权合同的,以收取的费用作为其违法所得。

第十七条 省级以上人民政府农业行政部门查处品种权侵权案件和县级以上人民政府农业行政部门查处假冒授权品种案件的程序,适用《农业行政处罚程序规定》。

第十八条 本办法由农业部负责解释。

第十九条 本办法自2003年2月1日起施行。

展会知识产权保护办法

1. 2006年1月13日商务部、国家工商行政管理总局、国家版权局、国家知识产权局令2006年第1号公布
2. 自2006年3月1日起施行

第一章 总 则

第一条 为加强展会期间知识产权保护,维护会展业秩序,推动会展业的健康发展,根据《中华人民共和国对外贸易法》、《中华人民共和国专利法》、《中华人民共和国商标法》和《中华人民共和国著作权法》及相关行政法规等制定本办法。

第二条 本办法适用于在中华人民共和国境内举办的各类经济技术贸易展览会、展销会、博览会、交易会、展示会等活动中有关专利、商标、版权的保护。

第三条 展会管理部门应加强对展会期间知识产权保护的协调、监督、检查,维护展会的正常交易秩序。

第四条 展会主办方应当依法维护知识产权权利人的合法权益。展会主办方在招商招展时,应加强对参展方有关知识产权的保护和对参展项目(包括展品、展板及相关宣传资料等)的知识产权状况的审查。在展会期间,展会主办方应当积极配合知识产权行政管理部门的知识产权保护工作。

展会主办方可通过与参展方签订参展期间知识产权保护条款或合同的形式,加强展会知识产权保护工作。

第五条 参展方应当合法参展,不得侵犯他人知识产权,并应对知识产权行政管理部门或司法部门的调查予以配合。

第二章 投诉处理

第六条 展会时间在3天以上(含3天),展会管理部门认为有必要的,展会主办方应在展会期间设立知识产权投诉机构。设立投诉机构的展会举办地知识产权行政管理部门应当派员进驻,并依法对侵权案件进行处理。

未设立投诉机构的,展会举办地知识产权行政管理部门应当加强对展会知识产权保护的指导、监督和有关案件的处理,展会主办方应当将展会举办地的相关知识产权行政管理部门的联系人、联系方式等在展会场馆的显著位置予以公示。

第七条 展会知识产权投诉机构应由展会主办方、展会管理部门、专利、商标、版权等知识产权行政管理部门的人员组成,其职责包括:

(一)接受知识产权权利人的投诉,暂停涉嫌侵犯知识产权的展品在展会期间展出;

(二)将有关投诉材料移交相关知识产权行政管理部门;

（三）协调和督促投诉的处理；

（四）对展会知识产权保护信息进行统计和分析；

（五）其他相关事项。

第八条 知识产权权利人可以向展会知识产权投诉机构投诉也可直接向知识产权行政管理部门投诉。权利人向投诉机构投诉的，应当提交以下材料：

（一）合法有效的知识产权权属证明：涉及专利的，应当提交专利证书、专利公告文本、专利权人的身份证明、专利法律状态证明；涉及商标的，应当提交商标注册证明文件，并由投诉人签章确认，商标权利人身份证明；涉及著作权的，应当提交著作权权利证明著作权人身份证明；

（二）涉嫌侵权当事人的基本信息；

（三）涉嫌侵权的理由和证据；

（四）委托代理人投诉的，应提交授权委托书。

第九条 不符合本办法第八条规定的，展会知识产权投诉机构应当及时通知投诉人或者请求人补充有关材料。未予补充的，不予接受。

第十条 投诉人提交虚假投诉材料或其他因投诉不实给被投诉人带来损失的，应当承担相应法律责任。

第十一条 展会知识产权投诉机构在收到符合本办法第八条规定的投诉材料后，应于24小时内将其移交有关知识产权行政管理部门。

第十二条 地方知识产权行政管理部门受理投诉或者处理请求的，应当通知展会主办方，并及时通知被投诉人或者被请求人。

第十三条 在处理侵犯知识产权的投诉或者请求程序中，地方知识产权行政管理部门可以根据展会的展期指定被投诉人或者被请求人的答辩期限。

第十四条 被投诉人或者被请求人提交答辩书后，除非有必要作进一步调查，地方知识产权行政管理部门应当及时作出决定并送交双方当事人。

被投诉人或者被请求人逾期未提交答辩书的，不影响地方知识产权行政管理部门作出决定。

第十五条 展会结束后，相关知识产权行政管理部门应当及时将有关处理结果通告展会主办方。展会主办方应当做好展会知识产权保护的统计分析工作，并将有关情况及时报展会管理部门。

第三章 展会期间专利保护

第十六条 展会投诉机构需要地方知识产权局协助的，地方知识产权局应当积极配合，参与展会知识产权保护工作。地方知识产权局在展会期间的工作可以包括：

（一）接受展会投诉机构移交的关于涉嫌侵犯专利权的投诉，依照专利法律法规的有关规定进行处理；

（二）受理展出项目涉嫌侵犯专利权的专利侵权纠纷处理请求，依照专利法第五十七条的规定进行处理；

(三)受理展出项目涉嫌假冒他人专利和冒充专利的举报,或者依职权查处展出项目中假冒他人专利和冒充专利的行为,依据《专利法》第五十八条和第五十九条的规定进行处罚。

第十七条　有下列情形之一的,地方知识产权局对侵犯专利权的投诉或者处理请求不予受理:

(一)投诉人或者请求人已经向人民法院提起专利侵权诉讼的;

(二)专利权正处于无效宣告请求程序之中的;

(三)专利权存在权属纠纷,正处于人民法院的审理程序或者管理专利工作的部门的调解程序之中的;

(四)专利权已经终止,专利权人正在办理权利恢复的。

第十八条　地方知识产权局在通知被投诉人或者被请求人时,可以即行调查取证,查阅、复制与案件有关的文件,询问当事人,采用拍照、摄像等方式进行现场勘验,也可以抽样取证。

地方知识产权局收集证据应当制作笔录,由承办人员、被调查取证的当事人签名盖章。被调查取证的当事人拒绝签名盖章的,应当在笔录上注明原因;有其他人在现场的,也可同时由其他人签名。

第四章　展会期间商标保护

第十九条　展会投诉机构需要地方工商行政管理部门协助的,地方工商行政管理部门应当积极配合,参与展会知识产权保护工作。地方工商行政管理部门在展会期间的工作可以包括:

(一)接受展会投诉机构移交的关于涉嫌侵犯商标权的投诉,依照商标法律法规的有关规定进行处理;

(二)受理符合《商标法》第五十二条规定的侵犯商标专用权的投诉;

(三)依职权查处商标违法案件。

第二十条　有下列情形之一的,地方工商行政管理部门对侵犯商标专用权的投诉或者处理请求不予受理:

(一)投诉人或者请求人已经向人民法院提起商标侵权诉讼的;

(二)商标权已经无效或者被撤销的。

第二十一条　地方工商行政管理部门决定受理后,可以根据商标法律法规等相关规定进行调查和处理。

第五章　展会期间著作权保护

第二十二条　展会投诉机构需要地方著作权行政管理部门协助的,地方著作权行政管理部门应当积极配合,参与展会知识产权保护工作。地方著作权行政管理部门在展会期间的工作可以包括:

(一)接受展会投诉机构移交的关于涉嫌侵犯著作权的投诉,依照著作权法律法规的有关规定进行处理;

(二)受理符合《著作权法》第四十七条规定的侵犯著作权的投诉,根据著作权法的有关规定进行处罚。

第二十三条　地方著作权行政管理部门在受理投诉或请求后,可以采取以下手段收集证据:

(一)查阅、复制与涉嫌侵权行为有关的文件档案、账簿和其他书面材料;

(二)对涉嫌侵权复制品进行抽样取证;

(三)对涉嫌侵权复制品进行登记保存。

第六章　法　律　责　任

第二十四条　对涉嫌侵犯知识产权的投诉,地方知识产权行政管理部门认定侵权成立的,应会同会展管理部门依法对参展方进行处理。

第二十五条　对涉嫌侵犯发明或者实用新型专利权的处理请求,地方知识产权局认定侵权成立的,应当依据《专利法》第十一条第一款关于禁止许诺销售行为的规定以及《专利法》第五十七条关于责令侵权人立即停止侵权行为的规定作出处理决定,责令被请求人从展会上撤出侵权展品,销毁介绍侵权展品的宣传材料,更换介绍侵权项目的展板。

对涉嫌侵犯外观设计专利权的处理请求,被请求人在展会上销售其展品,地方知识产权局认定侵权成立的,应当依据《专利法》第十一条第二款关于禁止销售行为的规定以及第五十七条关于责令侵权人立即停止侵权行为的规定作出处理决定,责令被请求人从展会上撤出侵权展品。

第二十六条　在展会期间假冒他人专利或以非专利产品冒充专利产品,以非专利方法冒充专利方法的,地方知识产权局应当依据《专利法》第五十八条和第五十九条规定进行处罚。

第二十七条　对有关商标案件的处理请求,地方工商行政管理部门认定侵权成立的,应当根据《商标法》、《商标法实施条例》等相关规定进行处罚。

第二十八条　对侵犯著作权及相关权利的处理请求,地方著作权行政管理部门认定侵权成立的,应当根据《著作权法》第四十七条的规定进行处罚,没收、销毁侵权展品及介绍侵权展品的宣传材料,更换介绍展出项目的展板。

第二十九条　经调查,被投诉或者被请求的展出项目已经由人民法院或者知识产权行政管理部门作出判定侵权成立的判决或者决定并发生法律效力的,地方知识产权行政管理部门可以直接作出第二十六条、第二十七条、第二十八条和第二十九条所述的处理决定。

第三十条　请求人除请求制止被请求人的侵权展出行为之外,还请求制止同一被请求人的其他侵犯知识产权行为的,地方知识产权行政管理部门对发生在其管辖地域之内的涉嫌侵权行为,可以依照相关知识产权法律法规以及规章的规定进行处理。

第三十一条　参展方侵权成立的,展会管理部门可依法对有关参展方予以公告;参展方连续两次以上侵权行为成立的,展会主办方应禁止有关参展方参加下一届展会。

第三十二条 主办方对展会知识产权保护不力的,展会管理部门应对主办方给予警告,并视情节依法对其再次举办相关展会的申请不予批准。

第七章 附 则

第三十三条 展会结束时案件尚未处理完毕的,案件的有关事实和证据可经展会主办方确认,由展会举办地知识产权行政管理部门在15个工作日内移交有管辖权的知识产权行政管理部门依法处理。

第三十四条 本办法中的知识产权行政管理部门是指专利、商标和版权行政管理部门;本办法中的展会管理部门是指展会的审批或者登记部门。

第三十五条 本办法自2006年3月1日起实施。

集成电路布图设计保护条例

1. 2001年4月2日国务院令第300号公布
2. 自2001年10月1日起施行

第一章 总 则

第一条 为了保护集成电路布图设计专有权,鼓励集成电路技术的创新,促进科学技术的发展,制定本条例。

第二条 本条例下列用语的含义:

(一)集成电路,是指半导体集成电路,即以半导体材料为基片,将至少有一个是有源元件的两个以上元件和部分或者全部互连线路集成在基片之中或者基片之上,以执行某种电子功能的中间产品或者最终产品;

(二)集成电路布图设计(以下简称布图设计),是指集成电路中至少有一个是有源元件的两个以上元件和部分或者全部互连线路的三维配置,或者为制造集成电路而准备的上述三维配置;

(三)布图设计权利人,是指依照本条例的规定,对布图设计享有专有权的自然人、法人或者其他组织;

(四)复制,是指重复制作布图设计或者含有该布图设计的集成电路的行为;

(五)商业利用,是指为商业目的进口、销售或者以其他方式提供受保护的布图设计、含有该布图设计的集成电路或者含有该集成电路的物品的行为。

第三条 中国自然人、法人或者其他组织创作的布图设计,依照本条例享有布图设计专有权。

外国人创作的布图设计首先在中国境内投入商业利用的,依照本条例享有布图设计专有权。

外国人创作的布图设计,其创作者所属国同中国签订有关布图设计保护协议或者与中国共同参加有关布图设计保护国际条约的,依照本条例享有布图设计专有权。

第四条 受保护的布图设计应当具有独创性,即该布图设计是创作者自己的智力劳动成果,并且在其创作时该布图设计在布图设计创作者和集成电路制造者中不是公认的常规设计。

受保护的由常规设计组成的布图设计,其组合作为整体应当符合前款规定的条件。

第五条 本条例对布图设计的保护,不延及思想、处理过程、操作方法或者数学概念等。

第六条 国务院知识产权行政部门依照本条例的规定,负责布图设计专有权的有关管理工作。

第二章 布图设计专有权

第七条 布图设计权利人享有下列专有权:

(一)对受保护的布图设计的全部或者其中任何具有独创性的部分进行复制;

(二)将受保护的布图设计、含有该布图设计的集成电路或者含有该集成电路的物品投入商业利用。

第八条 布图设计专有权经国务院知识产权行政部门登记产生。

未经登记的布图设计不受本条例保护。

第九条 布图设计专有权属于布图设计创作者,本条例另有规定的除外。

由法人或者其他组织主持,依据法人或者其他组织的意志而创作,并由法人或者其他组织承担责任的布图设计,该法人或者其他组织是创作者。

由自然人创作的布图设计,该自然人是创作者。

第十条 两个以上自然人、法人或者其他组织合作创作的布图设计,其专有权的归属由合作者约定;未作约定或者约定不明的,其专有权由合作者共同享有。

第十一条 受委托创作的布图设计,其专有权的归属由委托人和受托人双方约定;未作约定或者约定不明的,其专有权由受托人享有。

第十二条 布图设计专有权的保护期为10年,自布图设计登记申请之日或者在世界任何地方首次投入商业利用之日起计算,以较前日期为准。但是,无论是否登记或者投入商业利用,布图设计自创作完成之日起15年后,不再受本条例保护。

第十三条 布图设计专有权属于自然人的,该自然人死亡后,其专有权在本条例规定的保护期内依照继承法的规定转移。

布图设计专有权属于法人或者其他组织的,法人或者其他组织变更、终止后,其专有权在本条例规定的保护期内由承继其权利、义务的法人或者其他组织享有;没有承继其权利、义务的法人或者其他组织的,该布图设计进入公有领域。

第三章 布图设计的登记

第十四条 国务院知识产权行政部门负责布图设计登记工作,受理布图设计登记申请。

第十五条 申请登记的布图设计涉及国家安全或者重大利益,需要保密的,按照国家有关规定办理。

第十六条 申请布图设计登记,应当提交:

(一)布图设计登记申请表;

(二)布图设计的复制件或者图样;

(三)布图设计已投入商业利用的,提交含有该布图设计的集成电路样品;

(四)国务院知识产权行政部门规定的其他材料。

第十七条 布图设计自其在世界任何地方首次商业利用之日起2年内,未向国务院知识产权行政部门提出登记申请的,国务院知识产权行政部门不再予以登记。

第十八条 布图设计登记申请经初步审查,未发现驳回理由的,由国务院知识产权行政部门予以登记,发给登记证明文件,并予以公告。

第十九条 布图设计登记申请人对国务院知识产权行政部门驳回其登记申请的决定不服的,可以自收到通知之日起3个月内,向国务院知识产权行政部门请求复审。国务院知识产权行政部门复审后,作出决定,并通知布图设计登记申请人。布图设计登记申请人对国务院知识产权行政部门的复审决定仍不服的,可以自收到通知之日起3个月内向人民法院起诉。

第二十条 布图设计获准登记后,国务院知识产权行政部门发现该登记不符合本条例规定的,应当予以撤销,通知布图设计权利人,并予以公告。布图设计权利人对国务院知识产权行政部门撤销布图设计登记的决定不服的,可以自收到通知之日起3个月内向人民法院起诉。

第二十一条 在布图设计登记公告前,国务院知识产权行政部门的工作人员对其内容负有保密义务。

第四章 布图设计专有权的行使

第二十二条 布图设计权利人可以将其专有权转让或者许可他人使用其布图设计。

转让布图设计专有权的,当事人应当订立书面合同,并向国务院知识产权行政部门登记,由国务院知识产权行政部门予以公告。布图设计专有权的转让自登记之日起生效。

许可他人使用其布图设计的,当事人应当订立书面合同。

第二十三条 下列行为可以不经布图设计权利人许可,不向其支付报酬:

(一)为个人目的或者单纯为评价、分析、研究、教学等目的而复制受保护的布图设计的;

(二)在依据前项评价、分析受保护的布图设计的基础上,创作出具有独创性的布图设计的;

(三)对自己独立创作的与他人相同的布图设计进行复制或者将其投入商业利用的。

第二十四条 受保护的布图设计、含有该布图设计的集成电路或者含有该集成电路的物品,由布图设计权利人或者经其许可投放市场后,他人再次商业利用的,可以不经布图设计权利人许可,并不向其支付报酬。

第二十五条 在国家出现紧急状态或者非常情况时,或者为了公共利益的目的,或者经人民法院、不正当竞争行为监督检查部门依法认定布图设计权利人有不正当竞争行为而需要给予补救时,国务院知识产权行政部门可以给予使用其布图设计的非自愿许可。

第二十六条 国务院知识产权行政部门作出给予使用布图设计非自愿许可的决定,应当及时通知布图设计权利人。

给予使用布图设计非自愿许可的决定,应当根据非自愿许可的理由,规定使用的范围和时间,其范围应当限于为公共目的非商业性使用,或者限于经人民法院、不正当竞争行为监督检查部门依法认定布图设计权利人有不正当竞争行为而需要给予的补救。

非自愿许可的理由消除并不再发生时,国务院知识产权行政部门应当根据布图设计权利人的请求,经审查后作出终止使用布图设计非自愿许可的决定。

第二十七条 取得使用布图设计非自愿许可的自然人、法人或者其他组织不享有独占的使用权,并且无权允许他人使用。

第二十八条 取得使用布图设计非自愿许可的自然人、法人或者其他组织应当向布图设计权利人支付合理的报酬,其数额由双方协商;双方不能达成协议的,由国务院知识产权行政部门裁决。

第二十九条 布图设计权利人对国务院知识产权行政部门关于使用布图设计非自愿许可的决定不服的,布图设计权利人和取得非自愿许可的自然人、法人或者其他组织对国务院知识产权行政部门关于使用布图设计非自愿许可的报酬的裁决不服的,可以自收到通知之日起3个月内向人民法院起诉。

第五章 法律责任

第三十条 除本条例另有规定的外,未经布图设计权利人许可,有下列行为之一的,行为人必须立即停止侵权行为,并承担赔偿责任:

(一)复制受保护的布图设计的全部或者其中任何具有独创性的部分的;

(二)为商业目的进口、销售或者以其他方式提供受保护的布图设计、含有该布图设计的集成电路或者含有该集成电路的物品的。

侵犯布图设计专有权的赔偿数额,为侵权人所获得的利益或者被侵权人所受到的损失,包括被侵权人为制止侵权行为所支付的合理开支。

第三十一条 未经布图设计权利人许可,使用其布图设计,即侵犯其布图设计专有权,引起纠纷的,由当事人协商解决;不愿协商或者协商不成的,布图设计权利人或者利害关系人可以向人民法院起诉,也可以请求国务院知识产权行政部门处理。国务院知识产权行政部门处理时,认定侵权行为成立的,可以责令侵权人立即停止侵权行为，没收、销毁侵权产品或者物品。当事人不服的，可以自收到处理通知之日起15日内依照《中华人民共和国行政诉讼法》向人民法院起诉；侵权人期满不起诉又不停止侵权行为的，国务院知识产权行政部门可以请求人民法院强制执行。

应当事人的请求，国务院知识产权行政部门可以就侵犯布图设计专有权的赔偿数额进行调解；调解不成的，当事人可以依照《中华人民共和国民事诉讼法》向人民法院起诉。

第三十二条 布图设计权利人或者利害关系人有证据证明他人正在实施或者即将实施侵犯其专有权的行为，如不及时制止将会使其合法权益受到难以弥补的损害的，可以在起诉前依法向人民法院申请采取责令停止有关行为和财产保全的措施。

第三十三条 在获得含有受保护的布图设计的集成电路或者含有该集成电路的物品时，不知道也没有合理理由应当知道其中含有非法复制的布图设计，而将其投入商业利用的，不视为侵权。

前款行为人得到其中含有非法复制的布图设计的明确通知后，可以继续将现有的存货或者此前的订货投入商业利用，但应当向布图设计权利人支付合理的报酬。

第三十四条 国务院知识产权行政部门的工作人员在布图设计管理工作中玩忽职守、滥用职权、徇私舞弊，构成犯罪的，依法追究刑事责任；尚不构成犯罪的，依法给予行政处分。

第六章 附　　则

第三十五条 申请布图设计登记和办理其他手续，应当按照规定缴纳费用。缴费标准由国务院物价主管部门、国务院知识产权行政部门制定，并由国务院知识产权行政部门公告。

第三十六条 本条例自2001年10月1日起施行。

互联网域名管理办法

1. 2017年8月24日工业和信息化部令第43号公布
2. 自2017年11月1日起施行

第一章 总　　则

第一条 为了规范互联网域名服务，保护用户合法权益，保障互联网域名系统安全、可靠运行，推动中文域名和国家顶级域名发展和应用，促进中国互联网健康发展，根据《中华人民共和国行政许可法》《国务院对确需保留的行政审批项目设定行政许可的决定》等规定，参照国际上互联网域名管理准则，制定本办法。

第二条 在中华人民共和国境内从事互联网域名服务及其运行维护、监督管理等相关活动,应当遵守本办法。

本办法所称互联网域名服务(以下简称域名服务),是指从事域名根服务器运行和管理、顶级域名运行和管理、域名注册、域名解析等活动。

第三条 工业和信息化部对全国的域名服务实施监督管理,主要职责是:

(一)制定互联网域名管理规章及政策;

(二)制定中国互联网域名体系、域名资源发展规划;

(三)管理境内的域名根服务器运行机构和域名注册管理机构;

(四)负责域名体系的网络与信息安全管理;

(五)依法保护用户个人信息和合法权益;

(六)负责与域名有关的国际协调;

(七)管理境内的域名解析服务;

(八)管理其他与域名服务相关的活动。

第四条 各省、自治区、直辖市通信管理局对本行政区域内的域名服务实施监督管理,主要职责是:

(一)贯彻执行域名管理法律、行政法规、规章和政策;

(二)管理本行政区域内的域名注册服务机构;

(三)协助工业和信息化部对本行政区域内的域名根服务器运行机构和域名注册管理机构进行管理;

(四)负责本行政区域内域名系统的网络与信息安全管理;

(五)依法保护用户个人信息和合法权益;

(六)管理本行政区域内的域名解析服务;

(七)管理本行政区域内其他与域名服务相关的活动。

第五条 中国互联网域名体系由工业和信息化部予以公告。根据域名发展的实际情况,工业和信息化部可以对中国互联网域名体系进行调整。

第六条 ".CN"和".中国"是中国的国家顶级域名。

中文域名是中国互联网域名体系的重要组成部分。国家鼓励和支持中文域名系统的技术研究和推广应用。

第七条 提供域名服务,应当遵守国家相关法律法规,符合相关技术规范和标准。

第八条 任何组织和个人不得妨碍互联网域名系统的安全和稳定运行。

第二章 域名管理

第九条 在境内设立域名根服务器及域名根服务器运行机构、域名注册管理机构和域名注册服务机构的,应当依据本办法取得工业和信息化部或者省、自治区、直辖市通信管理局(以下统称电信管理机构)的相应许可。

第十条 申请设立域名根服务器及域名根服务器运行机构的,应当具备以下条件:

(一)域名根服务器设置在境内,并且符合互联网发展相关规划及域名系统安全稳定运行要求;

（二）是依法设立的法人,该法人及其主要出资者、主要经营管理人员具有良好的信用记录;

（三）具有保障域名根服务器安全可靠运行的场地、资金、环境、专业人员和技术能力以及符合电信管理机构要求的信息管理系统;

（四）具有健全的网络与信息安全保障措施,包括管理人员、网络与信息安全管理制度、应急处置预案和相关技术、管理措施等;

（五）具有用户个人信息保护能力、提供长期服务的能力及健全的服务退出机制;

（六）法律、行政法规规定的其他条件。

第十一条　申请设立域名注册管理机构的,应当具备以下条件:

（一）域名管理系统设置在境内,并且持有的顶级域名符合相关法律法规及域名系统安全稳定运行要求;

（二）是依法设立的法人,该法人及其主要出资者、主要经营管理人员具有良好的信用记录;

（三）具有完善的业务发展计划和技术方案以及与从事顶级域名运行管理相适应的场地、资金、专业人员以及符合电信管理机构要求的信息管理系统;

（四）具有健全的网络与信息安全保障措施,包括管理人员、网络与信息安全管理制度、应急处置预案和相关技术、管理措施等;

（五）具有进行真实身份信息核验和用户个人信息保护的能力、提供长期服务的能力及健全的服务退出机制;

（六）具有健全的域名注册服务管理制度和对域名注册服务机构的监督机制;

（七）法律、行政法规规定的其他条件。

第十二条　申请设立域名注册服务机构的,应当具备以下条件:

（一）在境内设置域名注册服务系统、注册数据库和相应的域名解析系统;

（二）是依法设立的法人,该法人及其主要出资者、主要经营管理人员具有良好的信用记录;

（三）具有与从事域名注册服务相适应的场地、资金和专业人员以及符合电信管理机构要求的信息管理系统;

（四）具有进行真实身份信息核验和用户个人信息保护的能力、提供长期服务的能力及健全的服务退出机制;

（五）具有健全的域名注册服务管理制度和对域名注册代理机构的监督机制;

（六）具有健全的网络与信息安全保障措施,包括管理人员、网络与信息安全管理制度、应急处置预案和相关技术、管理措施等;

（七）法律、行政法规规定的其他条件。

第十三条　申请设立域名根服务器及域名根服务器运行机构、域名注册管理机构的,应当向工业和信息化部提交申请材料。申请设立域名注册服务机构的,应当向住所地省、自治区、直辖市通信管理局提交申请材料。

申请材料应当包括：

（一）申请单位的基本情况及其法定代表人签署的依法诚信经营承诺书；

（二）对域名服务实施有效管理的证明材料，包括相关系统及场所、服务能力的证明材料、管理制度、与其他机构签订的协议等；

（三）网络与信息安全保障制度及措施；

（四）证明申请单位信誉的材料。

第十四条　申请材料齐全、符合法定形式的，电信管理机构应当向申请单位出具受理申请通知书；申请材料不齐全或者不符合法定形式的，电信管理机构应当场或者在5个工作日内一次性书面告知申请单位需要补正的全部内容；不予受理的，应当出具不予受理通知书并说明理由。

第十五条　电信管理机构应当自受理之日起20个工作日内完成审查，作出予以许可或者不予许可的决定。20个工作日内不能作出决定的，经电信管理机构负责人批准，可以延长10个工作日，并将延长期限的理由告知申请单位。需要组织专家论证的，论证时间不计入审查期限。

予以许可的，应当颁发相应的许可文件；不予许可的，应当书面通知申请单位并说明理由。

第十六条　域名根服务器运行机构、域名注册管理机构和域名注册服务机构的许可有效期为5年。

第十七条　域名根服务器运行机构、域名注册管理机构和域名注册服务机构的名称、住所、法定代表人等信息发生变更的，应当自变更之日起20日内向原发证机关办理变更手续。

第十八条　在许可有效期内，域名根服务器运行机构、域名注册管理机构、域名注册服务机构拟终止相关服务的，应当提前30日书面通知用户，提出可行的善后处理方案，并向原发证机关提交书面申请。

原发证机关收到申请后，应当向社会公示30日。公示期结束60日内，原发证机关应当完成审查并做出决定。

第十九条　许可有效期届满需要继续从事域名服务的，应当提前90日向原发证机关申请延续；不再继续从事域名服务的，应当提前90日向原发证机关报告并做好善后工作。

第二十条　域名注册服务机构委托域名注册代理机构开展市场销售等工作的，应当对域名注册代理机构的工作进行监督和管理。

域名注册代理机构受委托开展市场销售等工作的过程中，应当主动表明代理关系，并在域名注册服务合同中明示相关域名注册服务机构名称及代理关系。

第二十一条　域名注册管理机构、域名注册服务机构应当在境内设立相应的应急备份系统并定期备份域名注册数据。

第二十二条 域名根服务器运行机构、域名注册管理机构、域名注册服务机构应当在其网站首页和经营场所显著位置标明其许可相关信息。域名注册管理机构还应当标明与其合作的域名注册服务机构名单。

域名注册代理机构应当在其网站首页和经营场所显著位置标明其代理的域名注册服务机构名称。

第三章 域 名 服 务

第二十三条 域名根服务器运行机构、域名注册管理机构和域名注册服务机构应当向用户提供安全、方便、稳定的服务。

第二十四条 域名注册管理机构应当根据本办法制定域名注册实施细则并向社会公开。

第二十五条 域名注册管理机构应当通过电信管理机构许可的域名注册服务机构开展域名注册服务。

域名注册服务机构应当按照电信管理机构许可的域名注册服务项目提供服务，不得为未经电信管理机构许可的域名注册管理机构提供域名注册服务。

第二十六条 域名注册服务原则上实行"先申请先注册"，相应域名注册实施细则另有规定的，从其规定。

第二十七条 为维护国家利益和社会公众利益，域名注册管理机构应当建立域名注册保留字制度。

第二十八条 任何组织或者个人注册、使用的域名中，不得含有下列内容：

（一）反对宪法所确定的基本原则的；

（二）危害国家安全，泄露国家秘密，颠覆国家政权，破坏国家统一的；

（三）损害国家荣誉和利益的；

（四）煽动民族仇恨、民族歧视，破坏民族团结的；

（五）破坏国家宗教政策，宣扬邪教和封建迷信的；

（六）散布谣言，扰乱社会秩序，破坏社会稳定的；

（七）散布淫秽、色情、赌博、暴力、凶杀、恐怖或者教唆犯罪的；

（八）侮辱或者诽谤他人，侵害他人合法权益的；

（九）含有法律、行政法规禁止的其他内容的。

域名注册管理机构、域名注册服务机构不得为含有前款所列内容的域名提供服务。

第二十九条 域名注册服务机构不得采用欺诈、胁迫等不正当手段要求他人注册域名。

第三十条 域名注册服务机构提供域名注册服务，应当要求域名注册申请者提供域名持有者真实、准确、完整的身份信息等域名注册信息。

域名注册管理机构和域名注册服务机构应当对域名注册信息的真实性、完整性进行核验。

域名注册申请者提供的域名注册信息不准确、不完整的,域名注册服务机构应当要求其予以补正。申请者不补正或者提供不真实的域名注册信息的,域名注册服务机构不得为其提供域名注册服务。

第三十一条 域名注册服务机构应当公布域名注册服务的内容、时限、费用,保证服务质量,提供域名注册信息的公共查询服务。

第三十二条 域名注册管理机构、域名注册服务机构应当依法存储、保护用户个人信息。未经用户同意不得将用户个人信息提供给他人,但法律、行政法规另有规定的除外。

第三十三条 域名持有者的联系方式等信息发生变更的,应当在变更后30日内向域名注册服务机构办理域名注册信息变更手续。

域名持有者将域名转让给他人的,受让人应当遵守域名注册的相关要求。

第三十四条 域名持有者有权选择、变更域名注册服务机构。变更域名注册服务机构的,原域名注册服务机构应当配合域名持有者转移其域名注册相关信息。

无正当理由的,域名注册服务机构不得阻止域名持有者变更域名注册服务机构。

电信管理机构依法要求停止解析的域名,不得变更域名注册服务机构。

第三十五条 域名注册管理机构和域名注册服务机构应当设立投诉受理机制,并在其网站首页和经营场所显著位置公布投诉受理方式。

域名注册管理机构和域名注册服务机构应当及时处理投诉;不能及时处理的,应当说明理由和处理时限。

第三十六条 提供域名解析服务,应当遵守有关法律、法规、标准,具备相应的技术、服务和网络与信息安全保障能力,落实网络与信息安全保障措施,依法记录并留存域名解析日志、维护日志和变更记录,保障解析服务质量和解析系统安全。涉及经营电信业务的,应当依法取得电信业务经营许可。

第三十七条 提供域名解析服务,不得擅自篡改解析信息。

任何组织或者个人不得恶意将域名解析指向他人的IP地址。

第三十八条 提供域名解析服务,不得为含有本办法第二十八条第一款所列内容的域名提供域名跳转。

第三十九条 从事互联网信息服务的,其使用域名应当符合法律法规和电信管理机构的有关规定,不得将域名用于实施违法行为。

第四十条 域名注册管理机构、域名注册服务机构应当配合国家有关部门依法开展的检查工作,并按照电信管理机构的要求对存在违法行为的域名采取停止解析等处置措施。

域名注册管理机构、域名注册服务机构发现其提供服务的域名发布、传输法律和行政法规禁止发布或者传输的信息的,应当立即采取消除、停止解析等处置措施,防止信息扩散,保存有关记录,并向有关部门报告。

第四十一条　域名根服务器运行机构、域名注册管理机构和域名注册服务机构应当遵守国家相关法律、法规和标准,落实网络与信息安全保障措施,配置必要的网络通信应急设备,建立健全网络与信息安全监测技术手段和应急制度。域名系统出现网络与信息安全事件时,应当在24小时内向电信管理机构报告。

因国家安全和处置紧急事件的需要,域名根服务器运行机构、域名注册管理机构和域名注册服务机构应当服从电信管理机构的统一指挥与协调,遵守电信管理机构的管理要求。

第四十二条　任何组织或者个人认为他人注册或者使用的域名侵害其合法权益的,可以向域名争议解决机构申请裁决或者依法向人民法院提起诉讼。

第四十三条　已注册的域名有下列情形之一的,域名注册服务机构应当予以注销,并通知域名持有者:

(一)域名持有者申请注销域名的;
(二)域名持有者提交虚假域名注册信息的;
(三)依据人民法院的判决、域名争议解决机构的裁决,应当注销的;
(四)法律、行政法规规定予以注销的其他情形。

第四章　监督检查

第四十四条　电信管理机构应当加强对域名服务的监督检查。域名根服务器运行机构、域名注册管理机构、域名注册服务机构应当接受、配合电信管理机构的监督检查。

鼓励域名服务行业自律管理,鼓励公众监督域名服务。

第四十五条　域名根服务器运行机构、域名注册管理机构、域名注册服务机构应当按照电信管理机构的要求,定期报送业务开展情况、安全运行情况、网络与信息安全责任落实情况、投诉和争议处理情况等信息。

第四十六条　电信管理机构实施监督检查时,应当对域名根服务器运行机构、域名注册管理机构和域名注册服务机构报送的材料进行审核,并对其执行法律法规和电信管理机构有关规定的情况进行检查。

电信管理机构可以委托第三方专业机构开展有关监督检查活动。

第四十七条　电信管理机构应当建立域名根服务器运行机构、域名注册管理机构和域名注册服务机构的信用记录制度,将其违反本办法并受到行政处罚的行为记入信用档案。

第四十八条　电信管理机构开展监督检查,不得妨碍域名根服务器运行机构、域名注册管理机构和域名注册服务机构正常的经营和服务活动,不得收取任何费用,不得泄露所知悉的域名注册信息。

第五章　罚　　则

第四十九条　违反本办法第九条规定,未经许可擅自设立域名根服务器及域名根服务器运行机构、域名注册管理机构、域名注册服务机构的,电信管理机构应当根据

《中华人民共和国行政许可法》第八十一条的规定,采取措施予以制止,并视情节轻重,予以警告或者处一万元以上三万元以下罚款。

第五十条 违反本办法规定,域名注册管理机构或者域名注册服务机构有下列行为之一的,由电信管理机构依据职权责令限期改正,并视情节轻重,处一万元以上三万元以下罚款,向社会公告:

（一）为未经许可的域名注册管理机构提供域名注册服务,或者通过未经许可的域名注册服务机构开展域名注册服务的;

（二）未按照许可的域名注册服务项目提供服务的;

（三）未对域名注册信息的真实性、完整性进行核验的;

（四）无正当理由阻止域名持有者变更域名注册服务机构的。

第五十一条 违反本办法规定,提供域名解析服务,有下列行为之一的,由电信管理机构责令限期改正,可以视情节轻重处一万元以上三万元以下罚款,向社会公告:

（一）擅自篡改域名解析信息或者恶意将域名解析指向他人IP地址的;

（二）为含有本办法第二十八条第一款所列内容的域名提供域名跳转的;

（三）未落实网络与信息安全保障措施的;

（四）未依法记录并留存域名解析日志、维护日志和变更记录的;

（五）未按照要求对存在违法行为的域名进行处置的。

第五十二条 违反本办法第十七条、第十八条第一款、第二十一条、第二十二条、第二十八条第二款、第二十九条、第三十一条、第三十二条、第三十五条第一款、第四十条第二款、第四十一条规定的,由电信管理机构依据职权责令限期改正,可以并处一万元以上三万元以下罚款,向社会公告。

第五十三条 法律、行政法规对有关违法行为的处罚另有规定的,依照有关法律、行政法规的规定执行。

第五十四条 任何组织或者个人违反本办法第二十八条第一款规定注册、使用域名,构成犯罪的,依法追究刑事责任;尚不构成犯罪的,由有关部门依法予以处罚。

第六章 附 则

第五十五条 本办法下列用语的含义是:

（一）域名:指互联网上识别和定位计算机的层次结构式的字符标识,与该计算机的IP地址相对应。

（二）中文域名:指含有中文文字的域名。

（三）顶级域名:指域名体系中根节点下的第一级域的名称。

（四）域名根服务器:指承担域名体系中根节点功能的服务器(含镜像服务器)。

（五）域名根服务器运行机构:指依法获得许可并承担域名根服务器运行、维护和管理工作的机构。

（六）域名注册管理机构:指依法获得许可并承担顶级域名运行和管理工作的

机构。

(七)域名注册服务机构:指依法获得许可、受理域名注册申请并完成域名在顶级域名数据库中注册的机构。

(八)域名注册代理机构:指受域名注册服务机构的委托,受理域名注册申请,间接完成域名在顶级域名数据库中注册的机构。

(九)域名管理系统:指域名注册管理机构在境内开展顶级域名运行和管理所需的主要信息系统,包括注册管理系统、注册数据库、域名解析系统、域名信息查询系统、身份信息核验系统等。

(十)域名跳转:指对某一域名的访问跳转至该域名绑定或者指向的其他域名、IP 地址或者网络信息服务等。

第五十六条 本办法中规定的日期,除明确为工作日的以外,均为自然日。

第五十七条 在本办法施行前未取得相应许可开展域名服务的,应当自本办法施行之日起十二个月内,按照本办法规定办理许可手续。

在本办法施行前已取得许可的域名根服务器运行机构、域名注册管理机构和域名注册服务机构,其许可有效期适用本办法第十六条的规定,有效期自本办法施行之日起计算。

第五十八条 本办法自 2017 年 11 月 1 日起施行。2004 年 11 月 5 日公布的《中国互联网络域名管理办法》(原信息产业部令第 30 号)同时废止。本办法施行前公布的有关规定与本办法不一致的,按照本办法执行。

国家顶级域名注册实施细则

2019 年 6 月 18 日中国互联网络信息中心发布施行

第一章 总 则

第一条 为规范国家顶级域名注册服务和管理,保护用户合法权益,保障国家顶级域名系统安全可靠运行,维护网络安全和国家利益,促进国家顶级域名的发展和应用,根据《中华人民共和国网络安全法》《互联网域名管理办法》等有关规定,制定本细则。

第二条 ".CN"和".中国"是中国的国家顶级域名。申请注册".CN"、".中国"国家顶级域名(以下简称"域名"),以及提供域名注册相关服务的,应当遵守本细则。

第三条 中国互联网络信息中心是国家顶级域名注册管理机构,依法承担国家顶级域名运行和管理工作。

第四条 本细则涉及的域名体系遵守工业和信息化部关于中国互联网域名体系的公告。

第二章 域名注册服务机构

第五条 域名注册服务机构在中华人民共和国境内从事".CN"、".中国"域名注册服务,须依法获得相应的许可。

第六条 域名注册服务机构从事".CN"、".中国"域名的注册服务,须符合中国互联网络信息中心的相关要求。

第七条 域名注册服务机构从事".CN"、".中国"域名的注册服务,须与中国互联网络信息中心签订协议。

第八条 域名注册服务机构开展域名注册服务,应当规范管理,加强网络与信息安全保护,依法诚信经营,防控廉洁风险,加强对代理机构的监督。

第九条 域名注册服务机构应当在其网站首页和经营场所显著位置标明其许可信息,公示中国互联网络信息中心及本机构的投诉服务电话等信息。

域名注册代理机构应当在其网站首页和经营场所显著位置标明其代理的域名注册服务机构名称。

第十条 域名注册服务机构在提供域名注册服务时,应当保留与中国互联网络信息中心、域名申请者、域名持有者的来往文件和相关记录。除另有规定外,保留期限不得少于三年。

第十一条 域名注册服务机构在开展域名注册服务时不得采取以下行为:

(一)冒用政府机构、企事业单位及社会团体等其他组织的名义,开展域名注册服务;

(二)使用虚假信息注册域名,变相占用域名资源;

(三)采用欺诈、胁迫等不正当手段要求他人注册域名;

(四)强迫用户延长域名注册期限,捆绑销售其他服务;

(五)不按照用户实际注册期限向中国互联网络信息中心提交注册信息;

(六)无正当理由拒绝域名持有者索取域名转移密码的申请,阻止域名持有者变更域名注册服务机构,或对此转移申请向域名持有者收取费用;

(七)未按用户提交的续费期限进行续费,或违反规定擅自续费;

(八)违规泄露用户注册信息,或利用用户注册信息牟取不正当利益;

(九)其他违反法律法规、中国互联网络信息中心的规定,或侵犯用户合法权益的行为。

域名注册服务机构如违反上述规定,中国互联网络信息中心将依据与其签订的协议追究相关责任,情节严重的,将终止协议。

第十二条 域名注册服务机构出现下列情况之一的,中国互联网络信息中心将终止相关协议:

(一)失去域名注册服务机构行政许可;

(二)出现重大经营问题,不具备提供正常域名注册服务能力;

(三)严重违反《互联网域名管理办法》、本细则、中国互联网络信息中心有关规定及相关协议。

第十三条　注册服务机构被中国互联网络信息中心取消认证后,应在十日内将其负责注册的域名在中国互联网络信息中心认证的其他注册服务机构之间进行分配,否则由中国互联网络信息中心进行分配。

第十四条　域名注册服务机构委托域名注册代理机构申请域名注册,间接完成域名在国家顶级域名数据库中注册,应当符合《互联网域名管理办法》、本细则、中国互联网络信息中心有关规定及相关协议,并对域名注册代理机构工作进行监督和管理。

域名注册代理机构应明示代理关系,按规定开展服务。域名注册代理机构违反相关规定的,域名注册服务机构应按与中国互联网络信息中心签订的协议承担相应责任。

第三章　域名注册的申请与审核

第十五条　域名注册服务原则上实行"先申请先注册",中国互联网络信息中心另作规定的除外。

第十六条　域名注册有效期最长不得超过十年。域名续费的,自续费日至续费后的到期日最长不得超过十年,因注册服务机构变更自动续费的情况除外。

第十七条　中国互联网络信息中心依据《互联网域名管理办法》规定,建立域名注册保留字制度。

第十八条　自然人、法人和非法人组织均可申请注册国家顶级域名,本细则另有规定的除外。

第十九条　申请注册域名时,申请者应当与注册服务机构签订域名注册协议,并向域名注册服务机构以书面或电子形式提交如下材料:

(一)申请者的身份证明材料;

(二)中国互联网络信息中心要求提交的其他材料。

域名注册服务机构应对上述材料的真实性、准确性、完整性进行核验,核验合格后的一个工作日内将上述材料提交至中国互联网络信息中心。

第二十条　申请注册域名时,申请者应当书面或电子形式向域名注册服务机构提交如下信息:

(一)申请注册的域名;

(二)主、辅域名服务器的主机名以及IP地址;

(三)申请者为自然人的,应提交姓名、身份证件号码、证件类型、通信地址、联系电话、电子邮箱等;申请者为法人或非法人组织的,应提交其单位名称、组织证件号码、证件类型、通信地址、电子邮箱、电话号码等;

(四)申请者的注册联系人、管理联系人、技术联系人、缴费联系人、承办人的姓名、通信地址、电子邮件、电话号码;

(五)域名注册期限。

域名注册服务机构应当在收到域名注册申请后一个工作日内向中国互联网络信息中心提交如上域名注册信息。

第二十一条　申请者应当在域名注册协议中保证：

（一）遵守《中华人民共和国网络安全法》等有关互联网络的法律法规；

（二）遵守《互联网域名管理办法》及国家有关主管部门相关管理规定；

（三）遵守本细则、《国家顶级域名争议解决办法》及中国互联网络信息中心的相关规定；

（四）提交的域名注册信息真实、准确、完整。

第二十二条　中国互联网络信息中心收到第一次有效注册申请的日期为申请日。中国互联网络信息中心、域名注册服务机构应当将申请日告知申请者。

第二十三条　域名注册服务机构应加强域名注册审查，确保通过本机构注册的域名遵守《互联网域名管理办法》。中国互联网络信息中心对已注册的域名进行复审。

对含有《互联网域名管理办法》第二十八条所列内容的域名，中国互联网络信息中心和域名注册服务机构不提供域名注册服务。

对注册信息不真实、不准确、不完整的域名，注册服务机构应要求申请者予以补正，申请者不补正或提供不真实的域名注册信息的，域名注册服务机构不得为其提供域名注册服务。

对前述域名，中国互联网络信息中心依据《互联网域名管理办法》，有权要求域名注册服务机构予以注销。

第二十四条　申请在".GOV.CN"下注册三级域名的，应当符合下列条件：

（一）属于党政机关或依法行使党政机关职能的单位；

（二）向域名注册服务机构提交盖有申请单位公章的域名注册申请表、组织证明资料和本细则规定的其他资料和信息。

域名注册服务机构应同时向中国互联网络信息中心提交上述书面申请材料复印件。域名注册服务机构及中国互联网络信息中心应当在所注册域名的有效期内保留上述书面申请资料。

国家有关主管部门另有规定的，按规定执行。

第四章　域名的变更与注销

第二十五条　域名持有者之外的注册信息发生变更的，域名持有者应当按照申请注册域名时所选择的变更确认方式，在信息变更后的三十日内向域名注册服务机构办理域名注册信息变更手续。

域名注册服务机构应当在接到域名持有者相关变更注册信息申请的三个工作日内，将变更后的注册信息提交给中国互联网络信息中心。

未经域名持有者同意，域名注册服务机构不得对注册信息进行变更。

第二十六条　申请转让域名的，应当向域名注册服务机构办理转让手续。

域名注册服务机构应建立域名转让规则并公示，对域名转让申请、转让双方身份证明材料等进行审核。域名注册服务机构应在收到转让申请资料三个工作日内进行审核,审核合格后,按规则变更域名持有者。

受让人应当遵守本细则规定的域名注册相关要求。

第二十七条 申请注销域名的,域名持有者应当向域名注册服务机构提交合法有效的域名注销申请和身份证明材料。

域名注册服务机构收到资料三个工作日内进行审核,审核合格后应予以注销,并通知域名持有者。

第二十八条 已注册的域名存在《互联网域名管理办法》规定应予注销的情形,或违反中国互联网络信息中心的规定应予注销的,域名注册服务机构应当予以注销,并通知域名持有者。

法院、域名争议解决机构、域名行业主管部门的判决裁定、裁决、决定要求注销域名的,域名注册服务机构应按要求执行。

第二十九条 国家有关主管部门对".GOV.CN"下注册的三级域名变更和注销另有规定的,按规定执行。

第三十条 在域名处于诉讼程序、仲裁程序或域名争议解决程序期间,域名注册服务机构不得受理域名持有者转让或注销被争议域名的申请,域名受让方以书面形式同意接受人民法院裁判、仲裁裁决或争议解决机构裁决约束的除外。

第五章 变更域名注册服务机构

第三十一条 域名持有者在下列情况下不得申请变更域名注册服务机构:

(一)域名注册后不满六十日;

(二)距域名到期日不满十五日;

(三)域名处于拖欠域名费用状态中;

(四)域名持有者的主体身份不清或者存在争议;

(五)域名处于诉讼程序、仲裁程序或域名争议解决程序期间;

(六)域名被国家有关主管部门依法要求停止解析的;

(七)中国互联网络信息中心规定不得变更的其他情形。

第三十二条 域名注册服务机构应制定变更注册服务机构规则并公示,中国互联网络信息中心有权要求注册服务机构变更不合理的规则。

第三十三条 变更前的域名注册服务机构(以下简称"转出方")在对申请获取转移密码的域名持有者身份和意愿进行验证后,应当在三个工作日内向域名持有者发送正确的转移密码,且不得就转移申请向域名持有者收取费用。

如果转出方在三个工作日内未能提供转移密码或提供不正确的转移密码的,中国互联网络信息中心可以直接变更注册服务机构。

第三十四条 变更后的域名注册服务机构(以下简称"转入方")在接到域名持有者变更域名注册服务机构的申请后,应当向中国互联网络信息中心提出变更请求。

第三十五条 中国互联网络信息中心收到转入方的变更请求后,应当以书面或电子形式通知转入方和转出方。如果转出方明确表示同意变更，或者中国互联网络信息中心在发出书面或电子形式通知五个工作日内，没有收到转出方的答复，中国互联网络信息中心将变更注册服务机构。

第三十六条　如转出方拒绝变更请求，转出方应当及时以书面或电子形式通知中国互联网络信息中心和转入方，并说明拒绝的理由。

第三十七条　转出方提供的拒绝变更理由属于第三十一条所列情形的，中国互联网络信息中心终止此次变更。转出方提供的拒绝变更理由不属于第三十一条所列情形的，中国互联网络信息中心可以执行域名注册服务机构的变更。

第三十八条　域名注册服务机构变更后，中国互联网络信息中心以书面或电子形式通知转出方和转入方。

第三十九条　域名注册服务机构变更完成后，转入方应当向中国互联网络信息中心缴纳一年的域名服务费用。该域名的注册期限将在原有注册期限基础上延续一年。

第六章　网络与信息安全

第四十条　域名注册服务机构应至少满足以下网络与信息安全要求：

（一）有明确的网络与信息安全责任人，明确两名应急联系人，负责 7×24 小时应急联系处置工作，并承诺相关人员信息发生变更后五个工作日内主动向中国互联网络信息中心报备；

（二）有与域名注册服务规模相适应的专职网络与信息安全管理人员；

（三）建立网络与信息安全管理部门，明确网络与信息安全职责，制定并监督执行本机构的网络与信息安全相关规章、要求和预案；

（四）建立健全网络与信息安全保障制度，包括网络与信息安全责任和考核奖惩、应急处置、教育培训和演练制度等；

（五）按照国家有关主管部门的要求和标准建设相关网络与信息安全技术保障措施，具备基础资源管理、违法网站域名实时处置等功能，建立黑名单管理、注册用户真实身份信息认证、利用域名从事违法违规活动防范机制，并接受国家有关主管部门检查；

（六）符合国家有关主管部门其他网络与信息安全要求。

第四十一条　中国互联网络信息中心和域名注册服务机构为开展域名注册管理、域名注册服务和相关业务目的，按照《互联网域名管理办法》等国家有关规定、本细则以及中国互联网络信息中心规定的方式和范围，经用户同意，可以收集、使用、提供、披露和管理用户个人信息。依据有关法律法规、司法机关和主管部门依法要求，不需用户同意的除外。

用户申请注册和持有域名，即表示同意中国互联网络信息中心和域名注册服务机构按本条第一款的规定收集、使用、提供、披露和管理用户信息，包括个人信息。

注册服务机构在域名注册服务中，应明示收集、使用、提供、披露和管理用户个人信息的目的、方式、范围,并征得用户同意。

第四十二条 中国互联网络信息中心和域名注册服务机构应依法存储保护用户信息,保障用户数据信息的存储安全,妥善保存用户数据信息资料,防止信息泄露、毁损、丢失。

第四十三条 域名注册服务机构是用户信息保护的责任主体,在与用户签署的域名注册协议中,应明确规定域名注册服务机构对用户信息安全承担保护责任,明确具体信息保护措施。域名注册服务机构泄露用户信息,应依据与用户签订的协议进行赔偿。

第四十四条 为确保国家顶级域名安全,中国互联网络信息中心可以对注册服务机构的网络和信息安全防护工作进行抽查、检查和评估。发现有违规行为时,可以依据相关规定追究责任。

第四十五条 中国互联网络信息中心和域名注册服务机构应配合国家有关主管部门处置用于从事违法行为的域名。

中国互联网络信息中心依据《互联网域名管理办法》,制定对用于从事违法行为域名的处置措施,并进行处置。

域名注册服务机构应按《互联网域名管理办法》和中国互联网络信息中心规定,对用于从事违法行为的域名采取处置措施。

前述被用于从事违法行为的域名,包括应用域名发布、传输法律和行政法规禁止发布或者传输的信息,应用域名危害互联网安全以及被国家有关主管部门或中国互联网络信息中心认定用于违法或危害互联网安全应用的情形。

第七章 域名争议处理

第四十六条 域名注册服务机构应当积极配合法院、仲裁机构或者域名争议解决机构的域名争议解决工作。在收到域名争议解决机构依据《国家顶级域名争议解决办法》《国家顶级域名争议解决程序规则》及该机构依据上述规定制定的补充规则提出的要求后,域名注册服务机构应当在三个工作日内答复,如未能答复应说明理由。

第四十七条 域名争议解决期间,域名注册服务机构应当采取必要措施保证该域名不被注销、转让。

第四十八条 域名争议解决机构裁决注销域名或者裁决将域名转移给投诉人的,自裁决在争议解决机构网站正式公布之日起满十日的,域名注册服务机构应予以执行。被投诉人自裁决公布之日起十日内,提供有效证据证明有管辖权的法院或者仲裁机构已经受理相关争议的,争议解决机构的裁决暂停执行。

第八章 域名费用

第四十九条 用户注册域名应当向域名注册服务机构按期缴纳域名运行费用。域名注册服务机构收取域名运行费用应遵循合理、公开以及费用与服务水平相匹配的原则。

第五十条　域名注册服务机构应当向中国互联网络信息中心按期缴纳域名服务费用。

第五十一条　域名注册服务机构应当在域名到期前通过电子邮件等有效方式提醒域名持有者进行域名续费。域名持有者不得以未收到续费通知为由，拒绝续费。域名注册服务机构应保留上述通知记录。

域名到期后自动进入续费确认期，域名持有者在到期后三十日内确认是否续费。如书面表示不续费，域名注册服务机构应当注销该域名；如果在三十日内未书面表示不续费，也未续费，域名注册服务机构应当三十日后注销该域名。

续费确认期内，域名注册服务机构不得以未缴费为由改变或停止域名解析，与域名持有者另有约定的除外。

第九章　用户投诉机制

第五十二条　中国互联网络信息中心设立域名注册服务质量监督投诉电话和电子邮箱，并在中国互联网络信息中心网站（http://www.cnnic.cn 和 http://中国互联网络信息中心.中国）和办公场所显著位置进行公布。

中国互联网络信息中心在收到投诉后五个工作日内予以回复。

第五十三条　域名注册服务机构应建立投诉受理机制，在其网站首页和经营场所显著位置公布投诉受理方式，并及时处理投诉；不能及时处理的，应当说明理由和处理时限；投诉不成立的，应向投诉者说明理由。

对中国互联网络信息中心作出的处理决定，域名注册服务机构应在收到决定通知三个工作日内执行。

第五十四条　中国互联网络信息中心监督域名注册服务机构的注册服务行为。对于违反本细则规定的域名注册服务机构，中国互联网络信息中心将按照与域名注册服务机构签订的协议采取相应的处理措施。

第十章　附　　则

第五十五条　中国互联网络信息中心设立网站（http://whois.cnnic.cn），用于提供域名注册信息查询服务。

第五十六条　域名注册服务机构按照《互联网域名管理办法》和中国互联网络信息中心有关规定，向公众提供域名注册信息公共查询服务。

第五十七条　根据互联网络和域名系统的发展，以及相关法律、法规、政策的变化等情况，中国互联网络信息中心可以修改本细则。

第五十八条　本细则由中国互联网络信息中心负责解释。

第五十九条　本细则自2019年6月18日起施行。2012年5月29日实施的《中国互联网络信息中心域名注册实施细则》同时废止。

六、反不正当竞争

中华人民共和国反不正当竞争法

1. 1993年9月2日第八届全国人民代表大会常务委员会第三次会议通过
2. 2017年11月4日第十二届全国人民代表大会常务委员会第三十次会议修订
3. 根据2019年4月23日第十三届全国人民代表大会常务委员会第十次会议《关于修改〈中华人民共和国建筑法〉等八部法律的决定》修正

目　录

第一章　总　则
第二章　不正当竞争行为
第三章　对涉嫌不正当竞争行为的调查
第四章　法律责任
第五章　附　则

第一章　总　则

第一条　【立法目的】为了促进社会主义市场经济健康发展，鼓励和保护公平竞争，制止不正当竞争行为，保护经营者和消费者的合法权益，制定本法。

第二条　【原则与概念】经营者在生产经营活动中，应当遵循自愿、平等、公平、诚信的原则，遵守法律和商业道德。

本法所称的不正当竞争行为，是指经营者在生产经营活动中，违反本法规定，扰乱市场竞争秩序，损害其他经营者或者消费者的合法权益的行为。

本法所称的经营者，是指从事商品生产、经营或者提供服务（以下所称商品包括服务）的自然人、法人和非法人组织。

第三条　【各级政府职责】各级人民政府应当采取措施，制止不正当竞争行为，为公平竞争创造良好的环境和条件。

国务院建立反不正当竞争工作协调机制，研究决定反不正当竞争重大政策，协调处理维护市场竞争秩序的重大问题。

第四条　【政府部门职责】县级以上人民政府履行工商行政管理职责的部门对不正当竞争行为进行查处；法律、行政法规规定由其他部门查处的，依照其规定。

第五条　【监督、自律】国家鼓励、支持和保护一切组织和个人对不正当竞争行为进行社会监督。

国家机关及其工作人员不得支持、包庇不正当竞争行为。

行业组织应当加强行业自律，引导、规范会员依法竞争，维护市场竞争秩序。

第二章 不正当竞争行为

第六条 【禁止实施混淆行为】 经营者不得实施下列混淆行为，引人误认为是他人商品或者与他人存在特定联系：

（一）擅自使用与他人有一定影响的商品名称、包装、装潢等相同或者近似的标识；

（二）擅自使用他人有一定影响的企业名称（包括简称、字号等）、社会组织名称（包括简称等）、姓名（包括笔名、艺名、译名等）；

（三）擅自使用他人有一定影响的域名主体部分、网站名称、网页等；

（四）其他足以引人误认为是他人商品或者与他人存在特定联系的混淆行为。

第七条 【禁止贿赂方式经营】 经营者不得采用财物或者其他手段贿赂下列单位或者个人，以谋取交易机会或者竞争优势：

（一）交易相对方的工作人员；

（二）受交易相对方委托办理相关事务的单位或者个人；

（三）利用职权或者影响力影响交易的单位或者个人。

经营者在交易活动中，可以以明示方式向交易相对方支付折扣，或者向中间人支付佣金。经营者向交易相对方支付折扣、向中间人支付佣金的，应当如实入账。接受折扣、佣金的经营者也应当如实入账。

经营者的工作人员进行贿赂的，应当认定为经营者的行为；但是，经营者有证据证明该工作人员的行为与为经营者谋取交易机会或者竞争优势无关的除外。

第八条 【禁止虚假或引人误解的商业宣传】 经营者不得对其商品的性能、功能、质量、销售状况、用户评价、曾获荣誉等作虚假或者引人误解的商业宣传，欺骗、误导消费者。

经营者不得通过组织虚假交易等方式，帮助其他经营者进行虚假或者引人误解的商业宣传。

第九条 【禁止实施侵犯商业秘密的行为】 经营者不得实施下列侵犯商业秘密的行为：

（一）以盗窃、贿赂、欺诈、胁迫、电子侵入或者其他不正当手段获取权利人的商业秘密；

（二）披露、使用或者允许他人使用以前项手段获取的权利人的商业秘密；

（三）违反保密义务或者违反权利人有关保守商业秘密的要求，披露、使用或者允许他人使用其所掌握的商业秘密；

（四）教唆、引诱、帮助他人违反保密义务或者违反权利人有关保守商业秘密的要求，获取、披露、使用或者允许他人使用权利人的商业秘密。

经营者以外的其他自然人、法人和非法人组织实施前款所列违法行为的，视为侵犯商业秘密。

第三人明知或者应知商业秘密权利人的员工、前员工或者其他单位、个人实施本条第一款所列违法行为，仍获取、披露、使用或者允许他人使用该商业秘密的，视为侵犯商业秘密。

本法所称的商业秘密，是指不为公众所知悉、具有商业价值并经权利人采取相应保密措施的技术信息、经营信息等商业信息。

第十条 【有奖销售的禁止情形】经营者进行有奖销售不得存在下列情形：

（一）所设奖的种类、兑奖条件、奖金金额或者奖品等有奖销售信息不明确，影响兑奖；

（二）采用谎称有奖或者故意让内定人员中奖的欺骗方式进行有奖销售；

（三）抽奖式的有奖销售，最高奖的金额超过五万元。

第十一条 【禁止损害商誉】经营者不得编造、传播虚假信息或者误导性信息，损害竞争对手的商业信誉、商品声誉。

第十二条 【网络生产经营规范】经营者利用网络从事生产经营活动，应当遵守本法的各项规定。

经营者不得利用技术手段，通过影响用户选择或者其他方式，实施下列妨碍、破坏其他经营者合法提供的网络产品或者服务正常运行的行为：

（一）未经其他经营者同意，在其合法提供的网络产品或者服务中，插入链接、强制进行目标跳转；

（二）误导、欺骗、强迫用户修改、关闭、卸载其他经营者合法提供的网络产品或者服务；

（三）恶意对其他经营者合法提供的网络产品或者服务实施不兼容；

（四）其他妨碍、破坏其他经营者合法提供的网络产品或者服务正常运行的行为。

第三章 对涉嫌不正当竞争行为的调查

第十三条 【监督机关职权】监督检查部门调查涉嫌不正当竞争行为，可以采取下列措施：

（一）进入涉嫌不正当竞争行为的经营场所进行检查；

（二）询问被调查的经营者、利害关系人及其他有关单位、个人，要求其说明有关情况或者提供与被调查行为有关的其他资料；

（三）查询、复制与涉嫌不正当竞争行为有关的协议、账簿、单据、文件、记录、业务函电和其他资料；

（四）查封、扣押与涉嫌不正当竞争行为有关的财物；

（五）查询涉嫌不正当竞争行为的经营者的银行账户。

采取前款规定的措施，应当向监督检查部门主要负责人书面报告，并经批准。采取前款第四项、第五项规定的措施，应当向设区的市级以上人民政府监督检查部门主要负责人书面报告,并经批准。

监督检查部门调查涉嫌不正当竞争行为,应当遵守《中华人民共和国行政强制法》和其他有关法律、行政法规的规定,并应当将查处结果及时向社会公开。

第十四条 【被调查者的协作义务】监督检查部门调查涉嫌不正当竞争行为,被调查的经营者、利害关系人及其他有关单位、个人应当如实提供有关资料或者情况。

第十五条 【保密义务】监督检查部门及其工作人员对调查过程中知悉的商业秘密负有保密义务。

第十六条 【举报】对涉嫌不正当竞争行为,任何单位和个人有权向监督检查部门举报,监督检查部门接到举报后应当依法及时处理。

监督检查部门应当向社会公开受理举报的电话、信箱或者电子邮件地址,并为举报人保密。对实名举报并提供相关事实和证据的,监督检查部门应当将处理结果告知举报人。

第四章 法律责任

第十七条 【民事责任及赔偿范围】经营者违反本法规定,给他人造成损害的,应当依法承担民事责任。

经营者的合法权益受到不正当竞争行为损害的,可以向人民法院提起诉讼。

因不正当竞争行为受到损害的经营者的赔偿数额,按照其因被侵权所受到的实际损失确定;实际损失难以计算的,按照侵权人因侵权所获得的利益确定。经营者恶意实施侵犯商业秘密行为,情节严重的,可以在按照上述方法确定数额的一倍以上五倍以下确定赔偿数额。赔偿数额还应当包括经营者为制止侵权行为所支付的合理开支。

经营者违反本法第六条、第九条规定,权利人因被侵权所受到的实际损失、侵权人因侵权所获得的利益难以确定的,由人民法院根据侵权行为的情节判决给予权利人五百万元以下的赔偿。

第十八条 【实施混淆行为的责任】经营者违反本法第六条规定实施混淆行为的,由监督检查部门责令停止违法行为,没收违法商品。违法经营额五万元以上的,可以并处违法经营额五倍以下的罚款;没有违法经营额或者违法经营额不足五万元的,可以并处二十五万元以下的罚款。情节严重的,吊销营业执照。

经营者登记的企业名称违反本法第六条规定的,应当及时办理名称变更登记;名称变更前,由原企业登记机关以统一社会信用代码代替其名称。

第十九条 【贿赂责任】经营者违反本法第七条规定贿赂他人的,由监督检查部门没收违法所得,处十万元以上三百万元以下的罚款。情节严重的,吊销营业执照。

第二十条 【涉虚假或引人误解宣传的责任】经营者违反本法第八条规定对其商品作虚假或者引人误解的商业宣传,或者通过组织虚假交易等方式帮助其他经营者进行虚假或者引人误解的商业宣传的,由监督检查部门责令停止违法行为,处二十万元以上一百万元以下的罚款;情节严重的,处一百万元以上二百万元以下的罚款,可以吊销营业执照。

经营者违反本法第八条规定，属于发布虚假广告的，依照《中华人民共和国广告法》的规定处罚。

第二十一条　【侵犯商业秘密的责任】经营者以及其他自然人、法人和非法人组织违反本法第九条规定侵犯商业秘密的，由监督检查部门责令停止违法行为，没收违法所得，处十万元以上一百万元以下的罚款；情节严重的，处五十万元以上五百万元以下的罚款。

第二十二条　【违法有奖销售的责任】经营者违反本法第十条规定进行有奖销售的，由监督检查部门责令停止违法行为，处五万元以上五十万元以下的罚款。

第二十三条　【违法损害竞争对手商誉的责任】经营者违反本法第十一条规定损害竞争对手商业信誉、商品声誉的，由监督检查部门责令停止违法行为、消除影响，处十万元以上五十万元以下的罚款；情节严重的，处五十万元以上三百万元以下的罚款。

第二十四条　【妨碍、破坏网络产品或服务正常运行的责任】经营者违反本法第十二条规定妨碍、破坏其他经营者合法提供的网络产品或者服务正常运行的，由监督检查部门责令停止违法行为，处十万元以上五十万元以下的罚款；情节严重的，处五十万元以上三百万元以下的罚款。

第二十五条　【从轻或减轻、免予处罚】经营者违反本法规定从事不正当竞争，有主动消除或者减轻违法行为危害后果等法定情形的，依法从轻或者减轻行政处罚；违法行为轻微并及时纠正，没有造成危害后果的，不予行政处罚。

第二十六条　【信用记录公示】经营者违反本法规定从事不正当竞争，受到行政处罚的，由监督检查部门记入信用记录，并依照有关法律、行政法规的规定予以公示。

第二十七条　【民事责任优先承担】经营者违反本法规定，应当承担民事责任、行政责任和刑事责任，其财产不足以支付的，优先用于承担民事责任。

第二十八条　【拒绝、阻碍调查的责任】妨害监督检查部门依照本法履行职责，拒绝、阻碍调查的，由监督检查部门责令改正，对个人可以处五千元以下的罚款，对单位可以处五万元以下的罚款，并可以由公安机关依法给予治安管理处罚。

第二十九条　【行政复议或诉讼】当事人对监督检查部门作出的决定不服的，可以依法申请行政复议或者提起行政诉讼。

第三十条　【渎职处分】监督检查部门的工作人员滥用职权、玩忽职守、徇私舞弊或者泄露调查过程中知悉的商业秘密的，依法给予处分。

第三十一条　【刑事责任】违反本法规定，构成犯罪的，依法追究刑事责任。

第三十二条　【不存在侵犯商业秘密的证据提供】在侵犯商业秘密的民事审判程序中，商业秘密权利人提供初步证据，证明其已经对所主张的商业秘密采取保密措施，且合理表明商业秘密被侵犯，涉嫌侵权人应当证明权利人所主张的商业秘密不属于本法规定的商业秘密。

商业秘密权利人提供初步证据合理表明商业秘密被侵犯，且提供以下证据之一的，涉嫌侵权人应当证明其不存在侵犯商业秘密的行为：

（一）有证据表明涉嫌侵权人有渠道或者机会获取商业秘密，且其使用的信息与该商业秘密实质上相同；

（二）有证据表明商业秘密已经被涉嫌侵权人披露、使用或者有被披露、使用的风险；

（三）有其他证据表明商业秘密被涉嫌侵权人侵犯。

第五章 附 则

第三十三条 【施行日期】本法自 2018 年 1 月 1 日起施行。

最高人民法院关于适用
《中华人民共和国反不正当竞争法》若干问题的解释

1. 2022 年 1 月 29 日最高人民法院审判委员会第 1862 次会议通过
2. 2022 年 3 月 16 日公布
3. 法释〔2022〕9 号
4. 自 2022 年 3 月 20 日起施行

为正确审理因不正当竞争行为引发的民事案件，根据《中华人民共和国民法典》《中华人民共和国反不正当竞争法》《中华人民共和国民事诉讼法》等有关法律规定，结合审判实践，制定本解释。

第一条 经营者扰乱市场竞争秩序，损害其他经营者或者消费者合法权益，且属于违反反不正当竞争法第二章及专利法、商标法、著作权法等规定之外情形的，人民法院可以适用反不正当竞争法第二条予以认定。

第二条 与经营者在生产经营活动中存在可能的争夺交易机会、损害竞争优势等关系的市场主体，人民法院可以认定为反不正当竞争法第二条规定的"其他经营者"。

第三条 特定商业领域普遍遵循和认可的行为规范，人民法院可以认定为反不正当竞争法第二条规定的"商业道德"。

人民法院应当结合案件具体情况，综合考虑行业规则或者商业惯例、经营者的主观状态、交易相对人的选择意愿、对消费者权益、市场竞争秩序、社会公共利益的影响等因素，依法判断经营者是否违反商业道德。

人民法院认定经营者是否违反商业道德时，可以参考行业主管部门、行业协会或者自律组织制定的从业规范、技术规范、自律公约等。

第四条 具有一定的市场知名度并具有区别商品来源的显著特征的标识，人民法院可以认定为反不正当竞争法第六条规定的"有一定影响的"标识。

人民法院认定反不正当竞争法第六条规定的标识是否具有一定的市场知名度，应当综合考虑中国境内相关公众的知悉程度，商品销售的时间、区域、数额和对象，宣传的持续时间、程度和地域范围，标识受保护的情况等因素。

第五条　反不正当竞争法第六条规定的标识有下列情形之一的，人民法院应当认定其不具有区别商品来源的显著特征：

　　（一）商品的通用名称、图形、型号；

　　（二）仅直接表示商品的质量、主要原料、功能、用途、重量、数量及其他特点的标识；

　　（三）仅由商品自身的性质产生的形状，为获得技术效果而需有的商品形状以及使商品具有实质性价值的形状；

　　（四）其他缺乏显著特征的标识。

　　前款第一项、第二项、第四项规定的标识经过使用取得显著特征，并具有一定的市场知名度，当事人请求依据反不正当竞争法第六条规定予以保护的，人民法院应予支持。

第六条　因客观描述、说明商品而正当使用下列标识，当事人主张属于反不正当竞争法第六条规定的情形的，人民法院不予支持：

　　（一）含有本商品的通用名称、图形、型号；

　　（二）直接表示商品的质量、主要原料、功能、用途、重量、数量以及其他特点；

　　（三）含有地名。

第七条　反不正当竞争法第六条规定的标识或者其显著识别部分属于商标法第十条第一款规定的不得作为商标使用的标志，当事人请求依据反不正当竞争法第六条规定予以保护的，人民法院不予支持。

第八条　由经营者营业场所的装饰、营业用具的式样、营业人员的服饰等构成的具有独特风格的整体营业形象，人民法院可以认定为反不正当竞争法第六条第一项规定的"装潢"。

第九条　市场主体登记管理部门依法登记的企业名称，以及在中国境内进行商业使用的境外企业名称，人民法院可以认定为反不正当竞争法第六条第二项规定的"企业名称"。

　　有一定影响的个体工商户、农民专业合作社（联合社）以及法律、行政法规规定的其他市场主体的名称（包括简称、字号等），人民法院可以依照反不正当竞争法第六条第二项予以认定。

第十条　在中国境内将有一定影响的标识用于商品、商品包装或者容器以及商品交易文书上，或者广告宣传、展览以及其他商业活动中，用于识别商品来源的行为，人民法院可以认定为反不正当竞争法第六条规定的"使用"。

第十一条　经营者擅自使用与他人有一定影响的企业名称（包括简称、字号等）、社会组织名称（包括简称等）、姓名（包括笔名、艺名、译名等）、域名主体部分、网站名称、网页等近似的标识,引人误认为是他人商品或者与他人存在特定联系,当事人主张属于反不正当竞争法第六条第二项、第三项规定的情形的,人民法院应予支持。

第十二条 人民法院认定与反不正当竞争法第六条规定的"有一定影响的"标识相同或者近似,可以参照商标相同或者近似的判断原则和方法。

反不正当竞争法第六条规定的"引人误认为是他人商品或者与他人存在特定联系",包括误认为与他人具有商业联合、许可使用、商业冠名、广告代言等特定联系。

在相同商品上使用相同或者视觉上基本无差别的商品名称、包装、装潢等标识,应当视为足以造成与他人有一定影响的标识相混淆。

第十三条 经营者实施下列混淆行为之一,足以引人误认为是他人商品或者与他人存在特定联系的,人民法院可以依照反不正当竞争法第六条第四项予以认定:

(一)擅自使用反不正当竞争法第六条第一项、第二项、第三项规定以外"有一定影响的"标识;

(二)将他人注册商标、未注册的驰名商标作为企业名称中的字号使用,误导公众。

第十四条 经营者销售带有违反反不正当竞争法第六条规定的标识的商品,引人误认为是他人商品或者与他人存在特定联系,当事人主张构成反不正当竞争法第六条规定的情形的,人民法院应予支持。

销售不知道是前款规定的侵权商品,能证明该商品是自己合法取得并说明提供者,经营者主张不承担赔偿责任的,人民法院应予支持。

第十五条 故意为他人实施混淆行为提供仓储、运输、邮寄、印制、隐匿、经营场所等便利条件,当事人请求依据民法典第一千一百六十九条第一款予以认定的,人民法院应予支持。

第十六条 经营者在商业宣传过程中,提供不真实的商品相关信息,欺骗、误导相关公众的,人民法院应当认定为反不正当竞争法第八条第一款规定的虚假的商业宣传。

第十七条 经营者具有下列行为之一,欺骗、误导相关公众的,人民法院可以认定为反不正当竞争法第八条第一款规定的"引人误解的商业宣传":

(一)对商品作片面的宣传或者对比;

(二)将科学上未定论的观点、现象等当作定论的事实用于商品宣传;

(三)使用歧义性语言进行商业宣传;

(四)其他足以引人误解的商业宣传行为。

人民法院应当根据日常生活经验、相关公众一般注意力、发生误解的事实和被宣传对象的实际情况等因素,对引人误解的商业宣传行为进行认定。

第十八条 当事人主张经营者违反反不正当竞争法第八条第一款的规定并请求赔偿损失的,应当举证证明其因虚假或者引人误解的商业宣传行为受到损失。

第十九条 当事人主张经营者实施了反不正当竞争法第十一条规定的商业诋毁行为

的,应当举证证明其为该商业诋毁行为的特定损害对象。

第二十条 经营者传播他人编造的虚假信息或者误导性信息,损害竞争对手的商业信誉、商品声誉的,人民法院应当依照反不正当竞争法第十一条予以认定。

第二十一条 未经其他经营者和用户同意而直接发生的目标跳转,人民法院应当认定为反不正当竞争法第十二条第二款第一项规定的"强制进行目标跳转"。

仅插入链接,目标跳转由用户触发的,人民法院应当综合考虑插入链接的具体方式、是否具有合理理由以及对用户利益和其他经营者利益的影响等因素,认定该行为是否违反反不正当竞争法第十二条第二款第一项的规定。

第二十二条 经营者事前未明确提示并经用户同意,以误导、欺骗、强迫用户修改、关闭、卸载等方式,恶意干扰或者破坏其他经营者合法提供的网络产品或者服务,人民法院应当依照反不正当竞争法第十二条第二款第二项予以认定。

第二十三条 对于反不正当竞争法第二条、第八条、第十一条、第十二条规定的不正当竞争行为,权利人因被侵权所受到的实际损失、侵权人因侵权所获得的利益难以确定,当事人主张依据反不正当竞争法第十七条第四款确定赔偿数额的,人民法院应予支持。

第二十四条 对于同一侵权人针对同一主体在同一时间和地域范围实施的侵权行为,人民法院已经认定侵害著作权、专利权或者注册商标专用权等并判令承担民事责任,当事人又以该行为构成不正当竞争为由请求同一侵权人承担民事责任的,人民法院不予支持。

第二十五条 依据反不正当竞争法第六条的规定,当事人主张判令被告停止使用或者变更其企业名称的诉讼请求依法应予支持的,人民法院应当判令停止使用该企业名称。

第二十六条 因不正当竞争行为提起的民事诉讼,由侵权行为地或者被告住所地人民法院管辖。

当事人主张仅以网络购买者可以任意选择的收货地作为侵权行为地的,人民法院不予支持。

第二十七条 被诉不正当竞争行为发生在中华人民共和国领域外,但侵权结果发生在中华人民共和国领域内,当事人主张由该侵权结果发生地人民法院管辖的,人民法院应予支持。

第二十八条 反不正当竞争法修改决定施行以后人民法院受理的不正当竞争民事案件,涉及该决定施行前发生的行为的,适用修改前的反不正当竞争法;涉及该决定施行前发生、持续到该决定施行以后的行为的,适用修改后的反不正当竞争法。

第二十九条 本解释自2022年3月20日起施行。《最高人民法院关于审理不正当竞争民事案件应用法律若干问题的解释》(法释〔2007〕2号)同时废止。

本解释施行以后尚未终审的案件,适用本解释;施行以前已经终审的案件,不适用本解释再审。

关于禁止仿冒知名商品特有的名称、包装、装潢的不正当竞争行为的若干规定

1995年7月6日国家工商行政管理局令第33号发布施行

第一条 为了制止仿冒知名商品特有的名称、包装、装潢的不正当竞争行为,根据《中华人民共和国反不正当竞争法》(以下简称《反不正当竞争法》)的有关规定,制定本规定。

第二条 仿冒知名商品特有的名称、包装、装潢的不正当竞争行为,是指违反《反不正当竞争法》第五条第(二)项规定,擅自将他人知名商品特有的商品名称、包装、装潢作相同或者近似使用,造成与他人的知名商品相混淆,使购买者误认为是该知名商品的行为。

前款所称使购买者误认为是该知名商品,包括足以使购买者误认为是该知名商品。

第三条 本规定所称知名商品,是指在市场上具有一定知名度,为相关公众所知悉的商品。

本规定所称特有,是指商品名称、包装、装潢非为相关商品所通用,并具有显著的区别性特征。

本规定所称知名商品特有的名称,是指知名商品独有的与通用名称有显著区别的商品名称。但该名称已经作为商标注册的除外。

本规定所称包装,是指为识别商品以及方便携带、储运而使用在商品上的辅助物和容器。

本规定所称装潢,是指为识别与美化商品而在商品或者其包装上附加的文字、图案、色彩及其排列组合。

第四条 商品的名称、包装、装潢被他人擅自作相同或者近似使用,足以造成购买者误认的,该商品即可认定为知名商品。

特有的商品名称、包装、装潢应当依照使用在先的原则予以认定。

第五条 对使用与知名商品近似的名称、包装、装潢,可以根据主要部分和整体印象相近,一般购买者施以普通注意力会发生误认等综合分析认定。

一般购买者已经发生误认或者混淆的,可以认定为近似。

第六条 县级以上工商行政管理机关在监督检查仿冒知名商品特有的名称、包装、装潢的不正当竞争行为时,对知名商品和特有的名称、包装、装潢一并予以认定。

第七条 经营者有本规定第二条所列行为的,县级以上工商行政管理机关可以依照《反不正当竞争法》第二十一条第二款的规定对其进行处罚。

第八条 经营者有本规定第二条所列行为的,工商行政管理机关除依前条规定予以处罚外,对侵权物品可作如下处理:
(一)收缴并销毁或者责令并监督侵权人销毁尚未使用的侵权的包装和装潢;
(二)责令并监督侵权人消除现存商品上侵权的商品名称、包装和装潢;
(三)收缴直接专门用于印制侵权的商品包装和装潢的模具、印板和其他作案工具;
(四)采取前三项措施不足以制止侵权行为的,或者侵权的商品名称、包装和装潢与商品难以分离的,责令并监督侵权人销毁侵权物品。

第九条 销售明知或者应知是仿冒知名商品特有的名称、包装、装潢的商品的,比照本规定第七条、第八条的规定予以处罚。

第十条 知名商品经营者已经取得专利的知名商品特有的包装、装潢被仿冒的,工商行政管理机关可以依据《反不正当竞争法》及本规定对侵权人予以处罚。

第十一条 本规定自发布之日起施行。

关于禁止侵犯商业秘密行为的若干规定

1. 1995年11月23日国家工商行政管理局令第41号公布
2. 根据1998年12月3日国家工商行政管理局令第86号修订

第一条 为了制止侵犯商业秘密的行为,保护商业秘密权利人的合法权益,维护社会主义市场经济秩序,根据《中华人民共和国反不正当竞争法》(以下简称《反不正当竞争法》)的有关规定,制定本规定。

第二条 本规定所称商业秘密,是指不为公众所知悉、能为权利人带来经济利益、具有实用性并经权利人采取保密措施的技术信息和经营信息。

本规定所称不为公众所知悉,是指该信息是不能从公开渠道直接获取的。

本规定所称能为权利人带来经济利益、具有实用性,是指该信息具有确定的可应用性,能为权利人带来现实的或者潜在的经济利益或者竞争优势。

本规定所称权利人采取保密措施,包括订立保密协议,建立保密制度及采取其他合理的保密措施。

本规定所称技术信息和经营信息,包括设计、程序、产品配方、制作工艺、制作方法、管理诀窍、客户名单、货源情报、产销策略、招投标中的标底及标书内容等信息。

本规定所称权利人,是指依法对商业秘密享有所有权或者使用权的公民、法人或者其他组织。

第三条 禁止下列侵犯商业秘密的行为:
(一)以盗窃、利诱、胁迫或者其他不正当手段获取权利人的商业秘密;
(二)披露、使用或者允许他人使用以前项手段获取的权利人的商业秘密;
(三)与权利人有业务关系的单位和个人违反合同约定或者违反权利人保守商业秘密的要求,披露、使用或者允许他人使用其所掌握的权利人的商业秘密;
(四)权利人的职工违反合同约定或者违反权利人保守商业秘密的要求,披露、使用或者允许他人使用其所掌握的权利人的商业秘密。
第三人明知或者应知前款所列违法行为,获取、使用或者披露他人的商业秘密,视为侵犯商业秘密。

第四条 侵犯商业秘密行为由县级以上工商行政管理机关认定处理。

第五条 权利人(申请人)认为其商业秘密受到侵害,向工商行政管理机关申请查处侵权行为时,应当提供商业秘密及侵权行为存在的有关证据。
被检查的单位和个人(被申请人)及利害关系人、证明人,应当如实向工商行政管理机关提供有关证据。
权利人能证明被申请人所使用的信息与自己的商业秘密具有一致性或者相同性,同时能证明被申请人有获取其商业秘密的条件,而被申请人不能提供或者拒不提供其所使用的信息是合法获得或者使用的证据的,工商行政管理机关可以根据有关证据,认定被申请人有侵权行为。

第六条 对被申请人违法披露、使用、允许他人使用商业秘密将给权利人造成不可挽回的损失的,应权利人请求并由权利人出具自愿对强制措施后果承担责任的书面保证,工商行政管理机关可以责令被申请人停止销售使用权利人商业秘密生产的产品。

第七条 违反本规定第三条的,由工商行政管理机关依照《反不正当竞争法》第二十五条的规定,责令停止违法行为,并可以根据情节处以1万元以上20万元以下的罚款。
工商行政管理机关在依照前款规定予以处罚时,对侵权物品可以作如下处理:
(一)责令并监督侵权人将载有商业秘密的图纸、软件及其他有关资料返还权利人。
(二)监督侵权人销毁使用权利人商业秘密生产的、流入市场将会造成商业秘密公开的产品。但权利人同意收购、销售等其他处理方式的除外。

第八条 对侵权人拒不执行处罚决定,继续实施本规定第三条所列行为的,视为新的违法行为,从重予以处罚。

第九条 权利人因损害赔偿问题向工商行政管理机关提出调解要求的,工商行政管理机关可以进行调解。
权利人也可以直接向人民法院起诉,请求损害赔偿。

第十条 国家机关及其公务人员在履行公务时,不得披露或者允许他人使用权利人的商业秘密。

工商行政管理机关的办案人员在监督检查侵犯商业秘密的不正当竞争行为时，应当对权利人的商业秘密予以保密。

第十一条 本规定由国家工商行政管理局负责解释。

第十二条 本规定自公布之日起施行。

禁止滥用知识产权排除、限制竞争行为规定

1. 2023年6月15日市场监管总局第11次局务会议通过
2. 2023年6月25日国家市场监督管理总局令第79号公布
3. 自2023年8月1日起施行

第一条 为了预防和制止滥用知识产权排除、限制竞争行为，根据《中华人民共和国反垄断法》（以下简称反垄断法），制定本规定。

第二条 反垄断与保护知识产权具有共同的目标，即促进竞争和创新，提高经济运行效率，维护消费者利益和社会公共利益。

经营者依照有关知识产权的法律、行政法规规定行使知识产权，但不得滥用知识产权，排除、限制竞争。

第三条 本规定所称滥用知识产权排除、限制竞争行为，是指经营者违反反垄断法的规定行使知识产权，达成垄断协议，滥用市场支配地位，实施具有或者可能具有排除、限制竞争效果的经营者集中等垄断行为。

第四条 国家市场监督管理总局（以下简称市场监管总局）根据反垄断法第十三条第一款规定，负责滥用知识产权排除、限制竞争行为的反垄断统一执法工作。

市场监管总局根据反垄断法第十三条第二款规定，授权各省、自治区、直辖市市场监督管理部门（以下称省级市场监管部门）负责本行政区域内垄断协议、滥用市场支配地位等滥用知识产权排除、限制竞争行为的反垄断执法工作。

本规定所称反垄断执法机构包括市场监管总局和省级市场监管部门。

第五条 本规定所称相关市场，包括相关商品市场和相关地域市场，根据反垄断法和《国务院反垄断委员会关于相关市场界定的指南》进行界定，并考虑知识产权、创新等因素的影响。在涉及知识产权许可等反垄断执法工作中，相关商品市场可以是技术市场，也可以是含有特定知识产权的产品市场。相关技术市场是指行使知识产权所涉及的技术和可以相互替代的同类技术之间相互竞争所构成的市场。

第六条 经营者之间不得利用行使知识产权的方式，达成反垄断法第十七条、第十八条第一款所禁止的垄断协议。

经营者不得利用行使知识产权的方式，组织其他经营者达成垄断协议或者为

其他经营者达成垄断协议提供实质性帮助。

经营者能够证明所达成的协议属于反垄断法第二十条规定情形的,不适用第一款和第二款的规定。

第七条 经营者利用行使知识产权的方式,与交易相对人达成反垄断法第十八条第一款第一项、第二项规定的协议,经营者能够证明其不具有排除、限制竞争效果的,不予禁止。

经营者利用行使知识产权的方式,与交易相对人达成协议,经营者能够证明参与协议的经营者在相关市场的市场份额低于市场监管总局规定的标准,并符合市场监管总局规定的其他条件的,不予禁止。具体标准可以参照《国务院反垄断委员会关于知识产权领域的反垄断指南》相关规定。

第八条 具有市场支配地位的经营者不得在行使知识产权的过程中滥用市场支配地位,排除、限制竞争。

市场支配地位根据反垄断法和《禁止滥用市场支配地位行为规定》的规定进行认定和推定。经营者拥有知识产权可以构成认定其具有市场支配地位的因素之一,但不能仅根据经营者拥有知识产权推定其在相关市场具有市场支配地位。

认定拥有知识产权的经营者在相关市场是否具有支配地位,还可以考虑在相关市场交易相对人转向具有替代关系的技术或者产品的可能性及转移成本、下游市场对利用知识产权所提供商品的依赖程度、交易相对人对经营者的制衡能力等因素。

第九条 具有市场支配地位的经营者不得在行使知识产权的过程中,以不公平的高价许可知识产权或者销售包含知识产权的产品,排除、限制竞争。

认定前款行为可以考虑以下因素:

(一)该项知识产权的研发成本和回收周期;

(二)该项知识产权的许可费计算方法和许可条件;

(三)该项知识产权可以比照的历史许可费或者许可费标准;

(四)经营者就该项知识产权许可所作的承诺;

(五)需要考虑的其他相关因素。

第十条 具有市场支配地位的经营者没有正当理由,不得在行使知识产权的过程中,拒绝许可其他经营者以合理条件使用该知识产权,排除、限制竞争。

认定前款行为应当同时考虑以下因素:

(一)该项知识产权在相关市场不能被合理替代,为其他经营者参与相关市场的竞争所必需;

(二)拒绝许可该知识产权将会导致相关市场的竞争或者创新受到不利影响,损害消费者利益或者社会公共利益;

(三)许可该知识产权对该经营者不会造成不合理的损害。

第十一条 具有市场支配地位的经营者没有正当理由,不得在行使知识产权的过程

中,从事下列限定交易行为,排除、限制竞争:
　　(一)限定交易相对人只能与其进行交易;
　　(二)限定交易相对人只能与其指定的经营者进行交易;
　　(三)限定交易相对人不得与特定经营者进行交易。
第十二条　具有市场支配地位的经营者没有正当理由,不得在行使知识产权的过程中,违背所在行业或者领域交易惯例、消费习惯或者无视商品的功能,从事下列搭售行为,排除、限制竞争:
　　(一)在许可知识产权时强制或者变相强制被许可人购买其他不必要的产品;
　　(二)在许可知识产权时强制或者变相强制被许可人接受一揽子许可。
第十三条　具有市场支配地位的经营者没有正当理由,不得在行使知识产权的过程中,附加下列不合理的交易条件,排除、限制竞争:
　　(一)要求交易相对人将其改进的技术进行排他性或者独占性回授,或者在不提供合理对价时要求交易相对人进行相同技术领域的交叉许可;
　　(二)禁止交易相对人对其知识产权的有效性提出质疑;
　　(三)限制交易相对人在许可协议期限届满后,在不侵犯知识产权的情况下利用竞争性的技术或者产品;
　　(四)对交易相对人附加其他不合理的交易条件。
第十四条　具有市场支配地位的经营者没有正当理由,不得在行使知识产权的过程中,对条件相同的交易相对人实行差别待遇,排除、限制竞争。
第十五条　涉及知识产权的经营者集中达到国务院规定的申报标准的,经营者应当事先向市场监管总局申报,未申报或者申报后获得批准前不得实施集中。
第十六条　涉及知识产权的经营者集中审查应当考虑反垄断法第三十三条规定的因素和知识产权的特点。
　　根据涉及知识产权的经营者集中交易具体情况,附加的限制性条件可以包括以下情形:
　　(一)剥离知识产权或者知识产权所涉业务;
　　(二)保持知识产权相关业务的独立运营;
　　(三)以合理条件许可知识产权;
　　(四)其他限制性条件。
第十七条　经营者不得在行使知识产权的过程中,利用专利联营从事排除、限制竞争的行为。
　　专利联营的成员不得交换价格、产量、市场划分等有关竞争的敏感信息,达成反垄断法第十七条、第十八条第一款所禁止的垄断协议。但是,经营者能够证明所达成的协议符合反垄断法第十八条第二款、第三款和第二十条规定的除外。
　　具有市场支配地位的专利联营实体或者专利联营的成员不得利用专利联营从事下列滥用市场支配地位的行为:

(一)以不公平的高价许可联营专利;

(二)没有正当理由,限制联营成员或者被许可人的专利使用范围;

(三)没有正当理由,限制联营成员在联营之外作为独立许可人许可专利;

(四)没有正当理由,限制联营成员或者被许可人独立或者与第三方联合研发与联营专利相竞争的技术;

(五)没有正当理由,强制要求被许可人将其改进或者研发的技术排他性或者独占性地回授给专利联营实体或者专利联营的成员;

(六)没有正当理由,禁止被许可人质疑联营专利的有效性;

(七)没有正当理由,将竞争性专利强制组合许可,或者将非必要专利、已终止的专利与其他专利强制组合许可;

(八)没有正当理由,对条件相同的联营成员或者同一相关市场的被许可人在交易条件上实行差别待遇;

(九)市场监管总局认定的其他滥用市场支配地位的行为。

本规定所称专利联营,是指两个或者两个以上经营者将各自的专利共同许可给联营成员或者第三方。专利联营各方通常委托联营成员或者独立第三方对联营进行管理。联营具体方式包括达成协议、设立公司或者其他实体等。

第十八条　经营者没有正当理由,不得在行使知识产权的过程中,利用标准的制定和实施达成下列垄断协议:

(一)与具有竞争关系的经营者联合排斥特定经营者参与标准制定,或者排斥特定经营者的相关标准技术方案;

(二)与具有竞争关系的经营者联合排斥其他特定经营者实施相关标准;

(三)与具有竞争关系的经营者约定不实施其他竞争性标准;

(四)市场监管总局认定的其他垄断协议。

第十九条　具有市场支配地位的经营者不得在标准的制定和实施过程中从事下列行为,排除、限制竞争:

(一)在参与标准制定过程中,未按照标准制定组织规定及时充分披露其权利信息,或者明确放弃其权利,但是在标准涉及该专利后却向标准实施者主张该专利权;

(二)在其专利成为标准必要专利后,违反公平、合理、无歧视原则,以不公平的高价许可,没有正当理由拒绝许可、搭售商品或者附加其他不合理的交易条件、实行差别待遇等;

(三)在标准必要专利许可过程中,违反公平、合理、无歧视原则,未经善意谈判,请求法院或者其他相关部门作出禁止使用相关知识产权的判决、裁定或者决定等,迫使被许可方接受不公平的高价或者其他不合理的交易条件;

(四)市场监管总局认定的其他滥用市场支配地位的行为。

本规定所称标准必要专利,是指实施该项标准所必不可少的专利。

第二十条 认定本规定第十条至第十四条、第十七条至第十九条所称的"正当理由",可以考虑以下因素:

(一)有利于鼓励创新和促进市场公平竞争;
(二)为行使或者保护知识产权所必需;
(三)为满足产品安全、技术效果、产品性能等所必需;
(四)为交易相对人实际需求且符合正当的行业惯例和交易习惯;
(五)其他能够证明行为具有正当性的因素。

第二十一条 经营者在行使著作权以及与著作权有关的权利时,不得从事反垄断法和本规定禁止的垄断行为。

第二十二条 分析认定经营者涉嫌滥用知识产权排除、限制竞争行为,可以采取以下步骤:

(一)确定经营者行使知识产权行为的性质和表现形式;
(二)确定行使知识产权的经营者之间相互关系的性质;
(三)界定行使知识产权所涉及的相关市场;
(四)认定行使知识产权的经营者的市场地位;
(五)分析经营者行使知识产权的行为对相关市场竞争的影响。

确定经营者之间相互关系的性质需要考虑行使知识产权行为本身的特点。在涉及知识产权许可的情况下,原本具有竞争关系的经营者之间在许可协议中是交易关系,而在许可人和被许可人都利用该知识产权生产产品的市场上则又是竞争关系。但是,如果经营者之间在订立许可协议时不存在竞争关系,在协议订立之后才产生竞争关系的,则仍然不视为竞争者之间的协议,除非原协议发生实质性的变更。

第二十三条 分析认定经营者行使知识产权的行为对相关市场竞争的影响,应当考虑下列因素:

(一)经营者与交易相对人的市场地位;
(二)相关市场的市场集中度;
(三)进入相关市场的难易程度;
(四)产业惯例与产业的发展阶段;
(五)在产量、区域、消费者等方面进行限制的时间和效力范围;
(六)对促进创新和技术推广的影响;
(七)经营者的创新能力和技术变化的速度;
(八)与认定行使知识产权的行为对相关市场竞争影响有关的其他因素。

第二十四条 反垄断执法机构对滥用知识产权排除、限制竞争行为进行调查、处罚时,依照反垄断法和《禁止垄断协议规定》《禁止滥用市场支配地位行为规定》《经营者集中审查规定》规定的程序执行。

第二十五条 经营者违反反垄断法和本规定,达成并实施垄断协议的,由反垄断执法机构责令停止违法行为，没收违法所得，并处上一年度销售额百分之一以上百分之十以下的罚款，上一年度没有销售额的，处五百万元以下的罚款；尚未实施所达成的垄断协议的，可以处三百万元以下的罚款。经营者的法定代表人、主要负责人和直接责任人员对达成垄断协议负有个人责任的，可以处一百万元以下的罚款。

经营者组织其他经营者达成垄断协议或者为其他经营者达成垄断协议提供实质性帮助的，适用前款规定。

第二十六条　经营者违反反垄断法和本规定，滥用市场支配地位的，由反垄断执法机构责令停止违法行为，没收违法所得，并处上一年度销售额百分之一以上百分之十以下的罚款。

第二十七条　经营者违法实施涉及知识产权的集中，且具有或者可能具有排除、限制竞争效果的，由市场监管总局责令停止实施集中、限期处分股份或者资产、限期转让营业以及采取其他必要措施恢复到集中前的状态，处上一年度销售额百分之十以下的罚款；不具有排除、限制竞争效果的，处五百万元以下的罚款。

第二十八条　对本规定第二十五条、第二十六条、第二十七条规定的罚款，反垄断执法机构确定具体罚款数额时，应当考虑违法行为的性质、程度、持续时间和消除违法行为后果的情况等因素。

第二十九条　违反反垄断法规定，情节特别严重、影响特别恶劣、造成特别严重后果的，市场监管总局可以在反垄断法第五十六条、第五十七条、第五十八条、第六十二条规定的罚款数额的二倍以上五倍以下确定具体罚款数额。

第三十条　反垄断执法机构工作人员滥用职权、玩忽职守、徇私舞弊或者泄露执法过程中知悉的商业秘密、个人隐私和个人信息的，依照有关规定处理。

第三十一条　反垄断执法机构在调查期间发现的公职人员涉嫌职务违法、职务犯罪问题线索，应当及时移交纪检监察机关。

第三十二条　本规定对滥用知识产权排除、限制竞争行为未作规定的，依照反垄断法和《禁止垄断协议规定》《禁止滥用市场支配地位行为规定》《经营者集中审查规定》处理。

第三十三条　本规定自2023年8月1日起施行。2015年4月7日原国家工商行政管理总局令第74号公布的《关于禁止滥用知识产权排除、限制竞争行为的规定》同时废止。

七、行政执法

国家知识产权局行政复议规程

1. 2012年7月18日国家知识产权局令第66号公布
2. 自2012年9月1日起施行

第一章 总　　则

第一条 为了防止和纠正违法或者不当的具体行政行为,保护公民、法人和其他组织的合法权益,保障和监督国家知识产权局依法行使职权,根据《中华人民共和国行政复议法》和《中华人民共和国行政复议法实施条例》,制定本规程。

第二条 公民、法人或者其他组织认为国家知识产权局的具体行政行为侵犯其合法权益的,可以依照本规程向国家知识产权局申请行政复议。

第三条 国家知识产权局负责法制工作的机构(以下称"行政复议机构")具体办理行政复议事项,履行下列职责:

(一)受理行政复议申请;

(二)向有关部门及人员调查取证,调阅有关文档和资料;

(三)审查具体行政行为是否合法与适当;

(四)办理一并请求的行政赔偿事项;

(五)拟订、制作和发送行政复议法律文书;

(六)办理因不服行政复议决定提起行政诉讼的应诉事项;

(七)督促行政复议决定的履行;

(八)办理行政复议、行政应诉案件统计和重大行政复议决定备案事项;

(九)研究行政复议工作中发现的问题,及时向有关部门提出行政复议意见或者建议。

第二章　行政复议范围和参加人

第四条 除本规程第五条另有规定外,有下列情形之一的,可以依法申请行政复议:

(一)对国家知识产权局作出的有关专利申请、专利权的具体行政行为不服的;

(二)对国家知识产权局作出的有关集成电路布图设计登记申请、布图设计专有权的具体行政行为不服的;

(三)对国家知识产权局专利复审委员会作出的有关专利复审、无效的程序性决定不服的;

（四）对国家知识产权局作出的有关专利代理管理的具体行政行为不服的；

（五）认为国家知识产权局作出的其他具体行政行为侵犯其合法权益的。

第五条 对下列情形之一，不能申请行政复议：

（一）专利申请人对驳回专利申请的决定不服的；

（二）复审请求人对复审请求审查决定不服的；

（三）专利权人或者无效宣告请求人对无效宣告请求审查决定不服的；

（四）专利权人或者专利实施强制许可的被许可人对强制许可使用费的裁决不服的；

（五）国际申请的申请人对国家知识产权局作为国际申请的受理单位、国际检索单位和国际初步审查单位所作决定不服的；

（六）集成电路布图设计登记申请人对驳回登记申请的决定不服的；

（七）集成电路布图设计登记申请人对复审决定不服的；

（八）集成电路布图设计权利人对撤销布图设计登记的决定不服的；

（九）集成电路布图设计权利人、非自愿许可取得人对非自愿许可报酬的裁决不服的；

（十）集成电路布图设计权利人、被控侵权人对集成电路布图设计专有权侵权纠纷处理决定不服的；

（十一）法律、法规规定的其他不能申请行政复议的情形。

第六条 依照本规程申请行政复议的公民、法人或者其他组织是复议申请人。

在具体行政行为作出时其权利或者利益受到损害的其他利害关系人可以申请行政复议，也可以作为第三人参加行政复议。

第七条 复议申请人、第三人可以委托代理人代为参加行政复议。

第三章　申请与受理

第八条 公民、法人或者其他组织认为国家知识产权局的具体行政行为侵犯其合法权益的，可以自知道该具体行政行为之日起60日内提出行政复议申请。

因不可抗力或者其他正当理由耽误前款所述期限的，该期限自障碍消除之日起继续计算。

第九条 有权申请行政复议的公民、法人或者其他组织向人民法院提起行政诉讼，人民法院已经依法受理的，不得向国家知识产权局申请行政复议。

向国家知识产权局申请行政复议，行政复议机构已经依法受理的，在法定行政复议期限内不得向人民法院提起行政诉讼。

国家知识产权局受理行政复议申请后，发现在受理前或者受理后当事人向人民法院提起行政诉讼并且人民法院已经依法受理的，驳回行政复议申请。

第十条 行政复议申请应当符合下列条件：

（一）复议申请人是认为具体行政行为侵犯其合法权益的专利申请人、专利权人、集成电路布图设计登记申请人、集成电路布图设计权利人或者其他利害关系人；

（二）有具体的行政复议请求和理由；

（三）属于行政复议的范围；

（四）在法定申请期限内提出。

第十一条 申请行政复议应当提交行政复议申请书一式两份，并附具必要的证据材料。被申请复议的具体行政行为以书面形式作出的，应当附具该文书或者其复印件。

委托代理人的，应当附具授权委托书。

第十二条 行政复议申请书应当载明下列内容：

（一）复议申请人的姓名或者名称、通信地址、联系电话；

（二）具体的行政复议请求；

（三）申请行政复议的主要事实和理由；

（四）复议申请人的签名或者盖章；

（五）申请行政复议的日期。

第十三条 行政复议申请书可以使用国家知识产权局制作的标准表格。

行政复议申请书可以手写或者打印。

第十四条 行政复议申请书应当以邮寄、传真或者当面递交等方式向行政复议机构提交。

第十五条 行政复议机构自收到行政复议申请书之日起5日内，根据情况分别作出如下处理：

（一）行政复议申请符合本规程规定的，予以受理，并向复议申请人发送受理通知书；

（二）行政复议申请不符合本规程规定的，决定不予受理并书面告知理由；

（三）行政复议申请书不符合本规程第十一条、第十二条规定的，通知复议申请人在指定期限内补正；期满未补正的，视为放弃行政复议申请。

第四章 审理与决定

第十六条 在审理行政复议案件过程中，行政复议机构可以向有关部门和人员调查情况，也可应请求听取复议申请人或者第三人的口头意见。

第十七条 行政复议机构应当自受理行政复议申请之日起7日内将行政复议申请书副本转交有关部门。该部门应当自收到行政复议申请书副本之日起10日内提出维持、撤销或者变更原具体行政行为的书面答复意见，并提交当时作出具体行政行为的证据、依据和其他有关材料。期满未提出答复意见的，不影响行政复议决定的作出。

复议申请人、第三人可以查阅前款所述书面答复意见以及作出具体行政行为所依据的证据、依据和其他有关材料，但涉及保密内容的除外。

第十八条 行政复议决定作出之前，复议申请人可以要求撤回行政复议申请。准予撤回的,行政复议程序终止。

第十九条 行政复议期间,具体行政行为原则上不停止执行。行政复议机构认为需要停止执行的,应当向有关部门发出停止执行通知书,并通知复议申请人及第三人。

第二十条 审理行政复议案件,以法律、行政法规、部门规章为依据。

第二十一条 具体行政行为认定事实清楚,证据确凿,适用依据正确,程序合法,内容适当的,应当决定维持。

第二十二条 被申请人不履行法定职责的,应当决定其在一定期限内履行法定职责。

第二十三条 具体行政行为有下列情形之一的,应当决定撤销、变更该具体行政行为或者确认该具体行政行为违法,并可以决定由被申请人重新作出具体行政行为:

(一)主要事实不清,证据不足的;

(二)适用依据错误的;

(三)违反法定程序的;

(四)超越或者滥用职权的;

(五)具体行政行为明显不当的;

(六)出现新证据,撤销或者变更原具体行政行为更为合理的。

第二十四条 具体行政行为有下列情形之一的,可以决定变更该具体行政行为:

(一)认定事实清楚,证据确凿,程序合法,但是明显不当或者适用依据错误的;

(二)认定事实不清,证据不足,经行政复议程序审理查明事实清楚,证据确凿的。

第二十五条 有下列情形之一的,应当驳回行政复议申请并书面告知理由:

(一)复议申请人认为被申请人不履行法定职责而申请行政复议,行政复议机构受理后发现被申请人没有相应法定职责或者在受理前已经履行法定职责的;

(二)行政复议机构受理行政复议申请后,发现该行政复议申请不符合受理条件的。

第二十六条 复议申请人申请行政复议时可以一并提出行政赔偿请求。行政复议机构依据国家赔偿法的规定对行政赔偿请求进行审理,在行政复议决定中对赔偿请求一并作出决定。

第二十七条 行政复议决定应当自受理行政复议申请之日起60日内作出,但是情况复杂不能在规定期限内作出的,经审批后可以延长期限,并通知复议申请人和第三人。延长的期限最多不得超过30日。

第二十八条 行政复议决定以国家知识产权局的名义作出。行政复议决定书应当加盖国家知识产权局行政复议专用章。

第二十九条 行政复议期间,行政复议机构发现相关行政行为违法或者需要做好善后工作的,可以制作行政复议意见书。有关部门应自收到行政复议意见书之日起60日内将纠正相关行政违法行为或者做好善后工作的情况通报行政复议机构。

行政复议期间,行政复议机构发现法律、法规、规章实施中带有普遍性的问题,可以制作行政复议建议书,向有关部门提出完善制度和改进行政执法的建议。

第五章 期间与送达

第三十条 期间开始之日不计算在期间内。期间届满的最后一日是节假日的,以节假日后的第一日为期间届满的日期。本规程中有关"5日"、"7日"、"10日"的规定是指工作日,不含节假日。

第三十一条 行政复议决定书直接送达的,复议申请人在送达回证上的签收日期为送达日期。行政复议决定书邮寄送达的,自交付邮寄之日起满15日视为送达。

行政复议决定书一经送达,即发生法律效力。

第三十二条 复议申请人或者第三人委托代理人的,行政复议决定书除送交代理人外,还应当按国内的通讯地址送交复议申请人和第三人。

第六章 附　则

第三十三条 外国人、外国企业或者外国其他组织向国家知识产权局申请行政复议,适用本规程。

第三十四条 行政复议不收取费用。

第三十五条 本规程自2012年9月1日起施行。2002年7月25日国家知识产权局令第二十四号发布的《国家知识产权局行政复议规程》同时废止。

举报、查处侵权盗版行为奖励暂行办法

2007年9月20日国家版权局公告2007年第2号公布施行

第一条 为鼓励举报和查处侵权盗版行为,严厉打击侵权盗版活动,保障版权相关产业有序发展,根据国家有关法律、法规,制定本办法。

第二条 国家版权局设立反盗版举报中心(以下称举报中心),承担奖励举报及查处重大侵权盗版行为有功单位及个人的有关工作。举报中心设立12390免费举报电话及jubao@ncac.gov.cn举报邮箱地址,接受社会公众针对侵权盗版行为的举报。

第三条 重大侵权盗版行为和案件,指各级版权、公安、文化、工商、海关、出版物市场监管等部门依据著作权法律、法规及刑法关于侵犯著作权罪的相关规定查处或协助查处的侵权盗版案件。

第四条 举报重大侵权盗版案件单位和个人(以下称举报人)获奖条件:

(一)以书面、电话、电子邮件或其他方式举报侵权盗版行为;

(二)能够提供违法事实、线索或证据,举报对象明确、具体,对案件查处起到关键性作用;

（三）提供的证据或线索事先未被行政机关、司法机关掌握；

（四）举报事实清楚、查证属实，并依据著作权法律、法规及刑法关于侵犯著作权罪的相关规定做出行政处罚，或者依法移送司法机关立案处理；

（五）应当具备的其他条件。

第五条 根据举报人提供的违法事实、线索或证据等与案件调查结论相符合的程度，分为以下三类进行奖励：

（一）提供被举报人的详细违法事实、侵权盗版线索或相关证据，协助参与现场查处工作，举报情况与事实结论完全相符。

（二）提供被举报人的部分违法事实、侵权盗版线索或相关证据，协助查处工作，举报情况与事实结论相符。

（三）提供被举报人的少量违法事实、侵权盗版线索或相关证据，未直接协助查处工作，举报情况与事实结论基本相符。

第六条 根据举报的侵权盗版案件影响程度或查获的违法财产数额，结合本办法第五条规定的举报类别确定奖励数额。每个案件的奖励金额不超过10万元。案情重大，或者在全国有重大影响，或者案值数额巨大的案件，奖励金额可不受此限。

第七条 两名以上举报人先后举报同一违法行为的，仅奖励在先举报人；两名以上举报人共同举报同一违法行为的，由举报人自行协商分配比例，协商不成的，奖励资金平均分配。

第八条 查处或协助查处重大侵权盗版案件单位和人员的获奖条件：

（一）在查处重大侵权盗版案件中表现突出的；

（二）在查处重大侵权盗版案件过程中，主动提供设备、技术、人员或其他帮助，并对查处案件起到重大作用的；

（三）查处的案件已依据著作权法律、法规、规章做出行政处罚，或者已依法移送司法机关立案处理；

（四）应当具备的其他条件。

第九条 对查处或协助查处重大侵权盗版案件有功单位和个人的奖励，每个案件对有功单位的奖励一般在10万元以下，对有功个人的奖励一般在1万元以下。对在全国有重大影响的案件可不受此限。

第十条 举报中心定期审核确定奖励对象及奖励数额，并通知受奖人领奖。

第十一条 受奖单位和个人应当在接到奖励通知后，凭单位有效证明文件或本人身份证，及时办理领奖手续。

第十二条 举报中心对举报材料和举报人的信息应严格保密。未经举报人许可，不得公开举报人姓名、身份及居住地等有关信息，违者依法承担法律责任。

第十三条 任何单位和个人不得对举报人进行打击报复，违者依法承担法律责任。

第十四条 本办法的实施，不影响其他法律、法规关于奖励举报和查处侵权盗版行为规定的适用。

第十五条　本办法由国家版权局负责解释。
第十六条　本办法自公布之日起施行。

著作权行政处罚实施办法

1. 2009年5月7日国家版权局令第6号公布
2. 自2009年6月15日起施行

第一章　总　　则

第一条　为规范著作权行政管理部门的行政处罚行为,保护公民、法人和其他组织的合法权益,根据《中华人民共和国行政处罚法》(以下称行政处罚法)、《中华人民共和国著作权法》(以下称著作权法)和其他有关法律、行政法规,制定本办法。

第二条　国家版权局以及地方人民政府享有著作权行政执法权的有关部门(以下称著作权行政管理部门),在法定职权范围内就本办法列举的违法行为实施行政处罚。法律、法规另有规定的,从其规定。

第三条　本办法所称的违法行为是指:
　　(一)著作权法第四十七条列举的侵权行为,同时损害公共利益的;
　　(二)《计算机软件保护条例》第二十四条列举的侵权行为,同时损害公共利益的;
　　(三)《信息网络传播权保护条例》第十八条列举的侵权行为,同时损害公共利益的;第十九条、第二十五条列举的侵权行为;
　　(四)《著作权集体管理条例》第四十一条、第四十四条规定的应予行政处罚的行为;
　　(五)其他有关著作权法律、法规、规章规定的应给予行政处罚的违法行为。

第四条　对本办法列举的违法行为,著作权行政管理部门可以依法责令停止侵权行为,并给予下列行政处罚:
　　(一)警告;
　　(二)罚款;
　　(三)没收违法所得;
　　(四)没收侵权制品;
　　(五)没收安装存储侵权制品的设备;
　　(六)没收主要用于制作侵权制品的材料、工具、设备等;
　　(七)法律、法规、规章规定的其他行政处罚。

第二章　管辖和适用

第五条　本办法列举的违法行为,由侵权行为实施地、侵权结果发生地、侵权制品储藏地或者依法查封扣押地的著作权行政管理部门负责查处。法律、行政法规另有规定的除外。

侵犯信息网络传播权的违法行为由侵权人住所地、实施侵权行为的网络服务器等设备所在地或侵权网站备案登记地的著作权行政管理部门负责查处。

第六条 国家版权局可以查处在全国有重大影响的违法行为,以及认为应当由其查处的其他违法行为。地方著作权行政管理部门负责查处本辖区发生的违法行为。

第七条 两个以上地方著作权行政管理部门对同一违法行为均有管辖权时,由先立案的著作权行政管理部门负责查处该违法行为。

地方著作权行政管理部门因管辖权发生争议或者管辖不明时,由争议双方协商解决;协商不成的,报请共同的上一级著作权行政管理部门指定管辖;其共同的上一级著作权行政管理部门也可以直接指定管辖。

上级著作权行政管理部门在必要时,可以处理下级著作权行政管理部门管辖的有重大影响的案件,也可以将自己管辖的案件交由下级著作权行政管理部门处理;下级著作权行政管理部门认为其管辖的案件案情重大、复杂,需要由上级著作权行政管理部门处理的,可以报请上一级著作权行政管理部门处理。

第八条 著作权行政管理部门发现查处的违法行为,根据我国刑法规定涉嫌构成犯罪的,应当由该著作权行政管理部门依照国务院《行政执法机关移送涉嫌犯罪案件的规定》将案件移送司法部门处理。

第九条 著作权行政管理部门对违法行为予以行政处罚的时效为两年,从违法行为发生之日起计算。违法行为有连续或者继续状态的,从行为终了之日起计算。侵权制品仍在发行或仍在向公众进行传播的,视为违法行为仍在继续。

违法行为在两年内未被发现的,不再给予行政处罚。法律另有规定的除外。

第三章 处罚程序

第十条 除行政处罚法规定适用简易程序的情况外,著作权行政处罚适用行政处罚法规定的一般程序。

第十一条 著作权行政管理部门适用一般程序查处违法行为,应当立案。

对本办法列举的违法行为,著作权行政管理部门可以自行决定立案查处,或者根据有关部门移送的材料决定立案查处,也可以根据被侵权人、利害关系人或者其他知情人的投诉或者举报决定立案查处。

第十二条 投诉人就本办法列举的违法行为申请立案查处的,应当提交申请书、权利证明、被侵权作品(或者制品)以及其他证据。

申请书应当说明当事人的姓名(或者名称)、地址以及申请查处所根据的主要事实、理由。

投诉人委托代理人代为申请的,应当由代理人出示委托书。

第十三条 著作权行政管理部门应当在收到所有投诉材料之日起十五日内,决定是否受理并通知投诉人。不予受理的,应当书面告知理由。

第十四条　立案时应当填写立案审批表,同时附上相关材料,包括投诉或者举报材料、上级著作权行政管理部门交办或者有关部门移送案件的有关材料、执法人员的检查报告等,由本部门负责人批准,指定两名以上办案人员负责调查处理。

办案人员与案件有利害关系的,应当自行回避;没有回避的,当事人可以申请其回避。办案人员的回避,由本部门负责人批准。负责人的回避,由本级人民政府批准。

第十五条　执法人员在执法过程中,发现违法行为正在实施,情况紧急来不及立案的,可以采取下列措施:

（一）对违法行为予以制止或者纠正;

（二）对涉嫌侵权制品、安装存储涉嫌侵权制品的设备和主要用于违法行为的材料、工具、设备等依法先行登记保存;

（三）收集、调取其他有关证据。

执法人员应当及时将有关情况和材料报所在著作权行政管理部门,并于发现情况之日起七日内办理立案手续。

第十六条　立案后,办案人员应当及时进行调查,并要求法定举证责任人在著作权行政管理部门指定的期限内举证。

办案人员取证时可以采取下列手段收集、调取有关证据:

（一）查阅、复制与涉嫌违法行为有关的文件档案、账簿和其他书面材料;

（二）对涉嫌侵权制品进行抽样取证;

（三）对涉嫌侵权制品、安装存储涉嫌侵权制品的设备、涉嫌侵权的网站网页、涉嫌侵权的网站服务器和主要用于违法行为的材料、工具、设备等依法先行登记保存。

第十七条　办案人员在执法中应当向当事人或者有关人员出示由国家版权局或者地方人民政府制发的行政执法证件。

第十八条　办案时收集的证据包括:

（一）书证;

（二）物证;

（三）证人证言;

（四）视听资料;

（五）当事人陈述;

（六）鉴定结论;

（七）检查、勘验笔录。

第十九条　当事人提供的涉及著作权的底稿、原件、合法出版物、作品登记证书、著作权合同登记证书、认证机构出具的证明、取得权利的合同,以及当事人自行或者委托他人以订购、现场交易等方式购买侵权复制品而取得的实物、发票等,可以作为证据。

第二十条　办案人员抽样取证、先行登记保存有关证据,应当有当事人在场。对有关物品应当当场制作清单一式两份,由办案人员和当事人签名、盖章后,分别交由当事人和办案人员所在著作权行政管理部门保存。当事人不在场或者拒绝签名、盖章的,由现场两名以上办案人员注明情况。

第二十一条　办案人员先行登记保存有关证据,应当经本部门负责人批准,并向当事人交付证据先行登记保存通知书。当事人或者有关人员在证据保存期间不得转移、损毁有关证据。

先行登记保存的证据,应当加封著作权行政管理部门先行登记保存封条,由当事人就地保存。先行登记保存的证据确需移至他处的,可以移至适当的场所保存。情况紧急来不及办理本条规定的手续时,办案人员可以先行采取措施,事后及时补办手续。

第二十二条　对先行登记保存的证据,应当在交付证据先行登记保存通知书后七日内作出下列处理决定:

（一）需要鉴定的,送交鉴定；

（二）违法事实成立,应当予以没收的,依照法定程序予以没收；

（三）应当移送有关部门处理的,将案件连同证据移送有关部门处理；

（四）违法事实不成立,或者依法不应予以没收的,解除登记保存措施；

（五）其他有关法定措施。

第二十三条　著作权行政管理部门在查处案件过程中,委托其他著作权行政管理部门代为调查的,须出具委托书。受委托的著作权行政管理部门应当积极予以协助。

第二十四条　对查处案件中的专业性问题,著作权行政管理部门可以委托专门机构或者聘请专业人员进行鉴定。

第二十五条　调查终结后,办案人员应当提交案件调查报告,说明有关行为是否违法,提出处理意见及有关事实、理由和依据,并附上全部证据材料。

第二十六条　著作权行政管理部门拟作出行政处罚决定的,应当由本部门负责人签发行政处罚事先告知书,告知当事人拟作出行政处罚决定的事实、理由和依据,并告知当事人依法享有的陈述权、申辩权和其他权利。

行政处罚事先告知书应当由著作权行政管理部门直接送达当事人,当事人应当在送达回执上签名、盖章。当事人拒绝签收的,由送达人员注明情况,把送达文书留在受送达人住所,并报告本部门负责人。著作权行政管理部门也可以采取邮寄送达方式告知当事人。无法找到当事人时,可以以公告形式告知。

第二十七条　当事人要求陈述、申辩的,应当在被告知后七日内,或者自发布公告之日起三十日内,向著作权行政管理部门提出陈述、申辩意见以及相应的事实、理由和证据。当事人在此期间未行使陈述权、申辩权的,视为放弃权利。

采取直接送达方式告知的,以当事人签收之日为被告知日期；采取邮寄送达方式告知的,以回执上注明的收件日期为被告知日期。

第二十八条 办案人员应当充分听取当事人的陈述、申辩意见,对当事人提出的事实、理由和证据进行复核,并提交复核报告。

著作权行政管理部门不得因当事人申辩加重处罚。

第二十九条 著作权行政管理部门负责人应当对案件调查报告及复核报告进行审查,并根据审查结果分别作出下列处理决定:

(一)确属应当予以行政处罚的违法行为的,根据侵权人的过错程度、侵权时间长短、侵权范围大小及损害后果等情节,予以行政处罚;

(二)违法行为轻微并及时纠正,没有造成危害后果的,不予行政处罚;

(三)违法事实不成立的,不予行政处罚;

(四)违法行为涉嫌构成犯罪的,移送司法部门处理。

对情节复杂或者重大的违法行为给予较重的行政处罚,由著作权行政管理部门负责人集体讨论决定。

第三十条 著作权行政管理部门作出罚款决定时,罚款数额应当依照《中华人民共和国著作权法实施条例》第三十六条、《计算机软件保护条例》第二十四条的规定和《信息网络传播权保护条例》第十八条、第十九条的规定确定。

第三十一条 违法行为情节严重的,著作权行政管理部门可以没收主要用于制作侵权制品的材料、工具、设备等。

具有下列情形之一的,属于前款所称"情节严重":

(一)违法所得数额(即获利数额)二千五百元以上的;

(二)非法经营数额在一万五千元以上的;

(三)经营侵权制品在二百五十册(张或份)以上的;

(四)因侵犯著作权曾经被追究法律责任,又侵犯著作权的;

(五)造成其他重大影响或者严重后果的。

第三十二条 对当事人的同一违法行为,其他行政机关已经予以罚款的,著作权行政管理部门不得再予罚款,但仍可以视具体情况予以本办法第四条所规定的其他种类的行政处罚。

第三十三条 著作权行政管理部门作出较大数额罚款决定或者法律、行政法规规定应当听证的其他行政处罚决定前,应当告知当事人有要求举行听证的权利。

前款所称"较大数额罚款",是指对个人处以两万元以上、对单位处以十万元以上的罚款。地方性法规、规章对听证要求另有规定的,依照地方性法规、规章办理。

第三十四条 当事人要求听证的,著作权行政管理部门应当依照行政处罚法第四十二条规定的程序组织听证。当事人不承担组织听证的费用。

第三十五条 著作权行政管理部门决定予以行政处罚的,应当制作行政处罚决定书。

著作权行政管理部门认为违法行为轻微,决定不予行政处罚的,应当制作不予行政处罚通知书,说明不予行政处罚的事实、理由和依据,并送达当事人;违法事实不成立的,应当制作调查结果通知书,并送达当事人。

著作权行政管理部门决定移送司法部门处理的案件,应当制作涉嫌犯罪案件移送书,并连同有关材料和证据及时移送有管辖权的司法部门。

第三十六条　行政处罚决定书应当由著作权行政管理部门在宣告后当场交付当事人。当事人不在场的,应当在七日内送达当事人。

第三十七条　当事人对国家版权局的行政处罚不服的,可以向国家版权局申请行政复议;当事人对地方著作权行政管理部门的行政处罚不服的,可以向该部门的本级人民政府或者其上一级著作权行政管理部门申请行政复议。

当事人对行政处罚或者行政复议决定不服的,可以依法提起行政诉讼。

第四章　执行程序

第三十八条　当事人收到行政处罚决定书后,应当在行政处罚决定书规定的期限内予以履行。

当事人申请行政复议或者提起行政诉讼的,行政处罚不停止执行。法律另有规定的除外。

第三十九条　没收的侵权制品应当销毁,或者经被侵权人同意后以其他适当方式处理。

销毁侵权制品时,著作权行政管理部门应当指派两名以上执法人员监督销毁过程,核查销毁结果,并制作销毁记录。

对没收的主要用于制作侵权制品的材料、工具、设备等,著作权行政管理部门应当依法公开拍卖或者依照国家有关规定处理。

第四十条　上级著作权行政管理部门作出的行政处罚决定,可以委托下级著作权行政管理部门代为执行。代为执行的下级著作权行政管理部门,应当将执行结果报告该上级著作权行政管理部门。

第五章　附　　则

第四十一条　本办法所称的侵权制品包括侵权复制品和假冒他人署名的作品。

第四十二条　著作权行政管理部门应当按照国家统计法规建立著作权行政处罚统计制度,每年向上一级著作权行政管理部门提交著作权行政处罚统计报告。

第四十三条　行政处罚决定或者复议决定执行完毕后,著作权行政管理部门应当及时将案件材料立卷归档。

立卷归档的材料主要包括:行政处罚决定书、立案审批表、案件调查报告、复核报告、复议决定书、听证笔录、听证报告、证据材料、财物处理单据以及其他有关材料。

第四十四条　本办法涉及的有关法律文书,应当参照国家版权局确定的有关文书格式制作。

第四十五条　本办法自2009年6月15日起施行。国家版权局2003年9月1日发布的《著作权行政处罚实施办法》同时废止,本办法施行前发布的其他有关规定与本办法相抵触的,依照本办法执行。

重大专利侵权纠纷行政裁决办法

1. 2021年5月26日国家知识产权局公告第426号发布
2. 自2021年6月1日起施行

第一条 为贯彻落实党中央、国务院关于全面加强知识产权保护的决策部署,切实维护公平竞争的市场秩序,保障专利权人和社会公众的合法权益,根据《中华人民共和国专利法》(以下简称《专利法》)和有关法律、法规、规章,制定本办法。

第二条 本办法适用于国家知识产权局处理专利法第七十条第一款所称的在全国有重大影响的专利侵权纠纷(以下简称重大专利侵权纠纷)。

第三条 有以下情形之一的,属于重大专利侵权纠纷:
(一)涉及重大公共利益的;
(二)严重影响行业发展的;
(三)跨省级行政区域的重大案件;
(四)其他可能造成重大影响的专利侵权纠纷。

第四条 请求对重大专利侵权纠纷进行行政裁决的,应当符合第三条所述的情形,并具备下列条件:
(一)请求人是专利权人或者利害关系人;
(二)有明确的被请求人;
(三)有明确的请求事项和具体事实、理由;
(四)人民法院未就该专利侵权纠纷立案。

第五条 请求对重大专利侵权纠纷进行行政裁决的,应当依据《专利行政执法办法》的有关规定提交请求书及有关证据材料,同时还应当提交被请求人所在地或者侵权行为地省、自治区、直辖市管理专利工作的部门出具的符合本办法第三条所述情形的证明材料。

第六条 请求符合本办法第四条规定的,国家知识产权局应当自收到请求书之日起5个工作日内立案并通知请求人,同时指定3名或者3名以上单数办案人员组成合议组办理案件。案情特别复杂或者有其他特殊情况的,经批准,立案期限可以延长5个工作日。

请求不符合本办法第四条规定的,国家知识产权局应当在收到请求书之日起5个工作日内通知请求人不予立案,并说明理由。

对于不属于重大专利侵权纠纷的请求,国家知识产权局不予立案,并告知请求人可以向有管辖权的地方管理专利工作的部门请求处理。

第七条 省、自治区、直辖市管理专利工作的部门对于辖区内专利侵权纠纷处理请求,认为案情属于重大专利侵权纠纷的,可以报请国家知识产权局进行行政裁决。

第八条 办案人员应当持有国家知识产权局配发的办案证件。

第九条 办案人员有下列情形之一的应当自行回避:

(一)是当事人或者其代理人的近亲属的;

(二)与专利申请或者专利权有利害关系的;

(三)与当事人或者其代理人有其他关系,可能影响公正办案的。

当事人也有权申请办案人员回避。当事人申请回避的,应当说明理由。

办案人员的回避,由负责办案的部门决定。

第十条 国家知识产权局应当在立案之日起5个工作日内向被请求人发出请求书及其附件的副本,要求其在收到之日起15日内提交答辩书,并按照请求人的数量提供答辩书副本。被请求人逾期不提交答辩书的,不影响案件处理。

被请求人提交答辩书的,国家知识产权局应当在收到之日起5个工作日内将答辩书副本转送请求人。

国家知识产权局可以对侵犯其同一专利权的案件合并处理。

第十一条 案件办理过程中,请求人提出申请追加被请求人的,如果符合共同被请求人条件,国家知识产权局应当裁定追加并通知其他当事人,不符合共同被请求人条件但符合请求条件的,应当驳回追加申请,告知请求人另案提出请求。对于被请求人提出追加其他当事人为被请求人的,应当告知请求人。请求人同意追加的,裁定准许追加。请求人不同意的,可以追加其他当事人为第三人。追加被请求人或第三人的请求应当在口头审理前提出,否则不予支持。

第十二条 当事人对自己提出的主张,有责任提供证据。当事人因客观原因不能收集的证据,可以提交初步证据和理由,书面申请国家知识产权局调查或者检查。根据查明案件事实的需要,国家知识产权局也可以依法调查或者检查。

办案人员在调查或者检查时不得少于两人,并应当向当事人或者有关人员出示办案证件。

第十三条 办案人员在调查或者检查时,可以行使下列职权:

(一)询问有关当事人及其他有关单位和个人,调查与涉嫌专利侵权行为有关的情况;

(二)对当事人涉嫌专利侵权行为的场所实施现场检查;

(三)检查与涉嫌专利侵权行为有关的产品。

在调查或者检查时,当事人或者有关人员应当予以协助、配合,不得拒绝、阻挠。

根据工作需要和实际情况,国家知识产权局可以将相关案件调查工作委托地方管理专利工作的部门进行。

第十四条 专利侵权纠纷涉及复杂技术问题,需要进行检验鉴定的,国家知识产权局可以应当事人请求委托有关单位进行检验鉴定。当事人请求检验鉴定的,检验鉴定单位可以由双方当事人协商确定;协商不成的,由国家知识产权局指定。检验鉴定意见未经质证,不得作为定案依据。

当事人对鉴定费用有约定的,从其约定。没有约定的,鉴定费用由申请鉴定方先行支付,结案时由责任方承担。

第十五条 国家知识产权局可以指派技术调查官参与案件处理,提出技术调查意见。相关技术调查意见可以作为合议组认定技术事实的参考。技术调查官管理办法另行规定。

第十六条 国家知识产权局根据案情需要决定是否进行口头审理。进行口头审理的,应当至少在口头审理5个工作日前将口头审理的时间、地点通知当事人。当事人无正当理由拒不参加的,或者未经许可中途退出的,对请求人按撤回请求处理,对被请求人按缺席处理。

第十七条 有以下情形之一的,当事人可以申请中止案件办理,国家知识产权局也可以依职权决定中止案件办理:

(一)被请求人申请宣告涉案专利权无效并被国家知识产权局受理的;

(二)一方当事人死亡,需要等待继承人表明是否参加处理的;

(三)一方当事人丧失民事行为能力,尚未确定法定代理人的;

(四)作为一方当事人的法人或者其他组织终止,尚未确定权利义务承受人的;

(五)一方当事人因不可抗拒的事由,不能参加审理的;

(六)该案必须以另一案的审理结果为依据,而另一案尚未审结的;

(七)其他需要中止处理的情形。

第十八条 有下列情形之一的,国家知识产权局可以不中止案件处理:

(一)请求人出具的检索报告或专利权评价报告未发现实用新型或者外观设计专利权存在不符合授予专利权条件的缺陷;

(二)无效宣告程序已对该实用新型或者外观设计专利作出维持有效决定的;

(三)当事人提出的中止理由明显不成立的。

第十九条 有下列情形之一时,国家知识产权局可以撤销案件:

(一)立案后发现不符合受理条件的;

(二)请求人撤回处理请求的;

(三)请求人死亡或注销,没有继承人,或者继承人放弃处理请求的;

(四)被请求人死亡或注销,或者没有应当承担义务的人的;

(五)其他需要撤销案件的情形。

第二十条 在行政裁决期间,有关专利权被国家知识产权局宣告无效的,可以终止案件办理。有证据证明宣告上述权利无效的决定被生效的行政判决撤销的,权利人可以另行提起请求。

第二十一条 国家知识产权局可以组织当事人进行调解。双方当事人达成一致的,由国家知识产权局制作调解书,加盖公章,并由双方当事人签名或者盖章。调解不成的,应当及时作出行政裁决。

第二十二条 国家知识产权局处理专利侵权纠纷,应当自立案之日起三个月内结案。因案件复杂或者其他原因,不能在规定期限内结案的,经批准,可以延长一个月。案情特别复杂或者有其他特殊情况,经延期仍不能结案的,经批准继续延期的,应当同时确定延长的合理期限。

案件处理过程中,中止、公告、检验鉴定等时间不计入前款所指的案件办理期限。变更请求、追加共同被请求人、第三人的,办案期限从变更请求、确定共同被请求人、第三人之日起重新计算。

第二十三条 国家知识产权局作出行政裁决,应当制作行政裁决书,并加盖公章。行政裁决认定专利侵权行为成立的,应当责令立即停止侵权行为,并根据需要通知有关主管部门、地方人民政府有关部门协助配合及时制止侵权行为。当事人不服的,可以自收到行政裁决书之日起15日内,依照《中华人民共和国行政诉讼法》向人民法院起诉。除法律规定的情形外,诉讼期间不停止行政裁决的执行。被请求人期满不起诉又不停止侵权行为的,国家知识产权局可以向人民法院申请强制执行。

行政裁决作出后,应当按照《政府信息公开条例》及有关规定向社会公开。行政裁决公开时,应当删除涉及商业秘密的信息。

第二十四条 办案人员以及其他工作人员滥用职权、玩忽职守、徇私舞弊或者泄露办案过程中知悉的商业秘密,尚不构成犯罪的,依法给予政务处分;涉嫌犯罪的,移送司法机关处理。

第二十五条 本办法未作规定的,依照《专利行政执法办法》以及国家知识产权局关于专利侵权纠纷行政裁决有关规定执行。

第二十六条 本办法由国家知识产权局负责解释。

第二十七条 本办法自2021年6月1日起施行。

专利、商标代理行业违法违规行为协同治理办法

1. 2021年7月30日国家知识产权局办公室发布
2. 国知办发运字〔2021〕31号

第一条 为了贯彻落实全面从严治党要求,加强党风廉政建设,防范廉政风险,打击专利、商标代理行业违法违规行为,营造风清气正的代理行业发展环境,依据《公务员法》《商标法》《专利代理条例》等有关规定,结合工作实际,制定本办法。

第二条 本办法所称专利、商标代理行业违法违规行为协同治理,是指将具有本办法第四条情形的专利、商标代理机构和代理人员列入专利、商标代理行业违法违规行为黑名单(以下简称黑名单),在一定期限内向社会公布,接受社会监督,并实施协

同约束措施的统称。

第三条 国家知识产权局知识产权运用促进司作为黑名单管理部门,负责黑名单的日常动态管理,依法向社会公布有关信息。

第四条 具有下列情形之一的专利、商标代理机构和代理人员列入黑名单:

(一)依据国家知识产权局关于规范辞去公职、退休人员到专利或者商标代理机构任职的规定,构成违规聘用国家知识产权局辞去公职、退休人员,并存在拖延、拒绝纠正其违法违规行为等情形的专利、商标代理机构;

(二)存在审代勾连行为,以行贿等严重影响专利、商标审查工作公平公正的方式,获取不当利益的专利、商标代理机构和代理人员;

(三)采取违规转递涉案材料、干预影响审查结论、不正当获取审查信息等方式,造成严重后果或者有其他严重不良影响的专利、商标代理机构和代理人员;

(四)应当列入黑名单的其他情形。

第五条 知识产权运用促进司对有关部门(单位)提出的列入黑名单建议,应当及时处理,并反馈处理结果。

各级纪检机构在监督执纪问责过程中,专利、商标审查部门(单位)在专利、商标审查等过程中,确认专利、商标代理机构或者代理人员存在本办法第四条规定的审代勾连等行为的,应当及时向知识产权运用促进司提出将其列入黑名单的建议。

第六条 知识产权运用促进司通过局政府网站等向社会公布黑名单信息,并定期向国家知识产权局相关部门(单位)和专利、商标代理行业协会提供黑名单信息。

第七条 对于列入黑名单的专利、商标代理机构和代理人员,国家知识产权局局机关、专利局、商标局等相关部门(单位)在各自职责范围内,实施下列协同约束措施:

(一)列为重点监管对象,限制其适用告知承诺等便利措施;

(二)限制其参与国家知识产权局组织的各类项目、专家人才推荐、评优评先等;

(三)对于同时存在行贿等严重情节的,按照《商标法》第六十八条、《专利代理条例》第二十五条、第二十六条、《商标法实施条例》第九十条的规定,依法给予吊销专利代理机构执业许可证、专利代理师资格证或者永久停止受理其办理商标代理业务等行政处罚。对涉嫌犯罪的,依法移送有关部门追究刑事责任。

专利、商标代理机构或者代理人员在2年内三次以上被列入黑名单的,从严从重处理。

第八条 专利、商标代理行业协会应当对列入黑名单的会员进行警告、通报批评或者公开谴责,同时采取限制其参与行业协会组织的评优评先、诉讼代理人推荐、服务机构推介,限制其参与行业协会内部管理工作等自律性协同约束措施。

第九条 专利、商标代理机构或者代理人员因违反本办法规定被列入黑名单的,列入时间一般为12个月。列入时间超过6个月,并采取切实措施纠正其违法违规行为、保证守法经营的,知识产权运用促进司可将其移出黑名单。

对于按照本办法规定从黑名单中移出的专利、商标代理机构和代理人员,相关部门(单位)应及时停止实施协同约束措施。

第十条 国家知识产权局应当健全完善涉及专利、商标审查领域的规章制度,切断以审谋私、审代勾连的利益链条,加强内部监督和约束,强化全审查流程廉洁风险防控。

第十一条 本办法自发布之日起施行。

专利行政执法办法

1. 2010年12月29日国家知识产权局令第60号发布
2. 根据2015年5月29日国家知识产权局令第71号《关于修改〈专利行政执法办法〉的决定》修正

第一章 总 则

第一条 为深入推进依法行政,规范专利行政执法行为,保护专利权人和社会公众的合法权益,维护社会主义市场经济秩序,根据《中华人民共和国专利法》、《中华人民共和国专利法实施细则》以及其他有关法律法规,制定本办法。

第二条 管理专利工作的部门开展专利行政执法,即处理专利侵权纠纷、调解专利纠纷以及查处假冒专利行为,适用本办法。

第三条 管理专利工作的部门处理专利侵权纠纷应当以事实为依据、以法律为准绳,遵循公正、及时的原则。

管理专利工作的部门调解专利纠纷,应当遵循自愿、合法的原则,在查明事实、分清是非的基础上,促使当事人相互谅解,达成调解协议。

管理专利工作的部门查处假冒专利行为,应当以事实为依据、以法律为准绳,遵循公正、公开的原则,给予的行政处罚应当与违法行为的事实、性质、情节以及社会危害程度相当。

第四条 管理专利工作的部门应当加强专利行政执法力量建设,严格行政执法人员资格管理,落实行政执法责任制,规范开展专利行政执法。

专利行政执法人员(以下简称"执法人员")应当持有国家知识产权局或者省、自治区、直辖市人民政府颁发的行政执法证件。执法人员执行公务时应当严肃着装。

第五条 对有重大影响的专利侵权纠纷案件、假冒专利案件,国家知识产权局在必要时可以组织有关管理专利工作的部门处理、查处。

对于行为发生地涉及两个以上省、自治区、直辖市的重大案件,有关省、自治区、直辖市管理专利工作的部门可以报请国家知识产权局协调处理或者查处。

管理专利工作的部门开展专利行政执法遇到疑难问题的,国家知识产权局应当给予必要的指导和支持。

第六条　管理专利工作的部门可以依据本地实际,委托有实际处理能力的市、县级人民政府设立的专利管理部门查处假冒专利行为、调解专利纠纷。

委托方应当对受托方查处假冒专利和调解专利纠纷的行为进行监督和指导,并承担法律责任。

第七条　管理专利工作的部门指派的执法人员与当事人有直接利害关系的,应当回避,当事人有权申请其回避。当事人申请回避的,应当说明理由。

执法人员的回避,由管理专利工作部门的负责人决定。是否回避的决定作出前,被申请回避的人员应当暂停参与本案的工作。

第八条　管理专利工作的部门应当加强展会和电子商务领域的行政执法,快速调解、处理展会期间和电子商务平台上的专利侵权纠纷,及时查处假冒专利行为。

第九条　管理专利工作的部门应当加强行政执法信息化建设和信息共享。

第二章　专利侵权纠纷的处理

第十条　请求管理专利工作的部门处理专利侵权纠纷的,应当符合下列条件:

(一)请求人是专利权人或者利害关系人;

(二)有明确的被请求人;

(三)有明确的请求事项和具体事实、理由;

(四)属于受案管理专利工作的部门的受案和管辖范围;

(五)当事人没有就该专利侵权纠纷向人民法院起诉。

第一项所称利害关系人包括专利实施许可合同的被许可人、专利权人的合法继承人。专利实施许可合同的被许可人中,独占实施许可合同的被许可人可以单独提出请求;排他实施许可合同的被许可人在专利权人不请求的情况下,可以单独提出请求;除合同另有约定外,普通实施许可合同的被许可人不能单独提出请求。

第十一条　请求管理专利工作的部门处理专利侵权纠纷的,应当提交请求书及下列证明材料:

(一)主体资格证明,即个人应当提交居民身份证或者其他有效身份证件,单位应当提交有效的营业执照或者其他主体资格证明文件副本及法定代表人或者主要负责人的身份证明;

(二)专利权有效的证明,即专利登记簿副本,或者专利证书和当年缴纳专利年费的收据。

专利侵权纠纷涉及实用新型或者外观设计专利的,管理专利工作的部门可以要求请求人出具由国家知识产权局作出的专利权评价报告(实用新型专利检索报告)。

请求人应当按照被请求人的数量提供请求书副本及有关证据。

第十二条　请求书应当记载以下内容:

（一）请求人的姓名或者名称、地址，法定代表人或者主要负责人的姓名、职务，委托代理人的，代理人的姓名和代理机构的名称、地址；

（二）被请求人的姓名或者名称、地址；

（三）请求处理的事项以及事实和理由。

有关证据和证明材料可以以请求书附件的形式提交。

请求书应当由请求人签名或者盖章。

第十三条 请求符合本办法第十条规定条件的，管理专利工作的部门应当在收到请求书之日起5个工作日内立案并通知请求人，同时指定3名或者3名以上单数执法人员处理该专利侵权纠纷；请求不符合本办法第十条规定条件的，管理专利工作的部门应当在收到请求书之日起5个工作日内通知请求人不予受理，并说明理由。

第十四条 管理专利工作的部门应当在立案之日起5个工作日内将请求书及其附件的副本送达被请求人，要求其在收到之日起15日内提交答辩书并按照请求人的数量提供答辩书副本。被请求人逾期不提交答辩书的，不影响管理专利工作的部门进行处理。

被请求人提交答辩书的，管理专利工作的部门应当在收到之日起5个工作日内将答辩书副本送达请求人。

第十五条 管理专利工作的部门处理专利侵权纠纷案件时，可以根据当事人的意愿进行调解。双方当事人达成一致的，由管理专利工作的部门制作调解协议书，加盖其公章，并由双方当事人签名或者盖章。调解不成的，应当及时作出处理决定。

第十六条 管理专利工作的部门处理专利侵权纠纷，可以根据案情需要决定是否进行口头审理。管理专利工作的部门决定进行口头审理的，应当至少在口头审理3个工作日前将口头审理的时间、地点通知当事人。当事人无正当理由拒不参加的，或者未经允许中途退出的，对请求人按撤回请求处理，对被请求人按缺席处理。

第十七条 管理专利工作的部门举行口头审理的，应当将口头审理的参加人和审理要点记入笔录，经核对无误后，由执法人员和参加人签名或者盖章。

第十八条 专利法第五十九条第一款所称的"发明或者实用新型专利权的保护范围以其权利要求的内容为准"，是指专利权的保护范围应当以其权利要求记载的技术特征所确定的范围为准，也包括与记载的技术特征相等同的特征所确定的范围。等同特征是指与记载的技术特征以基本相同的手段，实现基本相同的功能，达到基本相同的效果，并且所属领域的普通技术人员无需经过创造性劳动就能够联想到的特征。

第十九条 除达成调解协议或者请求人撤回请求之外，管理专利工作的部门处理专利侵权纠纷应当制作处理决定书，写明以下内容：

（一）当事人的姓名或者名称、地址；

（二）当事人陈述的事实和理由；

（三）认定侵权行为是否成立的理由和依据；

(四)处理决定认定侵权行为成立并需要责令侵权人立即停止侵权行为的,应当明确写明责令被请求人立即停止的侵权行为的类型、对象和范围;认定侵权行为不成立的,应当驳回请求人的请求;

(五)不服处理决定提起行政诉讼的途径和期限。

处理决定书应当加盖管理专利工作的部门的公章。

第二十条　管理专利工作的部门或者人民法院作出认定侵权成立并责令侵权人立即停止侵权行为的处理决定或者判决之后,被请求人就同一专利权再次作出相同类型的侵权行为,专利权人或者利害关系人请求处理的,管理专利工作的部门可以直接作出责令立即停止侵权行为的处理决定。

第二十一条　管理专利工作的部门处理专利侵权纠纷,应当自立案之日起 3 个月内结案。案件特别复杂需要延长期限的,应当由管理专利工作的部门负责人批准。经批准延长的期限,最多不超过 1 个月。

案件处理过程中的公告、鉴定、中止等时间不计入前款所述案件办理期限。

第三章　专利纠纷的调解

第二十二条　请求管理专利工作的部门调解专利纠纷的,应当提交请求书。

请求书应当记载以下内容:

(一)请求人的姓名或者名称、地址,法定代表人或者主要负责人的姓名、职务,委托代理人的,代理人的姓名和代理机构的名称、地址;

(二)被请求人的姓名或者名称、地址;

(三)请求调解的具体事项和理由。

单独请求调解侵犯专利权赔偿数额的,应当提交有关管理专利工作的部门作出的认定侵权行为成立的处理决定书副本。

第二十三条　管理专利工作的部门收到调解请求书后,应当及时将请求书副本通过寄交、直接送交或者其他方式送达被请求人,要求其在收到之日起 15 日内提交意见陈述书。

第二十四条　被请求人提交意见陈述书并同意进行调解的,管理专利工作的部门应当在收到意见陈述书之日起 5 个工作日内立案,并通知请求人和被请求人进行调解的时间和地点。

被请求人逾期未提交意见陈述书,或者在意见陈述书中表示不接受调解的,管理专利工作的部门不予立案,并通知请求人。

第二十五条　管理专利工作的部门调解专利纠纷可以邀请有关单位或者个人协助,被邀请的单位或者个人应当协助进行调解。

第二十六条　当事人经调解达成协议的,由管理专利工作的部门制作调解协议书,加盖其公章,并由双方当事人签名或者盖章;未能达成协议的,管理专利工作的部门以撤销案件的方式结案,并通知双方当事人。

第二十七条　因专利申请权或者专利权的归属纠纷请求调解的,当事人可以持管理专利工作的部门的受理通知书请求国家知识产权局中止该专利申请或者专利权的有关程序。

经调解达成协议的,当事人应当持调解协议书向国家知识产权局办理恢复手续;达不成协议的,当事人应当持管理专利工作的部门出具的撤销案件通知书向国家知识产权局办理恢复手续。自请求中止之日起满1年未请求延长中止的,国家知识产权局自行恢复有关程序。

第四章 假冒专利行为的查处

第二十八条 管理专利工作的部门发现或者接受举报、投诉发现涉嫌假冒专利行为的,应当自发现之日起5个工作日内或者收到举报、投诉之日起10个工作日内立案,并指定两名或者两名以上执法人员进行调查。

第二十九条 查处假冒专利行为由行为发生地的管理专利工作的部门管辖。

管理专利工作的部门对管辖权发生争议的,由其共同的上级人民政府管理专利工作的部门指定管辖;无共同上级人民政府管理专利工作的部门的,由国家知识产权局指定管辖。

第三十条 管理专利工作的部门查封、扣押涉嫌假冒专利产品的,应当经其负责人批准。查封、扣押时,应当向当事人出具有关通知书。

管理专利工作的部门查封、扣押涉嫌假冒专利产品,应当当场清点,制作笔录和清单,由当事人和执法人员签名或者盖章。当事人拒绝签名或者盖章的,由执法人员在笔录上注明。清单应当交当事人一份。

第三十一条 案件调查终结,经管理专利工作的部门负责人批准,根据案件情况分别作如下处理:

(一)假冒专利行为成立应当予以处罚的,依法给予行政处罚;

(二)假冒专利行为轻微并已及时改正的,免予处罚;

(三)假冒专利行为不成立的,依法撤销案件;

(四)涉嫌犯罪的,依法移送公安机关。

第三十二条 管理专利工作的部门作出行政处罚决定前,应当告知当事人作出处罚决定的事实、理由和依据,并告知当事人依法享有的权利。

管理专利工作的部门作出较大数额罚款的决定之前,应当告知当事人有要求举行听证的权利。当事人提出听证要求的,应当依法组织听证。

第三十三条 当事人有权进行陈述和申辩,管理专利工作的部门不得因当事人申辩而加重行政处罚。

管理专利工作的部门对当事人提出的事实、理由和证据应当进行核实。当事人提出的事实属实、理由成立的,管理专利工作的部门应当予以采纳。

第三十四条 对情节复杂或者重大违法行为给予较重的行政处罚的,应当由管理专利工作的部门负责人集体讨论决定。

第三十五条 经调查,假冒专利行为成立应当予以处罚的,管理专利工作的部门应当

制作处罚决定书,写明以下内容:
（一）当事人的姓名或者名称、地址;
（二）认定假冒专利行为成立的证据、理由和依据;
（三）处罚的内容以及履行方式;
（四）不服处罚决定申请行政复议和提起行政诉讼的途径和期限。
处罚决定书应当加盖管理专利工作的部门的公章。

第三十六条 管理专利工作的部门查处假冒专利案件,应当自立案之日起1个月内结案。案件特别复杂需要延长期限的,应当由管理专利工作的部门负责人批准。经批准延长的期限,最多不超过15日。

案件处理过程中听证、公告等时间不计入前款所述案件办理期限。

第五章 调 查 取 证

第三十七条 在专利侵权纠纷处理过程中,当事人因客观原因不能自行收集部分证据的,可以书面请求管理专利工作的部门调查取证。管理专利工作的部门根据情况决定是否调查收集有关证据。

在处理专利侵权纠纷、查处假冒专利行为过程中,管理专利工作的部门可以根据需要依职权调查收集有关证据。

执法人员调查收集有关证据时,应当向当事人或者有关人员出示其行政执法证件。当事人和有关人员应当协助、配合,如实反映情况,不得拒绝、阻挠。

第三十八条 管理专利工作的部门调查收集证据可以查阅、复制与案件有关的合同、账册等有关文件;询问当事人和证人;采用测量、拍照、摄像等方式进行现场勘验。涉嫌侵犯制造方法专利权的,管理专利工作的部门可以要求被调查人进行现场演示。

管理专利工作的部门调查收集证据应当制作笔录。笔录应当由执法人员、被调查的单位或者个人签名或者盖章。被调查的单位或者个人拒绝签名或者盖章的,由执法人员在笔录上注明。

第三十九条 管理专利工作的部门调查收集证据可以采取抽样取证的方式。

涉及产品专利的,可以从涉嫌侵权的产品中抽取一部分作为样品;涉及方法专利的,可以从涉嫌依照该方法直接获得的产品中抽取一部分作为样品。被抽取样品的数量应当以能够证明事实为限。

管理专利工作的部门进行抽样取证应当制作笔录和清单,写明被抽取样品的名称、特征、数量以及保存地点,由执法人员、被调查的单位或者个人签字或者盖章。被调查的单位或者个人拒绝签名或者盖章的,由执法人员在笔录上注明。清单应当交被调查人一份。

第四十条 在证据可能灭失或者以后难以取得,又无法进行抽样取证的情况下,管理专利工作的部门可以进行登记保存,并在7日内作出决定。

经登记保存的证据,被调查的单位或者个人不得销毁或者转移。

管理专利工作的部门进行登记保存应当制作笔录和清单,写明被登记保存证据的名称、特征、数量以及保存地点,由执法人员、被调查的单位或者个人签名或者盖章。被调查的单位或者个人拒绝签名或者盖章的,由执法人员在笔录上注明。清单应当交被调查人一份。

第四十一条 管理专利工作的部门需要委托其他管理专利工作的部门协助调查收集证据的,应当提出明确的要求。接受委托的部门应当及时、认真地协助调查收集证据,并尽快回复。

第四十二条 海关对被扣留的侵权嫌疑货物进行调查,请求管理专利工作的部门提供协助的,管理专利工作的部门应当依法予以协助。

管理专利工作的部门处理涉及进出口货物的专利案件的,可以请求海关提供协助。

第六章 法 律 责 任

第四十三条 管理专利工作的部门认定专利侵权行为成立,作出处理决定,责令侵权人立即停止侵权行为的,应当采取下列制止侵权行为的措施:

(一)侵权人制造专利侵权产品的,责令其立即停止制造行为,销毁制造侵权产品的专用设备、模具,并且不得销售、使用尚未售出的侵权产品或者以任何其他形式将其投放市场;侵权产品难以保存的,责令侵权人销毁该产品;

(二)侵权人未经专利权人许可使用专利方法的,责令侵权人立即停止使用行为,销毁实施专利方法的专用设备、模具,并且不得销售、使用尚未售出的依照专利方法所直接获得的侵权产品或者以任何其他形式将其投放市场;侵权产品难以保存的,责令侵权人销毁该产品;

(三)侵权人销售专利侵权产品或者依照专利方法直接获得的侵权产品的,责令其立即停止销售行为,并且不得使用尚未售出的侵权产品或者以任何其他形式将其投放市场;尚未售出的侵权产品难以保存的,责令侵权人销毁该产品;

(四)侵权人许诺销售专利侵权产品或者依照专利方法直接获得的侵权产品的,责令其立即停止许诺销售行为,消除影响,并且不得进行任何实际销售行为;

(五)侵权人进口专利侵权产品或者依照专利方法直接获得的侵权产品的,责令侵权人立即停止进口行为;侵权产品已经入境的,不得销售、使用该侵权产品或者以任何其他形式将其投放市场;侵权产品难以保存的,责令侵权人销毁该产品;侵权产品尚未入境的,可以将处理决定通知有关海关;

(六)责令侵权的参展方采取从展会上撤出侵权展品、销毁或者封存相应的宣传材料、更换或者遮盖相应的展板等撤展措施;

(七)停止侵权行为的其他必要措施。

管理专利工作的部门认定电子商务平台上的专利侵权行为成立,作出处理决定的,应当通知电子商务平台提供者及时对专利侵权产品或者依照专利方法直接获得的侵权产品相关网页采取删除、屏蔽或者断开链接等措施。

第四十四条　管理专利工作的部门作出认定专利侵权行为成立并责令侵权人立即停止侵权行为的处理决定后，被请求人向人民法院提起行政诉讼的，在诉讼期间不停止决定的执行。

侵权人对管理专利工作的部门作出的认定侵权行为成立的处理决定期满不起诉又不停止侵权行为的，管理专利工作的部门可以申请人民法院强制执行。

第四十五条　管理专利工作的部门认定假冒专利行为成立的，应当责令行为人采取下列改正措施：

（一）在未被授予专利权的产品或者其包装上标注专利标识、专利权被宣告无效后或者终止后继续在产品或者其包装上标注专利标识或者未经许可在产品或者产品包装上标注他人的专利号的，立即停止标注行为，消除尚未售出的产品或者其包装上的专利标识；产品上的专利标识难以消除的，销毁该产品或者包装；

（二）销售第（一）项所述产品的，立即停止销售行为；

（三）在产品说明书等材料中将未被授予专利权的技术或者设计称为专利技术或者专利设计，将专利申请称为专利，或者未经许可使用他人的专利号，使公众将所涉及的技术或者设计误认为是他人的专利技术或者专利设计的，立即停止发放该材料，销毁尚未发出的材料，并消除影响；

（四）伪造或者变造专利证书、专利文件或者专利申请文件的，立即停止伪造或者变造行为，销毁伪造或者变造的专利证书、专利文件或者专利申请文件，并消除影响；

（五）责令假冒专利的参展方采取从展会上撤出假冒专利展品、销毁或者封存相应的宣传材料、更换或者遮盖相应的展板等撤展措施；

（六）其他必要的改正措施。

管理专利工作的部门认定电子商务平台上的假冒专利行为成立的，应当通知电子商务平台提供者及时对假冒专利产品相关网页采取删除、屏蔽或者断开链接等措施。

第四十六条　管理专利工作的部门作出认定专利侵权行为成立并责令侵权人立即停止侵权行为的决定，或者认定假冒专利行为成立并作出处罚决定的，应当自作出决定之日起20个工作日内予以公开，通过政府网站等途径及时发布执法信息。

第四十七条　管理专利工作的部门认定假冒专利行为成立的，可以按照下列方式确定行为人的违法所得：

（一）销售假冒专利的产品的，以产品销售价格乘以所销售产品的数量作为其违法所得；

（二）订立假冒专利的合同的，以收取的费用作为其违法所得。

第四十八条　管理专利工作的部门作出处罚决定后，当事人申请行政复议或者向人民法院提起行政诉讼的，在行政复议或者诉讼期间不停止决定的执行。

第四十九条　假冒专利行为的行为人应当自收到处罚决定书之日起15日内，到指定的银行缴纳处罚决定书写明的罚款;到期不缴纳的,每日按罚款数额的百分之三加处罚款。

第五十条 拒绝、阻碍管理专利工作的部门依法执行公务的,由公安机关根据《中华人民共和国治安管理处罚法》的规定给予处罚;情节严重构成犯罪的,由司法机关依法追究刑事责任。

第七章 附 则

第五十一条 管理专利工作的部门可以通过寄交、直接送交、留置送达、公告送达或者其他方式送达有关法律文书和材料。

第五十二条 本办法由国家知识产权局负责解释。

第五十三条 本办法自2011年2月1日起施行。2001年12月17日国家知识产权局令第十九号发布的《专利行政执法办法》同时废止。

专利行政执法证据规则(试行)(节录)*

1. 2016年5月5日国家知识产权局发布
2. 国知发管字〔2016〕31号

第1章 专利行政执法中证据规则概述
第1节 专利行政执法中常见的证据类型

根据证据提交主体的不同,专利行政执法中常见的证据可以分为三种类型:请求人提供的证据、被请求人提供的证据、管理专利工作的部门依职权调查收集的证据。

1.1.1 请求人提供的证据种类

根据拟证明的对象或者内容,请求人提供的证据可分为三类。

1.1.1.1 涉及请求人主体资格和权利的证据

专利权人或其利害关系人请求管理专利工作的部门处理专利侵权纠纷,必须首先证明其具有提起请求的主体资格且其主张的专利权合法有效。为此,请求人可以提供以下证明文件:

(1)请求人主体资格证明。请求人为自然人的,应当提供身份证;请求人为企事业单位的,应当提供营业执照或事业单位登记证。请求人为外国主体的,应当提供相关证明文件。

(2)专利证书。用于证明专利授权时的权属状况。

(3)专利登记簿副本。用于证明专利权的变更以及现实归属。当权利人没有提供专利登记簿副本时,管理专利工作的部门应当要求其提供。

---

* 限于篇幅,本书中对本文件中所列案例未作收录。——编者注

(4)专利授权公告文本。发明或实用新型专利的授权公告文本为权利要求书、说明书及附图、说明书摘要及摘要附图;外观设计专利的授权公告文本为公告授权的图片或照片及简要说明。

(5)专利年费收据。用于证明专利权持续有效。在权利人提供了专利登记簿副本的情况下,该证据可以不提供。

(6)实用新型、外观设计专利检索报告(评价报告)。请求处理侵犯实用新型或外观设计专利侵权纠纷的请求人,可以主动或者应管理专利工作的部门要求出具由国务院专利行政部门作出的检索报告或专利权评价报告(申请日在2009年10月1日之前的实用新型专利,出具的应为检索报告;申请日在2009年10月1日之后的实用新型或外观设计专利,出具的应为专利权评价报告)。

(7)被许可人还应当提供有关专利实施许可合同及其在国务院专利行政部门备案的证明材料,未经备案的应当提交专利权人的证明,或者证明其享有权利的其他证据。

(8)排他实施许可合同的被许可人单独提出申请的,应当提交专利权人放弃申请的证明材料。

(9)专利财产权利的继承人应当提交已经继承或者正在继承的证据材料。

1.1.1.2 涉及侵权行为的证据

专利权人或其利害关系人请求管理专利工作的部门处理专利侵权纠纷,应当提交被请求人存在侵权行为的相关证据,比如:

(1)被控侵权人已经实施或即将实施侵犯专利权行为的证据。如对购买涉嫌侵权产品的过程及购得的涉嫌侵权产品进行公证保全的证据,或对涉嫌侵权现场(如许诺销售)、涉嫌侵权产品的安装地进行勘查后取得的证据,以及产品宣传册、销售侵权产品人员的名片、购货发票或收据、销售发票、购销合同等。

(2)与被控侵权产品/方法相关的证据。如从市场上或其他渠道获得的涉嫌侵权产品的实物、照片、产品目录、工艺、配方以及生产步骤等。购得的涉嫌侵权产品由公证人员封存并拍照的,提交前,请求人应确保封条完好无损。

(3)其他证据。如其他部门查处各类违法行为的过程中取得的与专利侵权有关的证据。

(4)请求人主张被请求人侵犯其新产品制造方法的发明专利的,为证明被请求人生产的产品与自己依照专利方法直接获得的产品属于同样的产品,可以提交被请求人的产品和/或其产品说明书、第三方出具的鉴定报告等证据。

1.1.1.3 涉及权利人利益损失的证据

专利权人或其利害关系人在请求管理专利工作的部门就专利侵权纠纷进行调处时,应当提供证据证明其损失,比如:

(1)专利实施许可合同。专利权人与他人签订的专利实施许可合同中约定的许可使用费可以作为请求赔偿的依据。当专利权人或其利害关系人提交的专利实施许可合同是与其业务单位签订的名义上的专利实施许可合同时,合同约定的许可使用费能否作为赔偿的参照依据需要管理专利工作的部门根据具体案情加以识别与判定。

(2)请求人因侵权所受的损失。请求人主张以自己所受到的损失作为赔偿数额的依据时,需要提供自己单位产品销售数量减少情况以及销售利润的财务账册资料或财务数据,请求人因被请求人侵权造成销售量减少的总数与每件被控侵权产品销售的合理利润相乘之积为请求人的损失数额的依据。

(3)被控侵权人因侵权行为所获的收益。请求人主张以被请求人的获利作为赔偿数额的依据时,需要提供被请求人的相应账册,或申请管理专利工作的部门对被请求人的财务会计账册进行调查勘验,以被请求人因侵权导致的销售量增加的总数或者被请求人制造的被控侵权产品的总数,与每件被控侵权产品销售的合理利润相乘之积为被请求人所获收益的依据。

(4)法定赔偿的依据。当权利人的损失、侵权人获得的利益和专利许可使用费均难以确定时,管理专利工作的部门可以要求请求人提供证明侵权人侵权行为的情节及专利产品市场价值的辅助证据,作为确定具体赔偿数额时的参照因素。

1.1.2 被请求人提供的证据

根据拟证明的对象或者内容,被请求人提交的证据可以分为以下几类。

1.1.2.1 涉及权利瑕疵抗辩的证据

被请求人可以针对请求人的主体资格、专利权的归属等提出权利瑕疵抗辩,并提供相应的证据,例如请求人不具备启动侵权纠纷处理程序的主体资格的证据、专利权终止的证据等。

1.1.2.2 涉及不落入专利权保护范围抗辩的证据

为证明涉嫌侵权产品未落入专利权保护范围,被请求人可以提供证据加以证明。

被请求人提供的证据一般包括技术词典、教科书等证据,用以证明权利要求中某术语或技术特征的确切含义。

被请求人以禁止反悔原则主张不侵权的,应当提供专利审查档案,包括初步审查、实质审查、复审请求审查、无效宣告请求审查中的档案及当事人在上述程序中的书面及口头陈述意见作为证据,管理专利工作的部门也可以要求被请求人提供所有的专利审查文档。

1.1.2.3 涉及现有技术(设计)抗辩的证据

被请求人主张本人实施的技术为现有技术或现有设计的,可以提供现有技术出版物,或者有确切来源、销售或使用时间的产品实物以及有关的辅助凭证,如产品说明书、产品图册、销售发票以及证人证言等。

1.1.2.4 涉及先用权抗辩的证据

被请求人主张先用权抗辩的,可以提供以下证据:

(1)在涉案专利的申请日前其已经制造、使用涉嫌侵权产品或方法的证据;

(2)在涉案专利的申请日前其尚未制造、使用,但已经作好制造、使用涉嫌侵权产品或方法准备的证据,如:(A)在涉案专利的申请日之前其已完成的设计图纸和工艺文件;(B)在涉案专利的申请日之前其已购置的设备、原材料及产能的资料。

1.1.2.5 涉及合法来源抗辩提出的证据

被请求人主张合法来源抗辩的,可以提供证明合法来源的证据,如买卖合同、租赁合同、发票、运输单据等,以及其他证明交易合法成立的证据;必要时,也可以提供封存的样品、产品的图片等相关证据。

1.1.3 管理专利工作的部门收集的证据

管理专利工作的部门收集的证据主要分为两种类型。

1.1.3.1 就专门技术问题委托鉴定的证据

管理专利工作的部门将案件争议的技术问题委托具有一定权威性的机构组织专家进行鉴定,鉴定人将鉴定意见以证据的形式提交给管理专利工作的部门,经当事人质证后作为定案依据。鉴定可以采用委托专门机构进行技术鉴定、召开专家咨询或专家论证会、专家证人参与等方式。鉴定意见通常为书证。

1.1.3.2 依申请或依职权调取的证据

管理专利工作的部门依据当事人的申请或依职权调取的证据通常包括:

(1)查阅、复制的与案件有关的合同、账册、生产记录等书证;

(2)采用拍照、摄像等方式对被控侵权产品、被控侵权方法的生产操作过程、假冒专利产品的外形、场所布置情况等进行保全形成的视听资料证据;

(3)采用复制计算机数据、电子文档等方式形成的电子证据;

(4)对易于调取的书证、产品实物等采用暂扣、抽样等方式提取的证据;

(5)对不易搬动的大件物品或被控侵权产品等采用测量等方式进行现场勘验或检查形成的勘验或检查笔录;

(6)在勘验现场时对相关人员进行询问或讯问等形成的录音资料或询问或讯问笔录。

第2节 专利行政执法中证据的分类与表现形式

1.2.1 证据的分类

1.2.1.1 原始证据与传来证据

按照证据的不同来源,可以将证据划分为原始证据与传来证据。

凡是直接来源于案件事实本身的证据材料即为原始证据,例如专利证书的原件、假冒专利产品原物。凡是经过中间传抄、转述环节获取的证据材料即为传来证据,也称为派生证据,例如营业执照的复印件、物品的照片等。

1.2.1.2 直接证据与间接证据

根据证据与待证事实的关系,可以将证据划分为直接证据与间接证据。

凡是能够单独证明案件主要事实的证据为直接证据,例如直接见证销售侵权产品的公证书。凡是只能证明案件事实的某一个侧面或者某一个环节,需要与其他证据结合使用才能证明案件事实的证据为间接证据。例如,销售某款产品的销售发票,虽然能证明发票开具日以前已经销售了某款产品,但是,该产品的形状、内部结构需要结合其他证据才能确定。

1.2.1.3 言词证据与实物证据

根据证据的表现形式,可以将其划分为言词证据与实物证据。

凡是能够证明案件情况的事实是通过自然人的陈述形式表现出来的证据,称为言词证据,例如销售人员出具的在某时某地销售某产品的证言。凡是能够证明案件情况的事实是通过物品的外部形态特征或者记载的内容思想表现出来的证据,称为实物证据,例如涉嫌侵权的产品或者产品使用说明书。

1.2.1.4 本证与反证

根据当事人对所主张事实是否负有证明责任,可以将证据分为本证与反证。

凡是由负有证明责任的一方当事人提出的用来证明该方主张事实的证据,即为本证。例如,某市知识产权局主张某公司存在制造销售假冒专利产品的行为,举出当事人陈述两份、现场勘验笔录一份,这些证据即为本证。凡是为了推翻对方所主张的事实而提出与对方相反的即相抵消的事实根据的,称为反证。例如,以上案件中,某公司提出,某市知识产权局举证的当事人陈述中所指的产品制造时间正值公司设备检修的停业期间,所谓的制造销售假冒专利产品一事纯属造谣,并举出相应的书证与证人证言,这些证据即为反证。

1.2.2 证据的表现形式

根据证据的不同表现形式,证据一般分为八种法定形式。

1.2.2.1 书证

书证是指用文字、符号或图形所表达的思想内容来证明案件事实的证据,是以其内容来证明待证事实的有关情况的文字材料。凡是以文字来记载人的思想和行为以及采用各种符号、图案来表达人的思想,其内容对待证事实具有证明作用的物品都是书证。书证形式上取决于它所采用的书面形式,内容上取决于它所记载或表达的思想内涵与案情具有关联性。

专利纠纷中常见的书证包括各个国家、地区的专利说明书、公证书、期刊、报纸、杂志、发票、单据、合同等。

1.2.2.2 物证

物证,即以物品、痕迹等客观物质实体的外形、性状、质地、规格等证明案件事实的证据,如被控侵权产品等。

1.2.2.3 视听资料

视听资料是指以音响、图像等方式记录有信息的载体。视听资料一般可分为三种类型:

(1)视觉资料,也称无声录像资料,包括图片、摄影胶卷、幻灯片、投影片、无声录像带、无声影片、无声机读件等。

(2) 听觉资料，也称录音资料，包括唱片、录音带等。

(3) 声像资料，也称音像资料或音形资料，包括电影片、电视片、录音录像片、声像光盘等。

1.2.2.4 证人证言

证人证言，是证人就其所感知的案件情况所作的陈述。以本人所知道的情况对案件事实作证的人，称为证人。

专利纠纷中，证人证言通常包括两种类型：自然人证言和单位证明。其中，单位证明形式上是一种书证，但实质上还是一种证人证言。对于单位行政职权范围内的证明内容，通常不需出庭质证即可认定其真实性（内容），但对于非行政职权范围内的证明内容，需要派员出庭质证并可能需要与其他证据结合使用才能认定其真实性。

证言有口头形式与书面形式、录音形式、视听资料形式等，无论以何种形式表现的证言，都应按照内容划为证言，而不应按照载体来划分为书证、视听资料等。

1.2.2.5 当事人陈述

当事人陈述是当事人就案件事实向合议组所作的陈述。广义上，当事人陈述还包括当事人关于请求的陈述、关于与案件有关的其他事实的陈述以及关于案件性质和法律问题的陈述。

作为证据形式的当事人陈述是以询问当事人本人为手段所获得的关于案件事实的证据。

代理人的承认视为当事人的承认。但是，未经特别授权的代理人对事实的承认直接导致承认对方请求的除外；当事人在场但对其代理人的承认不作否认表示的，视为当事人的承认。

1.2.2.6 鉴定意见

鉴定意见，是具有某方面知识的专家凭自己的专业知识、技能、工艺以及各种科学仪器、设备等，对特定事实及专门性问题进行分析鉴别后所作的专门性意见。该证据的产生依赖科学技术方法而不是有关情况的回忆。

1.2.2.7 勘验笔录

勘验笔录，是管理专利工作的部门指派的勘验人员对案件涉及的标的物和有关证据，经过现场勘验、调查所作的记录。

勘验笔录可以用文字记载，也可以附以拍照、摄像、绘图或制作模型等。勘验人应当将勘验情况和结果制作笔录，由勘验人、当事人和被邀请参加人签名或者盖章。

管理专利工作的部门可以依当事人的申请勘验现场，也可以依职权主动对现场进行勘验。

1.2.2.8 电子证据

"电子证据"是指基于电子技术生成、以数字化形式存在于磁盘、光盘、存储卡、手机等各种电子设备载体，其内容可与载体分离，并可多次复制到其他载体的文件。

"电子证据"可以分为以下几种类型：

(1) 文字处理文件:通过文字处理系统形成的文件,由文字、标点、表格、各种符号或其他编码文本组成。

(2) 图形处理文件:由专门的计算机软件系统辅助设计或辅助制造的图形数据,通过图形人们可以直观地了解非连续性数据间的关系,使得复杂的信息变得生动明晰。

(3) 数据库文件:由若干原始数据记录所组成的文件。数据库系统的功能是输入和存储数据、查询记录以及按照指令输出结果,它具有很高的信息价值,但只有经过整理汇总之后,才具有实际的用途和价值。

(4) 程序文件:计算机进行人机交流的工具,软件就是由若干个程序文件组成的。

(5) 影、音、像文件:即通常所说的"多媒体"文件,通常经过扫描识别、视频捕捉、音频录入等综合编辑而成。

第2章 举证与收集证据

专利行政执法中证据的出现主要有两种方式,一是当事人举证,二是管理专利工作的部门依职权调查取证。

第1节 当事人举证

2.1.1 举证责任的分配

请求人和被请求人应对自己主张的利己事实承担举证责任。

2.1.1.1 "谁主张谁举证"

"谁主张谁举证"就是当事人对自己提出的主张提供证据并加以证明。在专利行政执法中,"谁主张谁举证"是指请求人应提供证据来证明被请求人存在侵权事实,被请求人或假冒专利行为人应提供证据证明不构成侵权或不存在假冒专利行为的事实。

若被请求人承认存在侵权事实,则构成自认,此时无须请求人证明,即可将自认事实作为决定的依据;若被请求人否认侵权事实的存在,则请求人对该事实承担举证责任。

无论是请求人对存在侵权事实的举证,还是被请求人对不构成侵权的举证,举证若达不到相应的证明标准,负有举证责任的当事人即需承担举证不能或不利的后果。

2.1.1.2 举证责任倒置

专利行政执法中,涉及举证责任倒置的法定情形仅有一种,即对于新产品制造方法发明专利,不是由请求人举证被控方法侵权,而是由被请求人对其产品制造方法不同于专利方法承担举证责任。

被请求人承担证明其产品制造方法不同于专利方法的举证责任需要满足一定的前提条件,即请求人必须举证证明两项内容:(1)依照所述制造方法权利要求获得的产品为"新产品";(2)被控侵权产品与依照专利方法直接获得的产品相同。如果请求人未完成以上两项内容的证明责任,则举证责任不能转移,被请求人无须举证证明"其产品制造方法不同于专利方法"。

被请求人应当就其制造方法不同于专利方法举证,而不是提供证据证明使用不同于专利方法的另外一种方法也可以制造出相同产品。

2.1.1.2.1 "新产品"的举证责任分配

所谓"新产品",是指产品或者制备产品的技术方案在专利申请日前不为国内外公众所知。不能将"新产品"认定为专利申请日前在国内未曾出现过的产品,更不能将其认定为专利申请日前没有在国内上市的产品。

请求人对于"新产品"的举证应当是初步举证。请求人完成该初步举证责任的形式可以是提供该产品在某一国家被授权的证明、提供相关部门出具的检索报告等。

如果请求人能够初步举证,则举证证明该产品是已知产品的责任就转移给被请求人。如果被请求人不能提供相应的证据证明该产品是已知产品或者制备该产品的技术方案在专利申请日前已为公众所知,则认为请求人已经完成了证明其专利方法获得的产品为新产品的举证责任。

2.1.1.2.2 "被控侵权产品与依照专利方法直接获得的产品相同"的举证责任

所谓"依照专利方法直接获得的产品",是指完成专利方法的最后一个步骤后所获得的最初产品。当主题名称中的目标产品与完成最后一个方法步骤后获得的最初产品一致时,主题名称中的目标产品就是制备方法直接获得的产品;当主题名称中的目标产品与完成最后一个方法步骤后获得的最初产品不一致时,需要根据说明书的内容,考察二者的关系。如果说明书中已经明确最后一个方法步骤获得的最初产品能通过常规的方法转化为主题名称中的目标产品,则该权利要求直接获得的产品是所述主题名称中的目标产品;如果说明书中没有明确最后一个方法步骤获得的最初产品如何转化为主题名称中的目标产品,并且转化方法非所属领域的公知技术,则该权利要求直接获得的产品是最后一个方法步骤获得的最初产品。

请求人举证证明"被控侵权产品与依照专利方法直接获得的产品相同"可能采用多种形式,例如提供司法鉴定中心出具的鉴定报告、被控侵权产品的产品说明书等。

2.1.1.2.3 举证责任倒置的注意事项

举证责任倒置与被请求人举证是两个完全不同的概念。前者是指对于请求人提出的事实主张,本该由提出该主张的请求人加以举证证明,但是法律却将相应的举证责任交由被请求人承担。相对地,被请求人举证除了举证责任倒置的情形外,还存在另外一种情形,即被请求人提出某一事实主张,其需承担证明该主张成立的举证责任。例如,被请求人根据《专利法》第六十二条的规定,主张"其实施的技术或者设计属于现有技术或者现有设计",该主张属于有利于被请求人的抗辩事实,被请求人对此作出证明,属于举证责任的一般性分配原则,即"谁主张谁举证"的范畴。

2.1.1.3 举证责任的免除

以下情形,当事人可免于举证:

(1)一方当事人陈述的案件事实,另一方当事人明确承认的;

(2)众所周知的事实;

(3)自然规律及定理;
(4)根据法律规定或者已知事实和日常生活经验法则,能推定出的另一事实;
(5)已为人民法院发生法律效力的裁判所确认的事实;
(6)已为仲裁机构的生效裁决所确认的事实;
(7)已为有效公证文书所证明的事实。
其中,第(2)、(4)、(5)、(6)、(7)项,当事人有相反证据足以推翻的除外。

2.1.2 证据的提交

2.1.2.1 物证和书证

请求人提交被控侵权产品的样品、照片、相应的购买发票、购物收据或者购买被控侵权产品的公证文书、宣传画册等物证或者书证作为证据的,原则上应当提交原物或者原件,或者在质证时应对方当事人的要求出示原物或原件。确有困难无法提交或出示原物或原件的,应当提交经受理该案的管理专利工作的部门核对无异的复制品或者复制件。

仅提交复制品或者复制件未提交原物或原件,导致无法核实复制品或复制件与原物或原件是否一致,从而无法认可其真实性,同时对方当事人也不认可其真实性的,将由承担举证责任的一方当事人承担举证不利的后果。

2.1.2.2 外文证据

请求人提交外文证据的,应当提交相应的中文译本;未提交中文译本的,该外文证据视为未提交。请求人仅提交外文证据部分中文译本的,该外文证据中没有提交中文译本的部分,不能作为证据使用。

2.1.2.3 域外证据及其证明手续

"域外证据",是指在中华人民共和国法律管辖外的地域形成的证据,既包括在中华人民共和国领域外形成的证据,也包括在中国香港、澳门、台湾地区形成的证据。

2.1.2.3.1 域外证据的一般证明手续

在中华人民共和国领域外形成的证据,应当经所在国公证机关予以证明,并经中华人民共和国驻该国使领馆予以认证,或者履行中华人民共和国与该所在国订立的有关条约中规定的证明手续。

对于在香港地区形成的证据,主要应当通过委托公证人制度进行办理;对于在澳门地区形成的证据,需要由中国法律服务(澳门)有限公司或者澳门司法事务室下属的民事登记局出具公证证明;对于在台湾地区形成的证据,首先应当经过台湾地区的公证机关予以公证,并由台湾海基会根据《海峡两岸公证书使用查证协议》提供相关证明材料。

2.1.2.3.2 关于域外证据的难点问题

当双方当事人就是否属于域外证据或者是否应当办理公证、认证等证明手续存在争议时,管理专利工作的部门可以根据以下原则适当进行变通。

(1)证明当事人主体资格的证据,例如法人或组织资格证明、形成于域外的授权委托书等,应当办理相应的证明手续。

(2)以下几种情况,当事人可以不履行公证认证等证明手续:①有证据证明对方当事人已经认可;②已被法院生效判决或仲裁机构生效裁决确认的;③能够从官方或公共渠道获得的公开出版物、专利文献等。

管理专利工作的部门在对证据关联性、真实性、合法性进行审查时,不应直接以"未履行相应的公证认证手续"为由直接否定证据,须结合相关案情全面考虑。

第2节 依职权调查收集证据

在处理专利侵权纠纷、查处假冒专利行为过程中,管理专利工作的部门可以依当事人的书面请求或者根据需要依职权调查收集有关证据。调查收集证据的途径可以是现场勘验、现场检查、委托鉴定、证据保全等。管理专利工作的部门在调查收集证据时,应当遵守《行政强制法》的有关规定。

2.2.1 调查收集证据的条件

2.2.1.1 当事人请求调查收集证据的条件

以下情形,当事人及其代理人可以请求管理专利工作的部门调查收集证据:

(1)请求调查收集的证据属于国家有关部门保存并须管理专利工作的部门依职权调取的档案材料;

(2)当事人及其代理人确因客观原因不能自行收集的其他材料;

(3)证据可能灭失或者以后难以取得。

当事人及其代理人请求管理专利工作的部门调查收集证据,应当提交书面申请。管理专利工作的部门认为符合依申请调查取证条件的,应当启动调查取证程序;认为不符合调查取证条件的,可以不进行调查取证。

2.2.1.2 依职权调查收集证据的条件

专利侵权纠纷调处中,管理专利工作的部门可以根据案情需要或者在证据可能灭失或以后难以取得的情况下,对侵权可能性大的案件依职权调查收集证据。在假冒专利行为查处中,管理专利工作的部门如发现或接受举报发现涉嫌假冒专利行为,可以根据需要依职权调查收集证据。依职权调查收集证据尤其要针对那些对解决争议可能有决定作用的事实证据。

2.2.2 调查收集证据的途径

2.2.2.1 现场勘验

现场勘验系指执法人员对涉嫌专利侵权的场所进行勘验检查,采取法定方式固定、采集证据的工作。

2.2.2.1.1 现场勘验方式

现场勘验中,除了对现场客观情况与环境进行取证外,执法人员也可以对相关人员进行询问。进行现场勘验的方式包括但不限于:

(1)对被请求人的生产场地、储存仓库、陈列展示柜台等有关场所进行勘验检查;

(2)对相关的产品、模具、模板、专用工具以及包装物等物品进行测绘、拍照;

(3)对现场勘验检查过程进行录音、摄像;
(4)对涉嫌侵权产品予以清点,抽取样品;
(5)对于无法进行抽样取证的证据,应当拍照、摄像或者进行证据登记保存;
(6)涉及方法专利的,要求被调查人进行现场演示,对生产方法和工艺过程进行拍照和摄像;
(7)查阅、复制与案件有关的档案、图纸、资料、账册等证据,复制件应当要求被调查人签名并加盖公章,并将有关情况记录在勘验检查笔录中;
(8)对相关人员进行询问。

2.2.2.1.2 现场勘验笔录

现场勘验笔录需要记载的重要事项参见《专利行政执法操作指南(试行)》相关规定。现场勘验检查笔录应当交由被调查人员核对、确认、签名或者盖章并加盖公章;当事人及有关人员拒绝签名或者盖章的,执法人员应当注明原因,并可以要求其他在场人员签名或者盖章予以证明。当事人及有关人员和其他在场人员拒绝签字或盖章的,由执法人员注明情况。

2.2.2.2 现场检查

现场检查,系指管理专利工作的部门对涉嫌假冒专利的行为人的生产经营场所进行实地勘察,采取法定方式固定、采集证据的工作。

2.2.2.2.1 现场检查重点事项

在现场检查中,执法人员应当先对当事人的生产场地、储存仓库、陈列展示等有关场所进行现场检查,围绕案情,运用各种手段全面、客观、公正地收集相关证据。具体应当对以下事项进行重点检查:
(1)根据举报人举报、其他部门移交、该局检查发现的线索进行检查;
(2)对标注有专利号的产品进行检查;
(3)对标注有"专利产品仿冒必究"等字样的产品进行检查;
(4)对标注有"已申请专利"等字样的产品进行检查;
(5)对宣称运用专利技术的产品或方法进行检查;
(6)对标注有专利号的说明书等材料进行检查;
(7)其他涉嫌假冒专利的产品或行为。

2.2.2.2.2 现场检查证据形式

现场检查证据应当注意:
(1)调查收集的书证,可以是原件或经核对无误的副本或者复制件。当提取书证副本或者复制件时,执法人员应当要求当事人在该书证副本或者复制件上签名或盖章,并在调查笔录中载明来源和取证情况。
(2)调查收集的物证应当是原物;提供原物确有困难的,应当要求其提供复制品或者照片;提供复制品或者照片的,执法人员应当在调查笔录中说明取证情况。
(3)执法人员应当对涉嫌违法的物品提取样品,可以从涉嫌假冒专利的产品中抽取一部分作为样品。被抽取样品的数量以能够证明事实为限。

（4）采取抽样取证的方式调查收集证据时,应当向当事人制发抽样取证决定,并制作抽样取证笔录。载明案由、被取证人姓名或名称、被取证人联系方式、被抽样取证物品名称、专利标识、生产厂家、数量、单价等事项,笔录由执法人员和当事人及其他有关人员签名或盖章。

（5）执法人员应当制作现场检查笔录。笔录制作须有2名以上执法人员在场,将重要的事项记入笔录,同时可以使用录音、摄像设备进行记录。

2.2.2.3 委托鉴定

管理专利工作的部门可以就专业性问题委托专门机构进行鉴定或提供咨询。

2.2.2.3.1 技术鉴定的提出

是否需要委托鉴定机构或专家对技术问题出具鉴定或咨询意见,合议组既可以根据案情需要自行决定,也可以根据当事人的申请决定。

2.2.2.3.2 鉴定机构的确定

鉴定或咨询机构由双方当事人协商确定,协商不成的可以由合议组指定。

原则上,鉴定机构或者鉴定人应当具有鉴定资格。如果没有符合资格的鉴定机构或鉴定人,由具有相应技术水平的专业机构或专业人员进行鉴定。所述专业机构或专业人员一般是相关技术领域的权威机构或专家,应当具有相关技术领域的专门性知识和技术,并且具备必要的鉴定设备和条件。

2.2.2.3.3 鉴定范围的确定

委托鉴定前,鉴定材料应当交由双方当事人认可,并在听取双方当事人意见的基础上确定鉴定范围。

当事人对鉴定范围有异议的,应当提出相应的证据予以证明,管理专利工作的部门可以结合异议人提出的证据综合确定鉴定范围和内容。

双方当事人均申请鉴定但鉴定范围不尽相同的,管理专利工作的部门应当组织双方就鉴定的范围和理由进行说明,综合确定鉴定范围。

2.2.2.3.4 重新委托鉴定

当事人对鉴定意见不服,申请重新委托鉴定的,由当事人协商一致决定是否重新委托新的鉴定机构;当事人不能协商达成一致意见的,由管理专利工作的部门决定是否重新委托鉴定。对于当事人提出的重新委托鉴定的理由,管理专利工作的部门应当予以严格审核。

2.2.2.3.5 鉴定意见的作出

经管理专利工作的部门允许,鉴定人可以向当事人收集其认为必要的技术资料、对当事人的技术人员进行询问、查看技术实施现场、进行必要的测试检验等工作。

鉴定意见应当包括下列内容：

（1）委托人姓名或者名称、委托鉴定的内容；

（2）委托鉴定的材料；

(3) 鉴定的依据及使用的科学技术手段；
(4) 对鉴定过程的说明；
(5) 明确的鉴定结论；
(6) 鉴定人的鉴定资格；
(7) 鉴定人员及鉴定机构签名或盖章。

2.2.2.4 登记保存

2.2.2.4.1 登记保存的条件

当事人申请管理专利工作的部门对证据进行登记保存或者管理专利工作的部门根据实际需要依职权对某些证据进行登记保存应当满足以下条件：
(1) 证据可能灭失或者以后难以取得；
(2) 请求或者需要保全的证据对待证事实有证明作用；
(3) 请求或者需要保全的证据的线索清晰。

2.2.2.4.2 登记保存的方式

登记保存时，应当根据证据的不同特点采取不同的方法，以客观地反映案件的真实情况。
(1) 对于证人证言，可以采取制作笔录或录音、摄像的方法；
(2) 对于物证，如涉嫌侵权或者构成假冒专利的机器、设备及其他物品，可以采取扣押、拍照、摄像的方法，同时清点涉嫌侵权或假冒专利物品的数量并制作笔录；
(3) 对于书证，如财务账册等，可以采取扣押或就地封存的方式并辅之以复制、拍照等方法；
(4) 对于计算机软件等证据材料，可以采取下载、拆下硬盘、由双方当事人指派的专家当场对内存上的软件进行比对并制作笔录等方法。

2.2.3 调查收集证据的注意事项

管理专利工作的部门依职权调查收集证据需要注意以下事项。
(1) 区分专利侵权纠纷调处与假冒专利行为查处案件

在专利侵权纠纷调处中，管理专利工作的部门应当更严格地审查是否确实存在依职权调查取证的需求、当事人是否确实无法自行收集或由公证机关公证收集证据、需要依职权调取的证据是否确实对案件事实有决定作用等，避免成为请求人的"代言人"。

(2) 注重调查取证的方式

管理专利工作的部门调查收集证据应注重调查取证的方式方法，避免对被请求人正常生产、经营造成不必要的影响。例如，对于需要保全的产品采用抽样取证，对设计、生产图纸可采用复印并由当事人签字、盖章方式确认来代替直接取走原件，以笔录、照相、摄像等方式详尽记载勘验或检查的产品等。

第3章 证据交换与质证

证据调查程序一般包括提供证据、交换证据、当事人质证和证据审核认定几个环节。提供、交换证据通常发生在案件审理前的准备阶段,案件审理时原则上先由双方当事人对证据进行质证,发表质证意见,之后,由合议组结合全部证据的调查结果和案件事实的辩论结果最终认定案件事实的真伪。

第1节 证据交换

专利行政执法中,证据交换多用于专利侵权纠纷调处案件。对于假冒专利纠纷查处案件,无须进行证据交换。

3.1.1 证据交换的时机

管理专利工作的部门应当在立案之日起5个工作日内将请求书及其附件的副本送达被请求人,要求其在收到之日起15日内提交答辩书并按照请求人的数量提供答辩书副本。被请求人提交答辩书的,管理专利工作的部门应当在收到之日起5个工作日内将答辩书副本送达请求人。

通过上述方式未送达的证据材料,双方当事人可在口头审理前提交并相互交换。

3.1.2 依职权调查收集证据的出示

管理专利工作的部门依职权调查收集的证据未经质证,不能作为定案的依据。

在专利侵权纠纷处理中,依职权调查收集的证据一般是在口头审理中出示给双方当事人,由双方当事人对其进行确认和质证。在假冒专利行为查处案件中,依职权调查收集的证据在听证会上出示、宣读和辨认,涉及国家秘密、商业秘密和个人隐私的证据由听证会验证。

第2节 质 证

质证,是指在口头审理过程中,由案件的当事人就口头审理过程中出示的证据采取辨认、质疑、说明、辩论等形式进行对质核实,以确认其证据能力和证明力的活动。质证是口头审理的重点环节。证据只有经过必要的质证程序后,才能作为定案的根据。

3.2.1 质证的基本原则

质证中,当事人应当围绕证据的真实性、关联性、合法性,针对证据证明力有无以及证明力大小,进行质疑、说明与辩驳。

经合议组组长准许,当事人及其代理人可以就证据问题相互发问,也可以向证人、鉴定人或者勘验人发问。当事人及其代理人相互发问,或者向证人、鉴定人、勘验人发问时,发问的内容应当与案件事实有关联,不得采用引诱、威胁、侮辱等语言或者方式。

在质证过程中,对与案件没有关联的证据材料,应予排除并说明理由。当事人双方均已认可的证据,无须进行质证。涉及国家秘密、商业秘密、个人隐私或者法律规定的其他应当保密的证据,不得在开庭时公开质证。

3.2.2 质证顺序

质证一般按下列顺序进行:

(1)请求人出示证据,被请求人发表质证意见;

(2)被请求人出示证据,请求人发表质证意见。

管理专利工作的部门依照当事人申请调查收集的证据,作为提出申请的一方当事人提供的证据。

管理专利工作的部门依照职权调查收集的证据在口头审理中出示时,听取双方当事人的意见,并就调查收集该证据的情况予以说明。

质证中,双方当事人可以围绕相关证据进行辩论。

3.2.3 不同类型证据的质证

3.2.3.1 书证和物证

对书证、物证进行质证时,当事人有权要求出示证据的原件或者原物,但有下列情况之一的除外:

(1)出示原件或者原物确有困难并经管理专利工作的部门准许出示复制件或者复制品的;

(2)原件或者原物已不存在,但有证据证明复制件、复制品与原件或原物一致的。

3.2.3.2 证人证言

证人应当出庭作证,接受当事人的质询。

证人确有困难不能出庭的,可以提交书面证言或者视听资料,或者通过双向视听传输技术手段作证。"确有困难不能出庭"是指有下列情形:

(1)年迈体弱或者行动不便无法出庭的;

(2)特殊岗位确实无法离开的;

(3)路途特别遥远,交通不便难以出庭的;

(4)因自然灾害等不可抗力的原因无法出庭的;

(5)其他无法出庭的特殊情况。

出庭作证的证人应当客观陈述其亲身感知的事实,不得使用猜测、推断或者评论性的语言。证人为聋哑人的,可以其他表达方式作证。

执法人员和当事人可以对证人进行询问。证人不得旁听口头审理;询问证人时,其他证人不得在场。合议组认为有必要的,可以让证人进行对质。

出具鉴定意见的鉴定人、进行现场勘验的勘验人虽然非典型意义上的证人,但其应当出庭接受双方当事人的质询(确因特殊原因无法出庭的除外)。

证人出庭作证的形式包括通过视频通讯软件远距离传输图像、声音等形式。

第4章 证据的审核认定

证据的审核是指案件处理人员对证据进行的考查、检查、分析、研究等活动。证据的认定是指案件处理人员对证据的证据资格和证据力进行判断、评断、认可、确认等活动。

第1节 与证据审核认定有关的基本概念

4.1.1 证据资格

证据资格,又称证据能力、证据的可采性。它是指证据作为定案的根据时应当具有的性质,是证据材料作为证据的能力。证据资格通常主要指证据的三性:真实性(客观性)、合法性、关联性。

4.1.1.1 证据的真实性

证据的真实性,也叫作证据的客观性,是指证据所反映的内容应当是真实的、客观存在的。

案件审理中,应当根据案件的具体情况,从以下方面审查证据的真实性:

(1)证据形成的原因和方式;

(2)发现证据时的客观环境;

(3)证据是否为原件、原物,复制件、复制品与原件、原物是否相符;

(4)提供证据的人或者证人与当事人是否具有利害关系;

(5)影响证据真实性的其他因素。

需要注意,证据资格中所指的真实性是指形式上的真实性,即用于证明案件事实的证据必须在形式上或表面上是真实的,若完全虚假或者伪造则不得被采纳。证据在实质上的真实程度,是指证据内容的可靠性大小,属于判断其证明力的范畴。

4.1.1.2 证据的合法性

证据的合法性,是指提供证据的主体、证据的形式和证据的收集程序或提取方法必须符合法律的有关规定。不按照法定程序提供、调查收集的证据一般无法作为认定案件事实的根据。

证据的合法性主要从以下方面审查:

(1)证据是否符合法定形式;

(2)证据的取得是否符合法律、法规、司法解释和规章的要求;

(3)是否有影响证据效力的其他违法情形。

需要注意,对违反法定程序收集的证据,需具体情形具体分析。对严重违反法定程序收集的证据,应当坚决否定其证据能力;对那些虽违反程序,但仅属于程序瑕疵,既不影响对人权的保障,也不破坏程序公正性的情形,应承认其证据的证据能力,以利于查清事实,提高效率。

4.1.1.3 证据的关联性

证据的关联性,是指证据必须与案件所要查明的事实存在逻辑上的联系,能以其自身的存在单独或与其他事实一起证明案件事实。如果作为证据的事实与要证明的事实之间没有联系,即使它是真实的,也不能作为证明争议事实的证据。

4.1.2 证明力

证明力是指具有证据能力的证据对案件的证明程度的大小。证明力越大,证据对案件事实的证明作用越大。证据的证明力取决于证据同案件事实的客观、内在联系及其联系的紧密程度。一般而言,同案件事实存在直接的内在联系的证据,其证明力较大;反之其证明力较小。

证明力的判断可以考虑以下几方面:

(1)原始证据的证明力大于传来证据;

(2)直接证据的证明力大于间接证据;

(3)物证、历史档案、鉴定结论、勘验笔录或者经过公证、登记的书证的证明力一般高于其他书证、视听资料和证人证言;

(4)证人提供的对与其有亲属或者其他密切关系的当事人有利的证言,其证明力一般小于其他证人证言。

4.1.3 现有技术或者现有设计的公开性

在专利侵权纠纷案件中,被请求人有权主张被控侵权技术方案或者设计是现有技术或者现有设计,即申请日(有优先权的,指优先权日)以前在国内外为公众所知的技术或者设计。申请日(有优先权的,指优先权日)前在国内外出版物上公开发表、在国内外公开使用或者以其他方式为公众所知构成现有技术或者设计的公开性。

现有技术或者现有设计的公开性包括两层含义,一是公开,二是必须在申请日(有优先权的,指优先权日)之前公开。所谓公开,是指处于公众能够得知的状态。处于保密状态的技术或者设计内容不属于现有技术或者现有设计。所谓保密状态,不仅包括受保密规定或协议约束的情形,还包括社会观念或者商业习惯上被认为应当承担保密义务的情形(默契保密)。负有保密义务的人违反规定、协议或者默契泄露秘密,导致技术内容或者设计公开,使公众能够得知这些技术或者设计的,不构成现有技术或者设计的公开。

4.1.3.1 公开出版物构成现有技术或者现有设计的证据

专利法意义上的公开出版物,是指记载有技术或者设计内容的独立的有形传播载体,其上记载有或者有证据表明其发表者或出版者以及其公开发表和出版时间。

专利法意义上的公开出版物不仅包括出版社、报社或杂志社出版的专利文献、书籍、期刊、杂志、文集、报纸等,也包括正式公布的会议记录或报告、产品样本、产品目录、小册子等。作为公开出版物的载体本身可以是印刷或打字的纸件,也可以是光盘等以电子信息方式存储的载体。需要注意,对于产品样本、手册、宣传册、产品目录、会议资料等,只有通过证明其被"正式公布",处于公众可以获得的状态,才具有公开性。

通常情况下,国家标准、行业标准和地方标准属于专利法意义上的公开出版物。一般情况下,企业标准是内部标准,在没有证据证明其属于公众想得知就能得知的情况下,不属于公开出版物。

对于公开出版物,要注意核查其公开时间是否在专利申请日(有优先权的,指优先权日)前。一般情况下,出版物的印刷日视为公开日,有其他证据证明其公开日的除外。印刷日只写明年月或者年份的,以所写月份的最后一日或者所写年份的12月31日为公开日。

管理专利工作的部门认为出版物的公开日期存在疑义的,可以要求该出版物证据的提交人提出证明。

4.1.3.2 使用公开构成现有技术或者现有设计的相关证据

使用公开是指由于使用而导致技术方案或者设计公开或者处于公众可以得知的状态。对于当事人主张使用公开构成现有技术或者现有设计的,管理专利工作的部门需核实相关证据链的完整性,以及技术内容或者设计是否在申请日前被公开。

4.1.3.3 以其他方式公开的现有技术或者现有设计证据

为公众所知的其他方式主要是指口头公开,例如口头交谈、报告、讨论会发言、广播、电视、电影等能够使公众得知技术内容的方式。口头交谈、报告、讨论会发言以其发生之日为公开日;公众可接收的广播、电视或电影的报道,以其播放日为公开日。

第 2 节 证据审核认定的一般规则

4.2.1 证据认定的考虑因素

管理专利工作的部门应当依照法定程序,全面、客观地对当事人提供和自行收集的证据进行审查,从各证据与案件事实的关联程度、各证据之间的联系等方面进行综合判断。

4.2.1.1 单一证据的证明力判断

对单一证据有无证明力以及证明力大小,可以从下列方面进行审核认定:
(1)证据是否是原件、原物,复印件、复制品与原件、原物是否相符;
(2)证据与本案事实是否相关;
(3)证据的形式、来源是否符合法律规定;
(4)证据的内容是否真实;
(5)证人或者提供证据的人与当事人有无利害关系。

4.2.1.2 多项证据的证明力判断

就数个证据对同一事实的证明力,可以依照下列原则认定:
(1)国家机关以及其他职能部门依职权制作的公文文书优于其他书证;
(2)鉴定结论、档案材料以及经过公证或者登记的书证优于其他书证、视听资料和证人证言;
(3)直接证据优于间接证据;
(4)法定鉴定部门的鉴定结论优于其他鉴定部门的鉴定结论;
(5)原始证据优于传来证据;
(6)其他证人证言优于与当事人有亲属关系或者其他密切关系的证人提供的对该当事人有利的证言;
(7)参加口头审理作证的证人证言优于未参加口头审理作证的证人证言;
(8)数个种类不同、内容一致的证据优于一个孤立的证据。

4.2.1.3 证明责任

证明责任是证据审核认定的一项重要内容。
(1)当事人对自己提出的请求所依据的事实或者反驳对方请求所依据的事实有义务提供证据加以证明。没有证据或者证据不足以证明当事人的事实主张的,由负有举证责任的当事人承担不利后果。

(2)因新产品制造方法发明专利引起的专利侵权纠纷,请求人就涉案产品为新产品以及涉案产品与所述新产品相同承担举证责任,制造同样产品的单位或者个人对其产品制造方法不同于涉案的专利方法承担举证责任。

(3)对当事人无争议的事实,无须举证、质证。

(4)对一方当事人陈述的事实,另一方当事人既未表示承认也未否认,经执法人员充分说明并询问后,其仍不明确表示肯定或者否定的,视为对该项事实的承认。

(5)当事人委托代理人参加纠纷处理的,代理人的承认视为当事人的承认,但未经特别授权的代理人对事实的承认直接导致承认对方请求的除外。当事人在场但对其代理人的承认不作否认表示的,视为当事人的承认。

4.2.1.4 可以采信的证据

一方当事人提出的下列证据,对方当事人提出异议但没有足以反驳的相反证据的,应当确认其证明力:

(1)书证原件或者与书证原件核对无误的复印件、照片、副本、节录本。

(2)物证原物或者与物证原物核对无误的复制件、照片、录像资料等。

(3)有其他证据佐证并以合法手段取得的、无疑点的视听资料或者与视听资料核对无误的复制件。

(4)一方当事人委托鉴定机构作出的鉴定结论。

(5)一方当事人提出的证据,另一方当事人认可或者提出的相反证据不足以反驳的,可以确认其证明力。一方当事人提出的证据,另一方当事人有异议并提出反驳证据,对方当事人对反驳证据认可的,可以确认反驳证据的证明力。

(6)双方当事人对同一事实分别举出相反的证据,但都没有足够的依据否定对方证据的,应当结合案件情况,判断一方提供证据的证明力是否明显大于另一方提供证据的证明力,并对证明力较大的证据予以确认。因证据的证明力无法判断,导致争议事实难以认定的,应当依据举证责任分配原则作出判断。

(7)处理过程中,当事人在请求书、答辩书、陈述及其委托代理人的代理词中承认的对己方不利的事实和认可的证据,应当予以确认,但当事人反悔并有相反证据足以推翻的除外。

4.2.1.5 不能单独采信的证据

下列证据不能单独作为认定案件事实的依据:

(1)未成年人所作的与其年龄和智力状况不相适应的证言;

(2)与一方当事人有亲属关系、隶属关系或者其他密切关系的证人所作的对该当事人有利的证言,或者与一方当事人有不利关系的证人所作的对该当事人不利的证言;

(3)应当参加口头审理作证而无正当理由不参加口头审理作证的证人证言;

(4)难以识别是否经过修改的视听资料;

(5) 无法与原件、原物核对的复制件或者复制品；
(6) 经一方当事人或者他人改动，对方当事人不予认可的证据材料；
(7) 只有当事人本人陈述而不能提出其他相关证据的主张，不予支持，但对方当事人认可的除外；
(8) 其他依法不能单独作为认定案件事实依据的证据材料。

4.2.1.6 不得采信的证据

凡有下列情形之一的证据不得采信：
(1) 未经双方质证或一方有异议而无法确认的；
(2) 不能说明证据合法来源的；
(3) 非法取得的；
(4) 证人证言前后不一致，且又不能获得印证的；
(5) 当事人自行委托鉴定又未得到合议组审核查实的；
(6) 没有原件印证的复印件，且另一方有异议的；
(7) 不能正确表达意志的人的证言或书证。

4.2.2 公证书

公证，是指公证机关根据当事人的申请，依法对法律行为、法律事实和法律文书确认其真实性、合法性的证明活动。

经过公证的文书，若没有相反证据足以推翻公证证明的事实，则应当直接将公证书作为确定案件事实的基础；有相反证据足以推翻公证证明的，可否定公证书的证据效力。

公证书必须经过质证才能采信。管理专利工作的部门在审核认定公证书时，不仅要审查其形式要件，还应对其是否符合证据的真实性、合法性、关联性进行实质审查。

如果公证文书在形式上存在严重缺陷。例如缺少公证人员签章，则该公证文书不能作为认定案件事实的依据。

如果公证文书的结论明显缺乏依据或者公证文书的内容存在自相矛盾之处，则相应部分的内容不能作为认定案件事实的依据。例如，公证文书仅根据证人的陈述而得出证人陈述内容具有真实性的结论，则该公证文书的结论不能作为认定案件事实的依据。

4.2.3 域外证据

"域外证据"，是指在中华人民共和国法律管辖外的地域形成的证据，既包括在中华人民共和国领域外形成的证据，也包括在中国香港、澳门、台湾地区形成的证据。当事人提交域外证据的，一般应当履行相关的证明手续。

专利行政执法案件中。证明主体资格的域外证据应当严格要求当事人办理公证、认证等相关证明手续，对于其他域外证据，是否需要办理，视每个案件的具体情况而定。

以下三种情况,当事人可以不办理相关的证明手续:

(1)该证据是能够从除香港、澳门、台湾地区外的国内公共渠道获得的,如从专利局获得的国外专利文件,或者从公共图书馆获得的国外文献资料;

(2)有其他证据足以证明该证据真实性的;

(3)对方当事人认可该证据的真实性的。

4.2.4 自认

自认,是指一方当事人就对方当事人所主张的不利于己方的事实作出明确承认,或者不明确予以否认。

专利行政执法中,对于当事人的自认,可遵循以下规则:

(1)一方当事人明确认可的另外一方当事人提交的证据,管理专利工作的部门应当予以确认。但其与事实明显不符,或者有损国家利益、社会公共利益,或者当事人反悔并有相反证据足以推翻的除外。

(2)对一方当事人陈述的案件事实,另外一方当事人明确表示承认的,管理专利工作的部门应当予以确认。但其与事实明显不符,或者有损国家利益、社会公共利益,或者当事人反悔并有相反证据足以推翻的除外。另一方当事人既未承认也未否认,经合议组充分说明并询问后,其仍不明确表示肯定或者否定的,视为对该项事实的承认。

(3)当事人委托代理人参加案件的处理的,代理人的承认视为当事人的承认。但未经特别授权的代理人对事实的承认直接导致承认对方的请求的除外;当事人在场但对其代理人的承认不作否认表示的,视为当事人的承认。

为维护公共利益,某些情况下自认的效力应受到限制,使其不发生拘束当事人和行政机关的效力:

(a)应依职权调查的事项,不适用自认的规定。例如当事人资格事项、管辖事项等,不受当事人自认的约束。

(b)和解、调解中的让步不能视为自认。

(c)当事人在案件审理程序以外(包括在其他案件的审理程序中)对当事人主张作出的自认,不属于本案件审理中的自认,只能作为一种证据资料,供合议组参考。

(d)如果一方当事人的自认是因他人的欺诈、胁迫等违法犯罪行为而作出,或者是由于误解而承认了不真实的事实,允许当事人说明原因后撤回该自认,管理专利工作的部门应不予确认该承认的法律效力。

(e)自认应针对具体事实。对于法律问题和法律后果的承认,管理专利工作的部门不应仅依据其自认来进行审查,而应在认定事实的基础上根据相应法律法规进行法律问题的判断。

需要注意,虽然当事人自认的事实可直接作为定案依据,但不宜仅依据当事人的自认定案。管理专利工作的部门应结合相关证据,对具体技术问题和事实进行分析认定,如果存在相反证据或自认明显与事实不符,可以否定自认。对于自认后又反悔的,应要求当事人提出反证或反证线索,不能提供反证或反证线索查证不属实的应采信自认。当事人委托的代理人调查取证时的承认视为当事人的承认,但应当提交经当事人特别授权的授权委托书;当事人在场但对其代理人的承认不作否认表示的,视为当事人的承认,但应当在询问调查笔录中进行记载。当事人在行政处罚决定送达前反悔的,除非其有充分证据证明其承认是在受胁迫或者重大误解情况下作出的与事实不符的承认,否则其承认应作为认定案件事实的根据。

4.2.5 认知

认知是指在案件审理过程中,对某些特定的事项无需证明而直接确认其真实的一种证明制度。认知的内容一般为常识性、公认性及部分专业性的事实,包括:众所周知的事实;自然规律及定理;法律、法规;其他明显的当事人不能提出合理争议的事实。对于认知的内容也应履行听证程序,给予当事人陈述意见和提出反证的机会。

4.2.6 推定

推定是指根据已知的事实可以认定推定事实存在,除非有相反证据推翻这种推论。

专利行政执法中,有证据证明一方当事人持有证据无正当理由拒不提供,如果对方当事人主张该证据的内容不利于证据持有人,可以推定该主张成立。

第3节 几种典型类型证据的审核认定

4.3.1 书证

书证是指用文字、符号或图形所表达的思想内容来证明案件事实的证据,是以其内容来证明待证事实的有关情况的书面材料。

4.3.1.1 书证的种类

(1)文字书证、符号书证或者图形书证。文字书证是以文字记载的内容证明案件事实,如各类公文文书、合同、账册、票据等;符号书证是以符号表达的内容证明案件事实的书证;图形书证是以图形表现的内容证明案件事实的书证,如图纸。

(2)公文书证和非公文书证。公文书证,是指国家职权机关在法定职权范围内制作的文书,包括国家权力机关、行政机关、审判机关以及法律、法规授权的组织制作的公文文书,如裁判文书、行政处罚决定书、公证文书等。非公文书证,是指公文书证以外的其他文书。

(3)处分性书证与报道性书证。处分性书证是以发生特定法律后果为目的而制作的书证,如行政处罚决定书、裁判文书、合同书等;报道性书证是记载了某种与案件事实有关的内容而不以发生特定法律后果为目的的书证,它是以书证中所记载或表述的内容,反映制作人对客观事实的认识或体会等,如会议记录、诊断书等。

(4)一般书证与特别书证。在条件、格式和程序方面有特别要求的为特别书证,否则为一般书证。行政处罚决定书、裁判文书均为特别书证。

(5)原本、正本、副本、节录本、影印本和译本。原本是最初制作的书证文本,是书证的初始状态,能够最客观地反映文书所记载的内容。正本是按照原本的内容制作

(抄录或印制)的对外正式使用的文本,效力等同于原本。原本一般保留在制作者手中或存档待查,正本则发送给收件人。副本是照原本全文抄录、印制而效力不同于原本的文件,一般是发送给主收件人以外的其他须知晓原本内容的有关单位或者个人。节录本是指从原本或者正本中摘抄其部分内容形成的文本。影印本是指运用影印技术将原本、正本或副本进行摄影、复印形成的文本。译本是以另一种文字将原本或者正本翻译而成的文本。

4.3.1.2 书证的提供要求

(1)提供书证的原件,原本、正本和副本均属于书证的原件。提供原件有困难的,可以提供与原件核对无误的复印件、照片、节录本;外文书证应当附有中文译文。

(2)提供由有关部门保管的书证原件的复制件、影印件或抄录件的,应当注明出处,经该部门核对无异后加盖其印章。

(3)提供报表、图纸、会计账册、专业技术资料、科技文献等书证的,应当附有说明材料。

4.3.1.3 书证的审核认定

书证的证据能力审查,主要涉及对书证在制作上的真实性和合法性进行审查,主要包括审查书证制作人的资格,审查制作书证的手续,审查制作书证的程序,审查书证有无伪造、变造的痕迹,审查书证获取的过程、是否提交原件。

书证的证明力认定,是指对书证所记载、表述的事实的真实性、可靠性等实质证据力进行审查,主要涉及书证的内容与待证事实的关联性。管理专利工作的部门应从以下几方面对书证的证明力加以审查认定:审查认定书证所记载、表达的内容的确切含义,审查认定书证内容是否为有关人员的真实意思表示,审查认定书证内容与待证事实是否具有内在的、必然的联系,审查认定书证内容是否与法律、法规抵触。

4.3.1.4 常见书证的审核认定

专利案件中常见书证形式有:专利文献、科技杂志、科技书籍、学术论文、专业文献、教科书、技术手册、正式公布的会议记录或者技术报告、报纸、小册子、样本、产品目录、发票、合同等。

4.3.1.4.1 专利文献

专利文献是各国专利局及国际性专利组织在审批专利过程中产生的官方文件及其出版物的总称。作为公开出版物的专利文献主要有:各种类型的发明专利说明书、实用新型说明书和工业品外观设计简要说明,各种类型的发明专利、实用新型和工业品外观设计公报、文摘和索引,发明和实用新型、外观设计的分类表。

各类专利说明书作为证据提交,一般应提交全文,仅使用部分内容的,在证明其真实性的基础上,可部分提交。发明专利的公开说明书和授权说明书由于内容和公开日期的不同,应视为不同的证据,根据情况分别审核。

中国专利文献的真实性可以在国家知识产权局网站核实,外国或国际组织的专利文献可以在该国专利局或该组织网站核实。缺少核实途径的,应当要求当事人提交其获取途径的证明(如图书馆馆藏证明或检索机构证明)。域外形成的应办理公证认证手续。外文专利文献应提交有资质的翻译机构或翻译人员出具的译文,其中外观设计专利应至少翻译文献的国别、类型、公开日期、专利名称、简要说明、附图说明等,以满足审查需求为准。

专利文献一般构成专利法意义上的出版物,其公开日期以其记载的公开日或授权公告日为准,有证据证明其未对公众公开或未在上述日期公开的除外。

4.3.1.4.2 图书类出版物

图书类出版物指的是带有国际标准书号(ISBN)、国际标准刊号(ISSN)、国内统一刊号且通过正规渠道出版发行的书籍、期刊和杂志等。

在当事人提供原件或有证据证明复印件与原件一致时,图书类出版物的真实性一般应当予以认可。

图书类出版物的印刷日视为公开日。同版次多印次或者多版次多印次的图书类出版物,一般应当将该印次的印刷日视为公开日。有证据证明实际公开日的,应当以实际公开日为准。

4.3.1.4.3 产品样本、产品说明书类证据

产品样本、产品说明书类证据包括产品目录、产品样本、产品说明书、产品宣传册、产品宣传页等。

带有国际标准书号、国际标准刊号、国内统一刊号的产品样本、产品说明书类证据的真实性和公开日审核认定参照图书类出版物的规定。其他产品样本、产品说明书类证据,需有其他证据佐证其真实性和公开性。

当事人提交了产品样本、产品说明书类证据的原件,综合其他证据印证或者由证据本身载明的信息可以证明该产品样本、产品说明书类证据是专门机构(如行业协会、展会主办机构)定期出版发行的,可以认定该产品样本、产品说明书类证据的真实性和公开性。

4.3.1.4.4 带有版权标识的出版物

根据《世界版权公约》的要求,版权标记一般包括三项内容:(1)享有著作权的声明或将声明的英文缩写字母C外面加上一个正圆,对音像制品则是字母P外面加上一个正圆;(2)著作权人的姓名或名称;(3)作品出版发行的日期。在出版物上印有版权标记,表明作者愿意或者授权他人公开发表其作品。对于该类出版物的真实性,可以参照图书类出版物的认定方式。

在其真实性可以确认的情况下,印制有版权标识的印刷品一般可以视为专利法意义上的公开出版物,但因要求保密或者限定发行范围导致其不具备公开性的除外。该类出版物版权页上版权标识后所记载的首次出版年份,一般应当以该记载确定其公开日,但有相反证据的除外。

在当事人提供原件或有证据证明复印件与原件一致时,印制有国际标准音像制品编码的音像制品类出版物的真实性一般应当予以认可。

国际标准音像制品编码(ISCR)的音像制品类出版物的录制年码可用于确定其公开日。

4.3.1.4.5 标准

为规范产品和产品生产而制定的标准包括国家标准、行业标准、地方标准和企业标准。

国家标准由国务院标准化行政主管部门制定。对没有国家标准而又需要在全国某个行业范围内统一的技术要求，通常通过制定行业标准来约束。行业标准由国务院有关行政主管部门制定，并报国务院标准化行政主管部门备案。对没有国家标准和行业标准而又需要在省、自治区、直辖市范围内统一的工业产品的安全、卫生要求，根据规定应当制定地方标准。企业生产的产品没有国家标准和行业标准的，根据规定应当制定企业标准，作为组织生产的依据。

通常情况下，国家标准、行业标准、地方标准都属于专利法意义上的公开出版物。企业标准是内部标准，不能视为专利法意义上的公开出版物。

药品领域中的《中国药典》、部颁药品标准汇编本、地方药品标准汇编，其他领域的国家标准、行业标准、地方标准一般应认定为专利法意义上的公开出版物。药品领域中进口药品标准一般不应认定为专利法意义上的公开出版物。药品领域中未汇编成册的部颁标准、地方药品标准、企业药品标准和其他领域的企业标准是否属于专利法意义上的公开出版物应当结合相关法规、规章及其他证据认定。

4.3.1.4.6 合同票据单据类

合同是平等民事主体之间设立、变更、终止民事权利义务关系的协议。通常与其他证据结合，证明某种产品销售行为的发生。票据是依法签发和流通的、反映债权债务关系、以无条件支付一定金额为目的的有价证券，包括汇票、本票和支票。单据通常是指办理货物的交付和货款的支付的一种依据，以及提取货物的货权凭证，其种类包括发票、保险单、订货单、销售单、出库单、运货单、提货单、装箱单、商检报告等。

商业发票由税务机关统一监制，由指定的印刷单位统一印刷，并由税务机关统一登记、发放和管理，与其他普通单据相比，具有较强的防伪性，其真实性容易得到确认。发票一般还记载货物名称、数量、单价、货款、买卖双方名称等，对于销售行为的发生具有较强的证明力。发票一般不会记载产品的技术内容，通常无法单独证明销售产品构成侵权，需要有其他证据佐证。

送货单、收据等的印制和发放不受税务机关的监督和管理，其真实性较难确认。对于送货单、收据等单据的真实性和证明力，应结合全案证据综合加以考虑，不能一概不予认定，也不能不加分析当作证据链中证明销售行为的主要证据概然接受。

4.3.2 物证

物证是能够证明案件事实的物品或者痕迹。物证一般不能直接用来证明案件事实，需要与其他证据结合发挥证明作用。

4.3.2.1 物证的种类

物证有原物和派生物之分。原物是指直接来源于案件事实本身,并以自身存在的外形、重量、规格、损坏程度等特征来证明案件事实的一部分或者全部的物品或者痕迹。派生物是指并非直接来源于案件本身,但记载了能证明案件事实的物品或者痕迹的外形、重量、规格、损坏程度等特征的载体,比如物证的照片、复制品等。

4.3.2.2 物证的提交要求

提供物证应当符合下列要求:

(1)提供原物。提供原物确有困难的,例如对于不便移动、保存或者提取的物品以及无法提取的大型物品,可以提供与原物核对无误的复制件或者证明该物证的照片、录像等其他证据。

(2)物为数量较多的种类物的,提供其中的一部分。

4.3.2.3 物证的审核认定

物证的审核认定一般包括:

(1)审查判断物证是否伪造和有无发生变形、变色或变质的情况;

(2)审查判断物证与案件事实有无客观联系;

(3)审查判断物证的来源,查明物证是原物还是同类物或复制品。

原物的证明力优于复制品。无法与原物核对的复制品不能单独作为定案依据。当事人无正当理由拒不提供原物,又无其他证据印证,且对方当事人不予认可的证据的复制品不能作为定案依据。

对于物证,可以先对关联性、合法性、真实性进行认定,然后决定是否对其证明力进行认定。若经初步判断,能够确定所提交的物证材料不具有合法性或与案件不具有关联性的,可以不进一步认定其真实性;证据提交方无法证明其提交的物证材料的真实性,在对方当事人对该证据的真实性不予认可的情形下,可以不进一步判断其证明力;若经初步质证,可以认定物证材料真实性的,应当当庭展示,审核其证明力。对于无法从外部直接得知其技术结构的物证材料,应当当庭拆卸。对于公证保全的证据,在出示前,应当请双方当事人共同确认封条是否完整,详细记录当事人的意见和证据的封存情况,当庭打开封存,演示证据,并详细记录演示情况,演示结束后如果有必要,可以制作封条,恢复封存,并请双方当事人在封条上签字确认。对于不作为证据的产品实物的一般性演示,其演示目的主要目的在于帮助合议组了解技术方案,仅供合议组参考,不能作为定案的依据,可不严格进行质证程序。

物证演示过程中,应注意以下内容的调查:

(1)设备铭牌所反映的信息,包括型号、生产厂家、出厂日期等。这些信息是物证与其他证据的关联性所在,决定物证是否可以与其他证据(如发票、合同等)构成证据链。

(2)派生物能否反映原物的结构,如复制件是否与原物相一致,照片、录像等是否是对原物结构的真实记录。

(3)实物所反映的具体结构。对于某些仅能演示产品功能的实物,对于其功能是如何实现的,应特别注意调查。

(4)对涉案专利的特征比对。

4.3.3 视听资料

视听资料是指采用先进的科学技术,利用图像、音响及电脑等储存反映的数据资料等来证明案件情况的一种证据形式。

4.3.3.1 表现形式

视听资料表现为录像带、录音带、传真资料、微型胶卷、电话录音、电脑储存数据和资料等具体形式。

4.3.3.2 视听资料的提交要求

(1)当事人应当提供有关资料的原始载体。提供原始载体确有困难的,可以提供复制件。提供复制件的,应当说明其来源和制作经过。

(2)注明制作方法、制作时间、制作人和证明对象等。

(3)声音资料应当附有该声音内容的文字记录。

4.3.3.3 视听资料的审核认定

4.3.3.3.1 证据资格审核认定

视听资料证据资格主要审核证据的合法性,即证据是否为非法取得。所谓非法取得,主要指是否以窃听等违反法律禁止性规定的手段取得,或是否以侵害他人合法权益的方式取得。

4.3.3.3.2 证明力审核认定

(1)视听资料载体、制作过程是否可靠

审查视听资料所依赖的设备、软件是否达到一定的质量标准,是否具备一定的灵敏度,使用期限如何等;视听资料制作、存储、传递的方法是否科学,程序是否合理。

(2)视听资料的真实性

审查视听资料有无被加工、改造的可能,必要时,可以运用鉴定方法。被当事人或者他人进行技术处理而无法辨认真伪的证据材料不能作为定案依据。难以识别是否经过修改的视听资料不能单独作为定案依据。

(3)视听资料形成时的条件

审查视听资料的制作主体、方式、形成时间、地点、条件及周边环境,确认由何人录制、摄制、输入,制作具体地点、时间和具体环境情况。例如,对于录音、录像资料,应当查明当事人的有关言辞陈述是否出于自愿或真实意思表示,还是在受到威胁的情况下被迫作出的。

(4)视听资料的证明力判断标准

视听资料载体及其制作过程可靠性强,证明力也强。存有疑点的视听资料不能单独作为认定案件事实的依据。

4.3.4 证人证言

证人证言是人们对客观发生事件在头脑所形成印象的一种表达。

4.3.4.1 证人资格

不能正确表达意志的人,不能作为证人,其证言不能作为定案依据。待证事实与其年龄、智力状况或者精神健康状况相适应的无民事行为能力人和限制民事行为能力人,可以作为证人。

4.3.4.2 证人证言的审核认定

4.3.4.2.1 证人作证的基本要求

证人应当陈述其亲历的具体事实。证人根据其经历所作的判断、推测或者评论,不能作为定案的依据。证人证言的质证应当结合提交的书面证言,围绕证人的感知、记忆能力、证言内容的真实性、证人身份及证人与案件的利害关系等进行。出庭作证的证人应当客观陈述其亲身感知的事实。证人为聋哑人的,可以其他表达方式作证。证人作证时,不得使用猜测、推断或者评论性的语言。

当事人提供证人证言的,应当符合下列要求:
(1)写明证人的姓名、年龄、性别、职业、住址等基本情况;
(2)有证人的签名,不能签名的,应当以盖章等方式证明;
(3)注明出具日期;
(4)附有居民身份证复印件等证明证人身份的文件。

4.3.4.2.2 询问证人的程序和注意事项

询问证人应当包括如下步骤:
(1)核实证人身份(核对身份证件、并要求其提供复印件);
(2)询问证人的姓名、年龄、性别、职业、住址等基本情况;
(3)告知证人有如实作证的义务及作伪证的责任;
(4)双方当事人对证人证言质证:
①提供证言一方询问和反方询问;
②正方再询问和反方再询问;
③如有多个证人,可以让证人对质;
(5)合议组成员对未予明确的问题询问。

合议组对证人的询问不得使用诱导性语言;合议组可以根据案件的具体情况,选择不同的询问方法,以查明证人的感知、记忆和表述能力,证人是否亲历其作证事实,证人与当事人或代理人有无利害关系,证言前后有无矛盾之处,证言与其他客观证据有无矛盾之处等。

当事人对证人询问不得使用诱导性的语言,不得威胁、侮辱证人,询问的事项应当与案件事实相关。询问和质证内容应当形成文字材料,可以在口头审理过程中记录并由证人签名,也可以由本人书写,并注明日期。出席口头审理作证的证人不得旁听案件的审理。合议组询问证人时,其他证人不得在场,但组织证人对质的除外。

4.3.4.2.3 证人证言证明力的判断

对于证人证言的证明力,应通过对证人的智力状况、品德、知识、经验、法律意识和专业技能等的综合分析作出判断。针对同一事实,有多个证人证言的,应当综合分析、判断、相互印证。

其他证人证言优于与当事人有亲属关系或者其他密切关系的证人提供的对该当事人有利的证言;出庭作证的证人证言优于未出庭作证的证人证言。未成年人所作的与其年龄和智力状况不相适应的证言,与一方当事人有亲属关系或者其他密切关系的证人所作的对该当事人有利的证言,或者与一方当事人有不利关系的证人所作的对该当事人不利的证言,均不能单独作为定案依据。

4.3.4.2.4 证人不能出庭的情形

以下证人确有困难不能出庭的情形,经管理专利工作的部门许可,证人可以提交书面证言或者视听资料或者通过双向视听传输技术手段作证:

(1)年迈体弱或者行动不便无法出庭的;
(2)特殊岗位确实无法离开的;
(3)路途特别遥远,交通不便难以出庭的;
(4)因自然灾害等不可抗力的原因无法出庭的;
(5)其他无法出庭的特殊情况。

如果证人无正当理由不出庭作证,其证言不能单独作为认定事实的依据。

4.3.4.2.5 证人证言是否公证对证明力的影响

经过公证的证言仍然属于证人证言的范畴,只能证明证人作出了如书面证言所述的陈述,不能证明其所述情况属实。

4.3.4.3 单位证明

单位证明是指以法人单位或者其他非法人组织的名义作出的,以其文字内容来证明案件事实情况的证明材料,如工商行政管理局出具的企业法人变更登记情况表、国家图书馆出具的馆藏证明、档案馆出具的馆藏证明、企业单位出具的对产品销售情况的陈述、行业协会出具的意见等。

4.3.4.3.1 单位证明的分类

根据所记载的内容或表达的思想,单位证明可分为以下几类:

(1)书证性质的单位证明,具体可分为公书证类证明和私书证类证明。公书证类证明是指国家机关(如工商行政管理机关、海关部门等)或者公共职能部门(如图书馆、标准馆、档案馆等)在职权范围内制作的证明;私书证类证明是指企事业单位提供的案件发生前和案件发生过程中形成的文件或档案等证明材料,或将单位持有的文件或档案进行摘录、总结归纳或将其作为附件而形成的证明材料。

(2)证人证言性质的单位证明。是指为证明某一案件事实,应一方或多方当事人的请求,以单位的名义出具的、对单位参与的业务活动的记忆性陈述,或者以单位的名义出具的,单位工作人员对案件事实的陈述。如:单位在某年某月某日同另一单位签订了购买某产品的合同,合同标的为专利产品;或者单位的工作人员根据完成的工作进行陈述,如在具体的某个日期开始使用某种型号的产品、产品的结构如何等。

(3)行业意见类单位证明。例如建筑材料行业协会出具关于某专利在本行业取得良好应用效果的说明,电器行业协会出具关于某种型号的电器已经公开使用的证明,以及其他行业协会或者专业技术部门出具的某种技术方案与涉案专利构成等同的意见等。这类单位证明类似于专家意见,是对某一案件事实的解释、说明。

4.3.4.3.2 单位证明的审核认定

(1)单位证明的法定形式要求

由有关单位向案件审理机关提出的证明文书,应由单位负责人签名或者盖章,并加盖单位印章。对于单位证明,若其缺少单位的签章或单位负责人签名或者盖章,在对方当事人不予认可的情况下,应当不予采纳。单位在自然人(单位职员)的书面证明上盖章确认的,该份证明材料只能作为自然人的书面证言,不应该被当作单位证明,单位的盖章只能视为单位对证人身份资格的证明。

(2)证明力认定

关于书证性质的单位证明。国家机关、公共职能部门在职权范围内制作的公书证类证明文书,在确认复印件与原件一致,且无其他反证的情况下,可以确认其证明力。在认定能够作为公书证的单位证明时,应当注意辨别单位主体的性质、证明内容的性质、单位证明的形成时间以及该证明所涉及实体内容的形成时间。注意出具该材料的主体和材料内容是否符合要求,如果该单位不是依照法律、法规或法令等授权而享有相应职能、职责的国家机关或公共职能机构,或者材料的内容不在上述单位的法定职权范围内,该单位证明不能被当作公书证,只能作为私书证类证明或证人证言对待。对于私书证类证明,当事人一般应当提供出具该单位证明文书所依据的证明材料。在当事人取证确有困难的情况下,可以依当事人的申请调取证据;若当事人提交经公证的单位证明,且该公证书附有相关证据材料的复印件,而单位证明的内容又与所附材料相一致时,可以确认单位证明的证明力;若当事人提交经公证的单位证明而公证书未附所依据的证据材料的复印件,在对方当事人提出合理异议,且没有其他证据佐证的情况下,不宜确认其证明力。

对于证人证言性质的单位证明,质证规则可以适用证人证言的质证规则,当事人对单位证明存有异议的情况下,签字的单位负责人或者相关事项的具体经办人应当出庭接受质证。未经质证的单位证明,通常不能单独作为定案的依据。经过质证的单位证明的证明力通常要大于未出庭质证的单位证明的证明力。单位证明的证明力要大于自然人证言的证明力。

行业意见类单位证明的作用仅仅是帮助审案人员了解案情,解释、说明案件的情况,可以作为审查案件时的参考,一般不宜将其作为证据使用。

4.3.5 当事人陈述

当事人陈述是当事人就有关案件的事实情况向管理专利工作的部门所作出的陈述,包括当事人自己说明的案件事实以及对案件事实的承认。当事人陈述通常缺乏可靠性,难以单独作为定案依据。相比当事人作出的利己陈述,其作出的不利于己、只有利于对方当事人的事实陈述,可信度相对较高。

对于当事人陈述,主要审查当事人陈述与其他证据有无矛盾、是否能够相互印证。不仅要审查一方当事人陈述与其所提供的其他证据是否存在相互抵触,还要审查该当事人陈述与对方当事人及所提供的其他证据是否存在矛盾。

4.3.6 鉴定意见

鉴定意见是鉴定人接受委托或聘请,运用自己的专门知识和技能,对案件中所涉及的某些专门性问题进行分析、判断后所作出的结论性意见。

4.3.6.1 鉴定人与鉴定文书

具有鉴定资格的专业人员通常称作鉴定人,鉴定人有自然人和机构之分。鉴定意见以鉴定文书为载体。鉴定文书是鉴定委托、鉴定过程和鉴定结果的书面表达方式,是鉴定人将鉴定所依据的资料、鉴定的步骤与方法、鉴定的依据与标准、分析得出的数据图像等用文字和图片的形式表述出来的一种法律文书,包括鉴定书、检验报告书和鉴定意见书等形式。作出肯定或否定鉴定结论的为鉴定书,叙述检验过程和检验结果的为检验报告书,提供倾向性、可能性分析意见的为鉴定意见书。

4.3.6.2 鉴定意见的审核认定

4.3.6.2.1 证据资格审查

(1)鉴定书是否符合形式要求

鉴定书应当载明委托人姓名或名称、委托鉴定的事项、委托鉴定的材料、鉴定的依据和使用的科学技术手段、鉴定过程的说明、明确的鉴定结论、对鉴定人鉴定资格的说明,并应有鉴定人的签名和鉴定部门的盖章。

(2)鉴定机构与鉴定人是否合格

鉴定机构应当是依照法律、法规、规章的规定成立的具有鉴定资格的机构,鉴定人应当是具有某方面的专业知识并依法取得鉴定人资格的人员。审查鉴定意见时应首先审查鉴定机构与鉴定人的资质条件。

(3)鉴定程序是否合法

程序法定是保证鉴定质量的重要措施,鉴定对象的提取、保管、送鉴定、鉴定均需依照法定程序进行。鉴定人数与鉴定书不符合鉴定要求、鉴定人与当事人有利害关系应当回避而没有回避,都属于违反法定程序的情况。

(4)鉴定人有无受到不正常干扰和影响

应当对鉴定人是否受到不正常干扰和影响进行审查。如果鉴定人受到他人干涉,鉴定意见的正确性就可能受到影响。

4.3.6.2.2 证明力审查

(1)鉴定意见依据的材料是否充分和可靠

鉴定所依据的材料应当真实、充分。应当审查鉴定人是否存在出于某种目的,故意更换、增减鉴定材料的情况。

(2) 鉴定的方法是否科学,使用的设备和其他条件是否完善

应当审查鉴定人在鉴定过程中,检验、实验的程序规范或者检验方法是否符合法定标准或行业标准,所使用的技术设备是否先进可靠,技术手段是否有效可靠。

(3) 鉴定意见是否符合逻辑

应当审查鉴定意见的论据是否充分、推论是否合理、论据与结论之间是否存在矛盾、鉴定结论与其他证据是否存在矛盾、鉴定意见是否明确、内容是否完整。

(4) 鉴定意见是否超越职权

鉴定意见只能解决事实问题,不能解决法律问题。鉴定意见中针对法律问题的结论虽不会导致鉴定意见必然无效,但该意见仅能供执法人员参考,不能被不加分析地直接接受。

(5) 鉴定委托人的影响

鉴定委托人为案件一方当事人,其鉴定意见的证明力低于鉴定委托人为管理专利工作的部门、人民法院或其他中立机构的鉴定意见。

(6) 鉴定人是否出庭接受质询

鉴定人无正当理由不出庭,对方当事人对其鉴定意见提出相反证据或合理怀疑足以推翻其结论的,该鉴定意见不能作为定案依据。

(7) 鉴定意见的证明力大小

在证明同一个事实的数个证据中,鉴定意见优于其他书证、视听资料和证人证言。

4.3.6.2.3 关于有专门知识的人出庭说明有关问题

当事人可以申请有专门知识的人出庭说明有关问题,包括对鉴定人作出的鉴定意见提出意见和对专业问题提出意见。

"有专门知识的人",又称专家,是指在科学、技术以及其他专业知识方面具有特殊的专门知识或者经验的人,根据当事人的申请,出庭就鉴定人作出的鉴定意见或者案件事实所涉及的专门问题进行说明或者发表专业意见的人。所谓"专门知识",是指不为一般人所掌握而只有一定范围的专家熟知的那些知识,不包括现行法律、法规的规定等法律知识。

需要有专门知识的人出庭的,应当由当事人向审理机关提出申请,说明理由。审理机关接受申请后,应当进行审查,如果符合法律规定,理由充分,应当通知有专门知识的人出庭;如果不符合法律规定或者理由不成立,就应当驳回当事人的申请。

4.3.7 勘验笔录

勘验笔录,是执法人员对于与案件有关的现场或者物品进行勘验所作的实况记录,是对物品、现场等进行查看、检验后所作的能够证明案件情况的记录。现场笔录是专指行政机关及其工作人员在执行职务的过程中,在实施具体行政行为时,对某些事项当场所作的能够证明案件事实的记录。

4.3.7.1 笔录的制作流程

勘验现场时,勘验人必须出示执法证件,并邀请当地基层组织或者当事人所在单

位参加。当事人或其成年亲属应到场,拒不到场的,不影响勘验的进行,但应当在勘验笔录中说明情况。勘验人员应当制作勘验笔录,记载勘验的时间、地点、勘验人、在场人、勘验的经过和结果,由勘验人、当事人、在场人签名。勘验现场时绘制的现场图,应当注明绘制的时间、方位、绘制人姓名和身份等。现场勘验笔录的内容,一般包括现场笔录、现场照相、现场摄像和现场绘图。

现场笔录,由行政执法机关及其人员现场制作,应当载明时间、地点和事件等内容,并由执法人员和当事人签名。当事人拒绝签名或者不能签名的,应当注明原因。有其他人在现场的,可由其他人签名。

4.3.7.2 笔录的审核认定

4.3.7.2.1 程序是否合法

勘验必须严格依法进行,对笔录的审查应注意审查勘验的程序是否合法,例如参加人员是否达到法定数额、是否依照法定步骤进行、应当签名的人员是否签名等。

4.3.7.2.2 笔录是否反映了现场、物品等的真实情况

对于笔录,应当审查笔录上所记载的物证、场地环境情况等与从现场收集到实物证据是否吻合;采用文字记录以及绘图、现场摄像、拍照方式反映案件事实的各个部分是否互相照应,有无互相抵触的情形;现场所记录的重要情况有无遗漏之处,所使用的文字表述是否确切,记录的数字是否准确无误;笔录所表述的内容有无推测之处。

4.3.7.2.3 笔录的证明力大小

现场笔录、勘验笔录证明力优于其他书证、视听资料和证人证言。

行政机关主持所制作的勘验笔录证明力优于其他部门主持勘验所制作的勘验笔录。

4.3.8 电子证据

电子证据是以电子形式表现出来的、能够证明案件事实的一切材料。所谓电子就是在技术上具有电的、数字的、磁性的、无线电的、光学的、电磁的或类似的性能。电子证据的形式除了包括网站、电子公告、博客、电子邮件、交互式交流工具(QQ、BBS、微信等)、新闻组及 Ftp 上下载文件等外,还包括表现为电子数据交换(EDI)、电子资金划拨(EFT)和电子签章(E – signature)等样式的各种证据。

4.3.8.1 电子证据的审核认定

4.3.8.1.1 合法性认定

域外形成的电子证据原则上应经过公证认证,否则不予采纳。对于国外网站信息等可以在我国域内通过正当途径获得的电子证据,无须进行公证认证,可以直接作为证据予以接纳。取证手段的合法性主要需考虑证据的取得是否侵害他人合法权益(如故意违反社会公共利益和社会公德、侵害他人隐私等)或者采用违反法律禁止性规定的方法(如窃听),除此之外,不能随意认定为非法证据。未经对方当事人同意私自录制其谈话所取得的录音资料,如未违反上述原则,不宜简单以不具有合法性予以

排除。

4.3.8.1.2 真实性认定

当事人均认可的电子证据,一般予以采纳;对方当事人有充分理由反驳的,应当要求提交电子证据的当事人提供其他证据予以佐证。经查证属实,电子证据可以作为单独认定案件事实的依据。

审核电子证据的真实性时,还需要考虑以下因素:

(1)电子证据的形成过程,包括电子证据是否是在正常的活动中按常规程序自动生成的、生成系统是否受到他人的控制、系统是否处于正常状态等。

(2)电子证据的存储方式,包括存储方式是否科学、存储介质是否可靠、存储人员是否独立、是否具有遭受未授权的接触的可能性。

(3)电子证据的收集过程,包括电子证据的收集人身份,收集人与案件当事人有无利害关系,收集方法(备份、打印输出等)是否科学、可靠等。

(4)电子证据的完整性。一般情况下,应依法指派或聘请具有专门技术知识的人对其进行鉴定,就有关电子证据的技术问题进行说明,不能仅凭生活常识来判定电子证据有无删改。

4.3.8.1.3 证明力认定

(1)经公证的电子证据的证明力大于未经公证的电子证据。经公证的电子证据仍然是电子证据,同样需要适用判断电子证据真实性的规则。

(2)在正常业务活动中制作的电子证据证明力,大于为诉讼目的而制作的电子证据。

(3)由不利方保存的电子证据的证明力最大,由中立的第三方保存的电子证据证明力次之,由有利方保存的电子证据证明力最小。

4.3.8.2 网络证据的审核认定

网络证据是电子证据的一种,又称互联网证据,是指以数字形式存在的,以通信网络作为传播媒介,公众能够从不特定的网络终端获取,需要借助一定的计算机系统予以展现,并且用于证明案件事实的证据材料。

对于网络证据,既不能因其修改不易留痕迹的特点而一律不予接受,也不能不加分析地对网络证据一概接受,而应根据个案情况对网络证据综合加以认定。

网络证据认定的关键在于其真实性。网络证据真实性具有三个层面的含义:一是网络证据是否客观存在,即是否具有形式上的真实性;二是网络证据的内容是否反映了形成时的状态,即其内容是否具有真实性;三是网络证据是否反映事实的客观情况,表述的内容是否可靠。

形式真实性认定主要在于判断网络证据的表现形式是否能证明其来源。内容真实性认定主要在于判断网络证据是否经过篡改,是否经过篡改可以从网站的资质和网站与当事人之间的利害关系考虑。网络证据是否可靠主要从网站的资质进行判断。

在审核认定网络证据时,应先判断其是否具备形式真实性,然后综合考查网站的资质和与当事人的利害关系,判断其内容真实性,最后再综合判断其内容的可靠性。

4.3.8.2.1 网络证据的表现形式

网络证据的表现形式主要包括两种:网页内容的打印件、记载网页内容打印件以及访问过程的公证书。

(1)网页内容的打印件

网页内容的打印件性质上属于复印件,如果通过审理案件现场演示的方式能够证明打印件与网页内容实质相同,则可以初步确认该网络证据的证据来源。

现场演示中,需要注意:①通常应采用案件审理者或中立方的计算机及网络进行演示。如受条件所限,确需采用一方当事人的计算机及网络进行演示的,应首先检验网络是否正常,并对计算机进行清洁性操作;②应注意核对网页网址、网页主要内容是否一致,网页容易发生改动部分(如广告)以及因为显示方式变化出现的细微差别不影响认定;③对于演示过程中表现出来的关键性内容及双方当事人的质证意见,应进行详细记录,防止当事人事后反悔;④现场演示无法访问该网页,或该网页与打印件内容实质不同时,可认定该证据来源不可靠;⑤现场演示可以证明证据来源的,一方当事人于事后主张该网页无法访问或内容发生较大变化的,不影响对该证据的认定,该证据的内容以现场演示时为准;⑥通过网页快照可以确认打印件内容与网页快照内容一致性的,该网络证据的来源应得到认可,有相反证据予以推翻的除外。

(2)记载网页内容打印件以及访问过程的公证书

网络证据的公证,是指公证机构根据当事人的申请,依照法定程序对网络证据的形成过程进行证明的活动。当事人提供记载了网页内容打印件及访问过程的公证书的,该公证书既能够证明该网络证据的证据来源,也能够证明该打印件与该打印件形成时间时的网页相一致,能够初步认定其形式上的真实性。需要注意,网络证据的公证仅能证明公证时相关网页的内容,不能证明网页内容的历史情况以及网页内容的真实性。

4.3.8.2.2 网站的资质

网站的资质是指网站的内在属性。其主要取决于以下因素:网站系统的可靠性与稳定性、网站的权限管理机制。

网站系统的可靠性与稳定性是指构成网站系统的硬件、软件与固件的稳定情况以及正常运行的情况。如果网站的硬件系统没有出现过故障或者具有完备的日志系统与备份系统,网站的软件系统运行比较可靠,则网络证据被黑客入侵非法篡改的可能性较小。

网络的权限管理机制是指网站中各个不同角色的权限情况,其标志着网站信息的可修改性以及修改的难易程度。如果网站的管理比较严格,具有完善的管理制度和权限分配机制,则该网站的网络证据被非法篡改的可能性较小。如果网站的管理比较宽松,没有完善的管理制度和权限分配机制,则该网站的网络证据被非法篡改的可能性较大。

4.3.8.2.3 网站与当事人之间的利害关系

网站与当事人之间的利害关系主要指网站与本案件的当事人之间是否存在特殊关系,例如投资关系、合同关系、管理关系等。

如果网站属于独立运营的网站,与双方当事人没有任何利害关系,该网站管理者缺少篡改网络证据的动机,则该证据被篡改的可能性较小;如果一方当事人与网站有利害关系,例如系网站的赞助商或者广告商,该网站管理者具有篡改网络证据的动机,则应对证据是否经过篡改予以认真审核。

4.3.8.2.4 常见网站的分类及审核认定

常见网站的性质包括以下几种。

(1)政府网站、国际组织网站及公共组织网站类

政府网站主要包括全国人大、国务院及其组成部门与直属机构、最高人民法院、最高人民检察院以及地方各级人大、政府、人民法院、人民检察院等的网站。国际组织网站例如联合国、欧洲专利局、国际标准化组织等网站。

(2)公立学校网站、科研机构网站、非营利性事业单位网站、公益性财团法人网站类

公立学校网站是指政府财政拨款设立的大学、中学等学校的网站,例如清华大学网站、北京大学网站等。科研机构网站是指政府财政拨款设立的专门从事科学研究工作的科研单位的网站,例如中国科学院软件研究所网站、中国科学院计算技术研究所网站等。非营利性事业单位网站例如中国计算机学会、中国通信学会等的网站。公益性财团法人网站是指为了公益事业建立的非营利性的财团法人的网站,例如中国红十字会网站等。

(3)知名的专业在线期刊网站、知名的在线数据库类网站类

知名的专业在线期刊网站是指业界公认的专业期刊的在线网站,例如软件学报网站、计算机工程与应用网站、计算机应用网站等。知名的在线数据库类网站,例如中国知识基础设施工程(CNKI)网站、超星数字图书馆网站、万方数据网站、中国药物专利数据库检索系统网站等。

(4)具有一定知名度的门户网站类

该类网站例如新浪、搜狐、腾讯、网易等综合性门户网站。

(5)具有一定知名度的在线交易网站类

在线交易网站是指网络使用者能够输入意图出售的产品信息以及意图购买的产品信息,能够在计算机网络上完成买卖交易行为的网站。

上述五类网站的网络证据被篡改的可能性较小。对于门户网站和在线交易类网站,应在认定网络证据内容真实性的基础上,进一步判断其内容的可靠性。例如,某门户网站上发布了一则新闻,内容为某公司发布了某款产品,该网页新闻的真实性是指能够认定该网站曾发布相关内容的新闻,且并未被非法篡改,对于该新闻的可靠

性,也即某公司是否发布了某款产品,应结合网站权威性、新闻来源等其他客观情况予以综合认定,不能简单地认为网页证据本身具有真实性即代表该证据能够起到证明作用。

(6)公司、企业等私营网站类

公司、企业的网站是指由营利性公司运营的网站。该类网站因管理机制、可靠性与稳定性安全机制千差万别而需根据个案谨慎认定其真实性。在判断该类网站上的网络证据的真实性时,需要考虑网站和当事人之间的利害关系。

(7)BBS、个人讨论区、个人博客、个人网站类

对于BBS、个人讨论区、个人博客和个人网站等由网络使用者发布消息、相互交流的网站,因管理机制、可靠性与稳定性安全机制千差万别而需根据个案谨慎认定其真实性,对于该类网络证据内容的可信度也需要慎重审查。

4.3.8.2.5 网络证据的公开

4.3.8.2.5.1 网络证据公开性认定

下述类型的网站发布的信息一般被认为构成专利法意义上的公开:

(1)在搜索引擎上加以注册并能进行搜索的网站;

(2)其存在和位置为公众所知的网站(例如与知名网站链接的网站);

(3)对于需要输入口令的网站,如果公众中的任何人通过非歧视性的正常途径就能够获得所需口令访问网站,则该网站发布的信息可被认为是公众可以得到的;

(4)对于需要付费的网站,如果公众中的任何人仅仅需要缴纳一定的费用就可以访问,则该信息可被认为是公众可以得到的。

下述类型网站发布的信息一般不能被认为构成专利法意义上的公开:

(1)其网络资源定位地址没有公开的网站;

(2)只有特定机构或者特定的成员才能访问,并且其中的信息被作为秘密对待的网站;

(3)网站信息采用了特殊的编码方式,一般公众无法阅读的网站。

4.3.8.2.5.2 网络证据公开时间的认定

网络证据可能涉及的时间点包括网页的撰稿时间、网页的上传时间、网页的发布时间、网页上记载的时间以及网页中嵌入的Word、PDF等特定文件信息中包含的时间。

网页的撰稿时间是指网页内容的撰稿人完成文件的撰写,并且将文件录入网站的内容管理系统的时间,通常表现为网站的内容管理系统记载的进入系统时间以及网页文件的生成时间。网页的上传时间是指撰稿生成的网页被上传到网站并且进入网站的数据库的时间。网页的发布时间是指网页被业务层应用于网站的事务管理中,网站访问者可以看到该网页内容的起始时间,同时也是搜索引擎能够抓取网页的起始时间。网页中嵌入的Word、PDF等特定文件信息中包含的时间,一般仅能表明该文件所涉及的信息被创作或修改的时间。

在网络证据具备真实性的前提下,第一,网页上记载的时间通常可以代表网页的发布时间,构成专利法意义上的公开的起始时间,除非当事人能够提供证据证明网页经过修改;第二,网页的撰稿时间、网页的上传时间不能构成专利法意义上的公开的起始时间;第三,网页中嵌入的Word、PDF文件信息中包含的时间一般不能构成专利法意义上的公开的起始时间;第四,网络证据所标记或被证明的当地时间作为其公开时间,确定公开日时通常无须考虑时区的影响,但不考虑时区影响对当事人实体权益造成损害的除外。

第4节 证据链的审核认定

证据链是指在证据与被证事实之间建立连接关系,相互间依次传递相关的联系的若干证据的组合。

在案件审理中出现当事人提交多个证据试图构成证据链证明某一事实时,管理专利工作的部门应当从各证据与案件事实的关联程度、各证据之间的联系等方面综合审查判断。

在证据链的审查中,一般应先逐个审查每个证据的真实性、合法性、关联性及证明力,再审查证据之间是否具有紧密联系。需要注意的是,如果某一证据不是形成证据链的必要证据,那么即便其不具备证据能力或证明力,也不影响整个证据链的形成。

否定证据链的成立并不需要否定每个证据的证据能力或证明力。形成证据链的必要证据中只要有一个不具有证据能力或证明力,抑或至少两个证据之间完全不具备任何联系,则可以认定这些证据不能构成能够证明案件事实的证据链。

专利侵权纠纷案件中,对于一组证据进行调查时,一般应首先调查被控侵权的销售、制造等行为是否属实,之后再调查销售、制造的产品所涉及的技术方案,最后将该技术方案与涉案专利权利要求进行比对,判断是否落入其保护范围。以销售为例,可以先审查发票等证据是否足以证明被控侵权人销售了某产品,之后再审查该销售的产品的技术方案是否可以得到证明,比如发票上记载的产品型号是否可以与公证保全的实物上的型号相对应、公证保全的实物反映出的技术方案是什么,最后将实物的技术方案与涉案专利的技术方案进行比对,作出是否构成侵权的认定。

专利行政执法证件与执法标识管理办法(试行)

1. 2016年9月12日国家知识产权局发布
2. 国知发管字〔2016〕70号

第一章 总 则

第一条 为落实行政执法人员资格管理制度,加强专利行政执法证件与执法标识管理,提升专利行政执法的规范性与严肃性,依据有关法律、法规和规章,制定本办法。

第二条 本办法所称专利行政执法证件,即《专利行政执法证》,是取得专利行政执法资格的合法凭证,是由国家知识产权局统一制作颁发,专利行政执法人员依法履行行政执法职责、从事专利行政执法活动的身份证明。

本办法所称专利行政执法标识,是指由国家知识产权局统一监督制作、监督颁发,专利行政执法人员在执行公务时着装上佩带的专用标志。

第三条 专利行政执法证件的主要内容包括:持证人的姓名、性别、照片、工作单位、职务、执法地域、发证机关、证号、发证时间、核验记录等。专利行政执法证件实行全国统一编号。

专利行政执法标识包括胸牌、徽章等,具体样式和规格由国家知识产权局统一规定。

第四条 专利行政执法证件和执法标识实行全国统一规范、分级管理制度。

国家知识产权局负责全国专利行政执法人员证件的申领、核发、核检、监督等工作;各省、自治区、直辖市管理专利工作的部门负责本行政区域内专利行政执法证件的日常管理工作。

第二章 专利行政执法证件与执法标识的申领、核发

第五条 申领专利行政执法证件和执法标识的人员应符合以下条件:

(一)遵纪守法,公正廉洁,有良好的职业道德;

(二)具备专利行政执法工作职能的部门及符合《专利行政执法操作指南》(第7.2.2.1.2条款)申领条件的单位的工作人员;

(三)掌握专利法律法规、规章及相关行政法律、法规;

(四)参加国家知识产权局组织或者经国家知识产权局同意后由管理专利工作的部门组织的专利行政执法人员上岗培训班,并通过专利行政执法资格考试。

第六条 各级管理专利工作的部门的工作人员申请领取专利行政执法证件和执法标识的,须填写《专利行政执法证件与执法标识申领表》,一并提交所在单位,经所属省、自治区、直辖市管理专利工作的部门审核后,统一报送国家知识产权局批准。

第七条 申领人有下列情形之一的,不予核发专利行政执法证件和执法标识:

(一)年度考核结果有不称职等次的;

(二)近两年在行政执法工作中有违法违纪行为的;

(三)有其他不应当核发的情形的。

第八条 专利行政执法证件丢失或损毁的,持证人应及时报告所在管理专利工作的部门,经查证属实后,逐级报国家知识产权局。

需要补办专利行政执法证件的,持证人须重新填写《专利行政执法证件和执法标识申领表》,还应当提交原证件作废说明,说明内容包括姓名、性别、工作单位、职务、证号、丢失/毁损事由等,加盖所在单位公章,经所属省、自治区、直辖市管理专

利工作的部门审核后,统一报送国家知识产权局批准。

第九条 持有专利行政执法证件的人员有下列情形之一的,须重新填写《专利行政执法证件和执法标识申领表》,连同原证件报送所在管理专利工作的部门,并提交执法证件换证申请:

(一)工作调动或职务变更的;

(二)部门单位机构合并、新设及名称变更的;

(三)证件有效期届满的。

证件有效期届满的持证人员须提前六个月申报。由国家知识产权局作旧证销毁,予以更换新证。

第三章 专利行政执法证件和执法标识的使用、管理

第十条 专利行政执法人员在履行专利行政执法职责时,应当随身携带并主动出示专利行政执法证件并佩戴执法标识。

专利行政执法人员不得将专利行政执法证件和执法标识用于非公务活动。

第十一条 专利行政执法人员应在专利行政执法证件载明的执法区域内从事执法活动。

第十二条 专利行政执法人员应在有效期限内使用专利行政执法证件,超出有效期限不得使用。

第十三条 专利行政执法证件实行一人一证一号制度。持证人应当妥善保管专利行政执法证件,不得涂改、复制、转借、抵押、赠送、买卖、变造或者故意损毁。

第十四条 持有专利行政执法证件的人员有下列情形之一的,所在管理专利工作的部门应当收回其执法证件,并交国家知识产权局注销:

(一)未通过核检或到期未核检的;

(二)调离管理专利工作的部门的;

(三)辞职、辞退、长期休假、退休或死亡的;

(四)发证机关认为应当收回的。

除上述条款第(二)项规定的情形外,被注销执法证件的人员,两年之内不得再申请领取专利行政执法证件。

第十五条 持有专利行政执法证件的人员有下列情形之一的,所在管理专利工作的部门应当暂扣其专利行政执法证件:

(一)依有关规定履行法定职责、执行公务时,没有或拒绝出示执法证件,尚未造成严重后果的;

(二)因涉嫌违法违纪被立案审查,尚未做出结论的;

(三)受到开除以外行政处分的;

(四)依法被停止履行执法职责的;

(五)故意复制、转借、抵押、赠送、出卖给他人,故意损毁专利行政执法证件,尚未造成严重后果的;

（六）因其他原因应当暂扣的。

被暂扣行政执法证件者须向所在的部门做出书面说明或书面检查，扣证期间不得从事行政执法工作。

第十六条 持有专利行政执法证件的人员有下列情形之一的，所在管理专利工作的部门应当收回其执法证件，并报请国家知识产权局吊销：

（一）超越法定权限执法或者违反法定程序执法，造成严重后果的；

（二）在非履行职责和执行公务时使用执法证件，造成不良影响的；

（三）将专利行政执法证件复制、转借、抵押、赠送、出卖给他人、故意损毁，造成严重后果的；

（四）变造专利行政执法证件的；

（五）利用专利行政执法证件进行违法违纪活动的；

（六）有徇私舞弊、玩忽职守等渎职行为的；

（七）受到开除公职行政处分的；

（八）受到行政拘留处罚或者判处刑罚的；

（九）有其他违纪违法行为，不宜从事专利行政执法工作的。

被吊销专利行政执法证件的人员，不得再从事专利行政执法工作。

第十七条 专利行政执法证件被暂扣、注销、吊销的，应将专利行政执法标识及时上交所在管理专利工作的部门。

专利行政执法证件失效或者超过有效期限的，不得再使用专利行政执法标识。

第四章　专利行政执法证件的核检

第十八条 专利行政执法证件实行核检制度，每两年进行一次核检。

第十九条 对持证人的核检应考虑以下情形：

（一）执法工作考核情况；

（二）参加执法培训的情况；

（三）执法违纪或重大执法过失的情况；

（四）受奖励或处分的情况；

（五）其他情况。

第二十条 对于执法证件核检申请，核检机关根据下列情形分别处理：

（一）对符合核检要求的，由核检机关在证件的核检记录栏上贴示当年的核检专用标识，允许持证人继续从事专利行政执法工作；

（二）对没有达到核检要求的，不予通过核检。

第二十一条 持有专利行政执法证件的人员年度考核成绩不合格的或未按规定参加执法业务培训的，核检不予通过。

第二十二条 未经核检的专利行政执法证件自行失效。对失效的专利行政执法证件国家知识产权局予以收回、销毁。

第五章　附　　则

第二十三条　有关单位或个人违反本办法擅自制作、发放、使用专利行政执法证件和执法标识的,应当依照有关规定予以纪律处分或追究法律责任。

第二十四条　严禁任何单位和个人生产、销售和佩戴与专利行政执法标识式样、颜色、图案相同或相近似并足以造成混淆的标志。

第二十五条　专利行政执法证件有效期限为六年。有效期满,国家知识产权局予以收回销毁,符合条件的予以更换。

第二十六条　国家知识产权局以及专利局、专利复审委员会等下属单位工作人员持有的专利执法证件和执法标识,适用本办法管理。

经济技术开发区、高新技术产业开发区等各类非行政区划管理专利工作的部门的工作人员,在申领执法证件和执法标识时,应当同时提交执法区域的情况说明材料。

第二十七条　各知识产权维权援助中心和快速维权中心,以及各类非行政区划管理专利工作的部门的工作人员持专利执法证件参与知识产权局办案工作的,应通过办理挂职或借调等手续,符合相关人事规定。

第二十八条　本办法由国家知识产权局专利管理司负责解释。

第二十九条　本办法自发布之日起施行。国家知识产权局此前有关规定与本办法不一致的,依照本办法执行。

专利行政执法证件和执法标识申领表(略)

集成电路布图设计行政执法办法

2001年11月28日国家知识产权局令第17号公布施行

第一章　总　　则

第一条　为了保护集成电路布图设计(以下简称布图设计)专有权,维护社会主义市场经济秩序,根据《集成电路布图设计保护条例》(以下简称条例)以及有关法律法规制定本办法。

第二条　条例第三十一条所称国务院知识产权行政部门是指国家知识产权局。

国家知识产权局设立集成电路布图设计行政执法委员会(以下简称行政执法委员会),负责处理侵犯布图设计专有权的纠纷,调解侵犯布图设计专有权的赔偿数额。

各省、自治区、直辖市的知识产权局应当协助、配合国家知识产权局开展集成电路布图设计行政执法工作。

第三条　行政执法委员会处理侵犯布图设计专有权的纠纷应当以事实为依据、以法律为准绳,遵循公正、及时的原则。

行政执法委员会调解侵犯布图设计专有权的赔偿数额应当按照法律规定,在查明事实、分清是非的基础上,促使当事人相互谅解,达成协议。

第二章 处理和调解程序

第四条 请求行政执法委员会处理布图设计专有权侵权纠纷的,应当符合下列条件:

(一)该布图设计已登记、公告;

(二)请求人是布图设计专有权的权利人或者与该侵权纠纷有直接利害关系的单位或者个人;

(三)有明确的被请求人;

(四)有明确的请求事项和具体事实、理由;

(五)当事人任何一方均未就该侵权纠纷向人民法院起诉。

第五条 请求人提出请求,应当向行政执法委员会提交请求书以及所涉及的布图设计登记证书副本。请求人应当按照被请求人的数量提供相应数量的请求书副本。

第六条 请求书应当记载以下内容:

(一)请求人的姓名或者名称、地址,法定代表人或者主要负责人的姓名、职务,委托代理人的,代理人的姓名和代理机构的名称、地址;

(二)被请求人的姓名或者名称、地址;

(三)请求处理的事项和具体事实、理由。

有关证据和证明材料可以请求书附件的形式提交。

请求书应当由请求人签名或盖章。

第七条 请求人应当提供证据,证明被请求人采用的布图设计与受保护的布图设计全部相同或者与受保护的布图设计中任何具有独创性的部分相同。

受保护的布图设计尚未投入商业利用的,请求人应当提供证据,证明被请求人有获知该布图设计的实际可能性。

第八条 请求不符合本办法第五条规定的,行政执法委员会应当在收到请求之日起的7日内通知请求人不予受理。

请求不符合本办法第六条、第七条、第八条规定的,行政执法委员会应当在收到请求之日起的7日内通知请求人在指定期限内予以补正。逾期未补正或者经补正仍不符合规定的,请求被视为未提出。

请求符合本办法第五条、第六条、第七条、第八条规定的,行政执法委员会应当及时立案并通知请求人,同时,应指定3名或3名以上单数承办人员组成合议组理该侵权纠纷。

第九条 立案后,行政执法委员会应当及时将请求书及其附件的副本以寄交、直接送交或者其他方式送达被请求人,要求其在收到请求书副本之日起15日内提交答辩书一式2份。被请求人逾期不提交答辩书的,不影响行政执法委员会进行处理。

被请求人提交答辩书的,行政执法委员会应当在收到答辩书之日起的7日内将答辩书副本以寄交、直接送交或者其他方式送达请求人。

第十条 侵犯布图设计专有权纠纷涉及复杂技术问题,需要进行鉴定的,行政执法委员会可以委托有关单位进行专业技术鉴定。鉴定意见或者结论需经当事人质证方能作为定案的依据。

鉴定费用由当事人承担。

第十一条 在侵犯布图设计专有权纠纷的处理过程中,专利复审委员会对该布图设计专用权启动撤销程序的,行政执法委员会可以根据情况需要决定是否中止处理程序。

第十二条 行政执法委员会处理侵犯布图设计设计专有权的纠纷,可以根据案情需要决定是否进行口头审理。行政执法委员会决定进行口头审理的,应当至少在口头审理3日前让当事人得知进行口头审理的时间和地点。无正当理由拒不参加或者未经允许中途退出口头审理的,对请求人按撤回请求处理,对被请求人按缺席处理。

第十三条 行政执法委员会举行口头审理的,应当将口头审理的参加人和审理要点记入笔录,经核对无误后,由案件承办人员和参加人签名或盖章。

第十四条 除当事人达成调解、和解协议,或者请求人撤回请求之外,行政执法委员会处理侵犯布图设计专有权的纠纷应当作出处理决定书,写明以下内容:

(一)当事人的名称或姓名、地址;

(二)当事人陈述的事实和理由;

(三)认定侵权行为是否成立的理由和依据;

(四)处理决定,认定侵权行为成立的,应当明确写明责令被请求人立即停止的侵权行为的类型、对象和范围;认定侵权行为不成立的,应当驳回请求人的请求;

(五)不服处理决定向人民法院提起行政诉讼的途径和期限。

处理决定书应当由案件承办人员署名,加盖行政执法委员会的业务专用章。

第十五条 对行政执法委员会作出的处理决定不服,向人民法院提起行政诉讼的,由行政执法委员会主任委托合议组出庭应诉。

第十六条 在行政执法委员会或者人民法院作出认定侵权成立的处理决定或者判决之后,被请求人就同一布图设计专用权再次作出相同类型的侵权行为,布图设计专有权的权利人或者利害关系人请求处理的,行政执法委员会可以直接作出责令立即停止侵权行为的处理决定。

第十七条 当事人请求行政执法委员会就侵犯布图设计专有权的赔偿数额进行调解的,应当提交请求书。

请求书应当记载以下内容:

(一)请求人的姓名或者名称、地址、法定代表人或主要负责人的姓名、职务;

(二)被请求人的姓名或名称、地址;

(三)请求调解的具体事项和理由。

第十八条 行政执法委员会收到请求书后,应当及时将请求书副本通过寄交、直接送交或者其他方式送达被请求人,要求其在收到请求书副本之日起的15日内提交意见陈述书。

第十九条 被请求人提交意见陈述书并同意进行调解的,行政执法委员会应当及时立案,并通知请求人和被请求人进行调解的时间和地点。

被请求人逾期未提交意见陈述书,或者在意见陈述书中表示不接受调解的,行政执法委员会不予立案,并通知请求人。

第二十条 当事人经调解达成协议的,应当制作调解协议书,由双方当事人签名或者盖章,并交行政执法委员会备案;未达成协议的,行政执法委员会以撤销案件的方式结案,并通知双方当事人。

第三章 调 查 取 证

第二十一条 行政执法委员会处理侵犯布图设计专用权的纠纷,可以根据案情需要,在处理过程中依职权调查收集有关证据。

第二十二条 行政执法委员会调查收集证据可以采用拍照、摄像等方式进行现场勘验;查阅、复制与案件有关的合同、账册等有关文件;询问当事人和证人。

行政执法委员会调查收集证据应当制作笔录。笔录应当由案件承办人员、被调查的单位或者个人签名或者盖章。被调查的单位或者个人拒绝签名或者盖章的,应当在笔录上注明。

第二十三条 行政执法委员会调查收集证据可以采取抽样取证的方式,从涉嫌侵权的产品中抽取一部分作为样品。被抽取样品的数量应当以能够证明事实为限。

行政执法委员会进行抽样取证应当制作笔录,写明被抽取样品的名称、特征、数量。笔录应当由案件承办人员、被调查单位或个人签字或盖章。

第二十四条 在证据可能灭失或者以后难以取得,又无法进行抽样取证的情况下,行政执法委员会可以进行登记保存,并在七日内作出决定。

经登记保存的证据,被调查的单位或个人不得销毁或转移。

行政执法委员会进行登记保存应当制作笔录,写明被登记保存证据的名称、特征、数量以及保存地点。笔录应当由案件承办人员、被调查的单位或个人签名或盖章。

第二十五条 行政执法委员会调查收集证据、核实证据材料的,有关单位或者个人应当如实提供,协助调查。

第二十六条 行政执法委员会调查收集证据、核实证据材料的,有关单位或个人应当如实提供,协助调查。

行政执法委员会委托有关省、自治区、直辖市人民政府的知识产权管理部门协助调查收集证据,应当提出明确的要求。接受委托的部门应当及时、认真地协助调查收集证据,并尽快回复。

第四章 法 律 责 任

第二十七条 行政执法委员会认定侵权行为成立,作出处理决定书的,应当采取下列措施制止侵权行为：

（一）被请求人复制受保护的布图设计的，责令其立即停止复制行为，没收、销毁复制的图样、掩膜、专用设备以及含有该布图设计的集成电路；

（二）被请求人为商业目的进口、销售或者以其他方式提供受保护的布图设计的，责令其立即停止进口、销售或者提供行为，没收、销毁有关图样、掩膜；

（三）被请求人为商业目的进口、销售或者以其他方式提供含有受保护的布图设计的集成电路，并且知道或者有合理理由应当知道其中含有非法复制的布图设计的，责令其立即停止进口、销售或者提供行为，没收、销毁该集成电路；

（四）被请求人为商业目的进口、销售或者以其他方式提供含有侵权集成电路的物品，并且知道或者有合理理由应当知道其中含有非法复制的布图设计的，责令其立即停止进口、销售或者提供行为，从尚未销售、提供的物品中拆除该集成电路，没收、销毁该集成电路；被请求人拒不拆除的，没收、销毁该物品；

（五）停止侵权行为的其他必要措施。

第二十八条　行政执法委员会作出认定侵权行为成立的处理决定后，被请求人向人民法院提起行政诉讼的，在诉讼期间不停止决定的执行。

被请求人对行政执法委员会作出的认定侵权行为成立的处理决定期满不起诉又不停止侵权行为的，国家知识产权局可以请求人民法院强制执行。

第五章　附　　则

第二十九条　本办法由国家知识产权局负责解释。

第三十条　本办法自2001年11月28日起施行。

商标侵权案件违法经营额计算办法

1. 2024年10月14日国家知识产权局、国家市场监督管理总局发布
2. 国知发保字〔2024〕34号

第一条　为了推动商标侵权案件严格规范公正文明执法，维护经营主体合法权益，营造公平竞争的市场环境，根据《中华人民共和国商标法》《中华人民共和国商标法实施条例》等法律法规制定本办法。

第二条　商标行政执法部门在处理商标侵权案件过程中，当事人的行为已被认定为商标侵权行为时适用本办法。

第三条　违法经营额的计算应当遵循合法、合理、客观、公正原则。

第四条　违法经营额是指当事人实施商标侵权行为所涉及的侵权商品价值总额或者因侵权所产生的营业收入。

第五条　已销售的侵权商品的价值，按照实际销售的价格计算。

尚未销售的侵权商品的价值，按照已查清侵权商品的实际销售平均价格计算；实际销售平均价格无法查清的，按照侵权商品的标价计算。

无法查清实际销售价格或者侵权商品没有标价的，按照侵权发生期间被侵权商品的市场中间价格计算。

对于已经制造完成但尚未附着侵权注册商标标识的商品，如果有确实、充分证据证明该商品将侵犯他人注册商标专用权的，其价值应当计入违法经营额。

第六条 被侵权产品的市场中间价格按照被侵权人已公布的同种产品指导零售价格确定，没有公布指导零售价格的，按照下列方法确定：

（一）市场有多个商家销售同种被侵权产品的，抽样调取其中若干商家的零售价，取其平均值确定市场中间价格；只有一个商家销售的，按该商家的零售价确定市场中间价格；

（二）市场没有同种被侵权产品销售的，按照此前市场同种被侵权产品销售的中间价格确定，或者按照市场有销售的与侵权产品在功能、用途、主要用料、设计、配置等方面相同或相似的同类被侵权产品的市场中间价格确定。

按照前款规定难以确定市场中间价格的，可以由价格认定机构认定后确定。

当事人陈述、商标权利人提供的被侵权产品市场中间价格，经对其他关联证据审查并查证属实后可以作为参考。

当事人对被侵权产品市场中间价格计算结果有异议的，应当提供证据证明。

第七条 包工包料的加工承揽经营活动中，使用侵犯注册商标专用权商品的，应当按照侵权商品实际销售价格计算违法经营额；侵权商品未独立计价的，按照其在包工包料加工承揽经营活动中的价值比例计算，无法区分价值比例的，按照被侵权商品的市场中间价格计算违法经营额。

第八条 免费赠送的商品侵犯他人注册商标专用权的，应当按照赠品的实际购入价格或者制造成本计算违法经营额；赠品无法确定实际购入价格或者制造成本的，或者赠品属于非标准商品的，按照标价或者被侵权商品的市场中间价计算违法经营额。

第九条 翻新后的商品侵犯他人注册商标专用权的，按照侵权商品整体价值计算违法经营额。

翻新商品本身不侵犯他人注册商标专用权，仅其零件或者配件侵犯他人注册商标专用权的，按照侵权零件或者配件的价值计算违法经营额。

第十条 属于商标法第五十七条第（四）项规定的侵权行为的，按照侵权标识的实际销售价格计算违法经营额。

第十一条 故意为侵犯他人注册商标专用权提供便利条件的，按照帮助侵权获得的收入计算违法经营额；没有收入的，按照没有违法经营额处理。

第十二条 出租商品侵犯他人注册商标专用权的，按照租赁收入计算违法经营额。

第十三条 在广告宣传中侵犯他人注册商标专用权、无法查实侵权商品的，按照没有违法经营额处理。

第十四条 商标许可人与被许可人共同侵犯他人注册商标专用权的,依据本办法第五条、第六条的规定计算违法经营额。

商标许可人构成帮助被许可人侵犯他人注册商标专用权的,按照许可收入计算违法经营额;商标无偿许可使用的,按照没有违法经营额处理。

第十五条 根据上述规定均无法查证实际违法经营额的,按照没有违法经营额处理。对于仅能查证部分违法经营额的,按照已查证的违法经营额处理。

第十六条 当事人提供充分证据证明通过刷单等虚假销售手段增加的侵权商品销售数额,不计入违法经营额。

第十七条 行刑衔接反向移送案件中,行政机关与公安机关对违法经营额认定不一致的,可以按照行政机关调查情况,依据本办法规定予以认定。

第十八条 本办法由国家知识产权局、国家市场监督管理总局解释。

第十九条 本办法自公布之日起施行。

最高人民法院关于审理专利授权确权行政案件适用法律若干问题的规定(一)

1. 2020年8月24日最高人民法院审判委员会第1810次会议通过
2. 2020年9月10日公布
3. 法释〔2020〕8号
4. 自2020年9月12日起施行

为正确审理专利授权确权行政案件,根据《中华人民共和国专利法》《中华人民共和国行政诉讼法》等法律规定,结合审判实际,制定本规定。

第一条 本规定所称专利授权行政案件,是指专利申请人因不服国务院专利行政部门作出的专利复审请求审查决定,向人民法院提起诉讼的案件。

本规定所称专利确权行政案件,是指专利权人或者无效宣告请求人因不服国务院专利行政部门作出的专利无效宣告请求审查决定,向人民法院提起诉讼的案件。

本规定所称被诉决定,是指国务院专利行政部门作出的专利复审请求审查决定、专利无效宣告请求审查决定。

第二条 人民法院应当以所属技术领域的技术人员在阅读权利要求书、说明书及附图后所理解的通常含义,界定权利要求的用语。权利要求的用语在说明书及附图中有明确定义或者说明的,按照其界定。

依照前款规定不能界定的,可以结合所属技术领域的技术人员通常采用的技术词典、技术手册、工具书、教科书、国家或者行业技术标准等界定。

第三条 人民法院在专利确权行政案件中界定权利要求的用语时，可以参考已被专利侵权民事案件生效裁判采纳的专利权人的相关陈述。

第四条 权利要求书、说明书及附图中的语法、文字、数字、标点、图形、符号等有明显错误或者歧义，但所属技术领域的技术人员通过阅读权利要求书、说明书及附图可以得出唯一理解的，人民法院应当根据该唯一理解作出认定。

第五条 当事人有证据证明专利申请人、专利权人违反诚实信用原则，虚构、编造说明书及附图中的具体实施方式、技术效果以及数据、图表等有关技术内容，并据此主张相关权利要求不符合专利法有关规定的，人民法院应予支持。

第六条 说明书未充分公开特定技术内容，导致在专利申请日有下列情形之一的，人民法院应当认定说明书及与该特定技术内容相关的权利要求不符合专利法第二十六条第三款的规定：

（一）权利要求限定的技术方案不能实施的；

（二）实施权利要求限定的技术方案不能解决发明或者实用新型所要解决的技术问题的；

（三）确认权利要求限定的技术方案能够解决发明或者实用新型所要解决的技术问题，需要付出过度劳动的。

当事人仅依据前款规定的未充分公开的特定技术内容，主张与该特定技术内容相关的权利要求符合专利法第二十六条第四款关于"权利要求书应当以说明书为依据"的规定的，人民法院不予支持。

第七条 所属技术领域的技术人员根据说明书及附图，认为权利要求有下列情形之一的，人民法院应当认定该权利要求不符合专利法第二十六条第四款关于清楚地限定要求专利保护的范围的规定：

（一）限定的发明主题类型不明确的；

（二）不能合理确定权利要求中技术特征的含义的；

（三）技术特征之间存在明显矛盾且无法合理解释的。

第八条 所属技术领域的技术人员阅读说明书及附图后，在申请日不能得到或者合理概括得出权利要求限定的技术方案的，人民法院应当认定该权利要求不符合专利法第二十六条第四款关于"权利要求书应当以说明书为依据"的规定。

第九条 以功能或者效果限定的技术特征，是指对于结构、组分、步骤、条件等技术特征或者技术特征之间的相互关系等，仅通过其在发明创造中所起的功能或者效果进行限定的技术特征，但所属技术领域的技术人员通过阅读权利要求即可直接、明确地确定实现该功能或者效果的具体实施方式的除外。

对于前款规定的以功能或者效果限定的技术特征，权利要求书、说明书及附图未公开能够实现该功能或者效果的任何具体实施方式的，人民法院应当认定说明书和具有该技术特征的权利要求不符合专利法第二十六条第三款的规定。

第十条 药品专利申请人在申请日以后提交补充实验数据,主张依赖该数据证明专利申请符合专利法第二十二条第三款、第二十六条第三款等规定的,人民法院应予审查。

第十一条 当事人对实验数据的真实性产生争议的,提交实验数据的一方当事人应当举证证明实验数据的来源和形成过程。人民法院可以通知实验负责人到庭,就实验原料、步骤、条件、环境或者参数以及完成实验的人员、机构等作出说明。

第十二条 人民法院确定权利要求限定的技术方案的技术领域,应当综合考虑主题名称等权利要求的全部内容、说明书关于技术领域和背景技术的记载,以及该技术方案所实现的功能和用途等。

第十三条 说明书及附图未明确记载区别技术特征在权利要求限定的技术方案中所能达到的技术效果的,人民法院可以结合所属技术领域的公知常识,根据区别技术特征与权利要求中其他技术特征的关系,区别技术特征在权利要求限定的技术方案中的作用等,认定所属技术领域的技术人员所能确定的该权利要求实际解决的技术问题。

被诉决定对权利要求实际解决的技术问题未认定或者认定错误的,不影响人民法院对权利要求的创造性依法作出认定。

第十四条 人民法院认定外观设计专利产品的一般消费者所具有的知识水平和认知能力,应当考虑申请日时外观设计专利产品的设计空间。设计空间较大的,人民法院可以认定一般消费者通常不容易注意到不同设计之间的较小区别;设计空间较小的,人民法院可以认定一般消费者通常更容易注意到不同设计之间的较小区别。

对于前款所称设计空间的认定,人民法院可以综合考虑下列因素:

(一)产品的功能、用途;
(二)现有设计的整体状况;
(三)惯常设计;
(四)法律、行政法规的强制性规定;
(五)国家、行业技术标准;
(六)需要考虑的其他因素。

第十五条 外观设计的图片、照片存在矛盾、缺失或者模糊不清等情形,导致一般消费者无法根据图片、照片及简要说明确定所要保护的外观设计的,人民法院应当认定其不符合专利法第二十七条第二款关于"清楚地显示要求专利保护的产品的外观设计"的规定。

第十六条 人民法院认定外观设计是否符合专利法第二十三条的规定,应当综合判断外观设计的整体视觉效果。

为实现特定技术功能必须具备或者仅有有限选择的设计特征,对于外观设计专利视觉效果的整体观察和综合判断不具有显著影响。

第十七条 外观设计与相同或者相近种类产品的一项现有设计相比,整体视觉效果相同或者属于仅具有局部细微区别等实质相同的情形的,人民法院应当认定其构成专利法第二十三条第一款规定的"属于现有设计"。

除前款规定的情形外,外观设计与相同或者相近种类产品的一项现有设计相比,二者的区别对整体视觉效果不具有显著影响的,人民法院应当认定其不具有专利法第二十三条第二款规定的"明显区别"。

人民法院应当根据外观设计产品的用途,认定产品种类是否相同或者相近。确定产品的用途,可以参考外观设计的简要说明、外观设计产品分类表、产品的功能以及产品销售、实际使用的情况等因素。

第十八条 外观设计专利与相同种类产品上同日申请的另一项外观设计专利相比,整体视觉效果相同或者属于仅具有局部细微区别等实质相同的情形的,人民法院应当认定其不符合专利法第九条关于"同样的发明创造只能授予一项专利权"的规定。

第十九条 外观设计与申请日以前提出申请、申请日以后公告,且属于相同或者相近种类产品的另一项外观设计相比,整体视觉效果相同或者属于仅具有局部细微区别等实质相同的情形的,人民法院应当认定其构成专利法第二十三条第一款规定的"同样的外观设计"。

第二十条 根据现有设计整体上给出的设计启示,以一般消费者容易想到的设计特征转用、拼合或者替换等方式,获得与外观设计专利的整体视觉效果相同或者仅具有局部细微区别等实质相同的外观设计,且不具有独特视觉效果的,人民法院应当认定该外观设计专利与现有设计特征的组合相比不具有专利法第二十三条第二款规定的"明显区别"。

具有下列情形之一的,人民法院可以认定存在前款所称的设计启示:

(一)将相同种类产品上不同部分的设计特征进行拼合或者替换的;

(二)现有设计公开了将特定种类产品的设计特征转用于外观设计专利产品的;

(三)现有设计公开了将不同的特定种类产品的外观设计特征进行拼合的;

(四)将现有设计中的图案直接或者仅做细微改变后用于外观设计专利产品的;

(五)将单一自然物的特征转用于外观设计专利产品的;

(六)单纯采用基本几何形状或者仅做细微改变后得到外观设计的;

(七)使用一般消费者公知的建筑物、作品、标识等的全部或者部分设计的。

第二十一条 人民法院在认定本规定第二十条所称的独特视觉效果时,可以综合考虑下列因素:

(一)外观设计专利产品的设计空间;

(二)产品种类的关联度;

(三)转用、拼合、替换的设计特征的数量和难易程度;

（四）需要考虑的其他因素。

第二十二条 专利法第二十三条第三款所称的"合法权利",包括就作品、商标、地理标志、姓名、企业名称、肖像,以及有一定影响的商品名称、包装、装潢等享有的合法权利或者权益。

第二十三条 当事人主张专利复审、无效宣告请求审查程序中的下列情形属于行政诉讼法第七十条第三项规定的"违反法定程序的",人民法院应予支持:

（一）遗漏当事人提出的理由和证据,且对当事人权利产生实质性影响的;

（二）未依法通知应当参加审查程序的专利申请人、专利权人及无效宣告请求人等,对其权利产生实质性影响的;

（三）未向当事人告知合议组组成人员,且合议组组成人员存在法定回避事由而未回避的;

（四）未给予被诉决定对其不利的一方当事人针对被诉决定所依据的理由、证据和认定的事实陈述意见的机会的;

（五）主动引入当事人未主张的公知常识或者惯常设计,未听取当事人意见且对当事人权利产生实质性影响的;

（六）其他违反法定程序,可能对当事人权利产生实质性影响的。

第二十四条 被诉决定有下列情形之一的,人民法院可以依照行政诉讼法第七十条的规定,判决部分撤销:

（一）被诉决定对于权利要求书中的部分权利要求的认定错误,其余正确的;

（二）被诉决定对于专利法第三十一条第二款规定的"一件外观设计专利申请"中的部分外观设计认定错误,其余正确的;

（三）其他可以判决部分撤销的情形。

第二十五条 被诉决定对当事人主张的全部无效理由和证据均已评述并宣告权利要求无效,人民法院认为被诉决定认定该权利要求无效的理由均不能成立的,应当判决撤销或者部分撤销该决定,并可视情判决被告就该权利要求重新作出审查决定。

第二十六条 审查决定系直接依据生效裁判重新作出且未引入新的事实和理由,当事人对该决定提起诉讼的,人民法院依法裁定不予受理;已经受理的,依法裁定驳回起诉。

第二十七条 被诉决定查明事实或者适用法律确有不当,但对专利授权确权的认定结论正确的,人民法院可以在纠正相关事实查明和法律适用的基础上判决驳回原告的诉讼请求。

第二十八条 当事人主张有关技术内容属于公知常识或者有关设计特征属于惯常设计的,人民法院可以要求其提供证据证明或者作出说明。

第二十九条 专利申请人、专利权人在专利授权确权行政案件中提供新的证据,用于证明专利申请不应当被驳回或者专利权应当维持有效的,人民法院一般应予审查。

第三十条 无效宣告请求人在专利确权行政案件中提供新的证据,人民法院一般不

予审查,但下列证据除外:

(一)证明在专利无效宣告请求审查程序中已主张的公知常识或者惯常设计的;

(二)证明所属技术领域的技术人员或者一般消费者的知识水平和认知能力的;

(三)证明外观设计专利产品的设计空间或者现有设计的整体状况的;

(四)补强在专利无效宣告请求审查程序中已被采信证据的证明力的;

(五)反驳其他当事人在诉讼中提供的证据的。

第三十一条 人民法院可以要求当事人提供本规定第二十九条、第三十条规定的新的证据。

当事人向人民法院提供的证据系其在专利复审、无效宣告请求审查程序中被依法要求提供但无正当理由未提供的,人民法院一般不予采纳。

第三十二条 本规定自 2020 年 9 月 12 日起施行。

本规定施行后,人民法院正在审理的一审、二审案件适用本规定;施行前已经作出生效裁判的案件,不适用本规定再审。

八、刑事责任

中华人民共和国刑法(节录)

1. 1979年7月1日第五届全国人民代表大会第二次会议通过
2. 1997年3月14日第八届全国人民代表大会第五次会议修订
3. 根据1998年12月29日第九届全国人民代表大会常务委员会第六次会议通过的《关于惩治骗购外汇、逃汇和非法买卖外汇犯罪的决定》、1999年12月25日第九届全国人民代表大会常务委员会第十三次会议通过的《中华人民共和国刑法修正案》、2001年8月31日第九届全国人民代表大会常务委员会第二十三次会议通过的《中华人民共和国刑法修正案(二)》、2001年12月29日第九届全国人民代表大会常务委员会第二十五次会议通过的《中华人民共和国刑法修正案(三)》、2002年12月28日第九届全国人民代表大会常务委员会第三十一次会议通过的《中华人民共和国刑法修正案(四)》、2005年2月28日第十届全国人民代表大会常务委员会第十四次会议通过的《中华人民共和国刑法修正案(五)》、2006年6月29日第十届全国人民代表大会常务委员会第二十二次会议通过的《中华人民共和国刑法修正案(六)》、2009年2月28日第十一届全国人民代表大会常务委员会第七次会议通过的《中华人民共和国刑法修正案(七)》、2009年8月27日第十一届全国人民代表大会常务委员会第十次会议通过的《关于修改部分法律的决定》、2011年2月25日第十一届全国人民代表大会常务委员会第十九次会议通过的《中华人民共和国刑法修正案(八)》、2015年8月29日第十二届全国人民代表大会常务委员会第十六次会议通过的《中华人民共和国刑法修正案(九)》、2017年11月4日第十二届全国人民代表大会常务委员会第三十次会议通过的《中华人民共和国刑法修正案(十)》、2020年12月26日第十三届全国人民代表大会常务委员会第二十四次会议通过的《中华人民共和国刑法修正案(十一)》和2023年12月29日第十四届全国人民代表大会常务委员会第七次会议通过的《中华人民共和国刑法修正案(十二)》修正

第二编 分 则
第三章 破坏社会主义市场经济秩序罪
第七节 侵犯知识产权罪

第二百一十三条 【假冒注册商标罪】未经注册商标所有人许可,在同一种商品、服务上使用与其注册商标相同的商标,情节严重的,处三年以下有期徒刑,并处或者单处罚金;情节特别严重的,处三年以上十年以下有期徒刑,并处罚金。

第二百一十四条 【销售假冒注册商标的商品罪】销售明知是假冒注册商标的商品,违法所得数额较大或者有其他严重情节的,处三年以下有期徒刑,并处或者单处罚

金;违法所得数额巨大或者有其他特别严重情节的,处三年以上十年以下有期徒刑,并处罚金。

第二百一十五条 【非法制造、销售非法制造的注册商标标识罪】伪造、擅自制造他人注册商标标识或者销售伪造、擅自制造的注册商标标识,情节严重的,处三年以下有期徒刑,并处或者单处罚金;情节特别严重的,处三年以上十年以下有期徒刑,并处罚金。

第二百一十六条 【假冒专利罪】假冒他人专利,情节严重的,处三年以下有期徒刑或者拘役,并处或者单处罚金。

第二百一十七条 【侵犯著作权罪】以营利为目的,有下列侵犯著作权或者与著作权有关的权利的情形之一,违法所得数额较大或者有其他严重情节的,处三年以下有期徒刑,并处或者单处罚金;违法所得数额巨大或者有其他特别严重情节的,处三年以上十年以下有期徒刑,并处罚金:

(一)未经著作权人许可,复制发行、通过信息网络向公众传播其文字作品、音乐、美术、视听作品、计算机软件及法律、行政法规规定的其他作品的;

(二)出版他人享有专有出版权的图书的;

(三)未经录音录像制作者许可,复制发行、通过信息网络向公众传播其制作的录音录像的;

(四)未经表演者许可,复制发行录有其表演的录音录像制品,或者通过信息网络向公众传播其表演的;

(五)制作、出售假冒他人署名的美术作品的;

(六)未经著作权人或者与著作权有关的权利人许可,故意避开或者破坏权利人为其作品、录音录像制品等采取的保护著作权或者与著作权有关的权利的技术措施的。

第二百一十八条 【销售侵权复制品罪】以营利为目的,销售明知是本法第二百一十七条规定的侵权复制品,违法所得数额巨大或者有其他严重情节的,处五年以下有期徒刑,并处或者单处罚金。

第二百一十九条 【侵犯商业秘密罪】有下列侵犯商业秘密行为之一,情节严重的,处三年以下有期徒刑,并处或者单处罚金;情节特别严重的,处三年以上十年以下有期徒刑,并处罚金:

(一)以盗窃、贿赂、欺诈、胁迫、电子侵入或者其他不正当手段获取权利人的商业秘密的;

(二)披露、使用或者允许他人使用以前项手段获取的权利人的商业秘密的;

(三)违反保密义务或者违反权利人有关保守商业秘密的要求,披露、使用或者允许他人使用其所掌握的商业秘密的。

明知前款所列行为,获取、披露、使用或者允许他人使用该商业秘密的,以侵犯商业秘密论。

本条所称权利人,是指商业秘密的所有人和经商业秘密所有人许可的商业秘密使用人。

第二百一十九条之一 【为境外窃取、刺探、收买、非法提供商业秘密罪】为境外的机构、组织、人员窃取、刺探、收买、非法提供商业秘密的,处五年以下有期徒刑,并处或者单处罚金;情节严重的,处五年以上有期徒刑,并处罚金。

第二百二十条 【单位犯侵犯知识产权罪的处罚规定】单位犯本节第二百一十三条至第二百一十九条之一规定之罪的,对单位判处罚金,并对其直接负责的主管人员和其他直接责任人员,依照本节各该条的规定处罚。

最高人民检察院、公安部关于公安机关管辖的刑事案件立案追诉标准的规定(一)(节录)

1. 2008年6月25日
2. 公通字〔2008〕36号

第二十六条 [侵犯著作权案(刑法第二百一十七条)]以营利为目的,未经著作权人许可,复制发行其文字作品、音乐、电影、电视、录像作品、计算机软件及其他作品,或者出版他人享有专有出版权的图书,或者未经录音录像制作者许可,复制发行其制作的录音录像,或者制作、出售假冒他人署名的美术作品,涉嫌下列情形之一的,应予立案追诉:

(一)违法所得数额三万元以上的;

(二)非法经营数额五万元以上的;

(三)未经著作权人许可,复制发行其文字作品、音乐、电影、电视、录像作品、计算机软件及其他作品,复制品数量合计五百张(份)以上的;

(四)未经录音录像制作者许可,复制发行其制作的录音录像制品,复制品数量合计五百张(份)以上的;

(五)其他情节严重的情形。

以刊登收费广告等方式直接或者间接收取费用的情形,属于本条规定的"以营利为目的"。

本条规定的"未经著作权人许可",是指没有得到著作权人授权或者伪造、涂改著作权人授权许可文件或者超出授权许可范围的情形。

本条规定的"复制发行",包括复制、发行或者既复制又发行的行为。

通过信息网络向公众传播他人文字作品、音乐、电影、电视、录像作品、计算机软件及其他作品,或者通过信息网络传播他人制作的录音录像制品的行为,应当视为本条规定的"复制发行"。

侵权产品的持有人通过广告、征订等方式推销侵权产品的,属于本条规定的"发行"。

本条规定的"非法经营数额",是指行为人在实施侵犯知识产权行为过程中,制造、储存、运输、销售侵权产品的价值。已销售的侵权产品的价值,按照实际销售的价格计算。制造、储存、运输和未销售的侵权产品的价值,按照标价或者已经查清的侵权产品的实际销售平均价格计算。侵权产品没有标价或者无法查清其实际销售价格的,按照被侵权产品的市场中间价格计算。

第二十七条　[销售侵权复制品案(刑法第二百一十八条)]以营利为目的,销售明知是刑法第二百一十七条规定的侵权复制品,涉嫌下列情形之一的,应予立案追诉:

(一)违法所得数额十万元以上的;

(二)违法所得数额虽未达到上述数额标准,但尚未销售的侵权复制品货值金额达到三十万元以上的。

最高人民法院关于审理非法出版物刑事案件具体应用法律若干问题的解释

1. 1998年12月11日最高人民法院审判委员会第1032次会议通过
2. 1998年12月17日公布
3. 法释〔1998〕30号
4. 自1998年12月23日起施行

为依法惩治非法出版物犯罪活动,根据刑法的有关规定,现对审理非法出版物刑事案件具体应用法律的若干问题解释如下:

第一条　明知出版物中载有煽动分裂国家、破坏国家统一或者煽动颠覆国家政权、推翻社会主义制度的内容,而予以出版、印刷、复制、发行、传播的,依照刑法第一百零三条第二款或者第一百零五条第二款的规定,以煽动分裂国家罪或者煽动颠覆国家政权罪定罪处罚。

第二条　以营利为目的,实施刑法第二百一十七条所列侵犯著作权行为之一,个人违法所得数额在五万元以上,单位违法所得数额在二十万元以上的,属于"违法所得数额较大";具有下列情形之一的,属于"有其他严重情节":

(一)因侵犯著作权曾经两次以上被追究行政责任或者民事责任,两年内又实施刑法第二百一十七条所列侵犯著作权行为之一的;

(二)个人非法经营数额在二十万元以上,单位非法经营数额在一百万元以上的;

(三)造成其他严重后果的。

以营利为目的,实施刑法第二百一十七条所列侵犯著作权行为之一,个人违法所得数额在二十万元以上,单位违法所得数额在一百万元以上的,属于"违法所得数额巨大";具有下列情形之一的,属于"有其他特别严重情节":

(一)个人非法经营数额在一百万元以上,单位非法经营数额在五百万元以上的;

(二)造成其他特别严重后果的。

第三条　刑法第二百一十七条第(一)项中规定的"复制发行",是指行为人以营利为目的,未经著作权人许可而实施的复制、发行或者既复制又发行其文字作品、音乐、电影、电视、录像作品、计算机软件及其他作品的行为。

第四条　以营利为目的,实施刑法第二百一十八条规定的行为,个人违法所得数额在十万元以上,单位违法所得数额在五十万元以上的,依照刑法第二百一十八条的规定,以销售侵权复制品罪定罪处罚。

第五条　实施刑法第二百一十七条规定的侵犯著作权行为,又销售该侵权复制品,违法所得数额巨大的,只定侵犯著作权罪,不实行数罪并罚。

实施刑法第二百一十七条规定的侵犯著作权的犯罪行为,又明知是他人的侵权复制品而予以销售,构成犯罪的,应当实行数罪并罚。

第六条　在出版物中公然侮辱他人或者捏造事实诽谤他人,情节严重的,依照刑法第二百四十六条的规定,分别以侮辱罪或者诽谤罪定罪处罚。

第七条　出版刊载歧视、侮辱少数民族内容的作品,情节恶劣,造成严重后果的,依照刑法第二百五十条的规定,以出版歧视、侮辱少数民族作品罪定罪处罚。

第八条　以牟利为目的,实施刑法第三百六十三条第一款规定的行为,具有下列情形之一的,以制作、复制、出版、贩卖、传播淫秽物品牟利罪定罪处罚:

(一)制作、复制、出版淫秽影碟、软件、录像带五十至一百张(盒)以上,淫秽音碟、录音带一百至二百张(盒)以上,淫秽扑克、书刊、画册一百至二百副(册)以上,淫秽照片、画片五百至一千张以上的;

(二)贩卖淫秽影碟、软件、录像带一百至二百张(盒)以上,淫秽音碟、录音带二百至四百张(盒)以上,淫秽扑克、书刊、画册二百至四百副(册)以上,淫秽照片、画片一千至二千张以上的;

(三)向他人传播淫秽物品达二百至五百人次以上,或者组织播放淫秽影、像达十至二十场次以上的;

(四)制作、复制、出版、贩卖、传播淫秽物品,获利五千至一万元以上的。

以牟利为目的,实施刑法第三百六十三条第一款规定的行为,具有下列情形之一的,应当认定为制作、复制、出版、贩卖、传播淫秽物品牟利罪"情节严重":

(一)制作、复制、出版淫秽影碟、软件、录像带二百五十至五百张(盒)以上,淫秽音碟、录音带五百至一千张(盒)以上,淫秽扑克、书刊、画册五百至一千副(册)以上,淫秽照片、画片二千五百至五千张以上的;

（二）贩卖淫秽影碟、软件、录像带五百至一千张（盒）以上，淫秽音碟、录音带一千至二千张（盒）以上，淫秽扑克、书刊、画册一千至二千副（册）以上，淫秽照片、画片五千至一万张以上的；

（三）向他人传播淫秽物品达一千至二千人次以上，或者组织播放淫秽影、像达五十至一百场次以上的；

（四）制作、复制、出版、贩卖、传播淫秽物品，获利三万至五万元以上的。

以牟利为目的，实施刑法第三百六十三条第一款规定的行为，其数量（数额）达到前款规定的数量（数额）五倍以上的，应当认定为制作、复制、出版、贩卖、传播淫秽物品牟利罪"情节特别严重"。

第九条 为他人提供书号、刊号，出版淫秽书刊的，依照刑法第三百六十三条第二款的规定，以为他人提供书号出版淫秽书刊罪定罪处罚。

为他人提供版号，出版淫秽音像制品的，依照前款规定定罪处罚。

明知他人用于出版淫秽书刊而提供书号、刊号的，依照刑法第三百六十三条第一款的规定，以出版淫秽物品牟利罪定罪处罚。

第十条 向他人传播淫秽的书刊、影片、音像、图片等出版物达三百至六百人次以上或者造成恶劣社会影响的，属于"情节严重"，依照刑法第三百六十四条第一款的规定，以传播淫秽物品罪定罪处罚。

组织播放淫秽的电影、录像等音像制品达十五至三十场次以上或者造成恶劣社会影响的，依照刑法第三百六十四条第二款的规定，以组织播放淫秽音像制品罪定罪处罚。

第十一条 违反国家规定，出版、印刷、复制、发行本解释第一条至第十条规定以外的其他严重危害社会秩序和扰乱市场秩序的非法出版物，情节严重的，依照刑法第二百二十五条第（三）项的规定，以非法经营罪定罪处罚。

第十二条 个人实施本解释第十一条规定的行为，具有下列情形之一的，属于非法经营行为"情节严重"：

（一）经营数额在五万元至十万元以上的；

（二）违法所得数额在二万元至三万元以上的；

（三）经营报纸五千份或者期刊五千本或者图书二千册或者音像制品、电子出版物五百张（盒）以上的。

具有下列情形之一的，属于非法经营行为"情节特别严重"：

（一）经营数额在十五万元至三十万元以上的；

（二）违法所得数额在五万元至十万元以上的；

（三）经营报纸一万五千份或者期刊一万五千本或者图书五千册或者音像制品、电子出版物一千五百张（盒）以上的。

第十三条 单位实施本解释第十一条规定的行为，具有下列情形之一的，属于非法经营行为"情节严重"：

(一)经营数额在十五万元至三十万元以上的；
(二)违法所得数额在五万元至十万元以上的；
(三)经营报纸一万五千份或者期刊一万五千本或者图书五千册或者音像制品、电子出版物一千五百张(盒)以上的。

具有下列情形之一的，属于非法经营行为"情节特别严重"：
(一)经营数额在五十万元至一百万元以上的；
(二)违法所得数额在十五万元至三十万元以上的；
(三)经营报纸五万份或者期刊五万本或者图书一万五千册或者音像制品、电子出版物五千张(盒)以上的。

第十四条　实施本解释第十一条规定的行为，经营数额、违法所得数额或者经营数量接近非法经营行为"情节严重"、"情节特别严重"的数额、数量起点标准，并具有下列情形之一的，可以认定为非法经营行为"情节严重"、"情节特别严重"：
(一)两年内因出版、印刷、复制、发行非法出版物受过行政处罚两次以上的；
(二)因出版、印刷、复制、发行非法出版物造成恶劣社会影响或者其他严重后果的。

第十五条　非法从事出版物的出版、印刷、复制、发行业务，严重扰乱市场秩序，情节特别严重，构成犯罪的，可以依照刑法第二百二十五条第(三)项的规定，以非法经营罪定罪处罚。

第十六条　出版单位与他人事前通谋，向其出售、出租或者以其他形式转让该出版单位的名称、书号、刊号、版号，他人实施本解释第二条、第四条、第八条、第九条、第十条、第十一条规定的行为，构成犯罪的，对该出版单位应当以共犯论处。

第十七条　本解释所称"经营数额"，是指以非法出版物的定价数额乘以行为人经营的非法出版物数量所得的数额。

本解释所称"违法所得数额"，是指获利数额。

非法出版物没有定价或者以境外货币定价的，其单价数额应当按照行为人实际出售的价格认定。

第十八条　各省、自治区、直辖市高级人民法院可以根据本地的情况和社会治安状况，在本解释第八条、第十条、第十二条、第十三条规定的有关数额、数量标准的幅度内，确定本地执行的具体标准，并报最高人民法院备案。

最高人民法院、最高人民检察院关于办理侵犯知识产权刑事案件具体应用法律若干问题的解释

1. 2004年11月2日最高人民法院审判委员会第1331次会议、2004年11月11日最高人民检察院第十届检察委员会第28次会议通过
2. 2004年12月8日公布
3. 法释〔2004〕19号
4. 自2004年12月22日起施行

　　为依法惩治侵犯知识产权犯罪活动,维护社会主义市场经济秩序,根据刑法有关规定,现就办理侵犯知识产权刑事案件具体应用法律的若干问题解释如下:

第一条　未经注册商标所有人许可,在同一种商品上使用与其注册商标相同的商标,具有下列情形之一的,属于刑法第二百一十三条规定的"情节严重",应当以假冒注册商标罪判处三年以下有期徒刑或者拘役,并处或者单处罚金:

　　(一)非法经营数额在五万元以上或者违法所得数额在三万元以上的;

　　(二)假冒两种以上注册商标,非法经营数额在三万元以上或者违法所得数额在二万元以上的;

　　(三)其他情节严重的情形。

　　具有下列情形之一的,属于刑法第二百一十三条规定的"情节特别严重",应当以假冒注册商标罪判处三年以上七年以下有期徒刑,并处罚金:

　　(一)非法经营数额在二十五万元以上或者违法所得数额在十五万元以上的;

　　(二)假冒两种以上注册商标,非法经营数额在十五万元以上或者违法所得数额在十万元以上的;

　　(三)其他情节特别严重的情形。

第二条　销售明知是假冒注册商标的商品,销售金额在五万元以上的,属于刑法第二百一十四条规定的"数额较大",应当以销售假冒注册商标的商品罪判处三年以下有期徒刑或者拘役,并处或者单处罚金。

　　销售金额在二十五万元以上的,属于刑法第二百一十四条规定的"数额巨大",应当以销售假冒注册商标的商品罪判处三年以上七年以下有期徒刑,并处罚金。

第三条　伪造、擅自制造他人注册商标标识或者销售伪造、擅自制造的注册商标标识,具有下列情形之一的,属于刑法第二百一十五条规定的"情节严重",应当以非法制造、销售非法制造的注册商标标识罪判处三年以下有期徒刑、拘役或者管制,并处或者单处罚金:

　　(一)伪造、擅自制造或者销售伪造、擅自制造的注册商标标识数量在二万件以

上,或者非法经营数额在五万元以上,或者违法所得数额在三万元以上的;

(二)伪造、擅自制造或者销售伪造、擅自制造两种以上注册商标标识数量在一万件以上,或者非法经营数额在三万元以上,或者违法所得数额在二万元以上的;

(三)其他情节严重的情形。

具有下列情形之一的,属于刑法第二百一十五条规定的"情节特别严重",应当以非法制造、销售非法制造的注册商标标识罪判处三年以上七年以下有期徒刑,并处罚金:

(一)伪造、擅自制造或者销售伪造、擅自制造的注册商标标识数量在十万件以上,或者非法经营数额在二十五万元以上,或者违法所得数额在十五万元以上的;

(二)伪造、擅自制造或者销售伪造、擅自制造两种以上注册商标标识数量在五万件以上,或者非法经营数额在十五万元以上,或者违法所得数额在十万元以上的;

(三)其他情节特别严重的情形。

第四条 假冒他人专利,具有下列情形之一的,属于刑法第二百一十六条规定的"情节严重",应当以假冒专利罪判处三年以下有期徒刑或者拘役,并处或者单处罚金:

(一)非法经营数额在二十万元以上或者违法所得数额在十万元以上的;

(二)给专利权人造成直接经济损失五十万元以上的;

(三)假冒两项以上他人专利,非法经营数额在十万元以上或者违法所得数额在五万元以上的;

(四)其他情节严重的情形。

第五条 以营利为目的,实施刑法第二百一十七条所列侵犯著作权行为之一,违法所得数额在三万元以上的,属于"违法所得数额较大";具有下列情形之一的,属于"有其他严重情节",应当以侵犯著作权罪判处三年以下有期徒刑或者拘役,并处或者单处罚金:

(一)非法经营数额在五万元以上的;

(二)未经著作权人许可,复制发行其文字作品、音乐、电影、电视、录像作品、计算机软件及其他作品,复制品数量合计在一千张(份)以上的;

(三)其他严重情节的情形。

以营利为目的,实施刑法第二百一十七条所列侵犯著作权行为之一,违法所得数额在十五万元以上的,属于"违法所得数额巨大";具有下列情形之一的,属于"有其他特别严重情节",应当以侵犯著作权罪判处三年以上七年以下有期徒刑,并处罚金:

(一)非法经营数额在二十五万元以上的;

(二)未经著作权人许可,复制发行其文字作品、音乐、电影、电视、录像作品、计算机软件及其他作品,复制品数量合计在五千张(份)以上的;

(三)其他特别严重情节的情形。

第六条 以营利为目的,实施刑法第二百一十八条规定的行为,违法所得数额在十万元以上的,属于"违法所得数额巨大",应当以销售侵权复制品罪判处三年以下有期徒刑或者拘役,并处或者单处罚金。

第七条 实施刑法第二百一十九条规定的行为之一,给商业秘密的权利人造成损失数额在五十万元以上的,属于"给商业秘密的权利人造成重大损失",应当以侵犯商业秘密罪判处三年以下有期徒刑或者拘役,并处或者单处罚金。

给商业秘密的权利人造成损失数额在二百五十万元以上的,属于刑法第二百一十九条规定的"造成特别严重后果",应当以侵犯商业秘密罪判处三年以上七年以下有期徒刑,并处罚金。

第八条 刑法第二百一十三条规定的"相同的商标",是指与被假冒的注册商标完全相同,或者与被假冒的注册商标在视觉上基本无差别、足以对公众产生误导的商标。

刑法第二百一十三条规定的"使用",是指将注册商标或者假冒的注册商标用于商品、商品包装或者容器以及产品说明书、商品交易文书,或者将注册商标或者假冒的注册商标用于广告宣传、展览以及其他商业活动等行为。

第九条 刑法第二百一十四条规定的"销售金额",是指销售假冒注册商标的商品后所得和应得的全部违法收入。

具有下列情形之一的,应当认定为属于刑法第二百一十四条规定的"明知":

(一)知道自己销售的商品上的注册商标被涂改、调换或者覆盖的;

(二)因销售假冒注册商标的商品受到过行政处罚或者承担过民事责任、又销售同一种假冒注册商标的商品的;

(三)伪造、涂改商标注册人授权文件或者知道该文件被伪造、涂改的;

(四)其他知道或者应当知道是假冒注册商标的商品的情形。

第十条 实施下列行为之一的,属于刑法第二百一十六条规定的"假冒他人专利"的行为:

(一)未经许可,在其制造或者销售的产品、产品的包装上标注他人专利号的;

(二)未经许可,在广告或者其他宣传材料中使用他人的专利号,使人将所涉及的技术误认为是他人专利技术的;

(三)未经许可,在合同中使用他人的专利号,使人将合同涉及的技术误认为是他人专利技术的;

(四)伪造或者变造他人的专利证书、专利文件或者专利申请文件的。

第十一条 以刊登收费广告等方式直接或者间接收取费用的情形,属于刑法第二百一十七条规定的"以营利为目的"。

刑法第二百一十七条规定的"未经著作权人许可",是指没有得到著作权人授权或者伪造、涂改著作权人授权许可文件或者超出授权许可范围的情形。

通过信息网络向公众传播他人文字作品、音乐、电影、电视、录像作品、计算机软件及其他作品的行为,应当视为刑法第二百一十七条规定的"复制发行"。

第十二条 本解释所称"非法经营数额",是指行为人在实施侵犯知识产权行为过程中,制造、储存、运输、销售侵权产品的价值。已销售的侵权产品的价值,按照实际销售的价格计算。制造、储存、运输和未销售的侵权产品的价值,按照标价或者已经查清的侵权产品的实际销售平均价格计算。侵权产品没有标价或者无法查清其实际销售价格的,按照被侵权产品的市场中间价格计算。

多次实施侵犯知识产权行为,未经行政处理或者刑事处罚的,非法经营数额、违法所得数额或者销售金额累计计算。

本解释第三条所规定的"件",是指标有完整商标图样的一份标识。

第十三条 实施刑法第二百一十三条规定的假冒注册商标犯罪,又销售该假冒注册商标的商品,构成犯罪的,应当依照刑法第二百一十三条的规定,以假冒注册商标罪定罪处罚。

实施刑法第二百一十三条规定的假冒注册商标犯罪,又销售明知是他人的假冒注册商标的商品,构成犯罪的,应当实行数罪并罚。

第十四条 实施刑法第二百一十七条规定的侵犯著作权犯罪,又销售该侵权复制品,构成犯罪的,应当依照刑法第二百一十七条的规定,以侵犯著作权罪定罪处罚。

实施刑法第二百一十七条规定的侵犯著作权犯罪,又销售明知是他人的侵权复制品,构成犯罪的,应当实行数罪并罚。

第十五条 单位实施刑法第二百一十三条至第二百一十九条规定的行为,按照本解释规定的相应个人犯罪的定罪量刑标准的三倍定罪量刑。

第十六条 明知他人实施侵犯知识产权犯罪,而为其提供贷款、资金、账号、发票、证明、许可证件,或者提供生产、经营场所或运输、储存、代理进出口等便利条件、帮助的,以侵犯知识产权犯罪的共犯论处。

第十七条 以前发布的有关侵犯知识产权犯罪的司法解释,与本解释相抵触的,自本解释施行后不再适用。

最高人民法院、最高人民检察院关于办理侵犯知识产权刑事案件具体应用法律若干问题的解释(二)

1. 2007年4月4日最高人民法院审判委员会第1422次会议、最高人民检察院第十届检察委员会第75次会议通过
2. 2007年4月5日公布
3. 法释〔2007〕6号
4. 自2007年4月5日起施行

为维护社会主义市场经济秩序,依法惩治侵犯知识产权犯罪活动,根据刑法、

刑事诉讼法有关规定,现就办理侵犯知识产权刑事案件具体应用法律的若干问题解释如下:

第一条 以营利为目的,未经著作权人许可,复制发行其文字作品、音乐、电影、电视、录像作品、计算机软件及其他作品,复制品数量合计在五百张(份)以上的,属于刑法第二百一十七条规定的"有其他严重情节";复制品数量在二千五百张(份)以上的,属于刑法第二百一十七条规定的"有其他特别严重情节"。

第二条 刑法第二百一十七条侵犯著作权罪中的"复制发行",包括复制、发行或者既复制又发行的行为。

侵权产品的持有人通过广告、征订等方式推销侵权产品的,属于刑法第二百一十七条规定的"发行"。

非法出版、复制、发行他人作品,侵犯著作权构成犯罪的,按照侵犯著作权罪定罪处罚。

第三条 侵犯知识产权犯罪,符合刑法规定的缓刑条件的,依法适用缓刑。有下列情形之一的,一般不适用缓刑:

(一)因侵犯知识产权被刑事处罚或者行政处罚后,再次侵犯知识产权构成犯罪的;

(二)不具有悔罪表现的;

(三)拒不交出违法所得的;

(四)其他不宜适用缓刑的情形。

第四条 对于侵犯知识产权犯罪的,人民法院应当综合考虑犯罪的违法所得、非法经营数额、给权利人造成的损失、社会危害性等情节,依法判处罚金。罚金数额一般在违法所得的一倍以上五倍以下,或者按照非法经营数额的50%以上一倍以下确定。

第五条 被害人有证据证明的侵犯知识产权刑事案件,直接向人民法院起诉的,人民法院应当依法受理;严重危害社会秩序和国家利益的侵犯知识产权刑事案件,由人民检察院依法提起公诉。

第六条 单位实施刑法第二百一十三条至第二百一十九条规定的行为,按照《最高人民法院、最高人民检察院关于办理侵犯知识产权刑事案件具体应用法律若干问题的解释》和本解释规定的相应个人犯罪的定罪量刑标准定罪处罚。

第七条 以前发布的司法解释与本解释不一致的,以本解释为准。

最高人民法院、最高人民检察院关于办理侵犯知识产权刑事案件具体应用法律若干问题的解释(三)

1. 2020年8月31日最高人民法院审判委员会第1811次会议、2020年8月21日最高人民检察院第十三届检察委员会第四十八次会议通过
2. 2020年9月12日公布
3. 法释〔2020〕10号
4. 自2020年9月14日起施行

为依法惩治侵犯知识产权犯罪,维护社会主义市场经济秩序,根据《中华人民共和国刑法》《中华人民共和国刑事诉讼法》等有关规定,现就办理侵犯知识产权刑事案件具体应用法律的若干问题解释如下:

第一条 具有下列情形之一的,可以认定为刑法第二百一十三条规定的"与其注册商标相同的商标":

(一)改变注册商标的字体、字母大小写或者文字横竖排列,与注册商标之间基本无差别的;

(二)改变注册商标的文字、字母、数字等之间的间距,与注册商标之间基本无差别的;

(三)改变注册商标颜色,不影响体现注册商标显著特征的;

(四)在注册商标上仅增加商品通用名称、型号等缺乏显著特征要素,不影响体现注册商标显著特征的;

(五)与立体注册商标的三维标志及平面要素基本无差别的;

(六)其他与注册商标基本无差别、足以对公众产生误导的商标。

第二条 在刑法第二百一十七条规定的作品、录音制品上以通常方式署名的自然人、法人或者非法人组织,应当推定为著作权人或者录音制作者,且该作品、录音制品上存在着相应权利,但有相反证明的除外。

在涉案作品、录音制品种类众多且权利人分散的案件中,有证据证明涉案复制品系非法出版、复制发行,且出版者、复制发行者不能提供获得著作权人、录音制作者许可的相关证据材料的,可以认定为刑法第二百一十七条规定的"未经著作权人许可""未经录音制作者许可"。但是,有证据证明权利人放弃权利、涉案作品的著作权或者录音制品的有关权利不受我国著作权法保护、权利保护期限已经届满的除外。

第三条 采取非法复制、未经授权或者超越授权使用计算机信息系统等方式窃取商业秘密的,应当认定为刑法第二百一十九条第一款第一项规定的"盗窃"。

以贿赂、欺诈、电子侵入等方式获取权利人的商业秘密的，应当认定为刑法第二百一十九条第一款第一项规定的"其他不正当手段"。

第四条 实施刑法第二百一十九条规定的行为，具有下列情形之一的，应当认定为"给商业秘密的权利人造成重大损失"：

（一）给商业秘密的权利人造成损失数额或者因侵犯商业秘密违法所得数额在三十万元以上的；

（二）直接导致商业秘密的权利人因重大经营困难而破产、倒闭的；

（三）造成商业秘密的权利人其他重大损失的。

给商业秘密的权利人造成损失数额或者因侵犯商业秘密违法所得数额在二百五十万元以上的，应当认定为刑法第二百一十九条规定的"造成特别严重后果"。

第五条 实施刑法第二百一十九条规定的行为造成的损失数额或者违法所得数额，可以按照下列方式认定：

（一）以不正当手段获取权利人的商业秘密，尚未披露、使用或者允许他人使用的，损失数额可以根据该项商业秘密的合理许可使用费确定；

（二）以不正当手段获取权利人的商业秘密后，披露、使用或者允许他人使用的，损失数额可以根据权利人因被侵权造成销售利润的损失确定，但该损失数额低于商业秘密合理许可使用费的，根据合理许可使用费确定；

（三）违反约定、权利人有关保守商业秘密的要求，披露、使用或者允许他人使用其所掌握的商业秘密的，损失数额可以根据权利人因被侵权造成销售利润的损失确定；

（四）明知商业秘密是不正当手段获取或者是违反约定、权利人有关保守商业秘密的要求披露、使用、允许使用，仍获取、使用或者披露的，损失数额可以根据权利人因被侵权造成销售利润的损失确定；

（五）因侵犯商业秘密行为导致商业秘密已为公众所知悉或者灭失的，损失数额可以根据该项商业秘密的商业价值确定。商业秘密的商业价值，可以根据该项商业秘密的研究开发成本、实施该项商业秘密的收益综合确定；

（六）因披露或者允许他人使用商业秘密而获得的财物或者其他财产性利益，应当认定为违法所得。

前款第二项、第三项、第四项规定的权利人因被侵权造成销售利润的损失，可以根据权利人因被侵权造成销售量减少的总数乘以权利人每件产品的合理利润确定；销售量减少的总数无法确定的，可以根据侵权产品销售量乘以权利人每件产品的合理利润确定；权利人因被侵权造成销售量减少的总数和每件产品的合理利润均无法确定的，可以根据侵权产品销售量乘以每件侵权产品的合理利润确定。商业秘密系用于服务等其他经营活动的，损失数额可以根据权利人因被侵权而减少的合理利润确定。

商业秘密的权利人为减轻对商业运营、商业计划的损失或者重新恢复计算机信息系统安全、其他系统安全而支出的补救费用,应当计入给商业秘密的权利人造成的损失。

第六条 在刑事诉讼程序中,当事人、辩护人、诉讼代理人或者案外人书面申请对有关商业秘密或者其他需要保密的商业信息的证据、材料采取保密措施的,应当根据案件情况采取组织诉讼参与人签署保密承诺书等必要的保密措施。

违反前款有关保密措施的要求或者法律法规规定的保密义务的,依法承担相应责任。擅自披露、使用或者允许他人使用在刑事诉讼程序中接触、获取的商业秘密,符合刑法第二百一十九条规定的,依法追究刑事责任。

第七条 除特殊情况外,假冒注册商标的商品、非法制造的注册商标标识、侵犯著作权的复制品、主要用于制造假冒注册商标的商品、注册商标标识或者侵权复制品的材料和工具,应当依法予以没收和销毁。

上述物品需要作为民事、行政案件的证据使用的,经权利人申请,可以在民事、行政案件终结后或者采取取样、拍照等方式对证据固定后予以销毁。

第八条 具有下列情形之一的,可以酌情从重处罚,一般不适用缓刑:

(一)主要以侵犯知识产权为业的;

(二)因侵犯知识产权被行政处罚后再次侵犯知识产权构成犯罪的;

(三)在重大自然灾害、事故灾难、公共卫生事件期间,假冒抢险救灾、防疫物资等商品的注册商标的;

(四)拒不交出违法所得的。

第九条 具有下列情形之一的,可以酌情从轻处罚:

(一)认罪认罚的;

(二)取得权利人谅解的;

(三)具有悔罪表现的;

(四)以不正当手段获取权利人的商业秘密后尚未披露、使用或者允许他人使用的。

第十条 对于侵犯知识产权犯罪的,应当综合考虑犯罪违法所得数额、非法经营数额、给权利人造成的损失数额、侵权假冒物品数量及社会危害性等情节,依法判处罚金。

罚金数额一般在违法所得数额的一倍以上五倍以下确定。违法所得数额无法查清的,罚金数额一般按照非法经营数额的百分之五十以上一倍以下确定。违法所得数额和非法经营数额均无法查清,判处三年以下有期徒刑、拘役、管制或者单处罚金的,一般在三万元以上一百万元以下确定罚金数额;判处三年以上有期徒刑的,一般在十五万元以上五百万元以下确定罚金数额。

第十一条 本解释发布施行后,之前发布的司法解释和规范性文件与本解释不一致的,以本解释为准。

第十二条 本解释自 2020 年 9 月 14 日起施行。

最高人民法院、最高人民检察院关于办理侵犯著作权刑事案件中涉及录音录像制品有关问题的批复

1. 2005年9月26日最高人民法院审判委员会第1365次会议、2005年9月23日最高人民检察院第十届检察委员会第39次会议通过
2. 2005年10月13日公布
3. 法释〔2005〕12号
4. 自2005年10月18日起施行

各省、自治区、直辖市高级人民法院、人民检察院,解放军军事法院、军事检察院,新疆维吾尔自治区高级人民法院生产建设兵团分院、新疆生产建设兵团人民检察院:

《最高人民法院、最高人民检察院关于办理侵犯知识产权刑事案件具体应用法律若干问题的解释》发布以后,部分高级人民法院、省级人民检察院就关于办理侵犯著作权刑事案件中涉及录音录像制品的有关问题提出请示。经研究,批复如下:

以营利为目的,未经录音录像制作者许可,复制发行其制作的录音录像制品的行为,复制品的数量标准分别适用《最高人民法院、最高人民检察院关于办理侵犯知识产权刑事案件具体应用法律若干问题的解释》第五条第一款第(二)项、第二款第(二)项的规定。

未经录音录像制作者许可,通过信息网络传播其制作的录音录像制品的行为,应当视为刑法第二百一十七条第(三)项规定的"复制发行"。

此复

最高人民法院、最高人民检察院、公安部关于办理侵犯知识产权刑事案件适用法律若干问题的意见

1. 2011年1月10日
2. 法发〔2011〕3号

为解决近年来公安机关、人民检察院、人民法院在办理侵犯知识产权刑事案件中遇到的新情况、新问题,依法惩治侵犯知识产权犯罪活动,维护社会主义市场经济秩序,根据刑法、刑事诉讼法及有关司法解释的规定,结合侦查、起诉、审判实践,制定本意见。

一、关于侵犯知识产权犯罪案件的管辖问题

侵犯知识产权犯罪案件由犯罪地公安机关立案侦查。必要时,可以由犯罪嫌

疑人居住地公安机关立案侦查。侵犯知识产权犯罪案件的犯罪地,包括侵权产品制造地、储存地、运输地、销售地,传播侵权作品、销售侵权产品的网站服务器所在地、网络接入地、网站建立者或者管理者所在地,侵权作品上传者所在地,权利人受到实际侵害的犯罪结果发生地。对有多个侵犯知识产权犯罪地的,由最初受理的公安机关或者主要犯罪地公安机关管辖。多个侵犯知识产权犯罪地的公安机关对管辖有争议的,由共同的上级公安机关指定管辖,需要提请批准逮捕、移送审查起诉、提起公诉的,由该公安机关所在地的同级人民检察院、人民法院受理。

对于不同犯罪嫌疑人、犯罪团伙跨地区实施的涉及同一批侵权产品的制造、储存、运输、销售等侵犯知识产权犯罪行为,符合并案处理要求的,有关公安机关可以一并立案侦查,需要提请批准逮捕、移送审查起诉、提起公诉的,由该公安机关所在地的同级人民检察院、人民法院受理。

二、关于办理侵犯知识产权刑事案件中行政执法部门收集、调取证据的效力问题

行政执法部门依法收集、调取、制作的物证、书证、视听资料、检验报告、鉴定结论、勘验笔录、现场笔录,经公安机关、人民检察院审查,人民法院庭审质证确认,可以作为刑事证据使用。

行政执法部门制作的证人证言、当事人陈述等调查笔录,公安机关认为有必要作为刑事证据使用的,应当依法重新收集、制作。

三、关于办理侵犯知识产权刑事案件的抽样取证问题和委托鉴定问题

公安机关在办理侵犯知识产权刑事案件时,可以根据工作需要抽样取证,或者商请同级行政执法部门、有关检验机构协助抽样取证。法律、法规对抽样机构或者抽样方法有规定的,应当委托规定的机构并按照规定方法抽取样品。

公安机关、人民检察院、人民法院在办理侵犯知识产权刑事案件时,对于需要鉴定的事项,应当委托国家认可的有鉴定资质的鉴定机构进行鉴定。

公安机关、人民检察院、人民法院应当对鉴定结论进行审查,听取权利人、犯罪嫌疑人、被告人对鉴定结论的意见,可以要求鉴定机构作出相应说明。

四、关于侵犯知识产权犯罪自诉案件的证据收集问题

人民法院依法受理侵犯知识产权刑事自诉案件,对于当事人因客观原因不能取得的证据,在提起自诉时能够提供有关线索,申请人民法院调取的,人民法院应当依法调取。

五、关于刑法第二百一十三条规定的"同一种商品"的认定问题

名称相同的商品以及名称不同但指同一事物的商品,可以认定为"同一种商品"。"名称"是指国家工商行政管理总局商标局在商标注册工作中对商品使用的名称,通常即《商标注册用商品和服务国际分类》中规定的商品名称。"名称不同但指同一事物的商品"是指在功能、用途、主要原料、消费对象、销售渠道等方面相同或者基本相同,相关公众一般认为是同一种事物的商品。

认定"同一种商品",应当在权利人注册商标核定使用的商品和行为人实际生

产销售的商品之间进行比较。

六、关于刑法第二百一十三条规定的"与其注册商标相同的商标"的认定问题

具有下列情形之一,可以认定为"与其注册商标相同的商标":

(一)改变注册商标的字体、字母大小写或者文字横竖排列,与注册商标之间仅有细微差别的;

(二)改变注册商标的文字、字母、数字等之间的间距,不影响体现注册商标显著特征的;

(三)改变注册商标颜色的;

(四)其他与注册商标在视觉上基本无差别、足以对公众产生误导的商标。

七、关于尚未附着或者尚未全部附着假冒注册商标标识的侵权产品价值是否计入非法经营数额的问题

在计算制造、储存、运输和未销售的假冒注册商标侵权产品价值时,对于已经制作完成但尚未附着(含加贴)或者尚未全部附着(含加贴)假冒注册商标标识的产品,如果有确实、充分证据证明该产品将假冒他人注册商标,其价值计入非法经营数额。

八、关于销售假冒注册商标的商品犯罪案件中尚未销售或者部分销售情形的定罪量刑问题

销售明知是假冒注册商标的商品,具有下列情形之一的,依照刑法第二百一十四条的规定,以销售假冒注册商标的商品罪(未遂)定罪处罚:

(一)假冒注册商标的商品尚未销售,货值金额在十五万元以上的;

(二)假冒注册商标的商品部分销售,已销售金额不满五万元,但与尚未销售的假冒注册商标的商品的货值金额合计在十五万元以上的。

假冒注册商标的商品尚未销售,货值金额分别达到十五万元以上不满二十五万元、二十五万元以上的,分别依照刑法第二百一十四条规定的各法定刑幅度定罪处罚。

销售金额和未销售货值金额分别达到不同的法定刑幅度或者均达到同一法定刑幅度的,在处罚较重的法定刑或者同一法定刑幅度内酌情从重处罚。

九、关于销售他人非法制造的注册商标标识犯罪案件中尚未销售或者部分销售情形的定罪问题

销售他人伪造、擅自制造的注册商标标识,具有下列情形之一的,依照刑法第二百一十五条的规定,以销售非法制造的注册商标标识罪(未遂)定罪处罚:

(一)尚未销售他人伪造、擅自制造的注册商标标识数量在六万件以上的;

(二)尚未销售他人伪造、擅自制造的两种以上注册商标标识数量在三万件以上的;

(三)部分销售他人伪造、擅自制造的注册商标标识,已销售标识数量不满二万件,但与尚未销售标识数量合计在六万件以上的;

（四）部分销售他人伪造、擅自制造的两种以上注册商标标识，已销售标识数量不满一万件，但与尚未销售标识数量合计在三万件以上的。

十、关于侵犯著作权犯罪案件"以营利为目的"的认定问题

除销售外，具有下列情形之一的，可以认定为"以营利为目的"：

（一）以在他人作品中刊登收费广告、捆绑第三方作品等方式直接或者间接收取费用的；

（二）通过信息网络传播他人作品，或者利用他人上传的侵权作品，在网站或者网页上提供刊登收费广告服务，直接或者间接收取费用的；

（三）以会员制方式通过信息网络传播他人作品，收取会员注册费或者其他费用的；

（四）其他利用他人作品牟利的情形。

十一、关于侵犯著作权犯罪案件"未经著作权人许可"的认定问题

"未经著作权人许可"一般应当依据著作权人或者其授权的代理人、著作权集体管理组织、国家著作权行政管理部门指定的著作权认证机构出具的涉案作品版权认证文书，或者证明出版者、复制发行者伪造、涂改授权许可文件或者超出授权许可范围的证据，结合其他证据综合予以认定。

在涉案作品种类众多且权利人分散的案件中，上述证据确实难以一一取得，但有证据证明涉案复制品系非法出版、复制发行的，且出版者、复制发行者不能提供获得著作权人许可的相关证明材料的，可以认定为"未经著作权人许可"。但是，有证据证明权利人放弃权利、涉案作品的著作权不受我国著作权法保护，或者著作权保护期限已经届满的除外。

十二、关于刑法第二百一十七条规定的"发行"的认定及相关问题

"发行"，包括总发行、批发、零售、通过信息网络传播以及出租、展销等活动。

非法出版、复制、发行他人作品，侵犯著作权构成犯罪的，按照侵犯著作权罪定罪处罚，不认定为非法经营罪等其他犯罪。

十三、关于通过信息网络传播侵权作品行为的定罪处罚标准问题

以营利为目的，未经著作权人许可，通过信息网络向公众传播他人文字作品、音乐、电影、电视、美术、摄影、录像作品、录音录像制品、计算机软件及其他作品，具有下列情形之一的，属于刑法第二百一十七条规定的"其他严重情节"：

（一）非法经营数额在五万元以上的；

（二）传播他人作品的数量合计在五百件(部)以上的；

（三）传播他人作品的实际被点击数达到五万次以上的；

（四）以会员制方式传播他人作品，注册会员达到一千人以上的；

（五）数额或者数量虽未达到第(一)项至第(四)项规定标准，但分别达到其中两项以上标准一半以上的；

（六）其他严重情节的情形。

实施前款规定的行为,数额或者数量达到前款第(一)项至第(五)项规定标准五倍以上的,属于刑法第二百一十七条规定的"其他特别严重情节"。

十四、关于多次实施侵犯知识产权行为累计计算数额问题

依照《最高人民法院、最高人民检察院关于办理侵犯知识产权刑事案件具体应用法律若干问题的解释》第十二条第二款的规定,多次实施侵犯知识产权行为,未经行政处理或者刑事处罚的,非法经营数额、违法所得数额或者销售金额累计计算。

二年内多次实施侵犯知识产权违法行为,未经行政处理,累计数额构成犯罪的,应当依法定罪处罚。实施侵犯知识产权犯罪行为的追诉期限,适用刑法的有关规定,不受前述二年的限制。

十五、关于为他人实施侵犯知识产权犯罪提供原材料、机械设备等行为的定性问题

明知他人实施侵犯知识产权犯罪,而为其提供生产、制造侵权产品的主要原材料、辅助材料、半成品、包装材料、机械设备、标签标识、生产技术、配方等帮助,或者提供互联网接入、服务器托管、网络存储空间、通讯传输通道、代收费、费用结算等服务的,以侵犯知识产权犯罪的共犯论处。

十六、关于侵犯知识产权犯罪竞合的处理问题

行为人实施侵犯知识产权犯罪,同时构成生产、销售伪劣商品犯罪的,依照侵犯知识产权犯罪与生产、销售伪劣商品犯罪中处罚较重的规定定罪处罚。

九、相关指导案例

国家知识产权局关于发布第一批知识产权行政执法指导案例的通知

1. 2020 年 12 月 14 日
2. 国知发保字〔2020〕52 号

各省、自治区、直辖市及计划单列市、副省级城市、新疆生产建设兵团知识产权局,四川省知识产权服务促进中心,广东省知识产权保护中心:

为深入贯彻落实中央关于全面加强知识产权保护工作的决策部署,统一执法标准,提高办案水平,加强知识产权行政执法业务指导工作,经审定,现发布第一批知识产权行政执法指导案例(指导案例 1-5 号),请在具体工作中参考。

特此通知。

第一批知识产权行政执法指导案例

指导案例 1 号

上海市崇明区市场监管局查处上海章元信息技术有限公司侵犯邓白氏注册商标专用权案

关键词

商标的使用　关键词搜索　服务商标

案件要点

将他人注册商标作为广告搜索关键词使用,搜索结果页中显示他人注册商标的行为,构成商标的使用。

基本案情

2019 年 3 月,上海华夏邓白氏商业信息咨询有限公司向上海市崇明区市场监管局投诉,反映上海章元信息技术有限公司侵犯邓白氏注册商标专用权。经查,美国邓白氏国际有限公司是一家商业信息服务机构,在我国注册了第 1185850 号"邓白氏"、第 26031783 号"邓白氏编码"、第 25252382 号"DUNS"等多件商标,核定服务包括第 35 类和第 36 类中的商业信息代理、提供市场信息、提供信用评估、提供金融信息等,并授权上海华夏邓白氏商业信息咨询有限公司在中国境内使用"邓白氏"注册商标开展相关业务。当事人上海章元信息技术有限公司为美国邓白氏国际有限公司前加盟服务商。当事人明知"邓白氏"为他人注册商标,仍与某公司签订百度推广服务合同,自2018年12月13日起,在百度搜索结果中以"【官】邓百氏编码_国际认可的_全球通用企业编码系统"的描述,推广其开展的代理邓白氏编码申请服务。有8家企业通过百度搜索,误认为当事人与美国邓白氏国际有限公司有授权许可关系,委托其办理邓白氏编码申请。至案发时,当事人累计收取上述8家企业代理服务费17.991万元。

处罚决定

当事人在从事商业信息咨询等服务的过程中,使用与美国邓白氏国际有限公司注册商标相同、近似的字样,误导相关公众,构成《商标法》第五十七条第(二)项规定的商标侵权行为。执法机关依据《商标法》第六十条的规定,依法对当事人作出行政处罚决定,责令其立即停止侵权行为,并处罚款53.973万元。

指导意义

本案涉及互联网环境下服务商标保护。在互联网环境下,商标使用形式多样,如何认定商标的使用极为复杂,尤其是对广告关键词搜索中使用他人注册商标是否构成商标的使用存在争议。网络用户在搜索引擎中输入关键词的目的是寻找与其相关的信息。在搜索结果页面出现该关键词时,网络用户可能认为该关键词与特定商品或服务存在联系。在这种使用方式下,关键词广告将用户引至第三人网页,使得该商品或者服务与商标相联系,构成商标法意义上的商标的使用。

本案当事人通过签订搜索推广服务合同,将他人注册商标作为广告搜索关键词,在相关搜索结果中显示他人注册商标,使相关公众误认为其与商标权人存在授权许可关系,对服务的来源产生混淆和误认。执法机关认定当事人的行为属于《商标法》第四十八条规定的商标的使用行为。

指导案例2号

原北京市工商行政管理局丰台分局查处北京宏源利得商贸有限公司侵犯"Tiger"等注册商标专用权案

关键词

销售商免责　侵权抗辩　明知　应知

案件要点

销售商与供货商存在股东交叉任职重大关联关系,且供货商曾向商标主管机关申请注册与商标权利人注册商标近似的商标,被依法驳回。因此,可以推定销售商主观上存在明知、应知的情形,构成商标侵权行为,不能免除侵权责任。

基本案情

2018年1月9日,原北京市工商行政管理局丰台分局执法人员在检查中发现,北京木樨园特别特商贸有限公司设立的经营点销售的运动鞋涉嫌侵犯株式会社爱世克私"Tiger"等系列商标专用权,销售商为北京宏源利得商贸有限公司(以下简称当事人)。经查,当事人与泉州艾诗克诗体育用品有限公司签订加盟合同,代理销售亚瑟斯虎牌运动鞋。上述运动鞋鞋舌带有" "标识,与株式会社爱世克私的第6936142号" "商标近似;部分鞋外侧带有的" "" "或" "" "变形"井"字图形标识,与株式会社爱世克私注册的图形商标构成近似。在案件调查中,当事人主张自己不知道涉案品牌鞋是侵权商品,应根据《商标法》第六十条第二款免除责任。执法人员通过企业登记信息比对,发现当事人与泉州艾诗克诗体育用品有限公司存在重大关联,股东之间交叉任职,且泉州艾诗克诗体育用品有限公司曾申请注册与权利人商标近似的商标,被商标主管机关驳回。经查,当事人将亚瑟斯虎牌运动鞋提供给15个经营主体对外销售,共收取货款6144646.14元。上述15个经营主体及当事人库存16277双鞋。按照当事人已售出鞋的实际平均销售价格每双307.80元计算,上述库存鞋共价值5010060.60元,违法经营额达11154707.24元。

处罚决定

执法机关依法认定当事人的行为属于《商标法》第五十七条第(三)项规定的侵权行为,并依据《商标法》第六十条第二款的规定,责令其立即停止侵权行为,没收侵权鞋6687双,并处罚款55773536.20元。

指导意义

本案涉及销售商商标侵权免责条款的适用。根据《商标法》的规定,免除销售商侵权责任需同时满足以下三个要件:一是销售商不知道所销售的商品侵犯商标专用权,二是销售商能够证明商品是自己合法取得,三是销售商能说明商品提供者。本案中,涉案供货商曾向商标主管机关申请过与权利人商标近似的商标并被驳回,其仍在相同商品上使用与权利人商标近似的标识,存在主观侵权的故意,属于明知和应知的情形。当事人与供货商股东之间存在交叉任职的重大关联关系,应当知道上述使用行为涉嫌商标侵权,属于主观上存在明知和应知的情形,不符合销售不知道是侵犯注册商标专用权商品的法定免责要件。

指导案例3号

武汉市东湖新技术开发区市场监管局查处武汉科顺联合防水工程有限公司侵犯"CKS科顺"注册商标专用权案

关键词

销售侵权　包工包料　加工承揽

案件要点

在包工包料承揽工程中,承揽人购买使用侵犯他人注册商标专用权商品的行为,构成销售侵权商品行为。

基本案情

2019年6月,湖北省武汉市东湖新技术开发区市场监管局执法人员对光谷创新天地项目工地进行现场检查,发现60卷涉嫌假冒科顺防水科技股份有限公司第16397214号"CKS科顺"商标的高聚物改性沥青耐根穿刺防水卷材,遂依法对上述涉案物品予以查封。2019年6月12日,执法人员再次检查现场时,发现涉案商品已被转移、调换;6月20日,当事人迫于调查压力主动交出转移、调换的涉案商品。经查,2018年5月29日,当事人以包工包料方式承包武汉光谷新天地项目防水工程分段施工。2019年6月,当事人从一名未核实真实身份信息的业务员处购进60卷"CKS科顺"牌高聚物改性沥青防水卷材,未查验出厂检验报告及合格证,也未取得任何票据。当事人曾为科顺品牌代理商,向办案机关提交了销售单和涉案卷材的出厂检验报告,以证明其前期在工程中使用的该品种卷材均属合法渠道购进的正规商品。办案机关将案情通报区建设主管部门。该部门出具的防水卷材核查情况证实工程前期使用的均为合格产品。另查明,当事人购进的60卷侵权防水卷材尚未支付费用,也未投入使用,违法经营额2.28万元。

处罚决定

当事人购进侵权建筑材料并准备在所承包的工程中使用的行为视同销售行为,构成《商标法》第五十七条第(三)项规定的侵权行为。其违法主观故意明显,转移、调换涉案商品违法性质恶劣,应予从重处罚。执法机关依据《商标法》第六十条的规定,依法对当事人作出行政处罚决定,责令其立即停止侵权行为,没收、销毁侵权商品,并处罚款20万元。

指导意义

本案涉及包工包料承揽工程中购买使用侵权商品行为的界定,对《商标法》第五十七条第(三)项的适用具有借鉴意义。首先,在包工包料的承揽经营活动中,特别是在建筑工程及装饰装修施工等领域,承揽人既采购材料,又负责材料的安装使用,其使用侵权产品具有经营性目的,不属于一般消费者;其次,承揽人将其购买的侵权商品用于施工并成为最终成果的一部分交付给委托人,其取得的价款中包含有侵权商品的对价,侵权商品所有权随工程成果的交付一并有偿转让,委托人与承揽人本质上是买卖法律关系,其行为符合销售行为特征,因此承揽者使用侵权商品属于《商标法》第五十七条第(三)项规定的商标侵权行为。

指导案例 4 号

河北省邯郸市知识产权局
调解专利分案申请临时保护纠纷案

关键词

行政调解　临时保护　分案申请　公开日

案件要点

"临时保护期"为发明专利申请的公开日至授权日。其中对于分案申请的公开日判断,以其母案、分案申请中较早的公开日为准。本案中母案申请公开日早于分案申请公开日,以母案申请公开日为公开日。

基本案情

2015 年 8 月,专利权人王某就其拥有的一项发明专利,以某金融机构为被请求人,请求河北省邯郸市知识产权局调解临时保护期使用费纠纷。经双方同意后邯郸市知识产权局立案。经核,涉案发明专利为分案申请,其和母案申请均获得授权,处于合法、有效状态。调解过程中,双方当事人对于以母案申请的公开日还是以分案申请的公开日确定临时保护期限存在不同看法。本案中邯郸市知识产权局确定了发明专利分案申请的临时保护期限起算时间。

指导意义

本案涉及发明专利的临时保护。按照专利法律法规的规定,发明专利从申请日起,经公开日、授权日,直至终止日,分阶段受到不同程度的保护。其中公开日至授权日期间为"临时保护"期,授权日至终止日受到专利权保护。对于发生在不同阶段的专利纠纷,因案件性质不同,管理专利工作的部门有相应不同的立案标准、办案程序和执法权限。

对于"临时保护",根据《专利法》的有关规定,申请人享有请求给付发明专利临时保护期使用费的权利,但对于专利临时保护期内实施其发明的行为并不享有请求停止实施的权利。因此,在发明专利临时保护期内实施相关发明的,不属于《专利法》禁止的行为。按照《专利法实施细则》的有关规定,在专利权授予之后,管理专利工作的部门可以应当事人请求,对发明专利申请公布后专利权授权前使用发明而未支付适当费用的纠纷进行调解。

具体对分案申请而言,当计算"临时保护"期限时,以其母案、分案申请中较早的公开日为准。本案的母案申请公开日早于分案申请公开日,应当以母案申请公开日作为公开日。

指导案例 5 号

国家知识产权局集成电路布图设计
行政执法委员会处理布图设计专有权侵权纠纷案

关键词

行政裁决　集成电路布图设计　保护范围的确定　载体的确定

案件要点

确定集成电路布图设计(以下简称布图设计)专有权的保护范围,首先应当确定布图设计专有权的客观载体,然后根据客观载体载明的布图设计,结合当事人的主张,确定具体案件中的保护范围是布图设计的全部还是其中具有独创性的部分。

登记时提交的布图设计的复制件或图样(纸件或电子版)是确定布图设计专有权的载体;对于登记时已经投入商业利用的布图设计,登记时提交的集成电路样品可以作为确定布图设计专有权的参考。

基本案情

请求人无锡新硅微电子有限公司拥有 BS.155508385 号集成电路布图设计(以下简称涉案布图设计)专有权,其对应的芯片型号为 WS3080。请求人认为被请求人南京日新科技有限公司在市场上销售的 ECH485 芯片侵犯了其集成电路布图设计的专有权。请求人于 2017 年 9 月 12 日向国家知识产权局集成电路布图设计行政执法委员会(以下简称委员会)提出处理请求,请求认定被请求人销售 ECH485 芯片的行为构成侵权行为,责令其停止侵权行为,销毁全部侵权产品和用于该芯片的掩膜。

被请求人辩称:涉案布图设计的权利基础不明确,请求人的 WS3080 芯片不是涉案布图设计的合法载体;请求人需要证明被请求人的 ECH485 芯片所使用的布图设计与涉案布图设计全部或部分相同,并证明涉案布图设计与 ECH485 芯片所使用的布图设计相同的部分具有独创性。

委员会依法立案,成立合议组并赴被请求人处就涉嫌侵权的 ECH485 芯片抽样取证。随后请求人提交了关于涉案布图设计独创性的说明。在案件审理过程中,委员会依法委托司法鉴定机构,对 ECH485 芯片的布图设计与涉案布图设计是否相同、WS3080 芯片的布图设计与涉案布图设计是否相同进行了技术鉴定。

本案中,请求人在登记时提交了涉案布图设计的图样,共 18 张,其中总图 1 张,各分层图 17 张。委员会最终认定上述文件为涉案布图设计专有权的载体。

请求人在登记时还提交了型号为 WS3080 的集成电路样品 4 件。鉴定结果显示,本案中布图设计图样与从 WS3080 芯片提取的布图设计相一致。因此 WS3080 芯片所包含的布图设计可以作为涉案布图设计图样的补充,用来确定涉案布图设计专有权的保护范围。

请求人在独创性说明中,从图样中划分出 11 个区域,并对各个区域的功能、元件/线路的三维配置情况进行了具体说明。独创性区域 1 – 11 均为涉案布图设计在本案中的保护范围;对元件/线路的三维配置情况进行的具体说明,作为涉案布图设计在本案中的保护范围。请求人对各独创性区域进行的具体说明中涉及功能的描述,属于具体说明中三维配置以外的内容,不予考虑,不作为涉案布图设计在本案中的保护范围。

在此基础上,委员会依法作出处理决定,认定请求人的主张成立。

处理决定

2018年8月16日,委员会作出处理决定,认定被请求人生产、销售的ECH485芯片侵犯涉案布图设计专有权,责令被请求人立即停止侵害请求人拥有的涉案布图设计专有权,没收、销毁被请求人与涉案布图设计有关的图样、掩膜以及含有涉案布图设计的集成电路。处理决定作出后,双方当事人均未就该决定提起诉讼。

指导意义

本案涉及集成电路布图设计保护。指导意义主要有以下两点:一是布图设计专有权载体的确定;二是具体案件中布图设计专有权保护范围的确定。

一、关于布图设计专有权载体的确定

根据《集成电路布图设计保护条例》第十六条规定,布图设计的复制件或图样是申请布图设计登记时必须提交的材料;对于申请登记时已投入商业利用的布图设计,还应当提交含有该布图设计的集成电路样品。因此,布图设计的复制件或图样是登记时必备的权利载体,将其作为布图设计专有权的法定载体符合立法的本意。对于登记提交的含有布图设计的集成电路样品,在复制件和图样所表示的布图设计的内容与集成电路样品所包含的布图设计的内容不一致时,应当以复制件和图样所表示的布图设计为准。未在布图设计的复制件或图样中体现的布图设计信息,不应作为布图设计请求保护的内容。

对于登记时已经商业利用的布图设计,其集成电路样品也是登记要件。因此,在复制件或图样存在某些无法识别的布图设计细节内容时,在确定复制件或图样与集成电路样品所包含的布图设计一致的前提下,可以参考登记时提交的集成电路样品的布图设计来确定上述细节内容。

二、布图设计专有权保护范围的确定

根据《集成电路布图设计保护条例》的规定,布图设计专有权所保护的是布图设计中具有独创性的部分或者具有独创性的布图设计的整体。鉴于布图设计在登记时不要求权利人声明其独创性,因此,请求人在具体案件的中所指明的具有独创性的区域及对各区域独创性所在进行的说明,应当确定为布图设计专有权在具体案件中的保护范围。布图设计专有权的客体是元件和线路的三维配置,不延及思想、处理过程、操作方法或者数学概念等。如果具体说明中包含了三维配置以外的内容,例如电路的原理、要实现的效果或功能、处理过程、设计思想等,则这些内容不能作为确定其保护范围的依据。

国家知识产权局关于发布第二批知识产权行政执法指导案例的通知

1. 2022 年 3 月 29 日
2. 国知发保字〔2022〕17 号

各省、自治区、直辖市和计划单列市、副省级城市、新疆生产建设兵团知识产权局,四川省知识产权服务促进中心,各地方有关中心:

为深入贯彻落实中央全面加强知识产权保护工作决策部署,统一执法标准,提高办案水平,加强知识产权行政执法业务指导工作,经审定,现发布第二批知识产权行政执法指导案例(指导案例6—8 号),请在具体工作中参照执行。

特此通知。

第二批知识产权行政执法指导案例

指导案例 6 号

浙江省温州市知识产权局处理重复侵犯"三维包装机的传动机构"专利权案

关键词

重复侵权　行政裁决　行政处罚

案件要点

对于行为人侵犯他人专利权,在行政裁决或者司法裁判生效后未停止侵权行为,就同一专利权持续或者再次实施侵权行为的,可以依据地方性法规直接认定为重复侵权行为并给予行政处罚。

基本案情

2017 年 12 月 7 日,瑞安市豪运机械有限公司向温州市知识产权局投诉郭某侵犯其拥有的"三维包装机的传动装置"(专利号为 ZL201620913636.X)实用新型专利。2018 年 11 月 12 日,温州市知识产权局作出行政裁决,责令郭某停止生产、销售侵权产品,郭某未提起行政诉讼。2019 年 7 月 1 日,瑞安市豪运机械有限公司再次向温州市知识产权局投诉郭某生产销售的同类产品侵犯其同一专利权。

2019 年 9 月 4 日,温州市知识产权局作出行政裁决,责令郭某立即停止侵权行为并销毁侵权产品。郭某不服提起行政诉讼。2020 年 3 月 24 日,浙江省宁波市中级人民法院驳回郭某诉讼请求。郭某向最高人民法院提起上诉后撤回。2021 年 2 月 26

日,温州市知识产权局对郭某涉嫌重复侵犯同一专利权的行为予以立案调查,根据相关行政裁决和裁判文书,认定郭某实施的侵权行为构成重复侵权。

处罚决定

当事人郭某重复侵犯瑞安市豪运机械有限公司拥有的"三维包装机的传动装置"(专利号为 ZL201620913636.X)专利权的行为,构成《浙江省专利条例》第五十一条规定的重复侵权行为。温州市市场监督管理局根据该条例第四十六条规定,依法责令其停止侵权行为并对当事人作出罚款的行政处罚决定。

指导意义

本案是对重复专利侵权行为相关规定的适用。现行《专利法》《专利法实施细则》对重复专利侵权行为未作规定。部门规章《专利行政执法办法》第二十条规定,对于重复侵权行为,管理专利工作的部门可以依请求直接作出责令立即停止侵权行为的处理决定。目前,北京、天津、河北、浙江、福建、河南、湖北、广东、重庆、四川、贵州、新疆等省(自治区、直辖市)在地方性法规中,明确规定对于重复专利侵权行为可以给予行政处罚。对于在实践中出现的行政裁决或者司法裁判生效后被请求人未停止侵权行为,持续或再次侵犯同一专利权的情形,可以适用重复专利侵权行为的规定予以规制,即管理专利工作的部门对当事人再次侵犯同一专利权作出行政裁决后,负责专利执法的部门可根据地方性法规对重复专利侵权行为作出行政处罚。

指导案例 7 号

山东省威海市市场监督管理局查处使用回收再利用啤酒瓶侵犯"青岛啤酒"注册商标专用权案

关键词

商标侵权　　回收再利用　　浮雕商标

案件要点

回收旧啤酒瓶再利用,灌装与商标权利人相同或类似的商品并重新投入市场进行销售,但未对啤酒瓶上他人注册商标的浮雕文字进行有效遮挡,容易导致混淆的,属于给他人的注册商标专用权造成其他损害的商标侵权行为。

基本案情

2020 年 3 月,青岛啤酒(荣成)有限公司向威海市市场监督管理局投诉,反映威海某公司(以下简称当事人)侵犯"青岛啤酒 TSINGTAO"注册商标专用权。经查,青岛啤酒股份有限公司在 32 类"啤酒"等商品上注册了第 1304176 号"青岛啤酒"商标和第 1351701 号"TSINGTAO"商标。青岛啤酒股份有限公司生产的啤酒酒瓶瓶颈处均有"青岛啤酒""TSINGTAO"浮雕文字。当事人按照行业惯例长期使用回收的旧酒瓶作为自己的啤酒容器,其中 600ml 旧酒瓶中包括瓶颈烙有"青岛啤酒 TSINGTAO"浮雕文字的青岛啤酒瓶,但在使用过程中贴上自己的商标及包装进行销售,没有对瓶颈上"青岛啤酒 TSINGTAO"浮雕文字进行有效遮挡。

处罚决定

当事人在从事啤酒生产销售过程中,使用其回收的带有"青岛啤酒 TSINGTAO"浮雕文字的啤酒瓶作为其啤酒容器,在将青岛啤酒酒瓶原有的纸质标签清洗后,贴上自己的商标及包装进行销售,却没有对酒瓶瓶颈处的"青岛啤酒 TSINGTAO"浮雕文字进行有效遮挡,易使相关公众对产品的来源或者当事人与青岛啤酒股份有限公司之间是否存在特定联系产生误认,对"青岛啤酒""TSINGTAO"注册商标专用权造成了损害,构成《商标法》第五十七条第(七)项规定的侵犯注册商标专用权行为。办案机关依法责令当事人立即停止侵权行为并给予行政处罚。

指导意义

本案涉及回收带有他人注册商标的容器进行再利用领域的注册商标专用权保护。根据国家资源循环利用政策和行业惯例,允许对玻璃容器回收再利用,但还应当依法使用。利用回收他人的容器进行重新灌装销售的,往往是与权利人商品相同或类似的商品,如果不对容器上难以去除的浮雕文字等标识进行有效遮挡就再次投入市场,易使相关公众对商品的来源或商品生产者与容器上注册商标权利人之间是否存在特定联系产生误认,从而对注册商标权利人的合法权益造成侵害,应该予以制止和纠正。

本案明确认定利用回收的旧啤酒瓶罐装啤酒销售但未对原商标标识进行有效遮挡的行为属于商标侵权行为,解决了类似案件认定难、定性依据条款不明确的问题。

指导案例 8 号

上海市知识产权局处理外观设计专利侵权纠纷达成调解协议并经司法确认案

关键词

行政调解　司法确认

案件要点

管理专利工作的部门在处理专利侵权纠纷过程中,主持调解并促成双方当事人达成调解协议后,通过司法确认获得强制执行力,强化了行政保护和司法保护的有机衔接。

基本案情

美克国际家居用品股份有限公司发现上海某公司许诺销售的多款产品涉嫌侵犯其拥有的多个外观设计专利权,遂于 2020 年 5 月 25 日向上海市知识产权局提出专利侵权纠纷行政裁决处理请求。6 月 1 日,上海市知识产权局受理上述系列案件并根据双方当事人的调解意愿主持调解。9 月 29 日,双方当事人签署专利侵权纠纷行政调解协议书。

10月20日，双方当事人就该协议书向上海知识产权法院申请司法确认，上海知识产权法院对当事人提交的申请材料、调解协议的形式与内容依法进行审查，审查终结后当日出具民事裁定书，确认双方达成的调解协议有效，一方当事人拒绝履行或未全部履行的，对方当事人可以直接向人民法院申请强制执行。

指导意义

管理专利工作的部门具备政府公信力和较高专业水平，由其作为第三方主持开展行政调解工作，有利于促成双方当事人达成和解并签订调解协议。然而调解协议在性质上属于民事合同，不具有强制执行力。如果后续当事人反悔，拒不执行协议，将极大地浪费行政资源，损害行政机关的公信力，同时增加权利人的维权成本。经过司法确认程序赋予调解协议强制执行力，解决了调解协议执行难的问题。另外，调解协议司法确认实行一审终审，提升了保护效率，强化了行政保护和司法保护的有机衔接。

习近平总书记在主持中央政治局第二十五次集体学习时发表重要讲话，明确强调要完善知识产权行政执法和司法衔接机制，推动行政执法标准和司法裁判标准的统一。目前，北京、上海、福建、湖南、四川、陕西等地通过地方性法规明确设立侵权纠纷调解协议司法确认制度；最高人民法院在多项司法政策文件中鼓励开展司法确认工作，例如2016年发布的司法政策《关于人民法院进一步深化多元化纠纷解决机制改革的意见》中明确规定，经行政机关调解达成的具有民事合同性质的协议，当事人可以向调解组织所在地基层人民法院或者人民法庭申请确认其效力。

国家知识产权局关于发布第三批
知识产权行政保护指导案例的通知

1. 2023年12月20日
2. 国知发保字〔2023〕54号

各省、自治区、直辖市和新疆生产建设兵团知识产权局，四川省知识产权服务促进中心，各地方有关中心：

为深入贯彻落实党中央、国务院关于全面加强知识产权保护工作的决策部署，统一执法标准，提高办案水平，加强知识产权行政保护业务指导工作，经审定，现发布第三批知识产权行政保护指导案例（指导案例9—11号），请在具体工作中参照执行。

特此通知。

第三批知识产权行政保护指导案例

指导案例 9 号

北京市知识产权局处理"用于重新定位牙齿的系统及其制作方法"发明专利侵权纠纷案

关键词

行政裁决　先行裁驳　另行请求

案件要点

在行政裁决案件审理过程中,国务院专利行政部门在作出宣告涉案专利权无效的决定后,管理专利工作的部门可以裁定驳回行政裁决请求。如果当事人对宣告专利权无效的决定不服提起行政诉讼,在人民法院作出撤销该决定的判决生效后,权利人可以重新提起行政裁决请求。

基本案情

上海友慧投资咨询有限公司(以下简称请求人)是名称为"用于重新定位牙齿的系统及其制作方法"(专利号:ZL201180028187.0)的发明专利的专利权人。2022年11月1日,请求人向北京市知识产权局提出专利侵权纠纷行政裁决请求,称北京瑞程医院管理有限公司、爱齐(四川)医疗设备有限公司、北京瑞程医院管理有限公司瑞泰口腔医院分公司涉嫌侵犯其前述专利权。经审查,北京市知识产权局于当日立案。

2023年1月11日,针对被请求人爱齐(四川)医疗设备有限公司对涉案专利权提出的无效宣告请求,国家知识产权局作出宣告专利权全部无效的决定。此时,行政裁决案件尚在审理中。

2023年2月1日,北京市知识产权局作出裁定,在涉案专利权已被宣告全部无效的情况下,驳回请求人提出的行政裁决请求。

处理决定

《专利法》第四十七条第一款规定,宣告无效的专利权视为自始即不存在。在国家知识产权局作出宣告涉案专利权全部无效的决定后,北京市知识产权局作出驳回请求人行政裁决请求的裁定,同时指出:若有证据证明针对涉案专利权的无效宣告请求审查决定被生效的行政判决撤销的,请求人可以重新提起行政裁决请求;当事人如不服裁定,可自收到裁定之日起十五日内向北京知识产权法院提起诉讼。

指导意义

为提高专利侵权纠纷行政裁决案件的审理效率,管理专利工作的部门在处理专利侵权纠纷的过程中,涉案专利被国务院专利行政部门宣告无效的,可以先行驳回行政裁决请求。北京市知识产权局采用上述"先行裁驳,另行请求"的方式快速审结该案,在保障权利人合法权益的同时,也避免了因专利权的不稳定给相关当事人及社会公众造成影响,体现了行政保护兼顾效率和公平的特点。

指导案例 10 号

重庆市渝中区市场监督管理局(知识产权局)查处侵犯"洞子"等注册商标专用权案

关键词

行政处罚　行政调解　依法从轻

案件要点

在查处侵犯注册商标专用权纠纷案件中,认定侵权行为成立的,负责商标执法的部门可以对商标侵权纠纷以及相关赔偿数额进行调解,并将调解协议及其履行情况作为《行政处罚法》第三十二条第一项"主动消除或者减轻违法行为危害后果"的考量因素,依法予以从轻或者减轻处罚。

基本案情

王某某是""商标(注册号:3278749)及"洞子"商标(注册号:18634764)的商标注册人,涉案注册商标专用权在投诉时合法有效。

王某某向重庆市渝中区市场监督管理局(知识产权局)(以下简称渝中区局)投诉,称重庆洞味鲜老火锅有限公司(以下简称当事人)在店铺招牌上使用""标识,所用点菜单及员工围裙上印制有"洞子"字样,涉嫌侵犯其在第 43 类"餐厅"等服务上的"""洞子"注册商标。2022 年 8 月 11 日,渝中区局予以立案调查。案件查办过程中,权利人同时向渝中区局请求对商标侵权纠纷以及相关赔偿数额争议进行调解。

2022 年 9 月 6 日,渝中区局组织双方调解,经双方达成一致,出具调解书,当事人停止在餐饮服务活动中使用涉案商标、赔偿商标注册人 1 万元。

处罚决定

2022 年 10 月 21 日,渝中区局认定:当事人未经许可在服务中使用他人注册商标,构成《商标法》第五十七条第一项规定的侵权行为;当事人在案件查办过程中,主动停止使用涉案商标,主动履行调解协议列明的义务,符合《行政处罚法》第三十二条第一项规定的"主动消除或者减轻违法行为危害后果的"情形。渝中区局在适用《商标法》第六十条第二款的规定对当事人的商标侵权行为进行行政处罚时,依法予以从轻处罚,责令当事人停止侵权行为,罚款 3000 元。

指导意义

该案通过"行政处罚+行政调解"的处理方式,在规范市场秩序的同时,也回应了权利人在行政程序中获得合法民事损害赔偿的诉求,避免"以罚代调"或"以调代罚"。此类案件中,可将行政调解中的相关当事人主动停止侵权行为、对权利人进行赔偿以及赔偿数额作为行政处罚裁量幅度和具体罚款金额的考量因素,认定上述行为符合《行政处罚法》中规定的当事人主动消除或者减轻违法行为危害后果的情形。

指导案例 11 号

天津市和平区市场监督管理局(知识产权局)
查处天津市麦购商业管理有限公司麦购休闲广场商标侵权案

关键词

侵权判断　帮助侵权　提供便利条件

案件要点

市场主办方作为市场管理者,发现商户销售侵权商品的,应采取必要措施予以制止。市场主办方在经过多次告知后未采取必要措施,客观上未能积极履行管理职责,主观上具有放任售假行为发生的故意,实际上为销售侵权商品提供了经营场所这一便利条件,属于《商标法》第五十七条第六项规定的侵权行为。

基本案情

天津市麦购商业管理有限公司麦购休闲广场(以下简称麦购广场)是经营化妆品、服装、饰品、餐饮、娱乐等的大型商业综合体。

2020 年 7 月 16 日,天津市和平区市场监督管理局(知识产权局)(以下简称和平区局)接到举报,举报人称麦购广场内商户销售侵犯注册商标专用权的商品。执法人员对涉案商户予以查处,要求麦购广场落实主体责任。2020 年 7 月至 2021 年 4 月,和平区局对麦购广场内 18 个商户作出 18 次行政处罚,同时也对麦购广场进行了约谈。在执法人员两次约谈告知后,麦购广场明知市场内经营者实施商标侵权行为,仍未采取必要措施制止。

2021 年 4 月 7 日,和平区局对麦购广场予以立案调查。经查,麦购广场已与相关商户签订柜组使用合同,并在合同中明确违反知识产权等方面规定的违约责任。在日常经营活动时,麦购广场因管理不到位,未尽到巡查与监控的责任,经告知和约谈后仍未采取必要措施制止市场内商户侵犯注册商标专用权的行为。2021 年 5 月 21 日,和平区局依据《商标法》第五十七条第六项、《商标法实施条例》第七十五条以及《商标侵权判断标准》的相关规定,认定当事人的行为构成商标侵权行为。

处罚决定

和平区局依据《商标法》第六十条第二款,对当事人作出罚款 4 万元的行政处罚。

指导意义

该案是一起因市场主办方怠于履行管理职责,明知或者应知市场内经营者实施商标侵权行为而不予制止,构成侵犯注册商标专用权行为的指导案例。该案中,市场主办方作为从事商品市场管理的经营者,在被告知市场内商户存在侵权行为且经多次约谈后,仍未采取必要措施予以制止。对于必要措施的认定,应当综合考虑法律法规规定的市场主办方管理责任、合同约定等因素,判断其是否采取了职责能力范围内能够采取的必要措施,制止侵权行为的发生。必要措施包括通知、警告、中止(解除)合同或追究违约责任等。该案中,市场主办方未采取任何必要措施,主观上具有帮助的故意,结果上与侵权人实施的商标侵权行为所导致的损害结果具有统一性,其行为最终被认定构成《商标法》第五十七条第六项规定的侵权行为。